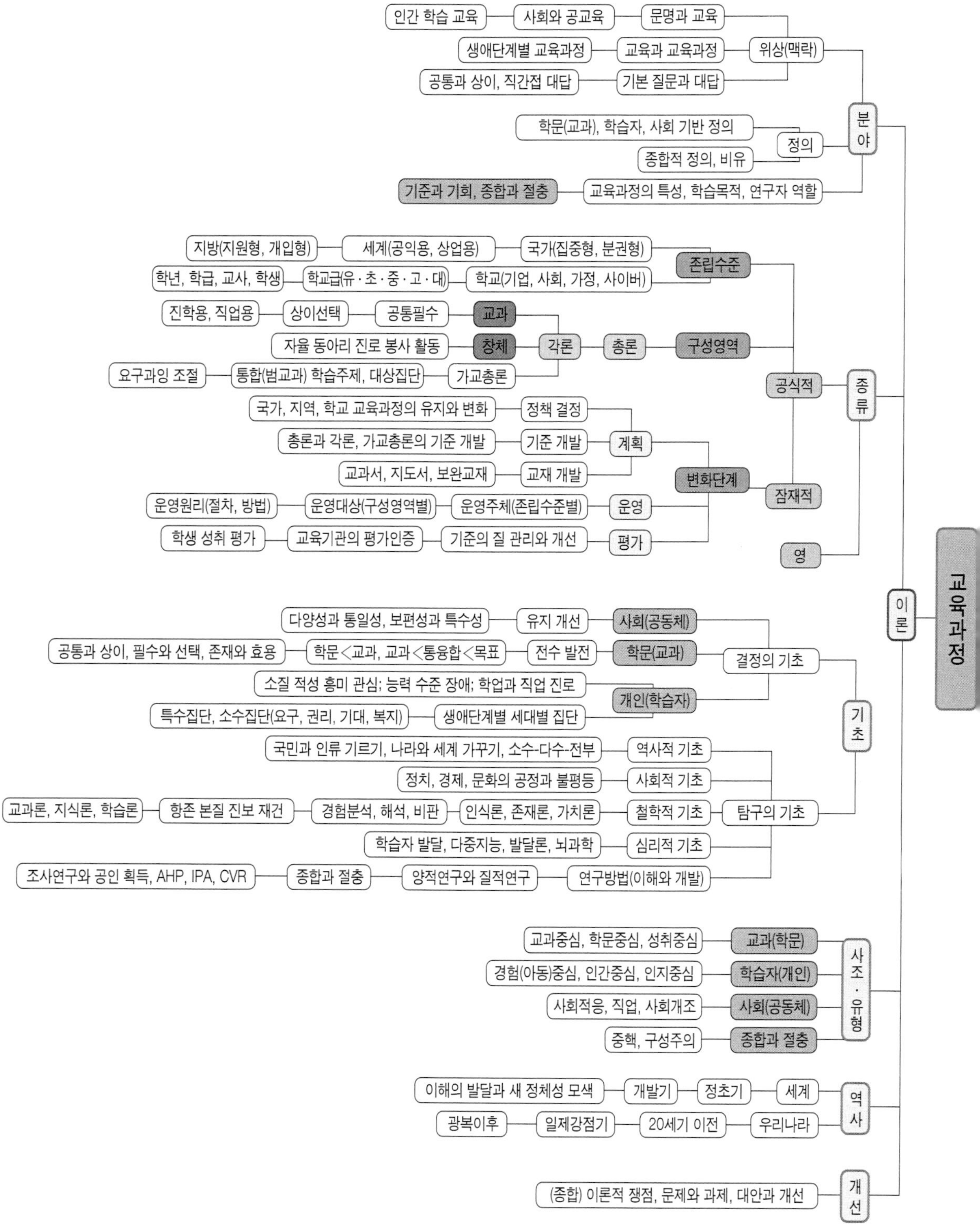

교육과정
이론
분야
위상(맥락)
문명과 교육
사회와 공교육
인간 학습 교육
교육과 교육과정
생애단계별 교육과정
기본 질문과 대답
공통과 상이, 직간접 대답
정의
학문(교과), 학습자, 사회 기반 정의
종합적 정의, 비유
교육과정의 특성, 학습목적, 연구자 역할
기준과 기회, 종합과 절충
종류
공식적
존립수준
국가(집중형, 분권형)
세계(공익용, 상업용)
지방(지원형, 개입형)
학교(기업, 사회, 가정, 사이버)
학교급(유 · 초 · 중 · 고 · 대)
학년, 학급, 교사, 학생
구성영역
총론
각론
교과
공통필수
상이선택
진학용, 직업용
창체
자율 동아리 진로 봉사 활동
가교총론
통합(범교과) 학습주제, 대상집단
요구과잉 조절
변화단계
계획
정책 결정
국가, 지역, 학교 교육과정의 유지와 변화
기준 개발
총론과 각론, 가교총론의 기준 개발
교재 개발
교과서, 지도서, 보완교재
운영
운영주체(존립수준별)
운영대상(구성영역별)
운영원리(절차, 방법)
평가
기준의 질 관리와 개선
교육기관의 평가인증
학생 성취 평가
잠재적
영
기초
결정의 기초
사회(공동체)
유지 개선
다양성과 통일성, 보편성과 특수성
학문(교과)
전수 발전
학문 <교과, 교과 <통융합 <목표
공통과 상이, 필수와 선택, 존재와 효용
개인(학습자)
소질 적성 흥미 관심; 능력 수준 장애; 학업과 직업 진로
생애단계별 세대별 집단
특수집단, 소수집단(요구, 권리, 기대, 복지)
탐구의 기초
역사적 기초
국민과 인류 기르기, 나라와 세계 가꾸기, 소수-다수-전부
사회적 기초
정치, 경제, 문화의 공정과 불평등
철학적 기초
인식론, 존재론, 가치론
경험분석, 해석, 비판
항존 본질 진보 재건
교과론, 지식론, 학습론
심리적 기초
학습자 발달, 다중지능, 발달론, 뇌과학
연구방법(이해와 개발)
양적연구와 질적연구
종합과 절충
조사연구와 공인 획득, AHP, IPA, CVR
사조 · 유형
교과(학문)
교과중심, 학문중심, 성취중심
학습자(개인)
경험(아동)중심, 인간중심, 인지중심
사회(공동체)
사회적응, 직업, 사회개조
종합과 절충
중핵, 구성주의
역사
세계
정초기
개발기
이해의 발달과 새 정체성 모색
우리나라
20세기 이전
일제강점기
광복이후
개선
(종합) 이론적 쟁점, 문제와 과제, 대안과 개선

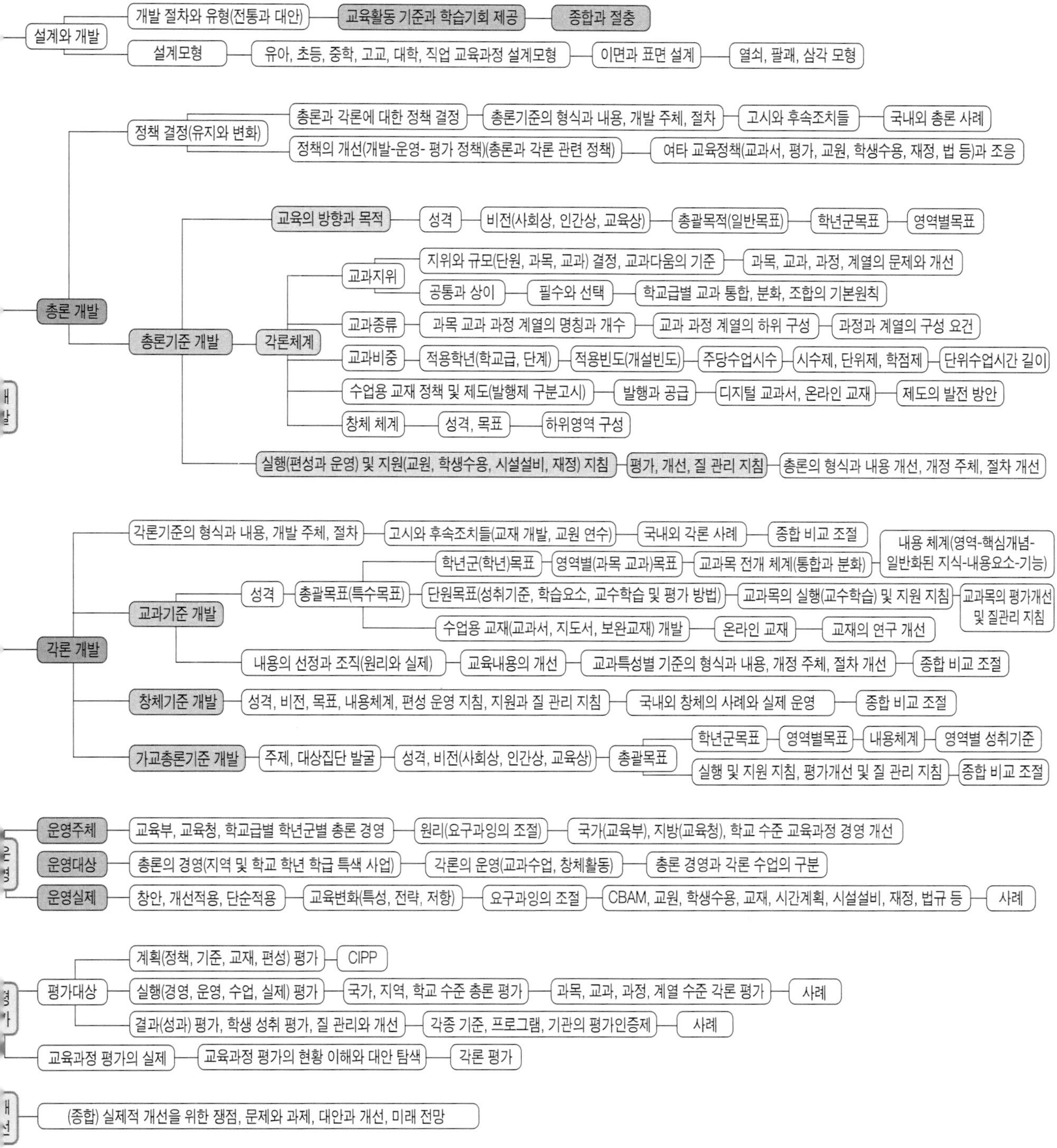

설계와 개발
개발 절차와 유형(전통과 대안)
교육활동 기준과 학습기회 제공
종합과 절충
설계모형
유아, 초등, 중학, 고교, 대학, 직업 교육과정 설계모형
이면과 표면 설계
열쇠, 팔괘, 삼각 모형
총론 개발
정책 결정(유지와 변화)
총론과 각론에 대한 정책 결정
총론기준의 형식과 내용, 개발 주체, 절차
고시와 후속조치들
국내외 총론 사례
정책의 개선(개발-운영- 평가 정책)(총론과 각론 관련 정책)
여타 교육정책(교과서, 평가, 교원, 학생수용, 재정, 법 등)과 조응
총론기준 개발
교육의 방향과 목적
성격
비전(사회상, 인간상, 교육상)
총괄목적(일반목표)
학년군목표
영역별목표
각론체계
교과지위
지위와 규모(단원, 과목, 교과) 결정, 교과다움의 기준
과목, 교과, 과정, 계열의 문제와 개선
공통과 상이
필수와 선택
학교급별 교과 통합, 분화, 조합의 기본원칙
교과종류
과목 교과 과정 계열의 명칭과 개수
교과 과정 계열의 하위 구성
과정과 계열의 구성 요건
교과비중
적용학년(학교급, 단계)
적용빈도(개설빈도)
주당수업시수
시수제, 단위제, 학점제
단위수업시간 길이
수업용 교재 정책 및 제도(발행제 구분고시)
발행과 공급
디지털 교과서, 온라인 교재
제도의 발전 방안
창체 체계
성격, 목표
하위영역 구성
실행(편성과 운영) 및 지원(교원, 학생수용, 시설설비, 재정) 지침
평가, 개선, 질 관리 지침
총론의 형식과 내용 개선, 개정 주체, 절차 개선
각론 개발
각론기준의 형식과 내용, 개발 주체, 절차
고시와 후속조치들(교재 개발, 교원 연수)
국내외 각론 사례
종합 비교 조절
교과기준 개발
성격
총괄목표(특수목표)
학년군(학년)목표
영역별(과목 교과)목표
교과목 전개 체계(통합과 분화)
내용 체계(영역-핵심개념-일반화된 지식-내용요소-기능)
단원목표(성취기준, 학습요소, 교수학습 및 평가 방법)
교과목의 실행(교수학습) 및 지원 지침
교과목의 평가개선 및 질관리 지침
수업용 교재(교과서, 지도서, 보완교재) 개발
온라인 교재
교재의 연구 개선
내용의 선정과 조직(원리와 실제)
교육내용의 개선
교과특성별 기준의 형식과 내용, 개정 주체, 절차 개선
종합 비교 조절
창체기준 개발
성격, 비전, 목표, 내용체계, 편성 운영 지침, 지원과 질 관리 지침
국내외 창체의 사례와 실제 운영
종합 비교 조절
가교총론기준 개발
주제, 대상집단 발굴
성격, 비전(사회상, 인간상, 교육상)
총괄목표
학년군목표
영역별목표
내용체계
영역별 성취기준
실행 및 지원 지침, 평가개선 및 질 관리 지침
종합 비교 조절
운영주체
교육부, 교육청, 학교급별 학년군별 총론 경영
원리(요구과잉의 조절)
국가(교육부), 지방(교육청), 학교 수준 교육과정 경영 개선
운영대상
총론의 경영(지역 및 학교 학년 학급 특색 사업)
각론의 운영(교과수업, 창체활동)
총론 경영과 각론 수업의 구분
운영실제
창안, 개선적용, 단순적용
교육변화(특성, 전략, 저항)
요구과잉의 조절
CBAM, 교원, 학생수용, 교재, 시간계획, 시설설비, 재정, 법규 등
사례
평가대상
계획(정책, 기준, 교재, 편성) 평가
CIPP
실행(경영, 운영, 수업, 실제) 평가
국가, 지역, 학교 수준 총론 평가
과목, 교과, 과정, 계열 수준 각론 평가
사례
결과(성과) 평가, 학생 성취 평가, 질 관리와 개선
각종 기준, 프로그램, 기관의 평가인증제
사례
교육과정 평가의 실제
교육과정 평가의 현황 이해와 대안 탐색
각론 평가
(종합) 실제적 개선을 위한 쟁점, 문제와 과제, 대안과 개선, 미래 전망

알기 쉬운

교육과정

2판

| 홍후조 저 |

Curriculum

THEORY AND PRACTICE

학지사

2판 머리말

교육이 백년대계百年大計라고 한다면 100세 시대를 살아가는 우리는 최소한 문명의 변화 방향은 알고 있어야 할 것입니다. 방향 없이 속력과 성과만 내는 위험을 넘어 다 같이 지향할 만한 사회상을 찾아 우리의 시간 · 노력 · 비용을 모을 필요가 있습니다. AI, Big Data, IoT, VR, AR, 로봇, 유전공학, BT, 사이보그, 자동화, 자율주행, 제4차 산업혁명으로 만물이 모두 연결되는 신물활론 Neo-animism 시대입니다. 양극화와 복지, 주변국의 발흥과 통일, 생태계 위기, 난민과 테러, 역사의 종언 등 문명이 어디로 향하는지에 대해 잘 몰라서 막연한 우려와 기대가 뒤섞입니다. 미래는 용기를 갖고 도전하는 이들이 만듭니다. 물론 포스트모던 시대라 숙의와 합의도 쉽지 않습니다. 제어되지 않은 개인과 소집단의 비뚤어진 열정에 사회와 교육의 향방이 마구 뒤틀리기도 합니다. 교육은 권리, 인권, 요구뿐만 아니라 책임, 책무, 도리를 균형 있게 실천하는 사람들을 길러 내야 합니다. 애가심愛家心, 애교심, 애사심, 애당심, 애향심을 넘어 대한민국에의 애국심과 통일에의 열망과 함께 인류애를 지닌, 책임감 있는 성숙한 민주시민들이 더 많아져야 합니다. 문명의 지향점은 더 분명해야 하며, 교육은 사람을 사람답게 기르는 일에 그치지 않고 사회를 사회답게 가꾸는 일까지 나아가야 합니다.

육체 노동뿐만 아니라 정신과 감정 노동을 대신하는 지능기계를 이끌고 그들과 더불어 일해야 하는데 말처럼 쉽지 않습니다. 지능정보화는 인간의 존재 가치와 효용 가치를 상당히 축소시키는 듯합니다. 적응한 자가 강한 자라고 하지만 한 세대 안에 산업화, 정보화, 세계화를 모두 겪는 이들은 방향을 찾기보다 방황을 겪기 쉽습니다. 학교교육의 기반은 전대의 가르침이 후대의 삶의 개척에 무척 큰 도움이 된다는 것에 있습니다. 그런데 지금은 지식과 정보의 폭증, 지식 유효기간의 단축, 흔한 교육 기회 등으로 전대前代의 가르침이 후대의 삶의 개척에 도움을 주는 데 어려움을 겪습니다. 전대의 가르침이 후대의 삶의 개척에 도움이 되려면 무엇을 어떻게 하면 좋겠습니까? 교육을 통해 후대가 나아갈 방향을 제시하고 그들의 기량과 포부를 마음껏 펼칠 마당을 닦아 줄 수 있다면 더 보람찰 것입니다.

과하다 싶을 만큼 학생들의 시간 · 노력 · 비용을 앗아 가는 것이 너무 많습니다. 덩달아 공부할 것도 폭증하는 듯합니다. 홍수에 마실 물이 귀하다고 합니다. 옥석 구분이 필요합니다. 전대를 대표하는 교원들에게 인류가 축적한 문화유산 중 후대의 삶의 개척에 도움이 되는 것을 찾아 엄선할 필요성은 더욱 절실해졌습니다. 지식의 체계적 전수 기능은 약화되고 과업과 과제를 수행할 일은 늘어난다고 합니다. 과연 그럴까요? 지식의 체계적 전수와 습득에 따른 지력의 개발은 여전히 중요하고 필요합니다. 폭증한 지식 속에서 핵심에 이르는 지름길을 찾아야 합니다. 교육에서 프로젝트 수행이 분주한 활동의 연속을 면하려면 교육 내용과 방법이 체계적이고 계열적이어야 할 것입니다. 교육과정 분야는 일정한 기준에 따라 교육 내용과 경험을 취사선택하여 교육 활동의 기준을 제시해야 합니다. 그래야만 후대에게 적절하고 풍성한 학습 기회를 제공할 수 있고, 이를 통해 후대는 더 나은 공부와 삶, 더 살 만한 세상을 만들어 갈 수 있을 것입니다.

정말로 규칙 없는 경기는 난장판입니다. 무엇을 가르치고 배울지는 개인의 선택에 맡겨 두라는 요구가 더 매력적으로 들립니다. 보이지 않는 손이 종합, 절충, 조절해 줄 것으로 기대하는 모양입니다. 하지만 모두 다 지혜로워서 믿고 맡길 만큼은 아닌 것도 현실입니다. 그렇다고 외부에서 다 대신해 줄 수도, 대신해서도 안 될 것입니다. 중용 · 비중 · 비율 · 정도의 문제입니다. 교육과정 기준을 개발하는 것은 기능적인 일도 아니고 그 결과는 획일화된 표준을 지향하는 것도 아닙니다. 이 분야가 기능화 · 획일화 · 표준화를 지향하면 그것은 잘못된 일을 하는 것입니다. 더 나은 기준으로 더 나은 교육 기회와 활동을 꿈꾸는 희망의 몸짓이어야 할 것입니다.

좋은 게 다 좋은 것은 아닙니다. 5년 단임 정부가 국가교육과정기준의 총론과 각론을 동시 · 일시 · 전면 · 단기 · 수시 개정함으로써 정말 제대로 개선할 아까운 시간만 낭비하고 있다는 생각을 지울 수 없습니다. 교육의 질 향상에 얼마나 보탬이 되는지에 대한 확신도 없이 해야 하니까 하는 듯합니다. 교육이나 교육과정에서 반드시 해야 할 일, 하면 좋은 일, 해도 그만이고 안 해도 그만인 일, 안 하면 좋은 일, 절대 하면 안 되는 일을 잘 구분하지 못하고 있다는 생각이 듭니다. 2015개정 국가교육과정기준 문서가 고시되고 교과서 개발이 한창 진행 중입니다. 교육과정 총론 본연의 일, 총론과 각론이 협력해서 할 일, 각론 고유의 일을 제대로 구분하지도 못한 가운데 잦은 수시 개정으로 학교, 교원, 학생들은 시험대가 되고 있다는 비판도 적지 않습니다. 여기서 벗어나려면 기준 개정의 제도와 문화를 새로이 수립해야 할 것입니다.

아직도 많이 부족합니다. 이번 개정판은 총론 본연의 일과 각론과 관련해서 무슨 일을 할 것인가를 조금 더 알아내려고 노력한 흔적입니다. 그럼에도 문제의식만 가득할 뿐, 방향 제시는 어렴풋합니다. 그래도 이전보다 총론이 반드시 해야 할 일을 더 많이 밝히려 노력했다는 점에서 위안을 삼습니다. 공부를 하면 할수록 부족함을 느끼는데, 그래도 주변의 학부생들, 대학원생들, 동료 교수들의 격려에 힘입어 개정판을 내야겠다는 용기를 얻었습니다. 부족한 것을 만회해 가는 자리라고 보며, 질정叱正을 달게 받아 꾸준히 판 수를 거듭해 가려고 합니다.

요구를 다 충족시키지 못했습니다. 교육정책 결정자와 집행자, 교장, 교감 등 학교 관리자에게 교육과정은 왜 중요한지, 다른 나라의 교육과정은 어떤지, 교육과정 탐구 방법은 무엇인지, 현재의 교육과정의 과제와 쟁점은 무엇인지, 그것을 해결하려면 교육과정의 미래상은 어떠해야 하는지, 교육과정학을 잘 공부하면 어떤 삶의 진로를 개척할 수 있는지 등을 더 보완해야 할 것입니다. 제목은 알기 쉽다고 하는데 어렵게 느껴지니, 좀 더 알기 쉽게 쓸 수 없겠냐는 아내의 권고에 아직 제 공부가 덜 되어서 그렇다고 변명합니다. 이 책으로 함께 공부하며 여러 의견을 제시해 준 학부생들과 교육과정학 전공 대학원생들의 도움에 감사드립니다. 이 책이 나오기까지 박나리 님을 비롯하여 학지사 편집진의 노고가 컸습니다. 고개 숙여 감사드립니다. 작금의 교육과정 현실에 제 나름의 소회를 담아서 '교육과정 좋아요'로 서문에 갈음합니다.

2016년 8월 15일
아름다운 학문의 길에서 잠잠히 감사드리며
홍후조 씀

1판 머리말

세계화, 다원화, 정보화, 평생학습, 저출산, 고령화, 고용 축소 성장, 지구 생태 환경위기, 통일전망 등에 따라 교육과 학교의 새로운 역할이 요구되고 있다. 인적 · 물적 교류의 확대에 따라 상호의존은 높아지고 경쟁이 심화되는 세계화가 진행되고 있다. 대한민국 내에서 공부하고 일하는 데에는 한국어와 자기주도 학습력이 필요하지만, 세계를 무대로 더 큰 일을 하는 데에는 외국어와 협동적 학습력이 필요하게 되었다. 따라서 미래세대에게는 다문화 · 다원화 사회에서 자기정체성을 가지고 다른 문화와 함께 나아가야 할 개방성이 더욱 필요하다. 뿐만 아니라 공간적 · 시간적 제한을 넘어서 사이버 공간에서 실시간으로 상호교류하면서 공부할 가능성 역시 높아졌다.

그러나 누구나 언제 어디서나 원하는 공부를 할 수 있다는 평생학습 구호는 지금 여기에서 꼭 공부할 필요성과 집중력은 도리어 낮추고 있는 현실이다. 또한 저출산으로 인한 학생 수, 학교 수 급감에 따라 학교의 구조조정과 재배치가 필연적으로 요구되었다. 그리고 고용 축소로 인해 시장지향적인 일자리창출형 학교공부를 더 요구하게 되었다. 더 좋은, 더 값싼, 더 빠른 상품과 서비스에 대한 자신의 욕구wants를 모두 충족시키기보다 지구의 부담을 낮추도록 하는 생활습관 역시 요구되고 있다. 분단을 극복하고 통일을 하는 것이 남북한뿐 아니라 주변 강대국에도 도움이 된다는 논리를 개발하고 확산하여 친통일 환경을 조성할 필요도 높아졌다. 이처럼 교육은 다음 세대들에게 이전 세대와 다른 것을 요청하고 있다.

이 책에서는 달라진 교육환경에 대응하는 교육과 교육을 체계적으로 수행하는 바탕이 되는 교육과정에 대해 논하고 있다. 특히 서구적 교육제도와 문화에서 개발된 교육과정 이론들보다 우리의 교육여건에서 개발될 수 있는 교육과정 개념, 원리, 이론, 개발 모형과 절차 등을 확대하려고 하였다. 아울러 교육과정을 교수자와 학습자, 교육목표, 수업, 교육평가, 나아가 교육제도와 문화가 상호긴밀한 역할을 할 수 있도록 시도하였다. 교육과정에서는 기초 기본 교육은 공통적으로 보장해 주고, 나아가 학생의 서로 다른 소질과 적성, 발달과 능력, 학업과 직업 진로에 따라 서로 다른 교육을 받을 수 있는 학습기회를 보장해야 할 것이다. 전자는 개별 학교 단위에서 온전히 구현해 주고, 후자는 지역 내 여러 학교 간에 역할분담과 협력을 할 때 이루어질 수 있다. 공통필수 교육과정에서는 '교과'의, 상이선택 교육과정에서는 '진로별교육과정'의 구획, 종수, 명칭을 정하는 것이 더 중요해졌다. 특히 이 책에서는 학생의 적성과 진로에 맞는 교육과정 개발 모형을 열쇠모형, 팔괘모형, 삼각모형 등으로 개발하여 소개하였다. 또한 2009개정 교육과정 총론을 소개하면서 장차 우리 교육과 교육과정이 나아가야 할 방향을 제시하려 노력하였다.

이 책은 교육과정 총론이 무슨 공부와 일을 하는 것인가를 제시하려고 노력해 보았다. 그러나 여전히 매우 부족한 수준에 머물고 있다. 특히 교육과정의 역사와 기본 이론을 토착화하는 노력이 더욱 필요하다. H. Spencer는 농업사회에서 산업사회로 넘어가면서 무엇을 가르칠 것인가에 대해 질문하고 대답한 바 있다. 이제 산업사회로부터 세계화, 평생학습, 정보화 사회 등으로 진전하면서, 우리는 교원과 학생들이 만났을 때 무엇을 가르치고 배울 것인가에 대해 꾸준히 묻고 답해야 할 것이다. 그래야 학교와 교육기관들이 학습자의 더 나은 배움과 더 나은 삶을 여는 데 도움을 줄 수 있다. 나아가 우리나라가 발전하는 데 교육을 통한 인재 양성과 경제를 통한 설비 투자가 중요하며 이를 통한 새로운 성장 동력의 창출이 중요하다. 교육은 개인의 사사로운 일을 넘어 국가의 선진화와 통일 준비, 인류의 지속가능한 발전에 기여하는 사업이다. 교육과 교육과정에 대한 우리의 이해 정도literacy가 결국 우리의 교육과 교육과정 수준을 결정한다. 아무쪼록 부족한 서책이지만 이를 기초로 더 나은 교육과 교육과정을 펼쳐 가기를 기대해 본다.

이 졸저가 나오기까지 곁에서 좀 더 쉽게 쓰라고 조언을 준 아내와 아버지의 성취를 기대해 주는 사랑스러운 두 아들에게 고마움을 표한다. 무엇보다 공부를 함께해 준 고려대학교 대학원 교육과정학 연구진들KUCU 50여 명은 더 없는 지식사랑의 원천이다. 학지사 사장님과 편집진들의 노고에 거듭 감사드린다.

2011년 3월 1일

독립만세일에 학문과 지식의 독립을 추구하면서

북악산 기슭에서 저자 씀

차 례

제I부
교육과정에 관한 이론적 이해

제II부
교육과정의 실제적 개발과 구현

제Ⅰ부
교육과정에 관한 이론적 이해

학문은 '이론과 실제'로 구성된다. 이론과 실제는 동전의 양면처럼 상호 연결이 긴밀하고 분리하기 어렵다. 이론 없이 실제는 방향을 잡기 어렵고 실제 없는 이론은 공허하다. 많은 이론은 현실 문제와 실제에 대한 반성적 탐구에서 비롯된다. 교육과정학도 공교육으로서 학교교육을 체계적으로 수행하기 위한 노력으로 발달해 왔다. 학문을 이루는 이론은 고유한 목적, 탐구 대상, 탐구 방법과 절차, 탐구 결과의 체계화, 진위검증방법, 누적된 역사와 관련되며, 해당 분야에 대한 학자들의 애정과 신념, 용기와 헌신으로 발전한다. 이론은 성찰적 사색, 정치적 논리, 규범적 판단, 객관적 조사, 학문공동체의 지속적인 숙의와 노력, 오류 가능성과 반증 가능성의 비판에 열려 있어 수정된다. 교육과정학 분야도 1970년대까지는 교육과정의 실제적 개발이 흥행했고, 1980년대부터는 이론적 이해가 융성한 편이다. 교육과정학은 이론과 실제 혹은 이론적 이해와 실제적 개발로 구성된다.

교육과정이란 무엇인가? 교육과정학은 무엇을 탐구하는 분야인가? 제I부에서는 교육과정의 정체성을 밝히려고 노력한다. 사회의 여러 분야 중 교육만의 독특한 과업과 그 속에서 교육학의 다른 분야와 달리 교육과정학의 고유한 과업을 밝혀 봄으로써 교육과정의 독특성은 점점 분명해진다. 이 분야는 모학문을 갖지 않는 교육학의 가장 독특한 분야여서 스스로 정체성을 확립해 나가야 한다. 인류 문명의 변천과 당대 현실과 미래 전망 속에서, 인간의 생애 주기마다 필요한 발달적 요구를 충족시키려는 노력을 통해서, 이 분야의 기본 질문을 설정하고 이에 대답해 봄으로써, 이제까지의 다양한 정의를 종합 정리함으로써, 교육과정을 구성하는 하위 요소나 다양한 종류를 구분해 봄으로써, 교육과정을 결정하는 핵심요소들을 규명해 봄으로써, 교육과정학 분야의 역사를 이해함으로써, 교육과정의 다양한 유형을 정리해 봄으로써……. 교육과정을 이론적으로 이해할 수 있게 된다.

제1장

교육과정의 정의

이 장에서는 사회에서 다른 분야와 다르게 교육은 무엇을 하도록 되어 있는지, 교육 속에서 교육과정은 다른 분야와 얼마나 다른지, 교육과정을 무엇으로 규정하는지에 대한 정의 그리고 교육과정을 전체적으로 파악하기 위한 다양한 측면과 종류를 체계적 · 종합적으로 살펴보기로 한다.

1. 문명 변화와 평생학습 속의 교육

어떤 분야의 정체성을 밝히려면 그것이 속한 배경을 살펴보아야 한다. 사회의 다른 분야가 하지 않는 교육 분야의 고유한 일은 교육이념으로 드러난다. 교육, 특히 학교교육은 후대後代가 제구실을 하도록 잘 키워 내서 제대로 된 사회를 만들어 가는 데 기여하려는 것이다. 교육은 사람을 사람답게 기르면서 나라를 나라답게 만들어 가는 일이다(정범모, 2014: 295). 즉, 교육은 사람(개인, 집단성원, 시민, 국민, 세계시민)을 사람답게 기르고, 사회(가정, 직장, 지자체, 국가, 세계)를 사회답게 가꾸는 일이다.

교육은 시대와 나라의 문명 발달 정도에 따라 다른 양상을 띠어 왔다. 인류는 인지혁명, 농업혁명, 과학혁명, 산업혁명, 정보혁명 등을 거치면서 교육도 변해 왔다. 농업사회까지는 선대로부터 어깨너머로 배웠지만 산업사회에서는 공장의 대량생산과 같이 학교는 대중교육이었다. 과학기술과 지식생산이 폭증하는 4차 산업혁명은 후대가 살아가는 데 필요한 지식과 기술을 선대로부터 배우는 일은 점점 줄어들고 심지어 역전도 일어날 수 있다.

사물과 사회는 IT로, 생명과 자연은 BT로 연결되는 속에서 특히 에너지기술, 정보기술, 생명공학기술의 발달로 현생인류와 지구생태계의 장래는 불확실하고 불안하다. 인구, 식량, 에너지, 빈곤, 질병, 기후 환경 등을 둘러싼 과제도 산적해 있다. 자동화, 프로그램화, 인공지능화, 지능정보사회에서 인간의 존재가치와 효용가치를 드높이는 데 교육은 어떤 기여를 할 수 있을까? 교육은 문명의 발달 방향에 대한 판단과 실천을 고려하여 특히 후대를 위해 진행해야 할 인간적 · 인류사적 · 문명사적 과업의 하나다. 우리 사회와 후대에게 필요한 21세기적 교양과 전문지식은 무엇인가?

인간의 배움은 일생을 두고 일어난다. 가정, 학교, 사회(직장), 삶터, 심지어 가상세계를 옮겨 가면서 계속된다. 임신 중 태교, 유아기의 돌봄과 놀이, 학교의 교육과 학습, 직장의 직업 훈련과 교육, 사회교육기관의 성인교육, 노인교육 등 출생에서 죽음에 이르도록 인간의 배움은 평생 계속된다. 배움은 젖먹이 때의 유망乳忘을 벗어나 기억을 자기관리하기 시작하면서 시작되고, 노망老妄과 사망 전까지 일생을 두고 계속된다.

배움, 학습은 명상, 대화, 관찰, 반응, 독서, 체험 등 온갖 자극을 통해 일어나는 인간의 변화(성장, 성숙, 발달 등)다. 학습은 다양한 시공간에서 의도적으로 혹은 우연히, 무형식적으로 혹은 형식적으로 일어난다. 삶과 학습이 서로 긴밀하게 연결되어 있고, 삶은 학습을, 학습은 삶을 밀고 끄는 관계가 바람직하다. 그러나 삶을 위한 학습은 보편적이지만 학습을 위한 삶은 수험생, 수련생 등 특수한 경우에만 한한다. 인간의 삶은 더 나은 앎과 함을 통해 윤택해진다.

학습은 객관적이고 명시적인 지식에 대한 앎과, 상황적 맥락과 사태 속에서 실제로 할 줄 아는 함 또는 능력, 그리고 가치나 태도로 구성된다. 어떤 앎과 함과 삶이든 지식, 기능, 태도가 일정 비율로 뒤섞여 있다. 학습대상은 체계적 · 형식적인 지식, 기술, 태도도 있지만, 형식 없이 내재적 · 암묵적으로 체화되는 것도 있다. 사람은 학습을 통해 앎knowing-that, product도 얻고, 할 줄 아는 능력knowing-how, process도 체득한다.

성장과 발달, 변화가능성이 상대적으로 높은 어릴 때에는 교수자에 의한 가르침의 '교육'이 많지만, 어느 정도 자립하게 되면 학습자의 자기주도적이거나 집단 속의 협력에 의한 '학습'이 지배적이 되며, 필요에 따라 교육이 보완된다. 이 점에서 학습은 교육보다 보편적인 현상이고, 교육은 학습의 특수한 형태다. 교육은 학습자의 요구를 존중하

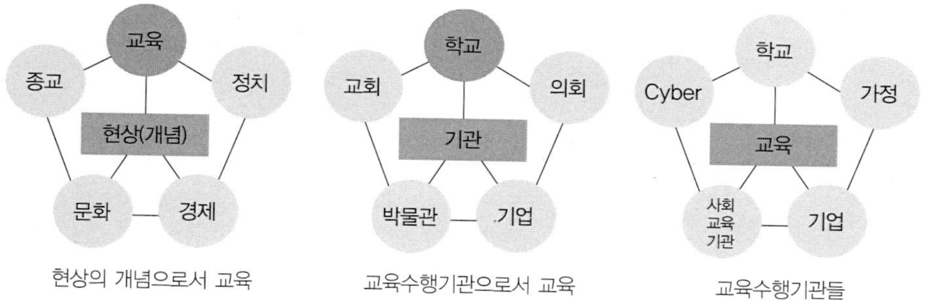

[그림 1-1] 교육, 교육기관, 학교교육의 관계

면서 교수자가 있어 촉진 · 격려 · 안내 · 주도하는 학습의 독특한 일부다.

형식적 · 제도적 교육을 잘하기 위해 학교가 있고, 학교교육을 체계적 · 종합적으로 전개하기 위해 '교육과정教育課程, curriculum'이 있다. 교육은 학교에서 '도' 일어나고, 학교는 교육 '도' 한다. 교육과정은 학습자의 잠재력을 찾아 더 낫게 배우고 살아가는 데 필요한 각종 학습기회를 마련해 주려는 것이다. 교육과정은 각종 교육활동의 기준과 계획으로서 학교교육의 방향을 제시하고, 교육의 과정過程, process을 인도하며, 교육의 결과에 대한 질을 담보하고 성과 평가의 기준이 된다. 교육과정은 교육목표 달성을 위하여 동원된 교육내용이나 활동 혹은 경험할 소재이기도 하다. 교육과정에 따라 교육의 효과와 효율을 높이는 다양한 교육방법이 구사되고, 교육이 제대로 계획, 진행되어 성과를 내는가를 확인하는 교육평가도 이루어진다.

특히 학교교육은 일정한 법규와 제도 및 행정의 지원을 받아 적절한 시설과 설비 속에서 진행된다. 그것은 또한 한 사회의 역사적 문화 풍토나 당대 사회의 요구 속에서 진행된다. 이처럼 교육은 다양한 요소 사이의 상호작용이고 영향력 속에서 진행된다. 교육활동을 학문적으로 지원하는 교육학의 하위 분야에는 교육철학, 교육사, 교육과정학, 교수학습론이나 교육공학, 교육평가, 교육행정학, 교육사회학 등이 있고, 이들은 서로 연결되어 있다. 〈표 1-1〉은 교육과정이 인간의 평생학습 속에서 교육활동을 가능하게 하는 요소들 속에서 일어나는 현상임을 보여 준다.

교육은 학교와 같은 교육기관이나, 교수자와 학습자가 만나는 교육상황에서 '사회 속의 학습자의 잠재력을 찾아 더 나은 배움과 삶을 열어 주기 위한 교수자의 배려와 활동'이다. '사회 속의 학습자'라고 한 것은 교육이 궁극적으로 인간적 · 사회적 도리를 제대로 하는 사람을 기르는 일임을 뜻한다. 교육은 시대적 · 사회문화적 맥락 속에서 진행된다. 특히 공교육으로서 학교교육의 가장 큰 특징은 가정의 아이들을 한곳에 불러 모은

〈표 1-1〉 평생학습사회에서 공교육으로서 학교 교육과정의 위치

구분					교육주체		교육활동				교육환경(공식)	교육환경(비공식)	교육변화
교육 마당	생애단계	교육과정	연령대	교육단계	학습자 특성 (누가)	교수자 특성 (누구와 더불어)	교육목표 (왜)	교육과정 (무엇을)	교수학습 (어떻게)	교육평가 (제대로)	교육제도 (법 · 재정 · 인사 · 시설 · 설비)	교육문화 (역사 · 전통 · 풍토 · 사회 문화)	주체, 원리, 목적, 절차, 결과
가정	부모품 (젖먹이)	초보과정	~2	(학부모 교육)									
	유아학교 (유아기)	기초과정 1	~5	유아교육									
학교 edu fare	초등저학년 (아동전기)	기초과정 2	~9	초등교육									
	초등고학년 (아동후기)	기본과정 1	~12										
	중학교 (청소년전기)	기본과정 2	~15	중등교육									
	고등학교 (청소년중기)	진로과정 1	~18										
	대학 (청소년후기)	진로과정 2	~24	고등교육									
직장 (가상) work fare	성인전기	직업과정 1	~40	직업/ 성인/사회/ 학부모 교육									
	성인중기	직업과정 2	~70										
	성인후기	직업과정 3 (준직업)	~80										
사회 (가정) wel fare	노년전기	봉사과정 (준직업)	~90	어르신 교육									
	노년후기	정리과정	91~										

데 있다. 이것은 개인적 목적과 의도를 달성하기 위해서 학교가 만들어진 것만은 아니라는 것을 의미한다. 특히 공교육은 사람을 사람답게 기르고 동시에 사회를 사회답게 가꾸는 일이기 때문이다.

교육은 사회적 협력을 촉진하는 공통의 규범 또는 가치관으로서 사회적 자본social capital을 형성·확대하는 데 일차적인 목적이 있다. 교육은 사회의 유지와 발전에 기여하는 공익의 실현이라는 사회적 목적을 달성하려는 사회적 필요에서 출발하여, 교원과 교사校舍와 같은 사회적 자원을 동원하여, 교사와 학습자 집단의 상호작용이라는 사회적 과정을 거치면서 이루어지는 사회적 투자이며 사회적 사업social enterprise이다.

초·중등 학교교육, 특히 무상의무로 이루어지는 공교육은 기본적으로 사회적 필요에 의해 사회적 자원을 활용하여 사회적 목적을 달성하기 위한 사회적 공익사업이다. 이를 위해 국가 사회는 개인의 가치관을 형성하는 데에 적기인 청소년기에 사회적 상식common sense을 형성하고, 사회적 가치와 공익公益, common goods을 더 강조하게 된다. 공교육에서는 개인 간 학력경쟁의 부작용에서 드러나듯이 다수의 학생을 모아 둔 곳에서 자연스럽게 일어나는 개인주의나 개별화를 더 강화하기보다, 협력·협동하는 속에서 공익에 기여하도록 애써 강조한다. 교육을 통한 개인의 이익 추구도 사회적으로 용인되는 틀 속에서, 한발 더 나아가 사회에 유익을 주면서 실현되는가가, 사회의 지속 가능한 발전sustainable development 측면에서는 중요하기 때문이다.

자유로운 사회에서 사회적 사업들은 기본적으로 개인의 이익 추구를 외면하지 않는다. 학습자의 성장에 따라, 학교급이 높아질수록 교육은 공공성보다 개인적 필요와 이익이 앞선다. 교육은 학습자 개인의 타고난 소질과 적성, 능력을 한껏 발휘하도록 돕는 잠재력 개발활동이다. 교육과정은 개인의 잠재력 개발을 위해 적기에 적절한 학습기회, 교육기회를 마련해 주는 일이다. 학교교육은 학습자에게 교과학습지도를 통해 더 높은 수준의 배움으로, 학생생활지도를 통해 더 나은 삶으로 나아가도록 돕는 일이다. 더 나은 배움은 계속적인 진학준비교육을 통해, 더 나은 삶은 상대적으로 종국적인 직업준비교육을 통해 이루어지며, 이 점에서 교육은 학습자의 학업 진로와 직업 진로를 개척해 주는 일이다.

학교교육의 가장 큰 외적 성과는 학생들이 각자 자신의 적성에 알맞은 '진로'를 찾아가는 것이고, 교육의 가장 큰 내적 성과는 학생들이 각자 찾아간 분야에서 남다른 발상·발견·발명의 새롭고 유익한 '창의력'을 발휘한다는 점이다. 이를 위해 교육에서 학습할 주요 내용은 공통적인 교양과 서로 다른 분야의 전문專門에 있다. 또한 교육을 통해 익힐 자세나 태도는 자기주도 혹은 자기조절의 학습력과 다른 사람과의 협동력이다. 이처럼 교육과정은 학생들의 잠재력을 찾아 키워 주고, 적성에 맞는 진로를 찾아 주며,

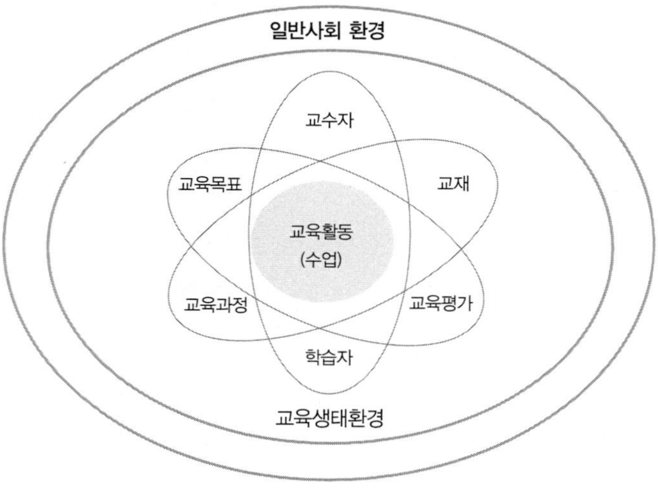

[그림 1-2] 교육의 중심은 교수자-학습자 상호작용

창의력을 키울 기회를 마련해 주는 교육적 장치라고 할 수 있다.

교육과정은 교육의 일부로서 교육목적을 구체적으로 구현하는 수단이고, 교육내용과 활동의 계획이며, 계획을 반성적으로 실천하여, 실천 결과를 바탕으로 학습경험의 질을 개선하는 일련의 과정過程, process이다. 교육과정에 대한 학문적 탐구로서 교육과정학은 교육과정의 이론과 실제를 통해 체계적으로 탐구될 수 있고, 그 결과를 가지고 학생들을 가르칠 수 있으며, 교육과정을 배운 이들은 현실 교육에 적용하여 질적 개선을 가져올 수 있는 매우 실제적인 분야다. 학교교육을 중심으로 교육과정의 위치를 그림으로 나타내면 [그림 1-2]와 같다.

2. 교육과정의 기본질문

어떤 분야의 정체성을 알 수 있는 가장 좋은 방법 중 하나는 그 분야의 기본질문key question이 무엇인가를 파악해 보는 것이다. 어떤 분야든 그 기본질문에 대해서는 시공간을 넘어 거듭 묻고 답하게 된다. 이와 같은 교육에 대한 개념 규정에 따르면 교육과정 분야의 가장 기본적인 질문은, 학교와 같은 교육기관이나 교수자와 학습자가 만나는 '교육' 상황에서, 사람을 사람답게 기르고 사회를 사회답게 가꾸기 위해 교육에서는 '무엇을 가르치고 배울 것인가?', 직접적으로는 사회 속의 학습자의 더 나은 배움과 삶을 열어 주기 위하여 '무엇을 가르치고 배울 것인가?'이다.

교육과정학은 학교를 비롯한 교육기관에서 가르치고 배울 만한 가치가 있는 것이 무엇인가에 대답하는 학문 분야다. 교수자 입장에서는 '무엇을 가르칠 것인가'이며, 배우는 학습자 입장에서는 '무엇을 배울 것인가'이지만, 평생학습 차원에서 교육과정의 균형 잡힌 기본질문은 무엇을 '가르치고 배울' 것인가다. 가르치고 배우는 행위의 목적은 사회 속의 학습자의 더 나은 배움과 더 나은 삶을 위한 교수자의 배려와 활동이므로, 언

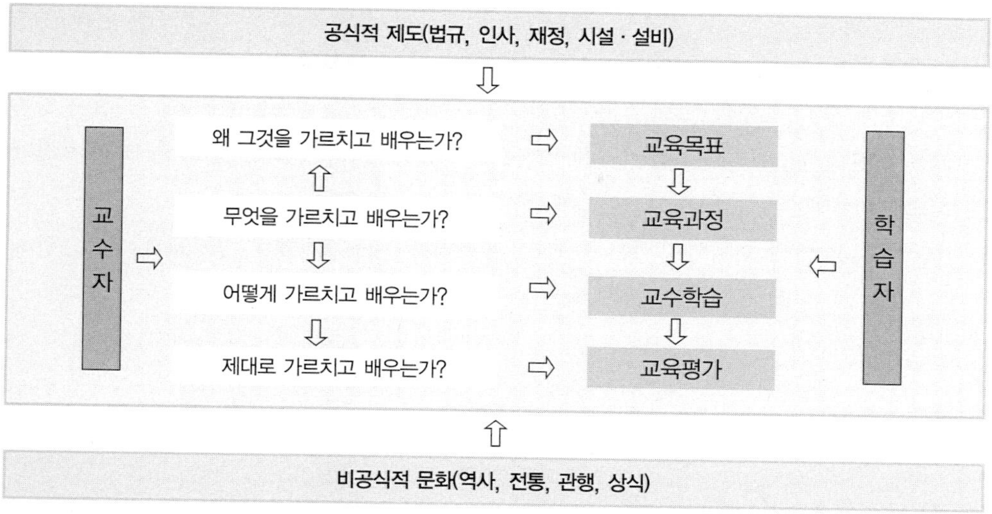

[그림 1-3] 교육의 진행과정을 기초로 한 기본질문

제나 학습자(개인과 집단)와 그가 활동할 사회(전체와 분야)의 입장을 동시에 고려하여 답해야 한다. 학습자의 소질과 적성, 발달과 능력, 진로와 요구, 특수한 장애를 그리고 학습자가 직 · 간접적으로 참여하는 사회공동체의 정치, 경제, 사회문화, 과학기술, 자연환경 등 세계의 변화상과 미래변화 방향을 고려하여 교육과정의 기본질문에 답하게 된다.

(1) 교육과정 기본질문의 의의

'무엇을 가르치고 배울 것인가?' 하는 질문이 중요한 이유는 현재 가르치고 있는 교육내용과 활동에 대한 반성적 사고를 촉구하기 때문이다. 학문탐구 분야로서 교육과정학은 교육기관의 교육상황에서 가르치고 배울 만한 것이 무엇인가를 꾸준히 찾아 그 결과의 정수精髓를 학습자들에게 제공한다. 교육과정학의 탐구는 기본적으로 현행 교육과정에 대한 비판적 이해critical understanding와 바람직한 교육과정에 대한 창의적 개발creative development을 중심으로 한다. 현재까지 교육과정에 대한 백서白書 작성을 통해, 미래를 위해 더 나은 교육과정의 청서靑書를 제시한다.

더 나은 배움과 삶을 열어 가기 위해서는 현실 교육과정의 불합리함을 제거해야 한다. 개선된 교육과정을 얻기 위해서는 이 분야의 지속적인 창조적 파괴, 자기정화과정이 필요하다. 교육과정학의 가장 큰 특징은 교육과정 현실에 대한 비판과 교육과정 미래 창출이다(critical and creative curriculum). 지식과 정보가 폭발적으로 늘어남에 따라 가르칠 만한 것을 포함시키고 가르칠 필요가 적은 것을 배제하는 선택적 활동은 더 빠르게 지속되어야 한다. 불필요한 것, 덜 중요한 것을 가르치다 보면 꼭 필요한 것, 더 중요한 것을 가르칠 기회를 잃어버리게 된다. 우리는 이를 기회학습 혹은 유실학습이라고 부를 수 있다. 잘못된 교육에 들이는 시간, 노력, 비용은 회수될 수 없는, 다른 용도로 사용할 수 없는 일종의 매몰 비용sunk cost이다. 지식폭증시대에 교육내용의 효용성에 대한 판단은 더 진지하게 고려되어야 한다.

이런 반성은 현행 교육과정, 즉 국가교육과정기준, 학교, 계열, 전공, 교과, 과목, 단원

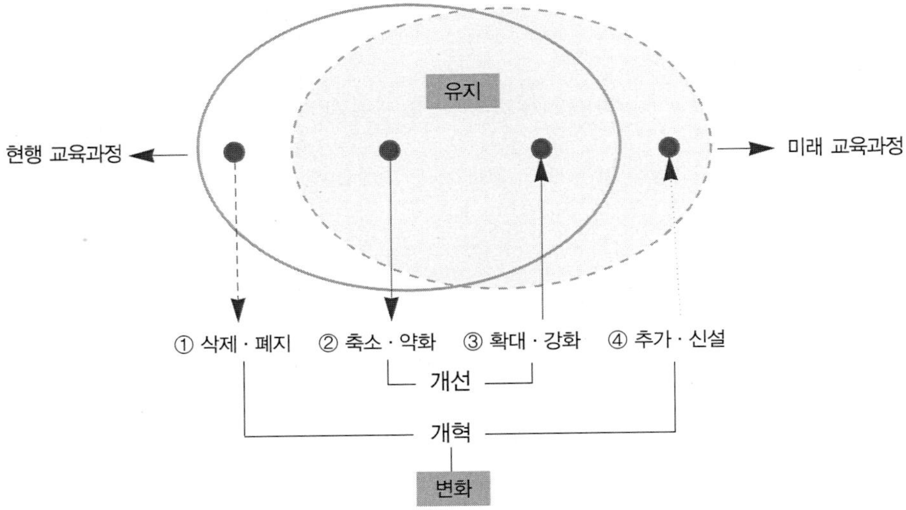

[그림 1-4] 교육과정의 기본질문에 비추어 본 주요 과업

〈표 1-2〉 교육과정의 유지와 변화 대상 예시

구분		유지	변화(개선과 개혁)			
			삭제 · 폐지	축소 · 약화	확대 · 강화	추가 · 신설
교육과정 총론				✓		
교과	차시	✓				
	단원		✓			
	과목			✓		
	교과				✓	
	과정					✓
	계열	✓				
창의적 체험활동					✓	

등 여러 수준에서 ① 유지와 ② 변화(개선)로 압축된다. 변화는 부적절한 내용과 활동의 종류나 범위를 ① 삭제 · 폐지하거나, 대신 새로운 내용과 활동으로 ② 추가 · 신설할 것을 찾는 개혁reform과, 보다 온건한 방법으로 기존의 내용과 활동의 범위, 수준, 심도, 분량, 시기 등을 ③ 축소 · 약화하거나, 대신 ④ 확대 · 강화할 것을 찾는 개선improvement으로 나뉜다. 즉, 현재 가르치고 배우고 있는 교과(차시, 단원, 과목, 과정, 계열 등)나 교과 이외의 창의적 체험활동에서 유지할 것과 개선할 것을 찾아서 그 지속 가능한 발전과 적절성 · 건강성을 추구하는 데 기본질문의 의의가 있다.

교육과정의 기본질문에 대한 대답의 이면에는 가르치지 않는 것, 배우지 못하는 것이 남는다. 한정된 시간 안에 가르칠 것이 일정하게 선택되어 포함inclusion되면, 배제exclusion되어 가르치고 배울 기회를 잃어버린 것들이 남는다. 무엇을 가르치고 배울 것인가의 기본질문은 늘 학습자와 사회의 입장에서 가르치고 배울 만한 거리를 엄선嚴選, 취사선택取捨選擇하는 일이다. 특히 시대적 · 문명적 전환기에는 이런 일들이 더 중요해진다. 진행 중인 4차 산업혁명에서 반드시 가르치고 배울 것은 무엇인가? 이 점에서 교육과정은 학교와 같은 교육기관에서 가르칠 것을 포함하거나 배제하는 활동과 그 결과를 의미한다.

(2) 기본질문에 대답해 보기

이 분야 종사자들은 기본질문에 대답하는 방식을 두 가지로 시도하였다. 하나는 구체적인 교육목표objectives와 교육내용contents과 활동activities 목록을 직접적으로 보여 주며 '이것을 가르치고 배워야 한다.'고 하는 방식이다. 다른 하나는, 가르치고 배울 만한 것이 이것이라고 목표나 내용으로 분명히 대답하지는 못하지만, 이러저러한 개발 과정process, 원리principles와 절차procedures나 방법을 쓰면 그것을 결정하고 계획plan할 수 있다고 제안하는 방식이다. 이 부분은 교육과정 개발 부분에서 더 자세히 다루기로 하고, 여기서는 직접적인 대답을 잠정적으로 시도해 본다.

교육과정의 기본질문에 대한 폭넓은 대답은 어떤 지식, 기능, 태도, 사회성 등이다. 때로는 어떤 내용과 활동, 지식과 역량 등으로 구분하여 대답할 수도 있다. '어떤'에 내용을 채워 보면 '같은 것과 다른 것'을 배운다고 할 수 있다. 학교교육은 크게 보면 두 가지를 가르치고 배우는데, 전체 사회와 모든 학습자에게 '공통된' 기초 기본 교양 교육에 해당하는 것(지식 · 내용, 기능 · 능력 · 활동, 가치 · 태도 등)과 사회 각 분야와 각 집단의 필요와 진로에 따라 '상이한' 심화 · 특수 · 전문 · 직업 교육에 해당하는 것들로 나뉜다. 전인, 인격, 교양 교육과 특수, 전문, 직업 교육을 나누어 대답할 수도 있고, 둘을 합쳐 나란히 대답할 수도 있다.

초 · 중학교에서는 주로 공통필수적인 것을, 고교 이후부터 직업준비교육에서는 해당

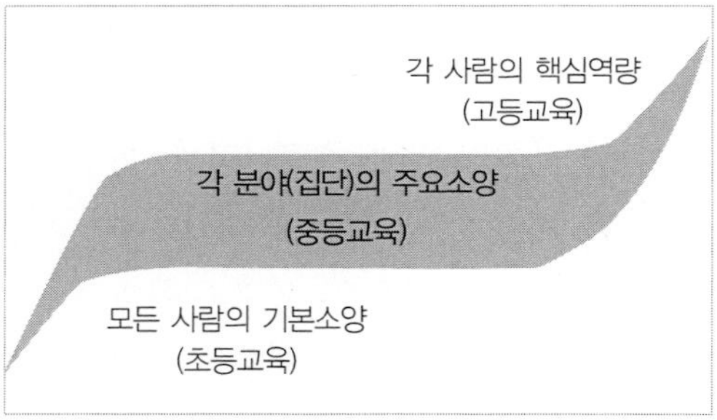

[그림 1-5] 학교교육의 역할

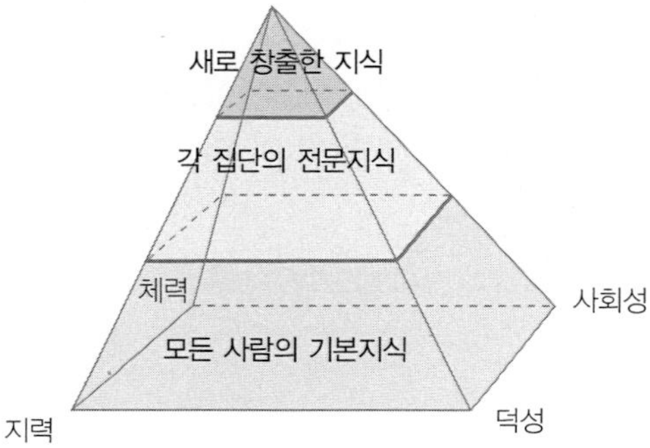

[그림 1-6] 지식의 3층

분야의 직무수행에 필요한 것을, 그리고 사회에 나가 현역 생활 중에는 새롭게 창출된 것을 평생학습 차원에서 계속적으로 공부하게 된다. 이렇게 보면 생애 초반부에는 평생학습할 능력과 자세를 배우는 것이 가장 중요한 공부일 수 있다. 특히 현대의 세계화 · 지능정보화 사회에서 일정 수준의 외국어, 통계, 정보문해력 등은 생활인의 상식을 갖추는 데 빠져서는 안 될 부분이고, 이를 제대로 배우지 않으면 현대사회의 문맹인이 될 수도 있다.

교육을 통해 여러 가지 내용과 활동 분야를 배우지만 결국에는 하나의 전공 직업 기술이나 지식, 그에 밀접한 외국어, 심신건강 관리의 운동, 심리정서 관리의 예술을 배우게 된다. 대학교육에서 전공과 교양을 가르치고 배운다는 구호(Know everything about something, and something about everything)는 이를 잘 드러낸다. 1인 1직 · 1외 · 1체 · 1예를 배운다고 할 수 있다. 물론 사람에 따라서는 외국어, 체육, 예술 중 하나가 전공으로 중심을 차지하기도 한다. 조금 더 나아가 제 스스로 공부하는 자기주도 혹은 자기조절 학습법과 남과 더불어 협력하여 창의적으로 문제를 해결하는 협동학습법과 자세를 배운다. 이런 교육의 성과는 각자 제 갈

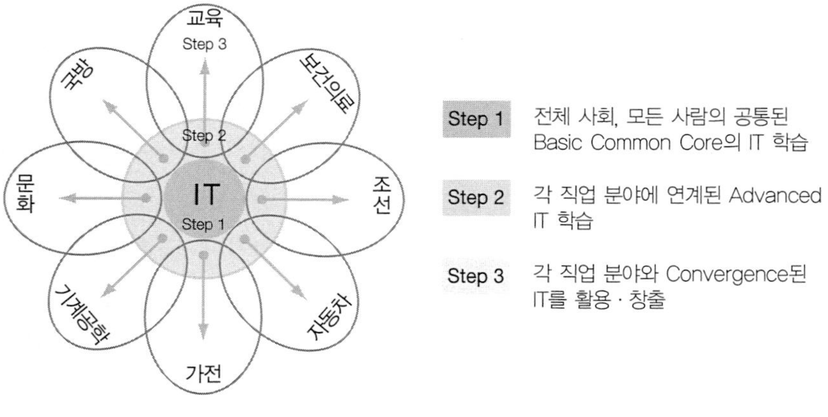

[그림 1-7] 3층 지식의 전개

길을 찾아가는 진로에 들어서게 하는 것이고, 이를 통해 각자 제 분야에서 남다른 발상·발견·발명을 하여 사회공동체에 유익을 끼치는 창의력을 발휘하는 데 있다.

학습자 입장에서 대답해 보면, 사람들이 태어나면서 자연스럽게 가지는 기질, 본성, 흥미, 관심, 소질, 적성 등에 따라 하고 싶은 공부(일, 놀이 등의 활동을 포함), 연습, 훈련, 노력, 수준, 능력 등에 따라 잘하는, 잘할 수 있는 공부, 장차 학업 및 직업 진로에서 요구하는, 해야 할 필요가 있는 공부를 배우는 것이다.

교육의 단기적 목적에 따라 대답해 보면 다음 학교급에 진학해서도 계속적·성공적으로 학습할 바탕을 마련해 주는 '진학교육'과 사회생활인을 키우는 '직업교육'을 목적과 내용으로 한다. 공식적 학교교육의 최종은 직업교육이다. 그래서 학교나 사회는 모든 학습자가 생업(취업, 창업, 가업 승계 등)을 유지하는 데 필요한 직업교육으로 공식적 교육을 마무리하도록 돕는다.

일생 경로를 따라가면서 대답해 보면, 0~2세까지 유아는 부모나 보호자 품에서 '절대 행복'을 보장받아야 하고, 유아의 성장에 따라 사회적 육아는 점진적으로 확대 시행된다. 초·중등학교를 중심으로 한 학교교육기 교육과정은 인간의 발달단계에 따라 초등 저학년까지는 자연환경에서 '놀이와 활동'을 중심으로, 초등 고학년에서 중학교까지는 '기본 교과'를 생활 중심으로, 고교 이후부터는 '진로별 교육과 학습'에 초점이 맞춰져 진행된다. 학교를 졸업한 이후에는 사회에서 직장에서 직업교육을 받게 되고, 직장의 현역에서 은퇴한 이후에는 비교적 성과에 책임을 덜 지는 쪽의 평생학습이나 사회교육에 참여하게 된다.

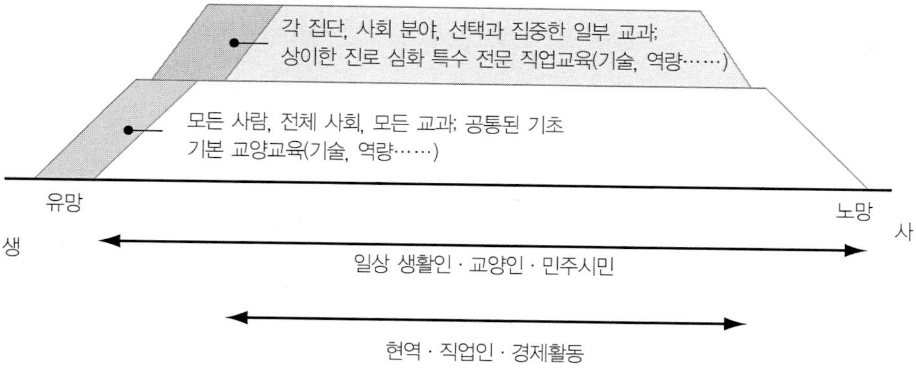

[그림 1-8] 평생학습의 기초로서 두 종류의 교육과 교육과정

3. 교육과정의 개념 정의

교육과정의 정체성 탐구의 세 번째 방법은 교육과정에 관한 각종 정의를 수집하여 정리해 보는 방법이다. 어떤 분야나 정지된 실체stock와 작동하는 흐름flow에 주목할 수 있다. 교육과정을 구성하고 있는 영역 측면에서 정의할 수도 있고, 교육과정을 계획하거나 그것이 실천되는 과정過程, process을 좇아 정의할 수도 있다. 여기서는 교육 내부와 교육에 영향을 주고받는 외부로 나누어 교육과정에 대한 정의를 종합해 보기로 한다.

1) 교육기관을 둘러싼 정의

● 교육계획: 교육과정은 학생을 교육하기 위해 학교 안팎에서 미리 세운 모든 교육계획educational plan이다. 이는 학생들이 읽고, 쓰고, 스스로 찾아 연구하고, 실험하고, 프로젝트를 수행하는 등 학습을 촉진하기 위해 의도적으로 계획한 것들이다. 교육과정은 계획, 실행과정, 성과 중 상대적으로 '계획'과 더 밀접하다. 그래서 '의도한 또는 미리 세운 계획'에 주목한다. 어원語源적 의미인 로마시대 작은 전차little chariot와 그 경주로race course처럼 정해진 일련의 계획된 활동이다. 학생들이 공부해야 할 경로course의 계획, 학교에서 제공하게 되는 온갖 교육활동 계획을 지칭한다. 교육제공자들 입장의 교육계획에 중점을 둔다. 여기에는 가르칠 교과내용의 종류, 수준, 범위, 분량, 가르칠 시기와 장소, 교사와 학생이 하게 될 역할, 동기유발 장치, 교수방법 및 교재, 시설과 설비, 평가, 결과 기록과 활용 등 학교 교육활동과 교실 수업 전에 미리 계획할 수 있는 모든 것을 포함한다. 국가수준에서 고시한 교육과정기준 문서, 학교의 교육과정운영계획서, 교과서나 수업지도안 등에 담긴 교육활동 계획이다. 즉 교육활동을 문서로 계획한 것은 수년간, 연간, 학기, 월간, 주간, 일간 교육계획으로 나타난다.

계획으로서 교육과정은 실제 교육활동의 '기준'으로서 학생들에게 제공되는 학습 '기회'의 형태를 띤다. 학생의 적성과 진로를 개척하는 데 필요한 학습기회를 마련해 주는 것이 교육과정providing learning opportunities이라고 할 수 있다. 학습기회가 마련되어야 학생들은 지식을 넓히고, 기능을 숙달하며, 태도를 바람직한 쪽으로 바꾸고 가치관을 확립할 수 있다.

그러나 이 정의는 계획 측면을 강조함으로써 실제로 진행되는 측면이나 그 성과에 대해서는 상대적으로 소홀히 하는 결점이 있다. 교실수업이나 교육활동을 강조하는 입장에서는 계획은 일부일 뿐이다. 또한 교육활동의 성과나 결과는 의도한 계획과 달리 가감

될 수 있다는 점에서도 이 정의는 결함을 가지고 있다.

● 교과목이나 그 내용: 교육과정은 학교에서 가르치는 교과목subjects offered for study으로서 국어, 외국어, 사회, 수학, 과학, 기술, 예술, 체육 등의 교과목록이다. 특정 전공과 학과에 개설된 강좌목록lists of course, course of study을 지칭하기도 한다. 가장 흔한 협의의 교육과정이며, 대학 등에서는 '교과과정敎科課程'이라고도 한다. 교육과정은 인류의 지적 문화유산이나 사회 각 분야를 여러 개로 분류하여 체계적으로 조직한 교과목subject-matter, subject-area이다. 전통적인 동양의 4서3경이나 서양의 7자유교양과의 현대판이다. 이런 교과나 강좌들을 모으면 더욱 넓게 진학준비과정, 직업준비과정, 교양과정, 보충과정, 심화과정, 속진과정 등과 같은 프로그램 명칭들로도 나타난다. 한 강좌의 수업계획서로서 교수요목敎授要目, syllabus이나 교과서, 교사용 지도서teacher's guide, 차시별 수업계획서lesson plan에 포함된 내용을 지칭하기도 한다.

이 정의의 문제점은 가르치는 사람들의 의도와 계획이 들어 있는 교과목에 대하여 지나치게 관심을 쏟는다는 점이다. 교과목은 상대적으로 과업지향적이어서 일정 수준을 요구하는 결과와 책임을 묻는다는 점에서 고부담의 교육활동과 학습이다. 이런 정의는 학교에서 학생들이 경험하는 다른 중요한 부분들을 간과하고 있다. 학교는 수업만 하지 않는다. 학교가 학생들에게 교과목 이상을 교육하고 있는 만큼, 교육과정도 교과목 이상을 포함한다. 즉, 학교의 특색 있는 자율활동, 학생들의 자발적인 동아리활동, 봉사활동과 같은 교과외 활동, 창의성 · 진로 · 사회협동성과 같은 여러 교과를 통합하는 주제학습, 혹은 수시로 일어나는 생활 및 인성 지도 활동, 미리 계획되지 않은 여러 활동이 제외될 수 있다. 현대 교육과정에서는 학교 문화에 내재해 있는 것들과 함께 비의도적이고 계획되지 않은 많은 것도 교육과정의 개념에 포함된다. 과업지향적인 고부담 교과목만 학교가 제공한다면 학생들의 학업스트레스는 매우 높을 것이고, 학교 다니는 재미, 공부하는 맛은 대폭 줄어들 것이다. 학교의 지식의 체계적 전수 기능이 약화되는 속에서 수업시간에 배운 교과목 내용보다 심지어 쉬는 시간에 학생들끼리 웃고 떠든 것이 살아가는 데 더 도움이 될 수도 있다. 이런 점을 종합해 볼 때 학교가 학생들에게 교과목 이상을 교육하고 있는 만큼, 교육과정도 교과목 이상을 포함하는 것이 바람직하다.

● 수행할 과업: 교육과정이란 특정 목적 달성에 필요한 기능을 숙달하기 위해 수행해야 할 일련의 과업(a series of task to be performed)이다. 이런 정의는 회사, 공장, 군대 등의 훈련 프로그램에서 유래된 것이다. 사무실에서 서류정리, 공장에서 제품생산, 컴퓨터로 프로그램을 가동시켜 일하는 방법 등을 익히는 것은 구체적 절차와 달성해야 할 과업

이나 기준으로 명세화될 수 있다. 언제까지 어느 범위, 수준, 분량의 과업을 해내야 한다는 것이 수치로 표기되고 그 달성도는 업적으로 관리되고 당사자에게 환류된다(management by objectives: MBO). 학교에서도 문법, 연산, 서체, 발음규칙 등의 기초학습기능을 습득하는 것은 일련의 수행해야 할 과업으로 간주된다. 이 정의를 취하는 사람들은 기능이 그것을 구성하는 세부적 행동으로 분석되어 익힐 수 있는 것처럼, 지식과 개념, 태도와 가치도 그것을 특징짓는 정의적 · 인지적 · 운동기능적 · 사회적 개념 등으로 분석될 수 있다고 본다. 이 교육과정은 특정 기능의 상위개념과 하위개념 혹은 선수학습과 후속학습을 규명해 둔 과업분석을 통해 마련된다. 과업분석은 기능적인 활동의 학습에는 적절한 반면, 그 쓰임새는 상대적으로 제한적이다.

과업분석이 잘 적용되는 기계적인 과업이라 할지라도, 대부분 실제의 과업은 부분의 총합 이상이다. 이 정의는 프로그램화된 학습이나 기술 기능을 익혀서 자격증과 면허증을 얻는 교육활동에는 적절하지만, 보이지 않는 상상력과 창의력을 강조하는 교육활동, 인문학적이거나 전인적인 학습, 보다 복합적이고 융합적이며 메타인지적인 학습에 소용되는 교육과정에는 부적절한 면이 있다.

● 의도한 학습결과: 교육과정은 학생들이 학교교육을 통해 결과적으로 달성해야 할 학습수준을 사전에 정해 놓은 성취기준들의 집합이다. 학습결과learning outcomes는 학생들이 실제로 배운 것이다. 어떤 학자(Posner, 1982)는 교육과정이란 활동 그 자체가 되어서는 안 되며, 의도한 학습결과(Intended Learning Outcomes: ILOs)에 직접 초점을 맞추어야 한다고 주장한다. 이러한 주장은 교육과정의 강조점을 수단이나 과정으로부터 목적이나 결과로 옮기고 있다. 이것은 학생들에게 제공되는 교과내용에 대해 어느 범위와 어느 수준의 성취를 겨냥한 것인지를 분명하게 제시하려는 것이다. 교육을 통해 달성할 성취기준을 사전事前에 구체화한 것이다. 학급 내의 모든 학생은 의도한 학습결과를 획득했다고 주장할 수도 있지만, 그 획득한 결과의 내용을 분석해 보면 학생마다 각기 다를 수도 있다. 성취할 기준은 같지만 그 달성도인 성취한 수준은 학생마다 다르다. 학교의 문화 혹은 잠재적 교육과정의 산물처럼, 의도하지 않은 학습결과가 학생들에게 더 강하고 오래 남을 영향을 줄 수 있다는 반론도 있다. 또 의도한 학습결과는 동일한 내용이라 하더라도 탐구법, 모의실험법, 강의법 중 교수방법에 따라 그 과정은 상당히 다를 수 있다.

● 교사와 학생의 상호작용: 교육과정은 학생들이 수업 현장에서 교사와 상호작용하면서 겪게 되는 생생한 경험 자체라는 정의다. 교육제공자와 교육수혜자의 상호작용이다. 지금 여기 현장에서 빚어지는 생성emerging교육과정을 지칭한다. 교사들은 교육경험이 축적

됨에 따라 수업이 문서화된 계획 이상의 것임을 터득하게 된다. 숙련된 교사들은 문서화된 어떤 계획을 손에 들지 않고도 핵심적인 내용을 놓치지 않으면서 수업을 매끄럽게 진행할 수 있다. 교사는 학생들의 개인적 성장을 위한 촉매자이며, 교육과정이란 교사와 학생 간의 상호작용에서 야기되는 의미와 방향성을 경험하는 과정이다. 학생들도 반드시 계획된 대로만 움직이지 않는다. 계획된 것 이상 혹은 그보다 못한 경험도 엄연히 발생한다. 이 입장에서는 교육의 목적과 수단을 잇는 과정process에 주목한다. 특히 교육의 핵심인 수업에 집중하는 것이다. 계획이 무엇이든 교사가 실제로 구현하는 것과 결과가 무엇이든 학생들이 실제로 참여하면서 경험한 것이다. 이는 예술이나 체육 혹은 실험, 실습, 실기를 주로 하는 교과 수업이나 소풍, 운동회, 현장 답사 등 창의적 체험활동 같은 경험에서 찾아볼 수 있다. 대안학교에서 우여곡절과 방황하는 학생들을 돌보는 교사들의 노력에서 겪는 상호작용에서 잘 드러난다.

이 정의는 교육계획을 경시하거나 교육한 결과에 대한 책임 있는 성과를 소홀히 한다는 비판을 받기도 한다. 생생한 경험 자체만 중시하다 보면 문화적 유산 습득을 소홀히 하거나, 예정에 없던 엉뚱한 사건을 교육이라는 이름으로 미화하는 데 오용될 수도 있다.

● 학교에서 학생의 온갖 경험: 학생과 교사가 일정한 학교 및 지역 환경과 사회문화 속에서 상호작용한 결과의 총합을 교육과정이라고 본다. 학교의 지도하에 일어나는 학생들의 온갖 경험을 교육과정으로 본다. 이 입장에서는 교육의 수단과 목적은 하나의 과정, 즉 경험의 분리될 수 없는 부분들이라고 주장한다. R. Tyler(1949)는 강의내용과 활동을 학습경험과 대비시켰다. 활동은 경험의 한 통로일 뿐이다. 학습자 입장에서 겪고 있는 그리고 겪은 학습경험을 강조한다. 가르쳤다고 다 배우는 것이 아니듯이, 학습자 입장에서 성장 · 변화 · 학습된 바를 강조한다. 학습경험이란 목적과 내용 혹은 활동, 학습집단 조직, 수업 자료, 수업의 실제, 평가방식, 교육자의 희망과 요구 및 철학 등의 함수다. 이런 요소들이 학습자의 경험이나 활동과 상호작용할 때 비로소 학습경험은 형성된다. 학습경험은 학생들이 실제로 모르던 것을 알게 되었거나 배운 바를 행동으로 할 수 있게 될 때 형성되었다고 할 수 있다.

J. Schwab(1978)은 교육에 관심을 가진 각계각층의 대변자로서 환경, 대변자들의 진지한 논의 결과 선정된 공식적인 교과 내용, 여러 가지 교육방법을 숙련되고 헌신적으로 구사하는 교사, 다양한 시간과 장소에서 다양한 반응을 보이는 학습자의 네 가지 공통요소common places가 상호작용하는 것이 교육과정으로 본다. 이 중 어느 하나에 혹은 이것들의 조합에 변화가 생기면 학습자와 그들의 축적된 경험이 서로 만나는 교육과정의 결과 역시 변화된다. 이 정의는 폭넓어서 한정짓기 어렵다. 마치 계획된 여행 도중에 겪는 의

도된 그리고 의도하지 않은 온갖 경험과 유사하다. 개별 학생의 성장 경험을 가져오는 온갖 환경과 활동이 교육과정인데, 사실상 계획하기 어렵고, 관리하기도 어려우며, 성과를 측정하기도 어려운 면이 있다.

2) 개인과 사회를 둘러싼 정의

● 개인 삶의 반성된 궤적: 교육과정은 사람이 자신의 일생을 만들어 가는 과정에 영향을 준 모든 것이다. 사람을 빚어낸 그 무엇을 지칭하며, 한 사람이 오늘의 그 사람이 되는 데 영향을 끼친 온갖 환경과 경험과 영향력 등을 통틀어 말한다. 학교교육이 인생초반부를 다루는 데 반해 여기서는 중년과 노년을 포함한 인생전반의 관점에서 교육과정을 본다. 현재 그 사람의 됨됨이는 이제까지 그가 경험한 교육과정과 관계 있다고 본다. 교육과정은 누적된 생활경험에 관한 성찰적 해석으로서 일종의 자서전과 같다. 교육과정의 동사형인 쿠레레currere를 강조한다. 쿠레레는 어원적 의미인 달려가야 할 로마시대 전차little chariot 경주로race course처럼 정해진 일련의 계획된 활동이라기보다는, 그 '경주로를 따라 달리는(running of the race) 동적인 학습자의 주체적 활동으로, 이 과정에서 학습자가 하게 되는 경험'을 말한다. W. Pinar 등(1985)이 설명하였듯이, 개인은 현재의 사건들 속에서 의미를 찾고 과거로부터 기원을 찾아 재구성하며 미래의 가능한 방향을 상상하거나 창출한다. 교육과정은 교사를 비롯한 타인과 자서전적인 대화를 나누는 것을 바탕으로 생에 대한 개인의 전망을 재기획하는 것이다. 인간의 실존은 본질에 앞선다는 절박함이나, 중대한 결단이나 사건을 목전에 둔 사람의 일생을 되돌아보았을 때는 이해가 되는 정의다.

이 정의에 따르자면 억압된 인간 실존의 해방은 정신과 의사나 심리분석가와 같은 전문적인 치료자의 식견을 요구하여 일상적인 교사나 학생들로서는 쉽지 않다. 대안학교 등에서는 시도할 만한 일이지만 보편적이고 공공적 지식과 기술과 가치를 다루는 일반적인 학교에서는 교사들에게 특별한 능력을 요구하므로 실천하기 어렵다. 개별화된 교육과정이나 수업은 좋기는 하지만 특수교육 등에서 일부 가능하고 다수를 대상으로 하는 공교육에서는 지속가능하지 않은 편이다. 또 자기 성찰은 개인과 부모의 일차적인 책임이지 학교나 이를 지원하는 정부의 책임은 아니라는 입장도 있다. 공교육은 개인 삶의 여정에 큰 책임이 있지만, 개인을 넘어 사회공동체를 가꾸는 일에도 일정한 책임을 진다는 점에서 태평성대를 누리는 개인만 강조하는 정의에는 일정한 한계가 있다.

● 사회재생산의 도구: 사회를 빚어낸 그 무엇을 지칭하는 것으로, 교육과정은 현재의

정치 · 경제 · 문화적 체제를 다음 세대에게서 재생산하는 수단으로 정의된다. 학교교육은 후세대에 대하여 사회에 통용되는 특정 지식이나 가치를 재생산하는 것이다. 국가는 가르쳐야 할 기능이나 지식 혹은 감상의 내용이 무엇이어야 하는가를 규명하는 데 있어서 선도적인 역할을 담당하고, 교육과정 전문가들은 이를 학생들에게 알맞게 변형시키는 역할을 담당한다. 이렇게 만들어진 교육과정 내용은 그 사회의 지배적dominant 문화내용으로 지배hegemonic 집단들의 지식, 가치, 행동양식, 세계관을 특별한 거부감 없이 모든 사람에게 자연스럽게 스며들도록 만든다. 심지어 식민지, 독재국가에서 이런 교육은 식민지배나 독재정권을 정당화하거나 매우 불평등하고 불공정하며 불의한 정치경제체제를 정당화하는 수단으로 작용한다. 학교는 후대들에게 문화를 재생산시킬 수 있는 특수한 임무를 맡은 기관으로서 요청된다. M. Apple (1979)과 H. Giroux(1983) 등에 의해 논의되었던 것처럼, 현 상황을 유지시키기에는 사회적 불평등과 불공정 문제는 매우 심각한데도 교육과 문화를 통해 교묘하게 다음 세대에서도 지속되고 있다. 학교는 사회적 · 문화적 변화에 영향을 미칠 힘이 없다는 것을 묵시적으로 가정할 때, 그들은 현재의 불의를 영속시키는 데 협조하는 셈이다. 사회의 많은 제도 중 하나로서 학교가 더 많은 자유, 평등, 정의를 위해 얼마나 큰 힘을 발휘할 수 있는지가 관건이다.

● 사회개혁의 수단: 사회를 새롭게 만드는 데 기여하는 그 무엇으로, 교육과정은 학교가 학생들을 의식화시켜 사회를 개조할 수 있는 능력과 신념을 길러 주는 수단이다. J. Dewey에 의해 고무되고 G. Counts(1932)가 정립하였으며 T. Brameld가 옹호했던 견해에 따르면, 학교는 학생들로 하여금 사회 개선을 할 수 있는 지식과 가치 및 이를 뒷받침하는 문화제도와 신념 및 활동을 제공해야 한다. 어떠한 사회나 문화도 완전하지 않다는 것과 교육의 목적은 그것을 개선하는 것이라는 전제하에 사회재건주의자들은 교육을 통한 더 나은 사회의 건설을 강조한다. 1980년대 한국에서도 그러했고, 21세기 북한 등의 독재국가에서 기본인권을 확보하는 민주화운동이 그것이다. 사회의 어떤 측면이 어떻게 그리고 왜 변화되어야만 하는가? 그 방향 제시는 학생들로부터 나올 수 있으며 혹은 학생들이 사회를 재건하기 위해 어떻게 교육받아야 하는가에 관한 교육자들의 결정에 의해 영향받을 수 있다. 그 방법론은 학생들에게 이루어져야 할 바람직한 변화를 가르치는 것에서부터 기존 사회질서의 모순에 대해 질문을 제기하고 비판적인 사고 능력을 갖추게 하는 것이다.

문제는 네오마르크시즘이나 사회주의와 같은 특정 성향의 정치적 신념을 학생들에게 주입시키려고 하는 교육자의 욕구는 심각한 교화indoctrination에 해당된다는 점이다. 교사나 단체들은 학생들에게 그럴 권리가 있는가? 이렇게 되면 전체주의 국가에서 혁명을 지지하도록 세뇌된 학생들(예: 문화혁명기 홍위병)이 가족을 정탐(북한이나 옛 루마니아의 5호담당제)하거나 반혁명행위를 밀고하는 사람이 될 수도 있다. 인간적인 삶을 추구할 학생들의 기본적인 인권을 무시하면서까지 사회변화를 지시하는 교사들이 절대자의 역할을 수행할 권리가 있는가? 특정 단체 · 정파 · 계층 · 지역에 속한 사람들의 이익이 아니라 '모든' 사람의 가치와 존엄과 기회를 확대하려는 교육이라면 정당화된다.

3) 교육과정 정의의 한계와 대안 탐색

앞에서 제시된 교육과정에 대한 정의를 보면, 교육과정 실행을 위한 내용과 활동의 '계획plan'을 중시하는 입장, 학생과 교사가 만나서 상호작용하는 '과정process'을 중시하는 입장, 교육적 상호작용을 통해 학생들에게 최종적으로 길러지는 '결과product'를 중시하는 입장, 그리고 이를 보다 '종합적'으로 정의하려는 입장으로 나눌 수 있다. 마찬가지로 교육과정을 사회, 학습자, 교과를 중심으로 혹은 양자가 교차하거나 삼자가 종합되는 지점을 중심으로 개념을 정의할 수도 있다.

앞에서 제시된 각 교육과정의 정의들은 비판적인 평가로 끝을 맺었다. 그것은 교육과정의 특정 측면을 두고 정의하면 필연적으로 놓치는 부분이 있기 때문이다. 그렇다고 이러한 주장들에 지나치게 동요되어서는 안 되며 합의가 없다고 해서 어떤 것도 취할 만한 것이 없다는 결론을 내려서도 안 된다. 각 정의의 긍정적인 특징은 분명히 있다. 지나치게 다양한 정의가 상존할 때 이를 벗어나는 하나의 방법은 종합적으로 정의하거나 공통적인 현상에 주목하는 것이다.

곽병선(1983)은 교육과정의 다섯 가지 속성을 계획, 교육적 성취, 문화내용, 제시 형태, 유효성으로 본다. 첫째, 교육과정은 학습자의 교육적 성취에 직결된 모든 수준의 교육계획이다. 둘째, 학습자의 교육적 성취는 인간 가치를 드높이는 데 기여하는 지적 · 정신적 · 도덕적 측면 등 모든 영역의 발달을 의미한다. 셋째, 그 계획은 지식, 사고의 양식, 경험 등 우리의 문화내용을 재구성한 것이다. 넷째, 그 계획은 유 · 무형 형태로 다양한 자료를 통해 보존되고 표현될 수 있다. 다섯째, 그 계획은 학교교육에서 유효할 수 있어야 한다. 이러한 속성을 종합하여 그는 교육과정을, "학습자에게 교육적 성취를 의도하여 학교에서 유효할 수 있도록 지식, 사고의 양식, 경험 등 문화내용을 재구성한 모든 수준의 계획"으로 정의한 바 있다. 이 정의가 종합적임에도 교육의 계획에 치중하여 과정과 결과 측면이 소홀히 되는 면이 있다.

여기서는 앞서 언급하였듯이 교육의 정의에 비추어 교육과정을 잠정적으로 정의하고자 한다. 사회의 다른 분야가 하지 않는, 그래서 교육이 담당해 주어야 할 것들을 고려하면서 정의를 내려야 할 것이다. 그렇지 않으면 교육의 고유한 역할이 사라지게 된다. 이 점에서 교육이란 '사회 속 학습자의 잠재력을 찾아내 더 나은 배움과 더 나은 삶을 열어 주기 위한 교수자의 활동과 배려'다. 더 낫게 배우고 더 나은 삶을 살아가려는 학습자는 어떤 사람일까? 학교와 같은 교육기관은 어떤 사람을 길러 내야 할까? 우리는 교육받은 사람들이 어떤 사회를 만들어 살아가기를 소망하는가? '지향하는 사회상과 교육받은 인간상'에 대한 탐구와 수립은 교육과정 계획에서 먼저 해야 할 일이다. 이후의 교육적 과업들은 이 일을 중심으로 행하게 된다. 초·중등교육은 선대가 후대를 도와 훌륭한 사회 성원을 길러 내어 개인과 공동체가 지속가능한 발전을 이룩하도록 돕는 일이다. 교육과정은 '개인과 공동체의 지속가능한 발전을 위하여, 학습자들이 자신의 잠재력을 찾아 더 나은 배움과 삶을 열어 가기 위해서는 교수자들은 '무엇을 가르치고 배우면 좋을까'를 묻고, 이에 대해 심사숙고한 후 답하여 교육활동의 기준을 계획하며, 이를 전문적으로 실천하고, 질 높은 성과를 달성하는 총체적인 과정'이라고 정의할 수 있다. 이 정의는 개인과 사회, 교수자와 학습자의 상호작용, 교과와 활동, 계획과 과정 및 결과를 담은 종합적인 것이다. 이 책에서는 이런 종합적인 입장을 꾸준히 발전시켜 갈 것이다.

또 다른 방법은 아예 정의하려는 시도를 멈추고 교육과정의 현상과 이미지를 다른 현상에 빗대어 비유metaphor해 보는 것이다. H. Kliebard(1972)는 인간은 흔히 비유적으로 생각하고, 비유는 특정 현상의 본질을 드러내는 데 강력한 도구가 될 수 있다고 하였다. 그는 교육과정 문헌과 실제에서 발견되는 세 가지 근본적인 특징을 공장의 생산, 식물의 성장, 여행의 여정으로 비유하고 있다. 공장의 제품 '생산'이란 산업 모형을 의미하는데, 학생들을 명세화된 계획을 활용하고 낭비를 피하는 숙달된 기술자로 변모할 원재료로 보며, 그 원재료가 그 목적에 사용되도록 한다. 농장의 식물 재배 및 '성장'의 비유는 교사를 통찰력 있는 정원사로 보는 것으로, 교사는 식물(학생)의 독특한 특징을 파악해서 그들 자신의 특수한 종류의 꽃을 피우도록 재배한다. '여행'의 비유에 있어서 교사는 여행의 안내자로 학생들을 지식, 기능, 아이디어, 감상, 태도가 풍부한 지역으로 인도하는 것이다. 여행안내자guide는 각각의 여행자가 그들의 배경, 능력, 흥미, 적성, 목적에 있어 독특성을 가지고 있기 때문에 어떤 여행을 하고서도 각기 다른 반응을 나타내리라는 것을 알고 있다. 여행에서 지도map는 교육과정 문서나 교과서와 유사한 기능을 수행한다. 일정한 교육 프로그램을 거침으로써 변화한 그 무엇을 지칭한다.

사람들은 경주용 전차나 경주로라고 하는 교육과정의 어원 때문에 여행이라는 은유가 교육의 기원에 가장 근접하다고 믿는다. 어원에서 볼 때 경주에서 달려가야 할 길(출발-여정-종착), 달리기 위한 수단(말과 마차), 말을 몰아 달리는 기수가 얻게 될 것(기술과 경험)은 모두 교육과정과 관계된다. 여행이라는 비유는 Kliebard가 제시한 각각의 비유를 종합하는 데에 충분히 포괄적이다. 예를 들어, 여행이라는 것이 한 장소에서 다른 장소로 옮겨 가는 여정이 분명하다면, 동식물의 성장이라는 것은 자신을 확장 · 분화시키고, 보다 복잡하게 통합되어 가는 또 다른 여정인 것이다. 심지어 공장의 '생산'이란 것도 원재료에서 컨베이어벨트를 타고 나오는 최종 산출물로의 일종의 여정인 것이다.

4. 교육과정의 특성과 학습 목적

1) 교육과정의 특성

D. Walker(1990: 186-197)는 교육과정에서 활용되는 논법이 바람직성desirability, 실용성utility, 책무성obligation, 실현가능성feasibility이라고 하였다. 전성연(2001: 15)은 교육과정 이론은 교수이론과 달리 기술적 특성보다 규범적 특성이 매우 높은 탐구 분야여서 오히려 발전이 지체될 수 있음을 지적하였다.

교육과정은 교육목적에 따른 규범적 측면, 교육목표 달성의 수단 측면, 교육활동을 실제적으로 지원하는 측면, 학습자의 발달 · 적성 · 진로 · 능력 · 애로를 존중하는 측면, 교원이 운영의 질을 가름하는 측면, 미래 지향적 측면을 지니고 있다. 각각의 특성은 매우 광범위한 탐구적 · 실천적 · 반성적 영역을 포함하고 있어 교육과정의 개발 · 실천 · 학습은 복합적이고 역동적이다.

● 교육목적에 따른 규범성: 교육은 사회 속 학습자의 잠재력을 찾아 더 나은 배움과 더 나은 삶을 열어 주기 위한 교수자의 배려와 활동이다. 무엇이 바람직한 교육인가? 교육받은 인간의 바람직한 모습은 어떠한가? 이상적인 인간을 기르기 위한 지식과 가치, 행동양식은 어떠한가를 교육과정에서는 사실을 넘어 규범적으로 판단하는 부분이 적지 않다. 사회적으로도 정치 · 경제 · 사회 · 문화 · 계급 · 종교 · 성 등의 측면에서 공정하지 못한 면을 교정하려는 특성을 띤다. 지향하는 좋은 사회성은 어떤 것인가? 그것을 위한 교육의 모습은 어떠해야 하는가? 교육과정에서 사회적 불평등을 시정하는 것은 바람직한 것으로 장려된다.

● 교육목표 달성의 수단성: 교육과정은 교육이 전개되는 전체 과정의 일부다. 교육과정은 그 자체로서 중요하기보다 교육목적을 제대로 달성하기 위한 수단이다. 개인적 · 사회적 측면에서 제시되는 교육목적은 교육받은 인간상으로서 학습자의 자아실현이나 사

회화에 초점이 맞추어져 있으며, 교육과정은 그 달성수단이다. 또 교육은 바람직한 사회 공동체를 만드는 수단으로 제안된다. 이런 교육목표를 달성하기 위하여 다양한 특성과 요구를 지닌 직업과 학업 분야를 반영한 교과들이 동원된다. 교육목표를 실현하기 위한 구체적인 계획과 실천 및 반성이 교육과정이며, 다른 한편으로 교육과정 정책의 입안과 집행, 교육목적과 목표의 수립, 교육과정 개발과 실행 및 평가를 모두 포함한다.

● 학습자 존중성: 학습자의 타고난 소질과 적성, 능력과 품성, 진로와 요구, 특별한 애로를 존중하는 것이 교육의 본연이며, 그것을 무시하거나 경시하게 되면 언제나 교육의 부실과 위기가 초래된다. 교육과정은 학습자의 적성, 진로, 능력, 애로를 존중하는 측면이 있으며, 그 특성과 요구가 다양하며 끊임없이 변화하는 학습자 집단과 그들이 맞게 될 미래사회를 감안하지 않을 수 없다. 학습자를 보다 더 나은 배움과 더 나은 삶의 질로 인도하는 것은 유한한 지식과 전망을 가진 인간의, 구체적으로 교육과정 결정자 집단의 잠정적인 판단에 달려 있다. 이해관계자들로부터 원망을 사더라도 '교육과정은 학습자의 학습권을 교수자의 교수권보다 앞에 두는 영역'이다. 학습자의 요구보다 교원 혹은 교과의 요구가 우선되는 경우가 있으나 이는 학습자를 더 나은 배움과 삶으로 이끌 수 있다는 교육적 판단을 통해서만 정당화된다.

● 미래지향성: 역사가 현재와 과거의 대화라면 교육은 현재와 미래의 대화다. 교육과정은 학습자와 사회의 현재와 미래 목적과의 끊임없는 대화다. 학습자의 성장과 발달, 사회의 발전과 개선은 변화 지향적인 특징을 띠고 있어 이를 반영하는 교육과정은 미래 지향적이 된다. 교육과정은 후대의 마음의 틀과 내용mind-set을 결정하는 일에 관여한다. 교육과정은 개인적 · 사회적 · 교육적으로 덜 긴요한 내용과 활동은 점차 축소시켜 마침내는 제외시키고, 보다 적절하고 타당한 것은 새롭게 포함시키는 특성 때문에 늘 새롭게 갱신되는 면이 있다. 멀리는 문명사적 흐름에 대한 냉철한 판단을 반영하고, 가까이는 학업과 직업 세계의 변화에 민감하게 반응하면서 교육과정은 쇄신된다. 학습자의 잠재력과 적성을 찾아 진로를 밝혀 주려면, 학습자의 더 나은 삶과 더 나은 배움을 열어 주려면 교육과정은 현재 가르치고 배우는 것에서 끝나지 않는다. 마땅히 새롭게 가려내어 가르치고 배울 만한 것을 끊임없이 찾아 나서는 특성이 있다. 이 점에서 교육과정은 자기 쇄신을 위한 파괴와 건설을 되풀이하며 발전하는 미래 지향적 특성을 띤다. 급변하는 사회에서 후대에게 미래 상황을 주도하는 능력을 기르도록 하는 것은 매우 중요한 교육과정의 목표다(곽병선, 2010).

● 교육활동 중심의 실제성: 교육과정을 가장 간단하게 이미지화하는 것은 교수자와 학습자 사이에 주고받는 그 무엇이며, 교육기관에서 전달하여 학습자에게 체화되는 그 무엇이라고 할 수 있다. 교육의 여러 장면에서 교수자와 학습자가 교육과정을 매개로 하여 만나는 장면이 가장 중요하며, 이 장면은 특수하면서도 다양하다. 교육과정은 교육활동 전개를 위한 내용 소재, 방법과 절차, 환경 조성의 '기준'이 된다. 교육목표 달성과 구체적인 수업을 위해 교육과정, 교재, 교원, 시설, 설비, 학생 수용 정책 등이 상호협력적으로 맞물려 돌아가는 제도가 필요하다. 교육과정은 학습자와 사회의 지속가능한 발전을 위한 적절한 학습기회를 제공하는 실제 교육활동의 '기준'으로 작용한다.

● 교원 주도성: 교육과정 실천의 성패는 교원에게 달려 있다. 교과를 매개로 하여 수업 지도를 통해 더 나은 배움을 열어 주고, 상호작용 상황을 계기로 생활 지도를 통해 더 나은 삶의 길을 보여 주는 교사가 교육과정의 구체적인 의사결정, 전문적인 실천, 반성과 질 관리를 담당하고 있기 때문이다. 교사는 학급의 수업의 질을 관리하지만, 학교장은 학교 전체의 교육 프로그램의 질 관리라는 책무를 띤다. 초・중등교육은 미성년자인 학습자들을 대상으로 하고, 합리적인 가치관이 자라나는 시기이므로 특별히 존중되어야 하고, 이러한 학습자의 권익은 그들의 집단적 관계, 객관적 상태를 잘 알고 있는 교원들에 의해 주도적으로 확보되어야 한다. 그러면서도 교육에서는 불리한 위치에 있는 학습자의 학습권은 교수자의 노동권보다 중시되어야 한다. 아울러 교육과정을 구현하는 교원들의 직무만족, 가르치는 교과와 프로그램에 대한 지식과 기술 및 열정, 학생 이해

교육기본법 제14조(교원)

① 학교교육에서 교원(敎員)의 전문성은 존중되며, 교원의 경제적 · 사회적 지위는 우대되고 그 신분은 보장된다.
② 교원은 교육자로서 갖추어야 할 품성과 자질을 향상시키기 위하여 노력하여야 한다.
③ 교원은 교육자로서의 윤리의식을 확립하고, 이를 바탕으로 학생에게 학습윤리를 지도하고 지식을 습득하게 하며, 학생 개개인의 적성을 계발할 수 있도록 노력하여야 한다.
④ 교원은 특정한 정당이나 정파를 지지하거나 반대하기 위하여 학생을 지도하거나 선동하여서는 아니 된다.
⑤ 교원은 법률로 정하는 바에 따라 다른 공직에 취임할 수 있다.
⑥ 교원의 임용 · 복무 · 보수 및 연금 등에 관하여 필요한 사항은 따로 법률로 정한다.

능력은 중요시되어야 한다. 교육과정과 교육활동은 기본적으로 학습자를 존중하는 교원 주도initiative로 학습자를 위한 것이어야 한다. 이 점에서 교원이 누리는 자율성은 전문적이고 책무성이 높아야 하는 전제 위에서 이루어지므로 상대적이고 제한적인 측면이 있다.

2) 교육과정 학습의 목적

교육과정의 성패는 교육과정의 선택자, 결정자, 전달자, 구현자인 교원에게 달려 있다. 따라서 교육과정을 배워야 할 사람은 누구보다도 학교의 관리자인 교감, 교장이고 현직 교사 혹은 장차 교사가 될 사람들이다. 또한 교육정책은 교육과정을 구현하는 것이 핵심이므로 교육정책 입안자나 집행자들에게도 교육과정 문해력curriculum literacy이 필요하다.

교육자에게 교육과정에 대한 이해력이 요구되는 첫 번째 이유는 '교육과정 계획의 자율성autonomy'이 필요하기 때문이다. 교직의 첫 번째 속성인 교육과정 계획에서 자율성은 타인의 지시나 명령, 부당한 간섭에 의해서가 아니라, 교원이 고도의 지식과 기술을 바탕으로 하여 스스로의 양심과 창의성에 따라 교육활동에 임하며, 그 결과에 대하여 사회적 책임을 지는 것을 의미한다. 무엇이 선한 양심에 따른 행동인지 무엇이 부당한 간여인지를 알기 위해서는 자신이 가르치고 있는 활동의 알맹이를 알아야 할 것이며, 그것이 끼치는 영향을 모르고서는 국가사회, 교육행정가, 학부모 등으로부터 부당한 간섭을 이겨 낼 자율성이 생기지 않는다. 자신은 주어진 혹은 정해진 내용을 잘 가르치기만 하면 된다는 주장은, 교직에 종사해 본 사람이라면 누구나 그것이 심히 타율적인 교직 생활의 영위라는 것을 알아차린다. 학생의 학습권과 교육복지, 사회의 안녕과 발전을 보장하는 방향에서 교육자가 자율적인 선택과 판단에 의하여 교직을 수행할 때 교권이 확립되고 그 자율성은 한층 강화된다고 할 수 있다. 교육과정 결정, 그 계획의 자율성은 이후 교육활동의 여건을 마련하는 일이다.

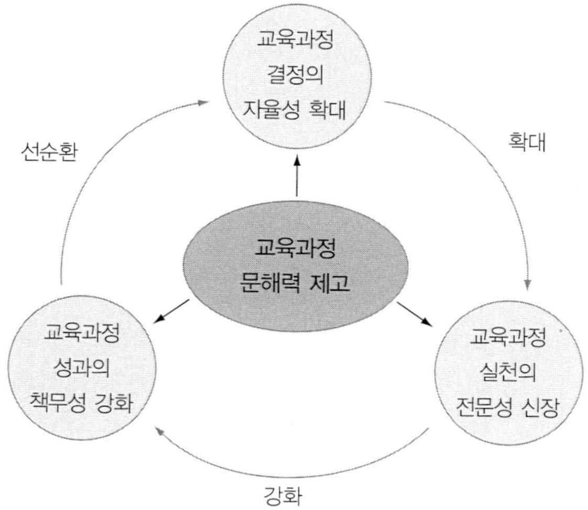

[그림 1-9] 교육과정을 배우는 목적

교원에게 교육과정에 대한 이해력이 요구되는 두 번째 이유는 '교육과정 실천의 전문성professionalism'이 필요하기 때문이다. 교육자가 가르칠 때 '고도의' 지식과 기술을 바탕으로 한다는 것은 가르칠 내용에 대한 이해와 그 전달 방법의 숙달을 넘어 가르칠 내용의 결정과 그 효과적 조직에 대한 전문성이 요구되는 일이다. 실행할 교육과정의 최종 결정자인 교육자는 성공적인 수업을 위해 교과목에 대한 풍부하고 폭넓은 지식이 있어야 하고, 가르치는 내용의 타당성을 찾기 위하여 스스로 학습하여야 하며, 학습의 목적과 과정에 대해 정확히 알아야 하고, 이를 수행하기 위한 적절한 수단을 강구해야 한다. 결국, 교사들이나 장차 교사가 될 사람들은 수업의 주된 자료인 가르칠 내용의 생산, 가공, 전달과정에 관여할 정도의 전문성을 길러서 온전한 수업을 하기 위하여 교육과정을 배우는 것이다.

교육자에게 교육과정에 대한 이해력이 요구되는 세 번째 이유는 '교육과정 실천 결과의 책무성accountability'이 필요하기 때문이다. 국가 사회와 학부모로부터 교육을 위탁받은 자에게 요구하는 충성된 책무성을 말한다. 그렇다고 교원의 자기 안의 책임responsibility을 배제하지는 않는다. 교육과정은 교육 전반이 그러하듯이 현재 혹은 기성세대의 유익을 대변하기보다 자라나는 세대의 유익, 그들의 삶의 기회를 넓혀 주는 일과 밀접한 관계가 있다. 어떤 내용이 학생들의 마음을 넓혀 줄 것인지, 어떤 활동이 그들의 체력을 단련시켜 줄 것인지, 어떤 결정이 그들의 삶의 기회를 넓혀 줄 것인지, 어떤 가치와 신념이 그들의 삶을 고양시키고 인간적 가치를 드높일 수 있는지 등에 대한 교육과정적 질문은 모두 학생을 위한 숙고를 필요로 한다. 자라나는 세대의 좁고, 얕고, 짧고, 낮은 경험 세계를 선대의 넓고, 깊고, 길고, 높은 경험 세계로 안내해 가는 교육적 과정에서, 현세대의 유익을 위한 결정과 활동을 앞세우다 보면 사회적으로나 개인적으로 커다란 불행을 초래한다. 사회적 목표달성을 위해 사회적 자원을 활용하는 사회적 기업으로서 학교가 지닌 사회적 책무성은 더할 나위 없이 중요하다. 이는 이미 국가적으로는 20세기의 소련의 교육이나 북한의 교육이 낳은 결과를 통해서 충분히 입증된 것이며, 개인적으로는 우리의 초·중등학교 시절 경험이 어떤 교사가 학생을 위해 교단을 지켰는지를 말해 주기 때문에 의문의 여지가 없다.

요약하면, 교육과정을 배워서 익히는 것curriculum literacy은 자율성을 확보한 교육자가 지도할 학생과 교과 혹은 학교교육 전반에 대한 전문성을 바탕으로 그들을 위한 충실한 배려를 하기 위해서 어떤 알맹이 있는 일을 수행할 것인지를 알기 위한 것이다. 즉, 교육자가 학생을 위해 무엇을 가르칠 것인가에 대해 더 나은 대답을 마련하여 학습자를 위한 더 나은 배려와 활동을 하기 위한 것이라고 할 수 있다. 자율성이 전문성 신장을 위해 쓰이고, 높은 전문성이 더 양질의 책무성 달성에 쓰일 때 더 큰 자율성, 더 높은 전문성, 더 큰 책무성이 확대 선善순환적으로 주어지는 것이다.

이 장의 요점 정리

1 교육과정의 기본질문은 교수자와 학습자가 만나는 교육상황, 즉 학교와 같은 교육기관에서 '무엇을 가르치고 배울 것인가'다. 교육이 사회 속의 학습자들의 잠재력을 찾아 더 나은 배움과 더 나은 삶을 열어 주기 위한 교수자들의 배려와 활동이라면, 교육과정은 무엇을 가르치고 배우면 학습자들이 더 나은 배움을 계속할 수 있고, 더 나은 삶을 열어 갈 수 있을까에 대해 숙고하여 이를 결정하고 계획하여 전문적으로 실천하고 그 성과를 반성하는 총체적 과정이다.

2 교육과정에 대한 정의는 다양하다. 그것들은 주로 교육의 진행과정과 소재를 염두에 두고 계획, 내용, 과정, 결과와 이를 종합적으로 보는 정의로 대별된다. 또한 학습자, 사회, 교과들을 중심으로 혹은 이들이 교차하는 데서 다양한 정의가 산출된다. 교육과정에 대한 정의의 복잡성은 이에 대한 은유를 요청하는데 공장의 제품생산, 작물의 재배, 여행의 여정 등이 그것이다.

3 교육과정 분야의 가장 기본적인 질문은, 교육기관이나 교육상황에서 사람을 사람답게 기르고 사회를 사회답게 가꾸기 위해 '무엇을 가르치고 배울 것인가?'다. 기본질문이 중요한 이유는 현재 가르치고 있는 교육내용과 활동에 대한 반성적 숙고를 촉구하기 때문이다. 현행 교육과정에 대한 비판적 이해와 바람직한 교육과정에 대한 창의적 개발을 말한다. 기본질문은 늘 학습자와 사회의 입장에서 가르치고 배울 만한 거리를 취사선택하는 일이다. 교육과정은 적절한 '학습기회' 제공과 교육활동이 따를 만한 '기준'을 마련하는 일이다.

4 교육과정은 교육목적에 따른 규범성, 교육목표 달성의 수단성, 교육활동 중심의 실제성, 학습자 존중성, 교원 주도성, 미래지향성의 특성을 지니고 있다. 예비 교사와 현직 교원들이 교육과정을 학습하는 기본 목적은 교육과정에 대한 이해를 넓혀 교육과정 계획에서 자율성을 신장하고, 이 자율성을 이용하여 교육과정 실천의 전문성을 함양하여, 학습자에 대한 최선의 배려와 사회적 기여를 통해 교육적 책무성을 달성하기 위함이다.

이 장의 주요 용어

학습learning, 교육education, 학교교육schooling, 교육과정curriculum, 공익common goods, 사회적 자본social capital, 선택된 전통selected tradition, 포함inclusion, 배제exclusion, 계획plan, 과정process, 성과product, 미래지향성futuristic, 교원주도성teacher-initiative, 학생존중성student-honored, 교육활동중심educational practice-centered, 21세기 교양21C common sense, 공통과 상이commonality and differentiation

연구과제

1. 지능정보사회에서 후대의 삶을 펼쳐가는 데 선대의 가르침의 효용이 적다면, 교육은 어디에서 그 존재의의를 찾고, 후대는 어떤 지향점을 갖고 삶을 개척해 나가야 합니까?
2. 사회 전체의 모든 사람의 21세기형 교양의 특징은 무엇이고, 사회 각 분야 집단의 21세기형 전문성의 특징은 무엇입니까?
3. 100세 시대의 나의 인생행로를 그간의 삶과 배움과 반성, 장차의 삶과 앎과 함, 심신의 건강, 사회적 관계, 학업과 직업 진로, 직업활동, 노후와 죽음의 계획 등의 측면에서 기획해 보시오.
4. 육하원칙에 따라 교육과정을 정의해 보시오.
5. 개인과 사회의 지속가능한 발전, 문화유산, 지식 기능 태도, 교과와 활동 경험, 교수자, 학습자, 학습기회, 계획 실천성과, 교육활동, 기준 등을 고려하여 교육과정을 종합적으로 정의해 보시오.

제2장

교육과정의 종류

교육과정을 이해하는 방법 중 하나는 그 종류나 외연을 파악해 보는 것이다. 현실에 존재하는 교육과정은 다양한 모양을 띤다. 종류는 위계나 계통을 따라 갈래가 구분되므로 종수가 많아지면 전모全貌를 파악하기 어렵다. 여기서는 대분류를 먼저 하고, 흔히 접하는 공식적 교육과정의 종류를 가름으로써 교육과정이 무엇인가를 파악해 보기로 한다.

1. 교육과정의 대분류

가시성 정도, 공식화 정도에 따라 교육과정은 가장 크게 구분된다. 이것은 빙산 혹은 프로이트의 의식 · 전의식 · 무의식에 비견될 수 있다. 교육과정을 가장 크게 나누면 교육과정은 공식적official 교육과정과 그 그림자라고 할 수 있는 잠재적latent/hidden 교육과정, 고의로 가르치지 않거나 배우지 못하는 영null 교육과정으로 나뉜다. 공식적 교육과정은 학생들에게 경험됨으로써 그 소임을 다하나

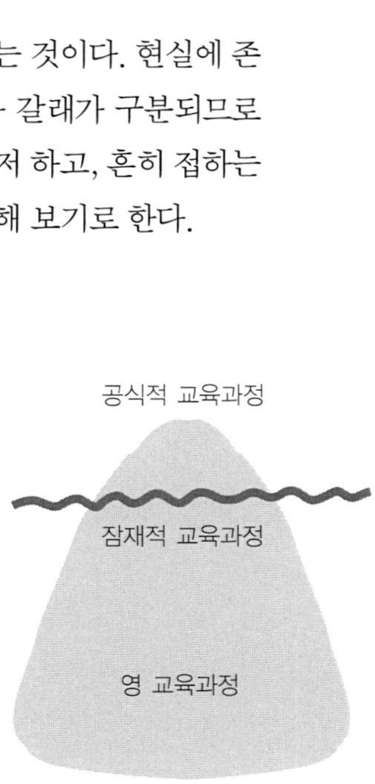

[그림 2-1] 공식화(가시성, visiblity) 정도에 따른 교육과정의 분류

필연적으로 부산물을 낳는다. 빙산의 아래에는 언뜻언뜻 보이는 부분과 결코 쉽사리 드러나지 않아 영원히 잊힐 것 같은 부분이 있다. 잠재적 교육과정과 영 교육과정은 공식적 교육과정에 긍・부정적 기여를 할 여지를 가지고 있다.

1) 공식적 교육과정

국가교육과정기준을 담은 문서, 시・도 교육청의 교육과정 지침, 지역 교육청의 장학자료, 교과서를 비롯한 수업용 교재, 학교교육과정 운영 계획, 교사의 수업 계획, 실시된 수업, 특별활동, 조회 등은 교육적 목적과 목표에 따라 분명하게 의도되고intended 계획된planned 공식적official 교육과정이다. 달리 표현하면 가시적explicit 혹은 표면적overt 이어서 학생들이 뚜렷이 겪는 교육과정이다. 이 교육과정은 형식적formal문서에 잘 드러난다.

교육과정의 세 측면을 모두 고려하지만 공식적 교육과정이 지닌 특성이나 비중 때문에 이를 가장 많이 그리고 중요하게 다룰 수밖에 없다. 학교교육이 일정한 기간, 비용, 노력을 통한 한정된 공공적 노력이라면 더욱 공식적 교육과정에 주목하지 않을 수 없다. 공식적 교육과정은 계획, 실천, 평가 등을 통해 기술, 측정, 예측, 통제 가능한 것이다.

2) 잠재적 교육과정

잠재적latent, hidden, implicit 교육과정은 학교와 같은 교육기관의 공식적 교육과정에서 의도, 계획하지 않았으나 수업이나 학교교육의 관행으로 학생들이 은연중에 배우는 가치, 태도, 행동양식과 같이, 교육결과로서 경험된 교육과정이다(Jackson, 1968). 이 교육과정은 의도를 가지고 계획하거나 공식적으로 실천하기보다 우리가 흔히 비교육적・반교육적이라고 칭하는 잘못된 교육의 결과이기 쉽다. 잠재적 교육과정은 공식적 교육과정의 잘 보이지 않는 숨은 기능으로 긍정적 및 부정적 효과, 약점의 보완과 강점의 강화, 편견의 강화, 타산지석, 반면교사 등이 이에 해당한다.

빙산의 일부는 주변 바다 환경과 풍랑 등에 의해 드러나기도 묻히기도 하는 것과 같이, 잠재적 교육과정은 공식적 교육과정을 수행하는 환경에 따라 긍・부정적인 영향을 남긴다. 들판의 나무는 그늘을 만들어 시원하게 하기도 하지만, 곡식이 자라는 데 방해가 되기도 한다. 이것은 사회학자 R. Merton의 사회체제가 가진 가시적 기능과 잠재적 기능latent function의 양면성을 지적한 데서 유래한 것이다. 기우제나 제사는 그 자체로 명백한 기능과 의미가 있지만 그 이면에는 어려운 시기에 참여자 간의 통합을 꾀하는 면이 있다.

학생들은 학교의 교육을 거치면서 그 경험한 '결과'로 잠재적 교육과정을 형성하고 드러내 보인다. 교사의 언행, 교사와 학생의 관계, 학생들의 하위문화, 학교의 물리적 환경, 교풍 같은 학교의 문화와 관행 등에 의한 것이다. 학교는 공식적 교육과정을 수행하지만 무의식적으로(간혹 의도적이나 학생들에게 알리지는 않는) 잠재적 교육과정도 수행한다. 가령, 학교가 지역사회나 집보다 더 발전된 면모의 시설과 설비를 갖추거나 그렇지 않을 경우 학교의 이미지는 달라진다. 교단이나 교탁의 물리적 위치는 사회적 위계와 연결된다. 수업에서 협동학습을 통해 사회협동심을 강화하려고 하였는데 도리어 모둠 내 갈등이나 분열을 경험할 수도 있다. 교사의 칭찬이나 질책은 본뜻과 달리 학생들이 더 과장 · 축소하여 부정적 · 긍정적 강화를 받을 수도 있다.

우수생과 열등생, 다문화 가정 자녀나 이주 전학생을 대하는 교사와 동료 학생들의 태도는 이후로도 학생들의 가치관에 많은 영향을 끼친다. 남녀 공학과 별학, 별반과 합반, 별분단과 합석은 성 역할과 자기정체성 형성에 서로 다른 영향을 끼친다. 외향성이 강한 집단에서 내향성을 가진 학생들이 자주 겪는 경험도 이에 해당한다. 담임연임제가 실시될 경우 특정 교사의 성향, 인품, 교육관 등은 학생들에게 상당한 영향력을 끼친다. 1년 내내 같은 학급에서 같은 활동을 수행하는 경우와 같은 학급이라도 프로그램에 따라 학습 집단이 다르게 구성되어 활동한다면 학급 내 학생들 간의 관계는 다르게 형성된다.

잠재적 교육과정은 공식적 교육과정의 성과를 다지기도 하고 갉아먹기도 하는 것으로 교육과정의 실천, 곧 수업과 평가 및 생활과 인성지도에서 반드시 고려되어야 할 중요한 영역이다.

3) 영 교육과정

영零, null 교육과정은 E. W. Eisner(1979)가 제안한 개념인데, 학교에서 소홀히 하거나 공식적으로 가르치지 않는 지식, 사고양식, 가치, 태도, 행동양식, 교과 등을 일컬으며, 학습자들이 아직 경험하지 못한 것이다. 교육과정은 선택의 결과로 포함inclusion과 배제exclusion의 산물이기 때문에 영 교육과정은 공식적 교육과정의 필연적 산물이다.

영 교육과정은 소극적 의미에서 보면 학생들이 공식적 교육과정을 배우는 동안 놓치게 되는 '기회학습' 내용이라고 할 수 있지만, 적극적 의미에서 보면 의도적으로 특정 지식, 가치, 행동양식을 배제시켜excluded 아예 접할 수 없도록 지워 버린nullified 것이다. 잠재적 교육과정보다 고의성, 의도성이 더 짙은 것이고, 그것은 교육과정의 '계획' 단계에서 의도된 것이다. 더 크게 보면 한 나라의 정치 및 경제 체제, 종교, 사회 문화적 관습 등으로 인해 고의로 숨기거나 왜곡하는 교육과정이다.

통상적으로 학교의 공식적 교육과정에서는 논리적 사고를 강조하는 데 반하여 직관적 사고나 상상력은 대수롭지 않게 취급한다. 또 경제적인 생산성을 강조하는 곳에서는 과학기술을 강조하지만 예술, 정서 등에 대해서는 소홀히 한다. 더 폐쇄적이고 가난한 북한은 남한이나 자유민주주의의 세계에 대해 사실과 전혀 다른 정보를 학생들에게 주입하여 남한 실정은 영 교육과정이 된다. 특정 종교가 국교가 된 나라에서는 다른 종교나 세계관을 학교에서 가르치는 것을 금기禁忌, taboo시하거나 배제排除, 이단시한다. 학교의 과학에서 진화론은 과학적인 것으로 가르치나 『성경』의 창조론은 영 교육과정으로 묻힌다.

다수의 지배집단에 의한 소수의 피지배집단의 억압되는 문화나 가치도 이에 해당하지만, 그 역으로 하위집단에서 문명이나 문화의 발전을 거부하고 미신이나 비의적인 주술이 발전된 현대 의약을 대신하는 경우도 이에 해당한다. 이처럼 많은 경우 국가의 정치 및 경제 체제, 종교, 사회, 문화 분야 등에서 더 가치 있다고 여겨지는 것이 덜 가치롭다고 여겨지는 것을 삭제, 폐지, 배제, 무효화, 소홀히 하는 교육과정을 말한다. 그러나 공식적으로 가르치지 않거나 소홀히 되는 영역은 시대와 사회가 변하면 더 중요해지기도 한다. 특정 정치(이념), 경제, 문화(종교) 세력들에 의해 금기시된 영 교육과정을 새롭게 조명함으로써 공식적 교육과정은 풍성해질 수 있다.

2. 공식적 교육과정의 전모

교육과정의 전체적인 면모를 파악하기 어렵고 복잡해 보이는 것은 공식적 교육과정에 대한 갈래 구분이 제대로 되어 있지 않기 때문이다. 일부만 보여 주거나 다른 상황과 장면을 다른 용어로 묘사하면 교육과정은 더 복잡해 보이고, 의사소통이나 역할분담 등에 실패하여 그 발전이 지체된다. 교육과정에 대한 정의, 계획, 실천, 개선 및 의사소통을 위해 가장 필요한 것은 공식적 교육과정이 어떻게 생겼는지를 그려 내 보여 주는 것이다. 학교교육을 넘어 인간의 전 생애에 걸쳐 만나는 기업, 사회 등 교육이 있는 모든 곳에는 교육과정이 존재한다. 다양한 곳에서 다양한 모양으로 나타나는 교육과정을 제대로 파악하기란 쉽지 않다는 것을 전제로, 여기서는 학교교육을 중심으로 파악한다.

Wragg(1997)는 교육과정을 교과(영어, 수학, 과학, 기술, 외국어, 지리, 역사, 미술, 음악, 체육), 기를 능력(심미성, 사회시민성, 언어력, 사고력, 상상력, 자기관리, 대인관계, 수리력), 수업방법(실기, 모방, 관찰, 팀, 발견, 구술)의 3차원이 교차하는 6면체로 표현한 바 있다. Foshay(2000)도 공식적 교육과정의 실체를 내용(수학, 과학, 역사/사회과학, 어문학, 작문, 외국어, 예술, 직업교육, 특별활동, 학교문화), 목적(인지적, 정서적, 사회적, 신체적, 심미적, 초월적), 실천(누가, 무엇을, 왜, 언제, 환경, 행정, 재정, 평가)의 3차원이 교차하는 6면체를 그려서 보여 준 바 있다. 이런 사례들은 학교 교과의 수업 차원에서 교육과정을 주로 교육목표(왜), 교과(무엇을), 교수학습방법(어떻게)으로 파악한 것이다. 이러한 파악은 부분적인 것이고 전체적 면모를 제대로 보여 준 것이라고 하기 어렵다. 부분의 합이 전체는 아니다. 특히 국가 혹은 학교를 하나의 전체 단위로 하는 수준에서는 교과 등 낱낱의 부분만으로 교육과정이 구성되지 않는다.

공식적 교육과정의 전체적인 면모를 파악하려면, 먼저 교육과정도 다른 만사万事처럼 사람이 하는 일이라는 인식이 필요하다. 사람의 모든 일은 '사람이 무엇을 어찌한다.' 혹은 '사람이 어떤 일을 처리한다(People process programs).' 라는 3형식 문장으로 표현된다. 이를 '3P 모형'으로 부를 수 있다. 모든 일은 사람이 하는 것이므로 개인이든 단체이든 일하는 주체와 그들이 하는 일의 대상과 속성 및 어떤 절차를 거쳐 그 일을 구현하는가를 파악하여야 할 것이다. 즉, 교육과정을 '학교에서 가르치고 배우는 것' 이라고 한다면, '누가(어디에서) 그것을 마련하고(주체, 존립수준), 그것은 무엇으로 이루어져 있으며(구성영역), 그것은 어떤 단계(절차, 과정)를 거쳐 구현(구현과정, 변화단계)되는가?' 의 질문에 대답해 보면 드러날 것이다. 이를 각각 교육과정의 ① 존립수준, ② 구성영역, ③ 변화단계라고 할 수 있고, '3차원 6면체 모형' 이라고 할 수 있다.

첫째, '교육과정을 어디에서 찾아볼 수 있는가?' 라는 질문에 답하면, 교육과정에 대한 의사결정이 이루어지거나 실천되는 장소locale나 수준level에 따라 세계, 국가, 지역(산업), 기관(학급, 학년, 학교, 기업 등) 교육과정으로 나뉜다. 이것은 교육과정을 각 수준에서 결정하는 주체가 누구인가를 드러내는 질문이다. 국가 수준의 교육과정일지라도 반드시 누군가는 그것을 결정하고 집행한다. 학교교육을 중심으로 보면 학교, 지역, 국가, 세계 수준에서 교육과정을 찾아볼 수 있다.

둘째, '교육과정이 무엇으로 이루어져 있느냐?' 라는 질문에 답하는 것은 교육과정의 구성영역을 밝히는 것이다. 이는 일반성이나 전체성 정도에 따라 교육과정 총론(총론 교육과정, 일반 교육과정)과 각론(형식적 교육과정, 준형식적 교육과정)으로 나뉜다. 이는 교육과정의 전체적인 구성의 면모를 드러내고 구성영역 사이의 균형과 비중을 보여 준다. 우리나라에서 교육과정의 구성영역은 크게 총론과 각론으로 구성되고, 각론은 교과와 창의적 체험활동(교과외 활동이나 교과통합적 주제)으로 구성되며, 총론은 각론을 종합 · 절충 · 조율한다.

셋째, '교육과정은 어떤 상태에 있는가?' 에 답하는 것은 유기적 실체로서 교육과정이 어떤 변화단계에 있는가를 알아보는 차원이다. 교육과정은 사회적 실체, 현상, 실재로서 끊임없이 변화과정을 겪는다. 교육과정도 계획-실천-결과 평가의 주기를 겪는다. 그것은 기존 교육과정을 개선하거나 새 교육과정을 신설하는 데 대한 정책 결정과 크고 작은 의사 결정이 있고, 이에 따라 교육과정기준을 연구 개발하며, 개발된 교육과정을 구현하기 위한 주요 수단으로 교재를 연구 개발하고, 나아가 이를 현장에서 운영하거나 전체적으로 조정 관리하게 되며, 이후에도 실천한 교육과정에 대한 평가가 따르고 평가결과를 환류하는 개선이 이루어진다. 이것을 교육과정의 생멸주기life cycle라고 할 수 있다.

결국 공식적 교육과정은 존립수준에서 학교, 지역, 국가, 세계 교육과정; 구성영역에서 총론, 각론의 교과와 교과외 교육과정; 변화단계에서 계획, 실천, 결과 평가의 교육과정의 3차원 12형태로 나타낼 수 있다. 이들이 교차하면서 4×3×5의 60가지의 '현상'으로 나타난다. 각 차원의 구성요소를 더 늘릴 수도 있지만, 좀 더 축약하면 교육과정은 학교 안과 밖의 교육과정으로, 즉 지역적 특수성, 구체성, 독특성 등을 띤 학교 교육과정과, 국가 이상의 세계성, 보편성, 국가성, 통일성을 띤 국가교육과정으로 나뉜다. 또한 총론과 각론(교과와 창의적 체험활동)의 두 개로 구성되었고 계획, 실천, 결과로 간추릴 수 있다. 공식적 교육과정을 간단하게 보면 2×2×3의 12가지의 현상으로 분석해 볼 수도 있다.

교육과정에 대한 원만한 의사소통과 생산적인 논의를 위해서는 최소한 ① 어느 수준의, ② 어느 영역의, ③ 어떤 단계 혹은 상태의 교육과정을 말하는지를 분명히 밝혀야 한다.

교과(학문), 학습자(개인과 집단), 사회(전체와 분야)는 공식적 교육과정을 만드는 가장 큰 영향력이 되고, 공식적 교육과정은 공식적 교육제도나 비공식적 교육문화라는 존립

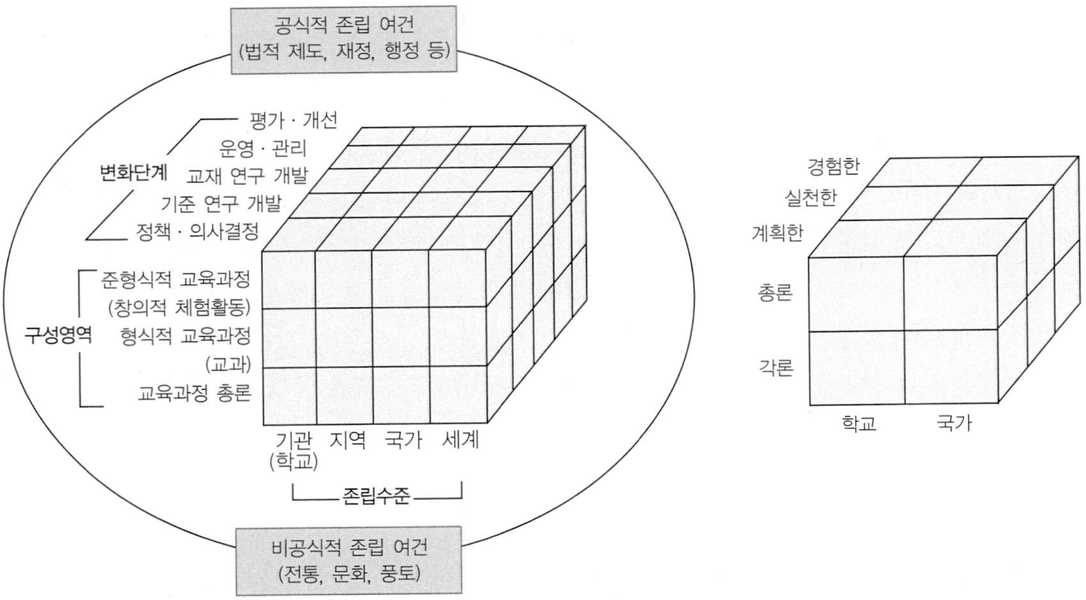

[그림 2-2] 공식적 교육과정의 전모(확장 모형과 간편 모형)

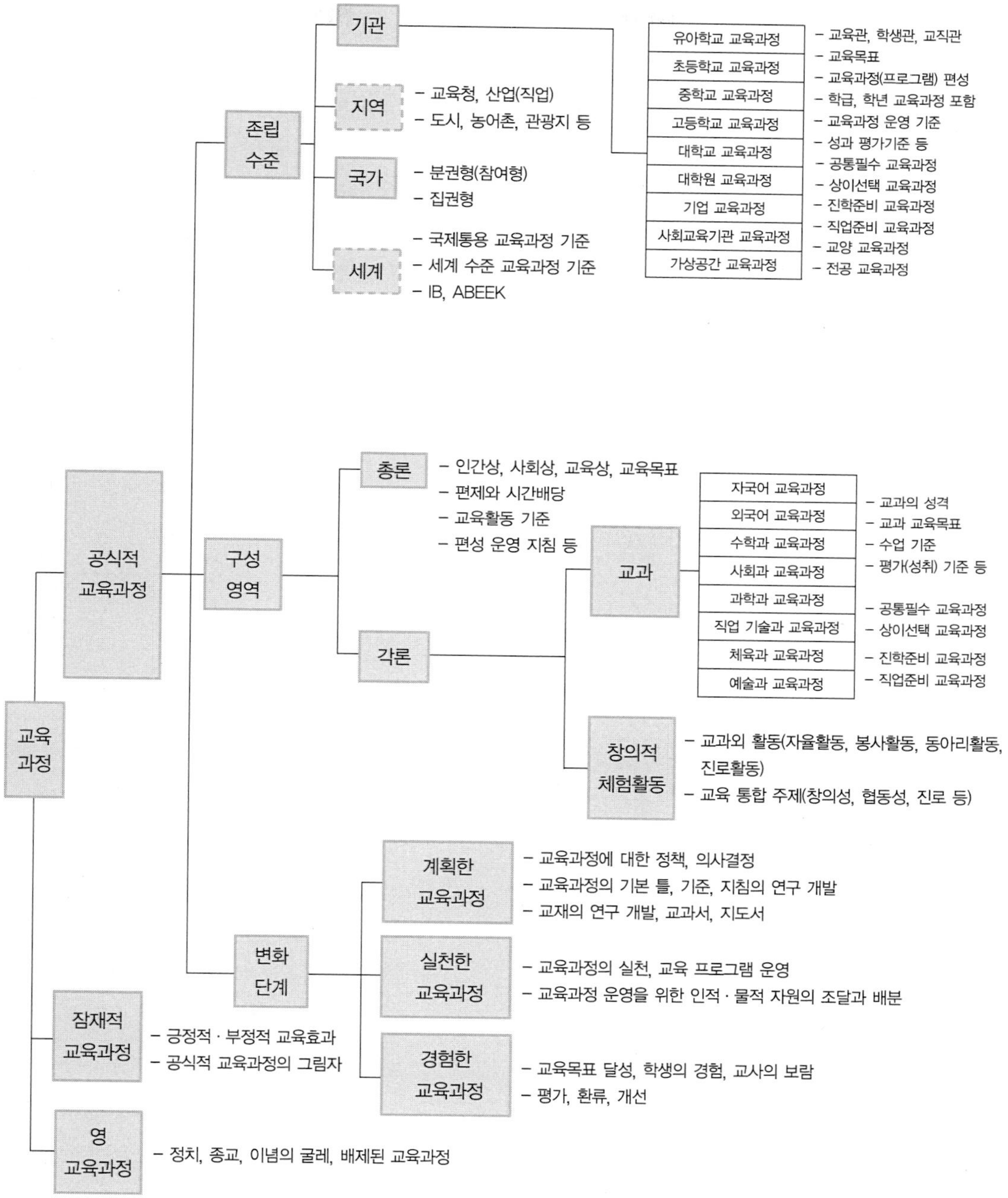

[그림 2-3] 교육과정의 전체적인 면모

여건에 둘러싸여 유지되고 변화한다.

3차원 12형태 혹은 7형태가 서로 교차하면서 빚어내는 교육과정 현상들을 모두 파악하기는 어렵다. 또한 서로 교차하더라도 밀접하게 교차하는 것이 있고, 살짝 스치기만 하는 것도 있다. 또한 3차원 12형태 혹은 7형태 각각을 중심으로 보면 교육과정의 실체는 다르게 나타날 수 있다. 마치 큰 산을 다른 지점에서 보면 달리 보이는 것과 같다. 예컨대, 국가교육과정기준과 학교의 교육과정 운영 수준은 그 구성영역이나 변화단계의 초점이 다를 수 있다. 또 총론을 중심으로 교육과정을 보는 것과 각론(교과)을 중심으로 보는 것은 다를 수 있다. 교육과정기준의 연구 개발 단계에서 교육과정을 보는 것과 교육과정을 평가하여 개선하려는 입장에서 그것을 보면 그 중요한 면모는 달라질 것이다. 이렇게 변화무쌍해 보이는 교육과정의 실체를 가장 크게 잡아 본 것이 [그림 2-3]이라고 할 수 있다.

3. 교육과정의 다양한 종류

1) 존립수준에 따른 교육과정 구분

(1) 세계 수준 교육과정

국가의 경계를 넘어 인류 보편적인 지식, 가치, 행동양식을 추구하는 세계 통용 및 국제 수준의 교육과정이다. 좁은 의미로는 세계 수준에서 통용 가능한 교육과정을 말한다. 인류의 성공은 상호협력과 호혜를 낳지만, 인류의 실패는 전쟁과 갈등, 테러를 낳는다. 세계시민성을 키우는 교육과정의 세계화는 인류의 성공을 위한 초석이 된다. 왜냐하면 전 인류가 지구가 맞는 온갖 어려움과 과제를 공유하고 협력함으로써 지구촌의 지속가능한 발전을 기약할 수 있기 때문이다.

실제로 교육내용을 보면 교육의 표현 및 전달 용어만 자국어일 뿐 세계 공통성과 보편성을 띤 것이 적지 않다. 일찍부터 수학, 과학, 기술을 비롯하여 적지 않은 교과들이 세계 공통이었다. 특히 대학교육에서 의학, 약학, 건축설계, 공학교육 분야에서 세계 공통 교육과정이 진행되고 있다. 입학, 진급, 진학, 졸업, 자격, 면허 등이 세계적 기준에 따라 통일되고 있다. 전 세계 시장이 단일화되고 개방된 상태에서 교육의 모습을 그려 볼 필요가 있다. 또한 초 · 중등학교 수준에서도 국제공인교육 프로그램International Baccalaureate과 시험이 있다(박하식, 2013). 인터넷으로 연결된 세계와 마찬가지로 각국의 교육은 세계 체제의 네트워크 속에 들어와 상호교류를 촉진하게 될 것이다. OCW나 MOOC와 같이 대

〈표 2-1〉 다양한 수준의 교육과정과 그 사례

수준	사례
국제, 지역(supra)	UN, UNESCO, IBO, EU 등에서 제시한 교육과정 등
국가, 제도(macro)	일국의 교육과정 문서, 교육목적과 목표, 국가평가시험 등
학교, 기관(meso)	학교 교육과정 운영 계획서, 교육계획서 등
교실, 교사(micro)	수업계획, 수업자료, 교과서나 참고서 등
학생, 개인(nano)	개인의 학업계획, 개별 강좌의 학습계획 등

출처: Thijs & van den Akker (Eds.). (2009: 9)에서 수정.

학과 대학원의 강좌들은 가상공간을 통해 세계에 공개・공유되고 있다.

어느 나라, 어느 지방의 어떤 학교든지 세계 수준에 비추어 질 낮은 교육을 제공하면 그 학교에 속한 학생들의 배움과 삶의 기회는 축소될 수밖에 없다. 특히 외국어와 전공 지식기술은 세계 속에서 배움과 삶의 기회를 얻는 데 중요하다. 세계화로 인해 어느 나라의 교육과정이나 개별 국가, 지역, 문화에서 보편성을 획득하는 것을 넘어, 인류의 지식, 문화유산 중에서 보편적 동의를 얻을 수 있는 것을 새로운 공통필수 교육과정으로 삼아야 하는 과제를 안게 되었다(정재윤, 2016).

(2) 국가 수준 교육과정

각국의 국민형성을 위한 주권국가의 교육과정national curriculum을 말한다. UN 가입의 주권국가들 중 일부는 국가수준의 교육과정을 가지고 있으며, 연방국가들은 주수준의 교육과정을 가지고 있다. 국가는 국민교육의 보편성과 통일성, 기회균등, 일정 수준의 교육의 질 유지, 국가 간 경쟁 우위의 확보를 위한 수단으로서 국가교육과정을 강조한다. 특히 국민보통 교육으로 규정되는 초등교육은 많은 나라에서 의무교육으로 공통필수 교육과정을 취하고 있다. 우리나라도 국가교육과정을 채택하고 있으며, 일정한 기간마다 이를 쇄신하여 법적 문서로 고시하고 있다. 세계화 시대에는 국가 이상의 문제와 과제들이 속출함에 따라 국가 수준 교육과정이 더욱 중요해지고 있다. 우리의 경우 세계 수준의, 인류 공영의 과제도 있지만, 자유민주국가의 건국, 산업화, 민주화에 이어 세계화 정보화 사회에서 선진화, 통일을 위한 기반을 구축하고 세계 일류 문화국가를 만들어야 하는 과제를 가지고 있다. 세계화 시대에 질 낮은 국가교육과정을 편성 운영하는 나라는 그만큼 그 국민의 신뢰를 잃고 낮은 평가를 받게 되며 나라는 매력을 잃게 된다.

교육과정 역사에서 볼 때 국가 수준의 교육과정이 등장한 것은 근대 국민국가 형성 이후라고 할 수 있다. 20세기 후반부터 다시 세계 보편의 교육과정이 등장함에 따라 국가

교육과정의 역사는 매우 짧아 보인다.

국민국가nation state의 국가교육과정은 서구에서는 16세기 말부터, 우리나라의 경우 19세기 말부터 도입되어, 자국의 언어로 자국의 역사와 전통문화를 강조하여 국민적 정체성national identity을 형성하기 위해 마련되었다. 이는 국민국가의 부국강병을 위한 정신적 기반으로 인식되어 왔다. 국가 수준의 공통적인 교육과정은 국민 형성의 초석이 된다. 특히 이민, 난민, 외국인 근로자, 국제결혼 이민자가 증가하는 현실에 비추어 볼 때 국민적 유대감 형성은 녹록하지 않다. 강대국으로 둘러싸인 약소국에서는 그 국민에 대한 정체감, 소속감, 유대감, 충성심 형성을 위한 민족교육을 제대로 해 놓지 않으면, 국가적 위기가 닥쳤을 때 국난 극복이 쉽지 않다. 심지어 주변 강대국에 의해 혹은 스스로 매국노가 되어 국가 위기를 부채질하게 된다. 국가의 성공은 국민들의 성공과 자발적 협력을 낳지만, 애향심과 애사심에 매여 애국심을 소홀히 하는 집단이 많은 국가의 국민형성 실패는 분열과 이기적 행태를 낳아 국가의 쇠퇴를 가져온다. 이 점에서 한국의 역사는 18세기까지는 주로 동아시아 역사 속에서 조명되어야 하며, 19세기 이후는 세계사의 전망 속에서 재조명되고 가르쳐져야 제대로 된 국민적 정체감 형성에 기여할 수 있다.

(3) 지역 수준 교육과정

일정한 지역에서 지역적 특성을 반영하여 결정되는 교육과정local curriculum이다. 기업교육 측면에서 보면 한 산업 분야의 교육과정에 해당한다. 연방국이나 미국에서처럼 지방분권적인 정책을 취하는 나라에서, 교육에 대한 의무와 권한이 중앙 정부에 있지 않고 지역에 있는 나라에서 지역 교육과정을 흔히 볼 수 있다. 한대지방은 혹한에 대비하고, 사막에서는 물을 얻어야 하며, 지진 다발 지역이나 분쟁 지역에서는 위험상황에 대처하는 훈련이 필요하다. 천혜자원을 지닌 관광지, 산악지방, 해안지방, 농업지대, 국제도시, 산업단지 등에서는 지방마다 필요한 특색 있는 교육과정을 만들어 가르치게 된다. 이탈리아의 레지오 에밀리아는 지역 기반의 유아교육을 잘 보여 준다.

우리나라에서도 국가교육과정기준을 보다 구체적으로 실현하기 위하여 각 시·도 교육청에서 특색 있는 교육과정을 만들거나 학교교육과정 운영 지원 활동을 펼치고 있다. 교육청이나 교육지원청은 우수학교 교육과정의 발굴 보급, 교재의 개발, 교원 연수, 학교교육과정을 실행하기 위한 여건 조성, 지역 교육자원의 발굴과 연계 등을 통해 학교교육과정을 돕는다. 특히 제6차 교육과정 이후 우리나라의 교육과정은 교육과정 결정의 분권화가 진행되었고, 교육과정의 지역화가 차츰 뿌리내리고 있다. 직업고에서는 지역 산업을 기반으로 한 교육과정의 지역화가 실질적으로 이루어진다. 국가교육과정기준이 뚜렷한 우리의 경우, 교육청은 새로운 교육과정 기준을 만들기보다 학교교육과정의 편성 · 운영을 '지원'하는 역할을 수행하는 것이 더 도움이 된다(임유나, 홍후조, 2015). 학교 입장에서는 국가, 광역, 지역 등 학교 밖에서 만들어지는 교육과정기준이 여러 가지이면 요구는 과잉되고 혼란을 겪기 때문이다.

(4) 학교 수준 교육과정

넓게 보면 기업, 학교, 사회교육기관 등 기관의 교육과정이지만, 공교육으로 좁혀 보면 학교에서 이루어지는 교육과정 결정과 실천의 산물이 학교교육과정이다. 기업교육 측면에서 보면 개별 기업의 교육과정에 해당한다. 학교교육과정school curriculum은 실질적인 교육과정이며, 교육과정의 핵심이라고 할 수 있다. 학교교육과정은 교육과정이 실천되는 학교급에 따라 유아학교 · 초등학교 · 중학교 · 고등학교 · 대학교의 교육과정을 지칭하기도 한다.

학교교육과정은 학교장과 교육구성원의 교육철학, 학교교훈이나 목표에 따라 중점 사업, 특색 사업이 이루어진다. 특정 학교의 문화, 풍토, 프로그램이 다른 학교와 달리 독특하여 그 학교를 거쳐 나온 학생들이 독특한 경험을 통해 독특한 품성과 능력을 익혔다면 그 학교는 그 나름의 학교교육과정이 있다고 할 수 있다. 학교교육과정은 교직원, 학생, 졸업생, 학부모, 지역사회 성원, 기업, 국가 등의 수요자를 갖는다. 학교교육과정은 학교 밖의 교육과정과 연계하여 협력적으로 구현된다. 다양한 진로별 교육과정을 제공해야 하는 고교 수준에서는 일정 지역 내 학교 간 협력과 역할분담을 함으로써, 학생들의 학습기회를 보장할 수 있고, 개별학교 교육과정의 특성화와 여러 학교의 교육과정의 다양화를 구현할 수 있다. 일정 지역 내 특수 목적을 가진 거점 · 중점 학교를 보면 학교 간 협력과 역할분담이 학교교육과정의 특성화를 촉진한다. 국가교육과정을 취하고 있는 우리나라는 '국가교육과정기준의 대강화大綱化와 학교교육과정 계획의 특성화'가 이루어질 때 교육과정이 바람직하게 실현될 수 있다.

(5) 교실과 교사 수준 교육과정

학교보다 좁은 범위의 학년, 학급의 교육과정이 이에 속한다. 그러나 일반적으로 교육과정은 기관 수준 이상에서 총론적이고 종합적인 면을 가지고 있다고 할 때, 개별 교사, 강좌, 교실의 교육과정은 교육과정을 이루는 부분적 요소element, component로서 전체적인 온전한 교육과정의 모습을 띠기 어렵다. 담임지도제가 이루어지는 초등학교 교실, 교과별 교실이 있고 교과 교사 모임이 활발한 중등학교 교실에서는 학급교육과정을 찾아볼 수 있다. 학급교육과정은 학교의 교사들이 학생들과 함께 개인적 · 집단적으로 결정하여 계획하고 실천하는 개인 교육과정에 해당한다.

교사와 학생들이 활발하게 상호작용하는 모습에서 교실 교육과정의 현장성이 나타난다. 이곳은 학습자의 학업 성취, 교육적 성취가 드러나고, 교육의 효과가 실제로 결정되는 곳이다. 사회교육기관의 전문 강사나 컨설턴트들은 나름의 개인 교육과정을 가지고 있다. 개인 교수자나 교실 교육과정은 교육이 펼쳐지는, 실질적인 실천이 이루어지는 현장에서 만들어지는emerging 교육과정이다. 이때 가장 강조되는 점은 교사의 교육과정 계획의 자율성, 실천과정의 전문성, 실천결과의 책무성이다.

교육과정은 '총론'이라는 용어에서 드러나듯이 교과와 교과외 활동 및 교과통합적 주제 등 전체를 아우르는comprehensive 총체적이고total 종합적인general 상像을 지녀야 하는데, 교실, 강좌, 교사 수준 교육과정은 그렇지 못한 경우가 허다하며, 전체의 부분으로 자리하고 있어, 후술되는 구성영역의 '교과' 교육과정이나 변화단계의 실천한 교육과정이거나, 관행적으로 교육과정 운영이라고 하나 사실상 '수업'이라고 함이 적절하다. 즉, 각론을 구성하는 요소로서 개인, 교사, 강좌의 교육과정은 본격적인 교육과정이라기보다 특정 교과의 교육과정에 더 가깝다. 그렇다고 학교교육과정의 일부인 학년, 학급 수준 교육과정을 부정하는 것은 아니다.

2) 구성영역에 따른 교육과정 구분

(1) 교육과정 총론

교육과정 총론은 교육의 기본 방향, 교과, 교육 통합 주제, 교과외(비교과) 교육과정, 그 운영 · 관리 · 지원 등을 포괄한 총체적total 교육과정이다. 이는 주로 학습자의 발달단계의 시계열을 좇아 해당 시기나 발달단계에 제공되는 교육활동 전체를 아우른다. 즉, 특정 시기의 학생들에게 제공되는 교육과정 전체를 지칭한다. 교육과정 총론(규범적인 일정한 기준이라는 점에서 '총칙')은 기관이나 학교교육과정의 전체적인 목표, 교육과정의 총괄적 성격, 목표, 중점, 교과 편제, 시간 단위 배당 등을 수록한 문서에서 잘 드러나는 교육과정이다. 국가교육과정 문서의 앞부분에 개괄적으로 제시된 전체 틀과 규정이 교육과정 총론(general guidelines for school curriculum)의 가장 흔한 예다. 이는 전국의 학교 교육과정의 전체적 포괄성과 통일성 및 균형성을 유지하기 위한 것이다. 이는 교과 교육과정뿐만 아니라 교과외 활동도 포괄하며 상호균형을 기하고, 여러 교과 교육과정을 총괄하면서 그들 사이의 균형을 유지하는 데 있어 매우 중요한 것으로, 보통 교육과정 전문가들이나 교육행정기관의 관리자들이 연구, 개발, 질 관리하는 영역이다. 개별 교과 교육과정을 단순히 합한다고 하여 전체성totality, 균형성balance, 유기적 통일성coherence을 확보할 수 있는 것은 아니기 때문에 일반적인 교육과정 총론이 필요하다.

(2) 교육과정 각론

교육과정 총론을 이루는 하위 구성요소로서 각 부분 교육과정을 말한다. 총론이 주로 종축, 시간, 계열sequence, 학습자 발달 단계와 관련된다면, 각론은 횡축, 공간, 범위scope, 사회 분야나 학문 및 교과의 각 영역을 대표한다. 각론에는 매우 과업지향적인 형식적인 교과 교육과정과 상대적으로 인화지향적인 준형식적인 창의적 체험활동(특별활동) 교육과정이 있다.

① 교과 교육과정

학교, 기업, 사회교육기관의 교육과정을 구성하는 많은 프로그램이나 교과는 뚜렷한 형식과 목적을 지니고 지식, 기술, 태도, 행동을 길러 주기 위해 제공된다는 점에서 넓게 보면 형식적 교육과정이라고 할 수 있다. 학교에서는 국어과, 수학과와 같은 교과 교육과정이 형식적 교육과정의 특성을 띠는데, 교과 교육과정은 특정한 성격, 목표, 내용 체계, 탐구방식 등을 지닌다. 학교의 수업은 교과 교육과정을 구현하는 것이라고 해도 과언이 아닐 정도로 교과는 학교의 교육과정에서 가장 많은 분량과 비중을 차지한다. 교과 교육과정은 주로 대학의 관련 학과, ○○과 교육학회, 실천 중심의 현장 교사들에 의한 교과별 교사 모임에 의해 구체화되고 실천된다. 학교뿐 아니라 기업체나 사회교육기관에서도 여러 교육 프로그램이 상대적으로 뚜렷한 형식과 목적을 띠며 제공되고 있다. 이는 사회의 각 분야, 각 학문, 학교의 학습영역을 대표한다.

② 창의적 체험활동 교육과정

정규 교과외에도 학교 등에서 이루어지는 교육활동의 일체를 지칭한다. 기업체 등에서는 단합대회, 체육대회 등이, 학교에서는 교과 '외'로 제공되는 특별활동, 학교의 재량활동, 특기적성 교육활동, 학교 특성화 프로그램 등이 준형식적 교육과정에 속한다. 교과외 활동도 있지만, 교과를 아우르고 이들을 가로지르는 주제(cross curricular theme)를 다루는 프로그램도 있다. 2009개정 교육과정 이후부터는 창의적 재량활동과 특별활동을 통합하여 창의적 체험활동으로 명명하고, 그 아래에 학교, 학년, 학급의 특색이 있는 자율활동, 학생들의 취미와 특기를 살리면서 협력을 낳는 동아리활동, 자신이 지닌 인적·물적 자원을 이웃과 더불어 나누는 봉사활동, 각자 자신의 특성과 적성을 좇아 제 갈 길을 찾아가도록 돕는 진로활동을 강조하고 있다.

창의적 체험활동 교육과정은 교과 '내용'에 비해 전인적, 창의적, 융통성 있는 '활동'이 가능한 영역이다. 여유로운 데서 오는 개인의 자유로운 발상과 창의력 및 소질을 계발하고, 기관에 공동체 문화를 구축하는 것이 주된 목적이다. 교과가 교과답게 가르쳐지거나, 사회교육 기회가 늘어날수록 학교에서 그 필요성과 범위가 줄어들 수도 있지만, 지능정보사회에서 학교의 지식전수 기능이 약화될수록 그 필요성과 비중은 늘어난다. 교육과정 총론과 마찬가지로 주로 일반 교육과정 전문가들에 의해 연구되는 편이며, 구체적인 계획과 실천은 그 분야에 관심과 특기를 가진 교사나 강사들에 의해 이루어진다.

3) 변화단계에 따른 교육과정 구분

이는 교육과정이 구현되는 단계를 따라 전-중-후로, 계획plan, 과정process, 결과product로 구분하는 것이다. 대체로 폭넓게 계획하고, 제한된 실천을 하며, 개인 학습자에게서는 상대적으로 구체적인 결과로 나타난다.

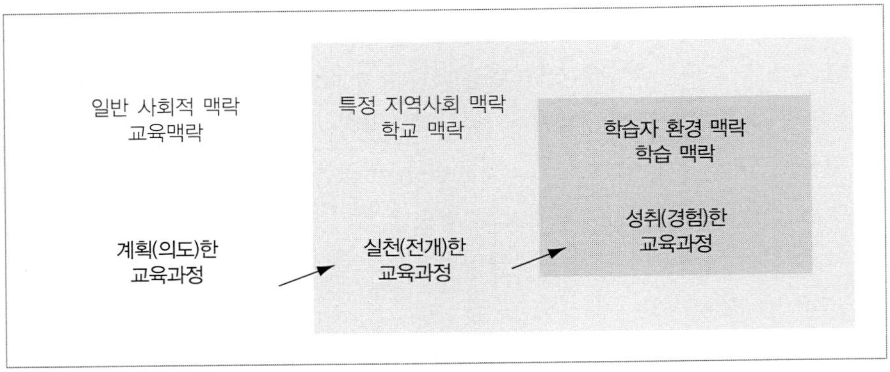

[그림 2-4] 공식적 교육과정의 존립 맥락과 그 전개

(1) 계획한 교육과정

교육부, 교육청, 학교, 학회 등에서 의도intended하고 계획planned된 사전 계획 중심으로 교육과정을 본 것이다. 교육과정 계획은 국제사회에서 한 국가의 위치, 문명사적 전망, 국가 사회적 맥락이 매우 광범위하게 고려되어 만들어진다. 여기에는 교과교육 전공자, 교육과정학자와 같은 전문가 집단에 의해 제안되고 추천되는recommended 교육과정이 있다. 국가 수준의 총론과 각론 교육과정 기준 문서가 대표적이다. 전문적인 훈련을 받은 경험이 있는 전문가 집단은 그 분야의 교육과정 표준을 공표하고 있다. Kendall과 Marzano(1997)가 편집한 『교육과정 내용 지식: 12개 학년의 교육표준』은 대표적인 저작이다. 또한 교과별로 문서화written된 교육과정은 가르쳐야 하는 주요 내용과 활동 목록을 자세하게 명시한 교수요목과 같다. 각론 문서에는 교과별 교육과정 지침과 다루어야 할

〈표 2-2〉 공식적 교육과정의 다양한 양태(forms of curriculum)

의도한(intended) 교육과정	이상적(ideal) 교육과정	비전(어떤 교육과정의 바탕이 되는 기본 철학이나 논리)
	형식문서로서(formal/written) 교육과정	교육과정 문서나 자료로 구체화된 의도와 계획
실행한(implemented) 교육과정	이해한(perceived) 교육과정	교육과정의 사용자 특히 교사들이 이해한 교육과정
	실천한(operational) 교육과정	교수학습의 실제적 과정으로서 교육과정(curriculum-in-action)
성취한(attained) 교육과정	경험한(experiential) 교육과정	제공받은 학습자들이 인식한 학습경험으로서 교육과정
	학습한(learned) 교육과정	경험한 · 참여한 학습자들의 학습 성과나 성취로서 결과한 교육과정

출처: Thijs, A. & van den Akker, J. (Eds.). (2009: 10).

범위와 계열에 관한 체계표가 포함된다. 여기에는 교사에 의해 개발된 교육용material 자료가 포함된다. 최근에는 이를 인터넷에 탑재하여 누구나 이용 가능하게 하고 있다. 계획한 대로 다 실천되거나 실현되는 것도 아니지만, 계획 이상으로 실천되거나 실현되는 경우도 있다.

① 정책 결정 단계의 교육과정

각 존립수준과 구성영역의 교육과정에 대한 각종 정책 결정 및 의사결정을 통해 영향을 미치는 단계다. 특히 현행 교육과정에 대한 유지, 개선, 폐지 등을 결정하는 단계이며, 필요한 경우 새로운 교육과정을 추가 · 신설하는 정책을 결정하는 단계다. 이 단계에서는 각종 교육적 요구 중에서 수용할 것이 무엇인가에 대한 의사결정을 하게 된다. 마찬가지로 교육과정 구성영역에 대해서도 같은 정책 결정을 하는 단계다. 이런 정책 결정은 이후에 기준의 연구 개발에서 평가 개선에 이르는 후속 변화단계를 이끄는 중요한 결정을 하게 된다. 특히 교육과정의 정책이 되는 대상을 확인하거나, 교육과정 결정 권한의 집권과 분권에 대한 결정, 다양한 수준에서 의사결정하기, 교육과정의 변화에 따른 각종 정책수단(교원 인사, 법규, 재정 조달, 시설과 설비 등)의 동원에 관한 중요한 결정을 포함한다. 이 단계는 우리나라에서 비교적 미개척 분야다. 우선 정책의 대상이 무엇인지를 분간하기 어려운 실정이고, 중앙 집권적인 전통에, 정책집행 수단과 단절된 상태로 교육과정 정책이 이루어져 왔기 때문이다. 정권 교체기마다 총론과 각론 문서를 전면 · 일시 개정하는 취지를 예측하기 어려운 데서 드러난다. 교육과정 정책의 특성과 대상 확인,

교육과정 정책 결정의 절차와 방법, 교육과정 정책 실현 수단, 교육과정 정책의 실효성 평가 등이 이 단계와 관련한 연구문제들이다.

② 기준 개발 단계의 교육과정

각 존립수준과 각 구성영역의 교육과정기준을 연구 개발하는 단계다. 우리나라에서는 흔히 국가 수준에서 총론과 각론의 문서를 개발하는 것이다. 용어 사용상 유의할 점은 교육과정과 교육과정기준은 엄연히 다르다는 점이다. 전자가 이 분야의 보편적 · 일반적 현상 전반을 지칭하는 범칭이라면, 후자는 교육활동이나 제공되는 학습 기회의 규범적 준거나 지침을 문서로 제시한 특칭이다. 교육부가 고시하는 것은 초 · 중등학교 교육과정이 아니라 교육과정기준이다. 교육과정기준은 학생 학습의 목표와 내용과 관련되어 있어 사실상 교육의 전반적인 측면과 관련된다. 교육과정의 핵심 철학, 교육목적과 목표, 내용, 학습활동 및 방법, 교사의 역할, 교과서를 비롯한 교재, 학습자 집단구성(학년제, 다학년제), 교육시설과 환경, 수업시기, 평가 등에 관계된 핵심적인 사항들은 모두 기준 문서에 담긴다.

세계 공통으로 통용되는, 한 국가 수준에서 쓰이는, 특정 지역의, 특정 기관(학교, 기업, 사회시민단체, 사회교육기관 등)의 교육과정기준은 주로 교육의 방향과 목표 설정, 각론의 구성, 실현을 위한 지침의 제시로 이루어진다. 현행 기준에 대한 검토, 기준의 수정, 기준 개발 절차의 수립, 기준 개발의 주체, 기준 개발 참여자의 역할 분담과 협조, 기준의 장기 적합성과 단기 적합성, 기준의 전체 적합성과 부분 적합성, 각종 요구 분석(직무분석)과 교육목표 설정, 교육목표 수립의 원천과 원칙, 교육목표와 계획의 적절성(개인, 사회, 시대), 교육목표의 표현, 다양한 수준의 교육목표 진술 등이 이 단계의 과업에 속한다.

③ 교재 개발 단계의 교육과정

주로 교과교육과정기준을 교재로 구체화하는 단계다. 교과서와 같은 주 교재와 이를 돕는 부교재를 생산하기 위한 각종 연구 개발을 하는 단계다. 국정 · 검정 · 인정 등의 교과서, 교과서와 관련된 교사용 지도서, 각종 보조 교재, 교과서 발행 제도, 교재의 심의 기준, 교과특성을 반영한 다양한 표현양식의 교재, 교재 내용 체제, 교재 외형 체제, 교재 공급제도 등에서 교육과정이 전개되는 모습을 보게 된다. 교과서는 교육과정기준과 수업을 이어 준다. 두꺼운 교재 중에서 필요한 장과 절만 선택해서 집중적으로 가르치는 '바코드bar code식 공부'를 하는 외국과 달리, 오랫동안 독서백편의자현讀書百遍義自見의 공부를 해 온 우리나라의 학교공부에서는 교과서가 다른 어떤 교육활동이나 매체보다 더 중요하다. 독일과 프랑스, 한국과 일본 사이에서 볼 수 있듯이, 자국의 역사, 민족, 영웅, 영토, 말과 글을 가르치는 교과서는 국가 정체성과 국민 형성에서 매우 중요하여 인접국 간에 교과서 분쟁이 끊이지 않는다. 오늘날에는 서책형 교과서를 넘어 멀티미디어 형식을 띤 디지털화된 교재가 차츰 그 범위를 확장해 오고 있다.

(2) 실천한 교육과정

학교장의 학교경영, 학교의 교육활동 및 교사의 수업 측면을 강조한 교육과정이다. 교원들이 전개하고 실천한implemented, enacted, practiced 과정을 중심으로 보는 교육과정이다. J. Schwab은 교육목표의 나열이나 체계화된 교육내용으로서 계획된 교육과정보다 구체적인 환경에서 구현된, 실천된, 그리고 실현된 교육과정을 강조한 바 있다. 이는 학교의 여건, 교사 집단과 개인, 학교를 둘러싼 지역사회 맥락에 의해 영향을 받는 교육과정이다. 가르친taught 교육과정은 교사에 의해 실제로 구현되는 교육과정이다. 즉, 이것은 실행되고 실제로 수행되는 교육과정이다. 표면적으로 같아 보이는 교육과정도 교원에 따라 차이를 보인다. 교원의 교육활동에 지원된supported 교육과정은 교재, 소프트웨어 그리고 대중매체 자료와 같은 수업용 자료들이다.

개별 교사는 교실에서 교육과정을 운영한다. 실천한 교육과정의 핵심은 학교의 교실에서 구체적으로 이루어지는 교육활동이다. 그러나 학교 수준에서만 보아도 학교 전체의 교육활동으로서 총론적 경영과 교실 수업 단위의 각론적 운영으로 나누어진다. 교육과정 총론 입장에서는 교육과정 전체가 어떻게 진행되는가에 관심을 갖게 된다. 각론 교육과정 구현의 제도적 · 문화적 촉진과 장애요인은 총론 교육과정의 경영에 달려 있다. 학교의 장은 교육과정의 운영이 원활히 이루어지도록 경영관리한다. 마찬가지로 지역 수준이나 국가 수준에서도 운영되고 실천되는 교육과정을 찾아볼 수 있다. 장학은 교육과정 운영 관리의 핵심적 표현이다. 교육과정 운영은 단순히 개별 교과교육과정의 수업과 동일하지 않다. 오히려 기관의 전체 교육 프로그램의 운영 관리라고 하는 것이 더욱 적절하다. 학교로 보면 시간표대로 적절한 교원, 적절한 시설과 설비, 적절한 자료 등이 조달되어 수업이 원만하게 돌아가도록 하는 단계의 교육과정이다. 보다 효과적인 교육과정 관리는 수업의 효과가 극대화되는 쪽으로 귀결된다. 각 존립수준과 구성영역에서 교육과정 운영과 관리의 대상, 교육과정 운영의 원리와 절차 및 실태, 교육과정 계획과 결과의 격차 확인, 교육과정 운영의 장애와 촉진 요인 확인, 교육과정 관리의 구체적 실현과정, 방법, 수단 등을 통해 운영으로서 교육과정은 잘 드러난다.

(3) 경험한 교육과정

학습자의 학습경험이나 결과experienced, achieved, resulted, 각 수준에서 학습기회를 제공한 결과로 나타난 교육과정이다. 이는 학습자 개인과 그가 처한 환경에 의해 좌우되는 교육과정이며, 계획하고 실천한 교육과정에 비해 상당히 좁은 범위의 맥락에 영향을 받는 교육과정이다. 학습한learned 교육과정은 학생들이 더 낫게 배우는 데 토대가 되는 교육과정이다. 교육을 통해 학생들이 결과적으로 체득한embodied 품성과 능력이 중요하기 때문에 여러 교육과정 중에서 가장 중요한 것으로 강조된다. 학습한 결과를 평가한tested 교육과정은 구체적으로는 국가, 지역, 학교, 교사가 작성하여 시행한 시험결과 성적으로 드러난 교육과정이다. 교육과정 제공자가 당초 목표로 했던 성과를 평가 · 반성해 본 교육과정이다. 물론 여기서 평가는 학습자의 교육결과에 대한 관찰, 수행, 지필 검사 등을 넓게 포함하고, 아울러 각 수준에서 제공한 결과로서 교육과정 자체를 평가하며 나아가 질 관리를 하고 개선하는 일련의 과정을 포함한다.

교육과정을 통해 학생이 성장 · 변화 · 발달한 정도가 경험한 교육과정의 핵심이고, 그것을 확인하려고 성과를 평가하는 것도 중요하지만, 좋은 교육결과를 거두기 위한 교육과정기준 문서의 양호도나 학교의 각종 교육활동 계획과 진행 및 그 성과의 평가 혹은 교육과정 편성과 운영에 관련되는 주체들(교육부, 교육청, 학교 등)과 관련된 교육과정 측면의 평가도 포함된다. 넓게는 '평가로서 교육과정'은 각 존립수준과 구성영역의 교육과정을 평가하고 이를 바탕으로 개선하는 단계에서 드러난다. 교육과정의 목표에 비추어 그 달성 여부를 평가하고 평가결과를 반영하여 그 개선안을 제안하는 단계의 교육과정이다. 각 존립수준의 교육과정과 구성영역의 교육과정에 대한 모니터링과 평가를 통해 정보를 수집하고 분석하여 그 결과를 환류한다. 이 단계의 의견들은 모두 환류를 거쳐 새로운 정책 결정, 기준의 연구 개발, 교재의 연구 개발, 운영과 관리에 반영된다. 교육과정 평가의 대상 규명, 교육과정 평가도구 개발, 교육과정 평가의 주체, 교육과정 평가를 통한 질 관리 방안, 교육과정 평가결과의 환류 등을 통해 평가로서 교육과정의 면모는 드러난다.

4) 적용범위와 기능에 따른 교육과정의 분류

초 · 중등학교에 국한하면 교육과정은 단기적 목적에 따라 진학준비 교육과정과 직업준비 교육과정으로 나뉘며, 교육과정의 적용 및 부과방식에 따라 공통필수 교육과정과 상이선택 교육과정으로 나뉜다. 중학교까지 의무교육은 모든 학습자에게 생활인, 교양인, 민주시민의 육성을 위한 '교양' 교육과정이 되고, 고교부터는 집단별로 상이하고 다양한 분야의 대학진학과 사회 진출을 준비하는 '진로' 교육과정이 적용된다.

(1) 적용범위와 이수방식에 따른 교육과정 구분

교육과정은 그 적용집단의 범위에 따라 '모든' 학습자에게 '같은' 학습을 제공하는 '공통'과 '각 집단'마다 '다른' 학습을 제공하는 '상이'로 구분된다. 공통共通, common 교육과정은 전체 사회의 모든 학습자 집단에게 똑같이 적용되는 교육과정이고, 상이相異, differentiated 교육과정은 사회 각 분야나 집단마다 서로 다르게 적용되는 교육과정이다. 공통교육과정은 한 사회 성원에게 다 같이 요구되는 지식, 기능, 가치, 행동양식, 상식으로

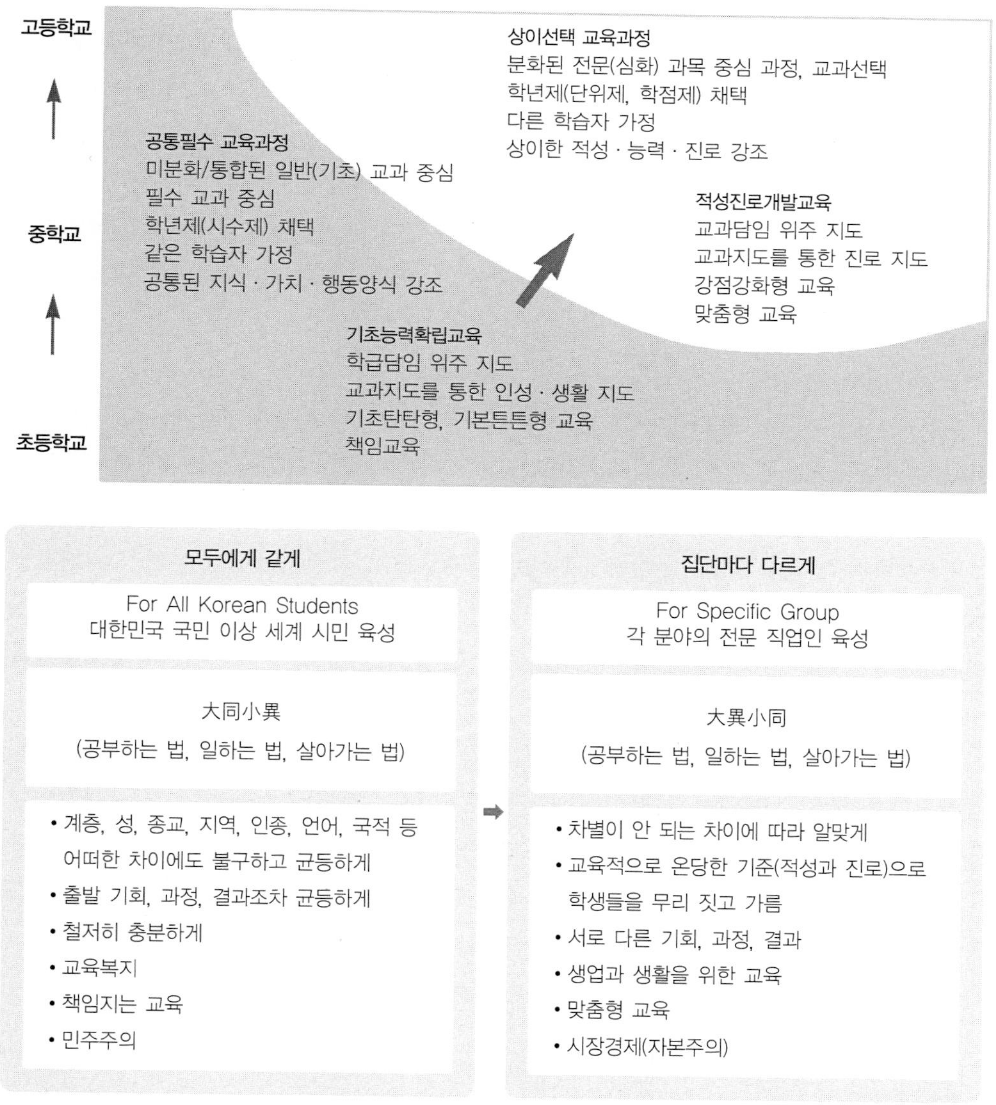

[그림 2-5] 공통필수 교육과정에서 상이선택 교육과정으로의 점진적 변화

구성되며, 보통 초등학교를 포함한 의무교육기에 적용된다. 상이 교육과정은 학습자 집단의 서로 다른 적성, 진로, 능력, 장애 유무에 따라 서로 다른 학교, 계열, 과정, 교과, 과목을 선택하여 이수하도록 하며, 주로 고교 교육과정 이상의 학교교육에 적용된다. 한 사람을 길러내는 교육과정도 같음에서 다름으로 변화하고, 개별 교과도 이에 따라 처음에는 같음으로 나중에는 다름으로 변화한다.

교육과정을 제공자 입장에서 부과방식, 수혜자 입장에서 이수방식에 따라 그것을 구분하면 '필수'와 '선택'으로 나뉜다. 필수必修, required 교육과정이 누구나 반드시 학습하여 이수해야 한다면, 선택選擇, elective 교육과정은 대체 가능한 학습 분량이나 학습대상 중 골라서 이수해도 되는 것이다. 전문계 고교나 대학에서는 계열별, 과정별, 교과별 혹은 학과별 필수가 따로 정해져 있다. 초·중등학교 교육과정은 주로 상급학교에 진학해서도 성공적으로 학습할 수 있는 기반을 마련하는 진학준비 교육과정이므로 상대적으로 단순한 편이며 주로 공통필수 교육과정으로 제공된다. 그러나 상급 단계의 학업 진로를 탐색하고 직업 진로를 개척하기 위해 제공되는 진로탐색과정, 진로집중과정, 직업준비 교육과정, 대학 교육과정 등은 상대적으로 복잡하고 세분화·전문화된 상이선택 교육과정으로 제공된다.

모든 학습자의 기초 기본 교양 교육은 어떠한 차이에도 불구하고 균등하게, 교육복지 차원에서 책임지고 교육되어야 하고, 이를 넘어선 심화 특수 전문 교육은 어떠한 차이(학습자 개인과 집단을 갈라 묶더라도 차별이라고 비난받지 않는 교육적으로 온당한 준거로서 학생 내부의 적성 및 능력과 외부의 사회적 진로)에 따라 알맞게, 맞춤형으로 교육될 필요가 있다. 공통필수 교육과정기에서 상이선택 교육과정으로 점진적으로 나아가기 위해서는 학교학습기의 교육과정 설계에서 '기초'과정에서는 생활에서 '활동' 영역을, '기본'과정에서는 생활형 '교과'를, '진로'과정에서는 경험성 있는 '과정'을 체계적으로 통합하거나 분화시키는 것이 중요하다.

공통필수와 상이선택 사이에도 다양한 모양의 교육과정이 가능하다. 즉, 유아학교의 교육과정은 공통성은 높으나 필수성은 약한 편이다. 강의자의 자율성이 높은 대학이나 대학원의 교육과정은 이수분량, 강좌명은 공통적이나 사실상 속 내용은 서로 다를 수 있다. 이 경우 대체로 이수분량은 필수로 정해져 있지만 무엇을 이수할 것인가는 선택하도록 되어 있는 경우가 많다. 자율성이 높은 창의적 체험활동 교육과정은 활동영역이나 이수분량은 공통적이나 실제로는 매우 상이한 특성을 지니고 있다.

① 공통필수 교육과정

공통필수 교육과정은 전체 사회의 모든 학습자 집단에게 공통으로 그리고 의무적으로 부과된다. 이 교육과정은 학교교육 프로그램의 전체성, 균형성, 유기적 통일성을 확보하려는 데 있다. 개인차, 소수집단을 대표하는 견해와 문화가 있음에도 공통필수 교육과정을 부과하는 것은 교육과정의 사회적 적절성을 확보하기 위한 것으로, 다음 세 가지 이유로 정당화된다.

먼저, 철학적 인식론적 관점으로 원래 지식과 문화의 성격이 보편성을 추구하고, 그것들이 인류가 축적한 공통의 유산이라는 점이다. 둘째, 사회적 정당화로 교육기회를 누구에게나 공정하게 주기 위한 것이다. 셋째, 정치 경제적 이유로 한 사회 공동체가 유지 · 발전하려면 그 사회에 속한 모든 성원이 일정한 기준을 충족시키는 품성과 능력에 도달해야 하며, 이를 통해서 각 개인은 사회 공동체의 유지 발전에 기여해야 한다는 논리다 (Kelly, 2000: 199).

초 · 중등교육의 특색에 비추어 공통필수 교육과정과 상이선택 교육과정이 적절히 자리를 잡아야 할 것이다. 양자는 학교급 간 교육과정의 연계성, 교과 간 교육과정의 통합성을 고려하고, 학생의 발달 정도, 교과의 특성을 고려하여 공통필수에서 상이선택으로 점진적으로 이행되어야 한다. 이 점에서 초등교육은 아동의 학습과 삶의 기초 능력을 함양 · 확립하는 '기초탄탄형' 교육이라고 할 수 있다. 교육에서 학습과 생활의 기초와 기본을 탄탄히 하지 않으면 이후의 학습과 삶에 있어 기하급수적으로 결손이 누적되어 자기 효능감이 저하되고 학교생활과 친우 관계 등에서 소외될 가능성이 높다. 또한 학습기초와 기본의 허술한 부분(결핍, 결여, 부족, 불완전)을 한꺼번에 메우는 데 엄청난 노력이 요구된다. 중학교는 기본교과를 생활중심으로 충실히 공부시키는 '기본튼튼형' 교육이라고 할 수 있다.

공통필수 교육과정은 한 사회의 성원들에게 필요한 공통된 기초, 상식, 이익을 공유하기 위한 것이다. 이런 기초가 튼튼하면 한 공동체는 유지 발전하지만 그렇지 못하면 독재와 빈곤에 허덕이게 된다. 한 나라 시민들의 각 분야에 대한 사회적 문해력의 수준이 그 나라의 문명 수준과 국격을 좌우하게 된다. 문화와 문명의 수준이 낮은 곳에서는 짧은 기간과 수준의 공통필수 교육과정을 공유하고, 그 반대의 경우는 충분한 기간과 수준 및 자원을 동원한 공통필수 교육과정이 운영된다.

대체로 기초 · 기본 · 공통 · 보편 · 중심 · 핵심 · 필수 · 의무 · 평등 · 공정 · 단일 · 통일 등의 특성을 지닌 공통필수 교육과정은 학교교육과정에만 존재하는 것이 아니며, 어느 수준에서나 상이선택 교육과정과 관련지어 상대적으로 결정된다. 학교교육과정에서는 사회의 요구를 우선적으로 반영한 공정한 학습기회를 학습자들에게 제공함으로써, 교육의 일반 목표달성에 초점을 두게 된다. 이 교육과정기期에 교과가 특수 목표달성을 위해 중독필 조장다시重讀必 早長多試를 내세우면 교육 본연의 역할을 수행하지 못하고 왜곡이 일어나게 된다.

② 상이선택 교육과정

중등교육 이상에서는 학습자의 적성과 진로를 열어 주는 데 더 많은 비중을 두어 서로 다른 교육 프로그램을 선택할 수 있는 상이선택 교육과정을 제공한다. 상이선택 교육과정은 학생의 능력, 적성, 진로, 장애 극복 여부에 따라 학교, 과정, 교과, 과목을 선택함으로써 달성될 수 있다. 이 점에서 중등교육은 학습자의 서로 다른 능력, 적성, 진로를 존중하는 적성진로 개발교육이다. 각자의 능력과 소질 및 적성을 강화해 주어 자신의 강점을 살리도록 도와주는 강점강화형 교육이다. 교육을 통해 약점을 보완할 일이 있다면 그것은 개인이 가진 강점 속 한 부분으로서의 약점이다. 고교는 대학 진학과 사회 진출의 진로를 탐색하고 준비시켜 주는 '진로든든형' 교육이라고 할 수 있다.

상이 교육과정은 주로 중등 후기 이후에 적용되며 서로 다른 '진로'에 따라 진학계(일반계) 교육과정과 직업계 교육과정으로 나뉘는데, 학습자의 '적성과 흥미'에 따라 체육과의 경우 체조, 무용, 육상, 구기 등으로 나눌 수 있다. 학습자의 '능력이나 이해와 발달 수준'에 따라 일정한 분량과 비중으로 점차 수준을 높여 가는 수학과나 외국어과의 경우 초급과정, 중급과정, 고급과정으로 나뉜다. 또한 학습자가 겪는 '장애'에 따라 특수학교와 대안학교교육과정이 있을 수 있다. 중등단계에서 다른 학생보다 월등히 앞서가는 영재아를 위한 학교, 예술과 체육에 소질이 있어 적기에 배울 기회를 주어야 하는 예술학교와 체육학교, 특수한 영역의 전문 직업을 배우려는 학생을 위한 직업학교, 장애가 있어 어려움을 겪는 학생들을 위한 특수학교, 일반학교에는 적응하기 어려운 학생들을 위한 대안학교 등은 특별한 지원과 배려를 받아야 하는 특수목적 학교다.

고급 · 응용 · 상이 · 선택 · 특수 · 다양 · 권리 · 차이 · 심화 · 전문 · 직업 등의 특성을 지닌 상이선택 교육과정은 학교교육과정에만 존재하는 것이 아니라, 어느 수준에서든지 공통필수 교육과정을 통해 상대적으로 결정된다. 선택한 후에 필수로 이수하거나, 상이하면서 동등한 가치를 지닐 경우 대체代替 이수도 가능하다. 이 교육과정기는 상대적으로 학습자의 관심, 적성, 능력, 진로에 따른 개인적 목표달성이 추구되며, 교과들이 다양하고 매력적인 과목들로 서로 다른 학습기회를 제공하여 학습자의 선택을 두고 경합을 벌이게 된다.

한정된 교원과 시설을 가진 학교는 학생들의 다양한 특성을 모두 만족시키는 교육 프로그램을 만들 수 없다. 그러므로 상이선택 교육과정은 일정 지역 내 학교들 혹은 지역사회의 인적 · 물적 자원을 동원하는 상호 역할분담과 협조가 있어야 실현 가능하다.

(2) 교육의 단기 목적에 따른 교육과정 구분

학교의 교육과정은 교육의 기능 혹은 단기 목적에 따라 진학준비 교육과정과 직업준비 교육과정으로 나뉜다. 학습자의 학습 기간의 전기 대부분은 진학준비 교육과정이고,

공식적 최종 교육단계는 직업준비 교육과정이다. 기본교양과 주요소양 중심의 진학준비 교육 이후 전문직업기술 중심의 직업준비교육으로 마무리되었을 경우 온전한 학교교육이 되지만, 직업준비 없는 학교교육의 마무리는 반쪽 교육이다.

① 진학준비 교육과정

대다수의 초·중등학교는 진학준비 교육과정이다. 특정 학교단계를 마치면 상급 학교에 진학하는 학생들을 위해서 제공되는 교육과정이다. 의무교육에 속해 있는 초·중학교의 교육과정뿐 아니라 졸업생의 절대다수가 상급학교로 진학하는 일반계 고교의 교육과정은 진학준비 교육과정이다. 고교나 대학은 상급학교에 진학하는 학생과 해당 학교급을 마치고 사회로 나가는 직업준비 학생으로 나뉘므로 두 가지 기능을 적절히 배분해야 한다. 즉, 학업진로나 직업진로에 따라 학생마다 공부할 종류, 수준, 범위, 분량, 시기가 정해진다.

우리나라 일반계 고교의 경우 학생의 적성과 진로와 관계없이 무조건 대학이 요구하는 수리, 언어, 논리를 중심으로 국어, 수학, 영어, 사회, 과학 등 $+\alpha$ 위주의 교과목을 구성하여 개설하는 경우가 적지 않다. 그러나 참다운 의미의 교육적 성취를 지향한다면 시험준비로서의 진학준비 교육과정은 불필요한 과잉학습을 막아 준다. 진학준비는 상대적으로 기본교양과 주요소양에 충실한 교육과정이다.

② 직업준비 교육과정

모든 학습자의 공식적인 최종단계 교육과정은 직업준비 교육과정이다. 직업준비 교육과정 이전을 살펴보면 이 모두가 진학준비 교육과정의 한 부분이다. 학교를 졸업한 후 누구나 사회적 직업생활을 하지 않을 수 없다고 한다면, 누구나 직업교육을 의무적으로 받아야 하며, 이는 시민으로서 생존을 위한 권리이기도 하다. 학교교육은 기본교양의 진학준비교육과 전문직업기술의 직업준비교육으로 구성된다. 직업준비교육이 없는 상태로 학교교육을 마치는 것은 매우 무책임한 것이고, 졸업자는 무기력하게 된다. 왜냐하면, 기본교양교육은 가치 있고 좋은 것이지만 생업에 크게 도움이 되지 않고 무기력하기 때문이다.

직업준비 교육과정은 주문식 교육과정, 수요자 중심 교육과정으로 시장 지향적인 성격, 실무 중심적인 특성을 띠며 실습 체험, 문제 해결이나 증거 및 사례 중심으로 교육된다. 직업수행에 필요한 지식, 기능, 태도를 기르기 위한 직무요건이나 능력을 알고, 직업현장체험 job shadowing을 통해 진로를 탐색하는 등 각종 실무적 체험활동이 교육과정의 중심이 된다. 이 교육과정은 학교에서뿐만 아니라 졸업 후에 일하게 될 분야의 일터에서

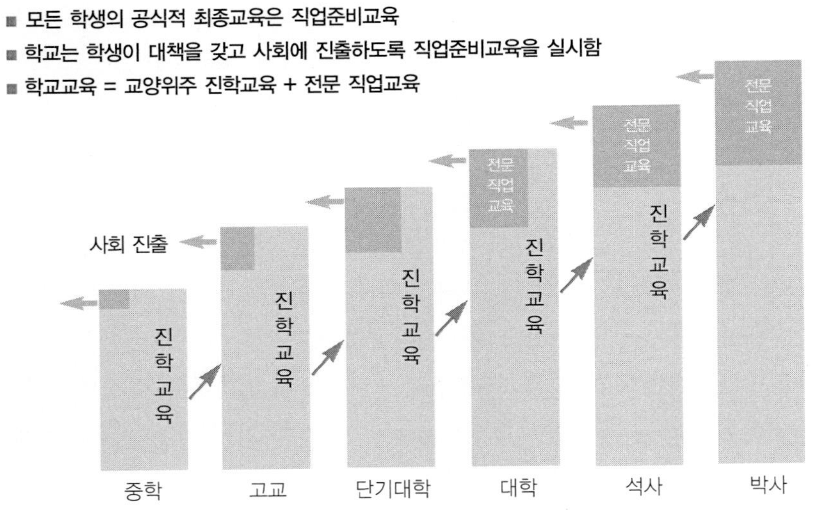

[그림 2-6] 학교교육의 두 측면으로서 진학준비교육과 직업준비교육

각종 인턴십 혹은 실습이라는 형태로 이루어지기도 한다. 표준화된, 모듈화된 직업훈련은 교육 기간과 비용을 단축시키고 교육 효과성을 높여 준다. 직업준비교육에서는 상품에 대한 초보적 아이디어, 기획, 스케치, 시장요구조사, 디자인, 제품구현, 특허 출원, 구매, 주문과 납품, 대량생산 등과 관련된 생산관리, 품질관리(QC), 공정혁신, 회계, 마케팅, 물류, 세무, 법무, 총무, 인사관리, 경영 등 총체적인 업무 일체를 경험해 보는 교육과정이 요청된다.

인간의 학습은 일생을 두고 계속되는데, 크게 보면 가정, 학교, 사회(직장), 삶터 등을 옮겨 가며 교육과 학습은 계속된다. 때문에 개인적 유의미성, 사회적 적절성, 지식의 맥락성을 지니기 위해서는 학교의 교과내용을 학습자의 일상과 직업 세계와 부단히 연결하는 노력이 요청된다. 좁은 의미의 구체적인 직업 기능 훈련보다 효과가 장기적이고 지속적인 학교의 직업준비교육은 오히려 진학준비교육과 본질적으로 다르지 않다. 고용축소사회에서 고등학교교육부터는 '따뜻한 직업교육과 냉철한 진학교육'이 우리나라 교육이 지향할 방향이다.

〈직업기초 능력〉

① 의사소통 능력 ② 외국어 의사소통 능력 ③ 수리 능력 ④ 문제해결 능력 ⑤ 정보소양 능력
⑥ 대인관계 능력 ⑦ 문화이해 능력

출처: 정철영 외(1998).

〈핵심 직업기초 능력〉

① 기술적 방법론적 학습능력 ② 특정 부문 관련 능력 ③ 사회 · 심리적 기술 ④ 외국어 능력
⑤ 매체활용 능력 ⑥ 다문화 이해 능력 ⑦ 기타 능력

출처: 교육부, 한국직업능력개발원 간(1999).

오늘날에는 국가 수준에서 나아가 EU에서 보듯이 국가 간에도 교육받은 사람의 능력을 가늠하고 상호 인정하는 교육, 학력, 자격, 면허, 수준을 표준화하려는 노력이 진행되고 있다. 직업교육과정의 세계화와 표준화는 한 나라 국민의 더 나은 배움과 삶의 기회를 확장하는 데 있어 가장 중요한 과제가 되고 있다.

이 장의 요점 정리

1 교육과정은 다양한 모양새를 띤다. 가시성, 공식성 정도에 따라 공식적 교육과정, 잠재적 교육과정, 영 교육과정으로 나뉜다.

2 교육과정에서 의도, 계획, 예측, 관리, 통제, 평가가 가능한 것을 공식적 교육과정이라고 한다. 공식적 교육과정은 '사람이 어떤 일을 수행한다(People process programs).' 라는 형식에 따라 분석된다. 즉, 교육과정을 어디서 찾아볼 수 있는가 혹은 그것을 결정하고 집행하는 존립수준에 따라 기관(학교, 기업), 지방(교육청, 산업), 국가, 세계 수준으로, 그 구성영역에 따라 총론, 각론(교과와 교과 외 활동)으로, 그것들이 구현되는 한살이를 변화단계라고 할 수 있는데, 그것은 정책, 기준 연구 개발, 교재 연구 개발, 운영(경영), 평가 개선으로 나눌 수 있다. 공식적 교육과정은 존립수준 2~4개, 구성영역 2~3개, 변화단계 3~5개가 교차하는 3차원의 모습을 띤다.

3 잠재적 교육과정을 고려할 때 우리는 교육이 이루어지는 제도와 환경을 새롭게 정비할 필요가 있다. 타산지석, 반면교사, 훈습, 오비이락, 트라우마 등은 모두 잠재적 교육과정의 중요성을 말해 주는 것들이다. 부정적 효과를 낳는 잠재적 교육과정은 교육과정의 개혁과 개선의 계기를 만든다.

4 영 교육과정은 정치 · 종교 · 관습 · 제도 등에 의해 배제 · 금기된 교육과정으로, 개혁과 혁명을 통해 표면으로 등장하는 삭제, 폐지 대신 추가, 신설하는 교육과정이다. 통일되어 북한이 자유민주주의, 시장경제를 채택한다면 새롭게 도입될 교육내용과 활동이 현재 북한의 영

교육과정이다.

5 모든 학습자를 위한 공통필수 교육과정과 각 집단의 학습자를 위한 상이선택 교육과정은 서로 다른 교육적 이상을 추구한다. 전자는 균등한 책임교육을, 후자는 구별되는 맞춤형 교육을 추구한다. 전자에서는 기본 교과의 구분, 명칭, 종수를, 후자에서는 계열이나 진로별 과정의 구분, 명칭, 종수를 획정하여 모든 사람이 상식적으로 학교교육기의 학습체제 전체를 알 수 있도록 안내하는 것이 필요하다.

6 학교교육의 단기적 목적을 보면 학생들이 상급학교에 진학해서도 계속해서 성공적으로 학습할 수 있도록 선수학습을 잘 챙겨 주는 진학준비교육과 학교교육을 그만두고 사회에 나가 생업을 꾸려 가는 데 필요한 직업준비교육이다. 학생은 학교교육을 통해 진학준비 교육과정과 직업준비 교육과정을 모두 성공적으로 이수했을 때 사회로 진출할 수 있다.

이 장의 주요 용어

교육과정의 존립수준levels of curriculum, 학교교육과정school curriculum, 국가교육과정national curriculum, 교육과정의 구성영역components of curriculum, 교육과정 총론general curriculum, 교과 교육과정subjects curriculum, 교과외 활동 교육과정extra curriculum, 교육과정의 변화단계phases of curriculum, 계획한 교육과정planned curriculum, 실천한 교육과정implemented curriculum, 성취한 교육과정experienced curriculum, 공통필수 교육과정common-required curriculum, 상이선택 교육과정different-elective curriculum, 진학준비 교육과정academic curriculum, 직업준비 교육과정vocational curriculum

연구과제

1. 교육과정이 어떻게 생겼는가를 그림으로 그려 보시오.
2. 자신이 겪은 잠재적 교육과정의 긍정적인 것과 부정적인 것을 사례로 들고, 그것들이 강화 혹은 약화되기 위해 어떤 제도적 · 문화적 조치가 필요한지 말해 보시오.
3. 초 · 중학교의 학년군별로 필요한 교과를 구분하고 명칭을 붙여 보시오. 그리고 고교에 필요한 진로별 교육과정을 구분하고 명칭을 붙여 보시오. 그 이유를 대어 정당화하시오.
4. 졸업생이 직업준비교육을 받지 않은 채로 사회에 진출하면 어떤 고초를 겪을지 사례를 조사해 보고하시오.

제3장

교육과정의 기초

교육과정을 탐구하는 데 필요한 학문적인 주요소양은 무엇이며, 교육과정학이 기대는 학문적 기초는 무엇인가? 교육과정을 구체적으로 결정짓는 핵심요소는 무엇이며, 그것들은 서로 어떻게 영향을 주고받는가?

1. 교육과정 탐구의 기초

이미 존재하는 교육과정에 대한 반성, 새로운 교육과정을 생성할 때 고려하는 측면 등은 모두 철학적 · 사회적 · 심리적 성찰을 요구한다. 즉, 교육철학, 교육사회학, 교육심리학은 교육과정의 태동, 진행, 성과, 반성과 개선에 지속적으로 소용된다. 교육사학은 교육의 시대사회적 적절성을 반성하게 한다. 교육철학은 지식론, 인식론과 밀접하여 교육목표 정립에 도움을 준다. 교육사회학은 교육이 일어나는 배경에, 교육심리학은 학습자의 각종 발달과 성장 측면에 관심을 가진다.

1) 교육과정의 역사학

모든 분야는 역사적 내력을 가지고 있다. 교육과정은 실제로 있었다고 하여도, 그것이 역사적으로 정리된 것은 오래되지 않았다. 역사적 내력을 반추하는 것은 이미 비슷한 사례에 대해 어떻게 대응해 왔는가를 잘 알려 준다는 점에서 매우 유용하다. 하늘 아래 새로운 것은 없다는 경구도 있지만, 오늘날 우리가 맞고 있는 교육적 난제難題들도 이미 다른 시대, 다른 나라에서 겪었을 가능성이 높다.

초기 교육이 그러하였듯이 교육과정은 지배층을 중심으로 한 일부 소수 집단을 위한 것이었다. 왕에서부터 소수 양반이나 귀족을 위한 교육이 전부였다. 또한 이는 일반 대중들로부터 구별시켜 주는 소수 특권 집단의 상징적 표징으로서 교육과정이었다. 그것들은 종교적 · 신화적 · 절대적 권위를 부여받은 것이었다. 때로는 신분적 권위를 높여 주는 장식적인 것이었다. 그러나 신분제사회가 붕괴하고 산업사회에 접어들면서 교육의 기능은 대중의 산업 생산성을 높이기 위한 실질적인 것이었고, 민주사회에서 대중의 협력을 끌어내기 위한 교양적인 것이 되었다. 근대교육에서는 지배층 혹은 양반이나 귀족을 위한 교육과정의 품질을 떨어뜨리지 않고 다수 일반 대중에게 점차 확장시키는 것이 과제였다. 이처럼 이 시기의 교육과정은 보다 많은 사람에게 배움과 삶을 개척할 기회를 부여하는 것으로 변화되었다.

배움의 대상은 종교적인 것에서 차츰 정지된 물질에 대한 탐구(수학, 물리학)로, 다시 움직이는 물질에 대한 탐구(화학)에서 약동하는 생명에 대한 탐구(생명과학)로 변화해 왔다. 개체에 대한 연구에서 지구 생태계 전체의 변화와 연결된 면을 연구하는 것으로 확장되기도 한다. 우주 전체의 거시적인 측면과 함께 가장 작은 근원 물질에 관한 미시적인 연구로 확장되어 가고 있다. 개인이나 집단이 직접적으로 참여하는 범위를 넘어 간접적인 혹은 가상적인 교류의 집단에 이르기까지, 인간사회에 관한 연구도 확장되고 있다. 개인과 가족에서 세계 인류의 관계로 확장되고 있다. 개인의 경우 역시 영혼, 이성, 감성, 몸을 개별적으로 연구하다가 종합적으로 연구하는 면으로 확장되고 있다. 사변적 · 규범적인 연구방법에서 실증적인 양적 혹은 질적 연구방법이 동원되어 인간 인식의 확장을 꾀하고 있다. 이런 연구결과 중 일부는 정련되어 초 · 중등 학생을 위한 교육과정으로 안착된다.

교육과정의 역사를 아는 것은 우리가 어떤 인간상, 어떤 사회상을 추구해 왔는가를 아는 것과 같다. H. Kliebard(1986)는 이런 교육과정의 역사를 고전 교육을 통해 인간 이성의 힘을 발달시키고 서구문명의 정수를 전수하는 인문주의자, 아동과 개인의 자연스러운 발달을 돕기 위해서는 과학적 연구를 통해 교육과정을 결정해야 한다는 발달론자, 사회가 원만하게 운영되기 위해서는 청소년들의 장래 직업적 역할에 맞게 교육과정을 제공해 주어야 한다는 사회효율론자, 개인과 학교는 사회변화와 정의 실현에 책임이 있으며 이를 위해 학교는 청소년들에게 힘을 실어 주어 새로운 사회 이상을 실현하여야 한다는 사회개조론자 등으로 나누었다. 이 모두를 종합 절충하였으나 현실에는 별로 영향을 주지 못한 J. Dewey 등 몇 개의 패러다임 간 갈등과 절충과 종합이 된 교육과정의 역사였다고 평하였다.

교육과정의 역사적 탐구는 다음과 같은 질문과 관계된다.

- 교육과정은 일정한 패턴이나 발달의 단계를 가지고 발전하는가?
- 지금 우리가 맞고 있는 교육과정적 문제는 어느 시대, 어느 지역에서 맞았던 것과 유사한가?
- 관련 주제, 활동, 교과목 등은 역사적으로 어떻게 변천되어 왔는가? 그 변천을 가져온 그 내부와 외부, 그들 상호 간 관계로서 '내외간'의 영향력은 무엇인가?
- 식민지를 겪은 나라의 교육과정은 어떻게 단절을 회복하고 발전되는가?
- 미래지향적인 교육과정에서 역사적 경험은 어떻게 활용되는가?

2) 교육과정의 철학, 윤리학

교육은 인간 행동의 바람직한 변화를 유도하는 활동이므로, 인간과 그를 둘러싼 환경에 대한 윤리적 판단이 작용한다. 교육은 참된 지식, 올바른 행위, 선한 가치를 추구하는 것과 크게 다르지 않다. 가장 가치 있는 지식이란 무엇인가? 가장 바람직한 인간상은 어떤 것인가? 가장 바람직한 사회상은 무엇인가? 이상적인 지식, 개인상, 사회상에 관한 이런 질문들은 모두 철학적 사유가 필요하다. 철학적 사유는 교육의 중차대함을 말해 주고, 교육은 목표에 의해 좌우되며, 그 목표는 바람직한 변화를 유도하는 것이며, 이를 위한 소재가 교육과정이라는 점에서 교육과정은 철학과 불가분의 관계에 놓여 있다. 교육과정 철학은 교육과정의 근원적 태동에 대한 반성에 관여한다.

일찍이 Dewey는 사상적으로 철학한 결과를 실천에 옮기는 것이 교육이라고 한 바 있다. 교육은 철학적 사유를 연장하여 바람직한 인간상, 사회상, 인간과 사회 및 자연과의 관계에 대한 가치판단 위에 작용한다. 교육이 그러하듯이 교육과정은 학생들에게 경험시킬 소재의 속성이 바람직할 것을 요구한다. 교육의 소재인 교육과정은 교육목표를 달성하는 수단이므로 바람직함을 그 속성으로 한다. 교육과정에서 다루어지는 지식이나 활동은 참다운 것이어야 하며, 참다운 것은 개인, 사회집단, 집단보다 큰 공동체, 주변 환경과 지구촌 생태계, 나아가 현생 인류의 지속 가능한 발전에 기여하는 것이어야 한다.

〈표 3-1〉 철학적 탐구영역에 따른 과학패러다임 유형별 차이

패러다임 유형 / 탐구영역	경험분석적 과학 패러다임	해석적 과학 패러다임	비판적 과학 패러다임
관심	기술적	실제적	해방적
사회 조직	노동(work)	상호작용(interaction)	권력(power)
존재론	사회현상은 자연현상의 일부로 객관적 실재	사회는 인간의식 내부에 존재하고 끊임없는 인간과의 상호작용으로 형성된 주관적 실재	사회는 사회적 맥락에서 매개되는 사람들의 공동행위를 통해 생산되고 역사적으로 재생산되는 변증법적 실재
인식론	인간의 5관으로 지각할 수 있는 관찰과 경험을 통해 실증	상호 주관적으로 경험하는 의미의 해석을 통해 이해	역사적 사회구조의 총체성 속에서 비판을 통해 실천
가치론	몰가치성 추구-바람직한 사회에 대한 아무런 지침도 제공치 않음	가치를 정당화해 주는 근거 제시 못함	경험적 이론을 넘어선 규범적 이론으로 구성되어 비판과 실천의 역할을 수행
주요 특징	• 통제와 확실성의 원리 강조 • 경험적으로 검증가능한 법칙과 같은 명제에 대한 흥미 • 객관화시킬 수 있는 지식을 상정 • 효율성이나 절약성에 가치를 둠 • 사회실제를 있는 그대로 의심없이 받아들임	• 이해와 의사소통을 통한 상호작용 강조 • 인간을 지식의 능동자적 창출자로 여김 • 일상생활의 토대 내면에 있는 가정과 의미를 탐색 • 실재를 역사적 · 정치적 및 사회적 맥락 내에서 공유되고 간주관적으로 구성되어 있는 것으로 간주 • 언어 사용을 통한 의미에 대한 예민할 정도의 관심	• 이데올로기의 비판과 실행의 필요성 전제 • 억압적이고 지배적인 것을 파헤치려 함 • 허위의식에 대한 감수성을 요구 • 왜곡된 개념과 부당한 가치를 문제로 부각시킴 • 탐구의 기초가 되는 가치체계와 정의개념을 검증하고 상세화
대표적 사조(학파)	실증주의, 신실증주의, 행동주의, 형태론, 자연과학주의	현상학, 상징적 상호작용론, 민속방법론, 언어분석, 주관주의, 직관주의, 인간주의	변증법, 마르크스학파, 프랑크푸르트학파, 비판이론

출처: 김경동(1983: 72-104); 김태오(1990: 116); 김대영, 홍후조(2012)의 견해를 표로 정리함.

철학적 숙고가 필요함을 잘 드러내 주는 것이 교육목표 설정이다. 교육목표는 다양한 자원을 활용한 실질적인 증거 위에 설정되기도 하지만 거시적이고 광범한 포괄성 위에 기초하고, 때로는 형이상학적인 가정, 궁극적인 가정 위에 수립되기도 한다. 인류애, 지구 생태계, 문명사적 전환, 국가 사회 공동체의 운명 개척, 역사적 소명, 자유, 평등, 정의, 평화, 호혜, 관용, 창조, 풍요 등의 가치는 교육목표를 낳는 원천이 되기도 한다. 따라

서 교육목표가 바람직하게 설정되면 이를 달성하기 위해 취사선택되는 교육내용과 활동도 바람직한 것이 될 가능성이 높다.

특히 김태오(1990: 116)는 Habermas의 인식관심론을 교육에 적용할 경우 성립되는 교육적 함의를 탐색하면서, 경험과학적 교육 패러다임, 해석학적 교육 패러다임, 비판적 교육 패러다임이 함축하는 적절성과 난점의 근거를 비교 고찰하고 있다. 그의 고찰에 의하면, 경험과학적 패러다임은 산업교육에서 적합하나 교육 실험의 객관주의적 오해, 교육의 규범성 배제의 문제가 지적되고, 해석학적 패러다임은 특정 맥락 안에서의 대화 교육의 모형으로 적절하지만, 교육의 상대주의, 보수주의, 언어주의로 전락할 수 있으며, 교육규범의 표층적 검토에 그치는 한계가 있다.

그러나 비판적 패러다임은 심층적, 규범 비판적 자기반성의 잠재력을 통하여 학교의 내적 구조변화와 과학의 교육적 적용과 발전을 도모하는 데 필요한 원리와 방법을 보여준다. 따라서 Habermas에 근거한 교육접근의 포괄적(경험적 · 해석적 · 비판적) 패러다임은 현실적 또는 논리적 난점도 없지는 않지만, 교육의 삼차원적 본질에 비추어서 적절하다. 뿐만 아니라 Habermas적 교육 패러다임은 개방성과 자기반성의 태도에 호소하므로 교육공동체의 합리적 문제해결과 상호협력에 필요한 관점으로 볼 수 있다는 것이다.

좋은 신념은 분명clarity하고, 사실에 부합하며consistency with the facts, 경험에 일치하고consistency with experience, 이미 검증된 다른 신념과 일치하며consistency with other beliefs, 유용utility하고, 간결simplicity하다(Hopkins, 1941: 191). 일반적인 철학으로서 이들은 무엇이 진짜로 존재하는가의 존재론, 그것이 진실인가를 어떻게 아는가의 인식론, 그것은 가치 있는 좋은 것인가의 가치론에 대한 근본적 가정에서 출발하여, 교육 분야로 이전되면 교육의 이념, 개인적 · 사회적 목적과 목표 도출에 도움을 준다. 교육철학으로 정립된 것은 항존주의Perennialism, 이상주의Idealism, 실재주의Realism, 실험주의Experimentalism, 실존주의Existentialism 등이다. 때로는 항존주의Perenialism, 본질주의Essentialism, 진보주의Progressivism, 재건주의Reconstructionism로 정리되기도 한다. 〈표 3-2〉는 이를 축약한 것이다.

교육철학적 가치를 교육과정적으로 실현한다는 것은 다음 두 가지 측면에서다. 하나는 모든 학생에게 어떠한 차이(성, 계층, 지역, 인종, 국적, 언어, 문화 등)에도 가장 기본적인 교육과정을 균등하게 책임지고 제공하려는 노력이다. 이것은 민주 복지사회의 교육과정적 구현이다. 다른 하나는 각 학생집단에게 어떠한 차이(교육적 · 사회적으로 구별하여 차이를 내어도 온당하다고 인정되는 구분 준거로서 학생의 적성과 사회적 진로)에 따라 알맞게, 심화특수 전문교육과정을 개인맞춤형 및 집단맞춤형으로 교육하려는 노력이다. 이것은 자유시장경제, 능력주의 사회에서의 교육과정적 구현이다. 교육과정에 대한 철학적 탐구는 다음과 같은 질문과 관계가 깊다.

〈표 3-2〉 주요 철학 사조와 교육과정

	항존주의 (Perennialism)	이상주의 (Idealism)	실재주의 (Realism)	실험주의 (Experimentalism)	실존주의 (Existentialism)
실재, 존재론	이성과 신의 세계	마음(정신)의 세계, 영적 · 도덕적 · 정신적 불변	사물의 세계, 자연법칙에 기초, 사물과 질료로 구성	경험의 세계, 개인과 환경의 상호작용, 항상 변화	실존의 세계, 주관적인 것
실재를 가르치는 주요 수단	학문적 가치가 있는 과목과 훈육(각 문명의 고전)	정신 도야에 좋은 과목(문학, 철학, 종교)	물리적 세계의 과목(수학, 과학)	사회적 경험의 과목(사회과)	선택과 결단에 도움되는 과목(예술, 미학, 철학)
진리(지식), 인식론	이성과 계시	사상의 논리적 정합성, 일관성, 잠재한 아이디어의 회상	감각과 상응성, 감각과 추상으로 구성	효능이 있는 것, 경험에 기초, 존재하는 것, 과학적 방법의 사용	개인적 · 주관적 선택, 개인의 선택을 위한 지식
진리를 가르치는 주요 수단	연습을 통한 정신의 단련을 교수	강의와 토론을 통한 사상의 교수	실습과 반복 숙달을 통한 정보의 숙지를 위한 교수	문제 해결, 프로젝트식 통합 지도	질문을 통한 개개인의 반응을 불러일으킴
선, 가치론	합리성	이상적 인간을 모방하고, 도달하려고 분투하는 사람, 절대적 불변적 가치	자연의 법칙에 기초한 절대적이고 영원한 것	공통적으로 검증한 것, 상황적 · 상대적인 것, 변화함	자유롭게 선택된 것, 개인의 인식에 기초한 것
선(가치)을 가르치는 주요 수단	이성에 따른 행동의 숙련	영웅과 모범인을 닮음	행동의 규칙을 훈련	결과를 고려한 집단적 결정	자아의 책임감 일깨우기
학교의 존립 이유	이성과 신의 뜻을 드러내려고	정신과 지적 활동 과정을 도야하려고	자연과 우주의 질서를 드러내려고	경험을 공유함으로써 우리가 사는 사회를 알고 발전시키려고	사회 속의 아동들이 자아의 위치를 발견하는 데 도움을 주려고
무엇을 가르칠까? (학습에서 강조사항)	보편적 진리, 지적 · 도덕적 습관 형성	각 시대의 지혜, 내재한 지식과 아이디어의 회상, 가장 높은 형태로서 추상적 사고	자연에 실재하는 법칙, 정신(마음)의 훈련, 논리적 추상적 형태가 최고의 지식	사회 문제, 사회 과학에 대한 집단 탐구, 내용과 방법을 병행 변화하는 환경을 다루는 방법, 과학적 설명	분절되지 않은 주제 영역, 인간 조건에 대한 지식과 원리, 선택 결정의 행위
교육과정에서 강조사항	종교 경전, 항존적 가치가 있는 고전 등(예술 체육, 직업교육 경시)	지식기반, 교과기반, 고전과 인문학, 교과의 위계, 철학, 신학, 수학, 언어학, 자연과학(예술 체육, 직업교육 경시)	지식 기반, 교과 기반, 예술과 과학, 교과의 위계, 인문 및 자연과학 교과	영속적 지식이나 교과는 없음. 문화를 전수하고, 변화에 개인을 준비시켜 주기 위한 적절한 경험, 문제 해결을 기다리는 주제들	교과의 선택, 선택교과, 정서적 · 미학적 · 철학적 교과
교사의 역할	영적 · 도덕적 · 지적 지도자, 가치 있는 지식의 담지자	이미 내재한 지식과 아이디어를 의식하게 도와줌, 도덕적 영적 지도자	합리적 사고를 육성해 줌, 도덕적 영적 지도자, 권위의 원천이 됨	과학적 검증 방법 및 비판적 사고를 육성	개인의 선택과 자기 결단과, 이에 따른 책임감 육성
학생의 역할	수동적으로 수용하기	수용하여 기억하기	조작하기, 수동적 참여	적극 참여와 기여	자신의 규칙을 스스로 결정
변화에 대한 학교의 입장	진리는 영원하므로, 실질적인 변화는 없음	보존되어야 할 진리, 변화 거부	완성과 정연한 질서를 향한 정진 과정	변화는 상존, 하나의 과정	변화는 늘 필요함

출처: John Wiles & Joseph Bondi(1989: 49)와 Allan C. Ornstein & Francis P. Hunkins(1998: 37)에서 종합함.

- 어떤 지식이 가장 가치 있는 지식인가? 지식의 우선순위는 어떻게 결정되는가?
- 왜 특정 교육목표 혹은 교과가 더 중요한가?
- 후대가 선대에 덜 기댈 때 학교는 무엇을 할 수 있는가?
- 세계 통용 교육과정을 향하는 도정에서 국가교육과정의 역할은 무엇인가?
- 자신이 신봉하는 특정 교육철학에 기초하여 교육활동을 전개하는 것은 정당화될 수 있는가?
- 학교현장의 교육과정이 다른 수준의 교육과정들보다 더 중요한가?

3) 교육과정의 사회학, 이데올로기

교육과정의 사회학은 교육과정의 사회적 기능에 대한 것이다. 즉, 교육과정의 사회적 기능을 고려하여 교육과정을 결정하는 것이다. 인간은 교육을 통해 한편으로는 바람직하고 좋은 사회 제도나 문화를 유지 · 전달하고, 다른 한편으로는 그렇지 못한 것을 개선 · 개혁하려는 입장을 취한다. 이때 교육의 가장 핵심적인 내용과 가치가 교육과정을 통해 다음 세대에게 전달되고 재생산된다. 이를 통해 개인은 사회화되고 사회는 유지된다. 사회는 언제나 지속 가능한 발전을 추구한다. 또한 사회는 교육을 통해 보다 자유freedom롭고 공정fairness한 사회에 대한 전망과 부와 소득의 증대를 통한 성공success과 행복happiness의 추구 가능성, 미덕virtue의 확장을 통한 사회의 지속 가능한 발전의 실현 가능성을 강조한다.

교육과정은 봉건제, 군주제, 자본주의, 사회주의, 민주주의, 자유주의 등 정치 · 경제 체제에 대한 일정한 선호를 담고 있다. 다시 말해, 한 나라의 헌법에 드러난 이상적인 정치 · 경제 체제를 유지 혹은 달성하려는 의도가 교육과정에 담긴다. 학생 개인이나 집단의 입장은 교육과정의 수혜를 통해 일정한 사회 경제적 혜택이나 상승을 기대한다. 이처럼 교육과정은 일정한 사회나 사회 속의 개인 학생 및 집단의 유지나 발전에 대한 전망을 담게 된다. 교육과정의 사회학은 교육과정의 사회적 기능과 작용에 대한 반성에 주로 관여한다.

교육과정은 한 사회의 지배체제를 유지하고 공고히 하는 데 사용되기도 한다. 다음 세대를 통해 재생산되지 못하는 사회는 존속이 불가능해진다. 교육은 다음 세대로 하여금 전통적으로 전수되어 오는 정치체제, 경제체제, 사회문화체제(신분제, 종교 등)를 유지하도록 지배체제를 선하고 바람직하며 지지를 받는 것으로 계속해서 정당화한다. 또한 특히 지배적인dominant 집단의 지식과 가치 및 행동양식을 좋은 것으로 비춰지게 하여 지배체제가 끊임없이 재생산social reproduction되도록 만든다. 보수주의나 사회적 효율성과 적응을 강조하는 이데올로기들은 모두 기존 체제를 옹호하기 위한 수단으로 교육과정을 사용한다. 교육이나 교육과정이 선한 전통을 재생산하는 면도 있지만, 사회발전이 반드시 좋은 방향만 지향하지 않듯이, 차별적인 정치권력, 불평등한 경제적 부와 소득, 불합리한 사회적 지위와 가치를 재생산하기도 한다.

역으로 교육과정은 한 사회의 바람직하지 못한 부분을 개선하고 새로운 구조(제도와 문화)를 만들기 위하여 이용되기도 한다. 인류가 기존의 불합리한 사회체제를 계속 바꾸어 온 것social reform이 이를 뒷받침한다. 사회의 계층, 계급, 집단 측면에서 보면 피지배층이 새로운 지배층으로 등장하거나, 낮은 계층에서 높은 계층으로 상승하는 것social mobility에 교육이 일정한 도움을 주도록 하는 것은, 교육과정의 기능을 사회 개선, 개혁, 혁신에 있다고 보는 것이다. 이때 교육과정은 꿈과 희망의 언어가 된다. 물론 사회개혁도 바람직한 방향으로만 지향하지는 않는다. 때로는 반역사적인, 복고적, 반동적인 방향을 지향한 개혁도 적지 않다. 교육과정의 사회적 탐구와 관련되는 주요 질문은 다음과 같다.

- 이 교육과정은 기존 사회를 유지(변화)시키는가?
- 이 교육과정은 어느 집단의 이해利害관계를 대변하는가?
- 이 교육과정은 어느 정치집단의 권력을 강화(약화)하는가?
- 이 교육과정은 어느 경제집단의 이익을 확대(축소)하는가?
- 이 교육과정은 어느 사회집단의 지위를 강화(약화)하는가?

4) 교육과정의 심리학

교육과정의 심리학은 교육과정에 대한 사람들의 마음의 움직임이다. 사람들은 누구나 특정 대상에 대한 호오好惡를 가질 수 있다. 가령, 수학에 대해 어렵다는 생각, 국어 공부를 좋아한다는 대답, 체육 활동을 잘할 수 있다는 자신감, 미술이 매우 재미있다는 느낌 등을 가지는 것이다. 교육과정의 심리학은 교육과정을 만들어 제공함에 있어 이를 가르치고 배우는 사람들의 심리적 측면을 말한다.

교육과정을 만들거나 만들어져 제공된 것에 대한 교사와 학생의 심리적 반응은 무척 중요하다. 가장 먼저 교육과정은 가르치는 교사 입장에서는 가르칠 수 있는 것teachability이어야 하고, 배우는 학생에게는 배울 수 있는 것learnability이어야 한다. 아무리 재미있는 것, 좋은 것, 바람직한 것, 유익한 것이어도 교사나 학생이 '소화'할 수 없으면 효용이 반감된다. 이를테면 민주주의 원칙에 대해서는 지식으로 가르칠 수 있지만, 민주시민의 성숙한 행동의 실천에 대해서는 간접적으로 관찰할 수는 있어도 가르치기는 쉽지 않다. 또한 모형 비행기를 조립할 수는 있지만, 비행기에 대한 창의성 발휘 정도를 확인하기는 쉽지 않다. 이처럼 가르치기 쉽고 어려운 정도는 교육과정을 결정하는 데 가장 중요한 잣대가 될 수 있다.

마찬가지로 학생들의 입장에서 학습가능성은 교육과정 결정에서 매우 중요한 고려 사항이 된다. 구체적 조작기에 있는 아동들에게 상징적인 조작을 요구할 경우 이는 아이들에게 어려운 과제가 된다. 가령, 비율에 대한 개념 형성이 되어 있지 않은 아동들에게 지도의 축척縮尺을 가르치기는 어렵다. 학습가능성이 고려되지 않으면 학생들은 학습의 불가능성을 느끼고 포기하게 된다. 고등학교에서 상당수 학생이 수학을 어렵다고 느끼고 지레 포기하는 모습을 볼 때 학습가능성은 교육과정을 결정할 때 중요한 요소임을 알 수 있다. 학습과학은 지능검사지처럼 특정 연령대의 학생들이 그 발달상 배울 수 있는 주제나 해낼 수 있는 과제가 어느 정도 정해져 있다고 본다.

주어진 교육과정에 대해 학습자의 흥미와 관심은 중요하다. 어떤 교육 프로그램이나 교과목에 대해 학생들은 흥미를 보이거나 보이지 않게 된다. 말을 물가로 끌고 갈 수는 있어도 물을 먹도록 하는 것은 말의 갈증 정도에 달려 있다. 의학, 법학 등이 사회적으로 명성이 있고 성공의 척도가 된다고 하여 교사나 부모들이 이를 공부할 것을 강권하더라도 학생들이 이에 대해 관심이나 흥미를 보이지 않는다면 지속할 수 없고, 이 분야에서 성공하거나 성공을 통해 행복과 보람을 얻기란 어려울 것이다. 특정 계열, 전공, 교과목에 대해 학생들의 흥미와 관심은 학생들의 지적 능력의 구성이 서로 다르다는 H. Gardner의 다중지능이론과 일맥상통한다. 어떤 학생들은 머리로 아는 것에, 어떤 학생들은 손발과 온몸을 움직여 수행하는 것에 대해, 어떤 학생들은 후각과 미각을, 또 다른 학생들은 시각이나 청각을 주로 사용하는 일에 흥미를 나타낼 수 있다. 이 점에서 교육과정은 다양한 요소를 고루 제공하여 학생들이 흥미 있는 것을 추구할 수 있도록 해야 한다.

학습에 대한 자신감 역시 매우 중요하다. 교사나 학생 입장에서 자신감은 중요하다. 교사가 잘 알고 있지 않은 상태에서 학생을 가르치는 행위는 위축되기 마련이다. 마찬가지로 학생들도 잘할 수 있다는 자신감에 충만하여 학습할 때와 자신감 없이 공부할 때는 학습의 효과가 달라진다. 체육, 음악, 미술 등과 같이 수행되는 기술이나 기능이 곧바로 드러나 평가될 때에 교사나 학생의 수행에는 자신감이 무척 중요하다. 학생은 누구나 타고난 소질과 적성, 학습된 숙련도, 나아갈 진로에 따라 해당 분야의 필요한 정도가 다를 수 있으므로 자신감을 드러내는 정도도 다를 수 있다. 학생들은 배운 지식 내용이 다른 생각할 거리나 해결할 문제와 연결될 때 더 잘 배운다. 각 개인의 흥미, 적성, 능력 등이 다르므로 분명히 각자에게 알맞은 공부 분야가 있을 것으로 상정할 수 있으며, 교육과정은 그러한 발달기회를 제공하는 일이다.

시대에 따라 유행되는 교과나 학문도 다를 수 있다. 고대의 철학, 중세의 신학, 근대사회의 과학, 현대사회에서의 의학, 법학, 경제학 혹은 경영학, 공학, 교육학 등에 대한 실용적 선호는 이를 말해 준다. 언제나 지배적인 경향을 보이는 학문이나 교과에 대해서도 교사와 학생들의 선호는 있다. 노벨상을 강조할 때는 우수학생들이 과학 분야로 쏠림이 있고, 불경기에 안정된 직장을 선호하면 해당 직장을 얻는 데 필요한 공무원 시험 준비 공부를 선호하게 된다. 때로는 흥미와 소질, 능력과 자신감 등을 고려하지 않고 명성을 좇아 해당 분야를 선택하였다가 낭패를 보거나 학교나 전공을 바꾸는 경우도 적지 않다. 다양한 학문이 만발한 오늘날 사회는 학생들의 다양한 재능과 관심에 알맞은 교과나 전공을 선택하여 그 시간과 노력을 집중하게 된다. 교육과정 심리학을 통해 교수학습할 대상에 대한 매력을 높여 가는 것이 중요하다. PISA나 TIMSS의 국제비교연구에 따르면, 다른 나라에 비해 우리나라 학생들은 학습에 대한 흥미도나 자신감이 낮다고 한다. 더 재미있고, 자신감 있게, 보람 있고 유익하며 만족할 만한 교육과정을 제공하려면, 교사와 학생의 교육과정에 대한 심리적 입장을 파악하여 이를 교육과정의 편성(제작)과 운영(제공)에 반영해야 한다. 교육과정에 관한 심리학적 탐구는 다음과 같은 질문과 관계가 깊다.

- 교육과정은 학생들의 각종 발달단계와 상응하는가?
- 이 교육과정에 대한 학생들의 호오는 어떠한가?
- 이 교육과정에 대한 학생들의 자신감은 어떠한가?
- 학생들은 왜 그 교과에 대해 흥미가 높(낮)은가?
- 학생들의 흥미와 관심 혹은 동기를 높이려면 그 교과는 어떻게 변해야 하는가?
- 발달 맞춤형, 적성 맞춤형, 능력 맞춤형, 진로 맞춤형 교육과정은 가능한가?

2. 교육과정 결정의 기초

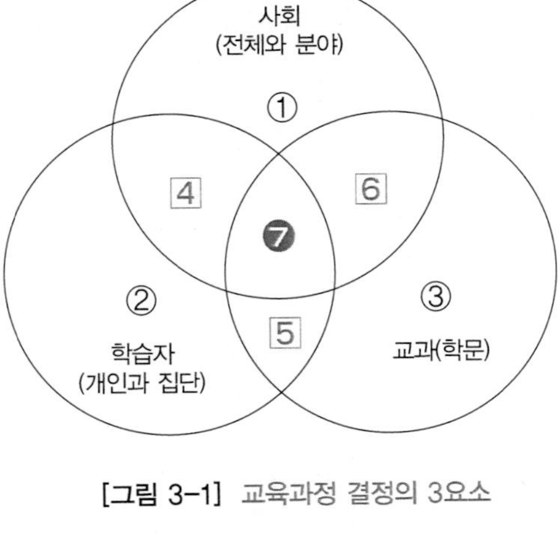

[그림 3-1] 교육과정 결정의 3요소

교육의 역사나 교육과정 개발사를 살펴볼 때, 교과(학문), 학습자(개인), 사회는 교육과정을 결정하는 세 요소(factor, 힘, 세력, 축)로 작용해 왔다. 일찍이 Dewey(1902)나 Tyler(1949)도 교육과정 결정의 3요소를 교과, 학습자(아동), 사회라고 하였다. 3요소가 교육과정에 영향을 미치는 방식이나 범위는 자세히 밝혀져 있지 않지만, 3요소가 역동적으로 상호작용하여 교육과정을 구성해 내는 것은 분명하다. 교육과정을 개발할 때 목표를 세우거나 내용을 선정 · 조직하

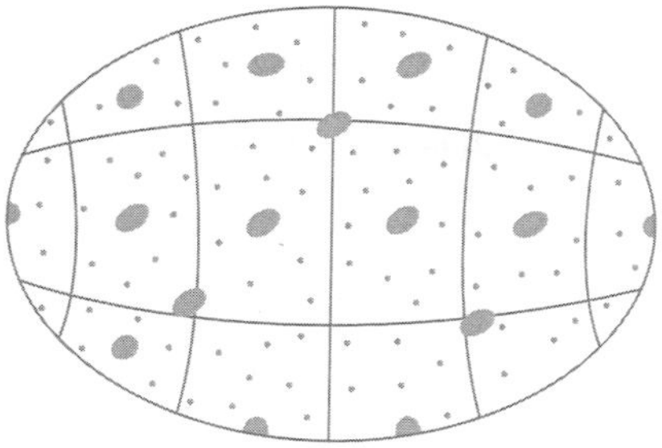

[그림 3-2] 사회(전체 · 분야), 교과(학문 · 각론), 학습자(개인 · 집단)의 관계

거나, 평가하는 과정에서 세 요소는 다른 모습으로 영향을 미친다. 세 요소 중에서 어느 하나([그림 3-1]의 ①, ②, ③) 혹은 양자를 강조하거나([그림 3-1]의 4, 5, 6), 바람직하기로는 삼자를 조화하여([그림 3-1]의 ❼) 그것을 축으로 교육과정에 대한 개념 정의를 하거나, 그것을 기반으로 교육과정을 개발하기도 한다. 예를 들어, William H. Schubert(2002)는 20세기 영미권에서 출간된 교육과정 관련 책 3,481권을 일별하면서 교육과정 분야를 교과 중심의 지적 전통주의, 학습자 중심의 경험주의, 사회적응과 효율 중심의 사회 행동주의, 사회 개혁 중심의 사회 재건주의로 요약한 바 있다. 이는 교육과정을 결정하는 세 요소가 교육과정 탐구의 발달에서도 중심축으로 작용하고 있음을 보여 준다. 학습자의 연령, 학년이 올라감에 따라, 교과(학문)에 따라, 시대나 사회에 따라 세 요소가 미치는 영향의 정도는 달라진다.

1) 사회

학교교육은 일정한 사회적 틀 속에서 이루어지며, 학교를 통해서 길러진 학습자가 일정한 사회 속에서 활동한다는 점에서 교육과정 결정에 영향을 주는 첫 번째 요소는 사회다. 사회의 입장에서 교육과정에 대해 일차적으로 요구하는 바는 유용성(쓸모, usefulness)이다. 사회의 입장에서는 교육과정을 구성하고 있는 요소들 하나하나가 사회적 쓸모가 있을 때 가르치고 배울 가치가 있다고 본다.

사회가 요구하는 유용성은 크게 두 가지로 나뉜다. 사회를 유지維持하거나 사회를 변화變化시키는 것이다. 교육과정이 그 사회의 현 상태를 유지 존속하는 데 도움이 되느냐 혹은 그 사회를 변화 발전시킬 수 있느냐의 문제다. 대부분 사회는 자라나는 세대들로 하여금 그 사회의 주요한 가치와 질서를 존중하고 이를 유지 · 존속시켜 주기를 원하며, 그 사회의 기본 토대를 흔드는 새로운 가치와 질서를 창출하는 것을 원하지 않는다. 여기서 학습자에게 요구되는 것은 학습을 통한 사회 적응력이며, 교육과정은 학습자의 사회 적응력을 키우는 데 소용된다. 그러나 변혁이 요구되는 사회나 시기에서는 교육과정을 통해 새로운 가치와 질서를 창출할 수 있는 기반을 마련하기를 원한다. 학습자에게 요구되는 것은 변화 주도력이다. 세상을 더 나은 곳으로 만드는 사회적 책임social responsibility을 느끼도록 학생을 키우는 것이다. 공생을 넘어 상리공생相利共生하도록 키우는 것이다.

인구변화는 교육과정의 변화를 촉진한다. 저출산으로 학교에 다닐 학령기(만 6~18세) 인구는 1980년 1,440만 명에서 2010년 1천만 명 미만으로 줄어들었고, 2018년에는 7백만 명대로 줄어들 예정이다. 학교나 학급 규모도 대폭 줄어들 것이다. 그렇지만 학교나 학급에는 일정 수의 학생이 모여야 교육다운 교육이 가능해진다. 왜냐하면 교육은 사회적 자본을 형성하고 강화하는 사회적 사업이기 때문이다. 특수한 집단의 교육을 제외하고 일반적인 교육을 하는 데 있어 과대 및 과소 규모 학교는 교육다운 교육을 하기에 부적합하며, 적정 규모의 학급과 학교가 교육과정의 정상적 운영에서 중요하다. 생활방식, 가치관에서 세대 간의 차이도 교육과정적인 과제를 낳는다. 식민지, 전쟁, 국가 통제, 빈곤 탈출, 경제성장을 겪은 기성세대는 교육과정을 통해 경제적 풍요, 과잉보호, 개인주의, 질곡 없는 인생 역정을 사는 다음 세대를 일정한 방향으로 조형하려고 한다. 사회의 유지와 개선에서 교육을 통한 바람직한 인재 양성을 기대하기 때문이다.

모든 교육과정은 사회의 유지와 변화 사이에서 어떤 기능을 더 강조할 것인가를 결정할 입장에 놓여 있다. 정치적 권력, 경제적 부와 소득, 사회적 지위, 문화적 가치 등을 유지 혹은 변화시킴에 있어 교육은 어떤 기여를 해야 하는가의 문제다. 지식정보화, 과학기술의 발전, 평생학습, 세계화, 고령화, 다원성과 정체성, 노동과 직업의 변화 등이 모두 교육과정의 변화를 요구한다(백경선, 2006). 최근 들어 자연환경 생태계의 위기에서 볼 때 인간사회와 자연환경의 친화적 공생이 강조되기도 한다. 대인관계 능력, 진로進路 개척, 직업적 능력, 다문화 이해 및 적응 능력, 국제적 능력과 같은 교육의 일반목표는 사회로부터 유래하는 것이며, 교과 중에서도 사회적 합의성과 기술적 효용성을 높이는 교과는 사회적으로 매우 중요하게 취급된다. 교과의 사회적 유용성은 시대적 · 사회적

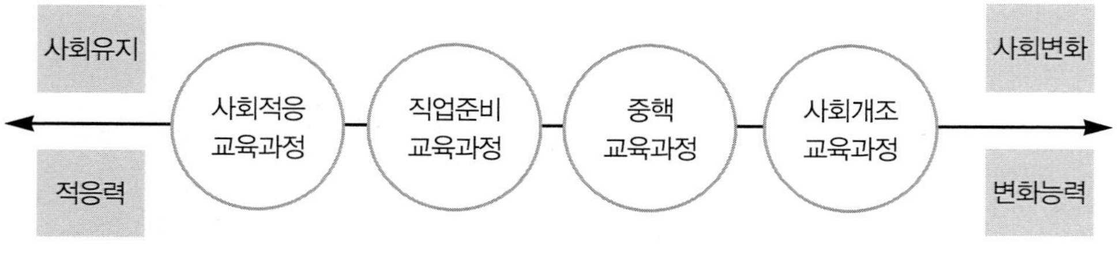

[그림 3-3] 사회를 중심으로 한 교육과정의 종류

환경에 따라 변화한다. 초등학교에서의 컴퓨터교육, 영어교육, 다문화교육은 대표적인 예가 된다.

학습자들은 세계화된 사회에서 외국어를 기초로 한 다문화 이해 및 적응 능력과 평생학습사회에서 항상 학습할 수 있는 자기 주도 학습력과 협동적 학습력을 기를 필요가 있다. 정보화 사회는 누구나 언제 어디서나 배울 수 있다는 교육복지edutopia를 지향하지만 학습자들은 역으로 교육복지로 흔해진 학습기회를 소홀히 하기도 한다.

사회를 중심으로 한 교육과정의 종류를 구분하면, ① 실생활이 요구하는 지식 · 기능 · 태도 행동양식을 효과적 · 효율적으로 습득하여 실생활 적응을 강조하는 생활적응life adjustment 교육과정, ② 직업 세계가 요구하는 기본교양, 주요소양, 핵심역량을 익혀 효율적이고 생산성 있는 직업인 양성을 강조하는 직업준비vocational 교육과정, ③ 사회의 문제와 쟁점을 중심으로 여러 교과의 내용을 통합적으로 구성하는 중핵core 교육과정, ④ 불합리하고 모순된 사회현실을 꿰뚫어 보고 이를 구조적으로 변화시킬 반성적 주체적 실천인의 양성을 강조하는 사회개조social reconstruction 교육과정으로 나눌 수 있다. 이들은 사회의 유지와 개혁, 이에 따른 학습자의 적응과 변화 능력 개발을 조금씩 다르게 강조한 것이다.

사회와 관련한 다음과 같은 질문은 교육과정에서 매우 중요하다.

- 교육과정은 그 사회의 정치 · 경제 · 문화적 특징과 요구를 잘 반영하고 있는가?
- 교육과정은 학습자들로 하여금 그 사회의 바람직한 전통에 적응하는 능력을 키워 주고 있는가?
- 교육과정은 학습자들로 하여금 그 사회의 잘못된 관례를 변화시킬 능력을 키워 주고 있는가?

2) 학습자(개인과 집단)

교육과정의 결정에 영향을 미치는 두 번째 요소는 학습자(개인)다. 학습자가 교육과정 결정에서 중요한 요소가 되는 이유는 다음과 같이 정리할 수 있다. 첫째, 교육과정의 궁극적 목적은 학습자의 능력과 소질과 적성을 신장하고 그들의 요구와 진로를 만족시키는 교육적 배려이기 때문이다. 둘째, 학습자는 교육과정이 제공하는 온갖 활동과 내용을 경험할 주체이기 때문이다. 셋째, 학습자는 이해와 발달수준에 의해 곧 교육과정의 학습 가능성을 결정하며, 그 범위와 수준(계열)을 결정하는 기준이 되기 때문이다. 넷째, 학습자가 지닌 서로 다른 경험과 발달단계, 소질과 적성, 요구와 진로 및 애로는 교육과정 구

[그림 3-4] 학습자 집단의 특성을 고려한 적인시교(適人施教)

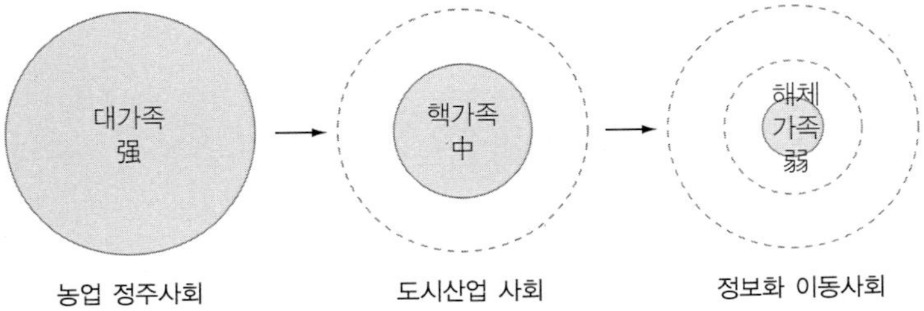

[그림 3-5] 가정의 인간 형성 및 인간관계 형성 능력의 변화

성과 운영의 원천이 되기 때문이다. 다섯째, 학습자의 성취 정도에 대한 평가는 교육과정의 성패에 대한 잣대가 되기 때문이다. 그런데도 교육과정은 학생에 '의해서'보다 학생을 '위해서' 결정되는 편이다.

어떤 면에서 사람들은 모두 비슷해 보이지만, 소질과 적성, 관심과 요구 측면에서 구체적으로 보면 서로 다르다. 기초 학습 및 생활 능력을 익히는 초등교육에서는 학습자들이 서로 다름에도 불구하고, 공통된 지식, 가치, 행동양식을 가르쳐야 하므로 학습자를 동일하게 혹은 균등하게 취급하는 경향이 있다. 그러나 중등학교로 올라갈수록 적성, 진로, 능력, 장애 여부가 서로 다름이 더욱 분명해지므로 학습자의 차이에 따라 각기 다른 교육적 처방을 하게 된다.

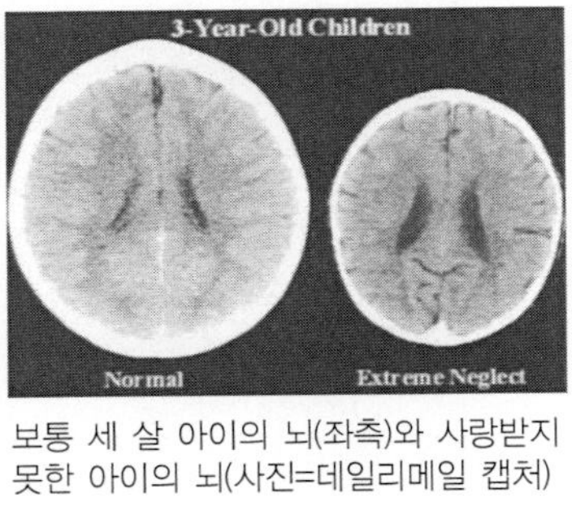

보통 세 살 아이의 뇌(좌측)와 사랑받지 못한 아이의 뇌(사진=데일리메일 캡처)

개인의 내적 · 외적 환경은 각각 다르며 같은 환경에서도 이를 지각하는 방식은 다르다. 학습자의 서로 연결된 신체, 정서, 의지, 인지, 영성 등이 다르기 때문이다. 동작과 행동,

지식은 학습을 통해 상대적으로 쉽게 바뀌지만, 정서, 믿음, 기질 등은 쉽게 바뀌지 않는다. 개인의 소질과 적성, 호기심, 창의력, 사고력, 문제 해결력, 선수학습 정도, 학습적응력, 학습습관, 언어와 수리 능력 등 지적 측면; 자아 개념, 자기 효능감, 정신건강, 기대와 포부 수준, 자기 예언, 적극성, 과제 집착력, 의지, 인성, 감수성, 가치관, 성공과 실패 경험, 욕구, 동기유발 정도, 성격, 성품, 상상력, 취미, 불안, 갈등, 종교적 신념 등과 같은 정서적 측면; 오감, 민첩성, 건강상태, 체력, 체격, 성숙과 발달수준 같은 신체적 측면은 서로 다르다. 같은 학년이라도 월령月齡이 빠르면 숙달할trained 기회가 더 많으므로 교사에게는 더 우수한talented 학생으로 보이고 이것이 강화를 받아 결국, 월령이 높을수록 더 우수한 학생으로 굳어지기도 한다(김대석, 홍후조, 2006).

특히 학습자의 선수학습 정도는 이후의 학업성취에 큰 영향을 미치는 것으로 알려졌다. 또한 가정의 자녀양육 분위기, 가정의 교육적 자산, 부모의 사회경제적 지위, 부모의 생활양식, 형제관계와 같은 가정환경; 교육적 보상, 교사와의 관계, 선호하는 교과, 교수방법, 경쟁과 협동의 정도, 학습자료, 교육시설 및 환경과 같은 학교환경; 대인관계, 대중문화, 주거환경, 지역사회 환경, 국가의 발달 정도 등과 같은 사회환경은 개인에 따라 다른 영향을 미친다. 가정의 사회경제적 지위는 학습자의 교육기회와 학업성취에 적지 않은 영향을 주는 것으로 알려져 있다.

교육과정은 학생들의 잠재적인 변화에 대하여 제안하는 것이지, 학생들에게 제공된 내용을 익히라고만 요구하는 것이 아니다. 교육과정은 학생들의 발달단계, 소질과 적성, 진로와 요구, 개인이 처한 어려움, 환경의 개인차와 집단차를 고려하여 제안된 많은 아이디어 중에서 학생들의 가치 있는 발달을 증진시킬 수 있는 것들만을 엄선하고 재조정

〈표 3-3〉 인간의 겉과 속, 각 층위의 교육방법

사람은 몇 겹일까?		➡	가장 효과적인 변화방법은?
기능, 동작, 행동, 표정, 몸짓	身言書判	➡	훈련, 연습, 모방, 시범
Data, 정보, 지식		➡	학습, 교육, 연습, 모방, 주입
감정, 정서, 태도		➡	훈련, 시범, 연습, 교육, 학습, 세뇌, 모방, 상담
신념, 가치관, 판단력, 지혜, 장의력		➡	훈련, 시범, 연습, 학습, 교육, 세뇌, 모방, 훈육, 상담, 종교
기질, 특질, 본성		➡	훈련, 시범, 연습, 학습, 교육, 세뇌, 위협, 훈육, 상담, 치료, 종교
???		➡	가장 어려운 변화일수록 더 많은 방법, 온갖 방법을 다 써야 할 것

하여 제안해 준다. 학습자의 학습권 보장은 교육과정이 존재할 이유가 된다. UN의 「아동권리에 관한 국제협약」에 따르면, 모든 아동은 생존의 권리, 발달의 권리, 보호받을 권리, 참여의 권리가 있다. 교육과정은 학습자의 학습권, 학습기회를 보장하기 위한 장치로서 차별받지 않을 권리, 학습자 이익 최상의 원칙, 연령과 성숙도에 따라 학습자의 견해(적성을 고려한 진로 선택)가 존중받을 권리를 구체화하기 위한 것이다. 이 점에서 학습자의 학습권은 학교교육이 우선적으로 보호하고 장려해야 할 것으로, 이는 성인 교원의 노동권보다 앞선다고 할 수 있다. 학습자의 학습권을 보장하지 못하는 교육과정은 교육과정이라고 할 수 없고, 다른 목적 때문에 교육과정의 탈을 쓰고 있는 것에 불과하다.

현대 교육과정은 학생의 흥미와 관심을 다른 학문적 · 사회적 요구보다 우위에 둔다. 학생의 타고난 측면들이나 그 발달은 과학적 연구방법을 통해 실증적인 증거에 기초해서 밝혀내고 이를 교육과정 설계의 기초로 삼는다. 그중의 하나는 뇌과학이 밝혀낸 인간의 뇌발달의 3층론이다. 즉, 제1층은 파충류뇌(생명뇌, survival brain)로서 모든 동물이 공유하는 것으로, 가장 중요한 생명 유지와 생사 여부를 가름하는 핵심 부분이다. 뇌간, 뇌수, 1층뇌, 원시뇌라고도 부를 수 있다. 가장 중요하여 몸에서 아주 깊이 간직되며 본능으로 보호받고 있다. 교육은 유전과 환경, 자연과 문화, 본능과 수련에서 전자를 존중하며 후자를 담당한다. 생명, 안전, 반사행동, 건강, 보건, 영양 등과 관련되고 가정과 생활 주변에서 안녕감 느끼기, 교통안전, 수영, 응급처치, 재난대피, 건강 · 보건 · 위생 관련 습관 등에서, 안전과 생명의 보호받음에 대한 충족 Maslow의 1~2단계나 Piaget의 감각운동기와도 관련된다. 대체로 2~3세가 결정적인 시기로 5~6세 전후까지 보호자의 품에서 절대행복을 느낌으로써 세상은 살 만한 안전한 곳이라는 느낌을 갖게 하는 것이 가장 중요한 양육환경이다.

제2층은 포유류뇌로서 변연계로, 중간뇌, 2층뇌, 감성feeling brain과 대인관계 등을 비롯한 사회성을 담당하는 곳이다. 타고난 원초적 감정喜怒哀懼(樂)愛惡慾과 관련되며, 감정표현이 통하고 받아들여지는 시기로 그 자유로운 발산과 욕구의 충족이 필요하다. 감정과 정서의 순화, 스트레스의 관리, 배려, 역지감지, 경쟁보다 협동, 대인 및 사회적 관계의 관리법 등을 교육을 통해 수련할 필요가 있다. 대체로 기억을 자기관리하는 5~6세 이후에서 추상적 · 논리적 사고가 이루어지기 시작하는 11세를 전후한 시기(유아학교와 초등 3~4학년)가 결정적이다. 감정과 정서의 발현과 순화 및 주변 사람들과 원만한 대인관계가 중요하며, 협력과 협동이 상호 간 더 많은 혜택이 주어진다는 경험이 필요하다.

제3층은 인간뇌, 사고뇌thinking brain, 이성뇌로서, 대뇌피질(전 · 후 · 측두엽, 두정엽 등)과 관련되고, 사고, 기억, 판단, 이해, 기획, 메타인지 등에 관련된다. 대체로 초등 고학년부터 직접경험을 벗어난 간접경험과 상상 및 개념학습이 출발하게 된다. 분석과 종합력,

논리적 사고력, 창의력, 기획력 등을 잘 수련하면 인간으로서 지혜와 덕성 및 이성에 의한 감정조절력, 리더십 등을 획득하고 발휘하게 되지만, 발달이 원만하지 않으면 잔꾀나 속임수, 편법 등 반사회적인 범죄를 획책할 수도 있다.

제1층과 제2층에서 자연스러운 본능과 적절한 수련을 통한 안정적인 발달이 이루어지지 않으면 이후의 인간의 뇌를 통한 온갖 교육은 사상누각沙上樓閣에 불과할 수도 있다. 즉, 1~2층 뇌가 활발히 작용할 시기에는 인지적 능력을 길러 주는 것은 최대한 미루고, 대신 신체건강, 정서안정, 원만한 대인관계 및 사회성 신장이 중요하다. 뇌가 정보를 처리하는 순서도 생존에 중요한 정보부터 차례로 감정 정보 그리고 새로운 인지적 학습 정보로 진행된다. 이성의 뇌는 감성의 뇌가 다 발달한 뒤에도 10~12년 늦게 발달하므로 청소년기의 사춘기적 증상들이 두드러진다. 인간의 뇌는 가장 중요한 기관으로 가장 먼저 자라나 가장 늦게까지 완성되는 기관이다. 가령, 여성은 25세를 전후로 남성은 이보다 더 늦게 철이 든다는 설도 있다. 학습자의 타고난 부분들이 훼손되지 않으면서 수련을 통해 자연과 문명과 사회의 지속가능한 방향에 어긋나지 않도록 교육기회를 제공하는 것이 필요하다. 호기심, 창의성, 적극성 등을 허용하고 이들의 자연스러운 발달이 방해받지 않을 정도로 발달단계에 맞는 교육기회(developmentally appropriate curriculum)를 제공하는 것이 필요하다. 최근 디지털세대는 문자언어보다 시청각 자료를, 분석적 사고보다 상황설명적 사고를, 몰입과 집중이 어렵고 주의집중 시간이 짧아 성찰적이기보다 반응적 · 반사적 언행을 하는 편이다. 전통적 학교학습에서 학습부진아가 증가하고, 빠른 처리나 검색에 익숙하여 충동 및 감정 통제 능력이나 공감능력이 약화되어 있는 편이다. 인간의 타고난 조건은 여전히 구석기시대의 몸인데 반해 외부 양육 환경은 가상세계가 넓어지는 인공적인 면으로 구성된다는 점이 이들을 양육하는 데 가장 큰 도전이다.

학습자의 교육과정적 요구 파악은 교육과정 구성에서 가장 기본적인 자료다. 학습자의 공부는 ① 하고 싶은 공부(흥미, 관심, 적성, 소질 등), ② 할 수 있는 공부(발달, 성숙, 이해, 능력, 장애 등), ③ 해야 하는 공부(학업진로, 직업진로)로 나눌 수

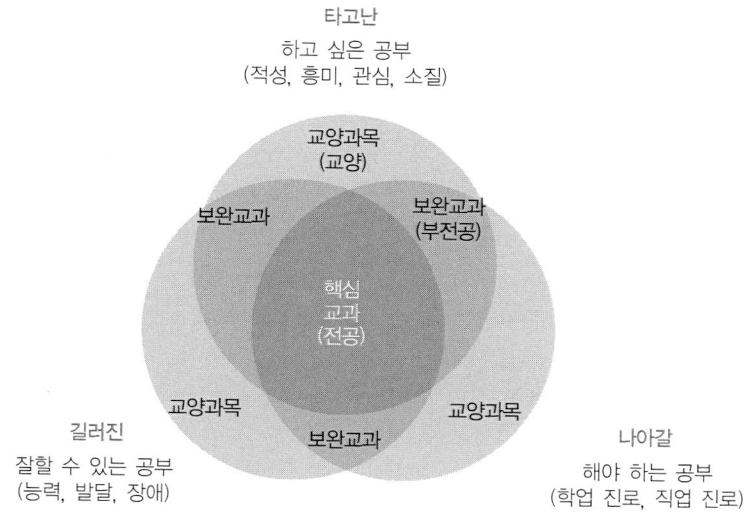

[그림 3-6] 학습자의 적성, 능력, 진로를 반영한 교육과정 구성

있다. 교육과정 구성은 학습자의 적성, 진로, 능력에 기초한다. ①과 ②는 학습자 안의 문제이고, ③은 학습자 밖의 요청이고 권고다. 즉, 안과 밖이 어떻게 조응하느냐에 따라 공부나 일의 즐거움과 보람, 성공과 행복이 좌우된다.

우리는 학습자의 적성, 능력, 진로에 따라 삼자가 겹치는 곳, 양자가 겹치는 곳, 하나만 해당하는 곳을 따라 교육과정을 적절히 처방할 수 있다. 특히 중등학교에서 진로를 고려한 학습영역은 크게 세 부분으로 구성되는데, ① 자신의 학업 및 직업진로에 가장 결정적인 고급 수준의 교과로 구성되는 '핵심영역', ② 이를 보완하여 진로를 탐색하는 중급 수준의 교과로 구성되는 '보완영역', 그리고 ③ 개인의 취미와 교양을 증진하는 교과로 구성되는 '교양영역'이 그것이다. 이런 생각은 고교의 진로별 교육과정을 설계하

헌법 제31조 ① 모든 국민은 능력에 따라 균등하게 교육받을 권리를 가진다.

교육기본법 제2조(교육이념) 교육은 홍익인간의 이념 아래 모든 국민으로 하여금 인격을 도야하고 자주적 생활능력과 민주시민으로서 필요한 자질을 갖추게 함으로써 인간다운 삶을 영위하게 하고 민주국가의 발전과 인류공영의 이상을 실현하는 데에 이바지하게 함을 목적으로 한다.

제3조(학습권) 모든 국민은 평생에 걸쳐 학습하고, 능력과 적성에 따라 교육받을 권리를 가진다.

제4조(교육의 기회균등) ① 모든 국민은 성별, 종교, 신념, 인종, 사회적 신분, 경제적 지위 또는 신체적 조건 등을 이유로 교육에서 차별을 받지 아니한다.
② 국가와 지방자치단체는 학습자가 평등하게 교육받을 수 있도록 지역 간의 교원 수급 등 교육 여건 격차를 최소화하는 시책을 마련하여 시행하여야 한다.

제9조(학교교육) ① 유아교육 · 초등교육 · 중등교육 및 고등교육을 하기 위하여 학교를 둔다.
② 학교는 공공성을 가지며, 학생의 교육 외에 학술 및 문화적 전통의 유지 · 발전과 주민의 평생 교육을 위하여 노력하여야 한다.
③ 학교교육은 학생의 창의력 계발 및 인성 함양을 포함한 전인적 교육을 중시하여 이루어져야 한다.
④ 학교의 종류와 학교의 설립 · 경영 등 학교교육에 관한 기본적인 사항은 따로 법률로 정한다.

제12조(학습자) ① 학생을 포함한 학습자의 기본적 인권은 학교교육 또는 사회교육의 과정에서 존중되고 보호된다.
② 교육내용, 교육방법, 교재 및 교육시설은 학습자의 인격을 존중하고 개성을 중시하여 학습자의 능력이 최대한으로 발휘될 수 있도록 마련되어야 한다.
③ 학생은 학습자로서의 윤리의식을 확립하고, 학교의 규칙을 준수하여야 하며, 교원이 교육 · 연구활동을 방해하거나 학내의 질서를 문란하게 하여서는 아니 된다.

는 기초가 된다.

특히 학습자의 능력은 신분제사회가 철폐되고 20세기 내내 업적주의meritocracy사회에서 성취를 기초로 한 획득적 지위를 결정하는 데 중요한 잣대였다. 학교의 교육과정도 주로 능력을 기초로 구성되었다. 그러나 최근 들어 ① 능력은 개인에게 귀속되는 것보다 가정의 사회 경제적 지위(SES)에 귀속되거나 후원을 받는 면이 많고, ② 능력을 지나치게 머리가 좋음과 나쁨, 할 수 있음과 없음으로 양분하여 학습자의 변화 가능성을 부정하기 쉬우며, ③ 능력은 성적, 점수, 석차 등 지나치게 교육의 드러난 결과만을 강조하고, ④ 능력은 차이를 드러내는 학생 간 우열優劣을 조장하며, ⑤ 능력으로 분리하여 수업하면 우수학생에게는 주마가편走馬加鞭 효과를, 서진徐進 학생에게는 설상가상雪上加霜 효과를 보게 되어 결국, '빈익빈 부익부'가 초래되고, ⑥ 능력은 비민주적 · 차별적 대우를 정당화하는 면이 있다는 비판을 받고 있다. 이 점에서 헌법 제31조 1항은 기초 · 기본 교육은 균등하게 가르치고, 이를 넘어서는 특수 · 전문교육은 각자의 적성과 진로에 따라 알맞게 배울 권리를 강조하는 방향으로 개선될 필요가 있다.

사람은 모두 다르게 태어났으며, 일생을 사는 동안 변해 가는 모습도 다르다. 완벽한 사람은 없으며 그것은 정도의 차이에 불과하다. 사람마다 장단점도 달라서 서로 간에 잘 협력하면 더 나은 관계를 맺고 더 나은 사회를 만들 수 있다. 교육에서도 어떤 사람이 되느냐(somebody to become) 하는 인격 수양 문제는 종종 어떤 일을 해낸(something to do) 사람이냐의 업적에 묻히기 십상이다. 사람이 배우는 것은 말을 잘하기 위해서가 아니라, 행실을 바르게 하기 위해서일 따름이다(學不期言也, 正其行 而已, 王安石).

적성에 따른 진로를 선택하고 그 속에서 능력을 발휘하여야 진정한 의미의 능력이라고 할 수 있고, 같은 진로 안에서의 경쟁이어야 경쟁도 의미가 있다. 진로는 특정 분야의 학업이나 직업을 원활하게 수행하기 위해서는 해야 할 공부와 자질(지식, 기능, 태도)을 개인에게 강요한다는 점에서 자율적인 민주시민은 이를 자유롭게 선택할 수 있어야 한다. 그러므로 학교에서는 자유로운 시민, 자율적인 시민으로 자라날 학생의 적성을 고려한 진로 선택을 존중해야 할 것이다. 장기적으로 적재적소適材適所형 인재 양성을 위해서는, 오늘날의 능력 본위의 교육과정보다 학습자 개인의 특성이나 적성을 고려한 적인시교適人施教가 필요하며, 이는 곧 집단마다 다른 교육방법을 쓴다는 것을 의미한다. 특히 중등학교 이후에는 학생의 진로에 알맞게 공부할 교과목이나 활동의 종류(명칭), 수준, 범위, 분량, 시기를 조정해 주는 교육과정 설계가 필요하다. 그래야 적인시교에 의한 적재적소형 인재의 양성과 확보가 가능해진다.

학습자를 중심으로 한 교육과정의 종류를 보면, ① 학습자의 흥미를 기초로 교육적 경험의 계속적 성장을 강조한 경험 중심experiential 교육과정, ② 인간의 타고난 선한 본성을

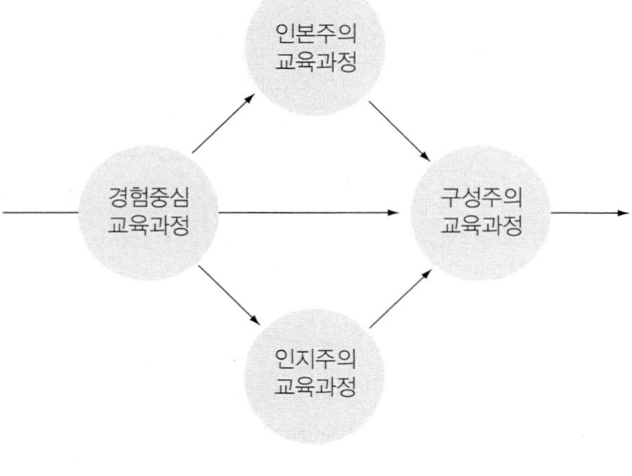

[그림 3-7] 학습자의 잠재력 개발, 전인적 발달, 자아실현을 추구하는 학습자 중심 교육과정

유지하거나 현대사회에서 뒤틀린 학습자의 본성 회복을 강조하는 인간 중심humanistic 교육과정, ③ 학습자의 학습내용 이해를 통한 인지구조의 질적 변화를 도모하는 인지주의cognitive 교육과정, ④ 학습자의 적극적 · 능동적 · 참여적 지식 구성을 강조하는 구성주의constructive 교육과정이 있다. 이는 학습자의 경험, 인간성, 인지능력의 발달, 지식의 구성능력을 겨냥한 것들이다.

학습자와 관련한 다음과 같은 질문은 교육과정에서 매우 중요하다.

- 교육과정은 학습자들의 성장, 변화, 발달수준과 이해수준을 반영하고 있는가?
- 학습자들은 교육과정을 통해 그들의 타고난 소질과 적성을 계발하고 있는가?
- 학습자들은 자신의 학업적 · 직업적 관심과 진로 요구에 따른 적절한 교육과정을 접할 수 있는가?

3) 교과(학문)

초 · 중등학교 교육과정에서 교과는 교육과정의 핵심 되는 내용을 제공한다. 교과는 인류가 축적한 문화유산 중 다음 세대에게 물려줄 가치가 있는 것들의 정수精髓, essence다. 교과는 사회와 학습자의 요구를 실현해 주는 주요 수단이다. 그러나 모든 학문이 다 교과가 되는 것은 아니며 교육적 의의와 효과를 지닌 것들만 엄선되어 교과로 개발된다고 할 수 있다. 교과는 학문이라고 알려진 지식체계 중 학생을 수련시키는 가치가 있는 것이면서 동시에 교사가 가르칠 수 있고 학생이 배울 수 있는 교수 학습의 가능성이 높은 것들만 정련한 것들이다.

교과는 교과가 대변하는 대상 세계의 표상에 있어서 포괄성包括性, comprehensiveness과 정확성正確性, accuracy이 있어야 하며, 그 내용과 활동은 체계적으로 잘 조직되어 논리정연성coherence이 있어야 한다. 선택되어 교육과정에 포함된 교과의 정당성의 강약 여부는 교과가 담고 있는 내용이 학생의 좁은 경험을 넘어 외부적 실재를 얼마나 폭넓게, 그리고 정확하게 대변해 주는가에 달려 있다. 이를 교과의 외부 세계 반영의 포괄성과 정확성이라

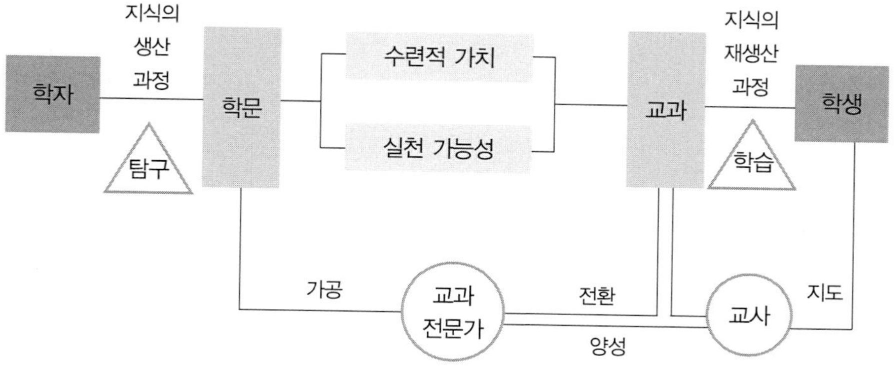

[그림 3-8] 지식 생산으로서 학문 탐구와 지식 재생산으로서 교과 학습

고 부를 수 있다. 즉, 좋은 교과는 그 교과가 다루고 있는 기본 대상의 세계에 더 잘 뿌리내리고 있으며, 나아가 그 대상 세계를 더욱 포괄적이고 정확하게 전달하고 있어야 한다. 이러한 교과는 기초적 지식과 당대까지의 학문적 최신 성과의 체계적 반영, 내용의 폭과 깊이의 균형, 학습내용의 전이력轉移力, transferability 등을 지녀야 할 것이다. 결국, 교과는 교과가 대변하는 세계에 대한 기술記述의 포괄성과 정확성, 내용 조직 체계의 논리정연성 때문에 교육과정 결정에서 핵심적 지위를 차지해 왔다. 이 세 가지는 교과의 기본 특성이자 강점이라고 할 수 있다. 학교학습은 이미 정설화된 것으로서 안정성stability과 계속해서 다른 연령대 학생들에게도 동일하게 필요할 것이라는 반복성replicability을 지니고 있다.

학교와 같은 교육기관에서 가르치고 배우는 교과나 그 내용과 활동은 대체로 다음과 같이 여덟 가지로 나눌 수 있다. 아동이 자라나 기억을 자기관리하면서 가장 먼저 배우는 것이 생활과 학습의 기초가 되는 문해력literacy과 수리력numeracy이다. 문해력은 자국어와 외국어로 된 글을 읽고 쓰는 능력이며, 수리력은 수셈하고 논리적으로 추론하는 능력을 말한다. 국어, 영어, 수학 교과와 같은 도구tool 교과를 말한다. 아동은 처음부터 자연스럽게 신체적 활동과 정서적 표현을 배우는데, 이는 학교의 체육과 예술 교과다. 문해력과 수리력을 갖추면 인간과 사회, 사물과 자연 및 직업기술에 관한 개념, 원리, 법칙, 이론 등을 체계적으로 배우게 된다. 예를 들어, 사회, 과학, 직업기술 교과가 이에 해당된다. 교과는 국어, 외국어, 수학, 사회, 과학, 직업기술, 체육, 예술로 분류될 수 있다. 교과는 학교급이 높아질수록 점점 과목으로 분화differentiation된다.

머리공부와 지필고사에 심신이 지치는 우리 교육 현실에서 예술, 체육, 직업기술 교과는 매우 중요하다. 특히 초등학교 고학년부터 직업기술 과목을 다양하게 개설하여 필수적으로 선택하여 이수하도록 하는 것이 매우 중요하다. 옷과 음식을 만들어 보고, 도구와 기계를 만들고 수리하며, 각종 동식물을 키워 보는 경험은, 주변 사물과의 접촉을 통한 오감의 발달과 함께 학생들에게 정서적 안정과 자신감을 얻게 해 준다. 학교에서 좋아하는 일을 배우는 강점강화형 교육을 받을 수 있다면, 학생들은 적성에 맞아 잘할 수 있는 일을 찾고 자신의 진로를 개척할 수 있을 것이다.

또 다른 분류로는 학문과 지식에 뿌리를 두고 있는 교과는 초기에는 여섯 가지였는데, ① 언어와 사고의 이해와 표현을 도와 논리적 정합성logical coherence을 높이는 교과, ② 실험, 실습, 관찰 등을 통해 실제와의 명실상부성을 확인할 수 있는 경험적 실증성empirical correspondence을 높이는 교과, ③ 실제적 사물의 조작과 가공을 통해 유익을 주는 기술적 효율성technical efficiency을 높이는 교과, ④ 사회 공동체의 유지와 발전을 위한 사회적 합의social consensus를 높이는 교과, ⑤ 사회적 · 개인적 도리를 다하는 개인적 덕성personal virtue을 닦는 데 도움을 주는 교과, ⑥ 외국어를 기초로 한 국제 이해와 관계를 다루는 국제적 교류성international interaction을 높이는 교과 등이다. 또한 근대 이후 특히 진보주의 교육이 등장한 이후에는 학문적 유래를 지닌 교과뿐 아니라 교육적 효용성이 높은 예술과 체육도 학교의 교과로 중요하게 자리를 차지해 왔다. 즉, ⑦ 학습자의 정서적 · 심미적 안녕과 창의적 이해와 표현을 돕는 예술적 심미성art aesthetics을 높이는 교과, ⑧ 위생, 보건, 체육 등 신체적 건강성bodily healthiness을 높이는 교과다. 실제로 각 교과는 앞의 여덟 가지 특성들을 복합적으로 지니고 있다.

교과를 학교에서 왜 가르치고 배워야 하는가에 대한 정당화는 무엇보다 교과의 외적 특성에서 온다. 지식과 정보의 급증, 지식 가치의 반감기 단축, 학문의 분화와 융합에 따라 초 · 중등교육에서도 가르쳐야 할 교과가 점차 많아지고 있다. 더구나, 특정 대상과 분야를 체계적으로 탐구하여 그 결과를 집대성해 놓은 학문이나 교과는 각기 자기 교과가 중요重要하므로, 독립獨立된 영역을 설정해서, 모든 학습자가 반드시 학습해야 하는 필수必修로, 학습자들이 어릴 때부터早期, 적어도 대학에 진학할 때까지 오래도록長期, 해당 분야가 포괄하는 것을 가급적 많은 내용과 시간 분량多量을 가르치고, 이를 공고히 하기 위해서는 중요한 시험試驗 과목에 포함하여야 한다고 주장한다. 간단히 줄여서 중독필 조장다시重獨必 早長多試라고 할 수 있는데, 이는 교과의 요구가 학습자나 사회의 요구보다 강렬하다는 측면을 드러낸다. 중독필 조장다시는 일반 교육과정 측면에서 교과 교육과정의 비중과 위상을 가늠하는 잣대로도 사용될 수 있다. 즉, 교육 일반목표를 달성하는 데 해당 교과의 상대적 기여도를 판가름하기 위한 잣대(중요-사소, 독립-통합, 필수-선택, 시기, 분량, 평가 여부 등)로 쓰일 수 있다.

또한 상이선택 교육과정에서 학교나 학생의 해당 교과목의 선택 경향을 높이기 위해서 교과는 다음과 같은 전략을 구사한다. 첫째, 최신 변화 추세나 경향이 자기 교과와 관계 있는 것처럼 끌어다 댄다(과학기술과의 IT, BT, CT, NT, ST, ET 등; 사회과의 세계화; 직업과의 취업 및 고용가능성). 둘째, 여러 교과목으로 나누어 어느 것 하나라도 선택하지 않을 수 없게 만든다(사회과의 일반사회의 세분화, 역사과의 근현대사의 분리, 국어과의 세분화). 해당 교과목을 선택필수 혹은 필수선택으로 만든다. 셋째, 시험과목화하면서 곤란도를 낮춘다(제2외국어, 과학, 사회, 기술 등 통합교과의 하위 과목들 사이의 경쟁). 넷째, 높은 곤란도를 유지하여 입학과 졸업 및 면허와 자격 시험 등에서 높은 변별력을 갖는다. 다섯째, 교과 내용을 지나치게 쉽게 해 준다. 여섯째, 과제 곤란도를 낮추어 준다. 일곱째, 성적 표기에서 점수를 후하게 준다(grade inflation). 여덟째, 선택 경향성을 높이기 위해 선전과 홍보를 한다. 이런 전략 중에는 교육적으로 바람직하지 못한 것이 있어 적폐를 낳고 있

학교 교육과정에서 교과의 입지 강화를 위한 주장의 특성
– 교과의 7화 경향(중독필 조장다시 · 重獨必 早長多試) –

① **중**요화(重要化): 교육과 교육과정 속에서 특정 교과의 비중을 나타내는 정도로, 교육목적 달성에 매우 비중 있게 기여한다고 보는 경향. 만약 그 교과가 적절히 가르쳐지지 않으면 교육목적 달성에 심각한 결함을 가져온다고 보는 경향 ↔ 경미화(輕微化)와 반대이나 교과의 '중요성' 정도는 적정 입지 확정에 중요한 잣대임.

② **독**립화(獨立化): 특정 교과가 다른 교과와 구분되는 독특성의 정도를 부각시켜, 해당 교과는 다른 교과와 구별되는 교육목표, 내용체계(탐구대상, 개념, 주제, 원리, 이론 등), 탐구방법 등이 있다고 보아 다른 교과와 통합될 여지가 적다고 보는 경향 ↔ 통합화(統合化)와 반대이나 교과의 '독립성' 여부는 적정 입지 확정에 중요한 잣대임.

③ **필**수화(必修化): 특정 교과는 모든 학습자 집단 혹은 특정 분야의 학습자 집단 모두가 반드시 이수해야 된다고 보는 경향. 적절히 가르쳐지지 않으면 다음 단계 학습이나 생활에 곤란을 초래한다고 주장하는 경향 ↔ 선택화(選擇化)와 반대이나 교과의 '필수–선택' 여부는 적정 입지 확정에 중요한 잣대임.

④ **조**기화(早期化): 학습자의 발달단계상 해당 교과를 조기부터 학습자에게 노출되어 접하도록 해야 교육효과가 있다고 보는 경향. 학습자에게 있어 어릴수록 해당 교과가 제공하는 지식, 태도, 기능 형성에 매우 중요한 결정적 시기(critical period), 적기(optimal stage)라고 보아 가급적 이른 시기부터 가르치려고 하는 경향 ↔ 만기화(晩期化)와 반대이나 교과의 '도입적기성' 여부는 적정 입지 확정에 중요한 잣대임.

⑤ **장**기화(長期化): 학습자의 학습기간 동안 계속해서 그리고 가급적 늦게까지 오랫동안 해당 교과

를 가르쳐야 교육효과가 높다고 보는 경향. 특히 공통필수 교과로 배우는 시기를 가급적 오래도록 끌어야 교육효과가 높다고 보는 경향 ↔ 단기화(短期化)와 반대이나 교과의 '적정지속성' 여부는 적정 입지 확정에 중요한 잣대임.

⑥ 다량화(多量化): 학습자에게 해당 교과를 이수시키되 가급적 많은 내용과 주당 수업시간을 할애해 가르쳐야 교육효과가 있다고 보는 경향 ↔ 소량화(少量化)와 반대이나 교과의 '적량화' 여부는 적정 입지 확정에 중요한 잣대임.

⑦ 시험화(試驗化): 해당 교과를 학교의 주요 시험과 진학과 취업의 주요 시험에 시험과목화해야 교육효과를 보장할 수 있다고 보는 경향 ↔ 비시험화(非試驗化)와 반대이나 교과의 '시험과목화' 여부는 적정 입지 확정에 중요한 잣대임.

기도 하므로 교육과정기준의 제·개정을 통해 적정화되고 걸러져야 할 것이다.

교과 관계자들이 학습자와 사회의 교육목표보다 교과의 지위를 강화하기 위하여 중독필 조장다시를 주장할 때, 교과의 이해利害관계에서 어느 정도 벗어나 있으면서, 학습자와 사회의 요구도 고려해야 하는 일반 교육과정 학자들의 역할이 매우 중요하다. 여러 교과의 성격, 목표, 내용, 기능을 고려할 때 이들 사이에 우선순위를 정하는 합리적 기준과 제도적 절차가 필요하다. 새롭게 부상하는 학업 및 직업 영역을 대변하는 교과도 학교교육과정에 신규 진입할 여지를 만들어 주어야 할 것이다. 학습자와 사회의 요구는 보통 관련 교과를 통해 교육에 수용되므로 교과는, 시대에 따라 그 면모를 달리했지만, 교육과정에서 가장 우세한 지위를 점해 왔다. 어떤 때에는 기존 교과의 전횡으로 인해 새로운 영역이 가르치기 어렵게 되어 있기도 하다. 우리나라의 경우 일반 교육과정 전공자들은 교과 교육에 대한 비교 이해를 넘어 이를 적절히 조정하는 능력이 요청된다.

교원과 시설 및 재정이 한정된 학교교육을 받을 수 있는 시간과 기간은 제한되어 있으므로 학교교육과정의 틀 속에 모든 교과를 다 포괄할 수는 없다. 즉, 제한된 시간 안에 가르치고 배울 것을 선택해야 한다. 선택 시 포함시켜야 할 특정 교과가 배제할 다른 것들보다 본질적으로 가르칠 만한 가치가 있는가를 물어보아 긍정적인 대답을 얻어야 한다. 때로는 교육적으로 꼭 필요한 교과는 독자적인 교과가 못 된다고 하여 배제하기보다 가장 가까운 특성을 지닌 다른 교과에 통합하여 가르쳐야 한다. 각 교과는 독립적인 자기 완결성을 갖추고 있는 듯 보여도 그것은 상대적이다. 즉, 교과는 상급단계에서 아래로 보면 통합integration되어 보이고, 하급단계에서 위로 보면 분화differentiation되어 보인다.

더욱이 교과의 요구와 함께 학습자와 사회의 요구에도 균형적으로 귀를 기울여야 할 것이다. 학습자와 사회의 교육적 요구를 더 잘 구현시킬수록 교과로서의 가치는 더 커진다. 공부할 교과의 종류, 수준, 범위, 분량, 시기는 학습자의 진로에 의해 조정되어야 한다. 오늘날 국어, 영어, 수학 우위의 교육은 문해력과 수리력을 강조하는 의무교육, 공통필수 교육과정에는 어느 정도 용인되지만, 그 이후 고교부터는 교과 간에 우열, 선후, 상하가 없이, 모든 교과의 가치는 동등하다. 국어, 영어, 수학이 아무리 중요해도 그 국민교육적 기능은 의무교육이 끝나는 중학교 3학년에서 끝난다. 학습자의 특성과 적성 및 진로를 개척하는 데 핵심적인 교과나 활동이 중핵적인 역할을 하도록 학습기회를 설계해 주어야 한다.

Deng(2009: 소경희, 2010에서 재인용)에 따르면, 교사가 학교교과의 내용을 안다는 것은 다음 다섯 가지 측면을 아는 것을 의미한다. ① 가르쳐야 할 기본 개념과 원리(논리적인 측면), ② 개념과 원리의 인식 방법 및 체계화 방식(인식론적 측면), ③ 개념과 원리가 학습자들의 관심, 경험, 선행 지식으로부터 개발될 수 있는 방법(심리적인 측면), ④ 개념과 원리가 사회 및 문화와 관련되고 상호작용하는 방식(사회문화적 측면), ⑤ 개념과 원리를 수업을 위해 효과적으로 표상하고 재형성하는 방법(교수법적 측면) 등이다. 이 중 앞의 네 가지 측면은 학교교과에 내재한 '내용 이론'과 관련이 있으며, 마지막 것은 교수법적인 차원에 해당한다. 교사는 학교교과에 내재해 있는 '내용 이론', 즉 내용에 대한 논리적 · 인식론적 · 심리적 · 사회문화적 측면의 분석을 먼저 해야 하며, 이에 기반을 두고 교수법적인 해석을 해야 한다. 학교교과에 대한 이러한 분석은 교사들이 교육과정기준에 처방된 것을 기계적으로 따르고 전달하기보다 구체적 수업 상황 속에서 특정 내용의 교육적 의미를 해석하고 재발견할 수 있도록 한다.

교과를 중심으로 한 교육과정의 종류를 구분하면, ① 전통문화 중에서 다음 세대로 전해 줄 핵심적 문화 내용cultural literacy을 담은 교과를 가르치고 배우자는 보수적 전통적 교과중심subject-centered 교육과정, ② 1960년대 이후 수학과 과학을 중심으로 각 학문의 기본 아이디어, 개념, 주제, 이론, 법칙, 원리들 사이의 관계로서 구조를 효과적인 학습전략으로 강조한 학문 중심discipline-centered 교육과정, ③ 구체적인 수업 목표를 행동적으로 기술함으로써 교과 교육 효과를 높이려는 행동주의behavioral 교육과정이 있다. 1980년대 이후 기초학력 부실의 원인을 국가 수준의 명확한 학업성취기준standards, intended learning outcomes이 없기 때문이라고 판단하여 이를 마련하려는 성취기준 개발 운동은 행동주의 교육과정의 연장

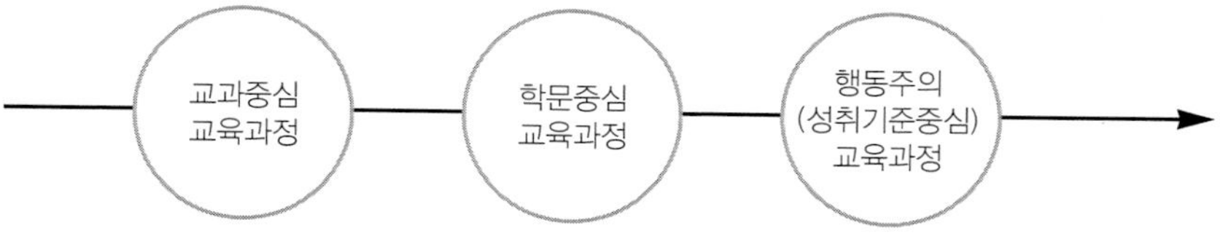

[그림 3-9] 교과를 중심으로 한 교육과정의 종류

이 되었으며, 여기서는 교과 학업성취를 높이기 위한 국가와 학교의 책무성을 강조한다. 이들은 대체로 역사적으로 발달해 온 순서이며, 교과내용의 조직과 표현을 보다 정교화하여 그 전수를 극대화하기 위한 방식으로 변화해 온 것들이다.

교과와 관련한 다음과 같은 질문은 교육과정에서 매우 중요하다.

- 전체 교육과정 속에서 각 교과는 어떤 성격, 목표, 구조, 비중, 지위, 기능을 갖는가?
- 교과는 학습자를 둘러싼 세계의 실재에 대해 적절하게 설명해 주고 있는가?
- 교과는 학습자와 심리적 대화를 할 수 있도록 조직되어 있는가?
- 교과는 교과 자체의 고유한 논리를 반영하고 있는가?
- 교과는 최근에 정설이 된 학문적 성과를 반영하고 있는가?
- 교과는 역사와 사회의 요구를 제대로 반영하고 있는가?
- 교과는 다른 교과와 구별하여 독립적으로 제공할 가치가 있는가?
- 교과는 필수로 가르칠 가치가 있는가?

4) 3요소의 조화와 절충에서 우선순위

교과(학문), 학습자, 사회는 교육과정의 기본 성격을 결정하는 데 작용할 뿐만 아니라 (이경섭, 1999), 여러 교육과정의 사조(유형, 경향)를 결정하고(홍후조, 2002), 교육과정에 대한 여러 가지 정의도 기본적으로 여기서 파생된다. 교육과정 결정의 3요소는 넓게는 교육, 좁게는 교육과정에 관한 다양한 탐구를 촉발시키는 근원이 된다.

학습자는 교육의 주 대상이고, 교육받은 인간상은 교육의 목표이고 기준이며, 이들의 요구는 개인의 자아실현 요구와 관계된다. 학습자의 적성과 진로에 따른 요구는 능력이나 학습가능성에 의해 중재仲裁되어 교육과정의 일부가 된다. 학습자 개인만 아니라, 집단, 세대로서 학습자에 대한 연구와 이에 적절한 교육과정이 필요하다.

사회는 세계, 국가, 산업 등에서 그 유지와 변화를 위해 교육에 실용적 기능을 요구한다. 이는 사회적 자본의 형성과 확대가 주 관심사다. 사회적 중요성과 긴급성을 가진 요구는 교육가능성에 의해 중재되어 교육과정의 일부가 된다. 사회의 공간적 시간적 범위를 얼마나 넓힐 것인가가 문제가 되겠지만 오늘날에는 세계와 주권 국가를 기본으로 하게 된다. 사회의 각 활동분야, 산업분야는 홀로 혹은 여럿이 학교에서 가르치고 배울 바를 요구하게 된다.

초 · 중등학교의 교과(대학의 학문이나 전공)는 체계적으로 축적된 문화 내용이면서 문명의 변화 방향을 알려 주며, 그 요구는 주요 결과의 전달이며 계승이다. 학문은 언제나 교과로 변환할 기회를 찾거나 기존 교과에 의탁하려고 한다. 교과의 학문적 체계성과 실제적 효용성의 요구는 교수가능성에 의해 중재되어 교육과정의 일부가 된다. 공통필수 교육과정에는 사회 전체, 모든 학습자, 모든 기본 교과가 관여하게 되고, 상이선택 교육과정에는 사회 각 분야, 진로별 학습자 집단, 관련되는 일부 교과가 관여하게 된다. 이에 따라 3자가 관여하는 방식이나 우선순위는 달라진다. 사회와 학문(교과)의 요구는 학습자에 의해 중재되어 교육과정으로 정착되면 학습자중심 교육과정이 되고, 사회와 학습자의 요구가 교과에 의해 중재되어 교육과정으로 정착되면 교과중심 교육과정이 되며, 학습자와 교과의 요구가 사회에 의해 중재되어 교육과정으로 정착되면 사회 중심 교육과정이 된다.

학문의 구조주의, 학습자의 구성주의, 사회의 실용주의는 교육과정을 결정하는 세 가지 영향력이고, 이들 3자의 종합과 절충이 교육과정으로 나타난다. 학문은 교과를 통해 교육과정에 들어오는데 학년급이 높아질수록 그 체계성을 더 굳건히 하려는 경향이 있다. 이에 비해 구성주의는 진보주의와 함께 학습자의 개인적 · 사회적 경험을 강조하면서 학습자의 정보와 지식의 능동적 · 창의적 · 협동적 구성 능력을 강조하여 교육과정에 영향을 미친다. 이에 비해 사회는 학문과 학습자의 사회적 맥락으로서 길러진 인재와 체계화된 지식의 사회적 쓸모를 강조한다. 교수자는 학문과 교과의 영향과 사회적 요구를 고려하여 학습자와 상호작용하는 가운데 교육과정에 영향을 미친다.

교육과정 결정의 3요소는 모두 중요하지만 교육사에서 시대에 따라 어느 한 요소가 다른 두 요소보다 교육자나 일반인들의 주목을 받아 왔다. 따라서 시기마다 어느 한 요소가 주도적인 교육과정에 대한 정의나 개발 방식에서 우위를 차지하였다. 대체적으로 20세기 이전에는 교과가, 진보주의 교육이 우세한 때는 학습자 또는 사회가 주된 축을 차지했다. 20세기 교육과정의 변천사는 세 가지 요소가 교육과정의 목표와 내용을 어떻게 결정하였고, 한 요소가 나머지 두 요소를 적절히 고려하거나 혹은 부당하게 고려하지 못한 데 대한 기록이라고 할 수 있다. 20세기 이전에는 오랫동안 대학과 학문 위주의 영향을 받은 교과 우위로부터, 20세기 들어서는 초 · 중등학교가 체계화됨에 따라 학습자와 사회가 교과 못지않게 때로는 그보다 중요하게 다루어졌다.

학교는 사회적 관계 속에서 학생들이 상호작용을 하기 알맞은 사회, 집단, 공동체 환경을 지니고 있는 곳이다. 학교는 학생들 개인의 인지, 정의, 심동적 영역을 키워 주는 곳이다. 여기에 더하여 학교에서 사회성 교육을 강조하게 되면, 학생들은 개인의 사회성을 바탕으로 자신이 직접 참여하는 집단에서, 그 집단의 성원으로서 자신의 역할을 다할 수 있다. 또한 집단 내에서 길러진 시민 의식을 바탕으로 간접적으로 참여하는 국가와 국제 사회의 성원을 키울 수도 있을 것이다.

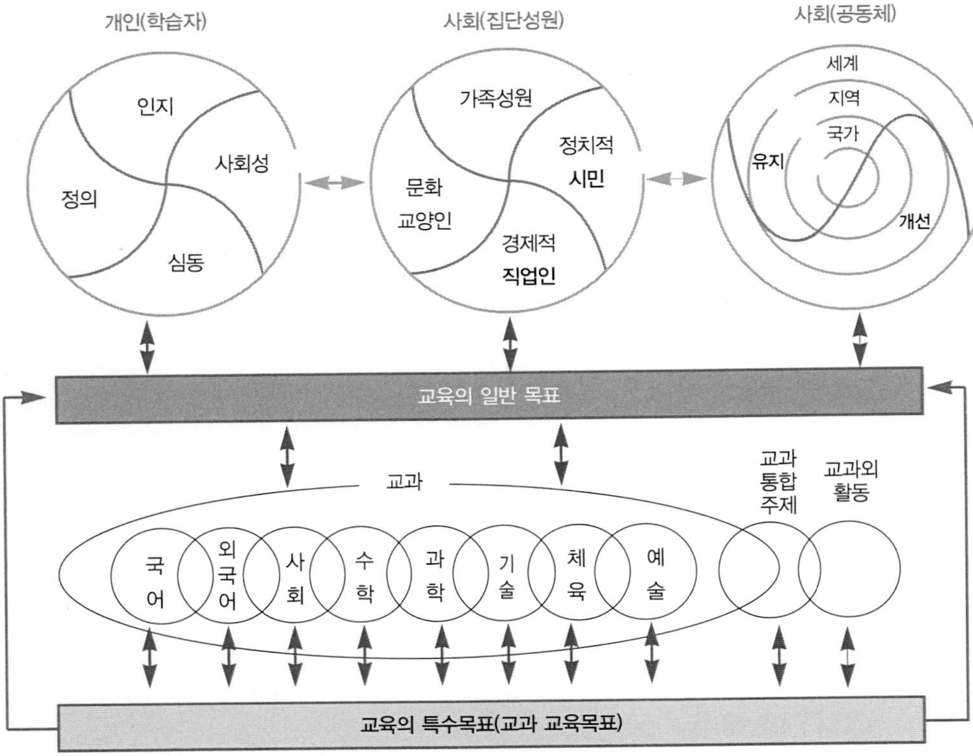

[그림 3-10] 학습자 · 사회 · 교과와 교육목표의 관계

학교교육 특히 초 · 중등학교의 공교육은 사회적 목표달성이라는 사회적 필요에 의해 사회적 자원을 동원하여 사회적 과정을 거쳐서 진행되는 사회적 사업이라는 점에서 분명히 우선순위가 존재한다. 사회적 기관으로서 학교는 개인적 자본의 형성 확대보다 사회적 자본의 형성 확대를, 자기 주도 학습능력보다 협동적 학습능력을 강조해야 하는 곳이다. 이를 위해 학교는 독주보다 합주, 개인경기보다 단체경기, 개인 간 경쟁을 유발하는 석차보다 단체적 보상을 강조해야 한다.

학교를 둘러싸고 서로 다른 가치가 충돌할 때 우선순위를 분명히 매길 필요가 있다. 첫째, 사회적 요구에 따른 사회적 목표달성, 둘째, 학습자 요구에 기초한 개인적 목표달성(학습권 존중을 통한 자아실현), 셋째, 교사의 교수권 보호(노동권, 자율성-전문성-책무성), 넷째, 학부모의 자녀 교육 위탁권, 다섯째, 학교교육을 둘러싼 특수집단의 이해利害 고려다. 특히 의무교육기는 사회적 목표달성과 학습자의 학습권에 대한 존중이 절실히 필요하다. 이 시기에 교과가 지나치게 중독필 조장다시를 주장하게 되면 교육의 기조가 흔들릴 수 있다.

일반적으로 교육의 일반목표는 학습자와 사회에서 유래하고, 교육의 특수목표는 개별 교과와 창의적 체험활동에서 유래한다. 학습자 개인의 목표도 중요하지만 그가 평생 지속적으로 추구할 만한 더 큰 위대한 목표는 사회에서 나온다. 교과는 더 큰 목적에의 부합도, 즉 학습자와 사회의 목표달성에 가장 효과적인 준비를 시켜 준다. 교육의 일반목표에 비추어 여러 교과의 특수목표와 내용을 상호비교 이해하여 이들을 조정하고, 교육과정에서 교과의 위상과 역할에 대해 분명히 명시할 필요가 있다. 교과나 창의적 체험활동은 일반 교육목표를 잘 달성할 것으로 생각되는 바를 체계적, 분야별로 묶은 것이다. 교과의 가치는 학습자와 사회가 요구하는 교육의 일반목표를 얼마나 잘 달성하느냐에 따라 결정된다. 교육은 결국, 사회적 도리를 다하는 인간을 기르는 것이므로, 여기에 크게는 교육과정 전체가 작게는 개별 교과 교육과정이 수단적으로 기능하는 것이다.

이 장의 요점 정리

1 교육과정은 다양한 학문적 측면에서 접근할 수 있다. 특히 역사학적 · 철학적 · 사회학적 · 심리학적 접근은 가장 기본적인 것들이다. 역사학을 통해 우리는 과거 혹은 다른 시공간에서 직면한 문제를 풀기 위해 동원되었던 교육과정을 참조할 수 있다. 철학적 접근을 통해 지식의 인식론적 측면과 바람직하고 조화로운 진선미의 본질적인 측면을 검토할 수 있으며, 사회학적 접근을 통해 학교교육과정이 사회에 미치는 명시적 혹은 잠재적 기능을 이해할 수 있다. 교육과 학습에서 교사-교재-학생 간 상호작용은 심리학적 접근을 통해 더 잘 탐구될 수 있다.

2 교육과정 결정의 3요소는 사회, 학습자(개인과 집단), 교과(학문)다. 사회, 학습자, 교과는 교육과정에 대한 개념 정의, 접근 관점, 유형 등을 낳는 원천이다. 사회는 공동체의 유지 발전을 위한 유용성 측면에서, 개인은 잠재력 개발, 전인의 형성, 자아실현을 위한 발판을 교육과정에서 얻으려 한다. 교과나 학문은 체계적인 지식 전수를 통해, 해당 분야의 언어와 도구를 통해 학습자들이 세계를 이해하도록 이끈다. 교육과정은 학문의 구조주의, 학습자 구성주의 사회의 실용주의의 종합과 절충의 산물이며, 교육 현장에서는 교수자와 학습자의 상호작용으로 구현된다.

3 사회, 학습자, 교과는 교육과정을 결정하되, 서로 동격은 아니다. 사회와 학습자는 공교육으로서 학교교육의 궁극적 목적과 목표를 규정한다. 이 목적과 목표를 잘 달성하는 데 시대적 사회적으로 가장 적합한 수단으로서 특정한 교과목이 동원되는 것이다. 교과목이 학습자와 사회를 위해 있는 것이지, 학습자와 사회가 교과목을 위해 있는 것은 아니다.

이 장의 주요 용어

교육과정에의 역사적 접근 historical approach toward curriculum, 교육과정에의 철학적 접근 philosophical approach toward curriculum, 교육과정에의 심리학적 접근 psychological approach toward curriculum, 교육과정에의 사회학적 접근 sociological approach toward curriculum, 교육과정 결정자 curriculum determinator, 사회 societies, 유용성 usefulness, 지속 가능한 발전 sustainable development, 학습자 learners, 적성 aptitude, 능력 ability, 진로 career, 학문과 교과 disciplines and subjects, 포괄성 comprehensiveness, 정확성 accuracy, 체계성 coherence

연구과제

1. 과거 왕자와 공주 혹은 양반과 귀족을 교육하기 위한 교육과정과 오늘날 좋은 학교의 교육과정을 비교해서 공통점과 차이점을 드러내시오.
2. 학교에서 가르치는 교과의 지식과 내용, 활동과 경험은 궁극적인 '진선미'를 추구하고 있습니까? 그 실례를 들어 보시오.
3. 사회과는 누구의 지식, 어느 집단의 세계관이 정당화되어 있습니까? 그것으로 이익을 얻는 혹은 피해를 보는 개인과 집단이 있습니까? 그 손익의 내용은 무엇입니까?
4. 자신에게는 타고난 좋아함, 길러진 잘함, 나아가는 데 필요함의 3자가 겹치는 공부(교과, 전공, 직업 기술)가 무엇인지 정리해 보시오.
5. 학습자의 두드러진 특성을 대비한 사분면에 그려 넣고, 각각의 교육적 처방이 어떻게 달라야 하는지 생각해 보시오.
6. 개인의 자아실현, 집단에서 제구실, 공동체의 유지 발전에 가장 중요한 교육목표를 각각 5개씩 만들고, 우선순위를 세워 보시오.
7. 개인 학습자와 사회 공동체의 지속가능한 발전을 위해 수단으로 동원된 교과목이 현실의 학교에서는, 특히 시험준비 과정에서는 도리어 목적 자체로 뒤바뀐 경우를 흔히 볼 수 있습니다. 이를 본래대로 되돌려 놓을 방안을 5가지 이상 제시해 보시오.

제4장

교육과정의 역사

교육과정을 이해하는 길은 여럿이다. 여기서는 교육과정사적으로 중요한 몇몇 인물과 그들이 이룬 주요한 성과를 통해서 교육과정을 이해하고자 한다. 19세기 중반 Spencer에서 시작하여 20세기 중반 Tyler를 분수령으로, 20세기 후반 교육과정 논의의 이론적 · 실제적 발달과정을 교육과정 '개발'과 '이해'로 나누어 살펴본다.

1. 교육과정의 정초기

1) Spencer: 현대 교육과정 논의의 시작

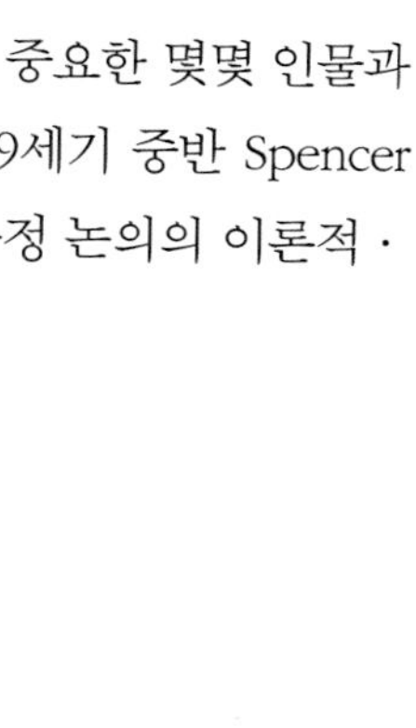

Herbert Spencer
(1820～1903)

(1) 실제적 삶을 위한 교육

현대적 의미의 교육과정 논의를 본격적으로 벌인 이는 Herbert Spencer(1820～1903)다. Spencer는 1860년에 『교육론: 지, 덕, 체(Education: Intellectual, Moral, and Physical)』라는 저서를 통해 상류 귀족층의 지적 허영심을 만족시키는 형식적 교육, 자신이 하기 싫어했던 암기식 대학준비교육을 하던 고전적 교육을 통박하였다. 당대의 생물학, 지질학 등 과학기술의 발전에 기초하여 사회학, 철학, 정치학, 심리학, 교육학, 인류학, 생물학, 지질학 등의 종합철학을 세우면서, 우주의 모든 것은 동질단순성homogeneity에서 이질복잡성heterogeneity으로 진화해 간다고 보았다. 그는 자연법칙으로서 적자생존과 경쟁의 이익을 강조한 사회적 진화론을 제창하였다.

Spencer는 교육의 목적을, 어떻게 살 것인가 하는 실제적 물음에 답하는 것에서 찾고 있다. 어떻게 하면 우리의 온 재능을 자신과 타인의 최대 이익이 되도록 활용할 것인가, 어떻게 하면 개인과 사회의 행복을 위한 준비, 곧 온전한 생활complete living을 누리도록 준비시킬 수 있는가에 두어야 한다고 본다.

(2) 어떤 지식이 가장 가치 있는 것인가

Spencer는 인간의 온전한 삶의 활동을 요긴한 순서에 따라 다섯 가지로 나누었다. ① 직접적 자기보존에 기여하는 활동, ② 의식주에 필요한 물질 획득에 도움이 되는 간접적 자기보존에 기여하는 활동, ③ 자녀의 양육과 교육에 관한 활동, ④ 적절한 사회적 · 정치적 관계 유지에 관련한 활동, ⑤ 생활의 여가를 즐기는 활동이 그것이다.

Spencer의 견해에 따르면, 생활을 구성하고 있는 주요한 활동에 가장 중요한 지식은 직접적 자기 보존에 유용한 건강에 관한 과학science이고, 간접적 자기 보존을 위한 재화와 용역의 획득을 뒷받침하는 과학이다. 과학에는 생활에 쓸모 있는 지식을 제공하는 생물학, 화학, 수학, 지질학, 천문학과 같은 자연과학은 물론이고, 인간 사회의 원리를 알게 하는 윤리학과 같은 사회과학이 포함된다. 자녀 양육을 위한 생리학, 심리학도 유용하고, 시민으로서 기능하기 위한 역사와 사회학도 쓸모가 높으며, 풍요로운 여가를 위한 시, 미술, 음악도 교육에 포함되어야 한다. 인위적 암기와 모방을 강요하는 고전어를 가르치기보다 이해와 판단을 위한 지적 훈련에 도움이 되는 과학을 가르치는 쪽으로 교육이 선회해야 한다고 주장한다. 삶과 건강을 위해서도 과학, 삶에 필요한 재화와 용역을 얻는 데에도 과학, 자녀를 적절히 기르기 위해서도 과학, 역사적 · 사회적 · 정치적 삶을 정향 지우는 데에도 과학, 예술적 기예를 닦고 인생을 즐기는 데에도 과학, 궁극적으로 지적 · 도덕적 · 종교적 수련에 가장 효율적인 공부는 과학이라는 것이다.

Spencer의 교육론은 전근대사회와 근대사회를 가름하면서 근대사회에서 필요한 교육을 매우 기능적으로 정의하였다. 농업 봉건사회, 계급 신분제사회에서 도시 산업사회의 노동자와 민주시민의 대중들에게 지덕체를 기르는 교육이되, 귀족을 위한 것이 아닌 과학적 기반을 지닌 지식에 대해 우선순위를 두고 교육할 것을 주장한 것이다. 그의 사상은 20세기 교육이 지덕체의 3육의 고른 균형교육, 민주사회의 대중교육과 공교육의 교육과정 발전에 큰 영향을 미쳤다. 정보폭발 시대에 가르치고 배울 것도 많을 텐데 지식의 우선순위를 세울 때 '모든' 사람에게 '필요'한 교육이라는 관점을 제공해 주었다.

2) 고전적 교육과정과 새교육의 등장

미국에서는 남북전쟁 후 노예제 폐지, 이민증가, 영토확장, 인구폭증, 산업화(빈곤층, 아동노동, 계층격차), 도시화, 여성의 투표권을 비롯한 민주주의와 지방 분권 확대, 과학기술, 새로운 교육이론과 실천의 발달에 힘입어 고전적 교육으로는 새로운 사회변화에 대응할 수 없다고 보았다. 일찍이 R. W. Emerson은 모든 사람은 존엄하고 각자 다른 사람을 도와줄 도덕적 의무가 있으며 교육은 사람을 해방시키는 것이라고 설파한 바 있다. Massachusetts 주 초대 교육감 Horace Mann은 모든 사람에게 차별 없는 교육을 제창하였다. 초대 교육부장관 Henry Barnard는 가장 가난한 사람에게도 최선의 교육을 제공하는 공립학교를 지향하였다. 19세기 미국에서는 모든 백인 아동에게 개방된, 지역의 재산세를 기초로 학비 없는 공립학교common school 설립이 확대되었으나 학교교육은 여전히 고전적인 교육이 주류를 이루었다. 교사 한 사람이 300명의 학생을 교육할 때 할 수 있는 주입, 암기, 암송이 주류를 이루었다.

흔히 전통주의자, 지적 전통주의자, 항존주의자라고 칭해지는 20세기 이전의 교육과정 논의는 예일보고서(1828)에 기초한다. 여기서는 대학에서 고전을 가르치는 이유를 정당화하는 것이었는데, 이들은 육체의 근육을 단련하듯이 상상력, 이해력, 분석력, 종합력 등 정신의 근육도 특정 고전 교과목에 의해 단련될 수 있다고 보았다. 힘든 운동이 근육 단련에 도움이 되듯이, 고전은 어려운 만큼 정신력을 가장 빠르고 효과적으로 단련시키는 첩경으로 여긴 것이다. 정신도야론mental discipline theory에 해당하는 능력심리학faculty psychology이 1860~1890년대 미국에서 유행하였다. 교육의 주요 목적과 방법을 제시한 정신도야론, 학교학습의 단계를 수립하는 개인-문명발달 상응론, 교육효과로서 전이론transfer theory은 20세기 이전 교육과정학이 설 수 있는 토대였다. 능력심리학에 기초를 둔 교육과정의 재설계 노력은 1890년대 NEA의 10인 위원회, 15인 위원회, 대학입학요건위원회 등의 활동에서 구체화되었다. 10인 위원회의 중등교육 개선을 위한 질문은 다음과 같다.

〈NEA, 10인 위원회(1892년)의 교육과정의 연구 개발 관련 질문〉

1. 대략 6세에서 18세에 이르는 초·중등교육의 취학 기간 중에 이 위원회가 제시한 교과목들은 몇 세 때부터 도입되어야 하는가?
2. 그 교과목들은 주당 몇 시간씩, 몇 년간 이수해야 하는가?
3. 초·중등교육을 마무리하는 최종 4년 동안, 곧 고교 과정에서는 각 교과목들은 주당 몇 시간씩 몇 년 동안 이수해야 하는가?
4. 전체 이수 기간 동안 교과목에 포함된 어떤 주제들이나 어떤 부분들이 큰 무리 없이 다루어질 수 있겠는가?
5. 고교 4년 동안 교과목에 포함된 어떤 주제들이나 어떤 부분들을 다루는 것이 가장 좋겠는가?
6. 어떤 형태로 그리고 어느 정도로 그 교과목은 대학 입시에 반영되어야 하는가? 어떤 형태로라는 질문은 특정 언어에 대한 지식을 평가할 때 직독직해를 할 수 있는지를, 과학시험에서는 필답시험보다 실험실시험을 중시하는 것과 같은 것을 나타내고자 한 것이다.
7. 여기서 제시하는 교과목들은 대학에 진학하려는 학생, 실업계 학교로 진학하려는 학생, 아무런 진학 계획이 없는 학생들에게 서로 다르게 제공되어야 하는가?
8. 교과목의 서로 다른 분화(differentiation)가 일어나야 한다면 어느 때부터가 좋겠는가?
9. 학교에서 제공하는 교과목을 가르치는 가장 좋은 방법을 기술(제시)하는 것이 가능한가?
10. 대학입학시험에서 어떤 교과목의 성취 정도를 측정하는 가장 좋은 방법을 기술할 수 있겠는가?
11. 대학입학시험에서 보통 1년 간격을 두고 치러지는 예비시험과 최종시험에서 둘 사이의 이상적인 기간 간격은 얼마가 적당한지 제시할 수 있겠는가?

출처: National Education Association(1893).

소수 학생의 대학입학 준비과정이었던 중등교육이 점차 많은 학생을 받아들이게 되자, 교과목은 늘어나고 대학입시도 복잡해지고 학생들의 진로도 서로 다르게 되어 이에 대해 일정한 방향을 정립할 필요가 있었다. 1892년 7월 미국교육협회는 소위 10인 위원회(Committee of Ten on Secondary Schools)를 결성하였다. 하버드대 총장인 Charles Eliot이 위원장이었던 이 위원회는, 당시 대학입학을 위해 고교에서 4년간의 라틴어와 3년간의 그리스어를 필수로 요구하는 데 대해 이런 고전어 위주 고교학습과 대학입시를 약화시키고, 대신 현대 과학기술 교과를 장려하는 방안을 모색하고자 하였다.

10인 위원회의 결론적 권고 사항은 다음과 같다. 첫째, 종국적 진로와 관계없이 누구나 공통으로 가르칠 것, 대학에 진학하는 학생은 극소수이므로 고교는 대학진학이 아니라 '생활의 소임' duties of life을 다하도록 가르쳐야 한다. 둘째, 대학입학에 고전어 과정이든, 현대어 과정이든 동등한 가치를 인정한다. 셋째, 고교에서 배울 교과목을 네 가지 과정으로 제시한다. ① 고전어 과정(그리스어, 라틴어를 포함한 두 개 외국어), ② 라틴어-과학과정(외국어 두 개, 현대어 한 개), ③ 현대어 과정(두 개의 현대 외국어), ④ 영어과정(고전어나 현대어 중 한 개의 외국어). 네 가지 중 어느 과정을 공부하더라도 대학수학 준비든 일상생활 준비든 똑같은 교육가치(정신도야, mental training)를 가진다고 본 것이다. Eliot은 상류층에게 좋은 것으로 받아들여진 교육은 모든 계층의 생활에 대한 최선의 준비가 된다고 정당화하였다. 전통적인 인문주의자들은 급변하는 사회 속에서 인간 이성의 힘을 도야하고 서구 문명을 수호하기 위해서는 학교가 그 전통을 보전하는 신성한 역할을 수행해야 한다고 보았다. 이 위원회에서는 학교에서 가르칠 과목, 각 과목을 가르치는 기간, 각 과목의 첫 도입 시기, 학년별 교과목의 난이도 조절 같은 학교교육의 기본 틀을 설정하였다.

미국교육협회(NEA)는 초등교육에 관한 15인 위원회도 1895년에 보고서를 발간하였지만 이것 역시 강고한 고전적 학문 주창자인 W. T. Harris(1835~1909)가 위원장이 되어 주도했기 때문에 10인 위원회의 수준을 크게 벗어나지는 못하였다. Harris는 연방 교육부 장관을 지냈고 1898년 『교육의 심리학적 기초』라는 책에서 점차 의무화되고 있던 학교교육이 이성의 발달을 최우선으로 하여 학생의 올바른 습관 형성과 교양교육을 통한 시대의 지혜를 전수하는 역할을 해야 한다고 주장했다. 문화의 기본적인 교과로 언급한 '영혼의 5개의 창窓'은 ① 언어의 기술적 · 과학적 연구로서 문법, ② 문학과 예술, ③ 수학과 물리학, ④ 생물학, ⑤ 일반사회, 지리, 역사다. 이것을 배운 사람은 문화적으로 새로운 시대를 갈망하고 있기에 도덕적이고 지적으로 행동한다고 보았다. 다섯 개의 교과를 학습하는 동안 교사는 학생이 ① 질서, ② 시간 엄수, ③ 정숙하기, ④ 근면의 기본적인 임무를 지키도록 훈련시켜야 한다고 보았다. 전미교육협회를 통해 오늘날의 학교하면 으레 그런 곳이라는 틀이 지워진 것이다.

미국교육협회(National Education Association: NEA)의 보수적 대처에 대해, G. S. Hall 등 아동에 대한 과학적 연구 성과를 기초로 한 교육학자들은 지나치게 대학 엘리트 중심, 학문적 교과목 중심이라고 비판하였다. 진보주의의 일파인 발달심리학자들은 교육과정이 아동 발달의 자연스러운 순서를 허용해야 하며, 이를 위해 아동과 청소년 발달에 대한 과학적인 데이터를 구축하고 학습의 특성을 연구하였다. 이들은 학교가 아동의 본성을 무시하고 제도화된 교육과정을 통해 아동에게 수동적 수용을 강요한다고 하였다. C. DeGarmo, McMurry 형제 등 Herbart 주의자들은 교육과정의 집중concentration과 연계correlation가 반영되지 않았다고 비판하고, 개인-인류발달상응론에 따라 아동발달을 인류의 역사적 발달(진화)에 관련지어 교육과정을 구성할 것을 강조하였다. F. Parker는 교육과정이

Herbart식이 아니라 사회적 환경 속에서 자라나는 개인의 자아 발달을 중심으로 이루어져야 한다고 주장하였다. 즉, 정신도야론, 능력심리학에 따른 고전에 이어지는 전통적인 학문적 교과의 암기와 교사중심의 훈육은 20세기 교육과정론이 일단 극복해야 할 과제였다.

3) McMurry 형제: 교육과정과 수업의 접합

Charles A. McMurry(1857~1929)는 동생 Frank W. McMurry(1862~1936)와 1890년대 당시 미국 교육학자들의 정신적 메카였던 독일 예나대학에 유학하여 Johann F. Herbart(1776~1841)의 교수이론에 깊은 영향을 받았다. Herbart 주의자들은 철학적 · 심리학적 연구결과를 교수이론에 적용하는 것에 관심이 많았다. McMurry 형제는 Herbart의 교육관을 접하고 난 뒤 미국으로 돌아왔다. 그들은 미국의 학교교육이 결여하고 있는 것은 교육과정을 체계적으로 선정, 배열, 조직하는 방법이라고 보았다. 특히 형 McMurry는 30권의 책을 집필하면서 학습경험의 조직을 교육과정의 주된 관심사로 보았으며, 초등학교 여덟 개 학년을 위한 수업의 자료를 선정 조직하는 방법을 기술하였다.

(1) Herbart의 영향

Herbart에 따르면 학생의 인지적 작용을 활발하게 촉진하는 것은 사물과 사람들과 관련한 경험과 연결된 관심이다. 사람을 대하면서 겪는 경험과 관련되는 관심에는, ① 다른 사람들에게 친절하게 대하는 동정적 관심, ② 공공문제에 참여함으로써 갖게 되는 사회적 관심, ③ 인간의 운명을 관조해 보는 종교적 관심이 있다. 사물을 다루면서 겪는 경험과 관련되는 관심에는, ① 사물을 자세히 살펴보는 경험적 관심, ② 자연법칙을 곰곰이 따져 보는 반성적 관심, ③ 아름다움에 대한 느낌과 감흥에서 오는 심미적 관심이 있다. 사람과 사물에 대한 관심은 곧 학교에서 가르치는 교과의 바탕이 된다.

Herbart는 수업에서 교수teaching의 핵심은 학생의 흥미와 관심을 일깨워 궁극적으로 의지를 도야하여 견고한 도덕적 품성을 도야하는 것으로 보았다. Herbart의 제자들(Karl V. Stoy, 1815~1885; Tuiskon Ziller, 1817~1881; Wlilhelm Rein, 1847~1929)은 그가 죽고 난 이후 다음과 같은 방법으로 수업의 5단계를 발전시켰다(박의수, 강승규, 정영수, 강선보, 2002: 229-230).

〈수업의 5단계〉

① 준비는 수업의 목표를 분명히 하고 관련 사실들을 회상시켜 수업에 필요한 마음의 틀을 정비하는 단계다.
② 제시는 읽기, 강의, 토론, 실험, 문제제기 등을 통해 새로운 사실과 경험을 접하는 단계다.
③ 연합 · 비교 · 추상은 새로운 내용을 토론하고 해석하며, 기존의 경험과 관련시켜 보아 비교하고, 분류하고, 차례로 나열하고, 공통된 특징을 찾고, 이를 통해 일반적인 원칙을 어렴풋이나마 감지하는 단계다.
④ 일반화는 앞에서 찾은 일반적 원리들을 확정하여 진술하는 단계다.
⑤ 적용은 일반적 원리들을 다른 상황에 적용하여 해석하거나 특별한 상황이나 사례들에 대입해 판단해 보는 단계다.

(2) McMurry의 교육과정론

McMurry 형제의 교육 혹은 교육과정에 대한 이론은 다음의 다섯 가지 기본 질문에 대한 대답으로 요약된다.

첫째, 교육의 목적은 무엇인가? 그들은 도덕적 발달이 교육의 목적이라고 본 Herbart보다 한 차원 높여서 선량한 시민의 도리를 다하도록 아동을 유도하려는 의도와 사회에 대한 현명한 신체적 · 사회적 · 도덕적 적응까지 포함하였다.

둘째, 교육적 가치가 가장 높은 것은 어떤 교과인가? 초기에 McMurry는 문학은 미적 · 지적 고양을 가져와 연합을 이루는 데 가장 효과적인 공부가 되며, 지리는 가장 보편적이고 구체적인 연결을 가능하게 해 주는 공부라고 여겼다. 후기에 McMurry는 학습자의 생각을 표현하는 데 도움이 되는 교과와 다른 사람의 생각을 수용하고 생각할 거리를 제공해 주는 교과를 구분하였다.

셋째, 교과는 교수방법과 어떤 관계가 있는가? McMurry 형제는 지리, 수학, 문학 등 어떤 교과든지 형식적 요소와 개념에 상응하는 최적의 교육방법이 있다고 믿었다. 아동은 전문가와 마찬가지로 각 분야의 이런 요소를 갖고 생각하는 방법을 배워야 하는데, 당시의 교사들은 각 교과의 기본 개념조차 잘 모르는 수준이었으므로 수업에서 이를 체계적으로 적용하기를 기대하기는 어려웠다.

넷째, 가장 좋은 학습결과를 낳는 학습순서는 어떻게 정할까? McMurry 형제는 교과는 나이의 발달단계에 따라 맞는 수준이 있다고 믿었다. Herbart 주의자로서 이들은 초기에는 개인-인류발달상응론(Theory of Culture Epochs)을 신봉했는데, 이에 따르면 아동의 발달은 인류나 문명이 거쳐 온 발달단계를 똑같이 거친다. 개체발생ontogeny은 계통발생phylogeny을 되풀이한다는 발생반복설recapitulation에 기초하여 교육과정을 설계한다는 것이다.

다섯째, 교육과정을 가장 잘 조직하는 방법은 무엇인가? 새로운 교과의 등장, 아동에게 강요된 학문적 교과, 고립된 교과 등과 관련해서 형 McMurry는 교육과정의 조직문제에 가장 큰 중점을 두었다. 교과와 교과, 교과와 학생의 관련성, 즉 학교공부를 생활에 근거하여 조직하라는 것이다.

4) 다양한 유파의 종합과 절충 노력

20세기 이전 교육은 가정, 종교기관, 일터 등에서 상대적으로 비형식적으로 인간사를 거시적 · 사변적으로 다루었다. 교육이 보다 공식적 형식을 띠게 되면서, 20세기 들어 학교 중심의 교육학 목표와 내용을 보다 미시적 · 과학적으로 다루는 전문 분야로서 교육과정학이 등장하였다. 교육과정은 인간 삶의 여정을 다루면서 필요하지만 일상생활에서 쉽게 얻을 수 없는 무엇을 가르치기 위한 것을 정하는 것과 관련된다.

20세기 교육과정은 전통적 학문과 교과 교육과정을 극복하기 위한 것으로 다양한 배경에서 시작되었다. 전통적 교육은 문리과 대학의 학문적 지식 체계를 교과로 만들어 학생에게 전수하는 것을 기본으로 한다. 교과지식의 전수를 교육으로 보는 협소한 시각을 벗어나려는 모든 노력은 '새교육'으로 통칭하였다. 새교육은 교사양성대학을 중심으로 학습자와 사회의 요구를 교과의 요구보다 앞세우는 경향이 있다. 20세기 교육과정은 이전의 교과 우위의 교육을 학습자와 사회에서 유래하는 교육의 일반 목표달성에 교과의 특수목표를 복속하려는 노력이었다고 할 수 있다.

20세기 초반기에 능력심리학과 정신도야설에 입각한 전통적 교육과정을 거부하는 운동은 다양하게 일어났다. 새로운 심리학과 과학의 발전은 산업사회의 등장, 유물론적 사고, 제국주의의 팽창을 반영하는 직업적, 기술적, 과학적 교과를 강조하였다. John Dewey, Francis Parker, Gestalt 심리학, 아동심리학, 행동주의 심리학, 전이이론 등은 전통적으로 학교교육에서 중요시하던 교과나 학문이 특별히 더 높은 교육적 가치가 있다는 견해를 부정하였다. 마침내 1917년 고전어를 대변하던 Charles Eliot도 라틴어를 고교와 대학에서 필수교과로 할 필요가 없다고 주장하였다. 당시 독일 등 유럽의 선진적인 교육을 받아들이기 위해 하버드대학교의 강좌들을 모두 선택과목화했다.

전통적인 교과보다 아동의 실제적 요구를 더욱 강조하는 경향을 진보주의라고 할 때 그 뿌리는 Jean-Jacques Rousseau, Friedrich Fröbel, Johann Heinrich Pestalozzi, Johann

Friedrich Herbart 등 유럽적 전통에 닿아 있다. 페스탈로찌의 그림, 궤도, 실습, 체험 등의 실물교수법object training에 매료된 Edward Sheldon(1823~1897)은 뉴욕 주의 Oswego 사범학교장으로서 모든 아동들에게 무상교육을 강조하고, 고전적 암기와 암송 교과를 밀어내고 대신 아동의 모든 감각을 활용하는 활동적인 직접경험을 강조하였다.

매사추세츠 주의 Quincy의 교육장인 Francis Parker(1832~1902)는 모든 교육은 인간의 전인적 발달을 도모해야 하고, 그 중심에는 아동이 있어야 한다고 보았다. 그는 표준화, 석차, 엄격한 훈육, 단순 암기와 주입을 폐지하고 소집단활동, 아동의 흥미중심의 새교육을 통해 독립적인 개인을 키워야 한다고 보았다. 그는 시카고 대학교 실험학교를 설립하여 아동중심의 교육, 교과통합적 교육, 예술과 체육 강조, 밴드부 학교신문 등 학생활동 강조, 실제적인 체험 중심의 교육을 실천함으로써 Dewey로부터 '진보주의의 아버지'라는 칭송을 받았다.

Francis Parker
(1832~1902)

1920년대 미국에서는 아동중심의 진보주의 교육이 확산되면서 다양한 개혁과 실험이 진행되었다. 미국 Illinois 주 Winnetka 학교구에서 24년간 교육장을 역임한 Carleton Washburne(1889~1968)은 진보주의의 교육의 목표로서 지덕체와 사회성을 지닌 전인 양성을 위해 무학년제 개별화교육의 Winnetka Plan을 제안하였다. 읽기를 제대로 하려면 학년보다는 정신연령이 6.5세는 되어야 하므로 적기를 기다려서 교육하라는 것이다. 읽기, 쓰기, 산수, 지리, 역사를 공통핵심으로 하고, 음악, 미술, 문학, 체육 등을 창의적 집단활동으로 하는 진보주의식 교육과정을 제안하였다. 초등학교에 생활지도 프로그램을 창설하고, 위로는 중학교를 창안하였으며, 아래로는 유아교육을 강조하였다.

Helen Parkhurst(1887~1973)는 중등학생들도 대학생 못지않는 주도성과 독립성을 누릴 필요가 있으며, 사회성과 타인에 대한 책임감을 높여 주어야 한다고 본다. 이를 통해 각 학생은 최선의 지적 · 도덕적 · 신체적 · 영적 발달을 달성할 수 있다고 보았다. 그녀가 1914년 제창한 Dalton Plan은 학생의 교육과정을 그의 필요와 흥미 및 능력에 맞추고, 일일 숙제를 폐지하고 대신 월정 학습과제를 교사와 계약하며, 학생자신이 자기의 책임하에 학습속도를 조절하며, 일제식 진급이 아니라 과제를 제대로 수행했을 때 학년을 진급하게 하였다. 일제식 수업 대신 4학년부터 교과교실제laboratory를 도입하여 이동수업을 실시하고, 학생들의 사회공동체house를 두어 다른 학생들과 협력하여 공부할 것을 강조하였다.

Abraham Flexner(1866~1959)는 *A Modern School*(1916)에서 중등학교의 전통 교육과정을 거부하고, 현대사회에 맞는 교육과정을 제안하였다. 기본 교과영역은 ① 과학(교육과정에서 가장 강조한 영역), ② 실업(산업사회가 요구하는 직업과 상업), ③ 공민(역사, 경제학, 정치), ④ 미학(문학, 언어, 미술, 음악)이었고, 현재 쓰이는 외국어는 라틴어와 그리스어를 대체했으며, 과학적 탐구를 강조했다. 시카고 대학교 교육학부장이었던 Charles Judd(1873~1946)는 교육심리학 분야의 발전에 기여하였고, 교육과정 내용의 가치를 결정할 때 통계적이고 과학적인 방법을 제안한 바 있다. 즉, 성공적인 성인들이 쓰는 언어를 통계적으로 분석하여 읽기, 쓰기, 철자를 가르치고, 실제 사회에 많이 쓰이는 실용수학을 가르쳐야 한다고 보았다.

미국 교육과정론을 대변하는 고전적 인문주의자와 이에 대항하는 헤르바르트주의자, 이들을 이은 아동연구를 바탕으로 한 입장, 사회적 효율성을 대변하는 입장, 사회적 모순을 변화시키려는 입장은 교육과정의 개정 계기가 있을 때마다 저마다의 입장을 대변하면서 부딪혔다. 이를 절충하고 종합하려고 시도한 것은 미국교육학회(NSSE)의 1926년 연차 연구보고서다. 이 보고서를 통해 풀고자 한 것은 다음과 같은 질문들이었다. 이것은 스펜서의 교육과정 질문, 10인 위원회의 더 구체적인 질문을 더욱 확대한 것이며, 다양한 입장을 녹인 질문이자, 20세기 교육과정에서 계속되었고, 아직도 계속되는 질문이다.

교육과정 개발 관련 기본질문들(1926년)

1. 학교교육은 일차적으로 어떤 연령층을 대상으로 해야 하는가?
2. 교육과정은 어떻게 성인 생활에 효과적으로 참여할 수 있도록 (학생들을) 준비시킬 수 있는가?
3. 학교 교육과정 입안자들은 미국 문명의 약점 또는 강점에 관한 나름의 견해를 반드시 가지고 있어야 하는가?
4. 우리는 학교를 의도적인 사회개선 기관으로 간주해야만 하는가?
   ① 학교는 아동들로 하여금 현 사회질서에 맞추어 살도록 한다는 가정하에서 계획되어야 하는가, 아니면 현 사회질서를 뛰어넘어 자기가 생각하는 방향으로 사회를 개조하면서 살아가게 한다는 가정(假定)하에서 계획되어야 하는가? 아동들은 현 사회제도에 단지 '적응'되어야만 하는가, 아니면 교육을 잘 받아 그 제도를 개선할 수 있도록 해야 하는가? 아동들은 기존 사회질서를 그대로 수용하도록 교육되어야 하는가? 아니면 거기에 대해 의문을 제기하도록 교육되어야 하는가?
5. 교육과정의 내용은 어떻게 구안되고 진술되어야 하는가?
6. 교육의 과정(過程)에서 교과목의 위치와 기능은 무엇인가?
   ① 교과목은 일차적으로 학습하기 위해 짜인 자료다. 교과목은 학교 교육활동(교육적 과정)의 의도적이고 구체적인 목적이 되며, 학습활동은 이 목적을 정확하고 분명하게 달성하기 위한 수단이다.

② 교과목과 학습은 현재 다른 의도 속에서 이미 진행 중인 경험(교육적 과정)이나 학교 밖의 일상적인 삶의 활동으로 이어지고 그것을 위해 복무하도록 되어 있는 것이다. 교과목은 교과목이나 학습을 통해 배우는 모종의 행동양식이 결여되면 정상적인 삶의 활동이 제대로 이루어질 수 없을 때 혹은 이루어질 수 없기 때문에 요청되는 것이다. 이와 같이 필요한 행동양식이 잘 구안되고, 알려지고, 습득된 것을 우리는 바로 교과목이라 부르는데, 그 기능은 그것이 없으면 제대로 수행되기 어려운 활동을 진행되게끔 하는 데 있다.

7. 교육의 어떤 부분을 '일반교양'으로 분류하며, 교육의 어떤 부분을 '전문교육' 또는 '직업교육' 또는 순수하게 '선택'으로 분류해야 하는가? 일반교양교육과 직업교육은 얼마 동안 병행 실시되어야 하며, 일반교양교육을 마친 후에 얼마 동안 직업교육을 계속해야 하는가?
8. 교육과정은 사전(교육활동을 전개하기 전)에 만들어져야 하는가?
9. (교과목의 '조직'에는 학생과 교육과정 개발 전문가의 입장이 반영될 수밖에 없는데) 학생의 생각과 연구 실험결과를 바탕으로 한 교육과정 개발 전문가의 계획이나 구성은 각각 교과목의 '조직'에 어느 정도 영향을 미치는가?
10. 교육자의 관점에서 볼 때, '학습'은 언제 일어났다고 판단해야 하는가?
11. (학생들은) '자연스러운' 상황(예: 실생활)하에서 (이상적인 성인이 갖추어야 할) 특성을 얼마만큼 학습하는가?
12. 교육과정은 개인차를 어느 정도나(넓히든지, 줄이든지) 배려해야 하는가?
13. 교육과정 구성에서 '최소 필수 학습 요소'라는 개념을 얼마나(시간적으로 몇 년, 내용 범위로 몇 개 교과 영역) 적용해야 하는가?
14. 교육과정 조직의 형태는 어떠해야 하는가? 그것은 다음 중 하나인가 아니면 다른 형태를 취해야 하는가?
    ① 교육활동과 연결되어 활용할 수 있는 교과목을 참고로만 하는 '학년별로 융통성 있게 제시된 활동 목록 중심 형태'
    ② 개별활동이 포함된 교과목과 병행하여 '학년별로 엄격하게 제시된 활동 목록 형태'
    ③ 교과목에 연계된 활동이 안내된 '학년별로 계열성 있게 짜인 교과목 중심 형태'
    ④ 각 학년에 기대되는 성취 기준 목록과 교수학습활동 목록 및 관련 교과목의 개요로 이루어진 형태
    ⑤ 구체적인 활동에 대한 언급 없이 교과목을 통해서 학년 목표를 제시하는 형태
15. 아동들의 자발적인 흥미를 어디에 어떻게 활용해야 하는가?
16. 자료의 유형(활동, 읽기, 토론문제와 주제, 집단 탐구과제 등)을 결정하기 위하여, 교육과정 개발자는 (F. Bobbitt이 한 것처럼) 성인들이 실제로 참여하고 있는 활동들을 분석해야만 하는가?
    ① (학습) 기능 및 사실적 자료의 형태를 만들기 위해
    ② 집단활동을 위한 자료를 만들기 위해
    ③ 현대 사회의 문제점과 쟁점들에 관한 자료를 만들기 위해
17. 학습방법은 얼마나 표준화될 수 있을까? 예컨대, 현재의 학습 원리는 '연습' 기기(S. L. Pressey의 자동검사장치로서 teaching machine을 1926년 고안)의 사용에 호의적일 가능성이 높은가?

학습의 원리는 개인의 연습이나 집단의 연습에 대해서는 어떤 입장을 취하는가? 연습은 어떤 식으로 시키는 것이 좋은가?

① 특별히 선정한 연습 자료를, 안 해오면 벌을 준다는 조건을 붙여, 숙제로 내줄 것인가?

② 연습이 요구된다고 스스로 느낀 부분을 개인이 알아서 연습하도록 할 것인가?

18. 교육과정 개발과 관련된 행정적 질문은 다음과 같다.

① 어떤 시간 단위로 교육과정을 조직할 것인가?

② 어떤 지역적 단위에서 교육과정을 구성할 것인가?

㉠ 국가(연방) 단위　　　㉡ 주(시도 교육청) 단위

㉢ 학교구(지역 교육청) 단위　　　㉣ 학교 단위

③ 농촌 학교용으로 특별한 교육과정을 개발할 것인가?

④ 교과과정을 발간하는 적절한 형태는 어떠해야 하는가?

출처: H. O. Rugg(1927). * (　) 안은 이해를 돕기 위한 역자의 주임.

여기서는 이상적인 교육과정은 다음 아홉 가지 특징을 포함해야 한다고 보았다.

① 인생의 여러 일에 초점을 맞춘다.
② 지역사회, 국가, 인류사회의 여러 가지 사실과 문제를 다룬다.
③ 학생들로 하여금 여러 가지 정부의 형태에 대해 비판적으로 생각하도록 한다.
④ 개방적인 마음가짐의 태도가 어떤 것인가를 알려 주고 이를 개발하도록 한다.
⑤ 아이디어를 둘러싼 논쟁, 토론, 교환 기회를 제공하고 학생의 관심과 요구를 고려한다.
⑥ 사회의 문화적 · 역사적 측면과 함께 현대 생활의 쟁점을 다룬다.
⑦ 문제해결활동과 대안을 선택하는 경험을 중시한다.
⑧ 주의 깊게 학년별로 조직한 문제와 연습으로 구성된다.
⑨ 인본주의적 주제를 다루고, 유목적적이고 건설적인 태도와 통찰을 다룬다.

이런 질문과 입장들은 결과적으로 중등교육 개발을 정교화 · 체계화하는 데 기여하였다. 훈련된 교육과정 전문가는 교육과정을 사전에 계획해야 하며, 그 업무에는 ① 교육목표의 진술, ② 교육목표를 달성하기 위한 경험의 계열화, ③ 교과가 경험에 참여하는 가장 좋은 수단인지 여부 확인, ④ 경험에서 결과된 성취 결과에 대한 진술이 포함된다. 이런 입장은 후에 Tyler의 교육과정론에 반영되었으며, 이후에 학교 교육과정 구성에는 교육과정 전문가와 경험 많은 교사가 협동적으로 작업해야 한다는 데 많은 영향을 주었다. 초등교육과 중등교육의 연계, 중등교육과 고등교육의 연계를 중심으로 한 본격적인 실험연구는 1933년부터 진행되는 '8년 연구'를 통해서 본격화되었다. 이 보고서는 전통적 교과, Herbart식의 아동흥미존중, 사회적 행동주의 및 경험주의 등의 입장이 종합되어 있으며, 이들은 서로 경합함에도 함께 협동적으로 논의한 전통을 세웠다.

Herbert M. Kliebard(1986)는 교육과정의 역사를 무엇을 가르쳐야 하는가를 둘러싼 서로 다른 이익집단들의 견해의 충돌과정으로 설명했다. 오늘날 논의되는 교육과정의 주제, 쟁점, 문제들은 과거와 다름없이 반복되는 것들이다. 그는 오늘날까지도 영향을 미치는 이 집단들을 다음 네 집단으로 분류했다.

Herbert M. Kliebard

첫째, Charles A. Eliot(1834~1926)으로 대표되는 전통적 인문주의자들로서, 이들은 인문학 관련 과목과 전통적으로 내려오는 가치와 문화의 전수를 교육과정의 핵심으로 본다.

둘째, G. Stanley Hall(1844~1924)로 대표되는 아동중심주의자들로서, 이들은 교육과정의 내용은 아동의 발달에 관한 연구결과를 바탕으로 하여 결정될 수 있다고 주장한다. 수많은 아동의 과학적 연구를 위한 사회운동이 전개되었고, 아동의 사회화를 위한 가정, 아동전문가, 정부기관의 책임이 강조되었다.

셋째, Franklin Bobbitt(1876~1956)으로 대표되는 사회적 효율성을 추구하는 입장에 있는 학자들로서, 이들은 교육과정을 자라나는 세대에게 새로운 산업사회에서 필요로 하는 성인의 역할을 준비시켜 주는 효과적인 장치라고 본다.

넷째, Harold O. Rugg(1886~1960)로 대변되는 사회개조주의자들로서, 이들은 교육과정을 학생들에게 사회정의와 평등에 대한 새로운 전망을 심어 주어 사회를 변화시키기 위한 수단을 제공하는 것으로 본다.

Kliebard에 따르면 이들 각 집단은 미국 교육과정 역사에서 특정 시기에 주도적인 역할을 수행했다. 전통적 인문주의자들은 19세기에, 사회적 효율성을 추구하면서 교육과정을 과학적으로 구성할 것을 시도한 일파들은 20세기 초반 20여 년간에, 자기 주도적 실제 과제project 해결학습을 통한 지적 발달과 경험 및 활동 중심 교육과정을 주창한 아동중심주의자들은 1920년대에 교육과정의 중심 무대에 올랐고, 비판적 사회과 교과서로 지가紙價를 높인 Rugg 등의 사회개조주의자들은 1930년대를 풍미하였다. Kliebard는 Dewey를 특별 취급하면서 그의 입장은 앞의 네 집단 어디에도 끼워 넣기 곤란하며, 그의 교육적 전망은 탁월하나 주도적 네 집단에 비해 현실적 영향력은 미약하였다고 평가하였다. 즉, 20세기 이후 교육과정의 역사는 이런 여러 갈래의 교육과정 논의의 '절충과 종합'이었다고 볼 수 있다.

5) Dewey: 아동 중심 교육과정 논의의 구체화

John Dewey
(1859~1952)

20세기 들어 교육과정 논의의 지평을 새롭게 연 사람은 John Dewey (1859~1952)다. 그는 시카고 대학교에서 1895~1896년에 '교육과정의 평가' 과목을 가르쳤고, 대학 부설 실험학교(1896년 1월~1903년 6월)를 세워 자신의 교육이론과 실천을 실험하며 다듬어 가는 교육활동을 펼쳤다. 『아동과 교육과정』(1902), 『민주주의와 교육』(1916), 『교육과 경험』(1938)은 그의 교육에 대한 종합적인 실천 사상을 엿볼 수 있는 저작이다. 그는 철학은 유용해야 하고 심리학은 개인과 사회를 고루 다루어 주어야 하며, 사회학은 사회제도를 개선하는 데 기여해야 한다고 봄으로써, 20세기 초반에 나타난 고전인문, 아동발달중심, 사회효율개선, 사회구조개혁 등 다양한 교육과정론을 종합 · 절충하려고 노력하였다. J. Dewey는 미래의 보상을 바라고 아동의 흥미를 억누르는 것을 거부하고, Harris가 제시한 영혼의 다섯 개 창문으로서 교과는 지나치게 형식적이고, 인위적이며, 분절적인 상태로 주어지고 최종적인 상태로 주어지기 때문에 반대했다. 또한 아동발달론자들이 말한 인간문명발달상응론이 인문주의자들 못지않게 획일적 교육과정을 강요한다고 보았다. 사회효율론자들에 대해 학교는 물건을 생산하는 공장이 아니고, 학생들은 동시에 같은 방식으로 배우는 것도 아니며, 아동이 실생활에서 배운 것을 학교에서 쓰지 못한다고 하였다. 그리고 학교에서 배운 것을 실생활에 적용하지 못하는 분절과 고립에서 개인의 낭비가 초래되며, 행정 낭비는 마찰 · 중복 · 과도기를 잘 못 다루는 데서 오고, 관료적 통제는 비인간화를 초래한다고 비판하였다. 또한 기존 사회에도 유지 · 보전할 점도 있음을 들어 사회개혁론자들을 비판하였다.

(1) 교과와 아동의 대립과 화해

Dewey는 아동은 교과를 익혀야 할 존재라고 보았으며, 교과를 우위에 두는 전통적인 입장과 아동의 경험을 지나치게 옹호하는 진보주의 입장을 변증법적으로 극복하려고 하였다. 그에 따르면, 교육은 기본적으로 아동의 개인 본성과 교육과정에 담긴 사회문화의 상호작용이다. 학교란 그들을 시간적 · 공간적으로 풀어내어 인류의 역사적 세계나 지구의 공간적 세계와 만나게 하는 곳이다.

아동은 실제적 · 정서적 삶을 누리는 데 반해 교과는 논리적 구분과 조직의 추상적 원리를 담고 있다. 교과를 중심에 놓고 볼 때 아동은 성숙해야 할 미성숙자이며, 깊어져야 할 피상적인 존재이고, 넓어져야 할 좁은 경험에 갇힌 자이며, 받아들이고 저장해야 할 존재로 보일지도 모른다. 하지만 교과를 잠시 접어 두면 교육에서 아동은 출발이요, 중심이며 목적이 되고, 이 점에서 아동의 발달과 성장은 교육의 이상이며 기준을 제공해 준다. 아동은 사회적 · 구성적 · 표현적 · 예술적 본능을 지닌 존재다.

Dewey는 교과를 새롭게 정의하였다. 그는 참된 교과는 과학, 수학, 역사, 지리보다는 아동의 사회적 활동이라고 보았다. 교과의 주된 구실은 사회활동 전반을 의지적이고 목적적이며 호기심 있고 능동적인 아동과 공유하는 데 있다. 교과의 내용은 유목적적인 활동을 수행하는데 얼마나 유효하게 활용되는가 하는 사회적 맥락에 의해 그 가치가 결정된다고 보았다.

(2) 아동의 심리와 교과의 논리의 만남

인간적인 아동의 세계와 비인격적이지만 시공간을 뛰어넘는 교과의 세계가 만나는 것이 교육이다. 이 만남을 주선하는 것이 교사다. Dewey는 논리적으로 조직되고 추상적이고 분류체계가 뚜렷한 성인의 경험 세계로 대표되는 교과와 즉흥적이고 혼란스럽지만 연속된 아동의 세계를 '경험'으로 연결한다. 교사는 한편으로 아동의 과거와 현재의 발전 가능성 있는 경험에 착목하면서, 다른 한편으로 논리와 추상의 집합체인 교과내용을 훤히 꿰뚫고 있어야 한다.

> …… 교사들은 현재 경험을 적절히 활용하면서 학생들의 경험으로부터 사실이나 원리를 이끌어 내도록 해야 하며, 그렇게 함으로써 학생들이 쉽게 이해할 수 있도록 한 걸음 한 걸음씩 과학적 지식으로 학생들을 인도해야 할 막중한 책임이 있다(Dewey, 1938; 박철홍 역, 2002: 203).

학습자는 경험을 심리적으로 축적하며, 교과는 인간 경험과 탐구결과를 논리적으로 축적해 나간다. 경험의 심리적 측면을 지닌 학습자와 경험의 논리적 측면을 지닌 교과를 만나도록 하기 위해서는 교과가 심리화되어야 한다. 학습자의 흥미, 관심, 발달단계, 일상경험에 그 내용과 활동을 맞춘 것이 곧 심리화된 교과다. 논리적 교과의 심리화를 통해 심리적 아동의 논리화를 꾀하였다. Dewey의 학습자의 구성주의와 교과의 구조주의를 조율하려는 노력은 오늘날까지도 계속되고 있다.

(3) 교육적 경험의 진보적 조직

교과가 범위를 넓혀 가고, 수준을 더해 가면서 전진적 조직이 되어 있다고 볼 때, 아동 경험의 계속된 재구성으로서 교육의 과정에서 아동의 경험을 어떻게 발전적으로 조직해 갈 것인가가 가장 큰 과제가 된다. Dewey는 처음에는 아동의 심리적인 것the psychological에서 점차 교과의 논리적인 것the logical으로 옮아 가는 교육과정의 진보적進步的, progressive 조직에 대해 언급하였다. 여기서 심리적인 것이란 학습자들의 흥미와 관심을 뜻하며, 논리적인 것은 성인 교사가 종종 대변해 주는 교과의 체계적 지식이다. 개인적 · 주관적 · 심리적인 아동과 사회적 · 객관적 · 논리적인 교과의 만남을 주선하는 것이 실제적 경험이다. 교과의 내용이 범위와 수준을 더해 가면서 확대되듯이 아동의 경험도 계속적으로 재구성되면서 성장 발전해야 한다. 경험이 계속적으로 성장하기 위해서는 학습자의 내면과 외부 환경이 상호작용해야 하며, 과거-현재-미래의 경험은 계속적으로 이어져야 한다. 이전 경험은 보다 나은 경험의 수단이 되며, 목적이었던 보다 나은 경험은 다시 그 후속으로 계속될 경험의 수단으로 쓰인다.

(4) 학습과 생활의 통합

Dewey의 교육과정에 대한 입장에서 분명한 것은 교육과정이 교실 밖에서 계획 개발되어 교실에 외삽적으로 적용, 실행되는 것이어서는 안 된다는 점이다. 오히려 학생의 진짜 관심과 흥미가 어디에 있는지를 잘 아는 교사가 실제적 탐구를 통해 교육과정을 시작해야 한다. 학교의 이성적 · 과학적 방법과 민주주의는 개인의 성장과 사회의 발달을 가져온다. 문제를 파악하고 가설을 세워서 증거를 수집하는 실험을 거쳐서 가설을 수용 · 기각 · 변형하는 과학적 방법으로서 '실험'을 통해 개인과 사회는 발전한다. 산업체가 가정과 이웃을 대체하는 속에서 학교는 실제적이고 긴급한 과제를 다루어 줌으로써 아동을 사회에 입문시키는 작은 지역사회공동체가 되어야 한다. 가장 좋고 현명한 부모가 그 자녀에게 원하는 바를 지역사회 학교는 아동들에게 해 주어야 한다. 학습과 생활 경험, 개인과 사회, 학교와 사회는 긴밀히 연결되어야 한다. Dewey의 실험학교에서는 학생들이 옷을 만들고, 조리를 하고, 집짓기 등의 실제적 활동occupations을 직접 실천해 봄으로써doing 교과를 가르쳤다.

Dewey의 교육적 아이디어는 진보교육협회의 교육관에 잘 반영되어 있다. 이 협회가 추구하는 아동 중심의 원리에 따른 진보주의 강령은, ① 자연스럽게 발달하는 자유, ② 모든 공부의 동기로서 흥미, ③ 척척박사, 해결사로서의 교사가 아닌 안내자로서의 교사, ④ 아동발달에 대한 과학적 연구, ⑤ 아동의 신체발달에 영향을 미치는 모든 요인에 대한 주목, ⑥ 아동의 생활 요구를 들어주기 위한 학교와 가정의 협조, ⑦ 교육운동의 선구자로서 진보적 학교다(Kliebard, 1986: 191).

William Heard Kilpatrick
(1871～1965)

William Heard Kilpatrick(1871～1965)은 평생을 몸담은 Teachers College, Columbia University(TCCU)에서 Dewey의 학생이었고 그의 진

보주의 교육철학의 충실한 해석자이자 동료였다. 그는 전통적 교육에서 암기와 경직된 교실 환경과 성적평가를 반대하고, Dewey를 따라 진보주의의 아동중심, 아동본위의 교육철학을 정립하였다. 교육은 미래생활준비가 아니라 생활 그 자체여야 한다고 보고, 아동은 활력 있는 교육과정의 핵심이라고 하였다. 그가 1918년 발표한 논문의 Project Method는 본래 18세기에 유럽에서 건축과 공학 분야에서 학생들의 졸업을 앞두고 그간 배운 지식과 기술을 총동원해 문제를 해결하여 작품을 만드는 일(책임감 높은 제작 작업)이었는데, 그는 이를 확장해 교사가 최소한으로 개입하는 환경에서 아동 스스로 문제를 해결하는 경험학습의 방법이라고 하였다. 아동의 심리는 학습과정에서 가장 중요한 요소이므로 하고 싶은 바를 할 수 있는 자유가 주어질 때 학습의 동기와 성공은 높아진다고 본다.

그는 프로젝트를 '정성을 기울인 유목적적인 활동(hearty purposeful act)'이라고 규정하고, 그 과정을 목적설정하기purposing, 계획세우기planning, 실행하기executing, 판단하기judging의 4단계로 나누었으며, 프로젝트 수행에서 신체적이고 물리적인 문제해결활동 그 자체보다 이를 통해 발달하는 이면의 심리적 능력을 강조하였다. 그는 프로젝트 유형을 연극 대본을 쓰는 구성construction, 공연에 참가하는 즐거움enjoyment, 빈곤 같은 사회문제를 토론하는 문제problem, 수영하기와 같은 구체적 학습specific learning 등으로 나누었다.

흔히 유아교육에서는 주제 중심의 활동과 교육과정을 조직하고, 아동은 자신의 흥미를 좇아 자기 학습을 주도하고, 자연스러운 감각을 통해 학습을 경험하면서 주변 환경을 탐구할 수 있도록 허용된다. 아동은 사회적 상황에서 실제적인 문제를 해결해 봄으로써 경험과 지식을 얻는다. 이때 교사는 권위자가 아니라 최소한으로 개입하는 안내자guide의 역할을 수행하며, 아동은 민주적이고 협동적인 분위기에서 유목적적인 문제를 해결함으로써, 자신의 독립심과 책임감을 발달시킬 수 있고, 민주적이고 사회적인 행동 방식을 익히게 된다. 그러나 Dewey는 아동에게 전적으로 맡겨진 과제수행보다 교사의 적절한 안내와 지도가 있는 공동의 과제수행이 더 교육적이라고 하였다.

6) Bobbitt: 교육과정 구성의 과학화 · 전문화

John Franklin Bobbitt
(1876~1956)

19세기에는 생물학(진화론), 물리학, 화학과 같은 순수과학이 발달했을 뿐만 아니라 그 성과를 농장과 공장의 생산 등 생활의 실제적 필요를 충족시키는 곳에 응용하였다.

교육에서도 과학은 효율성과 같은 것이며, 교육문제를 해결하기 위해서 실험과 통계기법을 활용하고자 하였다. 교육과정을 사변적인 방법이 아니라, 보다 '과학'적으로 만드는 일은 교육과정의 기초를 놓은 이들의 주된 관심사였다. 그중에서 사회적 효율성을 달성하려는 입장에서 교육과정을 구성한 이는 John Franklin Bobbitt(1876~1956)이다.

(1) 사회적 효율성

Bobbitt을 이해하기 위해서는 먼저 그의 사상적 조상인 Smith와 Taylor를 이해할 필요가 있다. 일찍이 A. Smith는 국부론(1776)에서 노동의 생산성 향상 방법으로서 분업의 위력에 대해 언급하였다. F. W. Taylor(1856~1915)는 모든 육체적·사무적 작업은 분석되고 재조직될 수 있으며, 이를 통해 근로자의 생산성은 향상될 수 있다고 본다. 어떤 일을 하는 데에는 하나의 최선의·최적의 방법이 있고, 그것은 과학적 연구로 결정될 일이며, 다른 나머지 방법은 모두 비효율적이다. 완제품의 질을 평가하는 기준을 사전에 미리 정해 두면 좋은 품질의 물품을 생산할 수 있다. 그의 과학적 직무관리기법scientific management은 네 가지 원칙, 즉 주먹구구식이 아닌 진정한 과학의 개발, 근로자의 과학적 선발, 근로자의 과학적 훈련과 개발, 경영자와 근로자 사이의 친밀한 협력에 근거한다. 결국, 자본의 추가 투입 없이도 작업의 과학화를 통해 노동 생산성 혁명을 가져올 수 있었으며, 이것은 지식을 생산에 적용한 대표적인 예가 되었다. 산업사회의 자본과 기술의 낭비waste를 없애고 생산의 극대화를 가져오는 사회적 효율성social efficiency을 달성하는 것은 당대의 시대정신이었다. 이것이 교육에 적용되면 아이를 어른으로 만들어 가는 데 시행착오 없이 효과적인 방법을 찾는 것이다. 즉, 교사(생산자)가 학생(원자재)을 받아 일련의 교육과정(생산라인)을 거치게 하여 사회(소비자)가 원하는 이상적인 어른(완제품)으로 제대로(불량품 없이) 배출(생산)할 때 효율적인 좋은 학교(공장)가 된다(박승배, 2002: 29). 사회적 유용성social utility은 학교에서 공부할 만한 것을 가늠하는 최고의 기준이 된다. 교육은 결코 사용하지 않을 것을 가르쳐서는 안 되며, 그것은 낭비이므로 이런 낭비를 줄이기 위해서 교육자들은 한 사람의 장래 역할에 대한 예측을 정확히 하고 거기에 맞게 잘 분화된 교육과정differentited curriculum을 과학적으로 관리해 주어야 할 것으로 보았다.

(2) 성인생활의 준비로서의 교육

Bobbitt은 시카고 대학교에서 교육행정학을 가르친 교수였다. 당시 교육과정은 수업장학과 함께 교사양성과 수급, 학생 수용, 시설과 설비를 다루는 교육행정학과 미분리 상태에 있었다. 흔히 그는 교육과정을 전문 분야로 자리 잡게 한 공로가 있다고 칭송된다. 그는 교육과정 분야에 매우 중요한 책 『교육과정(The Curriculum)』(1918)과 『교육과정 구성법(How To Make A Curriculum)』(1924)을 저술하였다.

Bobbitt에 따르면, "교육은 인간이 원만한 성인생활을 꾸리는 데 또는 꾸려 가야 하는 데 요구되는 온갖 활동을 준비시켜 주는 것이다"(1924: 7). "교육은 성인의 삶을 위한 것이지, 아이들의 삶을 위한 것은 아니다. 교육의 기본적인 책무는 성인기의 50년을 위한 것이지 청소년기 20년을 위한 것이 아니다."(1924: 8) 그는 교육을 성인 생활을 위한 준비로 보고, 교육과정을 성인이 되어, 할 일을 미리 준비시켜 주는 과정으로 본다. 또한 그는 교육과정을 "성인생활의 일을 잘하기 위한 능력과 성인으로서 갖추어야 할 품성을 개발할 목적으로 아동과 청소년들이 반드시 행해야 하고 경험해야 하는 일련의 일"(1918: 42)로 정의한다. 그에게 있어 교육과정의 목적은 각 교과에서 중요한 지식을 개괄하는 일이었고, 학습자들을 훈련시키고 그들의 수행능력을 끌어올리기 위한 다양한 활동을 개발하는 것이었다.

젊은 시절 매우 효율적이고 엄격한 과학적 기반을 가진 성인생활 준비로서 직업준비 교육과정을 구성할 것을 제안했던 Bobbitt은 후기에 들어 그의 교육과정관에 획기적인 변화를 보인다. 『현대 교육과정론(Curriculum of Modern Education)』(1941)에서는 교육의 비중이 직업준비 교육과정에서 일반교양 교육과정으로 옮아 가 있다. 그는 이 책에서 교육에서 중요한 네 가지 초점을 강조한다. ① 일반 교양교육의 중요성, ② 학생의 장래의 삶과 역할에 대한 사전결정의 불가능, ③ 학교의 주요 기능을 학생의 직업적 기능훈련이 아니라 개인의 지성 계발에 둘 필요성, ④ 서구문명의 주요 전통을 담은 고전 읽기의 중요성 강조가 그것이다.

(3) 전문 분야로서 교육과정 개발

Bobbitt이 말하는 과학적인 방법이란 특정 대상에 대해 일일이 열거하고, 분명히 밝혀내고, 구성요소를 상세화하는 것이다. 성인들의 경험과 활동 영역을 확인하고 분석하여 그 경험 영역들이 특별한 교육과정 활동의 일부가 될 때까지 보다 더 작은 단위로 분할하는 것이다. 또한 그것은 교과에 대한 분석보다 인간 만사, 인간의 주요 활동에 대한 조사 분석이다. 교과는 그런 삶을 준비하는 수단에 불과하다.

Bobbitt은 교육과정을 만드는 절차나 순서 그리고 그것을 진술하는 방법을 연구하는 것이 얼마나 중요한 일인가를 처음으로 강조한 사람이다. 그에게는 단순히 새로운 교육과정을 개발하는 것으로는 충분하지 않고, 새로운 교육과정을 만들되 가장 잘 만들 수 있는 과학적 방법을 찾는 것이 더욱 중요했다. 과학적 교육과정 만들기(scientific curriculum-making)는 아무나 할 수 있는 것이 아니라 전문적 훈련을 받은 사람들에 의해 수행될 전문 분야라고 하였다.

(4) 활동 영역 분석으로서 교육과정 개발

Bobbitt은 산업혁명으로 생산성 혁신이 절실한 가운데 Smith의 분업과 Taylor의 과학적 직무관리법을 교육에 철저히 적용하였다. Bobbitt은 당시의 시대정신인 사회적 효율성 달성을 위한 과학적 직무관리기법을 아이를 어른으로 만드는 교육의 과정에 적용하였다. 어른들이 하는 중요한 활동을 분석하여 그 일을 교육을 통해 효과적으로 준비시키는 것이다. 학교교육과정이 과학적 방법으로 구성되어야 한다는 생각은 G. S. Hall이나 J. M. Rice 같은 학자들에 의해 주창되었다. 이 생각들은 Bobbitt에 영향을 미쳤는데 그는 성인의 일상적 삶을 자세하고 주의 깊게 관찰할 것을 주장했다. 그 다음에 이런 성인들의 삶 속의 특별한 직무를 학생들에게 가르침으로써 학생들을 사회로 이끌어야 한다고 주장했다. 이런 교육과정 구성을 흔히 '활동분석' 또는 '과학적 교육과정 구성'이라고 한다. 이 점에서 Bobbitt은 Dewey가 주장한 '좁은 경험 세계의 아동의 흥미나 요구에서 출발하여 보편적인 성인의 세계로 이르게 하는 확대 과정'을 거꾸로 세워, '광범한 성인의 생활 활동에서 출발하여 아동에게로 이르게 하는 축소 과정'을 교육과정 구성으로 보았다. 학교교육을 통해서 일부러 그리고 반드시 공부시킬 것만 찾아서 공부시키는 것이 훨씬 경제적이고 낭비가 없는 교육이라고 본 것이다. Dewey식은 전문가적이고 열성적인 교사가 아니면 자칫 시행착오와 아동의 자기 주도성 미흡으로 인한 낭비가 일어나기 쉽기 때문이다.

Bobbitt은 교육과정을 만드는 5단계를 다음과 같이 제시하였다.

첫째, 인간 경험을 광범위하게 분석한다. 교육할 내용과 활동의 원천은 과학적 조사를 거쳐 밝혀지는 성인들의 현재 삶이다.

둘째, 주요 분야의 직무를 분석한다. 그때까지 활동분석이 된 것은 철자법, 언어, 셈하기, 역사, 지리, 실과 정도에 불과했다. Bobbitt은 그의 동료 Werrett W. Charters(1875~1952)의 힘을 빌려, 회사나 기업체의 사원 연수 프로그램에서 활용하는 직무 분석을 바탕으로 한 교수요목 구성에서 많은 시사를 얻었다.

셋째, 교육목표를 열거한다. 이 단계는 활동을 수행하는 데 필요한 능력들을 진술하여 교육목표를 추출한다. 『교육과정 구성법』에서 그는 ① 언어 및 사회적 의사소통, ② 건강, ③ 시민, ④ 대인관계, ⑤ 여가, ⑥ 심신건강 유지, ⑦ 종교, ⑧ 부모, ⑨ 비전문(직업)적 실제, ⑩ 직업 등 10개의 인간 활동 분야에 걸쳐 달성할 주요 교육목표를 상응시키고, 이를 달성하기 위한 세부 능력을 모두 160개 이상의 일반 교육목표로 예시하였다. 그는 ①~⑨까지의 활동을 학교에서 잘 배워 두면 사회에 나가 실제로 ⑩의 직업수행을 잘 할 것으로 보았다.

넷째, 교육목표를 선정한다. 이는 학생의 활동을 위한 기초로 작용하는 목표들의 목록에서 선정하는 단계다. 그는 교육목표 설정에 대하여 다음과 같은 원칙을 제시하였다.

〈교육목표 설정의 원칙〉

- 각 교과 전문가에게 자문을 얻을 수 있으나 궁극적으로 목표를 결정하는 것은 일반 교육책임자들이어야 한다.
- 목표를 선정할 때는 지역사회 인사들을 포함시킨다.
- 놀이나 일상생활을 통해 저절로 충분히 발달하기 어려운 능력만을 체계적인 학교교육의 목표에 포함시킨다.
- 목표는 행동으로 옮길 수 있을 만큼 세분화하고, 읽어서 무엇을 해야 할지를 알려 줄 수 있을 정도로 분명하게 표현한다.
- 목표는 양적으로 측정할 수 없는 궁극적 목표(ultimate objectives)에 이르는 것이지만, 여기에 이르는 중간 목표들을 구체적으로 위계화한다.
- 모든 학생을 위한 목표와 일반 학생만을 위한 목표를 분화(differentiate)한다.
- 성취 정도별로 목표(progress objectives)를 나눈다. 개인차를 고려하여 활동과 경험을 분화시켜 준다.
- 매년 얼마만큼 성취해야 하는지 학년별 목표(grade-objectives)로 계열화(sequence)시켜 주어 성취기준을 정립한다.

〈학교 교육과정에서 제외할 목표〉

- 일상생활을 통해서 자연스럽게 달성 가능한 목표: 단순 동작과 자연스러운 행동(걷기, 뛰기, 말하기, 듣기 등)이 그것이다. 저절로 충분히 발달하기 어려운 능력만을 체계적인 학교교육의 목표로 포함시킨다.
- 성인이 되면서 자연스럽게 결함이 극복되는 목표는 제외한다.
- 다른 사회기관이 하면 더 잘하는 목표: 가정, 기업, 사회단체, 종교기관 등에서 더 잘하는 목표는 제외하고 학교는 학교 본연의 업무에 충실하는 것이 바람직하다.
- 사회 공동체를 분열시키고 관행에 배치되는 목표: 종교, 경제, 건강 관련 목표에 있을 수 있으므로, 목표를 선정할 때 해당 분야의 실무에 밝은 지역사회 전문인사를 포함시켜 그들의 조언을 듣는 것이 좋다.
- 실제로 달성하고자 할 때 심각한 장애가 있는 목표: 학교에 시설과 설비가 없어 실현 불가능한 것은 제외한다.

Bobbitt이 제시하는 교육목표 설정에서 가장 중요한 시사는 학교교육과정에서 제외할 목표에 대한 그의 언급이다. 이런 제시는 교육과정을 생활 중심, 활동 중심, 아동 중심으로 하여 생활과 교육을 밀접하게 연결시키려는 입장에 있는 사람들이 흔히 빠지기 쉬운 함정이라는 면에서 매우 중요한 시사를 준다.

다섯째, 상세한 교육계획을 짠다. 교육목표를 달성하는 데 포함되는 다양한 활동, 경험, 기회를 상세하게 제시한다. 이때 각 연령대 혹은 각 학년 학생들 나날의 활동을 자세히 기술한다. 이런 자세한 활동들의 묶음이 곧 교육과정을 이룬다.

(5) Bobbitt에 대한 평가

Bobbitt은 교육과정 구성에 과학성을 부여했다고 하여 사실상 교육과정학의 창시자라는 칭송을 받고 있다. David Snedden은 직업교육의 범위를 확대하고 직업준비를 위한 분화된 교육과정은 학생 간의 능력격차가 드러나는 중학교 단계가 적절하다고 하였다. Leonard Ayers는 학교의 생산성과 효율성을 결정하는 효율성 지수를 개발하였다. 그 이후 많은 학자는 그가 제시한 길을 따라 교육목표의 명세화, 교육과정 개발 절차, 직업준비교육에서 과업분석 등을 꾸준히 발전시켰다. 교육과정 개발에서 높은 성취를 보여 준 R. Tyler나 교육목표를 상세화한 B. Bloom, R. Mager 등은 모두 Bobbitt의 영향을 받았다. 교육목표 중 학교에서 의도적으로 달성해야 할 것과 일상에서 자연스럽게 달성해야 할 것을 구분하려는 시도도 귀감이 될 만하다.

그러나 Bobbitt은 학교에서 아동의 현재 내면의 흥미보다 어른의 미래 사회활동을 준비시키는 일을 중시함으로써 교육을 수단시한다는 비판을 받았다. 좀 더 근본적으로 Thorndike나 Bobbitt처럼 교육을 과학과 기술의 차원으로 여기느냐, Dewey나 Eisner처럼 규칙을 세우기 어려울 정도로 복잡하고 특이한 실제의 구체성과 다양성에 대한 탄력적 대응으로서 예술과 철학의 문제로 보느냐의 차이와 갈등은 오늘날까지 교육학자들 사이에서 계속된다. 즉, 교육 그 자체로 내재적 가치가 있도록 꾸려 갈 것인가, 사회적으로 부과된 외래적 가치에 수단이 될 것인가의 조정 문제다.

또한 어른의 실제 활동을 종합 분석해 보면 마땅히 행해야 할 당위적인 과업(이상적인 어른 길러 내기, 교육목표)이 도출될 수 있다는 생각은 사실(존재)과 당위 간의 비약과 부정합의 문제를 낳았다(박승배, 2007 참조). 우리나라 교육과정기준 문서에서 '교육받은 인간상'을 먼저 설정하는 전통도 이에 근거한 것으로 볼 수 있다. 그렇지만 지향하는 사회상이 없는 가운데 설정된 개인상은 무력한 구호에 가깝다. 이 점에서 초기의 Bobbitt은 직업세계를 염두에 두고 직업인 양성으로서 교육을 강조한 편이다.

수많은 목표 간의 위계나 우선순위를 세우는 것도 어렵지만, 목표를 얼마나 명세적으로 진술할 수 있는가의 문제도 있다. 직업이 세분화되고 급증하는 현대사회에서 어떤 직업을 대표로 선정하고, 직업별 직무활동을 분석하는 것은 점점 복잡해지고 불가능한 것으로 보인다. 직무수행에 필요한 행동목표 목록은 감당 불가능할 정도로 점점 길어질 수 있다. 또 직업 분야 중 어떤 직종을 선정하고, 얼마나 많은 목표를 세울 것인지, 그들 사이를 어떻게 조율하고 협력을 이끌어 낼 것인가의 일도 쉬운 것은 아니다.

2. 교육과정 개발의 융성기

1) Newlon: 교사에 의한 학교와 지역 수준 교육과정 개발

1920년대 들어 교육과정 개발은 점차 교육청의 가장 중요한 임무로 비춰지기 시작했다. 그중 가장 두드러진 예는 미국 콜로라도(Colorado) 주 수도인 덴버(Denver) 시에서 찾을 수 있다. 1922년부터 본격적으로 시작된 덴버 시의 교육과정 개발사업(Denver Plan)은 교육장 Jesse Newlon (1882~1941)에 의해서 주도되었다.

Jesse Newlon
(1882~1941)

(1) 교사는 전문가

Newlon의 가장 깊은, 그리고 변함없는 신조의 하나는 교사는 전문가라는 것이다. 그는 교육과정 개발 과정에 교사들이 주축이 되는 길을 열었다. 그의 이런 생각은 당시로서는 혁명적인 것으로, 당시 교사들의 주된 임무는 교수요목 작성이라기보다 작성된 교수요목을 곧이곧대로 수업에 적용high fidelity하는 것이었다. 그러나 그는 외부에서 남이 만들어 준 것을 전달하는 것에서 벗어나 스스로 가르칠 교육과정을 마련하는 것이 전문성 향상의 지름길이라고 보았다.

Newlon의 교사에 대한 높은 기대와 존중은 이에 보답이라도 하듯 덴버 시 교사들이 보여 준 전문적 능력과 책임감으로 나타나게 되었고, 이를 계기로 교사에 대한 인식도 차츰 바뀌기 시작했다.

교육과정개발위원회에 참여한 교사들은 개정된 교수요목의 내용을 자기학교 교장과 동료 교사들에게 보고하였다. 동료 교사들은 개발된 교수요목을 사용하여 본 뒤 이를 평가하는 양식을 작성해 냈고, 위원회는 교사들의 현장평가를 수합해 교수요목을 재수정하였다. 학생을 평가해 본 뒤 각 항목에 대하여 교육청의 측정평가부에 검토 의견과 제안을 하였다. 덴버의 교육과정 개발사업에서 현장 실험은 매우 중요한 것으로 제안된 교수요목을 실험적으로 적용하여 수정하였으며 초등학교 한 곳을 교육과정 실험연구 학교로 지정, 운영하였다. 1925년 교육청 내에 교육과정 개발부가 설치되면서 이곳은 교사와 전문적인 동료들 사이의 가교 역할을 하였다.

(2) 교육과정 개발 참여를 통한 교사의 수업 전문성 향상

Newlon은 '교육과정 개정 과정을 교사들의 수업과 교육을 바꾸는 유용한 수단'으로 여겼다(Spears, 1951; Sharp, 1951; Stenhouse, 1975). 그는 교사들이 자신이 가르칠 것을 결정하는 데 광범위하게, 그리고 적극적으로 참여함으로써 보다 잘 훈련된, 보다 능력 있고, 보다 열심히 가르치게 되고, 학생에게도 보다 자연스럽고, 보다 활기차고 의미 있는 교실수업을 베풀 수 있다고 보았다. 하지만 교사들이 만들어 낸 교수요목으로서 교육과정은 교실의 동료 교사들이 필요로 하는 그것과 여전히 거리가 있는 것이어서 덴버의 교육관리들은 교사들이 만든 교수요목이 교실에 제대로 스며들도록 특별한 노력을 하였다.

전형적으로 덴버의 교사들은 학생들이 직면하고 있는 '생활상황'life situations을 분석함으로써 교수요목의 목표를 정하고 이를 달성하기 위한 활동들을 결정하였다. 덴버의 교사들은 학생들에게 무엇을 왜 공부해야 하는가를 잘 보여 주는 교육과정 활동을 가장 바람직한 것으로 보았다. 예를 들어, 중학교 가정과의 학습내용은 여학생들의 가정에서의 활동을 조사한 결과를 참고한 뒤 결정하였으며, 중 · 고등학교의 상업과 내용은 지역사회의 기업체와 공장의 경리와 서무활동을 조사하여 결정했다. 쓰기에서 가르칠 단어들은 쓰기에 대한 최신 연구 성과를 반영하여 결정했다. 덴버에서 내놓은 또 다른 성공적 야심작은 시민 생활과 사회문제를 중심으로 구성한 중등학교 사회과 프로그램이었다. 이들이 개발한 교육과정의 주된 내용은 ① 생활사태(상황)를 수업에 적용한 것, ② 프로젝트 학습법을 도입(주로 초등학교와 문학수업에 적용)한 것이 특징이었다.

Newlon이 이끈 덴버 시의 교육과정 개발사업에서 교사들이 한 역할과 그 과정을 요약하면 다음과 같다(Newlon & Threkeld, 1927: 229-240: Cuban, 1993: 80-82에서 재인용).

- 교사들은 교장과 장학사 등이 참여한 교과 교육과정개발위원회의 책임자를 맡았다.
- 대체 교사가 고용되어 교육과정 개발 참여 교사들은 학교 근무시간 대신 교육과정 개발작업에 참여하였다.
- 전국 각지에서 약 30명의 교육과정 전문가와 학자들이 덴버 시로 와서 교사들을 도와주었다.
- 각 교과 교육과정개발위원회에서는 목표, 내용 선정, 수업 방법 설계(발문 포함), 다

양한 대안활동, 가용한 자료를 개발, 제시하였다.

- 교육과정개발위원회에서는 시험 적용해 본 교사들의 의견을 들어 교수요목을 수정하고 수정된 것을 확산 보급하였다.
- 교육청의 측정평가부에서는 교육과정에 근거해서 마련한 검사항목들을 검토하였다.

당시 덴버 시 교사들이 안심하고 교육과정 개발에 참여할 수 있었던 것은 이 일에 관심 있는 교사들을 선발하여 그들에게 안식년 휴가를 주어 수업에서 잠시 멀어지게 하고, 전문가 연수나 재정 지원을 했기 때문에 가능하였다. Newlon이 중요하게 여긴 것은 교사들이 교육과정 개발 참여를 통해 최신 교육성과에 접하는 것, 교실의 수업이 점차 나아지는 것, 교사들이 실제적인 도움을 받고자 장학 요청을 점점 많이 하는 것이었다. 이로써 덴버 시는 진보적 교육구로 전국적 명성을 얻게 되었고, 이러한 실험 정신은 자연스럽게 8년 연구로 이어졌다.

2) Caswell: 수업 개선을 위한 주 수준 교육과정 개발

Hollis L. Caswell(1901~1989)은 컬럼비아 대학교에서 아동의 요구를 바탕으로 한 학교운영을 강조한 George D. Strayer 아래에서 교육행정학을 공부하였다. Caswell은 Rugg, Kilpatrick의 교육과정 강의를 들었으나 당시의 그것은 체계적 구조가 없는 상태라고 불만족해 하였다. 그의 교육과정에 대한 생각은 대학과 도시 및 주州 수준의 교육과정 개정 실무를 주관하면서 성장 · 발전하였다. 그가 주도한 대표적인 교육과정 개발 사례는 다음과 같다.

Hollis L. Caswell
(1901~1989)

(1) 수업 개선과 무관한 교육과정 개발

Caswell은 1920년대 콜로라도 주 덴버 시에서 Newlon이 행한 방식을 따라 1930년 플로리다Florida 주의 교육과정을 개정하였다. 그는 먼저, 교사들에게 교육과정에 대한 최신 연구결과를 체계적으로 입문시켰다. 그러나 참여 교사들의 사기와 열의는 시일이 지나면서 차츰 식었고, 교사에 대한 연구와 교사의 성장 발달이 전제되지 않은 교수요목 제작은 교육과정 개정의 목적, 곧 수업의 개선을 온전히 달성할 수 없다는 교훈을 얻었다.

Caswell은 다시 한 번 교육과정 개발의 중심을 실제적 수업 개선에 두어야 한다고 생각했다. 수업 개선 연구는 아동의 학습활동, 경험에 대한 연구와 맞물려 있었다. 수업 프로그램은 교과목이 아니라 학생의 발달단계로서 학년에 따라 조직하였다.

Caswell은 수업 개선에 초점을 둔 교육과정 개발이라고 하더라도 이를 사용하는 교사들이 뚜렷한 지향점을 갖지 못하면 공허할 뿐이라고 생각하였다. 그 뚜렷한 지향점은 바로 교육받은 젊은이들이 실제 사회에서 진정한 민주시민으로서 행동하도록 하는 것이다. 플로리다 주 교육과정 개정은 Caswell에게 있어 교육과정을 주 차원에서 만드는 조직적 방법을 세련되게 만드는 일련의 과정이었으며, 이는 교육과정에 관한 최고의 문헌을 체계적으로 정리하는 계기가 되었다.

(2) 교육과정 내용의 체계적 구성을 위한 범위와 계열

교육과 교육과정에 대한 교훈을 더해 가던 그에게 또다시 기회가 찾아왔다. 피바디 대학 교수였던 Sidney B. Hall이 버지니아Virginia 주의 교육감으로 부임한 후 Caswell에게 주 교육과정 개정을 맡아 줄 것을 제안해 왔다. 먼저 분리되어 있던 초·중등 장학국을 하나로 합침으로써 주 전체의 교육과정을 일관되게 만들 수 있는 기반을 조성해 주었다. Caswell은 앨라배마Alabama와 플로리다의 경험을 살려 교육과정의 본질에 대한 새로운 개념뿐 아니라 교육과정 제작과정을 새롭게 구안하기를 원했다.

교사들은 교육목적 수립, 원리, 정의, 교수요목 산출 등 네 개의 위원회에 속하여 일했다. 수백 명의 교사로 구성된 교수요목 작성위원회는 적절한 경험들을 선정하였고 초고본이 나오자 이를 초등학교교육과정 심의위원회에서 학년별, 교과별로 재조직하였다.

교수요목 작성위원회의 마지막 손질은 횡적 범위scope와 종적 계열sequence에 관한 것이었다. 여기서 공간적 사회활동 영역과 관계되는 범위는 교육목표와 비슷한 것으로 사회적 기능을 바탕으로 한 광범한 주제를 표현하는 것이고, 시간적 발달과정과 관계되는 계열은 아동의 관심에 따른 경험에 기초하는 것이다. 결국, 교과내용은 사회적 기능과 학습자의 관심을 합치시켜 주는 것이라고 할 수 있다.

(3) 수업 개선을 위한 교육과정 개발

Caswell의 교육과정에 대한 아이디어가 집대성된 책이 『교육과정 개발』(1935)이다. 첫 장에서 그는 학교에 주어진 사회적 도전에 대해 상술하고 민주적 이상을 구현하기 위해 학교가 감당할 역할을 강조하고 있다.

Caswell은 당시로는 새로운 분야인 교육과정의 내용은 다음과 같은 세 가지로 구성된다고 보았다. ① 다양한 분야에서 나온 내용이 학교교육과정으로 적절한가를 판단하는 식견, ② 교육과정 개발 과정에 대한 종합적 이해, ③ 교육과정 개발 과정에 직접 참여함으로써 얻는 실제적 경험이다.

Caswell은 교육과정 개발을 대학에서 하나의 학과로 격상시켜 교사, 장학사, 교육과정 개발 책임자를 길러 내도록 했다. 특히 교육행정가로서 장학사들의 주된 업무를 교육과정 개발 또는 수업 개선 지도에 두도록 만드는 데 기여했다.

3) 8년 연구: 고교-대학 학습 연계를 통한 중등 교육과정과 대입시 개선

(1) 모든 청소년을 위한 중등교육

10인 위원회 보고서가 나온 이후 25년 동안 미국 중등학교의 학생 수는 급증하였다. 다양한 능력과 적성, 사회적 전통, 인생목표를 지닌 다수 학생의 입학으로 중등학교 학생의 특성은 변화되었다.

NEA는 10인 위원회 보고서의 보수성을 탈피하기 위한 또 한 번의 노력을 기울이게 된다. 중등교육개편위원회(The Commission on the Reorganization of Secondary Education)를 결성하여 1918년에 「중등교육의 기본 원리(Cardinal Principles of Secondary Education)」를 펴냈다. 이 보고서에서는 중등교육이 장차 봉사하게 될 사회의 필요와 교육대상이 되는 학생들의 개인적 특성, 교육이론에 대한 지식과 실제적 활용 가능성에 의하여 새로운 방향을 잡아야 한다고 선언한다.

미국의 교육은 기본적으로 민주주의의 노선을 따라야 하며, 민주주의에서의 교육은 학교 안팎에서 모든 사람에게 지식과 흥미, 이상, 습관 그리고 힘을 길러 줄 수 있어야 한다. 그리고 이것으로 인하여 그는 그의 자리를 찾게 되며, 그 자리를 이용하여 그 자신과 사회가 더 나은 목표로 향할 수 있게 된다. 이에 따라 위원회는 다음과 같은 중등교육의 7대 목표를 제안하였다.

NEA, 1918년 보고서에서 제안한 〈중등교육의 7대 목표〉

1. 건강한 사람 기르기(Health)
2. 기초 학습능력 기르기(Command of fundamental processes)
3. 가족 구성원으로서의 역할 익히기(Worthy home-membership)
4. 직업수행 능력 준비하기(Vocation)
5. 시민성 함양하기(Citizenship)
6. 여가 선용하기(Worthy use of leisure)
7. 윤리적 품성 기르기(Ethical character)

20세기 전반 현대적 교육과정의 연구 개발 성과가 초등학교에서는 가시적으로 드러났던 데 반해, 중등학교에서는 대학입시 등으로 교육과정 개선과 실질적 수업 개선에 진전을 보기 어려웠다. 1920~1940년대 뉴욕의 69개의 초등학교에서 7만 명이 넘는 학생들을 대상으로 활동프로그램activity program이 유행하였다. 이는 아동중심, 유연한 일과시간표, 활동 혹은 프로젝트 중심 교육과정, 교사가 수업을 구성할 자유를 중심으로 한 것이었다. 초등학교에서와 같은 진전을 중등학교에도 가져올 수 있는가에 대한 질문은 곧 진보주의적 교육이 중등학교에서도 성공적으로 적용될 수 있는가를 확인 검증하는 실례를 요구했다. 도시화, 산업화, 이민 증가, 대공황으로 학교로 몰려든 청소년들에게는 새로운 교육이 필요했다. 20세기 전반기 교육과정 논의의 교육적 실효성을 검증하는 자리가 된 것이 바로 8년 연구(The Eight Year Study)다. 미국에서 1933년부터 1941년까지 고교과정에서 3년간, 대학과정에서 5년간 연구된 8년 연구는 20세기에 있었던 교육과정 개선을 위한 대규모 현장 실험의 연구이자 미국 내에서나 해외에서 자세히 알려진 바 없는 진흙 속의 보물과 같다.

(1) 8년 연구의 목적 두 가지

제1차 세계대전 후 경제가 좋아지면서 교육에 대한 투자가 급격히 증가했고 대공황으로 청소년들이 사회에서 일자리를 얻기가 어려워지자 1930년대에는 고교진학률이 50%까지 급상승했다. 교육받는 학생인구 구성이 달라졌고, 교육과정 분야에서도 새로운 생각이 발달하였음에도 대부분 중등학교에서 교육과정을 지배한 것은 교과중심 교육과정이었다.

1930년 4월 워싱턴 D. CWashington D. C에서 열린 진보교육협회(Progressive Education Association: PEA)의 연차 학술회의를 계기로 진보주의 교육자들은 어떻게 하면 고등학교도 미국의 청소년들에게 더 나은 교육 서비스를 제공할 수 있을지를 고민했다. 8년 연구는 기본적으로 진보주의 교육을 중등학교에도 확산하기 위한 것으로서, 구체적으로 두 가지 목적을 가지고 있었다. 첫째, 초등과 중등의 연계로서 초등에서와 같은 진보주의 교육을 중등학교에서 시행해도 성공할 수 있는가이고, 둘째, 중등과 고등의 연계로서 진보주의식 중등교육을 받은 학생들이 대학에 가서도 성공적으로 학습하고 생활할 것인가를 확인하기 위한 것이었다.

중등학교가 교장, 교사, 학부모의 여망대로 변화하기는 해야겠으나 가장 큰 장애는 대학입시에서 요구하는 과목과 단위를 이수하지 않으면 대학입학이 안 되는 상황이니 이를 안 따를 수도 없는 노릇이었다. 결국, '중등학교교육의 근본적인 변화는 대학과 중등학교의 협조cooperation 없이는 불가능하다.'고 판단하였다. 따라서 첫째 목표는 중등학교의 재구조화를 허용하는 방향에서 대학과 중등학교의 관계를 새롭게 정립하는 것이다. 이를 위하여 300개 이상의 주요 대학을 끌어들여 8년 연구에 참여한 29개 실험학교와 학교구 졸업 학생들에게는 대학이 정한 고등학교 이수과목 요건이나 입학시험에 관계없이 입학을 허락할 것을 내락받았다. 두 번째 목표는 실험과 탐구를 통해 미국의 중등학교가 어떻게 청소년들에게 더욱 효과적으로 봉사할 수 있을까를 찾아보는 것이다.

(2) 실험학교들의 교육과정

8년 연구의 가장 큰 특징은 특정 유형의 교육과정이 실험학교들에게 획일적으로 강요되지 않았다는 점이다. 학교마다 특색이 달라 일률적으로 말하기는 어려우나 전통적인 교과과정으로부터 벗어난 정도의 차이는 서로 달랐다. 실험학교들은 여러 가지 형태의 교육과정 개정을 보였는데 ① 전통적 교과목을 약간 수정한 교육과정을 가진 학교, ② 광역 교육과정을 개발한 학교, ③ 전체 문화권을 중심으로 교육과정을 개발한 학교, ④ 진로와 직업준비 중심 교육과정을 가진 학교, ⑤ 중핵 교육과정을 가진 학교로 나눌 수 있다(Aikin, 1942: 62).

전체 학교가 실험학교로 된 것으로 알려진 것과는 달리 초기에 각 학교는 한 개의 반이 실험반이 되어 8년 연구에 참여했다. 그 반들은 주로 학력이 평균 혹은 평균 이상으로서 숫자로 보면 전체 학생의 30% 이하였다. 그들의 교실은 학교의 한 켠에 따로 배정되었고, 두 명의 '중핵' 교사들이 하루 1~3시간 정도 '실험반'을 지도했다. 교육 프로그램의 내용은 학교마다 달랐다. 연구에 참여한 덴버 시 고교(East High School)의 수업 시간표는 〈표 4-1〉과 같았다(Cuban, 1993: 84).

특별관심반special interest groups은 학생들의 중핵 내용에 관한 관심에 따라 편성되는 것으로, 학생들은 읽기, 음악, 공작, 미술, 시사, 과학, 연극, 작문반 중 하나에 속하였다. 특별교실laboratories은 각 교실에 설치되어 학생들이 개인 혹은 소집단으로 '중핵' 교사들을 찾아가 도움을 받았다. 청소년의 관심을 끄는 사회적 문제나 쟁점 혹은 생활 영역을 중심

〈표 4-1〉 덴버시 이스트고교의 1938학년도 시간표

교시	월	화	수	목	금
1~4	전교 공통수업 (일반학급과 동일한 수업)				
5	특별관심반	자유독서	특별관심반	집단상담	특별관심반
6	중핵과정				
7	교직원연수	특별교실	특별교실	개인상담	특별교실

으로 구성되는 중핵 교육과정은 영어, 미국사, 세계사 등 개별 교과의 벽을 헐어, '개인 생활, 대인관계, 시민의 사회생활, 경제' 등 네 영역으로 나누어 통합되거나 프로젝트화 되었다. 교사들은 교육과정과 수업을 통제하였다. 교사들이 모여서 중핵 교육과정을 마련할 때 단원의 핵심 아이디어는 민주사회에서 청소년들이 당면한 주요 문제였다. 교육과정의 내용을 결정하는 데 있어 교육과정의 내용과 조직의 뼈대는 첫째, 성인사회의 요구이고, 둘째, 청소년들의 관심사였다. 그 반영 정도는 학교와 교사에 따라 조금씩 달랐다.

8년이 지난 뒤 교육과정에 근본적인 변화가 일어났음은 의심할 여지가 없었다(Cuban, 1993). 의도한 대로 교육과정은 개정되었고 학생들은 진로 안내를 받아 나름대로 과정을 꾸려 나갔으며, 학생들의 관심과 흥미는 그들이 어른이 되어 직면할 사안들과 긴밀하게 연계되어 있었다. 8년 연구에서 가장 큰 변화는 학교의 강조점이 교과에서 학생으로 변화했다는 것이다. 교육과정의 내용은 여전히 중요하지만, 그것은 민주주의적 생활에서 직면한 문제를 해결하는 데 도움을 줄 수 있을 경우에만 가치가 있으며, 학교는 무슨 일을 하든 간에 그 일이 청소년의 교육에 가치가 있는 것이어야 한다고 보았다. 또 하나 중요한 발견은 학생들이 교사를 도와 교육과정 결정에 참여하고 학교의 재편을 효과적으로 도와줄 수 있었다는 점이다.

8년 연구의 위원회는 1936년부터 1941년까지 매해 여름 6주간의 교사를 위한 '실무 연수'를 개최하였다. 여기에는 교육과정 전문가, 교과 전문가, 청소년 발달 이론가, 교육평가 전문가 등이 참여하였다. 개발된 교육과정을 학교에 적용하는 데 어려움을 덜어 줄 일부 교장들도 참여하였다.

실무 연수는 오전에는 여러 학교에서 온 같은 교과 담당 교사들이 모여서 해당 교과 교육과정을 개발하고, 오후에는 같은 학교의 여러 교과 담당 교사들이 모여 자기 학교교육과정 개발 작업을 하였다. 그들의 목적은 보다 적절하고appropriate 효과적이며effective 실제적인practical 교육과정을 개발하는 것이었다. 필요한 경우 전체 모임이나 특강을 열어 공동의 문제를 논의하고 새로운 자료나 정보를 공유하였다.

(3) 실험학교 졸업생들의 대학생활과 공부

1936년 여름, 조사 연구진은 위원회 위원, 고교 교장과 교사, 대학 학장과 교수, 졸업생 등과 함께 모임을 하고, 학생들의 대학생활을 ① 지적 능력, ② 문화적 발달, 여가 활용, 예술적 창조적 측면, ③ 실제적 능력, 상식과 판, 일상적 기능, 환경적응능력, ④ 생활철학(목적유형), ⑤ 인격특성(행동유형), ⑥ 감성의 균형(정신건강 포함), ⑦ 사회적 적응, ⑧ 사회문제에 대한 감수성(사회의식), ⑨ 신체건강(건강한 습관을 위한 지식과 실천) 측면에서 분석하기로 합의하였다.

현직 교사를 위한 교육과정 개발 워크숍이 진행되는 것과 아울러 R. Tyler의 지도로 학생들의 사고력, 사회성, 예술성, 인간적 · 사회적 적응력을 질적으로 평가하는 기법의 개발과 그에 대한 연수도 진행되었다. 평가진들은 검사지를 개발하고, 교사들에게 검사지 개발, 활용, 해석 방법을 연수시켰다. 이런 연수를 통해 참여학교 교사들은 이 연구의 성과를 종합적으로 분석할 능력을 갖추게 되었다(Aikin, 1942: 94).

분석 결과에 따르면, 전통적인 교육과정으로 공부한 학교 학생들과 비교 연구한 결과, 실험학교 출신 학생들은 학문적 성취에서 조금도 뒤지지 않았고 개인적 · 사회적 발달상태는 훨씬 좋았다는 평가를 받았다. 한마디로 그들은 '성공적인 대학생활을 영위하였다.' 특히 가장 진보적으로 교육과정, 수업, 교사와 학생의 관계 등 교육관행을 바꾼 학교의 졸업생들이 가장 소극적으로 교육관행을 바꾼 학교들보다 더욱 우수한 성과를 드러냈다. 이것은 진보적 교육과정이 전통적 교육과정보다 우수하다는 사실을 입증한 것으로 받아들여졌다.

8년 연구의 결론은 다음과 같다. 첫째, 실험학교의 졸업생들은 대학공부와 생활에서 조금도 뒤지지 않았다. 둘째, 대학이 정한 교과목과 단위에서 벗어나 대학입학 준비를 하더라도 대학입학 준비생들의 대학 준비도를 낮추는 것은 아니다. 셋째, 실험학교 중에서도 가장 근본적인 교육과정의 변화를 단행한 여섯 개 실험학교의 졸업생들이 전통적인 입장을 취한 여섯 개의 실험학교 학생들에 비해 대학공부와 생활을 훨씬 더 잘하였다. 가장 진보적인 학교들의 교육과정상의 특징은 학생의 학업과 생활을 지역사회의 환경에 더 밀착시켰고, 지역사회의 자원봉사자를 학교교육에 더 많이 관여시켰으며, 교사와 학생의 개인적 접촉기회를 더 늘렸고, 학생동료에 의한 학습 도우미를 활성화하였으며, 교과목의 통합을 단행했고, 문제 해결 능력의 신장을 강조했다는 것이다. 결론적으로, ① 대학에서의 성공은 고교의 특정기간 동안 특정과목을 공부하는 것에 달려 있지 않다. ② 학생들이 성공적인 대학공부(생활)를 위해 준비하는 경험의 종류는 매우 다양하다. ③ 대학과 학교를 모두 만족시키는 관계는 보다 항구적인 기초 위에 정립될 수 있다. ④ 대학과 학교의 교수진들이 상호존중과 이해 속에 협조할 수 있는 길을 찾아야 한다. 이 연구의 결과는 고교에서 어느 정도 지적 자극과 학생의 학습에 대한 자기 주도성을 키워 주었을 때 대학은 이전 방식보다 오히려 더 훌륭한 인적 자원을 확보한다는 것이다.

그러나 불행히도 보고서가 출간된 1942년 미국은 다른 나라들과 마찬가지로 제2차 세계대전에 깊이 빠져들고 있었다. 전쟁에 정신이 팔리고 전쟁복구에 신경을 쓰느라 보고서는 안중에도 없었다. 그 여파로 인해 이들 보고서는 몇몇 관심 있는 연구자를 제외하고 거의 언급되지 않거나 알려지지 않았다.

1944년 NEA의 교육정책위원회에서는 'Education for All American Youth'에서 7대 교육목표의 연장선상에 있는 ① 쓸모 있는 직업기능, ② 건강, ③ 유능한 시민, ④ 화목한 가족 성원, ⑤ 권익을 찾는 소비자, ⑥ 과학적 방법, ⑦ 심미성, ⑧ 여가의 현명한 활용, ⑨ 민주적 가치, ⑩ 합리적 사고 등 10가지 교육목표를 제안하였다. 이런 경향은 보다 진보적인 입장을 대변하는 인사들이 멀리는 Spencer의 교육론을 미국교육에 실질적으로 적용한 것이라고 할 수 있다.

4) Tyler: 20세기 교육과정 논의의 거대한 디딤과 걸림

(1) Tyler의 교육적 삶

Ralph W. Tyler
(1902~1994)

20세기 전반기 교육과정 논의를 정리하면서 20세기 후반기 교육과정 논의를 이끌어 내기 위해 그 가운데 우뚝 선 Ralph W. Tyler(1902~1994)를 언급하지 않을 수 없다. 그는 1949년 교육과정 연구 개발에 있어 획기적인 책 『교육과정과 수업의 기본 원리(Basic Principles of Curriculum and Instruction)』를 펴냈다. 이 책의 비중은 20세기 전반기 Dewey, McMurry 형제, Bobbitt, Charters, Newlon, Rugg, Caswell 등의 교육과정 논의를 합리적이고 깔끔하게 종합 정리한 것이었고, 20세기 후반기의 교육과정 논의나 개발은 Tyler를 부연해 설명하거나 이를 극복하려는 대안들로 이루어졌다고 하여도 과언이 아닐 정도로 커다란 것이었다. 이런 의미에서 Tyler는 모든 교육과정 연구 개발자에게 거대한 디딤이면서 동시에 걸림이다. 즉, Tyler 이후 B. Bloom, R. Mager 등에 의한 교육목표의 위계화와 상세화는 그의 지원에 힘입어 발전된 것이고, Taba, Tanner, McNeil 등의 교육과정 개발 논의는 그의 교육과정 개발에 대한 발전적 전개이며, Kliebard, Walker, Eisner 등은 그의 교육과정 논의와 개발이 갖고 있는 거대한 실제적 이론적 '힘'을 넘어서는 데 커다란 어려움을 겪고 있다. 따라서 현대의 많은 이가 교육과정 개발이라면 으레 Tyler식을 떠올리게 되었다.

(2) Tyler의 교육사상

Tyler는 교육과정과 수업을 하나의 과정으로 보아 이를 계획하는 사람은 누구나 다음 네 가지 질문을 던져야 한다고 주장한다(Tyler, 1949: 1).

- 학교에서 달성하고자 하는 교육목표는 무엇인가?
- 수립된 교육목표를 달성하는 데 유용한 교육경험은 어떻게 선정하는가?

- (수업을 위해) 선정된 교육경험을 어떻게 효과적으로 조직할 수 있는가?
- 교육목표가 달성되었는지 여부를 어떻게 결정(평가)할 수 있는가?

그는 학생의 행동으로 표현되는 학습경험을 강조함으로써 흔히 객관식 지필 시험의 대가, 행동적 목표에 따른 평가의 열렬한 지지자로 평가되기도 하나, 그의 평가개념은 지필 검사 이상의 매우 폭넓은 방법과 영역을 포함하는 것으로, 오늘날 말하는 포트폴리오나 참 평가의 단초를 제공하였다고 할 수 있다.

그러나 Tyler에 대한 비판도 그의 명성 못지않게 자자하다. 우선 왜 특정목표가 다른 목표에 우선하여 선정되어야 하는지에 대한 이유를 Tyler는 설명하지 못했다. 이는 1970년대 후반기에 와서 교육과정 의사결정 참여자와 그들의 배경 연구, 지배적 패러다임에 대한 연구, 교육내용의 정치 이념성 분석 등에 의해서 일말이 밝혀지고 있다. 그가 목표—경험—조직—평가로 이르는 일련의 과정을 처방하였음에도 Zahorik(1975) 등에 의한 교사의 수업 계획에 대한 연구는 극소수의 교사들만이 수업계획 때 목표를 맨 먼저 세우고, 대부분 교사는 내용선정과 자료의 조달과 배열, 수업 흐름 조직 등 실제 수업의 주요소를 중심으로 계획할 뿐 그의 처방을 따르지 않는 것으로 밝히고 있다.

J. J. Schwab의 각계각층, 교과전문가, 교사, 학습자 등의 참여에 의한 숙의와 그 속에서 발휘되는 실제적 기예는 교육과정 개발이 이론적인 것이 아니라 실제적일 것을 요구하였다. D. Walker 등의 실제 교육과정 개발 절차에 대한 참여 관찰 연구도 많은 교육과정 개발 프로젝트가 Tyler 식이 아닌 '토대 다지기 → 숙의 → 설계'로 진행되고 있다고 하였다. 또한 그의 『교육과정과 수업의 기본 원리』라는 책 제목에서도 충분히 짐작되듯이 그는 교육과정과 수업의 친밀한 동행을 그렸음에도, 그와 그의 후진들은 의도하고, 측정 가능한 목표에 따른 평가를 강조함으로써 교육과정이 평가와 너무 밀착되거나 때로는 그에 종속되는 주객전도의 양상을 낳았다고 평가된다.

5) Bruner: 지식의 구조와 학문으로 견고해진 교과

(1) 학문 중심 교육과정의 제창

J. S. Bruner
(1915~2016)

J. S. Bruner(1915~2016)는 『교육의 과정(The Process of Education)』(1960)과 『교수이론 서설(Toward a Theory of Instruction)』(1966)을 통해 교육과정의 발달에서 새로운 이정표를 연다. 그는 냉전기 소련과의 대결에서 미국 안보 위기의 근원을 교육의 위기를 통해 찾았고, 위기를 수습하는 길 역시 교육을 재건하는 것에서 찾았다. Dewey식 경험주의 교육의

영향으로 학교가 학생들에게 생활 주변의 하찮은 것을 가르쳐 실생활에 적응하거나 활용하는 데 치우쳤기에 개인과 국가의 경쟁력이 저하되었다고 본 것이다. 그는 사람의 인식, 개념화, 학습, 의사결정을 모두 일정한 범주화categorized의 소산물로 본다. 그는 교육의 본래적 기능 중 하나를 학생들로 하여금 교과의 논리적 · 근본적 · 학문적 구조를 탐구해서, 이를 실제 상황에 적용(전이)할 수 있도록 하는 데 있다고 보았다. 이른바 학문 중심 교육과정을 제창하였다. 이것은 각 학문을 구성하고 있는 근본적인 개념이나 원리 및 이론을 구조적으로 파악하면 습득하고 이해하기 쉽고, 기억하기도 쉬우며, 이를 적용(전이)하기도 쉽다는 것이다(이홍우, 1979; 2010).

(2) 학문 중심 교육과정의 내용

학문의 구조를 가장 잘 갖추고 있는 교과는 수학이나 물리학과 같은 과학이라고 보았다. 이런 학문의 구조는 탐구적 방법, 발견의 방법을 통해 밝혀질 수 있다. 이런 점에서 각 학문은 지식의 구조를 가지고 있으며, 지식의 구조가 다르면 학문은 다른 것이 된다. 즉, 각 학문에서 유래되는 것이 교과를 이룬다고 본다. 이 점에서 대학의 학문과 초중등학교의 교과는 쉽고 어려운 정도만 다를 뿐 같은 종류의 같은 특성을 지닌 것이라고 이해된다. 학문이나 교과는 초보적인 데서 가장 첨단적인 고도의 것에 이르기까지 폭과 깊이를 더해 가는 나선형적spiral 조직을 가지고 있다고 보았다. 낮은 수준에서는 간단하고 쉬운 것을 배우고, 나중에 더 어렵고 세련된 것sophisticated으로 옮겨 가는 점에서는 통상적인 교육과정과 같지만, 그것이 구조를 발견하는 데로 이르는 것이다. 지식은 구체적 행동에서 출발하여 이를 좀 더 추상적으로 형상화한 것으로 옮겨 가고, 나중에는 가장 추상적이고 형식적인 것으로 표현된다. 학문에서 지식의 표현양식representation은 구체적 동작enactive, action-based, 반추상적 영상iconic, image-based, 추상적 · 형식적 상징symbolic, language-based으로 심화하면서 학습자 인지양식의 발달과 조응한다. Piaget의 나이가 먹어감에 따라 지적 구조가 달라지는 사고의 계열적 발달과 유사하다. 그러므로 교사나 학생에게는 해당 학문, 지식, 교과의 구조적 특징을 탐구하여 발견하는 것이 가장 중요한 과업이다.

(3) 학문 중심 교육과정의 확산과 부작용

영국의 P. H. Hirst(1974)나 R. S. Peters(1966)도 Bruner와 비슷한 생각을 하였다. Hirst는 서양의 7자유과의 전통에 따라 교육의 가치 있는 활동은 내재적인 가치인 마음의 계발, 합리성의 추구라고 보았다. 합리적인 마음의 계발은 학생들이 몇 가지 지식의 형식forms of knowledge에 입문함으로써 가능하다고 보았다. 지식의 형식이란 인간의 경험이 구조화되고 명확해지며 확장되는 독특한 이해방식으로, 수학, 물리학, 인문학, 역사, 종교,

문학, 순수예술, 철학 등의 학문으로 나타난다. Peters도 지식의 형식을 획득하여, 합리적인 마음을 갖도록 입문시키는 자유교육을 위해서는 교육이 추구하는 목적이나 내용 및 과정이나 방법도 모두 도덕적으로 온당한, 윤리적으로 타당할 것을 강조한다. 그에 따르면 교육은 특정 활동이나 과정보다 그것이 갖추어야 할 '기준'으로 본다. 즉, 가치 있는 것의 윤리적 전달이다. 후기에 이르러 이들은 교육에 대해 개인적 합리성의 추구보다는 더 넓은 사회적 실제에 입문시키는 장기적 관점으로 옮겨 갔다.

Bruner 등의 이런 생각은 학문 중심 교육과정이 생활 중심 교육과정의 대척점에 존재하는 것으로 이해한다. 이들은 낱낱의 지식을 전달하는 것을 교육이라고 보지 않는다. 생활 중심 교육과정이 낱낱의 사실이나 정보, 실용적 쓰임에 학습 초점을 분산하는 것에 반해, 학문 중심 교육과정은 그 핵심적인 뿌리를 찾으려고 한다. 학문 중심 교육과정은 상대적으로 추상적 · 구조적 · 종합적 · 메타적 사고가 가능한 우수한 교사나 학생들에게 친화적이다. 보통의 능력을 지닌 학생들이 학문의 구조나 형식을 찾아내는 탐구활동을 수행하는지에 대해서는 의문이 제기되었다. 이런 제창에 따라 수학과 과학만 아니라 다른 교과들도 나름의 주요 개념, 원리, 이론을 가지고 지식의 구조를 확립하려고 노력하였다. 각 교과는 다른 지식의 형식과 구조로 되어 있으므로, 그것들로서 독립적인 정체성을 인정받으려고 하였으며, 교과 간의 융합이나 통합에 큰 걸림으로 작용하였다. 교과는 학문의 권위에 힘입어 학습자와 사회의 요구에 귀를 닫는 폐단을 낳기도 하였다. 후기 Bruner의 경우 개인 심리적 측면보다 더 넓은 사회적 · 문화적 내러티브로 인식을 확장해 갔다.

3. 교육과정 이해의 발달과 정체성의 혼란

1) 교육과정 사회학의 발달

W. Pinar

Tyler 이후 그의 영향 아래 있는 교육과정 개발이나 그의 영향을 벗어나려는 W. Pinar를 위시한 새로운 교육과정의 이해는 교육과정학 탐구의 지평을 넓혀 주었으며, 그것이 교육과정 실제 현실을 이해하고 나아가 개선하는 데 기여한 만큼 주목할 만한 경향이다.

1960년대 이후 사범대학을 중심으로 한 교육학자들의 진보주의, 아동, 사회, 생활 중심 교육과정은 쇠퇴하고, 문리과대학을 중심으로 한 전통학자들의 교과, 학문 중심 교육과정이 교육과정을 점하게 되었으며, 실제적

J. J. Schwab

인 교육과정 개발이 학교와 교사 및 장학진들의 손에 넘어가자 교육과정 학자들은 더 이상 교육과정의 문제에 주도권을 잡지 못하게 된다. J. J. Schwab(1969)은 이런 상황을 두고 "학문적 탐구 분야로서의 교육과정학은 현재 빈사상태에 놓여 있다."고 했다. 즉, 실제로 긴급한 현실의 실천적 문제를 제 손으로 해결하지 못하고 사소한 것만 손질하고 근본적인 발전을 가져오지 못하는 것이다. 교육과정이 Tyler의 개발 논리에서 벗어나지 못하고 기술적인 절차와 방법을 정교화하거나 행동과학을 추종하는 현실을 비판한 것이다. Tyler가 교육과정 개발의 이론적 방법을 강조한 데 반해 Schwab은 실제적practical 방법을 강조한 것이다. Schwab의 인식 전환은 이후 D. Walker를 비롯하여 많은 교육과정 연구 개발을 매우 실제적이고 구체적이며 특수한 사태의 과제를 해결하는 최선의 대안을 제시하는 쪽으로 돌려놓았다.

1930년대 지식의 사회적 존재 구속성에 대한 연구를 되살리는 연구들이 1980년대 M. W. Apple 등을 중심으로 일어났다. 이것은 지식이 누구의 이해관계를 대변하고 있는가를 반성해 보는 것이었다. Apple에 따르면 지식은 당대의 지배적인 정치적 권력관계, 경제적 부와 소득 관계, 사회문화적 지위관계를 편파적으로 반영한다는 것이다. 이로 인해 지식은 지배집단의 지배를 영속시키는 데 기여한다는 것이다. 다시 말해 지배집단의 이해를 정당화하는 지식이 자연스러운 상식이 된다는 것이다. 학교의 교육과정은 중립적이거나 과학적이거나 합리적이라기보다 사회의 파당적 이해관계를 반영하고, 사회의 부당한 권력관계를 재생산하는 데 기여하게 된다. 이는 신마르크스주의 입장을 대변하는 것이기도 하다.

P. Freire

H. A. Giroux, W. Pinar 등도 P. Freire 등의 영향을 받아 불합리하고 불평등한 사회를 대변하거나 영속화하는 데 기여하는 교육과정이 아니라, 사회를 구조적으로 변혁하는 개혁자를 양성하는 교육을 제창하였다. 즉, 소수자의 자유, 민주, 평등, 공정, 복지에 기여하는 교육과정을 기대하는 것이다. 이 점에서 교육과정은 재개념화되고 새로이 정의되어야 한다.

2) 교육과정 이해의 확산과 정체성 상실

J. J. Schwab, D. E. Huebner, J. B. Macdonald, M. W. Apple, H. Giroux, W. Pinar, T. Aoki 등은 교육과정의 재개념화 운동을 펼치게 된다. 이들은 개발론자에 비해 교육과정의 개념 분석, 개인적 의미, 사회적 관련성, 역사 등 개발된 교육과정 내용의 이해를 주

로 다룬다. 뿐만 아니라 이들은 교육과정 자체를 이론적으로 혹은 새로운 인문학적, 사회과학적 방법론을 동원하여 다룬다. 교육과정의 재개념화 혹은 이해는 역사학, 신학, 현상학, 정신분석학, 여성학, 자서전과 생애사, 네오마르크시즘, 신식민지론, 미학적 비평, 포스트모더니즘 등을 통해 부조리하고 불평등하며 억압적인 문화와 구조를 재해석하고 해체하여 해방을 꿈꾼다. 이들이 보기에 전통적 개발 패러다임도 효율성이나 경제성의 이름으로 개인을 억압하고 희생을 강요하는 데 한몫하고 있다. 재개념론자들은 이런 개인의 희생을 강요하는 억압적인 기제에서 개인을 해방시키는 것을 교육의 목적으로 삼는다. Apple은 이런 억압의 원인을 사회구조에서 찾으며, Pinar는 개인의 의식에서 찾는다. 이들은 전통적 교육과정 개발론자들의 관심인 교육목표, 교육과정, 교육방법, 교육평가의 조율된 개발과 실행보다는 학교와 교사 및 교재의 사회적 기능 등을 통해 교육과정을 재해석하고 비판적 이해를 통해 새로운 가치를 창조하며, 개인과 사회의 해방을 기획한다.

M. W. Apple

그러나 이들이 기획한 교육과정 재개념화는 결국, 교육과정의 실제적 개발 영역에서 쫓겨난 '망명객'들의 고토故土 회복 기획이라고 볼 수 있다. 이런 기획의 방향과 내용이 문제인데, 지나치게 실제적 개발을 도외시하여, 무엇을 위해 어디를 공략해야 하는지를 알지 못한 채 헛심을 쓰고 있다고 보인다. 도대체 이들이 말하는 교육과정이란 무엇인가 하는 의문이 들 정도로 정체성이 모호하며, 개인적 문제의식과 관심 및 연구방법에 매몰되어 교육과정은 흐릿해졌다.

다른 한편, 21세기에 들어 교육과정 개발과 이해의 절충과 공존이 점차 중요해지고 있다. 개인의 자아실현과 이상적 사회를 위한다고 언명해 온 학교교육의 성공과 실패의 원인을 밝히기란 쉽지 않다. 학교교육, 교육현상, 교육과정의 실제적 성공과 실패, 이론적 이해와 탐구의 미비는, 교육과정 개발론자들이 교육과정의 기술적 개발에 치우쳐 또 다른 실패와 억압을 누적시켜 왔기 때문이라고 할 수도 있지만, 이것이 곧 교육과정 연구자들 특히 개발론자들의 탓만은 아니다. 더구나 중앙집권적 관료적 교육과정 개발을 지속해 온 한국의 현실에서는 이론적 논의를 거친 교육과정 개발은 본격화된 적도 없다. 우리는 교육과정에서 개인, 성, 인종, 계급, 문화, 국가, 식민과 제국주의, 세계 체제 등에 대한 비판적 이해를 필요로 한다. 이러한 이해에는 앞서 언급한 대로 다양한 인문학적, 사회과학적 방법론이 동원된다.

다양한 측면에서 공정하게 이해된 교육과정은 일정한 절차를 거쳐 교육현장을 통해 효율적으로, 그리고 효과를 보도록 개발되어야 한다. 이 점에서 교육과정 이해는 개발에 선행되면서 이 둘은 동전의 양면처럼 결코 분리되기 어렵다. 재개념주의 혹은 교육과정

이해의 패러다임 존중을 바탕으로 한 비판적 이해와 20세기 내내 다듬어 온 절차와 원리를 사용한 교육과정 개발 사이에 절충의 묘가 필요하다. 비유컨대, 새 술은 새 부대에 담아야 하지만 새 술은 덜 익었고 새 부대는 아직 준비되지 않았다. 따라서 양자의 절충, 종합, 협동이 요구되는 지점에 와 있다고 볼 수 있다.

이 장의 요점 정리

1 산업혁명 후 지식의 팽창, 교육에 대한 요구 증가, 교육기회 확대, 직업의 분화, 산업의 발전은 대중화 · 보편화된 사회에서 '무엇을 가르치고 배울 것인가'를 새롭게 결정하지 않을 수 없었다. 현대적 의미의 교육과정 논의를 시작한 이는 H. Spencer로, 그는 '어떤 지식이 가장 가치 있는 지식인가'를 묻고, 그것은 온전한 생활에 도움이 되는 과학적 기반을 지닌 지식이라고 하였다.

2 Charles A. & Frank W. McMurry 형제는 교육과정을 구체화하기 위해 교육목적, 교과의 가치, 교수방법, 학습단계, 교육과정 조직 측면에서 질문하였다. 교육과정의 주된 관심사는 수업을 위한 생활문제 중심의 학습경험을 체계적으로 조직하는 것으로 보았다.

3 H. M. Kliebard에 따르면 20세기 교육과정의 역사적 뿌리는 전통적 인문주의자, 아동발달론자, 효율적 사회적응론자, 혁신적 사회개혁론자 및 Dewey 등에 있으며, 오늘날 교육과정에 대한 논의와 실제는 사회의 실용주의 위에 이들의 후예들이 벌이는 교과의 구조주의와 학습자의 구성주의의 종합과 절충이라고 할 수 있다.

4 아동 중심 교육과정 논의를 구체화한 J. Dewey는 교육의 과정을 기본적으로 미성숙하고 미발달된 아동과 사회적 목표와 의미와 가치를 체화한 성숙한 경험을 지닌 성인과의 상호작용이라고 보았다. 그는 교육과정 구성의 기본 축을 교사와 학생의 일상적 삶으로 삼을 것을 제안한다. Dewey는 초기에는 아동의 심리적인 것(the psychological)에서 나중에는 점차 논리적인 것(the logical)으로 옮아 가는, 가정과 같은 작은 사회에서 보다 큰 사회의 민주시민으로 나아가게 하는, 선수 학습경험이 현행 학습경험으로 통합되고, 현행 학습경험은 후속 학습경험에서 계속적으로 경험의 재구성과 성장이 일어나도록 하는 교육과정의 발전적(progressive) 조직을 제안한다.

5 사회적 효율성을 달성하기 위한 과학적 직무관리기법을 교육에 적용한 F. Bobbitt은 교육과정을 성인활동 분야를 전문적으로 분석하는 전문가들이 떠맡아야 할 전문 분야로 정립하였

다. 그는 교육을 성인생활을 위한 준비로 보고, 교육과정은 현재 성인들의 활동 영역을 잘 분석하여 그중에서 학교에서 꼭 가르쳐야 할 분야를 선정하여 교육목표를 만들고 이를 교육과정 요소로 구체화하는 일이라고 보았다.

6 미국 콜로라도(Colorado) 주 덴버(Denver) 시 교육장 Jesse Newlon은 1920년대 지역교육청 단위의 교육과정 개발을 주도한 인물이다. 그는 교사는 전문가이며 교사의 전문성은 교육과정 개발 참여를 통해 훨씬 신장될 수 있다고 믿었으며, 교사들에게 안식년을 주어 교육과정 개발에 전념하게 하였다.

7 Hollis L. Caswell은 여러 시와 주의 실제적 교육과정 개발 프로젝트를 주도하고 그 결과를 종합적인 교과서 『교육과정 개발』로 펴냈다. 교육과정의 선정과 조직에서 종적 계열(sequence)과 횡적 범위(scope)를 정립하였다. 교육과정(당시는 교수요목) 개발에서 각계각층의 고른 참여를 제창하였고, 특히 교사 참여 교육과정 개발의 궁극적 목적은 수업의 개선에 있다고 주장하였다.

8 8년 연구(the Eight Year Study, 1933~1941)는 20세기 전반기 교육과정 논의의 교육적 실효성을 교육목표, 교육과정, 수업, 교육평가, 교원연수 등의 측면에서 종합적으로 검증하는 것이었다. 그 주된 목적은 진보주의적 방식이 중등교육에도 가능한지, 또 대학 입시의 굴레에서 벗어나 진보주의적 교육과정으로 교육받은 학생들이 대학에서 성공적인 학업생활을 영위하는지를 확인하는 것이었으며, 연구결과는 성공적이었다.

9 Ralph W. Tyler는 20세기 전반기 교육과정에 대한 주요 성과를 집대성하여 20세기 후반기의 교육과정에 가장 큰 영향을 미쳤다. 그는 교육과정의 개발, 계획, 평가를 위한 교육목표 설정, 학습경험 선정, 학습경험 조직, 평가의 절차를 제창하였다.

10 J. S. Bruner는 교육의 핵심을 학생들로 하여금 지식의 구조를 가진 학문에 입문하여, 그 개념과 구조를 정확히 이해하는 것으로 보았다. 각 학문은 가장 경제적인 개념, 원리, 이론을 요소로 하는 구조를 지니고 있으며, 교육을 통해 이를 탐구하고 발견하도록 이끄는 것이 학교의 일이다. 학문 중심 교육과정은 개별 교과가 지식의 구조 또는 형식을 지니고 있으며, 그것들은 다른 어떤 지식들보다 우위에 있다고 본다. 각 교과는 지식의 구조를 나름대로 구축하고 학습자나 사회의 요구에 대해 철옹성을 쌓아 왔다.

11 1970년대 이후 많은 교육과정 학자는 지식사회학, 네오마르크시즘, 인문학, 인류학, 역사학, 신학, 미학, 다문화론, 경제학, 경영학, 심리학, 자서전, 교육현장체험론, 여성학, 신자유주의 세계화론 및 식민성과 제국주의 타파론 등을 활용해 학교교육과정을 새롭게 조명하고 있다. 교육과정에 대한 새로운 이해는 결국, 새로운 개발을 거쳐 학교현장에 뿌리를 내리게 된다는 점에서 교육과정 이해와 개발은 나란히 가고 있다.

이 장의 주요 용어

스펜서H. Spencer, 듀이J. Dewey, 맥머리 형제C. A. & F. W. McMurry, 보빗F. Bobbitt, 중등교육의 기본 원리Cardinal principles of secondary education, 뉼런J. Newlon, 캐스웰H. L. Caswell, 8년 연구The Eight Year Study, 타일러R. W. Tyler, 브루너J. S. Bruner, 애플M. W. Apple, 교육과정 개발curriculum development, 교육과정 이해curriculum understanding, 절충eclectic, 융합amalgam

연구과제

1. 산업혁명 이후 진행된 산업화의 진전은 교육의 보편화 · 대중화 · 민주화를 가져오고 교육과정의 문제를 본격적으로 논의하게 하였습니다. 21세기 정보화 · 세계화 · 다원화 사회로의 진전은 어떠한 새로운 교육과정적 논의를 요구하는지 그 주제들을 열거해 보시오.
2. Spencer의 질문 "어떤 지식이 가장 가치 있는 지식인가?"를 오늘날 학교교육과 자기 자신의 적성과 진로에 비추어 대답해 보시오.
3. '과학'은 시대에 따라, 논자에 따라 그 의미를 달리합니다. 오늘날 교육과정을 과학적으로 개발한다고 할 때 기댈 수 있는 과학은 무엇인지 열거해 보시오.
4. 모든 교과는 지식의 구조를 가지고 있습니까? 또한 가질 필요가 있습니까? 그 지식의 구조는 얼마나 견고하고 영속적입니까? 지식의 구조는 교과의 자기 지위 강화를 위한 논리에 불과하지는 않습니까? 이에 대한 자신의 의견을 기술하시오.
5. 흔히 우리나라 교육과정과 수업의 중핵(core)은 '국어, 수학, 영어'라고 합니다. 학생의 적성과 진로에 따라 그리고 학업과 직업 세계의 변화를 고려할 때 중핵은 달라질 수 있습니다. 제4차 산업혁명기의 새로운 중핵은 무엇입니까?

제5장

교육과정의 유형

교육과정을 결정하는 교과, 학습자, 사회는 교육과정에 대한 개념 정의, 종류, 유파별 기원과 특색 등의 근원이 된다. 이들은 각각 고유한 역사적 기원, 인간관, 사회관, 학교관, 수업관, 평가관을 아우르는 교육과정 관점을 낳았다. 이들 세 요인이 단독 혹은 서로 영향을 주고받는 결과가 어떻게 현실의 교육과정을 낳고 있는지 알아보도록 하자.

1. 교과를 중심으로 한 교육과정

1) 교과 중심 교육과정

(1) 기본 관점

교과 중심 교육과정은 학교의 실제 교육과정에서 가장 오래되고 가장 지속적으로 영향을 주어 왔다. 이는 그 후예라고 할 수 있는 학문 중심이나 행동주의(성취기준 중심)와 비교할 때 상대적으로 고전적인 형태를 지칭한다. William Torrey Harris에 따르면 도시화·산업화되는 사회에서 보편교육은 서구 문명의 주요한 문화유산을 전달하는 데 그 초점을 두어야 한다. Harris에게 교육은 '개인이 인간으로 발전되어 가는' 과정이었다. 그러므로 교육과정은 민족의 축적된 지식을 모든 어린이가 이용할 수 있게 만들어 주는 것이다.

전통적 관점의 주요 질문은 '전래의 문화유산 가운데 보존되어야 할 가장 중요한 내용은 무엇인가'이고, 그 핵심대답은 교과 중심 교육과정에서 찾을 수 있으며, 학교는 기본적인 것을 가르치는 것을 주된 임무로 삼는 사회적 기관이다. 즉, 기본적인 읽기, 쓰기, 계산 기능의 숙달과 모든 교육받은 사람이 알아야 하는 기본적인 사실과 전문 용어와 지식, 선량한 시민이 되는 데 필요한 공통되고 기본적인 가치를 가르쳐야 한다.

전통주의 입장에 선 사람들은 Dewey의 "교과는 과거부터 산출해 왔던 정보와 기능들로 구성되어 있고, 학교의 주된 일은 그러한 것들을 새로운 세대에 전달해 주는 것에 불과하다."는 비판을 뒤집어 그것이야말로 바로 교육의 본령이라고 주장하기도 한다. 전통주의자들은 자신들이 교육의 실제를 지배해 왔으므로, Harris 이후의 전통주의적 교육의 기본 가정들을 상세히 밝힐 필요가 없었다. 최근까지도 그들은 자신들의 학습이론, 동기이론, 지식이론, 학교와 사회에 관한 이론을 상술할 필요가 없다고 주장한다.

Harris나 C. Eliot 등의 전통주의적 관점은 정치학자인 Allan Bloom(1987), 역사학자인 Daine Ravitch(1985), E. D. Hirsh(1987), 미국 교육부장관을 지낸 William Bennet(1987)과 같은 학자들에 의해 계승되고 있다.

전통주의자들이 20세기 중반에 진보주의적인 교육자들로 인하여 그 터전을 상실했다고 하더라도, 현재의 전통주의적 견해에 대한 유행의 물결은 전통주의적 관점이 어느 정도 회복되고 있음을 실증하고 있다. 사실 대부분 다른 교육과정적 관점들은 대체로 전통적 교과 중심 교육에 대한 유사한 수정이거나 매우 상이한 대안이라고 할 수 있다.

(2) 교육의 목적과 내용

전통주의적 관점의 주창자들에게 있어 교육의 목적은 문화유산의 전달이다. 따라서 교육과정의 내용은 문화적 유산으로부터 선정된 것이고, 인류에게 알려진 것 중 가장 영구적이고, 확정적이며, 객관적인 사실, 개념, 법칙, 가치, 기능들이다. 전통적 관점에서는 교과내용을 강조한다. 특히 교육받은 사람이라면 누구나 알아야 하는 사실, 기본 지식과 기능, 전통적 가치 등에 초점을 맞추고 있다. 〈표 5-1〉은 미국의 유치원에서 8학년에 걸친 전통적인 교육과정 계획의 한 예다.

이러한 관점은 ① 교육받은 다른 사회성원들과 의사소통에 필요한 용어와 이름(예: 사설시조의 정의나 지역의 이름)에 대한 숙달, ② 생산적인 사회성원이 되는 데 필요한 일련의 기본 기능(예: 읽기, 쓰기, 계산)에 대한 능력, ③ 사회가 원만하게 기능하도록 하는 데 필요한 일련의 기본 가치(예: 정직과 권위의 존중)의 수용 등을 강조하게 한다.

〈표 5-1〉 전통적인 교육과정 계획, K-8학년

교과	K~3학년	4~6학년	7~8학년
영어	읽기, 쓰기의 기초(정음법, 묵독과 음독, 문법과 철자의 기본 규칙, 어휘, 쓰기 및 정서법, 작문의 기본)	비판적 읽기의 기초(아동문학, 자유 독서와 보고서, 중급 문법, 철자와 어휘, 작문 기능)	7학년: 초보적인 문법과 작문의 개관 8학년: 초보적인 문학의 분석
사회	역사, 지리, 공민의 기초(위인들, 탐험가, 미국 원주민들, 미국의 공휴일, 관습, 문자, 풍경, 기후, 지도 만들기)	4학년: 남북전쟁사 5학년: 1865년 이후의 미국사 6학년: 중세기까지의 미국사	7학년: 중세에서 1990년대까지의 세계사 8학년: 세계 지리와 미국정치
수학	수학의 기초(수, 기본 연산, 분수와 소수, 원, 도형, 길이, 면적, 부피의 측정, 막대그래프, 어림셈과 통계의 기초)	중급 산수와 기하(수이론, 음수, %, 지수, 선 그래프, 피타고라스 정리와 확률의 기초)	다음의 1년 코스 가운데 두 가지 선택(일반수학, 대수학 입문, 대수학)
이하 생략			

(3) 교육과정의 실천 - 수업과 평가

전통적 교육과정은 ① 단일교과에 초점을 맞추고, ② 학급 전체의 학생들에게 강의법과 암송법을 중심으로 한 교사 중심의 수업을 강조하며, ③ 교과서와 자습장을 중심으로 한 교재를 사용하고, ④ 지필 검사용 시험지를 사용하여 정기적으로 평가하며, ⑤ 학업 성취 정도나 학생의 집단 속의 상대적 서열을 강조하고, 평점을 강조하는 특징을 지니고 있다.

교과서는 내용을 적절한 범위만큼 다루어 줄 수 있게 해 주는 한편, 학습장은 내용의 숙달에 필요한 연습의 기회를 제공해 준다. 또한 이 방법들은 교사들로 하여금 학생들을 통제하고, 소란스럽고 수업에 방해되는 행동들이 나타나지 않도록 도와준다. 평가방법도 교사의 통제력을 강화시켜 주는 동시에, 교사와 학생 모두에게 일종의 책무성을 안겨 줄 수가 있다. 그러나 교과 중심 교육과정은 중등학교의 전형적인 교과별 조직형태에는 잘 맞지만, 초등학교의 미분화된 통합 교과활동과는 그리 잘 어울리지 않는다.

전통적 교육과정에서는 학생들이 정보를 획득했는가, 기본 기능을 숙달했는가, 그리고 합의된 가치들을 내면화했는가를 측정해 내는 일이 평가의 주요한 과제다. 평가는 사실, 기능 그리고 가치가 효과적으로 전달되었는지를 결정하려는 목적을 띠게 된다.

2) 학문 중심 교육과정

(1) 기본 관점

교과 중심이 경험 중심이나 진보주의에 의해 위축됨에 따라 자연스럽게 교과가 전달하려는 내용이나 지식의 상대적 비중이 약화되고 이에 따라 학생들의 학력은 저하되는 것으로 보인다. 국가 간 비교나 경쟁이 치열할 때에는 학생들이 얼마나 알고 있느냐가 교육성과의 주요 지표로 등장한다. 1950년대 후반 제2차 세계대전에 이은 냉전기에 옛 소련과의 경쟁에서 미국이 결정적인 우세를 획득하지 못한 것에 대한 희생양을 찾던 전통적 보수주의자들은, 경험주의 교육, Dewey 교육의 일상적 실천, 생활과 구분되지 않는 비교적 쉬운 학습과제가 주어지는 생활적응 교육과정을 지목했다. 특히 산업사회에서 국가 경쟁력 향상에 중요한 수학과 과학 분야는 새롭게 가르쳐질 필요가 있었다.

1957년 10월 4일 소련이 Sputnik 1호를 발사함에 따라 교육과정 개혁 계획들은 더욱 긴박해졌다. 2차 대전에서 결정적 역할을 한 원자탄은 과학과 수학의 학문적 성과에 힘입은 것이고, 학문적 발전은 국가와 시민의 생존과 경쟁력 강화에 필수적이라는 생각이 반영된 것이다. 이러한 노력은 과학재단과 다른 재단이 후원하여 개최한 1959년 Woods Hole(MA.) 회의의 근원이 되었다. Jerome Bruner의 회의보고서(1960)인 「교육의 과정(The Process of Education)」은 학문의 구조라는 관점에 기반을 둔 지식 체계화 및 탐구원리를 제공하였다.

(2) 교육의 목적과 내용

학문구조 중심 관점에 따르면, 교육의 기본 목적은 지력의 개발이다. 탐구를 어떻게 하면 학문의 구조를 발견할 수 있고 그러한 과정을 통해 학습자의 지력이 개발될 수 있을까? 만약 학생들이 개별 교과의 학문적 구조, 지식의 구조를 이해한다면 이해를 더 빨리할 수 있고, 자연을 이해하기 위하여 자연 속에 있는 모든 것에 일일이 부딪혀 볼 필요가 없다. 지식을 이해하는 과정에 있어서는 그 분야의 전문가들이 하는 일이나 어린 학생들이 하고 있는 일이나 근본적인 성격에 있어서는 같은 것이다. 그러므로 어떤 교과든지 그 기초적인 것(기본 구조)을 잘 조직하여 표현(번역)하면 어떤 연령에 있는 어떤 아동에게도 가르칠 수 있게 된다.

각 학문(교과)은 나름의 독특한 기본 개념, 주제, 원리, 법칙, 공식, 일반화의 아이디어가 어떤 법칙 하에 상호 관련되어 특정 의미를 띠는 구조를 갖고 있다. 학문의 구조는 선정된 기초적인 요소들이 상호관련성을 지니게 하는 일정한 틀을 제공한다.

지식의 구조를 습득하면 학습자들은 학습내용을 이해하기 쉽고, 기억하기 쉬우며, 학습 이외의 사태에 적용할 수 있고, 초보지식과 고등지식의 간극을 좁힐 수 있게 된다. 또한 학문은 저마다 탐구대상이 다르며 이를 탐구하는 최적의 기법, 즉 탐구방법 또한 다르다. 교과의 구조를 가장 적절하게 파악할 수 있는 최적의 탐구방법은 내용 못지않게 중요하다. 그러므로 조사, 토론, 실험, 실습, 관찰, 실기 등과 같은 활동들도 학문의 내용을 선정할 때 함께 선정되어야 한다.

조직은 내용의 선정을 전제로 한다. 학문 중심 교육과정은 각 학문의 기본 아이디어를 교육과정 개발의 출발점으로 삼고 있어서, 보다 기본적인 개념을 찾아낸 뒤 기본 아이디어를 중심으로 그 내용들을 조직해 간다. 이렇게 학교급에 따라 교육과정 내용의 깊이와 폭을 더해 가도록 지식을 구조화하는 것을 나선형螺旋形, Spiral 조직 방식이라 부르기도 한다. 나선의 경우 학교급별 혹은 여러 학년별로 크게 반복 확대할 수도 있고, 학년 혹은 학기 내에서 작게 반복 확대할 수도 있다.

(3) 교육과정의 실천 - 수업과 평가

지식의 구조 중심의 교육과정은 학문의 기본 아이디어를 강조하고, 학생들로 하여금 학자들이 자신의 연구를 수행하는 것과 유사한 방법으로 탐구활동에 참여하게 한다. 과학적 탐구활동에 학생의 적극적인 참여, 대학에 있는 첨단 학자들의 교육과정 구성에 있어서의 지배적인 역할, 학생들에게 각 학문의 기본 개념을 제공하는 것 등을 강조한다.

학문구조 중심 교육과정의 특징은 다음과 같다. ① 단일 교과 내에는 단일 학문으로 제한하여 조직한다. ② 소수의 근본적인 개념 혹은 원리를 정선하여 구조화한다. ③ 학습자의 인지발달단계와 지식의 표현양식을 관련시킨다. ④ 지식의 탐구절차, 자료제시 순서, 실험실 활용 등을 통해 학습자의 능동적인 탐구와 발견을 강조한다. ⑤ 학습자의 학습성향 파악과 동기유발, 문제 해결 과제, 해석할 자료, 설계해 볼 실험과제를 제시하여, 학습자가 교과의 구조에 관한 통찰력과 탐구행위를 경험하게 한다. ⑥ 교사는 정보를 제공하는 자원으로 활동하기보다는 학문적 탐구활동을 시범으로 보여 주는 사람이어야 한다.

학생들에게는 매우 높은 정도의 읽고 쓰는 능력과 추상적 관념을 다룰 수 있는 능력, 탐구활동을 지속할 만한 내적 동기 등이 필요하다. 그래서 이 교육과정은 학구적인 학생에게 더욱 적합하며, 학계의 구성원으로 활동할 수 있는 만큼의 교육을 받은 교사들에게 적합하다. 교사들에게는 가르칠 교과의 학문 및 탐구방법에 대해 상당한 정도의 특별 훈련이 필요하다. 어떤 교사든지 어떤 교과든지 어떤 발달단계에 있는 어떤 학생에게나 다 가르칠 수 있는 것은 아니다. 이는 학문 중심 교육과정이 교육과정 자체로서는 높은 수준의 완성도를 지니나 그것은 학생의 형편이나 교사들이 실제 처한 형편을 미처 고려하지 못한 것으로, 교실에서 정상의 학자들이 의도한 만큼 잘 가르쳐지지 못하는 원인이 되었다.

평가에서는 학생들이 획득한 지식, 학생들이 경험한 탐구의 본질, 교사들이 가르칠 내용의 개별적 구조를 측정해 내려고 노력한다. 또한 학생들이 학문의 개념적 구조에 관해 통찰력을 획득했는가, 학생들이 실제 탐구행위를 경험하는가와 같은 문제들이 평가의 주된 관심거리다. 평가에서는 학생들에게 해결해야 할 문제를 던져 주거나 해석할 자료, 설계해야 할 실험과제 등을 제시하는 방법을 활용한다.

3) 행동주의 교육과정

(1) 기본 관점

Edward L. Thorndike
(1874~1946)

1950년대와 1960년대 초의 학문 중심 교육과정 개발에서 과학자와 수학자들의 득세를 행동주의 심리학자들도 간과하지 않았다. 그들은 어린이의 학습방법에 관해 이전의 50년 동안 획득했던 모든 지식이 무시되고 있는 것에 대해 우려를 나타냈다. 행동주의 심리학의 창시자는 Edward L. Thorndike라고 받아들여지고 있다. 20세기 초에 정신 측정, 학습의 법칙, 수리심리학, 훈련의 전이 영역에서 그의 연구업적은 교육심리학 창시자로 그의 위치를 굳건하게 하였다. F. Bobbitt는 행동주의에 근거하여 교육과정 이론에 필요한 학술어學術語를 제공해 주었다. 그는 교육의 목표를 추출하고 내용을 선정하기 위해 성인생활을 분석하였고, '활동분석'이란 용어를 사용하였으며, 이를 통해 구체적 교육목표를 도출하였다.

Tyler는 1930년대 이후 공학적 산출지향 및 목표지향 교육과정이 지속되는 데 커다란 기여를 하였다. 그는 교육목표를 내용 차원과 행동 차원으로 분석하는 방법을 제시하였다. 행동목표에 관한 Tyler의 생각은 Benjamin Bloom(1956)의 목표분류학의 선구적 토대로서 기능하였다.

Benjamin Bloom
(1913~1999)

한편, Robert Mager와 Fred Keller는 행동적 원리에 따라서 교사들이 수업을 재설계하기 위해 사용할 수 있는 청사진을 제시하였다. 하나의 코스는 일련의 단계적인 행동으로 분석되고, 각 단계는 학생들이 다음 단계로 계속 나아가기 이전에 완전습득이 되어야 한다. Mager식 수업 목표 진술에서 가장 중요한 것은 관찰 가능한 행동을 표현한 동사다. 이러한 연구는 B. F. Skinner(1968)의 행동주의 학습심리학을 실행하는 데 직접적인 영향을 주었다. 이러한 학습결과 중심의 교육관은 오늘날에도 성취기준 중심 교육과정관에 의해 계승되고 있다.

(2) 교육의 목적과 내용

행동주의 관점에서 주요 질문은 어떤 교육과정을 끝마쳤을 때, 학습자는 무엇을 할 수 있어야 하는가다. 행동주의 교육과정에서 볼 때 교육목표에는 모호한 말들이 너무 많고, 교육과정 개발에 비체계적인 접근방식들이 너무 많다. 행동주의적 관점에 의하면, 교육과정의 내용은 관찰 가능하고 측정 가능한 행동을 명세화한 진술문, 즉 '행동' 혹은 '성취수행' 목표로 기술된 일련의 기능들로 구성되어 있어야 한다. 행동주의적 관점이 적용된 교육목표는 중립적인 것으로 결정될 수 있으며, 도착점 행동으로 기술될 수 있는 목표만이 합당하다.

행동주의 교육과정은 학습자의 결과적 행동을 중심으로 조직되는데, 이 행동은 행동목표의 진술문 속에 잘 나타나 있다. 학문 중심 교육과정의 개발자들처럼, 행동주의 교육과정의 개발자들도 일반적인 수준에서 출발한 뒤, 그로부터 보다 구체적인 것들을 분석해 내는 방식을 활용하고 있다. 행동주의적 관점에서 볼 때, 구체적인 것이 도출되는 근원인 일반적 수준이란 학문구조형에서 말하는 일반적, 추상적 아이디어를 가리키는 것이 아니라, 애당초 교육과정을 통해 도달하려고 노렸던 종착점 행동들intended learning outcomes로 이루어져 있다. 그러므로 가장 근본적인 아이디어로부터 출발하여 점점 더 그것을 정교화해 가는 학문구조형 접근방식과는 달리, 행동주의 교육과정은 가장 초보적이고 필수적인 기능으로부터 출발하여 종착점의 기능으로 발달해 가도록 가르친다. 이러한 이유 때문에, 행동주의적 교육과정 조직방식을 상향식이라고 부를 수 있다. 이들이 교과 중심 혹은 학문 중심과 결합하여 오늘날 교육의 표준적 성과를 강조하는 성취기준 교육과정을 낳는다. 성취기준 교육과정은 행동주의 교육과정을 기초로 하여 학교교육의 성과로서 학생들의 학업성취를 질 높게 달성하기 위한 교사의 노력과 학교의 책임을 더욱 강조한다.

(3) 교육과정의 실천 - 수업과 평가

행동주의적 관점은 다음과 같은 특징을 지니고 있다. ① 평가방법과 밀접한 연관을 맺고 있는 성취 수행 목표, ② 교사 중심의 기능교수법으로서 학생들에게 충분한 기능연습 기회의 제공, ③ 준거지향의 평가방법, ④ 적절한 행동 및 성공적인 수행에 대한 보상 체제 등이다.

전통적인 교육과정과 마찬가지로, 교사 중심의 교수법과 시험에서의 성취수행을 강조하는 것과 같은 특징들은 전통적인 교실과 잘 어울린다. 학생들은 자신들에게 무엇이 기대되고 있는지를 비교적 뚜렷이 알고 있다. 또한 학생들을 과제 해결에 바쁘게 함으로써, 교실에서의 행동도 그만큼 관리하기가 쉬워진다. 단계적 반복을 통한 기능의 숙달과 성공적인 성취수행의 결과로서 학습자들은 긍정적 태도를 발달시키는 것으로 본다.

B. F. Skinner의 강화이론, B. Bloom과 J. B. Carroll에 의한 완전학습모형, R. Gagné의 학습조건이론 등은 전형적인 행동주의 수업 모형이다. 매우 체계적인 수업 설계를 요구하며, 대체로 교수목표 설정, 교수목표 혹은 학습과제 분석, 학습자 특성 규명, 보충학습과 심화학습 기회 제공, 학업성취도 평가기준 마련, 교수환경 구성, 표준화된 평가결과에 따른 피드백 제공 등으로 이루어진다.

행동주의 교육과정은 기능의 실행을 가장 중요시한다. 그러므로 애당초 교육과정이 표적으로 삼았던 행동들을 학생들이 획득하였는가의 여부를 가장 중요한 평가의 문제로 간주한다. 행동을 객관적으로 양화하여 평가할 수 있는 방법이면 무엇이든지 적절한 것으로 받아들인다.

그들은 모든 평가방법이 충분한 신뢰도와 타당도를 갖추도록 요구한다. 특히 그들은 학생의 성취수행을 준거지향 척도로서 측정하기를 좋아한다. 프로그램 학습을 따라 프로그램화된 평가 혹은 표준화 검사를 즐겨 사용한다. 이 척도들은 학생들 간의 비교보다는 어떤 절대기준을 정해 두고 그에 비추어 학생의 성취수행 정도를 평가한다. 그러나 현실에서는 학교나 교육기회에 대한 학생들의 선호와 경쟁이 있어 비교를 통한 선발을 피할 수 없다.

2. 학습자를 중심으로 한 교육과정

1) 경험 중심 교육과정

(1) 기본 관점

경험주의 관점은 어떤 경험이 개인을 건전한 성장으로 이끌 수 있을까에 초점을 둔다. 학생들의 흥미와 문제, 그들의 일상생활의 경험으로부터 상당히 유리되어 있는 사변적이고 탈 맥락적인 학교교육 내용을 학생들의 생활 경험과 더욱 긴밀하게 연결하면, 학생들의 경험은 더욱 성장할 것이고 민주사회에 요구되는 더 좋은 시민이 되리라고 기대한다.

20세기 경험 중심 교육의 발달은, 첫째, 교육과정이 어떻게 하면 아동의 경험 세계를 반영하고 그것을 넓혀 줄 수 있을까 하는 배려와, 둘째, 그러한 교육과정에 관한 실제적인 의사결정을 이끌어 갈 분명하고 실행 가능한 원칙을 개발하려는 노력을 중심으로 이루어졌다.

19세기 동안에 미국의 주요한 사회적 변화는 많은 학교의 교육과정에서 점차 실제적인 교과를 확대하거나 사회적 유용성을 지향하도록 압력을 가하였다. 이러한 혁명에 촉매작용을 한 것은 20세기 초 실용주의 철학의 발달과 진보주의 교육운동이었다. Dewey의 사상은 이들 양자의 주요한 기반이 되었다.

새로이 형성된 진보주의 교육운동이 당면한 문제는 개인적 경험을 토대로 한다는 교육원리와 형태를 개발하고, 개인에게 지적이고 사회적으로 유용한 기능의 개발을 촉진시켜 주는 것이었다. 뿐만 아니라 20세기 초의 진보주의 교육은 광범위한 사회 개조운동의 일부분이었다.

경험 중심 교육에 대해서는 상당히 많은 논의가 있었고, 소규모의 검증이 이루어져 왔으며, 그 주의의 일부만이 전형적인 미국의 초등학교 교실에 스며들었으나, 당면한 문제, 즉 교육과정을 보다 나은 경험의 건전한 성장을 낳게 하는 모든 경험이라고 가장 광범위한 방식으로 이해하고, 그러한 교육과정에 관한 실제적인 의사결정을 이끄는 명료하고 실행 가능한 원리를 개발하는 것은 초창기와 마찬가지로 금세기 말에도 여전히 비슷한 상태로 남아 있다. 만족할 만한 경험 중심 교육은 개개 학생의 지적인 자율성을 기르는 것과 관련된 Dewey의 견해와 일치하는 것이다.

(2) 교육의 목적과 내용

경험주의적 관점에 따르면, 교육의 기본 목적은 아동의 발달이다. 따라서 경험주의적 교육은 '계획하고 발견하며, 적절한 자료를 활용하기, 과업을 지속하기, 새로운 아이디어나 상충되는 의견 그리고 상이한 사람들에 대처하기, 타인의 복지에 대해 책임 갖기, 타인에 대한 약속 이행하기 등과 같은 영역에서 젊은이들의 능력 증진에 목표를 두고 있다'(Hamilton, 1980). 이러한 주체적인 능력들은 젊은이와 성인들의 행복과 생산성에 도움이 된다. 경험주의 교육자들은 교과는 일상생활의 경험으로부터 도출된다고 본다. 어떤 교과도 학생의 필요와 능력을 고려하지 않는다면, 발달을 촉진하기 위한 내재적인 가치를 갖지 못한다(Dewey, 1938).

경험 중심 교육과정에서는, 학생들이 특정한 목적을 성취하기 위한 학습활동—주로 프로젝트를 통해—을 할 때 겪는 경험들을 교육과정 조직의 중심 요소로 활용하고 있다. Dewey에 따르면, 교육과정은 개인의 계속된 성장을 도와줄 수 있는 상황들을 중심으로 조직되어야 한다. 이 상황들이 하나의 추진세력으로 작용하기 위해서는 반드시 외부의 객관적인 조건과 내면적인 조건 간의 상호작용 혹은 상호영향 속에서 전개되어야 한다. 다시 말해서, 교육과정은 한편으로 학습자의 물리적 · 사회적 환경과 다른 한편으로는 학생의 흥미, 욕구, 과거 경험들 간의 상호작용을 통해 생겨나는 것이어야 한다. 바로 이러한 이유 때문에, 교육과정 개발자나 교사들이 그 상황들을 사전에 충분히 계획해 놓을 수가 없으며, 오히려 교사와 학생의 상호협동 과정 속에서 상황이 계획될 수밖에 없다. 흔히 경험 중심 교육과정은 교육이 실행되는 그 자리에서 생성되는emerging 교육과정인 경우가 적지 않다. 마찬가지로 교과보다 학습자의 경험과 사회적 활동이 중요시되므로 여러 교과나 주제를 통합하거나 연결시키는 광역broad-field 교육과정, 통합integrated 교육과정이 나타난다.

(3) 교육과정의 실천 - 수업과 평가

경험 중심 교육과정의 일반적인 특징은 다음과 같다. ① 교과목의 엄격한 구분보다 통합을 지향한다. ② 교과서나 그 밖에 미리 준비된 수업 자료보다는 지역사회를 교수-학습의 자원으로 더 많이 활용한다. ③ 대집단으로 편성된 경쟁적인 학습 분위기보다 소집단별 협동적인 학습 분위기를 강조하는 학생 중심의 수업을 요구한다. ④ 수업은 완결짓는 데 비교적 긴 시간이 소요되는 과제, 즉 프로젝트를 중심으로 조직된다. ⑤ 교사들이 통제 · 관리자가 아닌 학습 촉진자facilitator, 혹은 학습자원resources으로 활동해 주기를 기대한다. ⑥ 사실적 정보나 용어의 회상을 강조하는 시험보다 현실 세계 속의 실제 과제를 처리할 수 있는 능력을 확인하는 평가방법을 선호한다.

그런데 경험 중심 교육과정은 학습내용에 대한 맥락적인 깊은 이해 및 긍정적인 태도라는 관점에서는 장점이 될 수 있지만, 내용의 취급 범위는 좁고 깊으므로 학력향상 측면에서 문제가 된다. 학생들이 프로젝트에 참여하므로 학생관리의 문제가 줄어들 수 있을지 모르겠으나, 소집단 활동, 교외 답사와 같은 행사를 위해서는 세밀한 계획을 세워야 하며, 학생관리를 위해서 아주 철저한 감독을 해야 한다. 평가 역시 경험 위주 교육 프로그램이 학생에게 미치는 장단기 효과를 측정하는 데 초점을 맞추게 된다. 경험 중심 교육과정과 그 프로그램을 경험하는 학생들을 평가할 때에는 전인全人으로서 학생들의 다양한 측면을 평가하기 위해 여러 가지 방법을 사용한다. 8년 연구(Aikin, 1942)는 학생들의 성격 특성을 측정했을 뿐만 아니라, 지적 · 정의적 · 사회적 성과까지도 측정하는 등 다양한 영역의 측정 결과를 제시해 줌으로써 평가의 새로운 지평을 열어 준 바 있다.

2) 인본주의 교육과정

(1) 기본 관점

인간의 타고난 본성을 보전하고 사회의 구조적 모순에서 비뚤어진 인간성을 회복하고 치유하는 교육은 가능한가? 교육에서 인본주의적 관점은 동양적 전통이나 고대 그리스에서부터 유래된 것이다. 그러나 제정일치와 봉건 신분제 사회에서 인본주의적 관점이 적용되는 데는 한계가 있었다. 근대적 의미의 인본주의 교육과정이 탄생한 정확한 기원을 증명하기는 어렵지만, 르네상스 이후 J. A. Comenius(1592~1670), J. J. Rousseau(1712~1778), J. H. Pestalozzi(1746~1827)의 영향을 받았다고 볼 수 있다. 이들은 인간의 타고난 욕구를 자연스럽고 존중될 만한 것으로 받아들이며, 사물 인식의 감각을 연마하고 실제적 필요에 따라 교육하는 것을 자연스러운 것으로 본다. 교육을 통해 하나님이 주신 천부적 능력을 지적 · 기능적 · 도덕적 측면에서 고르게 발달시켜 온전한 인간으로 키워 내는 것이 중요하다고 강조하였다. 교사의 적극적 가르침보다 학생들이 사물을 배우고, 발전시키고, 인식하는 방식에 초점을 둔다. 이들은 모두 교사의 엄격함과 처벌에 강하게 반대하고 따뜻하고 우호적인 방식으로 교육이 수행되어야 한다고 본다.

인본주의 교육을 실천한 기관으로는 A. S. Neill이 주도한 Summerhill이라 불리는 주거생활형 학교가 대표적이다. 제1, 2차 세계대전, 자본주의와 산업화의 모순, 권위주의적 체제 등으로 피폐해진 아동과 청소년의 삶을 돌보는 일은 자유학교free school, 열린교육open education으로 나타났다. 한국에서는 산업화의 폐해, 입시교육의 폐해가 심각해진 1980년대 이후 대안학교를 통해 유행되었다. 대안학교는 총체적인 전인, 협동적 공동체와 평화, 자연친화적 노작을 추구한다. 그 근거는 주로 앞서 언급한 세 교육사상가와 Montessori, Dewey, Piaget 등의 교육사상이다. 인본주의 교육과정은 철학적으로 실존주의, 사회적으로 실용주의, 심리학적으로 인본주의 심리학의 영향을 받았다. 특히 행동주의나 Freud를 벗어난 심리학의 제3세력은 인간을 적절하게 묘사하고, 인간을 돕기 위하여 심리학이 존재한다고 본다.

인본주의자들은 모든 인간은 가장 위대한 선에 헌신해야만 한다는 도덕적 믿음에 동의하고 과학적 발견들을 신뢰하고 민주주의의 실천방안들을 따른다. 개인 자율성이 강조되는 사회에서 각각의 인간 존재는 개인적인 권리를 지닌 완전한 시민적인 자유를 지닌 개인으로 본다. 이들은 폐쇄적인 민족주의나 국가주의를 반대하며, 세계적인 법과 질서, 정부를 추구하는데, 그 목적은 국제적인 인적 · 물적 존재의 자유로운 소통에 있다. 이들은 폭력과 권력의 활용을 비판하고, 국가 간 민족 간 문제 해결에서 평화를 우선하며 전쟁을 쓸모없는 것으로 보고, 생화학 · 핵무기의 사용을 비도덕적인 것으로 본다.

(2) 교육의 목적과 내용

인본주의 교육과정은 사람의 온전한 자아실현을 추구한다. 그 형식이 다양한데도 교육과정은 학생들이 그들이 소유한 개인적인 인간 잠재력이 발달하는 것을 도와주도록 설계되었고, 그들은 건전하고, 균형적이며, 자아실현적이고 또 책임감 있는 사람으로 성장하게 된다. 일반적으로 인본주의 교육과정은 다섯 가지의 목표를 가지고 있다. ① 모든 학생을 독특한 개별적 존재로 대한다. ② 학생이 소유한 각자의 잠재력을 발현할 수 있도록 돕는다. ③ 인지적 · 신체적 · 정서적인 욕구를 반영하고 표현할 수 있는 학습환경을 제공한다. ④ 다른 사람들과 효과적으로 지내는 것을 배울 수 있는 환경을 만들어 준다. ⑤ 착하고, 행복하며 창조적인 사람으로 발달시킨다.

많은 인본주의 교육자에 따르면, 인본주의 교육과정은 다음 세 가지로 구성된다. ① 교과를 중심으로 구성하는 것으로, 학생들이 자아실현을 달성하기 위해 필요로 하는 기술과 지식을 위한 기초로 기능할 수 있는 과목을 만들어 제공한다. 이 교육과정이 학생들의 정서, 인성, 욕구를 강조한다고 하여 학문적인 주요 과목의 중요성을 무시하는 것은 아니다. 기본적인 학문적 지식과 기술의 습득 없이 학생들은 자아실현을 위한 실제적인 도구를 획득할 수 없다. 이 점에서 상당히 실용주의적 특색을 띤다. ② 학생 개개인의 능력과 재능을 끌어낼 수 있는 연습과 진행 절차에 초점을 맞춘다. 여기에서는 인본주의 심리학의 도움을 받는다. ③ 학생들이 이기적인 면에서 벗어나도록, 폐쇄적이고 자기중심적인 것보다 자신에 대해 돌아볼 수 있도록 하는 계기를 만든다. 자신의 의견과 가치를 객관화하고 역지사지할 수 있도록 설계된 토론과 현장 탐구활동으로 구성된다.

(3) 교육과정의 실천 - 수업과 평가

인본주의 교육과정은 아동 중심 교육과정, 생활적응 교육과정life adjustment 등과 비슷한 점이 많다. 상대적으로 많은 보호와 양육이 필요한 유치원과 초등학교에서 이루어지는 아동 중심 교육이나, 일반적인 학교에 부적응하거나 대안적인 교육을 추구하는 대안학교의 생활적응 교육과정은 인본주의적 특성을 띤다.

인본주의 교육과정을 적용하는 학교의 교사들은 형식적으로 규정된 업무(수업과 평가)를 수행하기보다 학생들의 삶과 배움에서 어려움에 동감하고 이를 조력하거나 촉진하는 역할을 수행한다. 학교규모는 가족적 상호작용이 용이하도록 가급적 작게 한다.

수업은 학생들과의 형식적인 관계 탈피, 학생들과 친밀하고 개인적인 관계의 발달, 학생의 흥미와 동기 격려, 정보와 지식만 전달하는 것의 극복, 교실에서 일어나는 일에 대한 학생 참여적 평가 등을 포함한다. 이들은 학습을 자연적이고 개별적인 현상으로 본다.

인본주의 교육과정은 학생들을 단순한 피교육자 이상으로 보고 독특한 기질과 개성을 가진 존재로 이해하고 대우한다. 모든 인간 교육이 기본적으로 윤리적이어야 하지만 종종 무시되는 측면에 주목한다. 학생들이 흥미 있고 동기가 충만할 때 잘 배우고 효과도 높다는 것에 누구나 동의한다. 가고 싶고 머물고 싶은 학교로 만들고자 하는 노력은 인본주의 교육과정이 바라는 학교상이다.

그러나 인본주의 교육과정은 인간 이성의 중요성을 소홀히 하고 인간 감정의 역할을 지나치게 많이 강조해 왔다고 비판받는다. 자유의지에 대해 너무 많이 강조함으로써 과학적 접근을 소홀히 하게 된다. 인본주의 교육과정은 한 번도 실제적으로 중요하게, 그리고 주도적으로 교육에서 추구된 적은 없었다. 꾸준한 지지가 있었지만 그런 노력이 실패한 이유는 학문적 탐구보다 흥미와 자발성에 기초한 느슨한 공부로는 진학준비가 엄연한 현실에서 하나의 모험으로 받아들여졌기 때문이다. 냉전을 비롯한 세계 시장에서 국가 간의 경쟁은 성과 있는 교육을 요청하기 때문에 느슨한 교육은 결국, 성취의 저하를 가져왔다고 비판되었다.

3) 인지주의 교육과정

(1) 기본 관점

Jean Piaget
(1896~1980)

대학에서와 마찬가지로, 초·중등학교에서도 행동주의 심리학에 대한 도전은 인지심리학자들로부터 나왔다. 이들은 명백하게 관찰할 수 있는 행동보다 인간의 두뇌 속에서 벌어지는 정보처리과정, 즉 정보를 어떻게 지각, 습득, 조직하고 활용하는지에 연구의 초점을 맞춘다. 사고, 문제 해결, 언어, 개념 형성, 정보처리 등과 같이 더 복잡한 인지과정을 강조한다. 인간의 지적 발달을 이해하려고 노력했던 Jean Piaget(1896~1980)는 아동 신념 형성, 아동의 사고와 성인의 사고의 차이에 대한 구체적인 설명을 함으로써 교육자들에게 어린이들의 정신을 깊이 있게 이해할 수 있도록 해 주었으며, 추상적인 개념을 가르치기 전에 어린이들이 지적으로 준비가 될 때까지 기다려야 한다는 점을 확신시켜 주었다. 아동학생들은 감각운동기(지각적 항상성의 획득), 전조작기(직관적 사고), 구체적 조작적 사고기, 형식적 명제적 사고기를 거치면서 인지능력이 발달한다. 따라서 발달단계에 적합한developmentally appropriate 교육과정을 개발하여 지도해야 한다. Noam Chomsky(1968)는 어린이들은 2~3세 이내에 언어를 완전히 획득한다는 놀랄 만한 연구결과를 밝혔다. 그는 언어구조를 분석하는 양식을 개발하고, 언어는 이전에 생각해 왔던 것보다 훨씬 더 복잡하며, 언어발달에 대한 행동주의자들의 견해는 그러한 복잡성을 설명해 줄 수 없다는 것을 보여 주었다.

이 분야의 상당수 최근 연구는 학습자가 가진 기존의 개념 및 신념과 그러한 지식이 이해와 문제 해결과 같은 학교와 관련된 과제를 수행하는 데 어떻게 영향을 미치는가, 그리고 학습자들에게 어려운 과제를 수행하고, 추상적 아이디어들을 이해하도록 어떻게 가르칠 것인가 하는 것들을 발견하는 데 목적을 둔다. 학습자의 정보처리방식의 독특성, 다중지능론, 뇌기반brain-based 교육과정 등에서 이런 노력은 계속되고 있다.

(2) 교육의 목적과 내용

학문의 구조 중심 관점처럼, 인지주의적 관점도 정신mind의 개발을 교육의 주된 목적으로 보고 있다. 인지주의적 관점은 이러한 목적을 달성하기 위한 사고의 개발에 초점을 두고 있다. 인지주의적 관점에서는 사람들은 어떻게 세계를 이해하며, 더욱 생산적이고 창의적으로 생각하는 방법을 배울 수 있을까를 묻고 답한다. 그러나 현실의 학교는 암기 학습을 너무 많이 강조하면서, 실질적인 이해나 사고활동은 충분히 강조하지 않고 있다. 교육과정은 학생들로 하여금 그들이 이미 알고 있는 것을 토대로 해서 자신들의 지식을 구성하고, 의사결정, 문제 해결, 판단이 필요한 유목적적인 활동에 그러한 지식을 활용할 수 있도록 해야 한다.

인지주의적 관점에서 교과는 사고하려고 하는 지식체이고, 사고, 추론 혹은 문제 해결의 형식 자체다. 인지주의 관점의 주창자들은 중요하다고 생각되는 인지적 요소들(예: 비판적 사고, 창의적 사고, 문제 해결적 사고)을 중심으로 하여 교육과정을 조직한다. 인지적 동화cognitive assimilation를 강조하는 쪽에서는 구체적인 내용요소들을 포섭하고 있는 상위의 몇 가지 개념들을 중심으로 하여 내용을 조직해 간다. 만약 인지이론에서 개념을 표상하는 방식—예를 들어, 동작적 · 영상적 · 상징적 표현방식—이 개인들마다 다르다는 점을 강조하게 되면, 교육과정은 그와 같은 표상양식들을 중심으로 조직된다. 조절accommodation을 강조하는 쪽에서는 학습자의 개념적 변화를 촉진시키기 위해 설계된 오誤개념이나 모순사건을 중심으로 교육과정을 조직하고 싶어 한다. 예를 들어, 사람이 세 자리 숫자 두 개를 더할 때는 두뇌에서 20개의 정보처리단계가 발생한다고 한다. 한 학생이 이런 덧셈에 서툴 때 무조건 규칙을 암기시키기보다 20개의 정보처리단계 중 잘못된 부분을 교정해 주면 쉽게 가르칠 수 있다는 것이다. 사고 기능을 강조하는 쪽에서는 자신들이 생각하는 사고의 기본 단계 혹은 요소들을 중심으로 조직하고 싶어 하므로, 주로 학습 관련 원리들을 활용하여 교육과정 내용을 계열화한다. 구성주의가 상대적으로 지식의 적극적 구성을 강조하는 데 반해, 인지주의는 지식의 습득과 그 방식에 강조를 둔다.

(3) 교육과정의 실천 - 수업과 평가

인지주의 교육과정은 ① 주제를 깊이 있게 다루고, ② 학생들의 경험이나 지식의 배경 속에서 기능과 개념을 가르치며, ③ 내재적 동기에 근거를 두고, ④ 표준화검사를 통한 평가방식보다는 임상면접이나 관찰법을 더 좋아한다. 그러나 폭보다는 깊이를, 그리고 학생이 지닌 지식과 경험의 맥락 속에서 기능을 발달시켜야 한다고 역설하는데, 그만큼 시간은 많이 걸릴 것이며, 결국, 다루어 줄 내용도 줄어들 수밖에 없다. 교사는 학습자가 외부 정보를 부호화하고, 변환하고, 연습하고, 저장하고, 검색하는 데 적극 참여하고 적절한 학습전략을 사용하도록 도와준다. 인지주의 관점에서는 단답형이나 선다형 문항의 시험지를 강조하지 않기 때문에, 그러한 우려를 더욱 심화시킨다.

인지주의 관점의 장점은, 학생들이 교육과정 내용과 자신의 사고 및 활동 간의 관계성을 파악할 경우, 완전학습이나 이해력 및 긍정적인 태도가 생겨날 수 있다는 점을 강조한 것이다. 그러나 인지주의 교육과정을 실행함에 있어서는, 원만하게 운영되고 조직이 잘 된 교실이 아니라, 오히려 수업의 진도가 늦은 교실이 될 수도 있다. 내재적 동기 유발에 의존함으로써, 교사들은 내재적인 동기나 보상을 찾지 못한 학생들을 도와주는 데 어려움을 겪을 수 있다. 인지주의 교육과정은 학급경영과 교과내용의 취급범위와 관련하여 교사들에게 여러 가지 문제점을 안겨 주고 있다. 이 관점으로는 일상적인 교실 조건 속에서는 교사의 책무성이나 학급경영과 같은 문제들을 해결하기 어렵다.

학습자의 지식 및 정보의 습득과 그 처리방식은 교재의 구성방식, 교수와 학습방식, 학습자의 학습성과에 대한 피드백 등에 영향을 미치고 있다. 평가에서는 학생들이 기본 개념을 그 의미에 충실하게 파악하였는가, 일상적이고 규칙적이지 않은 문제들도 풀 수 있는 학습을 하였는가의 문제들이 중요한 평가질문이 된다. 평가방법으로는 임상면접, 학생의 문제 해결 과정의 분석(오개념 및 실수의 분석까지 포함하여), 그리고 개념지도의 작성과제 등이 활용된다.

4) 구성주의 교육과정

(1) 기본 관점

이미 지식사회학이나 사회재건주의 및 1970년대 교육과정 사회학은 지식의 상황구속성 및 상대성을 강조한 바 있다. 구성주의는 비교적 현대적 의미로 이러한 입장을 강조한 것이다. 대중매체, 인터넷 등을 통해 누구나 언제 어디서나 다양한 자료와 정보를 접하는 학습자에게 있어 이를 의미 있게 통합하거나, 체계적으로 구성하는 능력은 점점 중요해지고 있다. 실제로 학습자들은 이런 비공식적인 통로를 통해 학교의 공식적 교육과

〈표 5-2〉 인지적 구성주의와 사회문화적 구성주의의 비교

구분	인지적 구성주의	사회문화적 구성주의
인지발달 기원	인간의 두뇌	사회관계에 참여하는 개인
학습	적극적인 인지구조의 재편성	관련 공동체의 문화적 동화
최종목표	개인 경험의 사회문화적 타당성 검증	개인들 간의 활발한 상호작용에 의한 사회문화적 관습 습득
관심	• 개인의 인지발달 과정 • 사회적 상황에 의거한 인지적 재구성 과정	• 사회문화적 동화과정 • 관련 공동체의 참여를 통한 사회문화적 행동양식의 습득 및 동화과정

정보다 더 자주, 많이, 복잡하게 정보에 노출되고 나름대로 지식으로 구성하고 있다. 지식구성적 관점에서는 학생들이 어떤 식으로 의미를 만들어 가고 어떻게 지식을 구성해 나가는가에 관심이 많다.

구성주의에서는 현실은 복잡하고, 불확실하며 갈등이 존재하는 곳이고, 지식은 개인의 독특하고 개별적인 인지적 활동이며, 특정 사회 구성원 간에 공유되는 사회적 요소도 포함되는 개인적 · 집단적 · 상황적 의미형성으로 파악한다. 즉, 지식이란 개인의 인지적 작용과 사회적 상호작용이라는 두 축에 의해 습득, 형성되는 것이라고 본다(강인애, 1997).

구성주의는 크게 인지적 구성주의와 사회문화적 구성주의로 분류될 수 있다. 이들 간의 차이는 〈표 5-2〉와 같다.

(2) 교육의 목적과 내용

구성주의에서 추구하는 교육목표와 내용은 전통적 교육에서 추구해 온 그것들과 여러 가지 점에서 차이가 난다. 구성주의는 전체에서 시작하여 부분으로 나가며 포괄적인 개념을 중심으로 구성된다. 또한 학생이 생활과 당면한 문제에서 부딪히는 질문을 존중한다. 교사의 역할도 지식과 정보를 전달하고 가르치는 입장보다 학생들과 상호작용하는 데서 도와주고 같이 배워 가는 동반적 관계를 강조한다. 평가도 학습과정을 중심으로 일어나며 학습의 다양한 측면을 학생작품, 관찰 등 다양한 기법을 동원해서 평가한다(Brooks & Brooks, 1993).

구성주의에서 볼 때 현실의 학교는 지나치게 객관적이고 추상적이고 탈맥락적인 지식을 체계적으로 가르치려 든다. 그러나 학생은 그가 속한 역사적 · 문화적 · 사회적 상황

을 바탕으로 하여 지식을 구성하여 나간다. 지식은 개인의 자아 성찰적 · 인지적 작용과 사회적 참여를 통해 지속적으로 변화, 수정, 보완, 구성되는 것이다. 그러므로 삶에 무의미한 객관적 지식을 강요하여 학생을 수동적, 수용적 위치에 두기보다 학습자가 주체적으로 자기반성적으로 학습에 참여할 길을 열어 주고, 무엇보다 삶에서 직면하는 진짜 과제authentic task를 주체적으로, 그리고 교사의 도움을 받아 가며 동료들과 협동적으로 탐구해 나가도록 하는 것이다. 이를 위하여 하이퍼미디어 시스템을 활용하고 문제중심학습, 사례연구 및 프로젝트 학습을 강조한다.

(3) 교육과정의 실천 - 수업과 평가

구성주의의 주된 학습모델에는 다음과 같은 세 가지가 있다.

첫째, 인지적 도제이론은 '도제'라는 용어에서 알 수 있듯이 미술, 의학, 법률 분야에서 예로부터 사용되어 오던 고전적 의미의 도제형태 기본 원칙을 활용한다. '도제'라는 용어에는 '학습이나 지식 습득은 반드시 체험을 통해 이루어져야 하며, 또한 그 특정 사회집단의 문화적 양상이 내재되어 있는 특정 상황과 맥락에서 이루어져야 한다.'라는 특성도 포함되어 있다.

둘째, 상황적 학습모델은 그 이론적 중심을 '학생 주도의 문제형성 및 해결학습'student-generated learning이라고 본다. 여기서는 어떤 특정 상황의 문제 해결을 위해 그것을 둘러싼 모든 자료와 물체 등을 가능한 자세하고 사실성 있게 포함한다.

셋째, 인지적 유연성 모델은 '지식의 재현과 그 과정'에 최대 관심을 둔다. 이 모델의 가장 기본적인 전제는 지식은 복잡한 다차원적 개념으로 형성되어 있으며, 이 복잡하고 다원적 개념의 지식을 제대로 재현할 수 있도록 하기 위해서는 '상황의존적인 스키마(지식구조)의 연합체'situation-dependent schema assembly를 형성해야 한다는 것이다.

구성주의의 가장 두드러진 수업 장면은 문제중심학습(Problem-Based Learning: PBL)이라고 할 수 있다. 문제중심학습은 '학습자로 하여금 어떤 문제나 과제에 대한 해결안 혹은 자신의 견해나 입장을 전개develop하여, 제시present하고 설명explain하며, 나아가 옹호defense할 수 있도록 함'을 목표로 한다.

문제중심학습의 학습환경 특성은, 해결방안이 여러 가지일 수도 있는 비구조적인 문제들을 대상으로, 촉진자 역할을 하는 교수자의 도움을 받아 자기주도학습Self-Directed Learning 과정과 협동학습 과정을 통해 진행되며, 자아 성찰적으로 기록하는 반추 노트의 활용 등을 통한 종합평가를 한다.

3. 사회를 중심으로 한 교육과정

1) 생활적응 교육과정

(1) 기본 관점

생활적응 교육은 모든 청소년들로 하여금 스스로 만족스럽게 민주적으로 생활하면서 가족의 일원으로서, 직업인으로서, 또 시민으로서 사회를 위하여 유익한 일을 할 수 있도록 준비시키는 교육을 의미한다. 생활적응 교육과정은 미국에서 교육과정이 전문적인 연구 분야로 연구되기 시작한 때인 1920년대에 교육과정의 '과학적 연구'라는 형태로 나타나 1950년대 초반까지 지속되었다. 생활적응 교육과정은 고대 그리스의 7자유과에서 시작하여 20세기 초반까지 교실현장에 강력한 영향력을 미쳐 왔던 고전적 교육과정과 형식도야이론에 대한 반발로 일어난 것이다. 교육내용이 생활 사태에서의 아동의 문제나 사회적 기능을 위한 아동의 필요를 담고 있으며, 이를 구성하기 위해서는 아동의 필요가 어떤 것인가 하는 것을 과학적으로, 즉 실제로 조사하는 방법을 취한다.

우선, 1920년대는 학습자 혹은 성인의 생활 활동을 중심으로 과학적인 교육과정을 구성하고자 한 시기로, F. Bobbitt과 W. W. Charters 등이 1910년대에 계속 주장한 교육과정 구성이론이 일반화되어 전통적인 교과 중심 교육과정에서 탈피하여 생활 활동 중심의 교육목표 설정에 관심이 집중되기 시작하였다. 이 시기에 생활적응 교육과정에서 교육목표와 내용을 선정하기 위하여 분석의 대상이 되는 생활 활동은 이미 성인을 기준으로 하는 관점(C. H. Judd), 아동을 기준으로 하는 관점(F. G. Bonser), 성인과 아동을 모두 고려하는 관점(H. Rugg) 등으로 세분되었다. 생활적응 교육과정에서 주장하는 교육내용은 시대에 따라 조금씩 변화되었는데, 1920년대에는 성인생활 활동 분석을, 1930년대에는 사회기능을, 1940년대에는 청년의 요구와 문제 및 항상적 생활 장면을 대상으로 선정, 조직되었다.

(2) 교육의 목적과 내용

과학적인 방법에 의한 교육목표의 설정은 그 하위 목표인 각급 학교, 학년, 교과, 과목 등의 목표설정에 이르기까지 실제로 영향력을 미쳤는데, 그 대표적인 사례가 미주리Missouri 주 세인트루이스St. Louis 시의 1924~1925년 교육과정 프로그램이다. 1920년대의 생활 분석법은 교육과정 구성이론의 정립, 특히 교육목표의 설정에 큰 공헌을 하였으나, 분석된 생활 활동의 유기적인 관련성이 불명확하고 구체적인 교육목표의 달성이 일반적인 교육목적의 달성을 보장하지 못하는 등의 한계가 제기되었다. 더욱이 경제공황이 불어닥치면서 현재 생활보다 미래 생활에, 현재의 개인 생활보다는 이상사회의 실현에 교육의 초점을 두게 되었는데, 이것이 1930년에서 1934년에 나타난 사회기능에 의한 교육과정 구성이론이다.

H. L. Caswell과 D. S. Campbell은 사회기능에 의한 범위와 계열의 결정에 이론적인 근거를 마련하였는데, 버지니아Virginia 주 교육과정(1934)에는 ① 생명, 재산, 자연자원의 보존과 활용, ② 물자의 생산 및 생산물의 분배, ③ 물자 및 시설의 소비, ④ 물자 및 인간의 교통과 수송, ⑤ 오락, ⑥ 심미적 욕구의 표현, ⑦ 종교적 욕구의 표현, ⑧ 교육, ⑨ 자유의 확장, ⑩ 품성의 통합, ⑪ 탐색 등의 11가지 사회기능이 포함되어 있다. 1930년대에는 이른바 '8년 연구'가 이루어져 생활적응 교육과정이 그 지지기반을 확보하게 되었다.

H. Alberty(1947)는 청소년의 필요에 의한 교육과정을, F. B. Stratemeyer 등(1947)은 항상적 생활 장면에 의한 교육과정을 제안하였다. 이들은 1950년대까지 청소년의 필요를 강조하는 중등교육에, 또 초등교육의 경험 중심 교육과정 구성에 영향을 미쳤다. 미국 청소년의 '절대적 필요'를 ① 직업기술의 개발, ② 건강과 신체적 기능, ③ 민주사회 시민으로서의 권리와 의무에 관한 이해, ④ 성공적인 가정생활 조건에 관한 이해, ⑤ 소비자 교육, ⑥ 과학적 방법과 과학의 주요 사실에 관한 이해, ⑦ 예술적 감상 능력의 개발, ⑧ 여가의 선용, ⑨ 타인 존중, ⑩ 합리적 사고 능력, 명료한 의사 표현 능력, 듣고 읽은 내용 이해능력의 성장 등으로 제시하였다.

생활적응 교육과정의 가장 포괄적인 방안으로 여겨지는 Stratemeyer 등의 '항상적 생활 사태에 의한 교육과정'은 성인과 학습자가 공히 항상 직면하고 있는 생활 장면을 분석해서 교육과정을 구성하고자 하는 이론이다. 이 이론은 현대 미국 사회의 특징, 문화유산, 학습자의 특성, 학습의 과정, 경험의 조직, 기본적인 교육과정의 과제 등 제 문제들을 폭넓게 연구하여 그들 개개의 영역을 통합적으로 파악할 수 있는 일반적 원리를 설정한다. 그는 항상적 생활 사태를 ① 개인 능력의 성장을 요구하는 사태, ② 사회적 참여의 성장을 요구하는 사태, ③ 환경적 요인 및 세력들을 다루는 능력의 성장을 요구하는 사태의 세 가지로 구분하고 각각의 사태에서 청소년들이 갖추어야 할 요소들을 제시하였다. 또한 구성작업에 있어서도 방대한 생활 장면의 분석을 구체적인 학습문제가 될 때까지 체계적으로 분석함과 아울러 교사와 학습자가 협동작업에 의해서 어떻게 교육내용을 선정·조직하는가, 교육과정 구성을 위해서 효과적인 인적 조직을 어떻게 해야 하는가 등의 문제에 관해서 구체적으로 논의하고 있다.

(3) 교육과정의 실천 - 수업과 평가

생활적응 교육과정은 아동과 성인의 생활, 사회기능, 청년의 요구와 문제 및 항상적 생활 장면 등을 분석하는 목표의 질적 분석 방법을 도입함으로써 구체적 교육목표를 제시하였으며, 교육목표의 명확한 이해가 가능하게 되었다. 구체적인 교육목표의 제시는 교과목표에 기초를 부여하였고, 교육목표의 실행 방법 및 그 기준을 마련하였으며, 교수자료 결정에 교육목표를 활용하였다. 기존의 전통 교육과정과는 달리 제시된 교육목표로 학생의 현재와 성인생활에의 직접적인 준비가 가능하게 되었다.

교과나 학문 중심의 대척점에 있는 생활적응 교육과정은 청소년들이 대학진학보다 실제 직업과 일상생활에 진출할 때 많이 쓰인다. 생활적응 교육과정은 개인적 자아실현, 가족성원으로서 역할, 대인관계, 직업적 기능, 시민으로서 공공적 책임감 등을 강조한다. 수업은 8년 연구나 중핵 교육과정에서 보듯이 상당히 느슨한 가운데 진행된다. 일상 시민을 위한 준비가 우선이므로 진학준비에 필요한 학업은 상대적으로 소홀히 될 수밖에 없다.

그러나 미래교육에 대한 예견은 복잡한 시대 상황의 변화와 더불어 보장되기 어려우며, 제시하는 세부목표의 달성이 보편적인 교육목표를 달성하기 어렵고, 일반목표에 속한 능력 분류에 오류가 있을 수 있다. 더욱이 여기서는 교육 사태와 생활 사태를 관련짓는 방법으로서 생활 사태를 교육내용으로 삼는 방법을 채택하였으나, 교육받은 청소년들이 장차 생활 사태에서 나타내 보여야 할 '가치 있는' 특성들이 어떤 것인가 하는 것은 구체적으로 다루지 못했다.

2) 직업 교육과정

(1) 기본 관점

모든 학습자에게 공식적인 최종교육은 직업준비 교육이다. 교육은 미래의 일상생활뿐 아니라 직업생활에의 '준비'로 인식된다. 사람들로 하여금 고용에 대해 준비하게 하는 것이 학교의 책무라는 믿음은 졸업을 앞둔 학생들에게 특히 강하다. 많은 사람은 직업적 유용성에 따라 교육의 가치를 측정한다. 특정 과목이 직업을 얻거나 직업기능을 수행하는 데 소용 있다면 가치 있는 과목이 된다. 이 관점에서 교육은 개인적 유용성보다 국가 사회 전체 경제에 유용해야 한다. 교육의 주된 역할은 상업, 산업, 서비스, 그 밖의 다른 생산적인 분야에서의 일자리를 위해 노동자들을 준비시키는 것이다.

직업교육은 교육의 기능이 최대 다수에게 기쁨을 생산하는 사회를 만드는 것으로 보는 공리주의의 영향을 받았다. 사람들이 피고용인, 기업가와 소비자가 되도록 준비시키는 학교는 졸업자의 노동시장 참여 기회를 확대시킬 뿐 아니라 자본주의의 생산성 향상과 혁신에 기여한다.

직업의 분화가 가속화된 산업사회에서 직업준비는 매우 중요한 교육의 대상이었다. F. Bobbitt는 직업에 필요한 지식, 기능, 태도, 행동양식은 자연스럽게 습득되기보다 학교교육을 통해 애써 가르쳐야 할 가장 중요한 것으로 보았다. 체계적인 직업 교육과 훈련은 기업이나 산업현장에서 해야 할 노력과 비용을 절감해 주며, 비체계적으로 직접 가르치는 것보다 시간을 단축시켜 준다고 보았다. 중세시대의 도제가 숙련공이 되는 데 6년이 걸렸다면 오늘날 체계적인 직업교육에서는 6개월이면 가능하다. 독일과 일본의 공업화, 미국의 경제적 성공, 한국의 급속한 산업화 등은 학교를 통한 직업교육의 영향이라고 할 수 있다. 20세기 후반에는 직업교육이 학교에 국한되지 않고 기업과 전문훈련원에서 평생학습의 일환으로 계속되고 있다.

(2) 교육의 목적과 내용

이 관점의 지지자들은 '공장 모델' factory model 이라고도 불리는 교육과정 모형을 인용한다. 이 관점에 따르면, 학교는 공장과 유사하다. 원자재가 투입되고 가공되어 완성품으로 나타난다. 그러한 상황 하에서 교육과정은 조립라인과 유사하다. 컨베이어가 원자재를 일련의 공정이나 조립과정을 통해 운반할 수 있듯이 교육과정은 일련의 교과과정 courses과 학습경험을 통해 학생들을 이끈다. 직업의 다양성만큼 직업교육 주제 또한 다양하다.

직업 교육과정은 사회의 직업적 요구를 대학이나 고교의 학업 중에 반영하는 것을 의미한다. 사실상 사회의 요구가 무엇인지가 분명하면, 대학의 각 전공이 이를 반영하며, 학생들은 직업적 전망을 고려하여 대학에서 전공을 선택할 것이다. 마찬가지로 장기적으로 볼 때 이미 고교에서 계열이나 진로 집중과정을 선택할 경우 대학의 전공이나 사회의 직업을 고려하여 선택할 것이다.

오늘날 직업교육은 내부뿐 아니라 외부의 전문가 컨설팅 조직에 의해 역할 분담되어 있다. 구직자와 구인자를 연결시켜 주는 것과 함께, 헤드 헌트 회사처럼 특정 집단만을 전담하여 연결시켜 일하도록 돕는 조직도 늘어났다. 미국교육훈련협회(American Society for Training and Development: ASTD)가 제시하는 HRD(Human Resource Development) 분야의 일터 학습과 성과 역량(Workplace Learning and Performance: WLP)을 제고하기 위해 HRD 전문가에게 요구되는 필요한 지식, 기능, 능력 등은 〈표 5-3〉과 같다. 크게 보면 과업에 적합한 직원들을 어떻게 조직 관리하여, 이들을 통해 업무수행을 어떻게 효율적·효과적으로 수행할 것인가로 이루어져 있다.

〈표 5-3〉 HRD 전문가의 12개 일터 학습과 성과(WLP) 역량

구분	역량	역량 정의
업무 관리 역량	요구분석 및 해결책 제시	• 비즈니스 이슈, 고객의 요구, 문제, 기회 등을 규명하고 이해함 • 결론을 도출하기 위하여 출처가 서로 다른 자료를 비교함 • 행동방침 선정 또는 적절한 해결책을 개발하기 위한 효과적 접근법 사용 • 습득 가능한 사실, 제한점 그리고 예측 가능한 결과에 따라 적절한 행동을 취함
	비즈니스 통찰력 활용	• 조직의 비즈니스 모델과 재무적 목표의 이해 • WLP 해결책에 사용할 비즈니스 사례 개발에 경제적 · 재무적 · 조직적 자료를 활용 • 타인과 대화할 때 비즈니스 용어의 사용
	결과 주도	• WLP 해결책과 관련하여 향상 기회를 찾고 제대로 된 목표를 설정하기 • 노력을 조율하고 진전을 측정함 • 목표달성을 위해 노력하고 뛰어난 성과를 산출
	과제 기획 및 실행	• WLP 목표가 달성되도록 적절한 방법으로 실행 계획을 개발하고, 자원을 확보하여 계획된 시간 내에 과제를 완수함
	적응력	• 조직에 영향을 주는 과업, 업무환경이나 조건이 변할 때도 효과성을 유지 • 새로운 사람, 사고, 접근법에 열린 마음 유지하기 • 새로운 업무구조, 과정, 요건, 문화에서도 업무에 효과적으로 적응하기
	자기계발 모델링	• 자기 자신의 새로운 학습영역을 적극적으로 확인하기 • 학습기회를 정기적으로 창출 · 활용하기 • 새롭게 얻은 지식과 기술을 업무에 활용하기
대인 관계 역량	전략적 사고	• 조직의 학습 및 성과에 영향을 미치는 내 · 외부적 요인을 이해함 • 비즈니스에 가치를 더할 수 있도록 트렌드를 놓치지 않고 기회를 예측함 • WLP 전략을 개발하고 비즈니스 전략과 조율하는 데 있어서 시스템 사고를 가지고 행동함
	신뢰 구축 효과적 커뮤니케이션	• 개인 또는 조직의 의도를 타인이 신뢰할 수 있는 방법으로 교류하기 • 개인 또는 집단상황에서 생각, 감정, 아이디어를 명확하고, 간결하며 설득력 있게 표현 • 적극적으로 경청하기 • 청중의 주의를 집중하도록 커뮤니케이션 스타일을 조절함 • 지지를 얻을 수 있도록 상황에 적합한 의사소통 전략을 개발하고 전개함
	고객에게 영향력 발휘	• 조직성과 향상을 위해 학습의 가치나 권장 해결책을 제공함 • 개인, 집단, 조직의 성과를 향상시킬 해결책에 대한 약속을 얻기
	다양성 활용	• 모든 개인의 능력, 통찰력, 아이디어를 인정하고 활용하기 • 다양한 스타일, 역량, 배경을 가진 사람들과 효과적으로 일하기
	네트워킹과 협력	• 비즈니스 성과 달성을 촉진하는 방향으로 WLP 전략을 사용하기 위해 내 · 외부적 접촉 시 협력적 관계 네트워크의 개발과 사용

출처: Bernthal, Colteryahn, Davis, Naughton, Rothwell, & Wellins(2004).

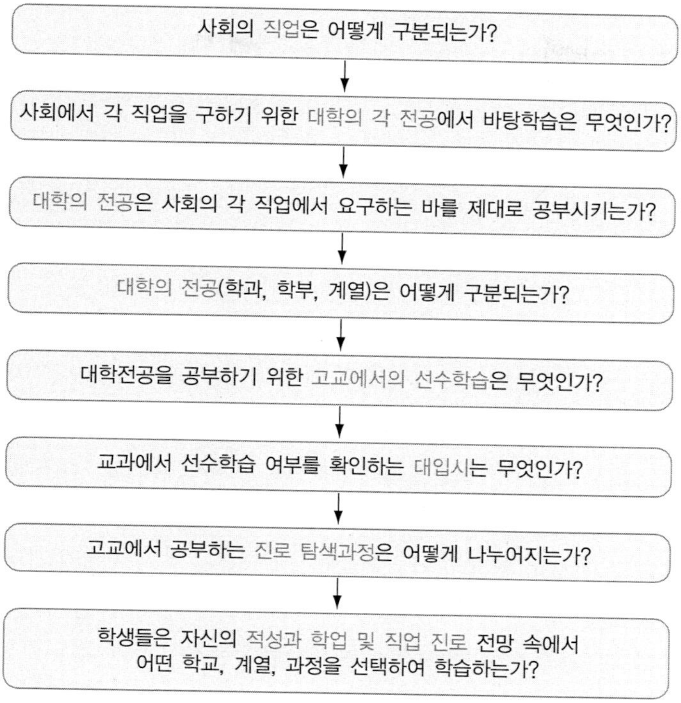

[그림 5-1] 고교-대학-직업(학업-직업)의 연계

직업 교육과정도 다른 교육과정과 마찬가지로 학생의 특성과 요구에 충분한 관심과 주의를 기울일 것으로 기대하지만 실제로는 직업의 요구에 우선하다 보니 발달심리나 인지이론을 적용하는 경우는 많지 않다. 이 점에서 직업교육은 오히려 훈련에 가까운 특성을 보인다. 학교는 졸업생과 직업인에 대한 설문조사survey를 통해 직업의 요구를 파악하여 교육과정에 반영한다. 학교시설과 설비도 축소된 공장의 작업장과 같은 모양을 하고 있다. 직업교육의 교수요원은 관련된 직업과 밀접한 관련을 맺고 있는 경우가 많다. 직업교육 자문위원회의 인사들도 해당 직업 실무 종사자들이다. 학교는 실무실습externship을 통해 학생들이 예비적으로 직업 세계와 접할 수 있게 해 준다. 오늘날 학교와 직업 세계는 산학협력 혹은 기업과 학교의 교육 훈련 계약, 주문식 교육과정의 개발과 운영을 통해 더욱 밀접해지고 있다. 직업교육의 성공 여부는 졸업생들이 만족스러운 고용을 보장받는 데 성공적이었는지에 따라 판정된다. 직업 프로그램의 가치에 관한 판단은 충분한 수의 학생들이 입학하여 등록을 유지하는가에 달려 있다. 또한 수요자인 고용주의 졸업생에 대한 만족도에 달려 있다.

(3) 교육과정의 실천 - 수업과 평가

직업교육은 종종 훈련이라고 일컬어질 만큼 해당 업무와 관련된 지식, 기능을 반복적으로 익힌다. 교수자는 세밀하게 규정해 놓은 작업지시서에 따라 학습자를 훈련시킨다. 이러한 훈련은 여러 가지 자격과 면허 시험에 통과하도록 맞추어진다. 수업은 학문적 이해나 예술적 감상과는 동떨어진 무미건조한 모습을 띠기 쉽다. 직업 교육과정은 때때로 인문주의자들이나 인본주의자들로부터 교육을 훈련으로 왜곡시키고 학습자를 기능인으로 전락시킨다는 비판을 받는다. 직업 교육과정에 대한 비판은 넓게 보면 그 근거가 되는 자본주의capitalism와 공리주의utilitarianism에 맞닿아 있다. 자본주의는 모든 존재를 물질적인 존재인 자본재로 환원시키고, 기계론적 인간관에 기초하며, 자본가에 의한 노동자의 억압과 착취에 따른 긴장과 갈등, 빈부 격차에 따른 사회불안을 갖고 있다. 인간human being은 인적 자본human capital이며 생산성을 높이기 위해 개발되어야 할 존재이고 생산수단과 도구로 전락할 위험이 있다. 공리주의는 쾌락pleasure 추구 본능을 당연시하며, 직업생활을 통해 돈을 벌고 여기서 육체적 안락과 쾌락을 행복happiness으로 여긴다.

또한 교육이 본연의 내재적 가치에 충실하지 못하고 기업과 산업에 필요한 노동력을 양성하여 공급하는 수단적 가치에 매몰되거나, 학교가 생산성과 효율성을 추구하는 산업의 하나로 간주되기도 한다. 여기에 기초한 교육과정은 교육을 훈련training으로 변질시키며, 학교의 교육용 시설과 설비, 교사들이 지닌 기술의 수준에 따라 첨단 기업과의 기술 격차technological lag를 빚을 수밖에 없다. 결국, 학교에서는 사회에 진출하여 쓸 수 없는 낡은 지식과 기술을 익히는 셈이 된다. 직업교육은 직업 수행을 통해서 현직장에서 제대로 할 수 있다. 기술혁신 주기가 짧아짐에 따라 최근에는 수명이 짧은 단기적·구체적 기술 훈련보다 일과 직업 세계의 이해, 직업인의 소양 계발, 일과 취미나 봉사의 조화, 평생 직업능력 개발, 진로의 계획과 관리와 같은 범용汎用의 기초직업교육을 강조하기도 한다. 그런데도 자본주의는 사회주의보다 체제경쟁에서 혁신과 풍요를 이루는 데 나은 사회체제라고 입증되었으며, 공리주의와 함께 자기중심적·개인주의적 윤리로부터 책임이 따르는 사회 중심적 분배와 복지를 낳기도 하였다. 이런 관점에 기초한 직업 교육과정이 없었다면 오늘날 공업화된 선진국은 찾아보기 어려웠을 것이다.

3) 중핵 교육과정

(1) 기본 관점

중핵 교육과정은 교육과정을 편성 운영함에 있어 일정한 핵심core을 갖는 교육과정이라고 할 수 있다. 시대와 견해에 따라서 무엇이 중핵을 차지하는가는 달라진다. 무엇이 중핵이 되었든 그것은 매우 통합적이고 핵심적인 것임에는 틀림없다. 중핵 교육과정은 전적으로 진보주의의 소산이다. 중핵형 교육과정은 교과 중심 교육과정이 너무 교과내용에 집착하고, 경험 중심 교육과정은 학습자의 흥미나 필요에만 너무 집착하는 문제점을 시정하기 위한 것으로 교과 통합학습과 사회적 방향과 책임감을 동시에 강조한다.

학생들의 생활 경험이나 활동을 중심으로 교육과정을 구성한 경험 교육과정인 1940년대 미국의 버지니아 중핵 교육과정에서는 사회를 중핵으로 하고 그 이외의 교과를 주변에 조직하였다. 우리나라에서도 8 · 15 광복 후 교수요목기에서 제1차 교육과정기에 주로 문교부 지정 교육과정 연구학교였던 국민학교에서 중핵 교육과정이 도입되어 커다란 반향을 불러일으켰으나, 그 후 학문 중심 교육과정 등 새로운 이론이 나오면서 쇠퇴하였다(함수곤, 2000).

생활 적응 혹은 사회기능 중심의 중핵은 시대적, 사회적 변화와 문제 및 쟁점을 적절히 반영하지 못한다는 비판을 받았다. 특히 여러 과목이 추가됨으로써 적절한 통합이 이루어지지 못하는 중핵은 그 기능을 상실하게 된다. 결과적으로 다양한 선택과 보완 과목이 늘어나게 되면 학업성취를 강조하는 교과나 학문 중심 교육과정에 자리를 내주게 된다. 1970년대 중반 미국에서 기본회귀운동(back-to-basics movement)이 시작될 때 중핵 교육과정은 쇠퇴를 하거나 변형이 되었다. 오늘날 대학의 교양 교육과정은 여러 학문영역을 크게 구분하여 각 영역에 중핵이 되는 과목들로 구성되고 있다.

(2) 교육의 목적과 내용

중핵 교육과정은 교육경험이 생활 문제를 해결하는 데 적절하게 통합되어야 의미 있는 교육이라고 본다. 중핵 교육과정은 급변하는 사회에서 학습자들에게 사회의 질서, 통치, 사회개조에 필요한 특성, 능력, 태도를 길러 주고자 하는 교육과정이다. 이 교육과정은 교육내용의 통합, 개인의 인격통합, 나아가 사회의 통합을 지향한다. 중핵과정core course과 주변과정fringe course이 동심원적으로 조직되는 것을 특징으로 한다. 중핵과정은 주로 청소년의 관심을 끄는 사회문제나 쟁점 혹은 생활이나 욕구와 관련된 내용이나 경험들이 중심을 차지하고, 이를 둘러싼 주변과정은 계통학습을 하되 몇몇의 영역으로 구분하여 조직된다. 중핵과정은 주로 사회영역이나 자연영역이 생활 경험을 중심으로 조직되며, 주변과정은 교과별로 조직되는 경우가 많다.

학교의 주된 기능을 무엇으로 보느냐에 따라 중핵과정을 구성하는 원리도 변한다. 전통적으로 교과 중심 중핵 교육과정은 역사와 문학을 중핵으로 수학, 언어, 예술을 이에 기초하여 재조직하는 방식이다. 아동 중심 중핵 교육과정은 개인생활, 공민생활, 개인과 사회의 관계를 중핵으로 아동의 필요와 흥미에 따라 재조직하는 방식이다. 사회의 기능이나 사회의 문제에서 중핵의 원리를 찾는 방식인 사회 중심 중핵 교육과정은 중핵 교육과정의 가장 발전된 형태다. 이는 사회기능 중심형과 사회 문제 중심형으로 분류된다.

(3) 교육과정의 실천 – 수업과 평가

중핵 교육과정은 학습자의 흥미와 관심을 끄는 활동, 목적 달성이나 해결에 도움이 되는 학습활동을 강조한다. 극단적인 경우는 생활에 쓰이지 않는 학교학습을 위한 교과를 낭비적이고 무기력하다고 여겨 주변으로 돌리거나 경시한다.

교사와 학생은 통합적 단원과 주제를 협동적으로 계획한다. 중핵 교육과정의 실천은 실험, 조사, 집회, 회의, 토론, 소풍 등을 통해 광범하게 이루어지고, 시간이나 공간 사용에 매우 융통성이 있다. 보통 수업시간의 2~3배의 길이로 확보하여 운영한다(Block Scheduling). 교사는 교과학습의 통합적 안내자이며, 생활 지도 및 상담자의 역할도 수행한다.

이 교육과정은 학습자의 자발적 · 능동적 참여로 의미 있는 학습경험이 가능하며, 지식의 상호 관련성과 문제 해결력을 배울 수 있다. 지역사회 문제 해결에 기여하는 생활인을 기르고 민주적 태도를 함양하는 데 도움을 준다. 여유 있고 다양한 학습활동으로 학생들의 동기유발이 높은 편이다. 그러나 교과의 체계적 학습이 어려우며, 범위가 제한되지 않은 방만한 운영으로 시간과 경비가 많이 들고, 통합에 미숙한 교사는 교과도 경험도 모두 실패할 위험이 높다. 결과적으로 학습한 결과를 평가하는 데 어려움이 많다.

4) 사회개조 교육과정

(1) 기본 관점

학교교육을 사회와 쓸모 있게 연결시키는 입장은, 학교에서 학생들에게 사회적으로 유용한 지식과 기능을 가르쳐 사회에 마찰 없이 적응하도록 돕는 사회 적응적 입장과 학교교육을 통해 학생들로 하여금 사회가 지닌 문제와 모순을 깨닫고 이를 극복할 대안들을 모색해 보게 하는 사회개조적 입장으로 대별된다. 여기서는 후자를 중심으로 살펴보기로 한다.

이 경우 학교교육의 효과를 두고 낙관적 입장은 교육이 사회변화를 촉발할 수 있다고 본다. 이에 반해, 비관적 입장은 현존하는 사회구조에 변화를 가져올 교육과정의 역량에 대해 회의적이지만 학습자들이 교육과정이 어떻게 권력을 공고화하고 사회의 모습을 그리는 데 사용되는지를 이해함으로써 교육과정이 사회적 불만을 촉발시키는 도구가 되었으면 하고 바란다.

학교를 사회변화의 주된 수단으로 이용하자는 사회재건주의의 주장은 국가 · 사회적 위기가 닥칠 때마다 거세게 일어났다. 20세기 들어, 자본주의 사회가 봉착한 위기와 계층 간 빈부차의 심화는 교육과정을 사회변화를 위한 핵심세력으로 활용하려는 사회재건주의자들의 노력에 힘을 실어 주었다. 사회개조론자들social meliorists은 개인은 사회정의에 대한 책임이 있다고 보고, 학교는 사회변화와 사회정의 구현에 핵심이 되어야 한다고 본다. 청소년들에게 힘을 실어 줌으로써 학교는 새로운 이상사회 실현의 근거지가 될 수 있다고 본다. 20세기 전반기의 이런 생각은 Lester Frank Ward를 비롯해, G. S. Counts, H. Rugg, Boyd Bode, T. Brameld 등에 의해 진행되었고, 그 후에는 월남전 등을 통해 민권운동이 확산되면서 M. Apple과 H. Giroux 등의 신마르크스주의자들에 의해 전개되었다. 학교는 지나치게 기존 권력을 대변하는데, 마땅히 사회의 문제와 쟁점을 다루어 주어 새로운 사회를 창출하는 데 기여해야 한다. 우리나라에서도 민주화운동을 계기로 전교조 교사 등에 의해 이런 교육사상과 실천이 시도되었다.

사회개조 교육과정의 또 다른 중심 테마는 학교에서 가르치고 있는 지식의 사회적·정치적·경제적 성격에 대한 연구와 이에 따른 학교지식의 '중립성, 객관성'에 대한 회의懷疑 문제다. 유명한 교육과정 사회학자인 M. Apple(1979)은 학교지식은 선택의 결과 정치적 권력관계, 경제적 이해관계, 사회통제의 원리를 함축하게 되므로 학교교육은 결코 중립적일 수 없다고 단언한다.

결국, 학교지식의 사회적 성격에 대한 이해는 일차적으로 학교교육이 사회 경제적 틀, 문화적 가치, 정치적 권력관계 등의 유지 재생산에 어떠한 기능을 수행하는가 하는 의문에서 출발하였고, 그 대답은 학교지식은 특정 역사와 경제, 문화, 정치 현실에서 도출되는 것이기에 그 중립성과 객관성을 보증하기 어렵다는 것이었다.

(2) 교육의 목적과 내용

사회개조 교육과정의 주된 목적은 학습자로 하여금 인류가 당면한 심각하고 절실한 문제를 정면으로 바라보게 하는 것이다. 사회개선적 관점에서는 사회구조를 변화시키기 위해 학교는 어떤 사람을 길러 내야 하는가에 관심이 높다. 현실의 학교교육은 학생들을 지나치게 현실세계에 적응하도록 가르치고 있다. 학교는 사회의 계층적·문화적·정치적 불합리와 불평등을 해소하는 데 도움을 주지 못하고 있다. 교육의 내용과 활동을 사회적 불합리성과 모순을 깨닫도록 하는 것으로 채워, 학생들을 사회적 의식이 깨인 실천가reflective practitioner로 길러 사회의 구조적 모순을 변화시켜 나가도록 해야 할 것이다. 그러나 사회개조 교육과정은 학교교육을 통해 직접 혁명을 추구한다거나, 학교교육만을 통해 사회 자체를 새로 건설할 수 있다고 주장하기보다 미래 사회변화 추구를 뒷받침하는 학생들의 태도와 신념을 기르는 도덕과 비판적 지성의 재건설을 강조한다. 이 과정에서 교사들은 모두 기존 보수 세력의 이익을 대변하든지 혹은 사회변화 세력을 대변하든지 그 입장을 밝혀야 하는 정치적 존재가 될 수밖에 없다.

사회개조 교육과정은 우선 지배적인 학교지식을 분석하고 비판하는 데서 사회 변화의 새로운 가능성을 찾고 있다. 학교는 보다 큰 사회의 일부분이므로, 학교의 성격도 구체적인 사회의 틀 안에서 판단되어야 한다. 결국, 교육과정의 성격은 보다 큰 사회를 지탱해 주는 경제적 관계, 문화적 자산, 정치적 권력 등을 어떤 식으로 반영하는지를 밝혀야 하는 것이다.

즉, 학교교육의 내용을 자세히 분석하면 지배적 사회구조를 알 수 있고, 다른 한편 지배적 사회구조를 자세히 알게 되면 학교교육은 그것의 반영에 불과하다는 것을 인식하게 된다. 이렇게 되면 사회가 바뀌어야 학교나 학교지식도 바뀐다고 체념할 수밖에 없게 된다. 그러나 지배적 사회구조나 학교교육의 지배 이데올로기 재생산구조는 여전히 해명을 요구하는 사항이라고 말하는 것이 옳을 것이다.

(3) 교육과정의 실천 - 수업과 평가

사회의 변화를 겨냥한 사회개조 교육과정의 입장에 따르면 수업의 내용과 활동은 ① 실제적인 것real이어야 하고, ② 배우는 것으로 끝나지 않고 행동action을 요구하며, ③ 옳고 그름과 바람직함에 대한 판단을 포함하는 가치values를 내재한 것이어야 한다. 1976년 독일에서 다양한 정치적 입장을 지닌 교육자들이 모여 합의한 정치교육, 시민교육, 이념교육의 원칙을 '보이텔스바흐의 원칙'이라고 하였는데, 정치이념교육은 학생 압도(주입, 교화) 금지 원칙, 논쟁점 재현 원칙, 학생 이해 증진 원칙을 지켜야 한다.

교실의 수업 방법은 대화를 통한 만남, 일상의 재현, 수업 재료로써 일상생활의 적극적 활용이 중심이 된다. 일상생활이 수업의 출발점이 되며 그 속에 담긴 불합리성과 불평등을 밝히고 이런 조건을 바꾸는 체계적인 행동지침 제안으로 수업이 구성된다. 사회개조 교육과정의 입장에서 전형적인 수업의 순서를 정리하면 다음과 같다.

① 학생의 사회생활 주변에서 가장 문제가 될 만한 쟁점이 무엇인지 찾아낸다.
② 이 문제를 초래한 근본적 원인과 제약, 학생들이 이로 인해 일상에서 겪는 현실을 조사발표한다.
③ 문제를 보다 넓은 사회의 제도나 구조와 연결시켜 본다.
④ 사회적 분석 결과를 세계, 사회, 자신에 대한 희망과 이상에 연결시켜 본다.
⑤ 이상을 현실화시키기 위해 모종의 책임 있는 조치나 행동을 취한다.

평가는 학생들의 수업 참여도, 열의, 잠재적 능력과 결과를 통해 보여 주는 능력을 폭넓게 포함한다. 학생들은 그들 자신의 학습을 스스로 평가하도록 격려되며, 특히 집단의 일원으로 협동적으로 행한 활동이 높게 평가된다.

이 장의 요점 정리

1 교육과정은 인간관, 역사관, 사회관, 교육관, 학습관 등에 따라 다양한 관점으로 나뉜다. 개인의 자유로운 발달, 사회의 유지와 변화, 학문을 통해 전해오는 문명과 문화의 정수, 교과의 효과적 지식전달 수단, 직업적 유용성, 정치적 이념에 따른 기존 사회의 개혁 등은 어느 시대나 필요한 교육과정의 구심점이다.

2 교과 중심 교육과정은 가장 오래된 것으로 전래의 문화유산 가운데 보존되어야 할 가장 중요한 내용을 다음 세대들에게 전달하면서 인간의 이성과 합리성의 발달을 목표로 삼는다. 그러므로 학교는 기본적인 것을 가르치는 것을 주된 임무로 삼는 사회적 기관이다. 즉, 기본적인 읽기, 쓰기, 계산 기능의 숙달과 모든 교육받은 사람이 알아야 하는 기본적인 사실과 전문 용어에 대한 지식, 선량한 시민이 되는 데 필요한 공통되고 기본적인 가치를 가르쳐야 한다. 이후의 교육과정 관점들은 모두 전통적인 교과 중심 교육과정을 발전적으로 극복해 온 노력이라고 할 수 있다.

3 학문 중심 교육과정은 각 학문의 소수의 기본적인 아이디어를 중심으로 한 지식의 구조를 가르침으로써 진짜 탐구활동에 참여하고 학생들로 하여금 자신들의 지적 능력에서의 자신감과 광범위한 현상에 대한 이해를 도모하는 데 중점을 둔다. 본래 수학과 과학 등 논리적 정합성과 경험적 실증성이 높은 학문에만 적용되었으나, 차츰 다른 교과에도 과잉 적용되어 교과의 지위를 견고히 하는 데 기여하였다.

4 행동주의 교육과정은 학생들이 특정 교육 프로그램을 끝마쳤을 때 드러내 보이는 행동특성에 중점을 둔다. 각 행동의 선행 필수 기능을 확인하기 위하여 이 행동들을 분석하며, 학생들이 각각의 기능을 숙달할 때까지 연습할 수 있는 기회와 되새김을 제공해 주고, 학생들의 성취수행을 평가한다. 오늘날에는 국가와 학교에서 학업성적을 향상시키기 위한 성취기준을 강조하는 방향으로 전개되고 있다.

5 경험 중심 교육과정은 사회적 존재로서 개인 경험의 계속적 성장에 관심을 두며, 학교교육이

학생들의 흥미와 문제, 그들의 일상생활의 경험과 더욱 긴밀하게 연결될 때 학생들의 경험은 더욱 성장할 것이고 더 좋은 시민이 될 것으로 본다.

6 인본주의 교육과정은 사람의 온전한 자아실현을 추구한다. 학생들이 가진 인간 잠재력이 발달하는 것을 도와주도록 설계되었고, 건전하고, 균형적이며, 책임감 있는 사람으로 성장하게 돕는 교육과정이다. 학생들을 독특한 기질과 개성을 가진 존재로 이해하고 대우하려고 하며, 최근 가고 싶고 머물고 싶은 학교로 만들자는 움직임은 어느 정도 인본주의 교육과정의 공헌이라고 할 수 있다.

7 인지주의 교육과정은 학습을 통한 이해의 확장과 인지구조의 변화를 추구한다. 이 교육과정은 학생들로 하여금 그들이 이미 알고 있는 것을 토대로 해서 자신들의 지식을 구성하고, 의사결정, 문제 해결, 판단이 필요한 유목적적인 활동에 그러한 지식을 활용할 수 있도록 하는 데 중점을 둔다. 최근 인간의 뇌 발달에 관한 뇌과학의 연구 성과를 교육과정과 수업에 응용하려는 노력이 기울여지고 있다.

8 구성주의 교육과정에서는 지식이 개인의 자아 성찰적, 인지적 작용과 사회적 참여를 통해 지속적으로 구성되는 것으로 보고, 학습자가 주체적이고 자기반성적으로 학습에 참여할 길을 열어 주며, 학교교육에서는 삶에서 직면하는 진짜 과제(authentic task)를 주체적으로 그리고 교사의 도움을 받아 가며 동료들과 협동적으로 탐구해 가도록 하는 데 중점을 둔다.

9 생활적응 교육과정은 성인과 학습자가 항상 직면하고 있는 생활 장면을 분석해서 교육과정을 구성하고자 하는 이론이다. 이 교육과정은 아동과 성인의 생활, 사회기능, 청년의 요구와 문제 및 항상적 생활 장면 등을 분석하는 목표의 질적 분석 방법을 도입함으로써 구체적 교육목표를 제시하며, 개인적 자아실현, 가족성원으로서 역할, 대인관계, 직업적 기능, 시민으로서 공공적 책임감 등을 강조한다.

10 모든 학습자에게 공식적인 최종교육은 직업준비 교육이다. 직업교육은 교육의 기능이 최대다수에게 기쁨을 생산하는 사회를 만드는 것으로 보는 공리주의의 영향을 받았다. 오늘날 학교와 직업 세계는 산학협력 혹은 기업과 학교의 교육훈련 계약, 주문식 교육과정의 개발과 운영을 통해 더욱 밀접해지고 있다. 비록 교육을 훈련으로 왜곡시키고 학습자를 기능인으로 전락시킨다는 비판을 받기도 하지만 이 직업 교육과정이 없었다면 오늘날 공업화된 선진국은 찾아보기 어려웠을 것이다.

11 중핵 교육과정은 교육과정을 편성 운영함에 있어 일정한 핵심을 갖는 교육과정이라고 할 수 있다. 이 교육과정은 교과, 개인, 사회의 3자를 중핵(core)이라는 곳으로 통합시키려는 것으로서 중핵과정과 주변과정이 동심원적으로 조직되는 것을 특징으로 한다. 중핵 교육과정에는 교

과 중심 중핵 교육과정, 아동 중심 중핵 교육과정이 있으며, 사회의 기능이나 사회의 문제에서 중핵의 원리를 찾는 방식인 사회 중심 중핵 교육과정은 중핵 교육과정의 가장 발전된 형태다.

12 사회개조 교육과정은 사회유지와 발전을 위한 사회성원 양성을 목적으로 하며, 특히 사회개선 중심 교육과정 관점은 학교교육의 내용과 활동을 통해 학생들로 하여금 사회적 불합리성과 모순을 깨닫도록 하여, 학생들을 사회적 의식이 깨인 실천가(reflective practitioner), 변화의 주체로 길러 내어 사회의 구조적 모순을 변화시켜 나가는 데 관심을 둔다.

이 장의 주요 용어

교과중심 교육과정 subjects-centered curricula, 교과목중심 교육과정 subject-centered curriculum, 학문중심 교육과정 discipline-centered curriculum, 행동주의/기준중심 교육과정 behavioral/standards-based curriculum, 지식의 전수 delivery of knowledge, 중핵 문화의 전달 hand-over of core culture, 사회중심 교육과정 society-centered curricula, 생활적응 교육과정 life adjustment curriculum, 직업준비 교육과정 vocational curriculum, 중핵 교육과정 core curriculum, 사회개조 교육과정 social reconstruction curriculum, 사회적응 social adjustment, 직업수행 능력 vocational technology, 핵심역량 key competencies, 사회개혁 social reform, 성찰적 민주시민 reflective democratic citizenship, 학습자중심 교육과정 learner-centered curricula, 경험중심 교육과정 experiential curriculum, 인간중심 교육과정 humanistic curriculum, 인지주의 교육과정 cognitive curriculum, 구성주의 교육과정 constructive curriculum, 자기관리 능력 self-management, 대인관계 능력 inter-personal relationship, 생성 교육과정 emerging curriculum, 발달상응 교육과정 developmentally appropriate curriculum, 생생한 학습 authentic learning

연구과제

1. Dewey가 정리한 교육과정 내용과 활동의 선정 준거인 지성의 계발, 사회적으로 유용한 기능의 개발, 개인 경험의 건전한 성장은 각각 교육과정 결정의 세 가지 요소인 교과, 사회, 학생과 관계 깊다고 할 수 있습니다. 분단을 나누어 각각의 입장을 취하고 이를 승화·종합할 수 있는 방안을 모색해 보시오.
2. 학교교육에서 창의력 신장이라는 주제에 대해 사회의 실용주의, 교과의 구조주의, 학습자의 구성주의가 각각 기여할 바를 드러내고, 이를 종합하고 절충하여 창의력 신장을 위한 교육목표, 교육내용과 활동, 교수학습, 교육평가의 대강을 기획해 보시오.
3. 본문에 제시된 11가지 교육과정 유형의 역사적 전개, 인간관, 사회관, 교육관, 교육목표, 교육과정 개발 모형, 개발된 교육과정 사례, 수업, 교육평가, 장단점 등을 상호 비교해 보시오.

제II부
교육과정의 실제적 개발과 구현

교육과정을 이론과 실제로 나누어 볼 때, 실제는 교육과정이 현장에서 구현되어 가는 생생한 모습을 그려 내는 것이다. 세계 수준도 있지만, 일단 국가 수준에서 전체적인 총론과 개별적인 각론이 일정한 기준 문서로 개발되어 현장에서 구현되고 또 개선되는 한살이life cycle를 추적해 가는 것이다. 전반적인 총론은 국가, 지방, 학교 단위에서 전체적인 모습으로 구현된다. 각론은 사회의 각 분야나 특별한 집단의 관심사를 대변하는 편이므로 교실 안팎에서 구체적으로 구현된다. 총론은 상대적으로 학교의 일반 행정이나 장학 활동과 구별하기 어렵고, 각론은 구체적인 교실 수업이나 각종 교육활동과 밀접하게 연결되어 있다. 여기서는 주로 교육과정 총론을 중심으로 실제를 그려 볼 것이다. 전체와 부분의 관계처럼 총론은 여러 종류의 각론으로 이루어져 있고 또 각론에 지대한 영향을 끼친다.

교육과정 실제는 교육과정의 한살이를 좇아 개발(정책 결정, 기준 개발, 교재 개발), 운영(경영), 평가(성과 평가, 질 관리 및 개선)를 따라서 살펴볼 수 있고, 또 존립수준을 따라가면서 국가, 지역, 학교, 교실 및 교사 수준의 교육과정 특징을 통해서도 살펴볼 수 있다. 특히 국가 수준 교육과정은 학습자의 발달을 중심으로 총론적으로 학년군별 교육과정(초보에서 전문에 이르는 교육과정의 특성, 목표, 구성, 운영상 유의점)을 구체화한 각론의 교과군별(인문사회, 과학기술, 예술, 체육의 균형) 교육과정과 창의적 체험활동(교과외 활동과 교과통합적 주제)의 성격, 목표, 내용, 방법, 평가 등을 살펴본다. 여기에 모두 펼쳐 놓기는 어렵고 또 중복될 수도 있으므로, 우선 구성영역(총론과 각론)의 변화단계(계획, 운영, 평가)를 중심으로 존립수준(국가, 지방, 학교)을 포괄하는 방식으로 교육과정의 실제를 살펴볼 것이다.

제6장

교육과정의 개발

학교에서 교수자와 학습자가 만났을 때, 일생에 걸쳐 인간이 형성되어 갈 때 그리고 공동체가 지속 가능한 발전을 기약하려고 할 때, 무엇을 가르치고 배울 것인가의 물음은 흔히 일정한 원리와 절차를 따라 대답된다. 특정한 교육과정을 빚어 내는 교육과정 개발은 일정한 절차나 모형에 따른다. 여기서는 기본적인 모형을 소개하고, 이를 구체적으로 구현한 우리나라의 초등학교와 고등학교의 교육과정 설계 모형을 살펴보기로 한다.

1. 교육과정 개발

교육과정 개발자들은 참여과정을 통해 스스로 교육과정에 대한 이해를 넓히게 되고, 나아가 그 결과물을 실행하는 입장에 있는 교사들에게 더 나은 교육과정을 제공하며, 이를 통해 성장 발전하는 학생들에게 더 나은 교육적 경험을 가져다주게 된다. 좋은 교육과정 개발 체제는 자체의 자기교정력을 갖고 있어서 점차적으로 변화, 발전하는 교육과정을 낳는 체제라고 할 수 있다.

Diamond(1997: 15)에 의하면, 교육과정 설계의 효과적인 모형은 첫째, 일련의 과정에서 고려해야 하는 핵심요소를 제시하고, 둘째, 지속적인 지침을 제공하며, 셋째, 우리가 모형이 진행되는 과정의 어디쯤에 있는지 이해할 수 있도록 하고, 넷째, 중요한 의문사항이나 대안적인 해결방안을 탐구하고자 할 때 불필요한 노력의 낭비를 줄여 효율성을 높여 주는 장점이 있다고 한다. 즉, 교육목표를 효과적으로 달성할 수 있도록 구성된 교육과정 설계 모형은 교육을 실행하는 교육주체들이 교육의 목적을 달성하기 위해 적절한 방향으로 가고 있는지, 목적 달성에 있어 넘치거나 보완해야 할 부분은 무엇인지 확인할 수 있는 지침 역할을 해 준다(민부자, 2010: 140).

이경섭(1999: 178)은 교육과정 설계의 핵심적 특징은 교육과정 요소를 확인하여 그 요소들의 성격을 규정하고 요소들 간의 관계를 구조화하는 것이라고 지적하였다. 그러므로 설계의 중요한 문제는 설계 요소들 간의 관계 구조와 그 구조를 구체화한 내용조직의 문제, 조직원리 그리고 구체적인 설계 방법에 있게 되며, 설계는 그 초점focus에 따라서 상이한 설계가 구성되고 다양한 수준에서 이루어질 수 있다고 하였다.

교육과정 개발은 각 단계나 절차에서 누가 무슨 일을 해야 하는가로 나타낼 수 있다. '누가'는 교육과정 개발을 총괄하는 행정관리진, 실제적인 연구개발진, 요구를 표현하는 의견개진진, 개발한 문서의 질을 판단하는 심의진 등을 말한다. '무엇'은 교육과정기준 문서의 최종안을 만들기까지 초안, 수정안, 최종안 등을 거치면서 다듬어진다. 교육과정기준 혹은 문서로 표현하는 것은 일반적이고 보편적인 이름으로서 교육과정 현상과 달리 구체적인 교육활동의 일정한 방향과 중요한 규칙을 제공하는 핵심적이고 규범적인 문서이기에 교육과정기준curriculum standards이라고 구별하여 표현하게 된다.

교육활동의 기준은 요강要綱 혹은 대강大綱의 기준 문서일 수도 있지만 아주 구체적인 실행안이자 실행지침인 단원 개발안, 수업지도안, field manual, handbook의 형태일 수도 있다. 즉, 만들어 내는 교육과정의 크기에 따라 국가, 지역, 학교, 교과, 과목, 단원, 단기 강좌, 특정 주제나 프로그램, 몇 개 혹은 하나의 차시용 지도안에 해당하는 교육과정 기준 문서를 지칭하기도 한다. 또한 교육과정 개발모형은 교육과정기준을 만들어 내는 시간적인 순서나 기술적인 방법을 포함한 절차를 담고 있다. 철학과 목표의 설정, 개략적인 설계, 구체적인 개발, 교재의 개발, 운영의 지침과 평가 지침의 개발 등을 포함한다. 전문가 대상 델파이조사, 수요자 대상 설문조사, 수년간 데이터의 체계적인 누적과 그 처리 결과 반영, 현장의 참여관찰, 문헌고찰, 전문가협의회, 전문가들의 축조심의회 등을 거치기도 한다. 결국 교육과정 개발은 간단히 '누가 어떤 교육과정 문서를 어떤 절차를 거쳐 만들어 내는가'로 표현될 수 있다.

교육과정 개발이나 개선을 위한 모형은 크게 보면 ① 교육과정 개발자들이 따라야 하는 체제를 제시하거나, ② 교육과정 개선의 과정에 포함되는 단계 혹은 요소들을 상세히 설명하는 틀로서 제시된다. 일반적으로 교육과정 개발에서 공통으로 취하는 단계는 ① 요구분석, ② 목표설정, ③ 교육경험 선정, ④ 교육경험 조직, ⑤ 단원 구성, ⑥ 모의 실행, ⑦ 수정 보완, ⑧ 본격 실행, ⑨ 평가 및 결과환류에 의한 개선이다.

흔히 계획으로서 교육과정 개발은 ① 목표설정, ② 학습내용 및 경험의 선정, ③ 학습내용 및 경험의 조직, ④ 단원구성이라는 4단계로 이루어진다. 실천으로서 교육과정은 ① 수업을 위한 교재 개발, ② 상세한 수업지도안, ③ 수업 실시, ④ 평가로 이루어진다. 성취 경험으로서 교육과정은 많은 경우 ① 학교교육과정의 편성 운영과 실천에 대한 평가, ② 학생의 성취에 대한 평가, ③ 교육 수요자의 만족도 및 요구 조사로 이루어진다. 평가는 교육활동의 진행 과정을 따르면 계획, 운영, 결과 평가를 말하고, 그 대상에 따라 교육과정기준 문서 평가, 운영하고 지원하는 기관 평가, 실행하는 교원 평가, 수업 평가, 학생 학업성취 평가 등으로 나눌 수도 있으며, 평가 목적이나 시기에 따라 진단, 형성, 총괄 평가로 나누기도 한다.

여기서는 R. Tyler의 합리적 교육과정 개발, D. Walker의 실제적 교육과정 개발, E. W. Eisner의 예술적 교육과정 개발 등 주요한 교육과정의 개발 유형을 제시하고 그것들이 지닌 장단점을 알아본다. 또한 우리나라의 국가수준 교육과정기준 개발에 활용되는 교육과정 개발 절차에 대해서도 소개한다. 물론 어느 수준에서 총론과 각론 중 어느 것을 개발하느냐에 따라 그 절차나 모형은 달라질 수 있다.

2. 전통적 교육과정 개발

1) Tyler의 합리적 교육과정 개발 모형

Tyler에 따르면 교육과정과 수업은 하나의 과정이며, 이를 계획하거나 평가하기 위해서는 다음 네 가지 질문을 하고 여기에 답해야 한다.

① 학교에서 달성하고자 하는 교육목표는 무엇인가?
② 교육목표를 달성하는 데 유용한 교육경험은 어떻게 선정하는가?
③ 효과적인 수업을 위해 교육경험은 어떻게 조직할 수 있는가?
④ 학습경험의 효과성, 즉 교육목표 달성 여부는 어떻게 판단(평가)할 수 있는가?

Tyler의 모형은 교육목표의 설정, 교육경험의 선정과 조직, 목표에 비춘 평가 실시로 요약된다. 그의 교육과정 개발 모형은 절차적 순서를 따르는 합리적 모형이며, 당초 세운 교육목표가 어느 정도 달성되었는지를 알아보기 위한 질문에 대답하는 데 중점이 있어 목표 중심 모형, 평가 중심 모형 등 다양한 이름으로 불린다.

(1) 교육목표의 수립

Tyler에 따르면, 목표를 세울 때 몇몇 종류의 사실들만 잘 고려하면 목표는 보다 의의 있고, 타당하고, 누구라도 납득할 만한 것이 될 수 있다. 타당한 목표의 바탕이 되는 사실은 세 가지 원천에서 나온다. 첫째, 교육과정의 최종 수혜대상이 되는 학습자에 대한 연구에서 나온다. 둘째, 학교 밖의 현대사회에 대한 연구에서 나온다. 셋째, 시민들에게 가장 중요한 지식은 무엇인가에 대한 교과 전문가의 목표에 대한 제안과 권고에서 나온다. 여기서 잠정적인tentative, provisional 교육목표가 설정된다. 전형적으로 사회, 학습자(개인), 교과(학문)의 3자가 교육과정의 방향을 원천적으로 결정한다고 본 것이다. 오늘날에도 교육과정의 전체적인 방향을 모색할 때에는 이에서 크게 벗어나지 않는다.

교육철학과 학습심리학은 잠정적 목표를 명세적明細的, specific 목표로 정련하는 체screen, filter의 역할을 수행한다. 교육철학을 통해 잠정적 교육목표의 바람직성과 우선순위를 정하고, 학습심리학을 통해 학습가능성과 교수가능성을 따져서 보다 명세적인 교육목표를 수립한다. J. Herbart가 교육목표는 철학에서, 교육방법은 심리학에서 차용하여 교육학을 정립한 것과 유사하다. 교육목표는 이후의 교육과정(교육 내용과 경험), 수업 그리고 교육평가의 기준으로 작용한다. 교육목표가 교육의 전반적인 과정에서 가장 중요한 역

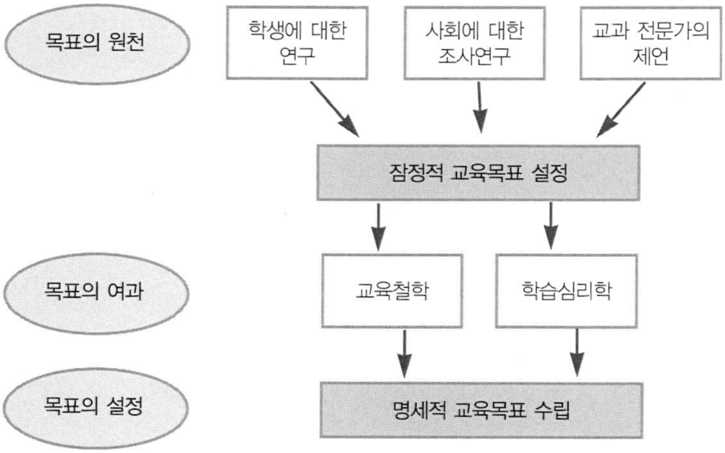

[그림 6-1] Tyler의 교육목표 수립 절차

할을 수행하는 셈이다.

(2) 학습경험의 선정

Tyler에 따르면 학습경험은 학습자와 외적 환경과의 상호작용으로, 학습은 학습자가 행한 행위를 통해서 이루어진다. 학습경험은 학습자들에게 무엇을 제공했느냐의 문제라기보다 학습자들이 무엇을 경험했는가의 문제다. 교육과정 개발자나 교과 교육전문가 혹은 교사의 입장이 아니라 학습자를 중심으로 교육경험을 선정하는 것이다. 오늘날 학습자 중심 교육과정에서도 학습자가 해당 교육과정을 거치면서 무엇을 느꼈고, 무엇을 알게 되었으며, 무엇을 할 줄 알게 되었나를 중시하는 전통을 확립한 것이다.

교육목표가 다양하기 때문에 각각의 교육목표 달성에 유용한 학습경험이 어떤 것인지를 다 진술하기는 어렵다. Tyler는 교육목표 달성에 유용한 학습경험을 ① 지식과 이해를 함양하기 위한 학습경험, ② 사고능력을 계발하는 데 필요한 학습경험, ③ 정보습득에 도움이 되는 학습경험, ④ 사회성 함양에 도움이 되는 학습경험, ⑤ 흥미를 계발하는 데 필요한 학습경험, ⑥ 감상력을 함양하기 위한 학습경험, ⑦ 기능습득을 위한 학습경험 등으로 제시하고 있다. 이들 학습경험은 특정 교과들에 대응시킬 수 있고, 또한 전인全人의 형성에는 반드시 필요한 학습경험이라고 할 수 있다. 일곱 가지 유형의 학습경험은 교육목표를 유목으로 체계적으로 분류한 Bloom 등에게서 인지적 목표와 정의적 목표로 나누는 데에 쓰이게 된다.

(3) 학습경험의 조직

효과적인 학습지도나 수업을 위해서는 선정한 학습경험들을 체계적으로 통합 조직해야 한다. Tyler는 학습경험을 효과적으로 조직하는 기준으로 ① 계속성continuity, ② 계열성sequence, ③ 통합성integration을 든다.

계속성은 중요하고 동일한 교육과정 요소를 시간을 두어 연습하고 계발할 수 있도록 여러 차례에 걸쳐 반복적으로 기회를 주는 것이다. 계열성은 시간의 흐름에 따른다는 점에서 계속성과 관련되지만, 그 이상의 것으로 동일 요소나 같은 수준이 아니라 이해, 기능, 태도, 흥미 등이 조금씩 다른 수준으로 단계적으로 깊어지고, 넓어지고, 높아지도록 조직하는 것이다. 계속성이 같은 내용의 반복 여부라면, 계열성은 같은 또는 다른 내용 요소들의 순서적 배열을 의미한다. 통합성은 교육과정 요소를 수평적으로 서로 관련짓는 일이다.

또한 조직을 위해서는 마디나 매듭nod과 같은 조직요소가 필요하다. 마치 건축물의 뼈대와 같은 역할이 필요한 것이다. 사회과의 개념, 가치, 기술, 능력, 습관 등이, 과학과의 특정 사실, 용어와 개념, 분류와 범주, 기술과 절차, 원리와 법칙, 이론, 사고체계 경향과 계열 등이 이런 역할을 수행한다. 조직된 결과는 장, 단원, 과목, 교과 등으로 점점 크게 엮여 나타난다.

(4) 학습경험의 평가

Tyler에게 있어서 교육목표는 교육과정과 수업 및 교육평가를 좌우한다. 그는 평가가 교육과정의 개발에 있어 매우 중요한 절차라고 하였다. 기본적으로 평가 과정이란 교육목표가 교육과정이나 학습지도를 통해 어느 정도 실행 · 달성되고 있나를 확인하는 일이다. 교육의 목적은 인간의 변화, 즉 학습자 '행동'의 바람직한 변화를 가져오도록 하는 것이기 때문에, 평가란 이런 행동 변화가 어느 정도 일어났나를 확인 · 판별하는 과정이다. 학교에서 주로 교과를 배운다고 했을 때 교과수업의 목표는 내용과 행동으로 이루어지며, 내용은 교과에 따라 다르고 일일이 열거하기 어렵다면 유형으로 확인가능한 것은 '행동'이다. Tyler는 내용보다 행동의 변화를 측정하는 것을 강조하였다. 평가에 대한 이런 관점은 평가가 학습자의 변화된 행동을 분석해야 한다는 것을 의미한다. Tyler에 따르면 학교가 추구하는 인간 행동 유형 변화의 종류가 곧 교육목표가 된다.

또한 평가는 한 번 이상 이루어져야 한다. 수업을 시작하기 전과 중간에 그리고 끝낸 후 평가가 이루어짐으로써 변화 정도를 알 수 있다. 그리고 목표달성의 지속 여부를 확인하기 위하여 추수연구追隨研究, follow-up study도 필요하다. Tyler의 교육평가에 대한 강조는 이후 Bloom 등에 의해 교육목표를 체계적으로 분류해 보는 연구활동으로 나아가 Mager 등에 의해 수업목표를 명세적으로 진술하는 데로 이어졌으며, 급기야는 교육목표가 아니라 교육평가가 교육목표, 교육과정, 수업을 좌우하는 지경에 이르게 된다. 이런 경향은 교육과정과 수업의 역행설계에서도 교육평가가 주도적 비중을 차지한 것과 연결된다.

(5) Tyler 교육과정 개발 모형에 대한 평가

20세기 후반기 교육과정 개발에 가장 지속적이고 심각한 영향을 끼친 Tyler 모형은 실증주의, 경험주의, 진보주의, 성과주의, 기술공학적 절차를 강조한 시대정신에 힘입어, 교육과정의 계획과 개발에 대한 합리적 · 선형적 접근의 유행을 통해 더욱 강화되었다. 지배적 교육과정 모형으로서 Tyler 모형의 장점을 열거하면 다음과 같다.

① 어떤 교과, 어떤 수업 수준에서도 활용 · 적용할 수 있는 폭넓은 유용성이 있다.

② 논리적이고 합리적인 일련의 절차를 제시하고 있어 교육과정 개발자나 수업 계획

자가 이를 따라 하기가 비교적 쉽다.

③ 학생의 학습경험과 행동변화를 강조함으로써 평가에 매우 광범한 지침을 제공해 준다.

④ 교육과정과 수업을 구분하지 않고 통합적으로 목표-경험 선정-경험 조직-평가를 포괄하는 광범한 종합성을 띠고 있다.

⑤ 경험적 · 실증적으로 교육성과를 연구하는 경향을 촉발하였다.

반면, Kliebard, Walker 등이 제시한 Tyler 모형의 단점을 열거하면 다음과 같다.

① 목표의 원천은 제시하고 있으나 무엇이 교육목표이고, 그것은 왜 다른 목표를 제치고 우선적으로 선정되어야 하는지를 밝혀 주지 못한다.

② 목표를 미리 분명하고 자세하게 설정한다는 것은 수업 진행과정 중에 새롭게 생겨나는 부수적 · 확산적 · 생성적 목표의 중요성을 간과한 것이다.

③ 목표를 내용보다 우위에 두고, 내용을 목표달성을 위한 수단으로 전락시킨 면이 있다. 목표는 내용과 행동으로 이루어진다고 하였으나, 가시적이고 평가가능한 행동에만 초점을 두었다.

④ 교육과정 개발 절차를 지나치게 절차적 · 체계적 · 합리적 · 규범적으로 처방prescription 하였다.

⑤ 교육과정 구현에서 볼 수 있는 일련의 전체적인 과정보다 계획과 개발 부분에 치중하여서, 교육과정의 실천(운영과 수업, 지원과 질 관리 등)에서는 상대적으로 취약한 편이다.

2) Taba의 '단원' 개발 모형

Hilda Taba
(1902～1967)

H. Taba는 일찍이 Tyler와 함께 8년 연구를 통해 교육과정에 대한 이론적 · 실제적 연구 개발을 익혔으며, 당시의 공교육에 대한 비판적 진단을 기반으로 1962년 『교육과정 개발(Curriculum Development)』을 저술하였다.

Taba는 교사가 교육과정의 구체적인 측면에 관한 실험을 행하고 그 실험을 기반으로 하여 틀이 개발되면 교육과정 개발은 새로운 역동성을 갖게 될 것이라고 보고, 교사에 의한 주로 사회과의 단원 수준의 교육과정 개발에 새로운 견해를 제안하였다(Taba, 1962: 9). Taba는 교육과정 개발과 교육과정의 실천을 하나의 과정으로 이해하였다.

[그림 6-2] Taba의 단원 개발 모형

(1) 단원의 구성

이 단계는 이론과 실제를 연결하는 단계로서, 학년별 또는 교과영역별로 시험적 교수 학습 단원을 교사가 만들어 내는 일이다. 여기에는 다음 여덟 개의 하위 단계가 순차적으로 따라오게 된다(이성호, 1994: 131-132). ① 학습자 요구의 진단, ② 목표의 설정, ③ 내용의 선정, ④ 내용의 조직, ⑤ 학습경험의 선정, ⑥ 학습활동의 조직, ⑦ 평가할 대상, 평가 방법 및 수단의 결정, ⑧ 균형성과 계열성의 점검이 그것이다.

(2) 단원의 검증

이 단계는 잠정적으로 구성된 단원의 검증으로서, 이 단계의 목적은 하나 또는 그 이상의 학년 수준들과 다른 교과영역들로 확대될 수 있는 교과과정을 창출하는 데 있다. 앞의 첫 번째 단계에서는 시험적인 단원이 자신의 학급이나 교과영역을 대상으로 개발된 바, 다른 수준의 학년이나 교과영역에 확대 적용해 보는 것이 필요하다. 그 교수가능성teachability과 타당성을 검증하기 위해, 필수적으로 성취해야 할 능력의 상한과 하한을 정하기 위하여 시험pilot test에 붙여 보아야 한다.

(3) 단원의 개선

이 단계는 개발된 단원들을 수정하고 통합하여 모든 유형의 학급에도 잘 맞는 보편화된 교육과정을 개발하는 것이다. 단원들은 서로 다른 차이를 보이는 학습자들의 요구와 능력, 서로 다른 교육자원(시설, 설비, 재정), 서로 다른 교수형태에 맞추어 수정이 거듭되어야 온갖 형태의 교실상황에서 쓰일 수 있다.

(4) 단원의 구조화

이 단계는 그 여러 개의 단원을 구조화하여 전체 범위와 계열을 검증하는 일이다. 여러 개의 단원들이 개발된 후에 교육과정 개발자들은 횡적 범위의 적정성과 종적 계열의 적절성을 시험해야 한다. 교육과정 전문가들은 이런 과정을 거쳐 개발된 교육과정에 대해 정당화할 책임이 있다.

(5) 단원의 정착

이 단계는 새로 개발된 단원의 적용과 보급으로, 새 단원을 교실수업에 본격적으로 투입, 정착시키기 위해 교육행정가들은 교사들에 대한 현직 연수를 확산해 나가는 것이 필요하다.

(6) Taba의 교육과정 개발 모형에 대한 평가

Taba의 단원 및 수업 수준 교육과정 개발 모형은 Tyler의 그것에 비해 단계를 더 세분화하고, 특히 수업 수준에서 교수-학습활동을 어떻게 전개할 것인가를 염두에 두고 만들어진 것이다.

Taba의 귀납적 모형은 교육과정의 보다 일반적인 측면(교육관, 교육목적, 교육목표의 제시)이 구체적인 교과 측면(수업목표, 수업방법, 평가 등)보다 앞서 와야 한다고 믿는 교육과정 개발자들에게는 환영받지 못한다. 특정 교과의 단원 수준의 수업계획서 개발로서 교육과정을 개발하는 데에는 별 문제가 없으나 이보다 더 상위 수준인 국가나 지역 수준의 교육과정 총론 개발을 교사들에게 모두 맡기는 것은 부적절할 수도 있다. 특히 중등교사의 경우 개별 교과를 가르침으로써 개별 교과의 시야에 매몰되어 전체 교육과정을 못 본다는 점, 전반적인 철학보다 구체적인 실천에 주목한다는 점, 교육실천에 많은 관심과 경험이 있기 때문에 지나치게 실제적이고 구체적인 측면에 주목한다는 점, 자신이 가르치는 교과의 이해관계에서 벗어나기 어려운 점 등을 문제점으로 지적할 수 있다.

1960년대에는 학문중심 교육과정의 등장에 따라 전문적인 첨단 학문 연구자들이 교육과정 개발에 참여하여 교사들은 교육과정 개발에서 많이 후퇴하였다. 결국, 특정 교과 교육과정기준, 교과서나 지도서 개발에서 알 수 있듯이 교사에 의한 교육과정 개발은 교육학자와 교육과정 총론 연구개발자 및 해당 분야 교과 혹은 학문 전문가와 협동함으로써 얻는 이익이 더 많다고 알려져 있다.

3) 역행설계 모형

정보화, 세계화 사회의 도래에 따라 산업사회의 교육 패러다임의 유효성이 줄어들자 많은 나라에서 학교교육의 화두는 교육성과, 즉 교육받은 학생들이 갖게 되는 실제적인 능력과 자질에 대한 평가assessment가 되었다. 교육을 하더라도, 학습기회를 제공하더라도 학습이 일어나지 않을 수 있고, 경험하더라도 성취를 하지 못할 수도 있기 때문이다. 또한 학습과 경험을 할 통로는 국내외, 학교 안팎, 온-오프라인으로 열려 있기 때문에 교육받는 과정이나 수단보다 결과나 성과를 중시하게 된 것이다. 결과를 확실하게 담보하려는 평가가 곧 학교교육의 주된 문화가 된 것이다. 전인 형성에 있어 지덕체의 고른 발달을 이루지 못하거나, 개인주의가 발달하여 사회성이 약하고 인지적 점수만 높다든가, 학교교육과정이 현실과 동떨어져 있어 졸업생이 해당 직업분야가 요구하는 직무능력을 수행할 수 없을 경우 수요자의 불만은 높아질 수밖에 없다.

우리나라의 1995년 5 · 31 교육개혁은 공급자 중심에서 수요자 중심으로 교육의 패러다임이 전환된 예다. 또한 미국의 경우 교육기관이 학생들 학업성취의 효과를 증명하지 못하면 해당 관계자는 응분의 책임을 져야 한다는 책무성accountability 정책이 부시 행정부의 「낙오학생방지법」(No Child Left Behind Act: NCLB-학습권에 대한 국가의 적극적인 개입 법안)의 주요 골자였다(Linn, 2003). 미국이 국제학력 비교에서 뒤처지고 있는 현실 극복과 수월성과 평등성을 모두 강조한 NCLB 정책은 역사적인 교육개혁 법안이다.

이런 시대성과 현장의 요구를 잘 반영한 Wiggins와 McTighe의 역행설계backward design 모형은 성취기준 중심의 교육 개혁을 바탕으로 바람직한 성과를 확인시켜 주어 교육자들에게 기대된 책무성을 획득하는 데 유용한 수단으로 인식되고 있다. 이는 현장 실천가들에게 전문성 개발뿐 아니라 성취기준 중심의 교육개혁에 적절히 반응하는 데 도구로써 활용되고 있으며, 실제의 개선에 큰 영향을 미치고 있다.

교육과정 역행설계 모형은 교과, 과목, 단원 수준에서 가장 큰 혹은 상위의 원리나 아이디어를 차례로 더 구체적인 내용 및 기능들로 세분화시키고 수업의 목표로 활용할 수 있도록 하는 목적적 과제분석 방법에 기초하고 있다. 마치 격물치지格物致知의 프로그램

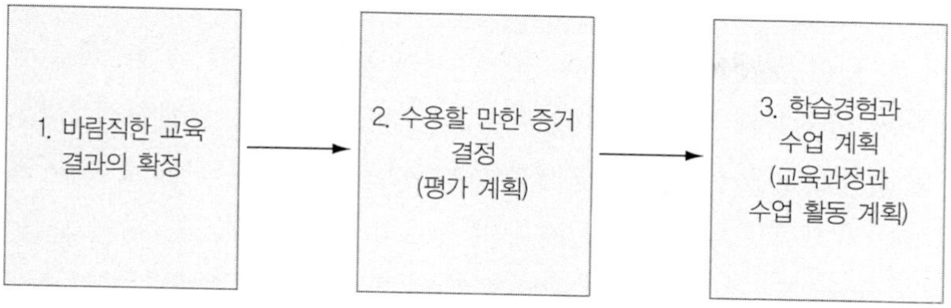

[그림 6-3] 교육과정 역행설계 모형

출처: Wiggins & McTighe(2004: 12).

학습법의 변형과 유사하다. 교육과정의 설계는 더 큰 위에서 더 작은 아래로 향하고, 학습은 아래서 차례로 위로 향하는 방식이다. 이러한 맥락에서 볼 때, 역행설계 모형은 Tyler의 행동목표 모형과 Bruner의 학문중심 교육과정에 이론적인 뿌리를 두고 있다.

교육과정 역행설계 모형이란 ① 바람직한 교육결과의 확정(identify desired results), ② 학습되었다고 수용할 만한 증거 결정(determine acceptable evidence), ③ 학습경험과 수업 계획(plan learning experience and instruction)의 3단계를 거쳐서 교과, 과목, 단원을 설계하는 것을 의미한다. Wiggins와 McTighe는 목표(바람직한 결과, 즉 목적 혹은 성취기준)에서 시작하여, 목표의 성취 결과로서 학습되었다고 판단할 만한 증거(수행준거)를 마련하고, 구체적인 교육활동을 적절하게 계획하는 반대 방향reverse, backward의 설계 원리(Wiggins & McTighe, 1998: 8)를 제안하였다.

Tyler는 교육과정과 수업을 평가할 때에는 설정된 교육목표, 선정과 조직된 학습경험, 교육평가의 순서로 이루어진다고 하였다. 그러나 R. Glaser는 수업 계획 전에 평가를 먼저 설계함으로써 수업의 초점을 잡을 수 있다고 한 것처럼, Tyler의 네 가지 순서 중 마지막 단계인 평가에 중점을 두고 교육과정을 설계해 나가는 이론이 '교육과정 역행설계 모형'이다. 역행설계의 뿌리는 Tyler에게 있다.

> "교육의 목표들은 자료가 선택되고, 내용이 정리되고, 수업 절차가 개발되고, 시험이나 검사가 준비되는 데 있어서 준거가 된다. …… 따라서 목표진술의 목적은 학생에게서 모종의 변화가 발생할 것이라는 점을 가리키며, 수업 활동이란 이런 목표들을 달성할 수 있는 방식으로 계획 및 개발될 수 있다."(Tyler, 1949)

교육과정 역행설계 모형의 이론적 구성은 Tyler의 모형이다. 첫 번째 단계인 '바람직한 교육결과의 확정'에서 나아갈 방향과 교과에서 궁극적으로 학습할 학문적인 원리가 확인되었다면, 다음은 수업을 어떻게 계획하고 이끌 것인가에 대한 '학습경험과 수업 계획'의 단계에 돌입하게 되는 것이 절차적인 순서다. 그러나 역행설계 모형은 이 과정에서 기존의 설계모형을 역행하는 형태를 취한다. 교육과정과 수업에 대한 질문을 떠올리기 이전에 평가계획을 수립하여 학습자의 진보와 수업의 효과를 따져 보는 과정을 먼저 거친다. 평가는 다 잊어버리고도 남아야 하는 핵심적인 것을 확인하려는, 즉 가장 중요한 것을 평가한다는 관점에서 볼 때 이런 역행설계는 합리적이고 경제적인 제안이다. 학습경험 혹은 구체적 학습내용의 선정에 앞서서 매우 구체적인 평가계획안이 마련되어야 함을 강조하는 것이다. 총괄평가의 내용을 먼저 확인해 본다고도 볼 수 있다. 역행설계 모형에서는 다양한 평가도구를 타당하고 신뢰롭게 개발할 수 있는 '평가전문가'가 훌륭한 교사의 이미지로 설정된다(조재식, 2005).

또한 J. Bruner는 학습자들이 어떤 상황이나 현상의 심층에 있는 핵심적인 아이디어, 개념을 이해하는 것이 교수의 효율성과 학습의 경제성을 높일 수 있다고 하였다. 학문을 구성하는 중핵적인 내용들이 교과 내용으로 조직될 때 질 높은 교육효과를 낼 수 있다고 보았으며, 핵심적인 내용들을 꿰뚫어 볼 수 있는 안목을 강조했다. Wiggins와 McTighe (1998)는 Bruner의 학문중심 교육과정 이론을 '영속적 이해enduring understanding' 라는 용어로 집약한다. '영속적 이해'는 "학습자들이 비록 아주 상세한 것들을 잊어버린 후에도 머릿속에 남아 있는 큰 원리 혹은 중요한 이해"라는 뜻으로 풀이된다(조재식, 2005). 이해란 세련되고 유연한 방법으로 지식과 기술을 사용할 때 비로소 이름붙일 수 있기 때문이다. Wiggins와 McTighe(1998)가 영속적 이해를 선정하는 네 가지 준거는 다음과 같다.

- 사실과 학문을 초월한 보편적 가치
- 학문 중심부에 있는 핵심적인 통찰력
- 학습자를 몰입시킬 수 있는 잠재적 매력
- 누구나 오류에 빠지기 쉬운 내용

학습자들이 성취하기를 바라는 결과는 보편성과 중심성, 복잡성 그리고 흥미와 도전성을 내포하는 학습내용이어야 하므로 역행설계 모형의 '바람직한 교육결과의 확정' 단계는 Bruner의 학문중심 교육과정과 궤를 같이한다. 2015개정 교육과정에서도 이를 원용하였다.

(1) 1단계(목적 설정): 단원 목적과 질문 개발

역행설계 모형의 첫 단계는 영속적 이해의 성취가 목적이다. '영속적'이란 말의 의미는 학문의 중심부에 있는 기본적이고 중요한 아이디어, 개념 혹은 원리를 가리키며, 시간이 지나도 그 가치가 변하지 않는 불변의 지식을 말한다. '이해'라는 말은 일상에서 가장 빈번히 사용되는 말 중 하나로 명료하게 정의 내리기가 어렵지만, Wiggins와 McTighe(1998)는 이해를 여섯 가지 종류로 구분하고 그 사례를 들어 설명하고 있다. 그것은 '어떤 현상이나 대상을 이해한다는 것은 대상을 설명할 수 있다, 그것을 주변의 맥락에서 해석할 수 있다, 다른 분야에 적용할 수 있다, 이에 대한 일정한 관점을 형성하였다, 공감할 수 있다, 자신에게 어떤 새로운 가치와 의미를 주는지 알아챌 수 있다' 등이다.

〈표 6-1〉 Wiggins와 McTighe에 의한 이해의 분류

이해의 종류	정의
설명(explanation)	사건이나 아이디어들을 '왜' 그리고 '어떻게'를 중심으로 서술하는 능력
해석(interpretation)	의미를 제공하는 서술이나 번역
적용(application)	지식을 새로운 상황이나 다양한 맥락에 효과적으로 사용하는 능력
관점(perspective)	비판적이고 통찰력 있는 견해
공감(empathy)	타인의 감정과 세계관을 수용할 수 있는 능력
자기인식(self-knowledge)	자신의 무지를 아는 지혜 혹은 자신의 사고와 행위를 반성할 수 있는 능력

역행설계 모형에서 단원 목적을 설정한다는 것은 학습목적과 내용이 시사하는 중요한 아이디어, 원리, 개념들을 여섯 가지 이해들과 관련시키는 것이다. 이와 함께 고려되어야 할 것은 단원 문제를 진술해 보는 것이다. 역행설계 모형의 한 특징이기도 한 단원 문제 개발은 성취기준이 학습내용만으로는 알 수 없기에 필요한 것으로, 설계자는 '영속한 이해' 혹은 '최상위의 원리'를 포섭할 수 있는 질문, 즉 '본질적인 질문(essential questions)'을 먼저 제시함으로써 단원 전체를 구조화할 수 있는 방향성을 얻을 수 있다. 학문과 교과의 중핵을 제대로 잡으면 학습이 줄기가 잡힌다는 것이다.

다음으로 구체적인 내용 중심의 '단원 질문(unit questions)'을 진술한다. 질문들의 개발은 쉽지 않은 작업이나 설계자와 행정가 혹은 학습자들 사이에서 궁극적인 학습대상 target이 무엇인지 분명히 인식할 수 있는 의사소통에 도움을 줄 수 있다(김향숙, 2007).

(2) 2단계(평가계획): 평가방법과 도구의 개발

두 번째 단계는 앞서 설명한 여섯 가지 이해 중에서 선정된 이해들을 가장 잘 수행할

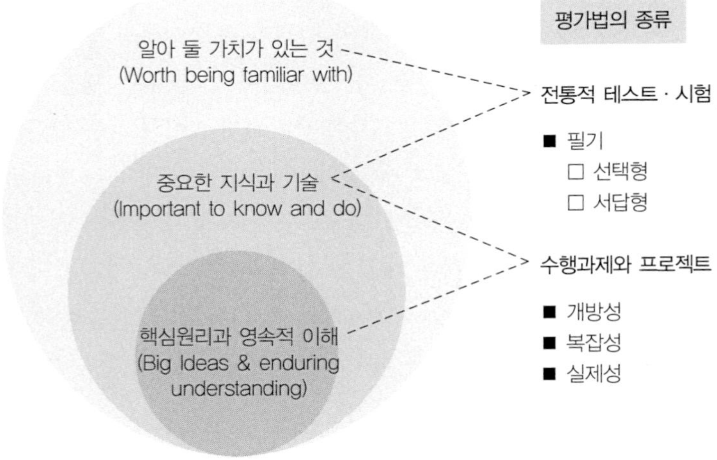

[그림 6-4] '교육과정상의 우선사항과 평가법'의 대응관계

출처: Wiggins & McTighe(1998: 15).

과제 개발에 역점을 두는 과정이다.

[그림 6-4]에서 잘 나타나고 있듯이, 설계자는 원의 가운데에 자리한 '영속한 이해'를 가장 핵심적인 아이디어나 원리로 두고, 중요하게 알아야만 하는 내용과 주변적이고 사실적인 내용을 첫 단계부터 잘 구별하여야 한다. 2단계인 평가에서는 첫 단계에서 확인한 학문 지향적 교과 학습내용을 충분히 인지하였는가를 입증할 수 있는 구체적인 증거 수집단계인 만큼, 질적으로 차별화된 개념과 사실 그리고 기능을 지필고사와 논술, 수행과제에 대비시켜서 그 적합성과 실제성을 따져 보고, 구체적인 평가도구를 개발해 나간다.

(3) 3단계(수업 계획): 학습경험과 수업 내용의 개요(WHERETO 원리)

3단계는 학습경험과 지도를 계획하는 단계다. 단원의 지도계획을 세울 때, 목표와 평가방법 간의 일치를 위하여(3단계) 특히 수행과제를 이용할 때에도 그 과제에 몰두할 수 있도록 학습경험과 지도를 계획할 필요가 있다. 다시 말해, 이는 지도계획과 학습형태를 생각하는 단계다. 여기에서도 이해의 여섯 가지 측면에 대응하는 활동을 짜 넣는 것이 중요시된다(Wiggins & McTighe, 1998). 즉, 학습활동 중에 학생들에게 설명하거나 해석하거나 적용하고 관점을 가지는 활동을 할 수 있는 기회가 주어져야만 한다고 생각하는 것이다.

3단계 부분의 학습계획을 보면 두음자인 WHERETO로 구성되어 있다. 이때 상위 수준의 교육목표가 하위 수준까지 체계적으로 잘 연결되어 있어야 하며, 교사는 자신의 책무

〈표 6-2〉 학습경험과 지도를 계획할 때 유의사항

W	어디를(Where) 향하고 있는가? 왜(Why)? 무엇을(What) 기대하는가? 이러한 점을 어떻게 학생들에게 이해시킬 것인가? Where are we going? Why? What is expected?
H	어떻게 학생들의 관심을 불러일으키고 유지할 것인가? How will we hook and hold student interest?
E	어떻게 학생들이 중요한 개념과 본질적 질문을 탐구하게 할 것인가? 기대되는 수행과제에 대해서 어떻게 학생들을 준비시킬 것인가? How will we help students to explore the Big Ideas and Essential Questions? How will we equip students for expected performances?
R	학생들이 다시 생각하고 수정하도록 어떻게 도울 것인가? How will we help students rethink and revise?
E	학생들이 자기평가를 하고(self-evaluate) 자기학습을 돌아보게 할 방법은 무엇인가? How will students self-evaluate and reflect on their learning?
T	학습을 어떻게 다양한 요구, 관심, 스타일에 맞춰서 조정하는가? How will we tailor learning to varied needs, interests, (and) styles?
O	어떻게 학습을 재조직하고 순서를 세울 것인가? How will we organize and sequence the learning?

성을 가지고 이를 교실에 적용할 것을 요구받는다. 또 역행설계는 Bruner의 지식구조 이론을 교수-학습의 궁극적인 목적으로 삼으며, 학문의 기본적인 아이디어나 원리에 학습자들이 깊은 이해에 도달할 것을 중요한 지침으로 삼는다. 전통적인 모형들이 대체로 목표 설정 후에 학습내용을 선정하고 조직한 다음 평가를 실시하는 순서를 가졌던 것과 달리, 역행설계는 목표 확인과 동시에 평가를 고려하는 일원적이고 통합적인 시스템을 가지고 있는 것이 특징이다. 역행설계 모형에서 강조되는 평가방법들은 마지막 세 번째 단계인 학습경험과 조직에서도 계속적으로 이어진다. 또 마지막 학습경험 선정과 조직 단계에서 학습자의 심리적 요소와 수업의 과학적 흐름을 표방하는 'WHERETO' 절차를 이용하는 점도 특징이다.

4) Oliva의 종합적 교육과정 개발 모형

Peter Oliva(2001: 150-153)는 교육과정 개발자들이 따라야 할 절차를 교육과정의 원천에서 평가에 이르기까지 12개의 구성요소로 제시한다.

구성요소 I에서는 교육의 목적과 철학적 · 심리학적 기본 원리를 진술한다. 이때 교육의 목적은 전체 사회의 요구와 사회 속에 생활하는 학습자 일반의 요구로부터 유래한 신념이다. II에서는 학교가 위치하는 특정 지역사회의 요구, 그 지역학생들의 요구 및 교과의 특수한 요구를 분석한다. I과 II에 게재되는 요소들이 곧 교육과정의 원천이라고 할 수 있다. I이 주로 일반적인 사회와 일반적인 학생들의 요구를 분석하는 것이라면, II는 특수한 지역사회와 그 지역의 특정 학생들의 특수한 요구를 분석하는 것이다. 둘 사이를 나누는 것은 일반적인 요구와 구현 여건과 특수한 그것이 항상 일치하는 것은 아니기 때문이다.

III과 IV에서는 I과 II에서 확인된 목적, 신념, 요구에 기초하여 교육과정의 목적과 목표를 구체화한다. V에서는 교육과정을 조직하여 실행하는 것으로서, 교육과정이 조직되는 구조를 형식화하고 수립한다. VI과 VII에서는 수업의 목적과 목표를 각 수준별, 교과별로 구체화한다. VIII에서는 학생들을 가르칠 때 사용할 수업 전략을 선정한다. IX-a에서는 평가방법을 예비적으로 선정한다. 이때 학생들의 성취를 어떻게 평가할지를 미리 고려해 둔다.

X는 수업 전략을 실행에 옮기는 단계다. 학생들이 학습할 기회를 제공받은 뒤에 교육과정 개발자는 IX-b에서 학생들의 학업성취와 수업의 효과를 판단하는 평가방법을 선정한다. 평가방법은 수업을 시작하기 전에 IX-a에서, 수업이 진행된 후 IX-b에서 두 차례 선정을 거친다고 할 수 있다. 그 중간에 있는 X는 학생들의 성취를 평가할 수단을 정련하고, 추가하고, 완성하는 기회를 제공한다. XI은 수업의 평가를 실행에 옮기는 단계이며, XII는 교육과정 프로그램 평가 단계다.

이 모형에서 I~IV와 VI~IX는 계획단계이고, X~XII는 실행단계다. V는 계획단계이자 실행단계라고 할 수 있다. 또한 I~V 및 XII가 교육과정 개발과 관계된다면, VI~XI은 수업 설계와 관계되어 양자를 결합한 모형이다. Oliva에 따르면 교육과정과 수업 및 교육평가는 일관된 체제로서 다음과 같은 절차에 따라 개발, 실행된다.

Peter Oliva

① 일반적인 학생들의 요구를 상세화한다.
② 사회의 요구를 상세화한다.
③ 교육의 철학과 목적을 진술한다.
④ 해당 학교 학생들의 요구를 상세화한다.
⑤ 특정 지역사회의 요구를 상세화한다.
⑥ 교과의 요구를 상세화한다.
⑦ 해당 학교의 교육과정 목적을 상세화한다.
⑧ 해당 학교의 교육과정 목표를 상세화한다.

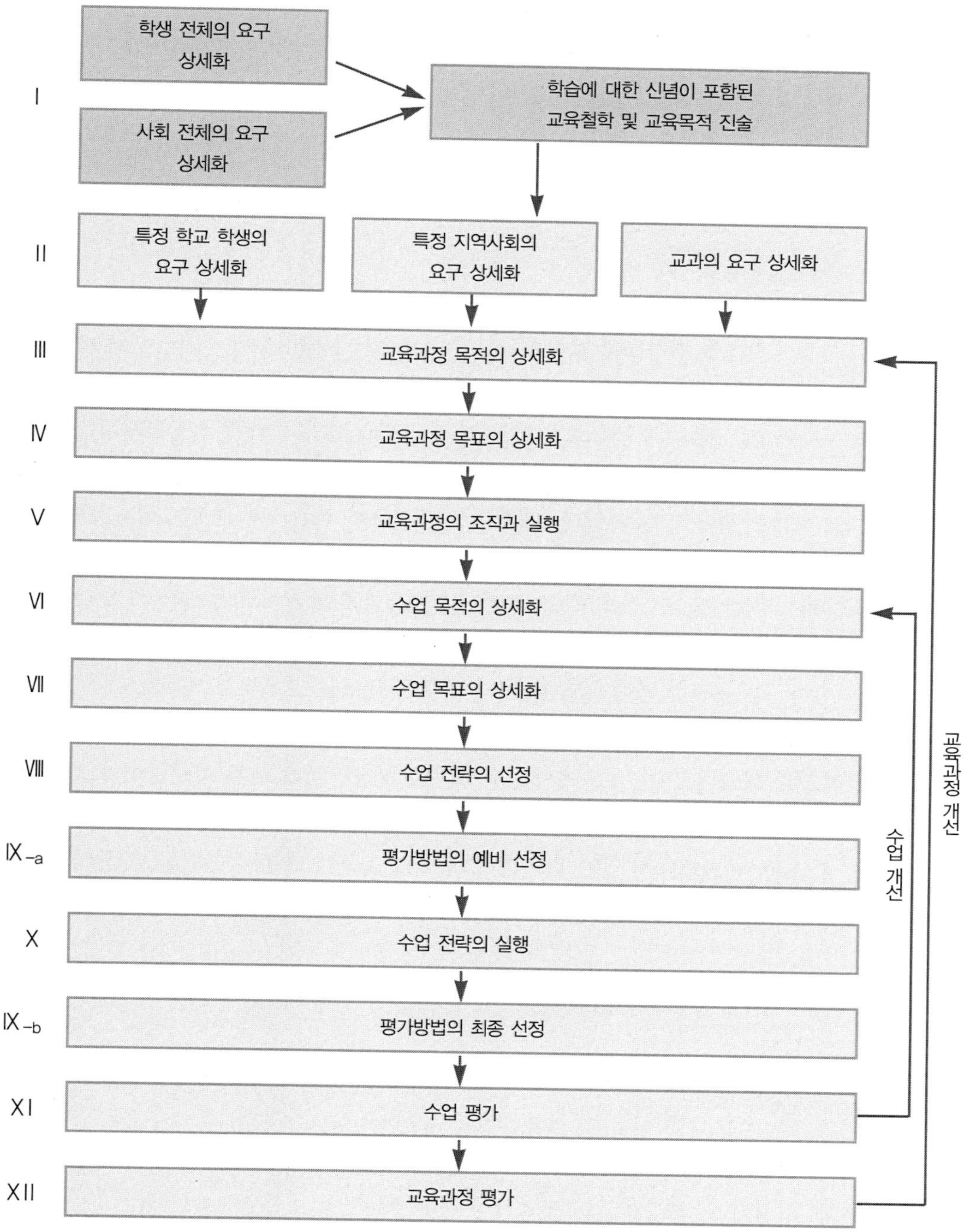

[그림 6-5] Oliva의 교육과정 개발 모형

⑨ 교육과정을 조직하고 실행한다.
⑩ 수업 목적을 구체화한다.
⑪ 수업 목표를 구체화한다.
⑫ 수업 전략을 선정한다.
⑬ 평가방법 선정을 시도한다.
⑭ 수업 전략을 실행에 옮긴다.
⑮ 평가방법을 최종 선정한다.
⑯ 수업을 평가하고 수업의 구성요소들을 수정한다.
⑰ 교육과정을 평가하고 교육과정의 구성요소들을 수정한다.

여기서는 크게 두 부분으로 나뉘는데 ①~⑨ 및 ⑰은 교육과정에 관계되는 모형이고, ⑩~⑯은 수업 모형과 관계된다. 이 모형은 교육과정과 수업이 결합되어 있어서 두 부분으로 나누어 활용할 수도 있다. 이 모형에서 중요한 점은 교육과정의 평가정보를 교육과정 목적 설정에 반영하고, 수업의 평가정보를 수업 목적에 반영하는 환류선의 존재다.

일반적으로 국가 수준이나 지역 수준의 교육과정의 계획과 실행은 이 모형보다 더 긴 구현과정을 거치게 된다. 또 총론과 각론의 계획과 그 실천은 서로 다른 경로를 거칠 수도 있다. 즉, 총론은 많은 경우 학교나 기관 수준에서 교육과정 계획으로서 일단락되는 편이나, 각론은 학교와 교실에서 본격적으로 계획되고 실천된다고 볼 수 있다. 각론 교육과정도 학교나 기관 수준에서는 학습자의 발달단계에 따른 학년군이나 그들이 배울 영역인 교과군이나 교과에 따라 이를 더욱 세분화하고 상호 연계하여 계획하고 실천하는 모습은 잘 드러나지 않는 편이다. 그럼에도 불구하고 총론과 각론, 각론의 계획과 실천을 하나의 과정으로 구체화하려 했다는 점에서 종합적인 모형이라는 의의를 가진다.

5) 직업 교육과정 개발 모형

평생학습 시대에 사는 개개인의 사람들은 다양한 목적으로 계속해서 교육을 받고 있지만, 개인의 공식적인 최종 교육과정은 직업준비 교육과정인 경우가 많다. 직업 교육과정 개발모형은 크게 보면 체제적 접근에 의한 것과 직무분석에 기초한 것으로 나눌 수 있다. 체제적 접근은 Tyler의 교육과정 개발모형과 같이 교육과정을 하나의 체제에 따라서, 즉 일정한 방법과 절차에 의하여 개발하는 것이다. 직무분석이란 조직 내에서 수행되는 것으로서 조직의 계획, 인간 자원의 관리 및 기타 관리의 기능을 위하여 직무에 대한 정보를 수집・분석하고 종합하는 활동이다(이종성, 정향진, 2001). 구체적인 직무분석

〈표 6-3〉 직업 기초능력 영역별 내용요소

직업 기초능력	내용요소
의사소통능력	• 적극적인 경청과 이해능력 • 효과적인 의사전달과 발표
정보처리 및 활용 능력	• 자원의 처리 및 활용 능력 • 정보의 처리 및 활용 능력 • 기술의 처리 및 활용 능력 • 정량적 사고 및 자료해석 능력
종합적 사고력	• 창의적 사고력 • 문제인식 및 해결 • 논리적 사고력
대인관계 및 협력	• 정서적 자기조절 능력 • 자기주도적 학습능력 • 목표지향적 계획수립 능력 • 협동적 학습능력 • 시민의식과 책임의식
글로벌 역량	• 외국어 능력 • 다문화 이해 및 수용 능력

에 기초한 교육과정의 개발이나 산학협동에서 기업이 요구하는 특정 분야에 집중적인 교육을 하기 위한 주문식 교육과정 개발 운영은 직업 교육과정의 대표적인 예다.

교육과정은 일정한 방법과 절차에 의하여 개발된다. 이러한 방법과 절차를 하나의 체제라 할 때, 직업 교육과정을 개발하기 위하여 경험을 조직하고 구성하는 체제 접근을 제시하면 다음과 같다. 직업교육이 실제적인 학습자의 요구를 추출하고 그 자료를 활용하기 위해서는 체계적인 접근이 필요하다.

(1) ADDIE 모형

체계적인 접근 모형들은 그 구성요소에 있어서 모양을 약간씩 달리하고 있으나 Norton (1999: 이종성, 정향진, 2001에서 재인용)은 SCID(Systematic Curriculum and Instructional Development)의 모형에 따른 분석, 계획, 개발, 적용 및 평가를 [그림 6-6]과 같이 제시하고 있다. 이 환류표의 가운데 각 단계를 놓고 다른 단계를 고려하면 새로운 생각을 열 수 있을 것이다.

① 분석(analysis phase): 첫 번째 단계는 요구 분석이다. 직업 교육과정은 요구를 충족

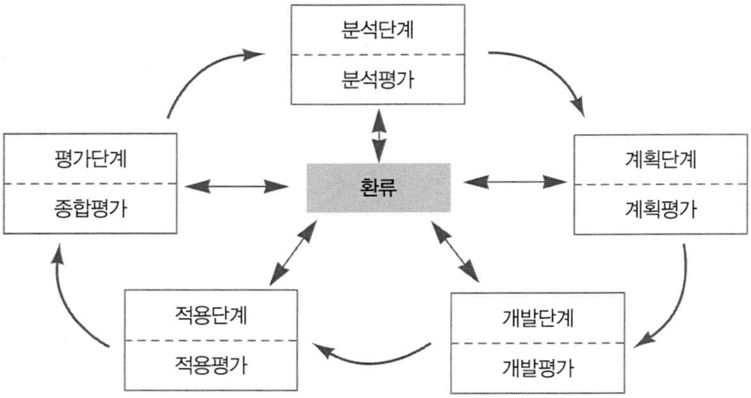

[그림 6-6] Norton의 SCID(혹은 ADDIE) 교육과정 개발 모형

시키기 위하여 개발되어야 하는데, 여기에서의 요구는 현재의 상태나 결과와 바람직한 상태나 결과와의 차이를 말하는 것으로 이를 체계적으로 도출하는 것이 분석단계다.

② 계획(design phase): 계획에서는 전체적인 교육과정을 개괄적으로 설계하고, 교육과정의 골격을 위한 기초를 개발한다. 기초를 구축하는 첫 번째 순서는 성취 능력이나 직무수행 능력의 평가(Job Performance Measures: JPMs)를 개발하는 것이다. 직무수행 능력 측정은 학습자가 주어진 일감을 수행하는 조건을 상세화하고, 학습자가 도달하기를 기대하는 수준을 설정하는 것이다.
다음 순서는 교육의 상황을 확인하는 것이다. 어떤 기능은 교실에서, 어떤 기능은 실습장에서, 어떤 기능은 정규적인 현직교육(on the job training: OJT) 또는 모의학습이나 자율학습self-study을 통하여 학습될 수 있다. 세 번째 순서는 학습목표를 개발하는 것이다. 학습목표는 직무 및 과업분석의 결과로부터 직접 추출할 수 있으며, 관찰 가능한 학습자의 행동용어로 진술할 수 있다.

③ 개발(development phase): 분석과 계획단계는 학습하여야 할 것에 관한 것이지만, 개발단계는 이러한 과업과 내용들을 어떻게 학습할 것인가를 다루는 것이다. 즉, 학습자들이 어떤 활동, 어떤 교수학습 자료를 통하여 필요한 지식과 기능을 습득하여야 하는가를 다룬다.

④ 적용(implementation phase): 이 단계는 사용할 계획을 실천에 옮기는 과정이다. 유능한 교사는 필요로 하는 시설과 장비 및 자료와 원료를 구비하며, 계획된 교육과정을 성공적으로 운영할 수 있는 선수 지식과 기능을 보유하고 있는 학습자들을 보

조자로 활용할 수도 있다.

⑤ 평가(evaluation phase): 교육과정의 평가는 최종 단계의 교육경험이다. 평가의 결과는 분석단계로 환류되어야 하는데, 체계적 접근은 순환식 절차로 앞으로 교육과정을 수정하거나 보완하는 데 유용하기 때문이다. 더욱이 평가결과는 매 단계마다 환류되는 것으로 매 단계의 절차와 평가 단계의 절차가 상호작용하는 것이라 할 수 있다.

(2) 직무분석과 직업 교육과정 개발

다음으로 직무수행에 필요한 요구를 기초로 교육과정을 개발하는 절차를 알아보기로 한다. 대표적으로 우리나라의 국가직무능력표준(NCS)은 다음과 같은 절차를 거쳐 개발되었다.

① 현재와 미래의 산업발전 추이에 부응하는 직업군과 직업분류, 직무와 작업분석을 통해 길러 주어야 할 능력을 추출하고 능력군을 분류한다.
② 학습자의 흥미와 적성, 지적 능력, 요구, 장래 취업 희망 분야 등을 분석하여 학습자의 출발점 행동을 판단한다.
③ 교육기관의 교육이념, 목표, 행정, 재정, 제도, 시설, 교사의 가용 시간과 전문성, 자주성, 관계 분야에 대한 경험과 관심도, 교육적 신조를 분석한다.
④ 지역사회의 요구도와 직업군별로 살펴본 산업사회의 인력 수급 현황과 전망 등을 분석한다.
⑤ 이상의 과정을 통해 전공 프로그램별로 교육목표를 설정한다.
⑥ 교육목표를 달성하기 위한 교육내용을 선정하고 이를 달성하기 위한 과목명, 교과목표, 교과목에서 다루어져야 할 기본 내용 등을 선정한다.
⑦ 이들 교과목을 교양교육과 전문교육의 영역으로 분류한다. 그리고 보통 교과와 전문 교과의 통합 필요성, 가능성 여부 등을 검토한다.
⑧ 교육과정을 협역 특수 직무를 위한 교육과정으로 할 것인지, 광역 중핵 교육과정으로 할 것인지를 결정한다.
⑨ 광역 교육과정이든 협역 교육과정이든 교양교육과 전문교육에 필요한 공통적 능력을 공통필수로 이수하게 하고, 직업, 직무, 작업에 관련된 교과영역을 선택교과로 하여 학생들에게 선택의 기회를 많이 주도록 교과과정을 계획한다.
⑩ 과목별 교과요목을 작성하고 수업 전개 전략을 계획하며 교재를 비롯해서 필요사항을 준비한다.

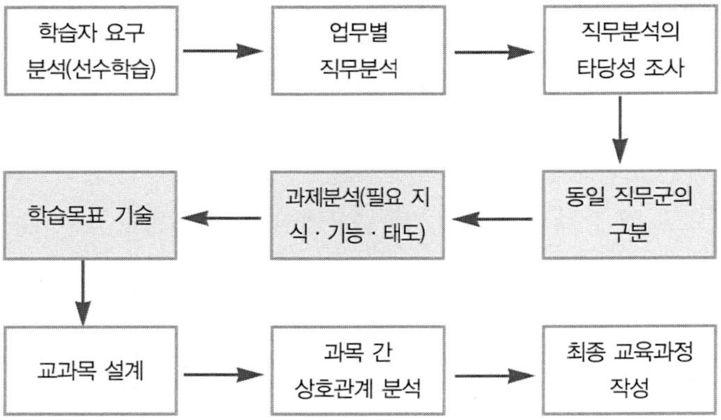

[그림 6-7] 직무분석에 기초한 교육과정 개발 순서도

⑪ 수업을 전개한다.
⑫ 교육평가를 실시한다.
⑬ 평가결과를 교육목표 설정 이하의 과정에 환류한다.

유사한 직무나 직업 분야를 묶어 다양한 직무와 직업 분야의 교육과정을 개발하는 작업이 활발하다. 국가직무능력표준에서는 중등학교나 대학을 졸업하고 연결될 수 있는 직업 분야를 24가지로 분류하고 있다. NCS개발 과정의 특징은 기준 개발에 수요자의 요구를 조사하고 직무를 분석하여 이를 대폭 반영하고, 현장의 실무자들이 개발과 심의 과

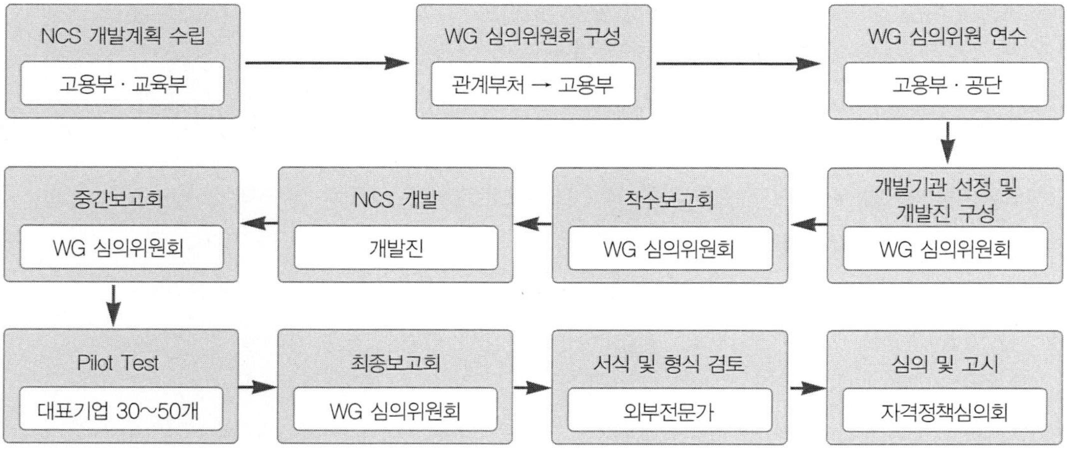

[그림 6-8] 국가직무능력표준 개발 과정

정에 대거 참여한다는 점이다.

한국고용직업분류표(KECO, 2009)에서는 중분류(직종 유형) 23개(21개 영역의 관리자), 소분류 235개, 세분류 2,351개, 세세분류 23,512를 보여 준다. 학습자들이 직업의 종류를 잘 알아두는 것은 멀리는 인생의 진로를 정하고 가까이는 학습을 이에 일치시키는 데 있어 필요하다. 즉, 학습자의 교육 훈련과 자격과 면허, 나아가 직업 취득과 승진, 임금 소득 등을 일체화하려는 노력의 출발이다. 가령, 교사양성 교육과정의 경우 현직 교사가 수행하는 직무를 분석하고, 이를 유목화하여, 교직수행에 필요한 지식과 기능을 교과목으로 개발하는 절차를 거쳐 교육과정을 개발할 수 있다. 물론 이것은 현직 업무 수행을 위해 학교의 교과나 실습을 통해 가르치고 배울 만한 것이고, 현직에서도 여전히 현장 지식과 기능을 습득하여야 할 것이다. 또한 교사양성 교육과정은 직무분석에만 기초할 수는 없으며, 학문의 변화, 학습자 요구의 변화, 가르치는 교수들의 인식 변화 등을 종합적으로 고려하여 개발할 수 있을 것이다.

(3) 직업 교육과정 개발의 평가

학업이나 직업 진로는 학습자가 자신에 대한 정확하고 객관적인 이해와 자신이 하려는 공부나 일에 대한 충분한 이해를 일치시킴으로써 더 가능하다. 즉, 직업 교육과정과 그 개발은 그 이전의 학업 진로와 직업 진로를 인식, 탐색, 계획, 선택, 준비하는 것과 연결된다. 개인이 창업, 취업, 가업승계 등에서 변화하는 직업세계를 일일이 앞서가거나 따라가기 어렵지만, 누구나 직업생활에 대한 요구를 일정 부분 가졌다는 점에서 교육을 위한 기준 개발은 중요하다. 특히 성실한 실패의 경험은 다음 일을 성공적으로 수행하고 전문적으로 숙달하는데 있어 중요하다. 또한 전체 직업인이 공통적으로 혹은 사회 여러 분야에서 공통적으로 갖추어야 할 자질을 친절하게 안내하는 것은 필요하다. 과학기술과 직업세계의 변화가 기하급수적으로 빨라짐에 따라 현재 배우는 지식과 기술이 낡고 쓸모없는 것이 되는 것에 대한 우려가 높다. 그러므로 이를 방지하기 위해서는 시공간의 변화에도 좀처럼 변하지 않는 상당기간 유효한 자질을 갖추도록 교육하는 것이 필요하고, 이를 뒷받침하는 교육과정기준 개발이 요구된다. 직업은 개인과 사회의 관계로서 점차 개인의 흥미와 취미, 사회적 일과 노동, 봉사가 결합되는 모습을 띤다. 일과 휴식의 균형, 반일반취미, 반일반봉사가 그것이다. 직장생활 자체가 직업인의 학습과 성장의 기회가 되도록 일터의 학습조직화와 직업인들이 평생학습자로서 길러지는 것이 필요하다.

3. 대안적 교육과정 개발

1) Walker의 실제적 교육과정 개발모형

Bobbitt과 Tyler 이후 교육과정 개발은 처방된 절차나 원리에 따라 순차적으로 아주 매끄럽게 진행되는 일련의 합리적 과정인 것처럼 묘사되었다. 특히 교육과정 개발은 교육목표를 설정하고 그것을 달성할 내용을 선정 조직하는 사전적인 계획 작업으로 이해되었다. 그러나 J. J. Schwab는 교육과정 개발 과정이 Tyler 등이 처방한 이론적 절차를 따르는 동안 이 분야 학문적 탐구는 빈사상태에 있다고 보고, 이를 타개하기 위해서는 무엇보다 교육과정이 '실제적인 특성'을 가진 데 주목해야 한다고 주장했다. 즉, 교육과정은 각계각층의 다양한 요구로서 환경, 신중한 논의를 거쳐 선정된 교과 내용, 다양한 방법을 세련되고 헌신적으로 구사하는 교사, 다양한 반응과 성취를 보이는 학습자라는 네 가지 필수요소들 간의 상호작용으로 이루어진다고 보았다. 따라서 교육과정 개발 과정은 각계각층, 교과전문가, 교사, 학습자들이 참여한 가운데 집단적 · 체계적 논의로서 숙의를 거치는 가운데 발휘되는 실제적 기예를 통해 최선의 대안을 창출하는 과정으로 보았다. 숙의는 당면한 목적과 문제의 정의, 목적 달성의 수단과 문제해결의 대안 모색, 수단과 대안의 타당성과 적합성 검토, 최선의 대안을 선정해 문서로 번역하는 일에

Decker Walker

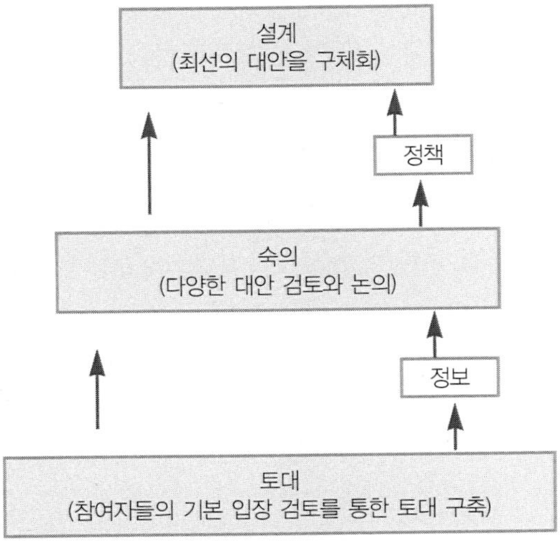

[그림 6-9] Walker의 실제적 교육과정 개발모형

폭넓게 걸쳐 있다.

Schwab의 이런 생각은 D. Walker, E. W. Eisner, W. Reid 등으로 이어져 실제로 교육과정 개발 과정은 참여집단들의 정보와 지식의 한계를 잘 반영하며, 이들 사이의 이해관계利害關係를 절충하는 과정임을 보여 주고 있다. 이들의 교육과정 개발 모형은 대안적이라고 보기 어려우나, Tyler의 그것을 벗어나려는 측면에서 매우 시사적이다.

Decker F. Walker는 여러 수준의 교육과정 개발에 경험적으로 참여하여 검토해 본 결과, 교육과정 개발 참여자들이 ① 토대 다지기강령, platform 단계, ② 숙의deliberation 단계, ③ 설계design 단계를 자연스럽게 거치면서 교육과정을 개발한다고 하였다.

(1) 토대 다지기

Walker가 '토대'platform라는 용어를 사용한 이유는 그것이 앞으로의 토론에서 기준 또는 기초가 되거나 합의의 발판이 되기 때문이다. Walker에 의하면, 각 교육과정 개발 참여자들이 가진 교육적 강령 혹은 토대는 이미 가지고 있는 다양한 개념(무엇이 존재하고 무엇이 가능한가에 대한 신념), 이론(존재하는 실체들 간의 관계에 대한 신념) 그리고 상대적으로 잘 설정되고 심사숙고된 목적(무엇이 바람직한가에 대한 신념)으로 구성된다. 토대는 교육과정 개발 참여자들이 지닌 지식과 신념 체계로서 다음에 오는 숙의를 위한 자원이 된다.

(2) 숙의

숙의는 더 나은 교육과정 대안을 찾기 위한 체계적 · 집단적 사고와 논의 과정이다. 올바른 의미에서 숙의는 ① 주어진 교육과정 문제를 가장 설득력 있고 타당한 방법으로 논의하며, ② 가장 유망한 교육과정 실천 대안을 검토하는 것이며, ③ 대안을 내세우면서 거론한 관련 지식들을 고려하고, 그 지식이 토대로 하는 바를 검토하기 위해 적절한 논쟁을 벌임으로써 각 대안들이 지닌 장점들을 낱낱이 따져 보며, ④ 작은 결정 하나에도 관련된 모든 집단의 입장과 가치를 탐색해 보고, ⑤ 공정하고 균형 잡힌 판단에 이르도록 하는 것이다. 숙의는 집단적 · 체계적 논의 과정을 거치면서 목적 달성과 문제 해결에의 최선의 대안을 선택하는 과정이다.

(3) 설계

교육과정 설계 단계는 교육 프로그램의 상세한 계획을 수립하는 단계다. 앞서 숙의 과정을 거쳐 최선의 대안으로 선택된 것을 교육과정 문서로 번역하는 활동이다. 물론 실행 중에도 여전히 숙의가 계속되며 교육과정이 담고 있는 본 내용과 지원체제에 대한 상세화도 계속된다. 여기서 중요한 점은 설계가 최종단계임에도 전부 합리적으로 진행된다기보다 몇 차례 협의회나 심의회를 거치면서도 걸러지지 않고 살아남은 개인적 선호와 집단의 정치적 측면이 여전히 설계에 반영된다는 사실이다. 이런 과정에서는 정보나 각종 자료, 교육행정적 여건을 고려한 정책 등이 차례로 매개적으로 고려된다.

교육과정 개발자들은 개발된 교육과정을 두고 다음과 같은 질문을 던져 보아야 한다.

① 이 교육과정의 특징적 측면은 무엇인가?
② 이 교육과정이 초래할 사회적 · 개인적 영향은 무엇인가?
③ 이 교육과정의 특징에서 찾아볼 수 있는 지속적 안정 측면과 새로운 변화 측면은 무엇인가?
④ 이 교육과정에 담긴 여러 특징의 각각에 대한 장점과 가치를 교육과정 관련 인사들은 어떻게 판단하는가?
⑤ 특정한 상황에서 특정한 목적을 노리는 교육과정에 포함되어야 할 교육과정의 특징적 측면은 무엇인가?

(4) Walker의 교육과정 개발모형에 대한 평가

Walker(1971)는 교육과정의 설계를 특수한 상황에 맞추어야 할 필요성을 강조한다. 그러므로 교육과정 개발자는 교육목적, 학습경험의 선정, 학습경험의 조직, 교육평가에 걸친 교육과정에 대한 통상적 생각에서 벗어나는 것이 중요하다. 참여자들이 다른 '입장'에 반응하고 '숙의'하기 위해 대화에 상당한 시간을 보내야 할 필요성을 강조한다. 이것은 어떤 교육과정개발팀에서도 일어날 수 있는 다양한 갈등과 논쟁 및 공격을 가감없이 보여 주고 있다.

이 모형은 교육과정의 개발 과정을 여기에 관여하는 여러 집단, 곧 교육과정 개정을 결정하는 팀, 연구개발팀, 교육과정에 요구를 반영하려는 팀, 개발을 행정관리하고 지원하는 팀, 계획안을 심의하는 팀 등의 집단들 사이의 이해관계 조율이라는 점을 잘 보여주었다. 가령, 우리나라 각론 개발 과정에서 보듯이 각계각층을 대변하는 총론팀이나 교육과정의 수혜자인 학습자집단 등은 처음부터 그 숙의 과정(발의, 협의, 개발, 설계, 지원, 심의)에 접근기회를 갖지 못하기도 한다.

이 모형은 애초에 교육과정의 실행과 그 성과 측면을 강조하려고 하였지만, 거의 전적으로 교육과정 '계획'에만 초점이 맞추어져 있다. 숙의 과정에 발휘되는 실제적 기예를 규정하기도 쉽지 않다. 숙의가 단순히 건전한 상식 위에 이루어지는 것이 아니라면 실제적 기예는 해당 전문가 집단의 정상과학에 해당하는 공적 전통이나 오랜 기간 실천과 이론 공부로 터득한 능력과 크게 다르지 않을 것이다. 또한 교육과정 설계가 완성된 뒤에 무슨 일이 어떻게 일어나야 할지에 대한 언급이 부족하다. 계획에 초점을 맞추다 보니 개발 상황은 잘 드러냈지만 현실 상황과는 거리가 있다. 또한 그의 모형은 대규모의 교육과정 개발 프로젝트에는 적절한 계획이지만, 소규모, 학교 중심 교육과정 계획에는 적절하지 않을 수도 있다. 왜냐하면 학교는 전문가, 자금, 시간 등이 넉넉하지 않아 격렬한 이해관계의 충돌이나 상당한 시간을 요하는 충분한 숙의를 지속할 수 없기 때문이다.

2) Eisner의 예술 교육과정 개발 모형

Elliot W. Eisner

Elliot W. Eisner의 주된 관심은 예술교육을 위한 교육과정이며, 이를 교육학 일반에 확대 적용하려고 한다. 그는 교육과정의 계획, 실행, 평가에서 과학적이고 행정적 측면이 아니라 예술적 측면을 드러내려고 하였다. 목적에 따른 수단 강구의 논리를 따라 사전에 계획된 대로 실천하는 것보다, 교육과정은 그 자체의 내재적 원리에 따라 실제적 기예가 발휘되는 구체적 실천의 총합으로 본다. 그는 1960년대 행동적 교육목표와 언어 수리 등 이성과 논리를 강조하는 전통적인 교과를 지나치게 강조했던 학교교육과정의 풍토를 강력히 비판했다. 특히 가시적이고 측정 가능한 행동목표는 수업의 복잡성과 역동성, 비언어적non-discursive인 질적 경험과 감

〈표 6-4〉 Eisner의 예술적 교육과정 개발의 절차

1. 목표 설정
   - 명백한 교육목표뿐만 아니라 잘 정의되지 않은 목표(표출 목표)도 고려
   - 목표의 중요성(우선순위)을 토의하는 과정에서 심사숙고
2. 교육과정의 내용 선정
   - 교육과정 선택 시 고려해야 할 사항
   - 영 교육과정(null curriculum)에 대한 고려
3. 학습기회의 유형
   - 목표와 내용을 학생에게 의미 있는 학습활동(learning events)으로 변형
4. 학습기회의 조직
   - 학생들의 다양한 학습결과를 유도할 수 있는 비선형적 접근 방법을 강조
5. 내용영역의 조직
   - 다양한 교과 사이를 꿰뚫는 내용(cross-curricula) 조직을 강조
6. 제시양식과 반응양식
   - 학생의 교육기회를 넓혀 주는 다양한 의사소통 양식을 사용
7. 다양한 평가절차의 적용
   - 교육과정 개발 과정의 다양한 단계에서 종합적인 평가절차를 사용

정, 수학, 과학과 예술 교과의 차이, 기준에 따른 양적 측정과 질적 판단의 차이를 무시한다고 비판하였다. Eisner는 질적인 연구양식을 개발할 필요성을 지적하였고, 1970년대 중반에 예술교육과 교육과정에 대한 자신의 관심을 질적인 형태로 조합시켰다. 이러한 접근 방법의 개요를 살펴보면 〈표 6-4〉와 같다.

(1) 목표의 설정

먼저, 행동목표가 지닌 문제점을 강하게 비판한다. Eisner는 목적aims, 목표goals, 학습목표objectives를 구별한다. 그는 '목적'이란 일련의 가치와 교육의 일반적인 방향을 제공하는 것이고, '목표'란 어떤 의도의 구체적인 진술을 의미하는 것이며, '학습목표'란 셋 중 가장 구체적인 진술을 뜻한다고 하였다. 공통이나 상이 교육과정의 총괄적인 교육목표, 학년(군)이나 교과(군)의 교육목표, 교과의 단원 및 차시의 교육목표로 구별해도 될 것이다. 또한 양적으로 측정가능한 행동적 목표만 아니라, 질적 판단이 요구되는 문제해결 목표나 표출적 성과expressive outcomes도 있다고 하였다.

한편, 교육과정 개발 시 서로 다른 이해집단에서 주장하는 상충되는 목표를 어떻게 처

〈표 6-5〉 교육목표의 세 가지 형태

교육목표의 형태	특징	예시	평가방법
행동 목표 behavioral objectives	• 문제와 정답 있음 • 학생이 행위 주체(주어로 진술) • 행동 동사로 진술 • 결과 측정 평가 가능 • 순위와 상벌 매김 가능(책임 묻기)	• 학생들은 두자릿수 덧셈 50문항을 20분 안에 풀 수 있다.	• 양적 평가 • 결과 평가 • 객관적 평가
문제해결 목표 problem-solving objectives	• 일정 조건내 다양한 문제해결책 • 다양한 해법과 해답 • 열린 대답, 정답보다 최선답	• 3층 종이탑 만들기 • 1만원으로 내 건강에 가장 알맞은 한 끼 식사 재료 구입하기	• 질적 평가 • 구상-과정-결과 총체적 평가 • 비평과 감식안
표출적 성과 expressive outcomes	• 조건 없음 • 문제도 답도 사전에 주어지지 않음 • 활동 도중이나 종결 후에 형성 가능	• 3일간 여행다녀오기 • 끝말잇기 놀이 • 우리반 친구들과 동네 빈 공간에 벽화 그리기	• 질적 평가 • 총체적 평가 • 만족도 • 감식안

출처: 박승배(2007: 194)에서 수정 · 보완.

리하는가 하는 문제에 대해 Eisner는, 그러한 상황에서는 예술적 기술과 재능이 요구된다고 제안하였다. 왜냐하면 교육과정 개발자가 상충되는 이해관계에 따른 구속 상황을 탈피하여 새로운 프로그램을 실행하고자 한다면, 계획 과정에서 어떤 전략과 대안을 사용할 것인가를 협상하는 능력이 필수적이기 때문이다.

(2) 교육과정 내용 선정

Eisner는 교육과정 개발자는 개인, 사회, 교과의 세 자원으로부터 내용을 추출하여야 한다고 강조한다. 한편, 그는 전통적·학문적 교과만을 교육과정 내용으로 구성하는 교육과정 계획자들에 대해 비판을 가하면서 대중문화와 같은 아주 중요하면서도 학교교육과정에서 전통적으로 배제되어 왔던 내용('null curriculum'이라 칭함)도 신중하게 고려해야 한다고 주장한다.

(3) 학습기회의 유형 개발

Eisner는 다양한 학습기회가 학생들에게 제공되어야 한다고 주장한다. 이러한 주장에 있어서 그 핵심적 개념은 '교육적 상상력'이다. 즉, 교육적 상상력이란 '예술성'artistry에 대한 은유적 용어로서, 교사들이 실제 학생들에게 의미 있고 만족스러운 다양한 학습기회를 제공할 수 있도록 교육목표와 교육내용을 학생들에게 적합한 형태로 변형하는 능력을 의미한다. 교실 수업에서 교사의 교육과정 재구성 능력을 강조한 것이다.

(4) 제시와 반응양식 개발

Eisner는 인쇄된 서책이나 쓰여진 글만이 어떤 사람의 지식상태를 보여 줄 수 있는 유일한 방법이라고 믿는 교육자들을 비판한다. 그는 교사가 교육과정을 표현하는 의사소통 양식을 다양하게 활용하지 않으면 그 교사는 다양한 반응양식을 보이는 학생들의 교육기회를 부정하는 꼴이 된다고 지적한다. 교사나 학생이나 다양한 표상형식을 주고받을 필요가 있다. 사물의 외형을 본뜬 상형문자나 도로표지판에서 보이는 모방적mimetic 형식, 십자가나 절 표시 등 특정 문화권과 집단에서 상통하는 관습적conventional 형식, 사건과 현상의 본질적 특성을 드러내는 표현적expressive 형식 등이 그것이다. 따라서 학생들의 의사소통 영역이 제한받아서는 안 되며, 학생들에게 다양한 선택사항도 제공해 주어야 한다. 가령, 같은 내용이라고 하여도 H. Gardner 식으로 표현하면 많으면 여덟 가지로 표현 가능하고, 이렇게 표현된 것은 학생들의 흥미와 관심 및 그 재능에 따라 적절하게 이해되고 표현될 수 있을 것이다. 오늘날 멀티미디어시대에는 동영상, 그래픽, 이모티콘 등 더 다양한 표현형식을 동원할 수 있게 되었다.

(5) 다양한 평가절차의 적용

Eisner는 평가란 근본적으로 인간이 끊임없이 자신의 삶과 자기를 둘러싸고 있는 세계를 이해하고자 하는 과정과 같다고 본다. 평가는 공개적 · 형식적으로 이루어지는 면이 있지만, 궁극적으로는 비형식적으로 이루어진다. 이러한 기술을 그는 '교육적 감식안(educational connoisseurship)'과 '교육비평(educational criticism)'이라 부른다. 전자가 전문가에 의한 주관적인 측면이 강하다면 후자는 좀 더 객관적이다.

(6) Eisner의 교육과정 개발 모형에 대한 평가

교육과정 계획에 대한 Eisner의 예술적 접근법은 다음과 같은 몇 가지 측면에서 Tyler나 Walker의 접근법과 다르다.

첫째, Tyler는 일련의 불변한 단계를 설정하는 반면, Eisner는 교육과정 계획 · 개발 과정을 끊임없이 계속되는 과정(an open-ended process)으로 묘사한다.

둘째, Walker는 오로지 계획된 교육과정을 만드는 문제상황에서 숙의과정을 설명하고 있는 반면, Eisner는 숙의과정에서 예술성이 계획된 교육과정, 실행된 교육과정, 학생이 경험한 교육과정의 내재적 가치를 어떻게 강화시켜 주는가를 설명하고자 하였다.

셋째, Eisner는 사회적 실재란 단순히 그 자체로서 존재하는 것이 아니라 사회적 실재 안에 살고 있는 사람들에 의해 끊임없이 구성, 재구성되는 것이라고 본다. 이 개발 모형은 예술 분야에 가장 적절하고, 수학, 과학, 모어, 외국어, 사회, 체육 등 다른 교과의 교육과정 개발에서는 새로운 변형이 요구된다. 교육과정의 재개념화를 추진했지만 교육과정의 개발, 설계, 계획이라는 점에서는 목표의 설정, 내용과 활동 및 경험의 강구, 수업의 실시, 평가와 개선 모색이라는 Tyler의 모형을 크게 벗어나지 않는다. 왜냐하면 교육과정은 교육활동의 계획과 실행의 지원을 위한 기준을 제공하는 일이 핵심이기 때문이다.

4. 학교급별 교육과정 설계

어떤 교육과정을 설계한다는 것의 가장 중심되는 축은 학습자의 발달단계다. 학습자 발달의 시간축을 따라 종적으로 단계나 학년군을 나누고, 횡적으로 그 단계의 학습자들이 배울 거리들을 아우르는 방식이 된다. 즉, 사회 속의 학습자의 더 나은 배움을 위해 어떤 교과나 활동을 제공할까를 고려하는 일이다. 이때 사회는 각 분야로 나뉘면 교과나 학문의 분야에 일부 흡수되고, 학습자의 사회경제적 배경 등으로 집단이 나뉘면 학습자의 배경이 된다. 교육과정의 총론 입장에서는 종적인 학습자의 축을 중심으로 횡적으로 그들이 배울 각론을 구안하는 일이다. 요약하면 학년군에 따라 교과군 등을 구상하는 일이 된다.

1) 초등학교 공통필수 교육과정의 설계

학생들의 발달단계에 따라 요구되는 개인 · 사회 · 학업적 성취는 다르다. 발달이 급격하게 일어나고, 미래지향적인 초등학교는 유아학교나 중등학교와 요구가 다르다. 학년군의 교육과정기준을 설계함에 있어 개략적인 방향을 보여주는 모형의 개발이 선행될 필요가 있다. 민부자(2009)는 초등학교 교육과정 설계모형 구안 과정을 [그림 6-10]과 같은 일련의 절차로 나타내었다.

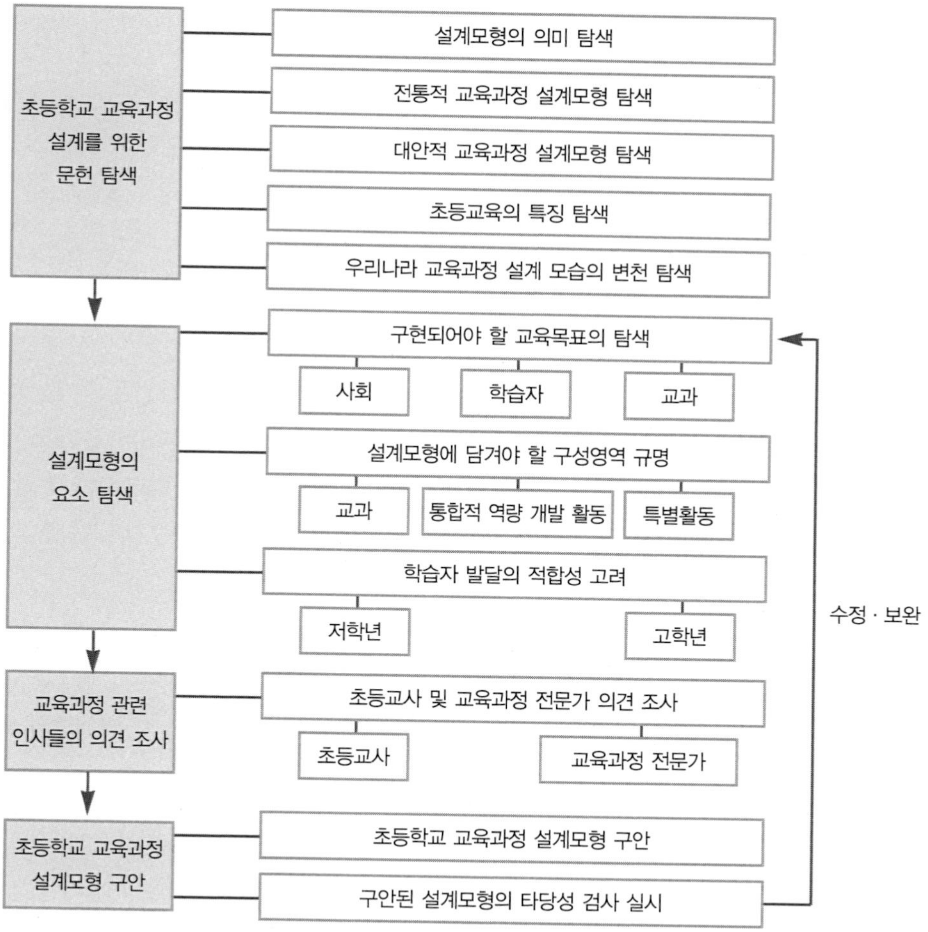

[그림 6-10] 초등학교 교육과정 설계모형 구안 절차

출처: 민부자(2009).

먼저, 초등학교 교육과정 설계 모형을 구안하기 위한 기초로서, 각 요소들 간의 관계를 다음 그림과 같이 구조화하였다. 이는 초등학교 교육과정 설계 모형을 구안하기 위해 고려해야 할 것으로, 구현되어야 할 교육목표의 설정 원천 세 가지(사회 · 국가, 학습자 · 개인, 교과 · 학문)와 목표를 달성하는 교육과정 구성영역(교과, 통합적 역량 개발 활동, 특별활동), 이를 다시 학년군별로 계열화하는 학습자의 발달 단계(저학년, 고학년)를 제시하고 있다.

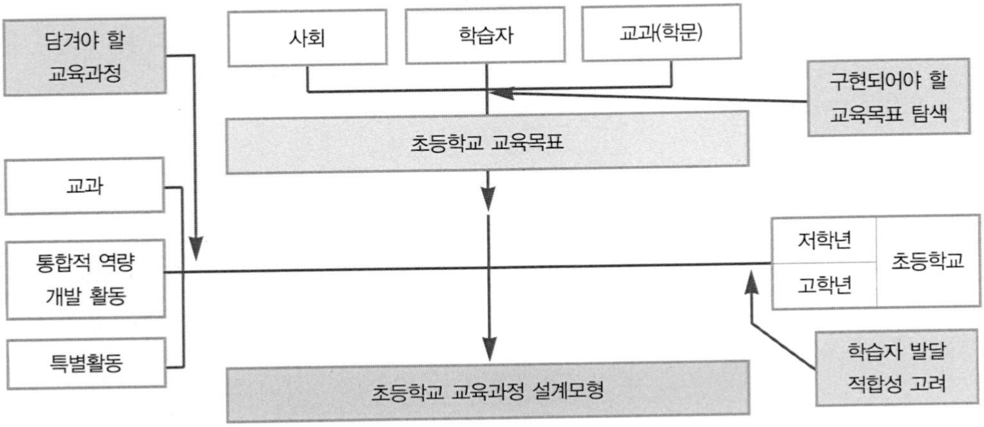

[그림 6-11] 설계모형의 추출 과정

초등학교 교육과정 설계 모형에서 구현되어야 할 교육목표의 설정 원천은 사회, 학문(교과), 학습자이며, 각 원천의 교육이념은 사회는 '유지와 발전', 학문(교과)은 '지식의 이해와 활용', 학습자는 '자아개발과 흥미, 진로 탐색' 등이다. 이 세 가지의 교육과정 결정축은 교육과정 설계를 위한 기초를 제공한다. 이런 교육목표를 달성하기 위해 교과목들이 동원된다.

〈표 6-6〉 초등학교 교육의 목적과 관련 교과 영역

교육의 근원	교육의 목적	기본 내용	관련되는 교과
인간(학습자)	건강한 신체	건강 유지	체육(보건, 운동)
	감성의 표현	예술, 심리학	음악, 미술, 연극
	이성의 훈련	언어, 논리, 수사	모국어, 외국어
사회	타인에 대한 이해	공동체 구성원으로서의 역할	시민교육, 사회
	사회에 대한 이해	사회의 유지와 개선	
학문	자연에 대한 이해	자연현상 파악	수학, 과학, 기술
	사물에 대한 이해	사물의 원리 파악	

민부자는 교육과정 설계에 대한 문헌연구, 조사연구를 통해 교육과정 설계 모습에는 교육철학이나 세계관에 대한 질문을 중심으로 하는 교육과정의 심층적인 이면裏面 설계와 교육과정 구성영역, 교육방법 등을 도식화할 수 있는 교육과정의 표면表面 설계가 있다고 본다. 이를 구조화하면 [그림 6-12]와 같은 모습을 띠게 된다. 이면 설계를 할 때에는 잘 드러나지 않지만, 교육과정을 구안하기 위해 근본적으로 고려해야 하는 교육과정에 대한 여섯 가지 질문을 바탕으로, 이 질문에 대답하는 방식으로 관련 교육과정의 구성영역을 교과군이나 영역 형태로 추출하고, 더 나아가 교과 편제와 시간 배당을 구성하는 단계가 교육과정의 표면 설계에 해당한다.

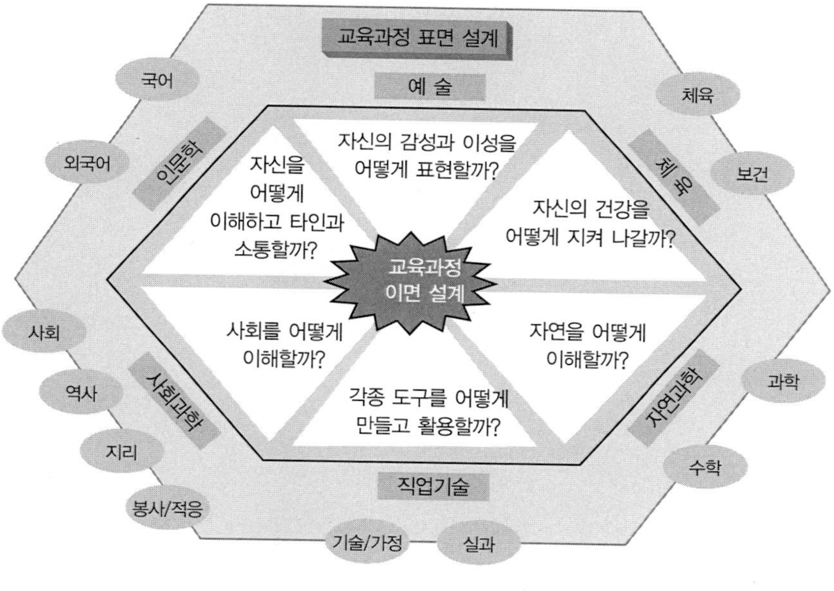

[그림 6-12] 초등학교 교육과정 설계에서 이면과 표면의 이중구조

교육과정의 구성영역으로는 교과 교육과정, 창의적 체험활동에 해당하는 통합적 역량 개발 활동과 교과외 특별활동 교육과정을 제시할 수 있다. 교과 교육과정은 학문의 발달에 따라 체계적으로 분화된 교과지식을 다룬다. 통합적 역량 개발 활동은 개인적 차원에서는 자기관리 능력, 창의력 등을, 사회적 차원에서는 생활적응 능력, 대인관계 능력 등 생애 능력에서 요구되는 역량을 배양하도록 구성한다. 특별활동은 개인적 차원으로 체험활동과 계발활동 등을, 사회적 차원으로 적응활동과 봉사활동 등을 중심으로 구성한다.

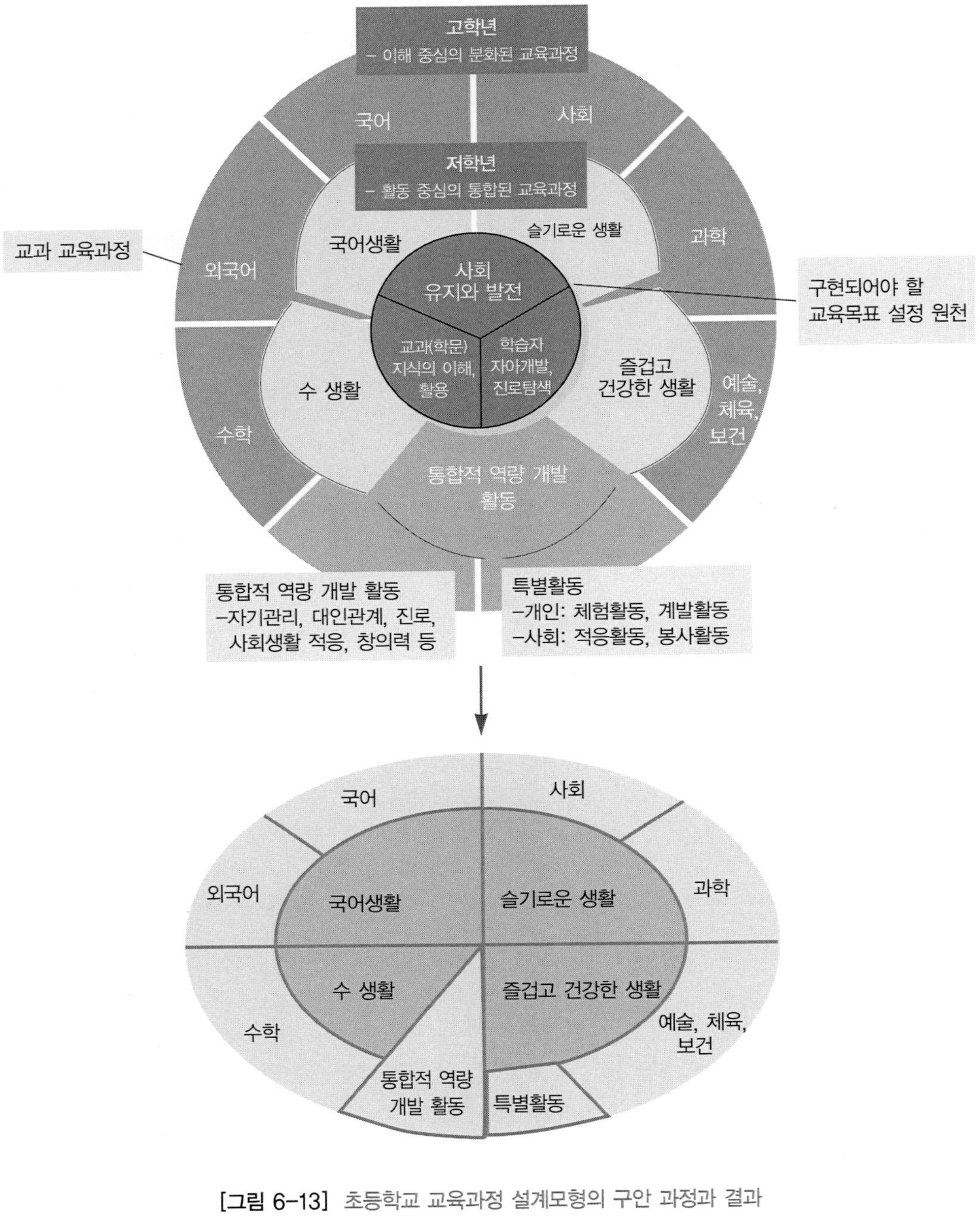

[그림 6-13] 초등학교 교육과정 설계모형의 구안 과정과 결과

출처: 민부자(2009).

또한 교육과정 설계 모형의 조정 근거로 제안한 학년군은 학습자의 발달단계를 고려한 것으로 저학년 · 고학년의 두 가지로 구분한다. 저학년에서는 상대적으로 '활동' 중심의 통합적인 교육과정을, 고학년에서는 상대적으로 '이해' 중심의 분화된 교육과정을 구성하게 된다. 그리고 교육과정 구성영역에 있어 저학년은 학습자의 발달단계 및 학습의 용이성을 위해 '교과와 통합적 역량 개발 활동'의 두 영역으로, 고학년은 '교과와 통합적 역량 개발 활동과 특별활동'의 세 영역으로 구성한다.

초등학교와 같은 의무교육기의 공통필수 교육과정에서 가장 중요한 것은 전인교육을 위한 기본적인 교과의 구획, 종수, 명칭을 정하는 것이다. 교과에서는 저학년의 경우 국어와 수학, 사회, 건강, 예술 등을 중심으로 구성하며, 고학년의 경우 저학년에 비해 교과의 종류도 늘어나고 학습내용도 보다 개념적 · 추상적으로 심화하여 구성하게 된다. 특히 고학년의 교과구성에서는 우리나라가 다른 나라에 비해 교과 수가 많은 것을 고려하여 창의적 체험활동에 해당하는 통합적 역량 개발 활동이나 특별활동으로 지도가 가능한 교과는 유사한 교과에 통합하도록 한다. 이런 과정과 절차를 거친 초등학교 교육과정의 설계모형은 [그림 6-13]과 같다.

2) 고교의 진로별 교육과정의 설계

우리나라는 고교 졸업자의 대학진학률이 80% 이상이 되었음에도 여전히 전통적인 문 · 이과를 제공한다. 학생들의 진로에 따라 가장 중요한 교과가 달라야함에도, 모든 진로에서 국어, 영어, 수학을 다른 교과보다 중시하고 있다. 획일적인 잣대는 학생을 차별하여 학업부진아, 열패자를 양산하게 된다. 또한 학교의 교육과정은 모두 비슷한 편이고 특색이 부족한 실정이다. 학생수용에서 평준화와 비평준화의 이념적 갈등도 심각하며, 대입시는 교차지원 등으로 무질서하고 타당성이 부족하다. 학생들은 자신의 흥미와 적성, 수준과 능력, 학업 및 직업진로에 따라 선택과 집중하여 학습하기를 원하지만, 학교는 중학교 공부를 확대, 반복, 심화하는 식으로 여러 교과목을 두루 가르치고 있다. 따라서 학교에서는 학생의 적성과 진로는 약화되고, 수급된 교사들을 중심으로 교과목을 제공하게 된다. 다양한 교육과정을 학교 간에 협력하여 제공하려는 노력도 거의 찾아볼 수 없다.

홍후조는 고교 교육과정을 학생의 적성과 진로에 따라 서로 다르게 설계된 상이선택 교육과정의 진로맞춤형으로 제공할 것을 제안한다. 우리가 학생들을 교육적으로 보다 온당한 기준으로 구분한다면 그것은 학생의 소질과 적성, 발달과 능력, 장차 학업 및 직업 진로라고 할 수 있다. 학생의 적성과 진로에 따라 알맞은 진로별 교육과정을 2009개정 교육과정에서는 '진로집중과정'이라고 하였다. 진로집중과정은 국 · 영 · 수 편중,

문 · 이과 양분, 평준화 비평준화의 갈등, 무질서하고 복잡한 대입시 등을 해소하는 교육과정으로, 그 설계, 구현 방안, 실천을 담보하는 강화책이 요구된다. 학생들은 진학계 고교를 졸업하면 대학진학을 하여 대학에서 본격적으로 진로에 맞는 학습에 집중하고 사회로 진출하게 된다. 따라서 진학계 고교는 진로 '탐색' 과정을, 직업계 고교나 대학은 대체로 진로 '집중' 과정을 개설 · 운영하면 적절하다.

학생들이 적성과 진로에 따라 원하는 고교의 종류, 진학하기를 바라는 고교 계열, 공부하기를 원하는 진로탐색과정 등을 고려하고, 장차 진학할 대학의 모집단위의 종류나 규모를 고려하여, 고교에서 학습할 진로탐색과정을 설계하는 방법은 열쇠모형, 팔괘모형, 삼각모형을 거치면서 구체화될 수 있다. 진로별 교육과정을 설계하는 모형은 학습하는 교과나 창의적 체험활동의 종류(명칭), 일정 기간의 학습분량, 영역별 학습비중, 학습범위, 학습수준, 학습심도, 학습방향으로서 진로별 계열과 과정을 잘 드러내고 짤 수 있어야 교육과정을 설계하는 데 도움을 줄 수 있다.

(1) 열쇠모형

교육과정을 설계하는 모형은 어떤 학교급이냐에 따라 다르게 구안될 수 있다. 먼저, 열쇠모형은 교육과정의 원천인 3자, 즉 교과(학문: 내), 사회(공동체: 외), 개인(학습자: 간, 교육가능성)의 요구를 각각의 원으로 나타낼 수 있다. 더 자세히는 사회적 요구도 세 가지로 압축할 수 있는데 중요성(내), 긴급성(외), 교육가능성(간) 사이의 관계로, 교과(학문)의 요구도 체계성(내), 실용성(효용성, 외), 교수가능성(간)으로, 개인(학습자) 요구도 적성(내), 진로(외), 능력(간: 학습가능성)의 3원으로 나타낼 수 있다. 원 세 개가 만나면 가장 중요하게, 두 개가 만나면 중간 수준으로 중요하고, 원들이 만나지 않는 곳은 교양 수준으로 나타낼 수 있다. 즉, 열쇠모형은 모든 학습은 핵심적인 것과 주변적인 것으로 구성된다는 것을 나타낸다.

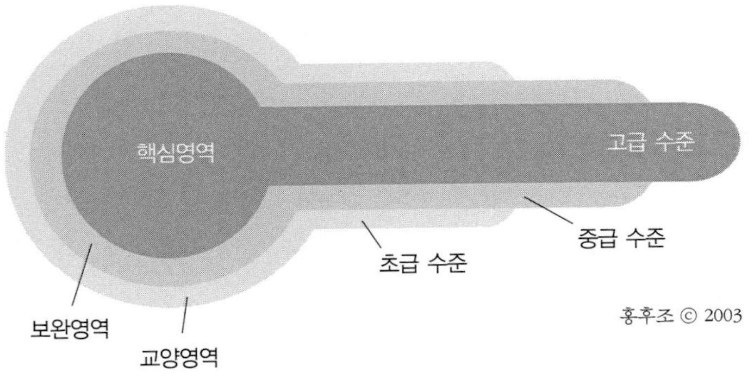

[그림 6-14] 교육과정에서 학습영역 간 관계를 보여 주는 열쇠모형 (Key Model)

더 좁혀 보면 모든 공부는 학생 입장에서는 ① 타고난 소질과 적성, 관심과 흥미에 따라 하고 싶은 공부, ② 길러진 발달과 능력 및 극복한 장애 여부에 따른 잘 할 수 있는 공부, ③ 장차 나아갈 학업과 직업 진로를 따라 해야 하는 공부로 나눌 수 있다. 이들 3자의 공부가 겹치는 곳에 가장 중요한 핵심

(전공)영역, 2자가 겹치는 곳에는 그를 보충하는 보완(부전공)영역, 겹치지 않아서 가볍게 교양으로 공부해도 되는 교양영역으로 나눌 수 있다. 특히 학생 내부의 적성과 학생 외부의 사회(진학생의 대학)에서 요구하는 진로가 합치matchmaking하는 쪽에서 공부는 결정되는 것이 중요하다. 학습수준으로 볼 때에는 상, 중, 하(고급 · 중급 · 초급, 고 · 중 · 저) 수준으로, 학습분량으로 볼 때에는 대, 중, 소(다 · 중 · 소)량으로, 학습범위로 볼 때에는 광폭, 중간, 협소 등으로 나눌 수 있다. 사실상 학습영역이 핵심이면 그 수준은 고급, 분량은 대량이 될 것이다. 역으로 학습영역이 교양이면 그 수준은 초급이고 분량은 소량이 될 것이다. 모든 공부는 핵심적인 것과 주변적인 것으로 나눈다고 할 때, 열쇠모형(Key Model)은 학습영역 간 비중 배분을 잘 보여 준다. 학습자에게 더 나은 배움과 삶을 열어 주는 열쇠모형은 학습영역, 학습수준과 함께 그 학습효과로 중핵성focus, 계열성sequence, 균형성balance을 잘 보여 준다.

(2) 팔괘모형

열쇠모형은 학생들이 배우게 될 영역들의 비중, 수준의 배분을 잘 보여 주지만, 학습하는 종류들을 잘 드러내지는 못한다. 열쇠모형을 발전시켜서 각 교과영역이 드러난 팔괘모형(Octagon Model)은 중앙에 교과외 활동(특별활동)과 교육 통합 주제 · 활동을 중핵으로 삼고, 국어, 수학, 외국어, 사회, 과학, 기술, 예술, 체육으로 이루어진 여덟 개의 교과를 각각 초급, 중급, 고급 수준으로 둘러싸고 있어, 이를 체계적으로 선택 조합하면 여러 가지 종류의 진로탐색과정을 빚어낼 수 있다. 3겹이 아니라 더 많은 겹으로 하면 여러 학년의 교과들이 차례로 미분화, 통합, 분화, 세분화되는 교과의 계열성을 드러낼 수도 있다. 고교 3년의 경우 교과나 그 아래 하위 과목들은 진로탐색과정을 구성하는 재료라고 할 수 있다. 앞의 여섯 개 교과를 세 개씩 조합하면 흔히 국어 · 영어 · 사회로 빚어지는 인문사회계, 수학 · 과학 · 기술로 빚

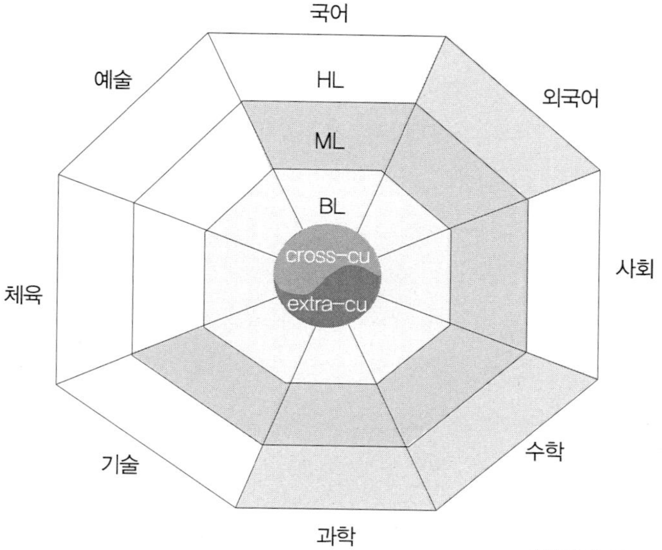

[그림 6-15] 다양한 진로별 교육과정을 생성하는 바탕으로서 팔괘모형(Octagon Model)

어지는 과학기술계에서 파생되는 서로 다른 20개의 진로탐색과정을 구성할 수 있고, 예술과 체육을 핵심으로 만들어지는 진로탐색과정도 다양하게 나올 수 있다. 고교 수준에서 제공 가능한 역량과 대학과 사회의 직업에서 요구하는 진로 수요를 고려할 때, 진로탐색과정의 구획, 종수, 명칭을 확정할 필요가 있다. 팔괘모형을 이용하면 현재의 문이과보다 훨씬 다양한 조합의 과정들을 산출할 수 있다. 고교의 상이선택 교육과정에서 가장 중요한 것은 각각 온전한(전체적이며 균형 잡힌) 진로탐색과정을 확정하는 일이다.

여기서는 인문사회계, 과학기술계, 예술계, 체육계로 나누고, 다시 계열 아래 진로탐색과정을 두는 것으로 한다. 진로탐색과정의 종류를 정할 때는 현재의 문 · 이과 양분 현상을 벗어나기 위해서 프랑스, 독일, 스웨덴, 핀란드 등의 방식을 좇아 그 수를 다양하게 한다. 진로탐색과정의 종류로는 인문사회계에서 나온 것으로 인문, 사회, 국제, 경상의 네 개, 과학기술계에서 나온 것을 자연(이학), 공학1(실험), 공학2(현장), IT, 보건의료의 다섯 개, 예술에는 시각과 청각 예술을 중심으로 음악, 미술디자인, 연극영화, 문화콘텐츠의 네 개, 체육은 개인운동, 단체운동, 스포츠산업 분야 등 3개로 구획할 수 있다. 교과, 계열, 진로탐색과정의 종류(명칭, 수)는 불변의 확정은 아니고, 진로별 학습기회를 확대하기 위해 잠정적으로 설정한 것이다. 즉, 여덟 개의 교과를 재료로 네 개의 계열 아래 15개의 진로탐색과정을 만들 수 있다.

(3) 삼각모형

학습기간, 재학기간을 짧게는 3년, 길게는 15년 등으로 늘려 보면 처음에는 아주 폭넓게 공부하다 점점 선택과 집중하여 공부하게 된다. 고교나 대학의 경우 다양한 방향의 진로에 따른 선택과 집중의 학습영역의 종류를 잘 보여 주는 것은 삼각모형(Triangle Model)이다. 삼각모형에서 밑변width은 학습범위를, 삼각형의 높이heighth는 학습수준을, 깊이depth는 학습심도를, 넓이area는 학습분량(총 이수단위 수)을 의미한다. 같은 밑변과 높이의 삼각형을 꼭짓점 방향만 다르게 그린다고 할 때 방향은 진로를 의미한다. 양쪽의 두 개의 직각삼각형과 가운데의 정삼각형 그리고 그 사이에 많은 수의 삼각형을 꼭짓점 부분이 겹치지 않게 그려 낼 수 있다. 이것을 기본으로 하여 일부는 범위가 더 넓은(창의적 체험활동도 포함) 혹은 수준이 더 높은 것(3년보다 더 긴 학습기간)도 그려 낼 수 있다. 학습기간의 길이에 따라 시작과 마침 시기가 잘 드러나고, 학년이 높아질수록 선택과 집중하는 모양으로 나타낼 수 있다. 삼각모형은 심지어 대학의 같은 학부나 계열의 서로 다른 학과나 전공을 표현하는 데에도 유용한 보편적인 모형이 될 수 있다.

이렇게 쌓아 올린 삼각형들은 결과적으로 전체가 공통되는 아랫부분과 이웃하는 삼각형들 사이에 공통되는 중간부분이 생겨나고, 꼭짓점 주변은 다른 삼각형과는 겹치지 않

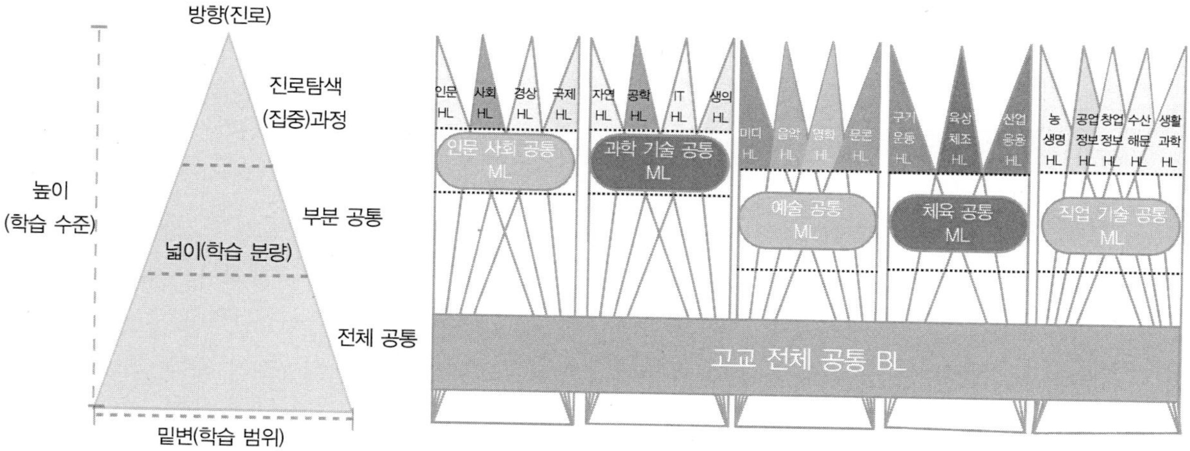

[그림 6-16] 삼각모형의 기본 특성과 활용

게 된다. 이를 각각 고교 전체 공통, 계열 공통, 상이한 진로탐색과정으로 명명할 수 있다. 고교 3년 전체(삼각형 전체)가 아니라 3학년 즈음(꼭짓점 부근)에 이수하는 교과목이 차이나도록 하는 것이 진로탐색과정이다. 서로 겹치지 않는 부분을 몇 단위로 하느냐에 따라 학생들은 복수의 진로탐색과정을 준비하여, 진로 변경에 융통성 있게 대응할 수도 있을 것이다. 즉, 학생들은 동시에 2~3개의 과정을 이수할 수 있어 진로 변경도 가능한

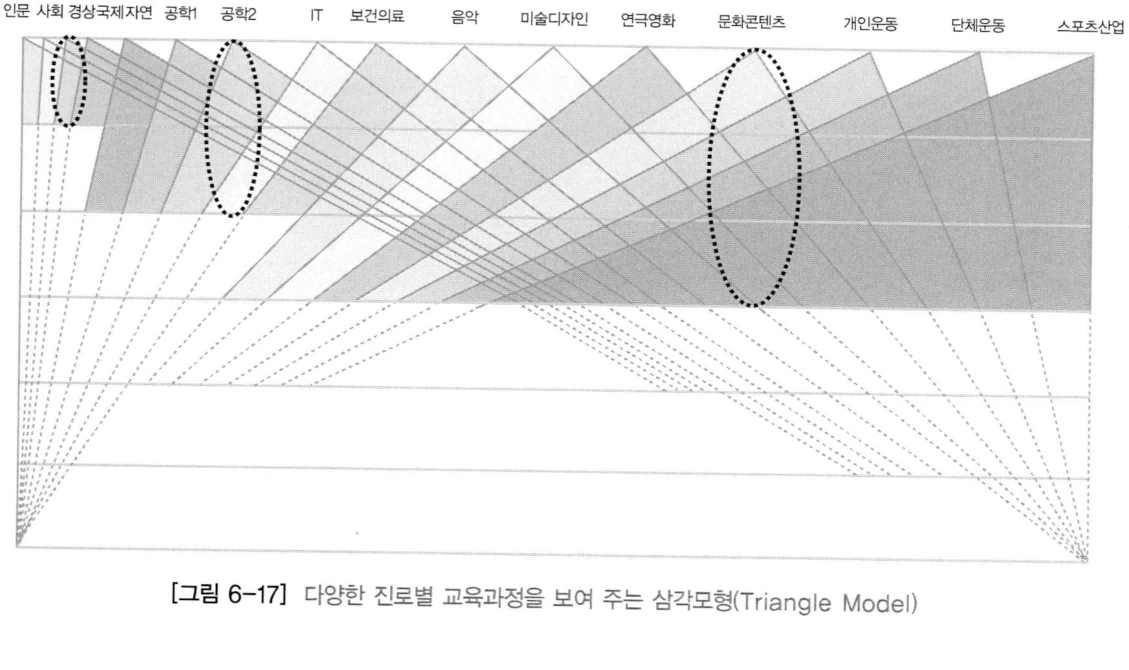

[그림 6-17] 다양한 진로별 교육과정을 보여 주는 삼각모형(Triangle Model)

매우 융통성 있는 교육과정을 의미한다. 또한 진로별 교육과정은 고교공부와 대학공부를 이어 주는 고교-대학 연계의 교육과정이다.

경우에 따라 공통 부분이 많을 수도 있고, 서로 다른 부분이 많을 수도 있으며, 특수목적고의 경우 일반고와 달리 더 높은 혹은 더 넓은 밑변에서 더 높은 높이로 그려 낼 수도 있다. 가령, 고교 교육과정 중 학교자율과정(예: 94단위)을 기초로 구성하되, 인문사회계열이나 과학기술계열에서 파생된 탐색과정은 20~30단위 내외로, 실기가 많은 예술과 체육 집중과정은 50~70단위 내외로 구성할 수 있다. 예술, 체육 분야에서는 학생들의 적성과 소질이 일찍 발현되고 전성기도 일찍 도래하므로 늦어도 중학교부터 적절한 학습기회가 주어져야 하고, 고교에서는 심화학습 기회를 적기에 제공해야 한다. 이에 반해, 인문사회계는 인간사회의 경험과 연륜을 요구하며 전성기가 뒤늦게 찾아오게 되므로 고교에서 과도하게 선택과 집중을 하기가 어렵다.

진로별 교육과정은 진로에 따라 핵심적인 학습영역이 달라지는 교육과정으로서 국·영·수만 아니라 모든 교과가 제구실을 하도록 세워 주는 것이다. 진로별 교육과정은 진학계의 진로탐색과정이나 직업계의 진로집중과정이나 학생의 소질과 적성, 능력에 맞는 진로를 선택하여 집중적으로 개발해 주는 강점강화형 교육과정이다. 방향도 없이 획일적으로 혹은 못하는 교과목을 억지로 더 공부시키는 약점보완형이 아니다. 학생의 소질과 적성을 계발하는 하고 싶은, 잘하는, 꼭 필요한 공부를 하도록 교육적으로 안내된 선

〈표 6-7〉 1학년 위주의 진학고 교육과정 설계에서 이수 단위의 배분 ( ) 안은 단위 수

<table>
<tr><th></th><th>구 분</th><th>학 년</th><th colspan="2">교과활동</th><th>교과외 활동</th><th colspan="2">계</th></tr>
<tr><td>2015개정 교육과정</td><td>선택 중심</td><td>10~12</td><td>공통 필수 (94: 공통 48 포함)</td><td>자율과정(86)</td><td>창의적 체험활동 (24)</td><td colspan="2">204</td></tr>
<tr><td>2009개정 교육과정</td><td>선택</td><td>10~12</td><td>교과별 필수 [86(77)]</td><td>학교자율과정 [94(103)]</td><td>창의적 체험활동 (24)</td><td colspan="2">204</td></tr>
<tr><td>2009 교육과정</td><td>선택</td><td>10~12</td><td>교과별 필수 (116)</td><td>학교자율과정 (64)</td><td>창의적 체험활동 (24)</td><td colspan="2">204</td></tr>
<tr><td rowspan="2">2007 교육과정</td><td>선택 중심</td><td>11~12</td><td colspan="2">선택과목(132)</td><td>특별활동(8)</td><td>140</td><td rowspan="2">210</td></tr>
<tr><td>국민공통</td><td>10</td><td colspan="2">국민공통기본 교과 (60)</td><td>특별활동(4) + 재량활동 (교과 4, 창의적 재량활동 2)</td><td>70</td></tr>
<tr><td rowspan="2">1997 (7차) 교육과정</td><td>선택 중심</td><td>11~12</td><td>일반선택과목 (24 이상)</td><td>심화선택과목 (112 이하)</td><td>특별활동(8)</td><td>144</td><td rowspan="2">216</td></tr>
<tr><td>국민공통</td><td>10</td><td colspan="2">국민공통기본 교과 (56)</td><td>특별활동(4) + 재량활동 (교과 10, 창의적 재량활동 2)</td><td>72</td></tr>
</table>

택을 유도하는 교육과정이다(하화주, 2014). 1학년의 공통 교육과정보다 3학년 즈음에 선택과 집중한 공부가 어디로 연결되는가를 중시하는 교육과정 설계다.

〈표 6-8〉 진로탐색과정의 구체화과정

진로탐색과정의 요구(대중화 속의 획일성 탈피)	➡	• 국 · 영 · 수 과중, 문 · 이과 양분, 평준화-비평준화 대립에서 벗어나기로 결정 • 학생의 적성과 능력, 사회적 진로의 다양성 • 적인시교를 통한 적재적소의 인재 양성
진로탐색과정의 설계(열쇠, 팔괘, 삼각모형 적용)	➡	• 진로별 상이선택 교육과정 만들기 • 핵심, 보완, 교양과목 선택 집중 균형 • 열쇠모형, 팔괘모형, 삼각모형
진로탐색과정에 대한 공감적 이해(연수)	➡	• 교과부, 교육청 등 정책결정자들의 이해와 지원 의지 • 연수 등의 방법을 통한 교원들의 공감적 이해와 실천 의지 및 이웃학교와 연합, 협력하여 실천하려는 의지 • 안내 책자 발간 보급 등을 통한 학생, 학부모의 이해와 협조
진로탐색과정의 구현(진로탐색과정 개설에서 학교 간 역할분담과 협력)	➡	• 교육청의 지원과 조정 • 학교 간 역할분담, 학교 간 협력 • 개별 학교 교육과정의 특성화, 여러 학교 교육과정의 다양화
진로탐색과정의 강화(진로별 대입시)	➡	• 대입시 타당화, 치를 만한 입시 만들기 • 선수학습 과목 이수 철저 • 모집단위별 특성화, 동일 모집단위 동일 교과 요구

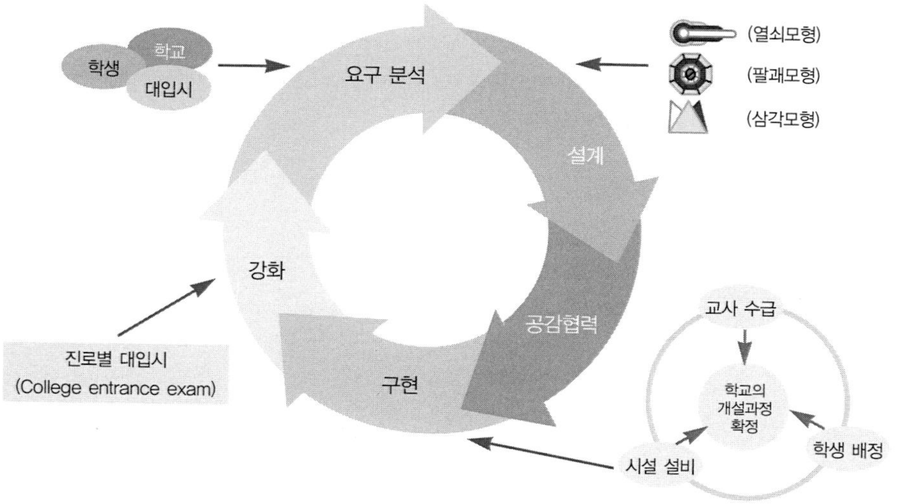

[그림 6-18] 진학계 고교 상이선택 교육과정에서 진로탐색과정의 구체화 과정

진로별 교육과정을 설계하려면 학교 구성원들에게 그것의 공감적 이해를 끌어내고, 학교에서 실현 가능한 방도로 구안하는 것이 중요하다. 상이선택의 진로별 교육과정인 진로탐색과정은 매우 다양하기 때문에 아무리 규모가 큰 고교라도 모두 개설할 수는 없다. 단위 학교가 동원할 수 있는 교육 자원(학생 수, 교사 수, 교실 수)이 제한되므로 이웃 학교들과 과정 개설에서 협력과 역할 분담이 요구된다. 그러므로 지역 내 학교들을 학교

〈표 6-9〉 열쇠모형, 팔괘모형, 삼각모형의 상호 비교 및 종합

	열쇠모형	팔괘모형	삼각모형
개념	• 교육과정을 결정하는 사회(공동체), 학문(교과), 학생(개인)의 3요소가 상호 겹치는 정도에 따라 비중과 분량을 달리하여 만든 모형임 • 특히 각 학생들이 공부하는 특성에 따라 하고 싶은 공부(적성, 흥미, 관심, 소질 등), 잘할 수 있는 공부(능력, 발달, 장애 등), 해야 하는 공부(학업 및 직업 진로)의 세 원이 겹치는 곳을 핵심, 두 원이 겹치는 곳을 보완, 겹치지 않는 곳을 교양으로 하여 만든 것임 • 학습영역을 핵심, 보완, 교양으로, 학습수준을 초급, 중급, 고급으로, 학습효과를 집중성, 계열성, 균형성으로 나타냄	• 동양철학에 따라 음양과 팔괘를 통해 많은 종류와 유형을 생성할 수 있다는 원리를 좇아 만들어 낸 모형임 • 가운데 태극을 통해 교과외 활동과 교과 통합적 활동을 나타내고, 바깥의 8각형 세겹을 통해 학습영역으로서 교과의 종류를 초급, 중급, 고급으로 나타냄 • 초·중·고급의 교과를 적절히 조합한 결과 다양한 종류의 진로별 교육과정을 체계적으로 생성할 수 있음 • 동심원적 확대로 학습 분야의 통합과 분화를 나타내고 이들의 조합을 통해 선택과 집중하는 학습 모양을 나타낼 수 있음	• 일정 기간에 학습하는 분량을 삼각형으로 나타냄 • 삼각형의 밑변을 학습범위, 높이를 학습수준, 넓이를 학습분량으로 하면서, 같은 크기의 삼각형이지만 방향은 다른 삼각형을 통해 다양한 진로별 교육과정을 나타냄 • 가장 아래에 겹치는 것을 전체 공통으로 초급 수준, 그 위에 겹치는 것은 계열 공통으로 중급 수준, 겹치지 않는 꼭짓점 부분을 진로 집중과정의 고급 수준으로 나타낼 수 있음 • 수학기간을 몇 년으로 늘리는 출발은 공통, 중간은 유사분야 공통, 최종에는 선택과 집중함을 나타냄. 즉, 꼭짓점 부근에서 서로 겹치지 않는 소량의 독특한 교과목들로 진로별 교육과정(전공 등)을 나타냄
장점	• 학습의 수준과 비중 및 초점을 나타냄 • 모든 학습을 핵심과 주변으로 표현할 수 있음	• 교과의 종류와 비중을 나타냄 • 교과들의 종합을 통해 많은 종류의 진로별 교육과정을 생성할 수 있음	• 학습분량의 배분과 학습영역의 겹치는 것과 겹치지 않는 것을 고르게 표현할 수 있음 • 학습의 초점과 방향, 선택과 집중을 잘 드러낼 수 있음
단점	• 학습하는 종류(교과, 과정, 계열 등)를 나타내지 못함	• 교과를 조합한 결과로서 과정이 드러나지 못함	• 단위요소인 교과나 교과외 활동을 드러내기 어려움

구로 만들고, 이들 간에 협력과 역할분담을 통해 학생들이 원하는 학습기회를 마련해 준다(조호제, 2014). 학생의 요구가 예술계 · 체육계처럼 특수하면 특수할수록 넓은 지역에서 학생을 모아 수용하고, 나아가 대입시나 기업의 고용관행에 의해 이런 진로별 교육과정적 실천은 강화될 필요가 있다.

3) 가교 총론의 설계 모형

어떤 분야, 어떤 주제이든 모든 교육활동의 특성을 드러내고 그 방향과 성격, 비전과 목표, 구성영역과 실행을 위한 구체적인 지침 등은 교육과정기준을 개발함으로써 구체화된다. 사회적으로 요구되는 어떤 주제나 쟁점(예: 진로, 창의성, 사회협동성, 감성사회성, 안전, 환경, 해양 등) 및 특정 집단(예: 학부모, 사춘기 청소년, 귀국자, 이민자, 다문화인 등)의 요구를 교육적으로 수용하려면, 해당 분야나 대상이 총론에 포함될 만하고 각론으로 구현될 만한 것인가를 가늠해 보아야 할 것이다. 그래서 특정 분야나 주제 및 대상을 위한 교육과정의 안착을 위해 먼저 가교bridge, anchor, 부분partial, 소mini 총칙의 형식으로 교육과정기준을 예비적으로 개발할 필요가 있다. 즉, '가교 총론'이란 총론과 각론 등에 포함될 만한 특정 분야나 주제의 안착을 위해 소 총론 형식으로 개발되는 교육과정 문서를 의미하는 것으로 총론과 각론과의 유기적인 연결을 돕는 교육과정을 말한다.

과학기술과의 STEAM, 교과내 진로지도 및 창의성 증진 방안 개발, 자유학기의 교육과정, 집중이수, 진로탐색과정, 학부모 교육과정기준 등이 기존의 더 큰 총론이나 각론에 안착하려면, 가교총칙으로 미리 개발되어 안착가능성의 예비실험을 거치는 것이 시행착오를 줄여 주어 합리적이다. 여기서는 연구개발자 혹은 연구개발진이 가교총칙의 기준을 자문진, 의견진, 심의진 등의 도움을 받아 가안, 초안, 수정안, 최종안으로 차례로 만들고 다듬어 가는 과정을 [그림 6-19]와 같은 5단계로 제시한다.

가교총칙으로서 기준을 개발하는 과정은 어느 집단을 대상으로 어떤 영역과 수준으로 뚜렷이 한정되는 중소단위의 교육과정기준 개발을 특정할 수 있다는 장점이 있다. 그 과정, 절차와 방법을 간단히 기술하면 다음과 같다. 즉, 이 기준 개발 과정은 기준을 새로 개발하거나 기존의 기준을 개선할 필요성을 사회 변화, 교과와 학문의 최신 성과와 요구, 교육과정의 활동 주체에 해당하는 학습자의 요구 변화를 고려하여 드러낸다. 예를 들면, 과학기술 분야의 융합교육 프로그램을 위한 STEAM 총칙 기준을 개발할 때에는 실험과 관찰 및 조작이 부족한 이론 위주의 재미없는 과학 공부가 가장 큰 문제가 된다. 수학 과학이 21세기 교육과정의 핵심적인 진로를 열어주어야 하는데 도리어 걸림돌로 작용하고 있다는 점이다. 또한 새로운 과학기술은 서로 통섭, 융합, 통합, 소통되는 면을

[그림 6-19] 가교총칙으로서 교육과정기준의 개발 과정

출처: 홍후조(2015) 연구메모를 참고로 작성.

보인다는 것이다. 그러므로 초중등학교 과학도 기술과 공학, 수학, 예술 디자인, 인문사회 교과 등과 통합되어 가르칠 필요가 있다.

개발할 주제나 영역과 관련된 이론과 선행 연구를 거쳐 기초 교육과정기준의 이론적 토대를 굳건히 할 수 있는 장점도 있다. 예를 들어, 창의성 증진을 위한 기준을 개발할 경우에는 창의성의 개념, 창의성이 발현된 사례나 역사, 국내외의 창의성 증진 관련 프로그램의 특성 종합정리, 학생의 타고난 창의적 성향의 보전, 각종 창의적 사고 기법의 교수학습, 창의적 기능의 습득 등과 관련된 기초조사를 거쳐 예비적으로 기준 '가안'을 마련할 수 있게 된다(임혜진, 2016).

개발된 기준은 실제로 적용되어야 하므로 사회적 공인 과정이 중요하다. 그래서 이 기준 개발 과정은 처음부터 관련 분야 전문가들의 자문을 받아서 가안을 '초안'으로 다듬게 된다. 이때 참여자는 3~5인 정도로 FGI가 가능하여야 할 것이다. 예를 들어, 학부모교육과정 총칙 기준을 개발할 경우 학부모대표, 학부모교육연구자, 정책전문가 등이 해당 기준을 초안으로 다듬어내는 데 참여하게 된다(홍후조 외, 2012). 기준의 초안이 나온 상태를 보면 이 기준이 얼마나 발전적인 것이 될 것인가를 가늠할 수 있을 정도로 초안은 아주 중요한 위상을 차지한다. Walker가 말하는 토대가 얼마나 탄탄한가, 설정된 강령이 얼마나 타당한가가 초안에서 나타나게 된다.

다음으로 초안을 가지고 대규모의 요구조사를 거치게 되는데, 자문진의 도움을 받아 연구개발자는 초안을 다수에게 내보이며, 그 필요성·타당성·적절성·실천가능성·실현가능성·효과성·실효성 등을 점검받는 조사지를 다듬어 낸다. 자문진에는 교육과정 연구자, 해당 분야 내용 전문가, 해당 기준을 사용해서 교육할 전문가, 해당 기준으로 교육받게 될 학습자 등이 참여할 수 있다. 예를 들어, STEAM 총칙 기준을 개발할 경우 교육과정 전문가, 과학기술분야 전문가, 과학기술 교사, 학습자 등이 참여할 수 있다. 요구조사 설문지에 대해 예를 들면, STEAM 총칙 기준을 개발할 경우, 얼마나 절실한지, 무엇이 변해야 하는지, 그 성격, 목표, 내용, 방법, 평가, 촉진 및 지원 체제, 저해요인의 제거 등에 대한 항목이 포함된다. 성안된 조사지를 가지고 이 기준이 사용됨에 따른 이해관계자stakeholders인 현장 교육전문가인 교원, 교육연구자 및 교육과정연구자, 학습자, 때로는 관련 업계나 학부모와 같은 일반인의 의견을 광범하게 수렴하게 된다. 요구조사한 결과는 양적 자료와 일부 질적 자료로 축적되고 정리된다. 요구조사 결과를 정리하여, 연구개발자는 초안을 다듬어 수정안을 내게 된다. 이 경우 연구개발자는 여러 차례 수정을 거치고, 특히 조사의견진의 동의가 낮은 항목(기준)이나 참여집단간 의견차이가 큰 항목에 대해서는 간략한 재검토feedback 과정을 거치게 된다.

수정안이 완성되면 연구개발자는 다시 소수의 전문가로 심의진을 구성하고 소집해서 수정안에 대한 축조심의를 거치게 된다. 연구개발자는 심의진에게 초안에서 수정안에 이른 과정을 상세히 설명하여 이해를 돕고, 수정안보다 나은 최종안으로 다듬어 낸다. 최종안은 그 기준의 기능 측면에서 교육활동에의 기준성과 해당 분야의 적폐를 시정하는 혁신성을 점검하고, 그 기준의 내용 측면에서 종합성과 체계성을 점검하며, 나아가 기준의 사용상의 가독성과 편의성을 점검하게 된다. 결국 최종안은 확장된 기준이나 매우 축약된 기준으로 성안되게 된다.

권혜정(2015)의 국가교육과정기준법 시안 개발의 연구 과정을 보면, 먼저 문헌연구 등을 통해 가안을 연구자가 만들어서 4인의 전문가 집단을 '자문진'으로 하여 검토를 받아서 '초안'을 만들었다. 그 초안을 가지고 보다 많은 전문가 집단을 확보하여 '의견진'으로 구성해서 그들에게 요구조사와 유사한 광범한 종합조사를 실시하여 신뢰성 높은 '수정안'을 만들었다. 그 수정안을 가지고 전문가 5인으로 구성된 '심의진'으로 하여금 축조심의를 거치게 하여 이것을 가지고 연구자가 '최종안'으로 다듬었다. 이 경우 교육과정기준 관련 법안을 만드는 전문적인 영역이어서 사전 지식이 거의 없는 학습자나 일반인들을 법안 개발에 포함시키기는 어려웠다고 한다.

기준 개발 과정을 종합 정리한 보고서에서는 각 단계마다 가교 총론이 가안prototype, 초안, 수정안, 최종안을 거치면서 어느 측면을 어느 정도로 수용할 만한 것으로 받아들일 것인가를 판정할 때에는 초안의 심의관점, 수정안의 심의관점, 최종안의 확정방법 등을 정리해 둘 필요가 있다. 가령, 초안에 대해 그 필요성 · 타당성 · 적절성 · 실천가능성 · 실효성 등을 점검하는 것이 그것이다. 각 단계별 주요 접근방법, 확보된 정보나 결과물, 각 단계마다 결과 처리를 어떻게 하였나를 밝혀 두면 다음 기준 개발자에게 도움을 줄 수 있을 것이다.

특정 주제를 특정 학교급에서 교육과정기준으로 제시하는 가교총론의 경우 적절하게 개발되는 과정은 다음과 같은 형식과 내용으로 구성될 수 있다(임혜진, 2016: 80-81).

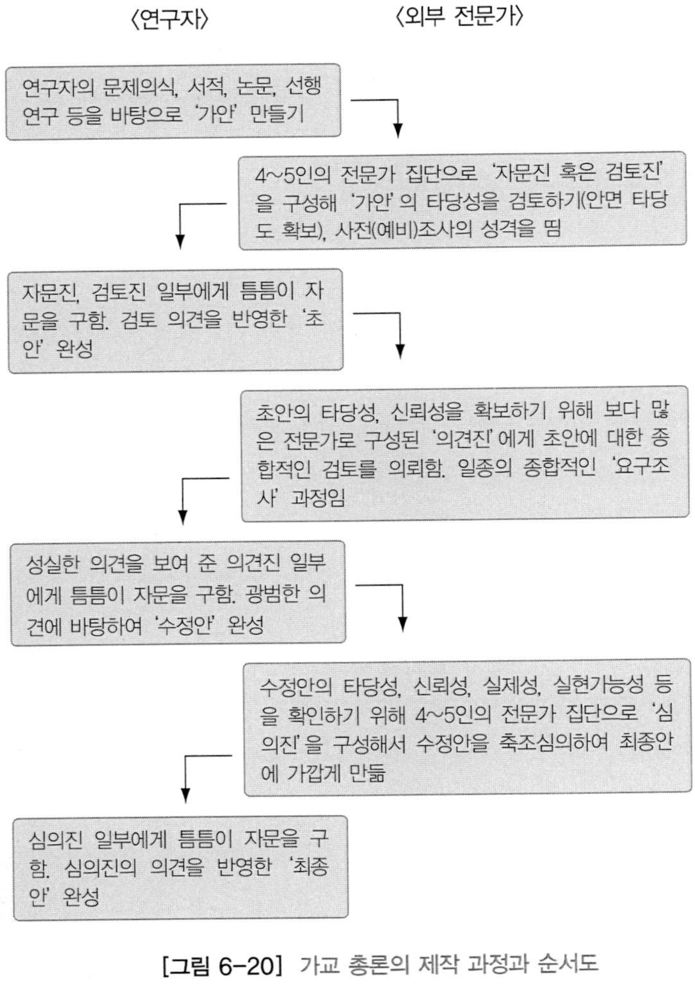

[그림 6-20] 가교 총론의 제작 과정과 순서도

초등학교 창의성 교육과정기준의 구성 체제

1. 성격	
창의성 교육의 비전	• 창의성 교육이 추구하고 기대하는 바를 제시 – 지향하는 사회상, 기르려는 인간상, 소망하는 교육상
2. 목표	❖ 창의성 교육과정기준이 지향해야 할 방향과 학생이 달성해야 할 학습의 도달점
창의성 교육의 총괄 목표	• 인지적 영역, 정의적 영역, 심동적 영역, 사회적 영역으로 목표 진술
가. 학년군별 목표	• 저학년과 고학년의 교육목표를 분리하여 진술
나. 창의성 요인별 목표	• 창의적 사고 관련 성향, 기능 목표 진술 – 성향: 호기심, 민감성, 개방성, 모험심, 집중성, 독자성 증진을 위한 목표를 진술 – 기능: 상상력, 융통성, 유창성, 독창성, 정교성 증진을 위한 목표를 진술
다. 영역별 목표	• 교과 및 창의적 체험활동과 연계하여 달성할 창의성 증진 목표를 진술
3. 내용 체계	❖ 창의성 교육과정기준을 통해 다루어져야 할 교육 내용과 주요 활동의 구성
가. 창의적 사고 관련 성향	• 호기심, 민감성, 개방성, 모험심, 집중성, 독자성 등을 증진시킬 수 있는 활동 제시
나. 창의적 사고 관련 기능	• 상상력, 융통성, 유창성, 독창성, 정교성 등을 증진시킬 수 있는 활동 제시
다. 창의적 사고 기법	• 저학년과 고학년에 적합한 확산적 및 수렴적 사고 기법 제시
4. 운영 및 지원	❖ 창의성 교육과정을 학교 현장에서 효과적으로 운영하는 데 필요한 사항 및 그 지원 내용 제시
가. 각론 개발의 유의점	• 본 가교 총론에 따라, 초등학교 창의성 교육의 내용 체계를 구체화하는 학년군별 · 영역별 교육 프로그램의 개발 시 유의사항 제시
나. 교과서 편찬상의 유의점	• 각론의 창의성과 관련된 교육용 교재 내용 구성 및 개발시 유의점 제시
다. 학교교육과정 편성 및 운영	• 창의성 교육의 효과적인 운영을 위한 학교 · 학년 · 학급 교육과정 편성 및 운영, 교육과정 재구성, 교수 · 학습 방법, 교육평가, 학교시설과 설비에 관한 내용 서술
라. 각종 지원 활동	• 창의성 교육 실시에 필요한 교내 지원사항 • 교육부, 교육지원청, 지역사회의 지원사항 서술
마. 교육과정기준의 질 관리	• 창의성 교육과정기준의 질 관리 및 개선 방안, 유의사항 등을 서술

출처: 임혜진(2016).

이 장의 요점 정리

1 교육과정의 개발은 국가 수준, 지역 수준, 학교 수준, 교과 수준 등에서 다양하게 일어난다. 교육과정 개발모형은 그 대체적인 절차를 간결하게 도형화한 것이다.

2 Tyler의 교육과정 개발 모형은 체제적 합리적인 처방 모형으로 가장 널리 받아들여지는 것이다. 교육목표 설정, 교육경험 선정과 조직, 교육목표에 따른 평가의 최소한의 절차와 구성요소를 명시한 것으로, 이후 교육과정 개발 모형들은 많은 경우 이를 확대 · 보완한 것이다. Hilda Taba의 교육과정 개발 모형은 학교에서 교사가 직접 참여하여 수업 지도 계획의 기초가 되는 단원수준 교육과정을 개발할 때 적합한 모형이다.

3 Walker의 교육과정 개발 모형은 이미 이루어진 교육과정 개발 사례를 참여 · 관찰하여 귀납적으로 추출한 실제적 모형으로, 개발과정 참여집단들의 의도와 이해관계의 복잡성을 잘 드러내 준다. 또 Eisner의 교육과정 개발 모형은 과학기술과, 어문과, 사회과의 그것과는 특성이 다른 예술 영역의 교육과정 개발 모형이다. 학습자의 이해와 표현 양식을 확장하기 위한 예술과의 특색이 잘 드러난 모형이다.

4 직업 교육과정 개발 모형은 전통적인 Tyler 모형을 따르는 체제적 접근과 직업수행에 필요한 직무를 분석하여 이를 계획 · 준비시켜 주기 위한 직무분석 모형으로 나뉜다. 한국의 국가직무능력 표준 NCS는 교육 훈련-자격-고용--임금-승진 등을 연계하기 위한 것이다.

5 공식적 교육과정의 전모에서 각 구성영역에서는 교육과정을 구체화하는 절차를 갖는다. 교육과정을 빚어내는 절차는 일정한 철학, 목적, 요구를 좇아 계획을 세우는 과정을 구체화한 것이다. 과학, 직업기술, 예술 등 분야에 따라 개발 절차나 개발된 모습이 다를 수 있다.

6 공식적 교육과정의 전모에서 각 존립수준에서는 교육과정을 구체화하는 절차를 갖는다. 초등학교에 적용되는 공통필수 교육과정은 각 교과를 규정하는 것에 따라 달라질 수 있다. 그러나 중등학교 상이선택 교육과정은 교과목들의 조합인 적성과 진로에 따른 진로 맞춤형 교육과정이므로, 계열 혹은 과정을 어떻게 규정하느냐에 따라 구체화된 모습이 달라질 수 있다. 열쇠모형, 팔괘모형, 삼각모형 등은 고교에서 점차 선택과 집중하는 모습을 그려 내기 위해 구안된 모형들이다. 고교는 졸업 후 대학진학 혹은 사회 진출을 돕는 교육기관이므로 진로별 교육과정을 편성 · 운영하게 된다. 진학고에서는 대학진학 후 전공 공부에 집중하므로 진로 '탐색' 과정을, 직업고에서는 사회 진출 후 직업생활을 영위하여 직업준비에 집중하므로 진로 '집중' 과정을 공부하게 된다. 가교총론은 어떤 주제나 분야를 둘러싼 새로운 교육적 요구를 총론이나 각론에 안착시키기 위해 시험적으로 개발한 교육과정기준이다.

이 장의 주요 용어

Tyler식 논리Tyler rationale, 역행설계Backward design, 핵심원리big ideas, 단원 개발unit development, 토대platform, 숙의deliberation, 개괄적 설계design, ADDIE, 이면설계implicit design, 표면설계explicit design, 진로별 교육과정career compatible curriculum, 열쇠모형Key Model, 팔괘모형Octagon Model, 삼각모형Triangle Model, 계열성sequence, 가교총론 bridge curriculum, 진로 맞춤형 교육과정career-based curriculum, 진로 맞춤형 대입시career-based college-entrance exam

연구과제

1. 이 장에서 소개된 교육과정 개발 및 설계모형들은 각각 어떤 필요를 충족시키기 위해 만들어졌는지 알아보시오.
2. 교육과정 개발 과정은 개발에 참여한 집단들 사이에 끊임없는 숙의를 통해 이루어진다고도 할 수 있습니다. 올바른 의미의 숙의가 이루어지기 위한 조건을 찾아 정리해 보시오.
3. Tyler, Walker, Eisner는 어떤 면에서 상호보완적이 될 수 있는지 그 가능성을 탐색해 보시오.
4. 직업현장의 직무수행에 필요한 실무 능력과 품성을 직접적으로 훈련하여 기르는 현장 중심 직업준비 교육과정의 구체적 사례를 조사하여 정리하시오.
5. 자신에게 가장 유의미한 교과를 골라 해당 교과 교육과정을 개발하는 절차를 조사해 보시오.
6. 자신에게 가장 유의미한 학교급을 골라 해당 학교의 교육과정을 구체화하는 절차를 조사해 보시오.

제7장

우리나라 교육과정의 변천

어느 지역이나 교육과정의 대부분은 국가의 형성과 봉건적 계급사회에서 소수 귀족 양반 및 관료를 양성하기 위한 체계적인 고등교육이 두드러지고, 중고급 숙련 기술을 배우고 발휘하는 영역에서 중인계급의 장인훈련과 함께 일상인들의 생활 속의 가르침의 형태로 계속되었다. 당시 체계적인 교육과 교육과정은 상대적으로 상층에는 유형으로 분명했고, 중인계급에는 청기와장수의 우화에서 보듯이 무형으로 흐릿했다.

현대적 의미의 본격적인 교육과정은 서양의 산업혁명이나 국민국가 성립 이후, 우리나라의 경우 19세기 말 이후 서양식 근현대교육이 들어서면서 시작되었다. 모든 사람을 위한 초등교육, 중등교육, 고등교육의 기회가 차례로 확대되면서 교육과정에 대한 학문적 탐구가 본격화되었다. 즉, 제도상 · 문서상으로는 근대시민국가의 형성과 함께 국가 수준의 교육과정이 본격적으로 대두되었다고 할 수 있다.

1. 고대 및 중세시대

1) 원시시대(고조선, 부여, 삼한)

어느 민족이나 고대 국가의 건국에 얽힌 신화를 가지고 있는데, 우리 민족도 최초의 건국 신화인 단군신화가 역사에 전해지고 있다. 단군신화를 통해 널리 수용되는 교육적 의미는 음양의 조화, 현세 지향적 세계관, 성자적 인간상, 홍익인간弘益人間, maximum service to humanity의 가치관을 지향했다는 것이다.

원시시대에는 자연의 횡포와 이해 불가하고 알지 못해 두려운 신비와 미신이 교육의 바탕이었고, 생활이 교육의 내용이었으며, 경험이 교육의 방법이었다. 산천과 들판이 그들의 교실이었고, 고기잡이, 사냥, 농사, 전쟁 어느 때든지 학습의 시간이었으며, 집단의 연장자가 그들의 스승이었다. 또한 성년식을 통하여 교육이 이루어지기도 했는데, 이를 통해 인내와 극기를 배우고, 어른에 대한 복종과 존경을 배우며, 가족을 부양하는 것을 배웠다. 이는 그 사회 집단의 존속과 발전을 위한 사회적 · 정치적 · 도덕적 의미를 지닌다.

부여와 삼한시대에는 모계제도가 부계제도로 변화되었고, 계급이 발생하였으며, 봉건화 사회로 나아가는 시기였다. 부계제도로 변화하면서 남자인 가장이 절대 강자의 지위를 갖게 되었고 대가족이 정치의 기본이 되며, 따라서 이 가족을 유지하는 질서인 가족주의적 도덕이 필요하였다. 그로 인해 도덕교육이 사회적 필요에 의하여 자연스럽게 중시되었다. 뿐만 아니라 계급의 발생으로 인해 사회 질서를 유지하는 데 복종이 필요하게 되었고, 예의를 중시하였다. 그리고 특권계급, 관리들만이 그 시대의 지식을 배웠고 그로 인해 그들만이 교육권을 갖게 되었다. 따라서 이 시대의 교육제도는 정교일치政敎一致를 벗어나지 못하였다. 농업생산이 주요한 국책이고 민생이 본위가 되어 있는 때이므로 현실생활에 필요한 실천교육이 자연적으로 요구되었고, 백성은 근면, 순종에 대한 실천 지식을 학습하였다. 한편, 당시 백성들은 전쟁에 참가하는 병역의 의무를 졌고 국가는 충성과 애국을 통한 국가보호의 일을 백성들에게 가르쳤다.

2) 삼국시대

(1) 고구려

교육의 필요성과 교육할 자원이 부족했던 고대사회에서는 소수의 성인을 대상으로 귀족과 관료를 충원하는 대학수준 교육이 우선이었다. 성인 전기 이전에는 집에서 생활 속에서 교육과 학습이 일상적이었다. 우리나라의 학교교육은 고구려의 소수림왕 2년(372)에 설립된 '태학(太學)'에서 그 효시를 찾을 수 있다. 『삼국사기』에 태학에서 자제를 교육했다는 짧은 기록밖에 남아 있지 않지만, 당시 사회에 익숙한 재래식 교육에 중국의 학제를 다소 참작하여 세운 것으로 보인다. 태학은 귀족 자제를 대상으로 한 관리양성의 관학 교육기관으로 유교 경전을 주로 가르쳤다. 『오경삼사(五經三史)』를 비롯하여 『삼국지』 『진춘추』를 주요 교재로 하였으며, 의학, 역학, 산학에 관한 서적 및 『악서(樂書)』 『병서(兵書)』 등도 읽었으리라 보고 있다. 한편, 고구려에는 태학 이외의 사학인 경당扃堂이라는 학문기관이 있었는데, 이 경당의 기원은 명확하지 않으나 서민을 대상으로 하는 사설 교육기관으로 서울뿐 아니라 시골의 마을마다 설립되었다. 경당은 문무일치의 교육을 실시하였고, 오경과 사기, 한서, 후한서, 삼국지, 진춘추, 옥편, 자통, 자림, 문선 등을 주교재로 하여 글을 읽고 무술을 익혔다는 기록이 있다.

(2) 백제

백제에 학교가 있었다는 직접적인 기록은 남아 있지 않으나, 일찍부터 중국 등 여러 나라들과 교류하면서 고구려와 신라 못지않은 훌륭한 문화를 누리고 있었던 점으로 미루어 볼 때 교육이 발달하였을 것이라 짐작된다. 『일본서기』와 『고사기』에 의하면, 백제인 아직기가 백제왕명으로 일본에 건너가 응신천황 태자의 스승이 되었으며(284), 이듬해에는 백제의 왕인 박사가 일본으로 초청되어 『논어』와 『천자문』을 전하였다. 이런 기록을 보더라도, 백제는 학문과 교육이 상당히 발전되어 있었고, 또한 이를 일본에 전하는데 결정적인 역할을 하였음을 알 수 있다. 그리고 백제에는 일찍부터 모시박사·의박사·역박사·오경박사 등 각종 전문 박사제도가 있었는데, 백제의 박사란 교육을 담당하는 백제의 관직명을 의미한다.

(3) 신라

중국식 교육과는 다른 '화랑도'라는 독특한 교육제도가 있었다. 신라는 지리적 조건으로 인해 고구려나 백제에 비해 중국 문화의 유입이 다소 늦었던 것으로 보인다. 따라서 화랑도 교육은 민족 고유의 교육의 단면을 보여 주는 것이라고 여겨진다. 신라의 화랑도교육은 용감하고 실천적인 인재 양성을 목적으로 도덕적·정서적·신체적·사회적·군사적 훈련을 강조하였다. 따라서 교육과정에 있어서도 지적인 면보다는 활동적인 것을 주로 하여 무술연마와 독서를 통한 이성도야, 노래와 풍류 등을 통한 정서도야, 지리조사와 명승고적순례 등을 통한 심신단련과 호연지기를 기르는 것을 교육내용으로 하였다. 그리고 화랑도는 유·불·도 삼교의 사상을 포함하고 있으며, 오상·육예는 유교의 가르침이고, 삼사·육정은 불교의 사상이었다. 화랑도의 조직을 보면 최고 책임자를 국선 혹은 원화라 하고, 그 밑에 3·4~7·8인의 화랑을 두고, 다시 각 화랑 아래에는 수백, 수천 명의 낭도가 속해 있는 문호라는 작은 집단들이 있었다. 지도자인 화랑은 귀족 출신이었고, 낭도는 평민출신도 가능했으리라고 본다.

통일신라 신문왕 2년(682)에 설립된 국학에서는 유교의 경전을 주로 하여 3과로 나누어 교육을 실시하였다. 논어와 효경을 필수로 하고 '예기, 주역' '춘추좌씨전, 모시' '상서, 문선'을 두 과목씩 배정하였으며, 그 밖에 의박사, 산박사, 제업박사, 천문박사, 누각박사 등 다양한 기술교과 분야가 더하여졌다. 그리고 국학에는 경卿 1명과 박사와 조교들, 대사大舍 2명과 사史 4명을 두었다. 교육목적은 유학의 교수와 연구 및 관리양성이었으며, 입학 자격은 15~30세 사이 6두품 출신의 귀족 자제였고, 수업연한은 9년이었다. 국학을 졸업하면 대나마 혹은 나마의 자격이 주어졌다. 또한 통일신라에서는 선덕왕 9년(640)부터 당나라 유학을 시작한 뒤로 다수의 학생을 당나라로 유학시켰다. 유학 기간은 10년이었으며, 서적비는 국가에서 주고 주식은 당나라에서 제공하였다. 유학생 중에는 당의 빈공과에 급제하여 벼슬에 진출했던 이들도 있었다.

(4) 발해

발해는 기록된 문헌이 부족하여 그 시대의 교육에 대해 자세히 알 수는 없지만, 『신구당서』와 『해동역사』 등에 적힌 내용으로 미루어 볼 때 고구려의 문물제도를 계승하였고 당의 관제를 상당 부분 모방하였다. 그리고 통일신라처럼 많은 왕족과 민간인 자제를 당으로 유학 보냈고, 빈공과에 급제하여 당의 관료가 된 학생들도 있었다. 이로 인해 발해는 당으로부터 해동성국이라는 칭호를 얻게 되었다. 이는 단지 중국에 유학생을 보낸 교육으로만 성취할 수 있는 것이 아니기 때문에, 발해는 고구려의 교육제도인 태학과 당의 교육을 본 뜬 국내 교육이 왕성하였을 것으로 추측할 수 있다. 기록상 '주자감이라는 기관이 설치되었다'라고 나오는데 이 기관이 중앙 교육기관이었을 것으로 짐작된다. 또한 정혜·정효공주 묘지를 보면 귀족층 여성들도 유교 경전 교육을 받았을 가능성을 보여준다.

3) 고려시대

(1) 관학(官學)

통일국가에서 관료를 체계적·집단적으로 키워 낼 필요가 증가하여 중앙의 국자감과

학당 및 지방의 향교가 세워졌다. 국자감은 일종의 종합대학으로 6학이 있었는데 이는 경전과 문학을 공부하는 유학부와 기술학부로 나뉜다. 신분이 높은 계층의 자제가 입학하는 유학부에는 국자학 · 태학 · 사문학이 있었고, 상대적으로 낮은 신분의 기술학부에는 율학 · 서학 · 산학이 있었다. 신분에 따라 차등 입학한 국자학 · 태학 · 사문학의 입학인원은 각 300명이었고 수학내용은 모두 동일하여 효경孝經 논어論語를 공통필수과목으로, 주역周易, 상서尙書, 주례周禮, 예기禮記, 모시毛詩, 춘추좌씨전春秋左氏傳, 공양전公羊傳, 곡량전穀梁傳 등을 전공교과로 하였다. 국자감의 교육내용은 삼사와 오경 및 제술을 주로 하여 실천윤리를 앞세웠다. 학습방법으로는 여가에 매일 습자 한 장을 쓰도록 하고, 하나의 경서를 교수한 후에 종강하도록 하며, 종강을 못한 경우에는 과목을 바꾸지 못하게 하고 연말에 공부한 과목을 계산하여 박사와 조교가 평가하였다. 수학연한은 국자감시에 응시하는 데 필요한 6년과 국자감시에 합격한 후 3년이 지나야 최종시험인 예부시禮部試에 응시할 수 있어 9년이, 율학 · 서학 · 산학은 6년이 소요되었다. 고려의 과거제도에서 문과 시험은 3단계 절차로 이루어지는데, 예비시험인 초시를 거쳐 국자감에서 행하는 국자감시를 통과해야 동당감시에 응시할 수 있었다. 다만 예외적으로 국자감에서 3년 이상 재학하면 바로 동당감시에 응시할 수 있는 자격이 주어서 당시 인기높은 사학을 견제하려는 대책이었다. 과거제도는 이후 우리나라 지식인과 관료들의 공부를 개인적 입신출세를 위한 글공부, 시험공부, 머리공부로 고착시켜왔다.

그 밖에 관학인 향교와 학당은 중등 정도의 경전 위주 교육을 실시하였다. 지방의 학교인 '향교'는 성종 6년(987), 12목牧에 경학박사와 의학박사 각 1명을 파견하여 지방 관리와 백성의 아들을 가르치게 한 제도로 시작되어 점차 군郡 단위까지 전국적으로 설립되었다. 향교의 교육과정은 국자감과 큰 차이가 없었을 것이나, 과목 수는 훨씬 적었을 것으로 보인다. 과거 준비가 중요한 목적이었으므로 제술(製述: 작문)과 명경(明經: 효경, 논어, 9경)을 위주로 의학과 율학 · 서학 · 산학 등의 교과도 설치되었을 것으로 본다. 향교의 입학자격은 8품 이하의 자제와 서자다. 학당은 향교와 같은 수준의 서울에 설립된 유학 교육기관으로 국자감의 3학에 입학할 수 없는 서민을 위한 교육제도라고 볼 수 있다.

(2) 사학(私學)

사학으로는 십이도十二徒와 서당이 있었다. 최충은 은퇴 후 사학을 설립(1055년)하여 9경 3사와 제술製述을 가르쳤고 이에 많은 학생이 모여들어 그들을 수용하기 위해 9재를 짓고 사학의 이름을 '문헌공도'라고 하였다. 이후 많은 유학자가 이를 본받아 11개의 사학을 세웠는데, 이 사학들을 '12도'라고 불렀다. 십이도는 국자감 유학부와 같은 수준이었는데, 오늘날의 사립대학에 해당한다. 사학에서는 구경과 삼사 및 시문을 주요 교육내용으로 하고 매년 여름에 승방僧房을 열어 하과夏課를 닦는 등 교과뿐만 아니라 예의범절에서도 좋은 교육성과를 나타냈다. 과거의 시험관을 '지공거'라고 하였는데, 지공거와 급제자는 좌주와 문생의 관계를 맺어 사제지간이 된다. 여기서 지공거들은 십이도의 교수들이 많았고, 그로 인해 과거를 준비하는 학생들은 더욱더 12도를 선호하게 되었다.

고려의 서당에 관한 기록은 남아 있지 않으나 『고려도』 등의 기록을 통해 미루어 보면, 민간 사설 교육기관인 서당이 많이 존재하였음을 알 수 있다. 서당은 향교나 십이도 같은 교육기관에 입학하기 전 기초교육을 제공한 초급의 사설 교육기관으로, 민간인 자제들도 입학할 수 있었던 것으로 짐작된다.

2. 조선시대

조선사회는 양반사대부가 집권층으로 엄격한 신분제가 유지되었으나 후기에는 한정된 관직에 비해 세습양반의 수 증가, 공명첩의 남발 등으로 인하여 계급질서가 점차 무너졌다. 조선시대의 신분 계급은 대체로 왕족과 문무반文武班의 양반, 기술직과 지방하급 관리로서 중인, 농農・공工・상商 등 생산담당의 절대다수인 양인, 노비・백정・재인・무인・창기 등 천업에 종사하는 천민으로 구성되었다. 계급질서 속의 교육은 성리학을 배워 과거를 치르고 개인의 입신양명과 지배층의 관료양성 등이 주목적이었다. 과거응시 자격은 양인 이상이었지만 한정된 관직수로 과거는 양반들의 전유물이었고, 한문 유학 경전을 암송하는 문과교육에 치우쳐 문명발전이 상대적으로 지체되었다.

(1) 관학

제도 내 관학으로는 국자감을 이은 성균관, 향교와 사학, 기술교육기관, 왕실교육기관 등이 있었다. 최고 학부인 성균관의 주요 교과는 소학小學, 논어論語, 맹자孟子, 중용中庸, 대학大學의 4서와 시경詩經, 서경書經, 주역周易, 예기禮記, 춘추春秋의 5경 위주로 한 경서와 제사諸史의 강독 및 제술製述 등이었다. 소학小學은 유교사회의 도덕규범 중 기본적이고 필수적인 내용을 수록한 유학교육의 입문서여서 모든 교육기관의 필독서였다. 반면, 노장老莊, 불서佛書 및 백가百家, 잡류雜類 등은 유교사상에 비추어 금기시되었다. 성균관에는 경국대전을 비롯하여 원점절목圓點節目, 권학사목勸學事目, 학교사목學校事目 등 학칙이 있었는데, 여기에 교육과정과 성적 평가 방법 및 일상생활에 관한 생활규칙 등이 담겨 있다. 중등단계의 관학으로는 향교鄕校와 사학四學을 들 수 있다. 향교는 성균관과 마찬가지로 4서, 5경, 제술 등 유학을 가르치는 것 이외에 지방의 향풍을 순화하고 백성을 계도하는 역할도 담당하였다. 사학은 학제와 교육내용이 성균관이나 향교와 큰 차이가 없었고, 여씨향약과 각종 '행실도' 등이 교재로 사용되었다.

해당 관청에서 담당한 관 주도 기술교육이 실시되었지만 이를 '잡학'이라 할 만큼 천시하여 중인 이하의 신분이 주로 담당하였다. 기술교육에는 역학, 의학, 산학, 율학, 천문학, 지리학, 화학, 악학, 무학 등이 있었다. 학생들은 과거를 통하여 자격을 부여받거나 해당 관서에 등용되기도 하였다. 왕실의 임금과 세자 및 종친을 위한 특수교육기관으로는 경연, 세자시강원, 종학 등이 있었다. 경연에서는 국왕에게 학문과 치국의 도를 강론하고 때때로 국가 정책에 대하여 논의하기도 하였으며, 세자시강원은 왕세자의 교육을 담당하는 곳으로 유학의 경서와 역사를 가르쳤다. 종학은 세자를 제외한 왕족, 즉 종친의 교육을 담당하는 곳이었다.

(2) 사학

조선시대 후반으로 갈수록 양반 계급의 증가로 교육에 대한 수요도 함께 증가하여 사대부와 유학자들이 운영하는 사학私學이 번창하였다. 사학은 중・고등단계의 서원과 초등단계의 교육을 실시한 서당으로 나뉜다. 서원의 교육은 전통적인 유교경전과 문장 공부가 중심을 이루는 것으로 각각의 서원에 따라 약간의 차이가 있으나 대개 격몽요결擊蒙要訣, 소학小學, 4서5경, 가례家禮, 역사, 성리학, 근사록近思錄 등이 교수되었다. 서당은 천자문千字文에서 시작하여 동몽선습童蒙先習, 유합類合, 훈몽자회訓蒙字會, 명심보감明心寶鑑, 통감通鑑, 소학小學, 4서3경, 사기史記, 당송문唐宋文 및 당률唐律이 교수되었다. 서당은 향교나 사학으로 진학하기 위한 준비교육에 주목적을 두었으나, 청소년들에게 한문의 독해 능력을 부여하고 유교에 대한 초보적인 지식을 보급시키는 데에도 기여하였다.

(3) 농업교육

조선시대에는 농업을 중시 여겨 다양한 농업기술 지침서를 간행하였는데, 고려말 발간되었던 『농상집요(農桑輯要)』를 우리말로 번역하였으며(1414년), 세종 시기에는 『근농교서(勤農敎書)』를 보급하기도 하였다. 세조 때에는 양잠 장려, 저수지 수축, 시비법에 있어서 인분, 우마분, 제초의 중요성과 추동경 및 춘경과 재경 이득 등을 역설하는 권장교서가 보급되었다. 개인이 농서를 펴내기도 하였는데, 강희맹은 자신의 경험과 견문을 엮어 초기 조선왕조의 농업기술에서 중요한 역할을 하고 있는 『금양잡록(衿陽雜錄)』을 편찬하였다. 이러한 농서의 편찬은 일찍부터 보급된 서당의 한문 독해 교육과 결합하여 농서의 독해에 지장이 없는 농촌지식인들을 형성시키고, 이들은 농업지식의 보급자로 활약하였다.

(4) 여성교육

이전 시대의 남녀평등과 달리 조선사회에서 여성은 제도 내에서 교육받기 어려웠고, 가정에서도 유교적 가치관에 근거하여 정절과 남녀 내외와 같은 이념이 정착되는 수단으로 교육이 활용되었다. 설순이 편찬한 한문본 『삼강행실도(三綱行實圖)』(1434년), 소혜왕후가 찬술한 『내훈(內訓)』(1475년)은 후대에도 여성들에게 널리 읽혔다. 국역된 중국의 『여훈서(女訓書)』, 송시열의 『계녀서』, 이덕무의 『사소절부의편(士小節婦儀篇)』, 해평 윤씨의 『규범(閨範)』과 같이 유학자와 사대부 가정 여성의 저서가 여성교육에 사용되었다. 중류이상 가정 부인의 수학 내용 및 범위는 소학, 사기, 논어, 시전, 여사서女四書 등이었다. 훈민정음이 창제된 이후에는 여성도 편지와 소설을 읽을 수 있을 정도로 나아졌으나 대부분 문맹이었다. 일반 부인의 독서범위는 후기명감, 내훈, 삼강행실도, 열녀전, 소학언해, 오륜가, 경민편, 언문사서 등의 내훈서와 흔히 알고 있는 심청전, 박씨부인전, 옥루몽, 구운몽 등과 같은 천 여 종의 이야기책이었다.

3. 개화기와 일제강점기

조선 말기에는 서세동점의 근대적 여명기를 맞아 세계 변화에 눈뜨고 개혁·개방·개화를 위해 노력해야 했으나, 먼저 탈아입구(脫亞入歐)를 통해 서양문물을 받아들여 서양 제국주의의 식민지개척을 모방한 일제에 의해 강점을 당하고 말았다. 교육은 시대를 앞서 다음세대에게 새로운 문명과 문화를 개척하도록 눈을 열어 주었어야 하는데 그 역할이 지지부진하였다. 즉, 일제강점은 당시 조선의 정치나 경제 수준이 세계사의 변화에 따라 양민들을 일깨우지 못한 것과 함께 교육의 실패 탓도 적지 않았다.

1) 개화기의 교육과정

문호개방에 반대도 있었으나 문명발전의 대세는 개화, 서구화, 근대화였다. 일본과 구미 열강에 의해 강요된 개항과 함께 신교육도 이식되었다. 중국식 유교교육을 하는 서당과 서원에서 일본과 구미식 신식교육을 하는 학당과 학교로 변화된 시기다. 전통에서 근대로 머뭇거렸고, 자주에서 식민지로 전락한 시기였다. 먼저, 정부의 교육개혁은 개항 후 일본과 미국 등지로 사절단, 수신사, 신사유람단을 파견하여 서양의 발달된 제도와 과학기술을 받아들이려하였다. 앞선 일본과 서구를 따라 배워야 했고 거기에는 신식교육이 절실했다. 갑오개혁은 과거제와 신분제의 폐지를 가져왔고, 고종의 교육입국조서는 덕체지의 3양에 힘쓰고 실용교육에 힘쓸 것을 강조하였다. 소학교령(1895. 7. 19.)에서는 공립초등교에 심상과(3년)와 고등과(2~3년)를 설치하도록 하였다. 심상(尋常)과의 교과목은 수신·독서·작문·습자·산술·체조 등이고, 고등과는 한국지리, 한국역사, 이과, 도화, 외국어(일어), 재봉(여학생) 등을 부과하였다. 당시 소학교는 서울에 10개, 지방에 50개가 설립되었다. 최초 관립 근대학교인 육영공원(1886)에서는 읽기·쓰기·셈하기의 기초교과와 함께 수학·외국어·자연과학·사회과학·농업기술 관련 과목을 가르쳤다. 일본의 영향을 강하게 받은 '심상소학'의 경우 개인 덕목을 강조하였지만 교육받은 이들이 만들어갈 지향하는 사회상의 비전이 없었다. 중학교령(1900. 9. 4.)에 따라 심상과(3년) 교과목은 윤리·독서·작문·역사·지지地誌·산술·경제·박물·물리·화학·외국어·체조로, 고등과에서는 법률·정치·공업·농업·상업·의학·측량 등이 더해졌다. 특히 통상과 개화에 필요한 일어·영어·러시아어·프랑스어·독일어 등의 외국어학교를 열어 외국어와 외국어로 된 일부 교과와 한문으로 된 독서·작문·한국역사·지리 등을 가르쳤다.

이용익, 남궁억, 이승훈, 안창호 등 민족선각자들에 의해 설립된 사립학교에서는 일본 등 외세침략을 막아내고 국권을 회복하는 길은 민족의 각성을 통해 실력을 기르는데 있다고 보았다. 당시 단기간에 5천여 개의 학교가 세워졌으나 일제 통감부의 탄압으로 상당히 위축되었다. 최초 민간 근대학교는 원산학사(1883)로 산술, 격치(물리), 농업, 양잠, 채광 등에 점차 외국어, 법률, 지리, 만국공법 등을 가르쳤고, 문예반은 경의經義를, 무예반은 병서를 주로 하였다. 민족사학들은 국권회복을 위한 민족운동지도자의 양성, 민족의식 고취, 애국사상 함양과 항일운동, 건전한 인격과 강건한 신체 단련 등을 강조하였다.

또한 서양 기독교계가 선교와 실용을 목적으로 교육과 의료 사업을 벌였다. 이들에 의해 근대적인 영어, 성경, 산술 등의 교과들과 수업방법 등이 소개되었다. 국한문 혼용의 성경은 아동과 성인들이 글을 배우는 입문서 역할을 하였다. 기독교정신에 따라 이화학당과 정신여학교 등을 통해 여성과 소외계층들도 교육기회를 얻게 되었다. 배재학당의 경우 한문·영어·천문·지리·생리·수학·수공·성경 등이 교수되었고, 각종 연설회·토론회·야구·축구·정구 등 과외활동이 부과되었다. 수신 대신 성경이 강조되었고, 역사·지리·경제를 넘어 현실적인 정치·법·행정 등도 가르쳤으며, 근대적 의미의 예술·체육과 실용적 재봉·침공·수예 등이 강조되었다. 당시 학교들은 수신·독서와 작문·습자·산술·본국과 외국 지리·본국 역사·이과·도화·체조·재봉 등을 가르쳤다. 지리, 이과 등에서는 관찰 등이 교수법으로 등장하였다.

개화기에는 전통 교과와 함께 서구 근대 교과들이 교수되었으나 한문 등 유교적인 것은 위세가 여전히 높았고, 옛 중인계급들이 공부하던 수학, 화학, 물리, 지리 등의 실용과목은 양학이라고 하여 지위가 낮았다. 선각자들은 진화론과 양육강식을 이해하고 교육을 통해 서구화 · 근대화를 지향했지만 앞선 일본의 영향력을 벗어나기 어려웠다. 당시는 전통과 근대, 자주성과 식민성이 혼재되었고, 외세에 의한 개방과 중국으로부터 독립을 강조하였지만 일본의 침략 야욕이 교육을 통해서도 침투되었으며 급기야 국권상실로 이어졌다.

2) 일제강점기의 교육과정

초기에는 일본화를 위한 초보적이고 차별적인 질 낮은 실업교육이 행해졌고, 3 · 1운동 이후 일본과 유사한 교육제도와 교육과정을 통해 유화책을 추구하다, 말기에는 우리민족을 일본에 철저히 동화 · 말살시키려고 우리말과 글을 빼앗고 2차 대전에 학생들을 동원하였다.

(1) 무단통치기(1910~1919)

일제는 조선교육령을 제정(1911. 8.)하여 학제를 전면 개편했는데, 한국인이 다니는 학교 수와 그 수업 연한을 줄이고 교육내용은 실용적인 것으로 하였다. 한국인에게 최소한의 교육을 제공하여 자립과 독립심을 갖지 못하게 하면서 직업전선에 조기에 투입시키려는 우민화교육정책의 일환이었다. 총수업연한은 대학수준교육이 없는 10~12년으로 보통학교(4년), 고등보통학교(4년), 여자고등보통학교(3년)이었고, 고등교육은 제8~11학년 또는 제12학년의 전문학교에서 이루어졌다. 학교에서는 일본식 국민성 함양과 일본어 보급에 힘썼다. 실업학교로는 2~3년제 농업학교, 상업학교, 공업학교와 간이실업학교가 있었다.

보통학교에서는 조선어 수업시간이 줄었고, 일본어를 국어라 하여 수업시간을 늘렸다. 수신과는 국법 준수, 공덕 숭상, 공익 진력 등이 강조되었는데 이는 일본법을 준수하게 하려는 것이었다. 고등보통학교의 교과목은 수신, 국어(일본어), 조선어 및 한문 등이었는데, 교과들을 통합하여 한국인의 전문적인 지식 습득을 방해하였다. 수학, 외국어 시간도 대폭 축소되었으며 한국의 역사와 지리는 전혀 가르치지 않았다. 정숙하고 근검한 여자 양성을 강조한 여자고등보통학교의 교과목도 이와 유사했는데 다만 수신과에서 예의범절을 더 강조하였다.

(2) 문화통치기(1919~1936)

3·1운동을 거치면서 유화적인 통치 방침(내지內地준거주의)에 따라 학제는 일본과 유사해졌다. 그러나 한국인 학교에는 모두 '보통'을 붙였고, 한국 내 일본인 학교는 소학교, 중학교, 고등여학교라고 칭하였다. 보통학교 교과목의 '조선어, 일본역사, 지리, 재봉, 수공'에서 변경이 있었다. 4년제 보통학교에서는 '수공'을 남녀공통과목으로 하였다. 일본 학교제도와 동등하게 일부 6년제 보통학교에 2년의 고등과를 설치하기도 하였다. 낮은 질의 실용적 교육이라는 비난을 무마하기 위하여 역사, 외국어 등 인문교과의 시수를 다소 증가시켰다가 다시 실용적인 방향으로 개정(1929. 6.)하여 보통 수준의 지식 및 기능과 직업 교과를 강조하였다.

고등보통학교에서 교과를 통합하여 한국인의 전문지식 습득을 방지하였다면, 이번엔 교과들을 다시 분리하여 한국인에 대한 회유책을 펴고 있었지만 여전히 조선어 시수는 감축하고 영어만 늘렸기 때문에 형식적인 회유책이었다. 여자고등보통학교에서는 '산술'이 '수학'으로 개칭되고 '습자'가 삭제되었으며 '재봉 및 수예'의 비중이 줄어들었다. 회유책의 일환으로 실업교육 편중을 완화시키려 한 것이었다.

실업교육의 수업연한은 3~5년으로 연장되었다. 전반적으로 실업적인 지식, 기능뿐만 아니라 상식, 인격 도야를 위한 보통학과의 비중이 늘었음을 확인할 수 있는데 이는 한국인 회유책의 일환이었다. 실업교육에서 조선어는 선택과목이 되었다. 또한 농고, 상고, 공고 등 학교의 종류 및 남녀에 따라 추가 개설되는 과목이 조금씩 달랐다.

(3) 민족말살통치기(1936~1945)

제3차 조선교육령을 개정(1938)하여 학교의 명칭을 '내선일체 방침'에 따라 한국과 일본에서 통일시키고 황국신민화皇國臣民化 교육을 강화하였다. 공립학교에서 한국인과 일본인의 공학이 허용되었고 교원양성과정도 통합되었다. 어려운 시기에 한글맞춤법통일안이 제정(1933년)된 것은 교육을 위해 다행스러운 일이었다. '조선어' 이외에는 양국에서 동일했다. 학교는 심상소학교(6년), 고등소학교(2년), 중학교(5년), 고등여학교(3~5년), 실업학교(3~5년), 실업보습학교(2~3년), 사범학교(5년), 사범학교 연습과(2년) 등이 있었다. 제4차 조선교육령(1943. 3.)에서는 국민학교(초등과 6년, 고등과 2년), 고등여학교(4년), 실업학교(4년) 등에 변화가 있었다.

1941년 초등학교령에 따른 6년제 국민학교의 교과에서는 '수신, 국어, 국사, 지리'가 국민과로, '산술, 이과'가 이수理數과로, '박물'과 '물리 및 화학'을 이과로, '체조, 무도'가 체련과로, '음악, 습작, 도화, 공작, 가사, 재봉'이 예능과로, '농업, 공업, 상업, 수산'이 직업과로 통합되었는데, 이는 진보주의식 통합교과 측면을 지니고 있었다. 중학교에서는 실업교육의 비중이 높아졌고, 전문적 지식교육 과목을 폐지하고 생활교양교육인 공민과를 새로 개설하였다. 3~5년제 고등여학교에서도 국민과와 가정과(가정, 육아, 보건, 피복), 수련을 통해 실업교육을 다시 강조하였다. 실업학교도 유사하게 일반교과인 국민과, 실업과, 이수과, 체련과, 예능과를, 여학생에게는 가정과를 부과하였다. 농업학교, 공업학교, 상업학교, 척식학교(농업척식과, 상업척식과) 등에서 학교마다 1종이나 2종의 학과를 설치하였다. 일제강점기 실업교육은 황국신민화 정책에 부응하는 산업기능인을 양성하고 급기야 전쟁터로 내몰기 위한 이념적 회유책과 신체단련이 우선되었다.

3) 일제강점기 구국독립의 교육과정

(1) 일제강점기 초기 교육진흥운동

개화기 이후 선각자들은 부국자강을 위한 능력을 기르기 위해 학교를 설립하고, 일반인들은 점차 신학문을 받아들이려 하였다. 그러나 일제식민 지배가 굳어지면서 한편으로는 교육을 입신출세의 발판으로 이용하려는 풍조가 자리 잡기 시작하였다. 일제의 학력주의 지배 관행으로 인해 학력이 있어야 은행, 기업체 등에 취업할 수 있었고, 임금에도 학력에 따른 차별이 뚜렷했기 때문이다.

1910년대에는 교육구국운동의 일환으로 일본 등지에서 귀국한 한국인 유학생을 중심으로 새로운 지식과 교육사상을 수용하려는 움직임이 있었다. 1920년대 전반기에는 '교육진흥운동'이 일어나 조선총독부에 대한 식민지 교육 개선 요구, 식민지 체제 속에서 합법적인 학교설립운동, 식민지 체제 밖에서의 교육진흥운동 등이 다양하게 나타났다. 교육진흥운동의 핵심은 각급 사립학교 설립 운동이었는데 일제의 3면 1교주의三面一校主義 정책에 대응한 보통학교 설립운동이 주를 이루었다. 하지만 이런 노력은 일제의 사립학교 설립요건 강화라는 방해로 인해 실패하는 경우가 많았다. 민립대학 설립운동도 일제의 관립대학인 경성제국대학 설립으로 인해 저지되었다.

(2) 학생 운동과 야학

학생운동에서는 서구에서 성행한 마르크스주의 사조를 도입하여 이론적·과학적으로 체계화시켜 나갔다. 조선학생총연합회(1924), 사회주의 색채가 짙은 조선공학회(1925. 5.), 이를 계승한 조선학생과학연구회(1925. 9.)가 설립되었다. 이들은 학생 강연 활동과 농촌계몽 운동에 주력하였다. 1920년대 후반 조선공산당 비밀조직이 일제에 의해 검거되면서 조선학생과학연구회의 활동도 위축되었으나 동맹휴학의 방법을 동원하여 저항을 이어나갔다. 이후 광주학생운동(1929)에서 정점을 이룬 후, 신간회의 해체와 더불어 조직 내외의 압력과 분열로 1930년대 이후에는 소규모 독서회와 같은 그룹운동으로 방향이 전환되었다. 1930년대 후반에는 사회주의적 지식인 운동이 대내외적인 한계 상황에 직면하여 민족주의적인 운동으로 전환되었다.

1920년대부터 야학이 성행하였는데 그 설립자는 주로 지방유지, 노동 · 농민단체, 청년회 · 종교단체였다. 야학의 교사들은 지역의 선각자나 진보적인 지식인 계층이었으며 스스로 야학을 설립하여 무보수로 가르치는 경우도 많았다. 야학의 교육내용은 반일애국사상을 고취하고 일반문화 및 지식수준 향상을 위한 교육이었다. 이 때 야학에서 일본어교육은 일제의 탄압을 방지하고 서적들을 번역 · 교육하기 위한 수단이었다. 노동야학운동은 1930년대 이후 개량적인 문자보급운동 등과 혼재되면서 교육적인 역할을 다하지 못하는 한계점을 보이게 되었다.

⑶ 간도 지방에서의 민족 교육

다른 한편, 구국독립을 위한 민족교육이 간도지방에서도 진행되었다. 이 지역으로 망명한 민족주의자들은 독립운동의 일환으로 민족교육운동에 열중하였고 북간도에서 최초 근대교육기관인 서전서숙(1906년)을 시작으로 민족운동가, 종교인, 일반민간인 등이 간도 각 지방에 많은 사립학교를 설립하였다. 1920년대에는 사회주의 영향으로 공산주의자들도 이에 합류하였다. 이는 3 · 1운동 이후 무력투쟁보다 교육문화계몽을 통한 실력양성운동과도 관련되었다. 교육내용은 조선의 역사, 지리, 조선어 등 애국교육과 창가, 체조교육 등으로 민족의식 및 항일사상 고취에 주목적을 두었으며 근대식 신교육에도 힘썼다. 당시 중국과 일제의 간섭에도 불구하고 북간도 교육기관은 독립운동의 토대가 되었다. 3부가 통합(1929년)된 국민부는 행정조직과 군사조직을 갖추고 반일자치활동과 친일세력 소탕에 주력했고, 군사양성의 군정과 자치기관의 민정을 분리하였다.

4. 광복 이후 대한민국의 교육과정

남한은 미군정, 북한은 소군정의 영향을 받아 각각 민주주의와 공산주의의 체제에 맞는 교육을 이식하게 되었다. 일제강점기 36년간의 식민지교육을 청산하면서 대한민국은 자유민주주의와 대외개방적인 시장경제 자본주의, 개인의 인권과 사상 및 사유재산 등을 강조하는 체제를 정착시키기 위한 교육을 시작하였다. 그리고 각급 학교의 교육과정도 변화를 거듭해 오고 있다. 이하에서는 초 · 중등학교의 교육과정을 국가수준 교육과정기준의 변화를 중심으로 살펴보고자 한다.

초등, 중등, 고등 교육에서 양적 교육기회의 점진적 확대는 교육과정의 내용적 특성을 대중화로 변화시켜 왔다. 교육과정은 국가, 지역, 학교, 교사, 학생 등 다양한 수준에서 결정될 수 있는데, 교육과정 관련 기준과 지침, 교과서 제도, 시험 제도 등에 대한 최종 결정권을 갖고 있거나 이를 승인할 책임이 교육제도 내에서 최고의사결정기관(예: 교육부)에 있는 경우는 '국가수준 중앙 집중'이고, 도나 주, 자치령 등 지역수준에서 결정되면 '지역수준 중앙 집중'이며, 학교 자체 또는 교사들에 의해 결정되는 경우는 '분권'으로 구분한다. 우리나라는 중앙집권적인 국가교육과정기준을 연구 · 개발 · 고시하고 이에 따라 국정 혹은 검인정 교과서를 제작 · 배포하여 교육과정을 구현하고 있다.

해방 후 초기에는 교과과정 또는 학과과정이 교수요목의 형태로, 1954년 이후에는 교육과정이라는 용어가 사용되었고, 제7차 교육과정기까지 대략 10년을 주기로 국가교육과정기준 문서가 고시되었다. 2005년 이후부터는 수시개정이라는 이름으로 기준 문서의 잦은 개정이 있어 왔으며, 현재 2015개정 교육과정기준이 고시된 상태다.

1) 교수요목기(1945~1954)

미군정기(1945~1948)로 미국식 민주주의를 이식하기 위한 노력을, 또 식민지교육에서 벗어나려는 노력을 하였다. 낮은 취학률에 한글문맹이 적지 않았고, 이념적 좌우대립이 심각하였으며, 북한의 남침으로 동족상잔의 비극을 겪게 되었고, 이후 남북한의 교육은 정반대 방향으로 달라졌다. 대한제국 이후 한문투를 벗어난 우리말과 글이 제대로 정립되지 못하였고, 일제강점기를 거치면서 이런 형편은 더욱 악화되었다.

교육에 대한 긴급조치(1945. 9. 10.)로 초등학교의 수업이 시작되어 우리말과 글과 역사를 가르치게 되었다. 당시 미군정청학무국에서 시달된 '신조선의 조선인을 위한 교육방침'이 적용되었는데, 이에 따르면 교수 용어는 일본어 대신 한국어로, 또 조선의 이익에 반하는 교과목들, 특히 일제황민화교육을 주도했던 과목들이 일체 금지되었다. 미군정청 학무국에서는 일제 강점기의 교육과정을 사용하지 말 것을 지시하고 '교수요목제정위원회'를 조직하여 교수요목(어떤 과목에서 가르칠 교수내용 목록)을 제정하고 교과서를 만드는 일에 착수한다. 초 · 중등학교 교과목 및 주당 시수표를 발표하였으나 교과서는 각 학교에서 적당히 마련하여 사용하도록 권고할 만큼 미처 교육할 준비가 부족하였다. 교육을 새로이 건설하는 데 가장 필요한 것은 우리말을 정립하고 우리글로 된 교과서를 가지는 것이었다. 부족한 교원을 채우기 위해 대대적인 연수가 있었음에도 아쉽게도 학생을 가르치는 교원들은 일본식으로 교육받은 사람들이었고, 이들은 구태를 쉽게 벗어나지 못하여 일본식 교육이 새교육에도 일정 부분 이어질 수밖에 없었다. 결과적으로 일본 군구주의적 교육 색채(교사중심의 일제식 설명식 수업, 위계와 서열, 지필시험, 체벌 등)는 세대를 이어 가게 되었다.

미군정청학무국은 교수요목教授要目을 발표함(1946. 11.)과 아울러 교과서 편찬사업에 주력하였다. 교수요목의 특색은 ① 교과지도내용의 상세화, ② 분과주의 채택과 체계적 지도를 통한 지력배양, ③ 홍익인간의 이념에 의한 애국애족교육과 일제잔재의 제거 등을 들 수 있다. 교수요목은 1954년 교과과정이 제정되기 전까지 학교교육의 지침으로 사용됨으로써 이 시기를 '교수요목시기' 혹은 '교육과정의 탐색기'라 지칭한다. 당시 교수요목은 시간적 여유가 없어 각 교과별로 가르칠 주제를 단순히 열거하는 데 불과하였고, 일제하 식민정책으로 낮았던 교육수준을 높이고자 한 결과로 내용과 수준이 학생들의 지적능력에 비해 너무 높다는 평을 들었다. 또한 교과목별 수업시간을 보면 교수요목에 준하고 있으나 교육과정 운영은 학교장에게 융통성을 발휘하게 하였으므로, 운영의 실제에 있어서는 학교마다 상당한 차이가 있었다. 미군정기는 대한민국의 교육의 이념과 제도 등의 기초를 놓은 시기로, 6-3-3-4의 학제 구축과 민주주의적 새교육을 위한 교사 연수, 한글로 된 교과서 개발에서 큰 성과를 보였다.

정부 수립 후 1949년에 교육법이 공포되어 학교교육의 체계를 갖추고자 하였으나 6·25전쟁의 발발로 우리나라 교육은 또다시 어려움에 처하게 되었다. 이 시기의 교육과정은 유교적 봉건성, 일제식 군국성, 미국식 자유민주성과 자본주의성 위에 한국전쟁의 상처에 의한 반공성이 가미되었다. 분단과 한국전쟁, 이어진 냉전으로 인한 정치 이데올로기 문제가 교육과정 및 교과서 내용 정책에서 매우 중요한 요소로 자리 잡게 되었다.

2) 제1차 교육과정(1954~1963)

전쟁으로 파괴된 국가를 재건하기 위해 현실생활을 개선하고 향상시킬 사회 개선의 의지를 강조하였으며 정부 수립 후 제정하고 공포한 교육법의 교육목적을 달성하기 위한 교육과정을 기획하였다. 미국이 파견한 교육사절단의 조언 아래 문제해결 학습과 같은 교수법이 확산되었다. 이 교육과정은 민주주의, 진보주의, 생활중심의 교육사상을 반영한 것이다. 학교에서 펼쳐지는 교육과정을 '학교의 지도하에 학생이 하는 모든 경험'으로 보고 교과목의 학습과 그 밖의 학교 활동을 같은 비중으로 보았다. 총칙에서는 교육과정을 '각 학교의 교과목 및 기타 교육활동의 편제'라고 정의하였다. 교육과정 시간 배당령은 교육과정으로, 각과 교육내용의 대강을 나열한 것은 교과과정으로 불렀다. 사회생활과를 중학교까지 설치하고, 초·중학교의 이과를 자연 혹은 과학으로 바꾸어 광역형 교육과정 운영방식을 도입하였으며, 실업교과의 비중을 강화하여 학교교육의 실용적 의의를 높였다. 특히 특별활동을 중시하고 시간배당을 하여 교육과정을 교과활동과 특별활동의 두 개 영역으로 전체구조를 갖추었다. 각 교과 및 특별활동의 연간 수업시간 수에 대한 학년별 시간배당량(예: 국어 25~30%)을 표시한 점이 특이하였고, 아래 괄호에는 매주 평균 수업시간량(예: 국어 240~290분)을 최저와 최고의 시간기준으로 표시하여 지역과 학교 여건에 맞게 운영할 수 있도록 하였다.

초등의 교과 편제는 국어, 산수, 사회생활, 자연, 보건, 음악, 미술, 실과 등 8교과로서 교수요목시대와 같았으나 전쟁 직후로 반공 · 도의 · 실업교육을 강조하였으며, 아직 자유민주주의를 학습하기에는 사회적 여건이 충분하지 않아 대신 반공교육을 강조한 도덕 과목을 신설하여 주 1시간씩 필수로 부과하였다. 중학교 교육과정에서 교과활동은 국어, 수학, 사회생활, 과학, 체육, 음악, 미술, 실업가정과였으며, 선택교과는 실업가정, 외국어, 기타 교과였다. 사회생활과에 배당된 시수 중 연 최저 35시간은 전후 복구 차원에서 도의교육을 위한 활동에 충당하도록 하였다. 고등학교는 국어(1) · 사회(일반사회 · 도덕 · 국사) · 수학 · 과학 · 체육 · 음악 · 미술 · 실업가정과를 필수로 제시하고, 선택교과로 국어(2) · 사회(세계사 · 지리) · 수학(해석 · 기하) · 과학 · 교련 · 철학 및 교육 · 음악 · 미술 · 체육 · 외국어 · 전문과정 등을 제시하였다. 당시 실업고의 직업교육은 우리 사회가 전통적인 농업중심이어서 공고 출신에 대한 저조한 인력수요와 실업교육을 실시할 수 있는 교사나 실험 · 실습시설 등의 조건들이 구비되지 않아 주로 진학위주의 교육으로 운영될 수밖에 없었다. 고교는 진학과 직업준비가 통합된 단성형 학제였다. 실업고와 관련된 내용은 1958년에야 비로소 공포되었는데, 학년별 연간수업시간(1학년: 315시간, 2~3학년: 각 385시간 배정)과 각 학과별 교과목들, 계열별 필수 교과목 등만을 밝힐 뿐 교과의 지도 목표나 내용 및 방법 등 구체적인 제시가 없었다.

중등학교 교과과정은 지적 체계 중심이면서도 학생들의 경험과 생활을 존중하기 위하여 생활 중심의 대단원을 지향하였다. 당시는 전쟁 직후로 교사, 교실과 교구 확보가 어려워 내용은 최소 필수량으로 정선하였고, 전쟁으로 인한 피폐를 극복하기 위하여 반공反共과 국방력 강화, 도의 및 실업교육을 강조하여 이들 교과목에 총 이수시간의 30%가 할당되었다. 그러나 실제로는 중고교에 입학시험이 있어서 학교에서는 국어, 영어, 수학에 더 많은 시간을 할당하는 형편이었다. 이때의 교육과정은 연구조건이 구비되지 못하였고 교육과정 구성의 기술 및 기초자료의 부족과 함께, 급격한 사회변화로 인하여 현실과의 유리가 심하다는 반성과 여론이 제기되어 1963년에 다시 교육과정을 개정하게 되었다.

3) 제2차 교육과정(1963~1973)

민주주의의 미성숙으로 인한 4 · 19혁명(1960년)과 박정희 등 군부에 의한 정변(1961년)이 있었다. 1963년 각급 학교의 교육과정이 공포되었고, 한글전용에 따른 정부시책과 '국민교육헌장' 선포로 국민교육의 지표가 명시됨에 따라 1969년 9월 국어 · 사회 · 실업 · 가정 · 미술 · 반공 · 도덕 · 특별활동이 부분 개정되었다. 해방 후 도입된 생활중심, 경험중심의 진보적인 교육사조를 실천면에서 적극 도입한 시기로서, 반공과 가난극복이 시대정신이었고, 단편적인 지식중심의 종래 교육에서 탈피하여 아동의 경험과 흥미 등을 중시한 생활중심 교육과정이었다. 과학기술을 발전시켜서 빈곤탈출의 경제와 산업을 발전시키고 학생들은 실생활에 쓸모있는 것을 배우고 적용할 것을 강조하는 발전교육론이 우세했다. 이 기준 문서에서는 교육과정을 '학생들이 학교의 지도하에 경험하는 모든 학습활동의 총화'로 정의하고 있다.

2차 교육과정 문서는 종전에 시간배당, 교과과정을 별도로 제정하였던 것을 묶어서, 각급 학교의 종합적인 교육활동의 계획으로서 '교육과정'이라는 용어를 사용하였고, 체계성을 띠어 총론과 각론으로 나누어 구성되었다. '총론'은 개정 취지, 일반목표, 개정의 요점, 각급 학교 교과별 시간 배당, 운영 계획 및 지도상의 유의점을 담았다. '각론'은 각 교과별 교육과정으로 개정의 요점, 목표, 지도내용, 지도상의 유의점, 학년 목표 등이 담겨 있었다. 특히 학교간의 연계성과 아울러 교과간의 통합성이 강조되었다. 각 교과는 학년을 올라가면서 내용을 심화 반복하는 나선형적 구성을 지향하였다. 초등과 중학교의 교육과정은 교과활동과 반공 · 도덕생활 및 특별활동의 3개 영역, 고등학교는 교과활동과 특별활동의 2개 영역으로 전체 구조를 갖추었다.

초등학교에서 사회생활은 '사회', 보건은 '체육'으로 변경되어 사회와 체육은 초중고를 일관하는 명칭이 되었다. 전후 베이비붐으로 입학생이 많았으나 학교 시설이 절대적으로 부족하여 초등의 경우 하루 2~3부제 수업을 하는 학교가 많았는데, 그럴 경우 시간 배당 기준의 70%에 해당하는 시수를 이수해도 되었다. 한편, 중학교 입시로 주입식 · 암기식 · 문제풀이식 교육이 적지 않았다. 그러나 사교육, 재수생 급증 등으로 1969~1971년에 걸쳐 중학교 무시험진학이 단행되어 학생들은 입시의 긴장과 어려움에서 벗어나 정상적 발달을 촉진하고 과열된 과외공부를 지양하며 초등교육의 정상화로 한발 다가섰다.

중학교에서는 경제 발전과 관련하여 과학교육의 중요성을 일깨움으로써 과학입국의 의지를 기르게 하였다. 한편, 중학교 무시험 진학, 평준화로 인해 학생들의 개인차가 커지고 학습 흥미가 떨어지는 문제가 발생하자 면학기풍을 조성하기 위해 학습부진학생지도에 특별한 노력을 기울였고 교육과정을 다양화하기 위한 연구가 이루어졌으며 적절한 진로지도와 특별활동을 운영하는 데 중점을 두었다.

고교 교육과정은 인문계와 실업계로 구분되어 각각의 교육과정이 별도로 제정되었다. 특히 '교과과목 단위시간기준'이 제시되면서 고교의 학습지도계획은 원칙적으로 단위제(졸업을 위한 이수할 총학습량인데, 1단위는 50분을 1시간으로 17주 동안 수업량)에 의거하되 학교의 실정에 따라 학년제 또는 단위제와 학년제를 병용할 수 있다는 것을 밝히면서 단위시간배당표를 제시하고 이를 상세히 설명하고 있다.

일반고에는 진로에 따라 네 개 계열(인문 · 자연 · 직업 · 예능)이 개설되었으며, 진학생과 사회진출생의 교과목과 졸업을 위한 총이수단위 수(인문과 예능 204, 자연 214, 직업 208단위)를 달리 하였다. 사회과목이 일반사회, 지리, 도덕, 국사 등으로 분화되었고, 외국어라는 명칭이 처음 선택과목으로 사용되었으며, 영어와 독어가 선택되었다. 과학에서는 지학이 다른 영역에 비해 비중이 약했다. 대입시는 대학별 단독시험제(1964~1968년)와 예비고사와 대학별 본고사 병행(1969~1972년)의 형태를 보였다. 예비고사에 합격해야만 대학별 본고사에 응시할 수 있었으므로 이전보다 국영수 중심의 학력이 더욱 중시되었다. 비평준화 속에서 엘리트 중심의 학력 강화가 대입 경쟁, 재수생, 사교육 등으로 평가문제가 교육과정을 뒤흔들게 되었다.

실업고 교육과정의 체계화가 처음으로 이루어져, 교과 편제 및 단위 배당은 계열별로 제시되었다. 총이수단위는 204~222단위이며, 특별활동은 전체의 5% 이상을 배당하였다. 1964년부터 전문교과과목에 50% 이상 배정하였고, 이론학습에 40% 이하, 실습에 60% 이상을 배정하도록 하였다. '산학협동으로 기술혁신과 경제발전을 이룩한다.'는 대통령 담화(1968년) 후 실업교육의 중요성이 강조되었다. 이에 따라 공고 등에는 자동차, 전자과 등이 신설되고, 화공, 광산과의 실습장이 정비 · 확장되었다. 이 교육과정은 생산성을 강조하여 과학, 기술 및 직업교육의 결과에 중점을 두었다.

4) 제3차 교육과정(1973~1981)

국민교육헌장 선포(1968. 12. 5.), 농어촌 잘 살기 운동인 근면 · 자조 · 협동의 새마을운동, 1972년 '10월 유신' 선언 등을 배경으로, 초등학교(1973. 12. 14.), 중학교(1973. 8. 31.), 일반계 고교(1974. 12. 31.), 실업계 고교(1976. 2. 23.)의 교육과정이 차례로 개정되었다. 교육과정은 정치적으로 유신과업의 추진, 사회경제적으로 기술 인력의 양성, 이론적으로 학문중심 교육으로의 접근을 지향하였다. 이 교육과정에서는 각 학문에 내재한 지식의 구조와 그 지식을 탐구하는 과정에 관심을 기울였다. 이를 위해 각 교과의 주요 개념이나 그 관계로서 원리 등 지식의 구조를 밝히고, 지식을 체계화하는 일에 열중하였다.

각급 학교는 교과활동과 특별활동의 두 개 영역으로 전체구조를 갖추고 반공 · 도덕교육을 교과활동 속에 포함시켰으며, 특별활동을 통한 '국민교육헌장' 이념의 실천을 지도하는 데 주력하였다. 국적 있는 교육을 강조하여 국민학교 · 중학교에서 한자교육을 폐지하고 국사교육을 강화하는 한편, 중 · 고등학교에서는 실과교육을 필수로 편제하였다. 도덕과 국사가 독립되고 강조되었다.

초등교육에서는 문교부의 장학방침을 과학기술교육의 진보에 두고 실험 · 실습 · 노작 기능 교육을 강화하였다. 또 중학교 입학시험 폐지로 절대평가가 도입됨으로써 집단 내에서의 서열보다는 학습목표의 도달도에 더 관심을 갖게 되었다. 학령인구가 늘어나 학교증설과 함께 분교도 많이 생겨났으며, 도시로의 전학생도 증가하였다.

중학교 교육이 보편 · 대중화됨에 따라 전국적인 통일성과 함께 획일성이 심하여졌다. 중학교에서는 수출지향의 산업화로 실과(기술과 가정)교육을 필수로 하였고, 기술과목을 실업 · 가정에 포함하여 남학생은 기술을, 여학생은 가정을 필수과목으로 이수하게 하였으며, 가사과목을 가정에서 분리하여 실업 · 가정의 선택과목으로 두었다. 새마을운동이 학교교육에도 적용되어 학교 주변 및 유원지 주변의 자연보호운동(꽃길과 꽃밭 가꾸기, 퇴비증산)과 새마을 학생야영을 통한 자율, 협동정신 함양, 건전가요 함께 부르기, 1인 1통장 갖기 운동을 실시하였다.

일반고의 경우 각 과정별로 '필수 및 필수선택교과과목'과 '과정별 선택자유교과과목'으로 대별되어 과목들이 배치되었고, 각 과목들에는 문교부에서 제시한 '기준단위수'와 '학교채택단위수'가 병기되었다. 학기별 이수단위는 36단위, 3개년 총 216단위로 동일했다. 이 시기에는 그동안 엘리트 중심 학력 강화가 야기한 여러 부작용을 해소하고자 고교평준화 정책이 도입(1974년)되었다. 대입시는 예비고사와 대학별 본고사가 병행(1973~1980년)된 형태로 전개되었으며, 대학입학예비고사 성적과 내신 성적이 대입 전형에 반영되기 시작했다. 한편, 예체능 방면의 소질을 지닌 학생들을 위하여 예술고와 체육고가 설립되어 학교 유형의 다양화와 아울러 특목고 형태의 교육과정이 정착되기 시작했다.

기존 '실업고등학교'에서 '실업계 고등학교'로 문서상 명칭이 변경되었으며, 보통교육을 통한 민주시민으로서의 자질 향상과 실업에 관한 기초적 기능 기술 연마를 통한 기술인 양성을 교육목표로 밝히고 있다. 전문교과의 이수단위가 102~154단위로 50%에서 67%까지 증가하였으며, 산업체와 연계하여 일정기간 현장실습의 이수, 산업의 분화에 따라 학과 안에서 다시 분화된 전공과정을 개설할 수 있었다. 고교를 진학하지 못한 학생들을 위해 산업체 부설 특별학급(1996년 2월 폐지)이나 학교가 개설되기도 하였다.

5) 제4차 교육과정(1981~1987)

정치적으로 1980년 봄, 민주화 운동이 군부의 압제에 의해 좌절된 시기로, 교육에서 특기할만한 것에는 유아교육과 대학교육 기회 확대, 중학교 의무교육의 단계적 추진, 예체능계를 제외한 과외전면금지조치, 일반고의 확대, 과학·외국어·예체능 분야의 조기 영재교육을 위한 특수목적고 신설 등이 있다.

이 교육과정은 이전과 달리 교육과정의 연구·개발을 전담하는 한국교육개발원에 교육과정과 교과서의 연구개발(R&D) 업무를 위촉하였다. 새 교육과정기준 구성의 기본방향은 국민정신교육의 체계화, 전인교육의 강화, 진로교육의 강화, 과학기술교육의 심화, 교육내용의 양과 수준의 적정화에 두고 건전한 심신의 육성, 지력과 기술의 배양, 도덕적인 인격의 형성, 민족 공동체 의식의 고양을 강조하였다. 종래의 교과, 경험, 학문으로 이어지던 교육과정에 보다 미래 지향적인 과학교육과 인간 중심 교육을 강조한 것이었다. 미래 지향적 교육을 통해 길러야 할 인간상으로 건강한 사람, 심미적인 사람, 능력 있는 사람, 도덕적인 사람, 주체적인 사람을 제시하였다.

초등교육에서는 1~2학년에 바른 생활(도덕+국어+사회)과 즐거운 생활(체육+음악+미술), 슬기로운 생활(산수+자연) 교과서를 간행하여 통합 교육과정의 길을 열었고, 학년이 올라감에 따라 교과목을 분리하여 점진적으로 학습이 심화되도록 하였다.

중학교 교육은 1986년 기준, 초등졸업생의 99.4%가 중학교에 진학하면서 기존의 선택적 교육이 아닌 최소수준의 보편·보통교육으로 변화되었다. 중학교는 12개의 교과목을 제시하였고, 실업·가정교과에서 필수인 생활기술(남)과 가정(여)을 3학년에서 제외하고, 2·3학년에서 한 과목만 선택하도록 되어 있던 농·공·상·수산업과 가사를 3학년에서만 이수하도록 하였다. 학생수련회활동이 활발하여 전적지나 명산 등을 찾아 숙박하며 협동정신, 지도력 함양, 국가관 확립 등을 기르도록 하였고, 1988년에는 이전까지 임명제로 선발되었던 학생회장을 전교생이 참석한 가운데 직접·비밀 선거로 선출하게 되었다.

고교 교과는 일반계 학생들이 주로 이수하는 보통 교과와 실업계 및 특수목적계 학생들을 위한 전문 교과로 구분되었다. 모든 고교생이 공통과목을 설정하여 이수하게 함으로써 자아실현에 기여할 수 있는 일반교육을 강화하였다. 보통교과 아래 공통필수와 선택과정으로서 인문사회 과정과 및 자연과정별 교과 및 과목에 따른 단위수가 제시되는 편제를 이루었다. 일반고 평준화가 지속되는 상황에서 과학 분야의 영재들을 위한 과학고가 1982년 이후 설립되기 시작하여 각 시·도로 확대되었다. 대학입시에서 재수생 누적과 사교육의 폐단을 들어 대학본고사가 폐지(1981년)되었고, 과외가 금지되었으며, 졸업정원제가 시행되어 대학입학정원이 대폭 늘어났다. 대학입학 예비고사와 고교 내신이 병행(1981~1985년)되다가 암기위주의 교육에 대한 비판으로 후기에는 대학입학 학력고사 · 고교 내신 성적 · 대학논술이 병행(1986~1987년)되었다. 대학에서 실시하는 논술고사에 따라 고등학교 교육과정이 규정되는 경향이 매우 강한 시기였다.

실업계고 교육과정은 총 204~216단위 중에서 보통교과가 82~122단위로 상대적으로 비중이 증가했다. 전이가가 높은 보통교과를 학습함으로써 급변하는 사회에 보다 넓게 적용될 수 있는 내용의 학습이 요구되었기 때문이었다. 공고는 네 개 유형을 특성화공고와 일반공고의 두 개 유형으로 축소 · 개편하였다(1984). 이를 통해 경직화되었던 기술검정의무의 완화, 동일계 대학입학 특혜 축소, 기초이론과 실습 강화, 전인교육을 통한 인격과 기술을 갖춘 우수한 기술인 양성에 주력하고자 하였으나 결과적으로는 실업계를 외면하는 방향으로 흘러 입학자원의 질적 저하가 초래되었다.

6) 제5차 교육과정(1987~1992)

교과서 사용유효기간이 도래함에 따라 주기적으로 개정에 임한 제5차 교육과정은 개선이 필요한 부분만 개정하는 '부분 개정'을 기본 원칙으로 하였으며, 전체적인 형식과 내용은 제4차 교육과정과 상당히 유사하다. 이 교육과정기에는 기초교육의 강화, 21세기 정보화사회에 대응하는 교육, 교육과정 효율성 제고를 위해 자주적인 인간, 창조적인 인간, 도덕적인 인간, 건강한 인간의 네 가지 특성을 겸비한 사람을 기를 것을 목표로 설정하였다.

초등교육의 경우 저학년의 통합 교육과정에서 국어와 산수는 독립시키고, 1학년 3월 한 달간 적응을 위해 '우리들은 1학년'을 도입하였다. 내부적으로는 8개 교과가 분과로 독립되어 있었지만 겉으로는 3개 교과군으로 묶어 시간 배당하는 식의 교과 통합적 운영 체제에서 훨씬 더 융합된 통합교육과정 체제로 바뀐 셈이다. 이 때문에 교육과정의 시간 배당 기준에서도 1, 2학년이 분리되어 제시되었다. 교과서는 1교과 다교과서 체제를 도입하여 말하기 · 듣기, 읽기, 쓰기, 산수 익힘책, 생활의 길잡이, 실험관찰, 실습의 길잡이 등 보조 교과용 도서가 출현하여 교과서 종수가 대폭 늘어났다. 4학년 사회과 교과서 일부는 시 · 도 단위 지역별로 개발하여 교육과정의 지역화를 시도하였다. 특별활동은 종전과 달리 1학년부터 시간배정을 하였다.

중학교 교육과정에서는 수학과 과학 시간을 늘리는 대신 실업 · 가정의 이수시간은 5~7시간에서 4~6시간으로 감소했고 신설된 기술 · 가정은 남녀 공통으로 이수하였다. 대부분의 졸업생이 고교에 진학하는 상황에서 실업교육의 비중이 낮아졌기 때문이다. 자유선택 시간의 폭이 학년별로 주당 0~1시간에서 0~2시간으로 늘어나 학교장의 기본철학에 따라 특정교과목을 지도할 수 있는 폭이 넓어졌다. 강제적인 자율학습제를 폐지하였고, 주요 과목에 대한 형성평가제를 실시하여 학습자별 심화보충학습을 강화하였다.

고교의 경우 인문계와 실업계 교육과정이 하나의 문서에 통합적으로 제시되는 형태인데, 국민교육헌장 전문全文이 제시되었고, '총론'과 '각론'이 각각 제2장과 제3장으로 명시적으로 구분되어 있다. 이전 교육과정과는 달리 과학, 체육, 예술 계열의 각론이 다른 계열과 동일하게 안내되고 있다는 특징을 보여주고 있다. 전반적인 체제는 교과를 '공통필수'와 '과정 및 계열선택'으로 이원화시켰으며, '공통필수' 과정은 주로 1학년에, 과정 및 계열선택 과목은 주로 2~3학년에 배치하였다. 대입시는 대학입학 학력고사와 고교 내신 성적 병행(1988~1993년)의 형태를 보인다. 대학 논술고사가 폐지되었으며, 고교 내신 성적을 30% 이상 반영하는 것이 의무화되었고, 과목별 가중치가 도입되었다. 이것은 고등학교에서의 교육활동이 대학입시에 본격적으로 반영되는 시기로 볼 수 있으나 고등학교 교육과정이 대학 진로와 연계되지는 못하였다. 학생 수와 학급 수가 증가하고 공립 일반고의 증설과 평준화정책이 확대되는 상황에서, 외국어 분야의 영재들을 위한 외국어고가 1990년대에 사립을 중심으로 확대 설립되면서 평준화 정책의 지속에 대한 논쟁이 점차 불거지기 시작하였다.

7) 제6차 교육과정(1992~1997)

교과서 사용유효기간은 6년을 넘기지 못함에 따라 주기적 개정이 또 이루어졌다. 정치적으로는 문민정부가 출범하였고, 소련과 동구권의 개혁 개방에 따라 세계화가 강조되었으며, 별도의 교육과정개정연구위원회를 구성하여 교육부 주도로 연구 개발한 교육과정이다. 별도 위원회는 정치적 영향과 교과의 이익추구 갈등으로부터 상대적으로 자유로울 수 있다고 기대한 것이다. 한편, '국민학교'라는 명칭이 '초등학교'로 개칭되었고, 그간 교과서 앞에 실리던 국민교육헌장이 사실상 폐기되었다.

제6차 교육과정에서는 다가올 21세기를 대비하여 국제 경쟁력 강화를 위한 교육의 질 향상을 기하려 하였다. '기초로의 회기'를 지향하는 기초학습 능력의 신장과 아울러 교과교육지도의 실질적인 효과를 거두려는 점에 주력하면서, 기대하는 인간상을 건강한 사람, 자주적인 사람, 창의적인 사람, 도덕적인 사람으로 선정하였다. 이 교육과정은 그간 교육과정 결정의 중앙집권으로부터 일부 분권화를 꾀함으로써 교육내용의 획일성 · 경직성 · 폐쇄성을 해소하고, 지역과 학교의 재량권을 확대하려고 교육과정 편성 · 운영권의 일부를 시 · 도 교육청 및 학교에 이양하였다. 교육과정 편제는 교과, 특별활동, 학교재량시간으로 구성되었다.

초등학교는 3학년 이후 주1시간씩을 '학교재량시간'으로 교과 및 특별활동의 보충·심화 또는 학교의 독특한 필요나 학생의 요구 등에 따라 창의적인 교육 활동 시간으로 활용할 수 있게 되었다. 즉, 이 시기부터 '주어지는' 교육과정이 아니라 학교와 교사의 교육과정적 자율성이 확대된 '만들어가는' 교육과정을 강조한 셈이다. 1, 2학년에 바른 생활(도덕), 슬기로운 생활(사회+과학기술), 즐거운 생활(체육+음악+미술)이 도입되었고, 계산위주의 산수보다 논리적 사고와 문제해결을 강조하여 수학으로 변경되었으며, 3학년부터 영어가 신설 도입되었다. 또, 90년대 초반부터 '열린교육'이 급속히 확대되었는데, 이는 '개별화된 학습자중심의 교육'으로 90년대판 진보주의적 새교육운동이라고 할 수 있으며 시공간의 트임과 학생의 자율적 자기관리와 주도성을 강조하였다. 비록 지속적인 확산에는 실패하였으나 초등교육에 큰 변화를 준 공로가 있다.

중학교 교과는 필수교과목(11개)과 선택과목(3개+기타)으로 편성되었는데, 독립교과로 편제되어 있던 국사를 사회과에 포함하고, 기술 과목과 농·공·상·수산·가사 과목을 묶은 기술·산업이 신설되어서 필수과목이 두 개 줄었다. 영어 교과는 어학실 설치가 확산되어 언어구사능력 향상의 발판을 마련하였다.

일반계 고교 교육과정은 이전의 것이 일반계, 실업계, 과학계, 체육계, 예술계 고등학교별로 편제를 분리하여 제시하던 형태였다면, 6차에서는 보통교과와 전문교과로 구분한 개방형 체제로 전환하였다. 대입시는 대학수학능력시험·대학별고사·고교 내신성적 병행(1994~1996년)의 형태를 보여 주고 있다. 내신성적반영 비율은 40% 이상으로 의무화되었으며, 내신등급은 10등급에서 15등급으로 세분화되었다. 당시 고교에서는 학생들이 자신들의 적성과 진로를 고려하기보다는 치열한 내신 경쟁에 휘말리게 되었고 그에 대한 부작용으로 학생 자살이나 학교 자퇴 등이 사회적 이슈로 떠오르게 되었다. 고교 평준화정책의 존폐나 유효성에 대한 논쟁이 심화되는 가운데 고교체제의 다양화와 자율화 정책이 검토되었다. 특성화된 고교와 자율학교 지정이 확대되면서 평준화의 붕괴와 일반고 위기의 전조들이 나타나기 시작하였다.

실업계 고교의 경우 1980년대 중반 이후부터 경제호황으로 공업기술 인력에 대한 과수요 현상이 나타났으나 학생들의 지원율은 떨어졌다. 전문대가 활성화되고 공고 출신 인력에 대한 기업 내부 및 사회적 대우가 낮았기 때문이었다. 이에 정부는 1990년, 진학고와 직업고의 숫자를 5:5로 조정하려고 공업계 중심의 실고를 늘리고, 일반고에 직업반을 두어 비진학생을 흡수하였다. 공고는 2·1체제가 도입되어 현장과의 연계와 실습교육이 강조되었다. 사내 연구원 및 훈련원 보유 산업체나 현장실습지도가 가능하고 현장교사가 확보된 산업체 등에서 실습을 권장하였는데, 대기업은 이를 부정적으로 받아들였고, 중소기업은 필요로 하는 교육시설이나 훈련교사조차 제대로 확보하지 못한 상태였으며, 학생들이 학교에서 배운 지식과는 관계없는 단순직종에 부족한 인력을 보충하려는 상황이 되어 많은 어려움을 겪었다.

8) 제7차 교육과정(1997~2009)

5·31 교육개혁을 주도한 대통령 자문기구인 교육개혁위원회(1994~1997)의 '정보화·세계화시대에 대비한 신교육체제' 수립의 주요 토대로서 교육과정 개정 작업이 착수되어 한국교육개발원을 중심으로 교육과정의 전체적인 틀을 마련하였다. 그리고, 1998년 개원한 한국교육과정평가원은 그 후속연구를 수행하였다. 이 교육과정은 6차 교육과정이 적용되는 시점에서 발의되고 연구 개발되었다는 점에서 학교와 교사들로부터 시의성(時宜性)이 지적되었다. 고시 이후 교원 단체를 비롯하여 일부 인사들로부터 교육에 시장경제 논리를 도입하였고, 교육과정이 전면적·일시적·단주기적으로 개정되어 변화가 내실 있게 이루어지지 못하였으며, 교육과정 결정에서 학교의 권한을 상대적으로 강조하였음에도 불구하고, 학교현실을 무시했다는 비판을 받기도 하였다.

이 교육과정은 21세기 세계화, 정보화 사회를 살아갈 학생들에게 학습에 대한 자율적 자기주도학습 능력을 기르고, 창의력과 정보처리 능력을 배양하는 것을 목표로 하였다. 특히 시장경제의 논리를 대폭 수용하여 교육 '수요자' 중심 교육, 학생의 수준을 고려한 수준별 교육과정, '고객 만족' 학교경영에 걸맞은 교육과정 편성·운영 체제를 취하려고 하였다. 또한 교육과정 편성·운영의 분권화를 진전시키기 위한 방안으로 시·도 교육청뿐 아니라, 시·군·구 교육청, 학교, 학생의 교육과정적 역할 및 결정 권한을 강화함으로써 명실상부하게 특색 있는 학교교육과정 편성·운영을 권장하였다. 교원노동조합의 합법화로 교사들의 정치적 이념 표현이 더욱 가시화되었다.

교육과정 편제는 교과, 재량활동, 특별활동으로 이루어졌다. 학생들은 초등학교 1학년에서 고등학교 1학년까지 국어, 도덕(바른생활), 사회(일반사회, 지리, 국사, 세계사 등), 수학, 과학, 기술·가정(실과), 체육, 음악, 미술, 외국어(영어)의 10개 교과를 중심으로 10년간의 국민공통기본 교육과정을 이수하고, 고교 2~3학년에서는 자신의 능력, 소질, 적성, 진로에 따라 선택 중심 교육과정을 이수하도록 하였다. 일반고에서는 인문·자연·예체능·직업 과정을 폐지하고 다양한 유형의 학생 개인별 교육과정을 지향하였다. 교과 재량과 창의적 재량이 합쳐진 재량활동은 교육 대상과 운영 시간을 확대 개편하였다. 특별활동은 자치활동, 적응활동, 계발활동, 봉사활동, 행사활동의 다섯 개 영역으로 편성되었고, 전일제 봉사활동 등도 늘어났으며, 대입시에 그 결과가 반영되기도 하였다.

동아리활동 등 학생들의 자유로운 표현을 격려 강조하기 시작하였다.

초등학교에서는 수준별 교육과정의 경우 학생의 학급 이동이 어렵기 때문에 교과서 자체에 학습자의 수준에 따라 심화 단계와 보충 단계를 선택하여 학습할 수 있도록 하였다. 조기유학이 늘어나고 세계화의 필요에 따라 영어 회화 등을 강조하여 영어수업시간이 각각 1시간 늘어나, 주당 3~4학년 2시간, 5~6학년 3시간씩 운영되었다. 이때에는 주5일 수업제가 월 1회에서 월 2회로 점진적으로 증가한 시기로 시수 감축을 위해 교육과정 내용 재구성에 대한 논의가 많았다. 맞벌이, 조손, 탈북자 가정 등의 증가로 가정의 교육력이 약해져 전통적인 가정의 교육기능이 점차 학교의 것으로 자리 잡게 되었고, 이에 따른 복지적 돌봄 프로그램의 개설도 늘어났다. 방과후학교, 농산어촌 연중 돌봄학교, 주말과 방학 프로그램 등이 대표적이다.

중학교의 교과 재량활동 연간 수업시수는 102시간 이상으로, 한문, 컴퓨터, 환경, 생활외국어, 기타의 선택과목 학습 시간에 우선 배정하고, 나머지 시간은 국민공통기본교과의 심화·보충학습 시간으로 활용하게 하였다. 창의적 재량활동에는 연간 34시간 이상 배정하도록 하였으나, 사실상 선택과목이나 수준별 수업을 위한 시간으로 전용되어 그 특성을 살리지는 못하였다. 체육, 예술, 국제, 대안 중학교가 확대되었으나, 학업중단자의 직업교육 등은 여전히 해결되지 못하였다.

고등학교의 교과는 보통교과와 전문교과로 분류되며 보통교과는 국어, 수학, 외국어, 교련, 교양 등 13과로, 전문교과는 체육, 예술, 외국어, 과학, 국제 등 10개 교과로 구성되었다. 대입시는 대학수학능력시험, 대학별고사(논술), 학교생활기록부, 교사추천서, 심층면접 등이 다양한 조합으로 실시(1997~2007년)되었다. 수능결과는 원점수보다 과목별 표준점수와 백분위 개념이 도입되었고, 고교 내신 등급은 15등급에서 9등급 체제로 전환되었다. 대수능, 고교 내신, 대학의 전형 방식 등이 조합을 이루어 전형이 매우 복잡해졌다. 고교 다양화 차원에서 외고, 과고, 영재고, 국제고 등의 특목고와 함께, 공사립에서 자율학교 지정이 확대되었다. 그러나 일반고의 교육과정 다양화의 전체적인 그림이 없어 결과적으로 일반고 교실붕괴 등 위기를 초래하게 되었다.

실업계 고교는 국민공통기본교과에 배당된 필수 55단위를 포함한 보통교과를 82단위 편성, 전문교과는 82단위 이상 편성·이수하도록 하였는데, 내용이 유사하거나 관련된 보통교과의 선택과목과 전문교과를 교체하여 편성·운영할 수 있도록 명시하였다. 또한 공고 2·1체제를 운영하는 학교는 단위수를 조정·운영할 수 있었다.

주기적 교육과정 개정을 끝내고 수시 개정 정책(2005년)이 도입되어 해당 연도를 붙이기 시작한 '2007 개정 교육과정(2007~2009)'은 사회적으로 주5일 근무제의 정착에 대비하여 개정 작업을 시작하였으나 현실이 그에 미치지 못하여 신설된 보건, 언어 활용 능력 중심의 영어, 사회 등 각론 중심의 개정이 이루어진 교육과정이다. 2009년부터 연간 17시간 이상의 '보건'교육이 실시되었고, 전문계 고등학교로 명칭이 달라졌다. 범교과 학습주제가 16개에서 35개로 확대 · 제시된 정도가 특징적이다. 2009개정 교육과정으로 2007 개정에 따라 개발된 검정도서를 취소시켰다.

9) 2009개정 교육과정(2009~2015)

세계화 시대의 글로벌 창의인재를 기르기 위해 학습자의 발달에 따른 교육중점을 강조하는 '학년군'과 지나치게 세분화된 교과목을 묶는 '교과군'을 도입하고, 연간수업시수를 학년군별 · 교과군별로 묶어서 제시, 학교에서 이를 풀어서 배정하도록 하고 있다. 교과외 활동인 특별활동과 재량활동이 '창의적 체험활동'이라는 새로운 명칭으로 거듭난다. 또한 중등의 경우 학기당 15~20개 과목을 분산 이수하던 것을 교정하기 위해 '집중이수'가 제안되었고, 고교에서는 진로집중과정을 도입하였다. 특히 국민공통기본 교육과정을 9학년까지 적용하도록 변경하여, 교과목의 국민교육적 기능은 중학교 3학년에서 마무리하도록 했다. 한편, 사교육비를 절감하기 위한 방안으로 대수능 시험문제를 EBS방송교재에서 70% 이상 연계 출제하고, 체육에서 소홀히 한 '보건'교육이 법제화되면서 분리 교수 · 학습되었다. 농산어촌에는 기숙사고교가 대폭 증설되었고, 자율형 사립고와 선취업후진학의 산업수요맞춤형 고교가 늘어났다. 학교폭력과 왕따 등의 사회문제로 인해 인성교육의 일환으로 학교스포츠클럽활동 등 예체능교육이 강조된다. 교육복지의 강화로 어린이집의 보육과 유치원의 교육이 통합되기 시작하였다.

초 · 중 · 고 공히 교과(군)와 창의적 체험활동으로 편제가 구성되었고, 시간 배당 기준에 있어서도 기존의 학년별 연간 시수가 아닌 학년군별 운영 시수를 제시하여 학년군 내에서 융통성있게 수업 시간을 운영하도록 하였다. 또한 학년군 및 교과(군)별 시간 배당은 2~3년간의 '기준수업시수'를, 학년군별 총 수업시간 수는 '최소수업시수'를 나타내는 것으로, 교과(군)별로 수업 시수는 지역과 학교 학생들의 수준에 따라 일정 정도 증감할 수 있으나 학년군별로는 최소수업시수 이상 수업 시수를 확보하도록 하였다.

진학계 고교의 경우 기본 교과와 관련된 180단위 중 학생의 적성과 진로를 고려하여 편성할 수 있는 학교자율과정의 폭이 64단위에서 후기에 94단위로 확대된 점, 학기별 집중이수제가 본격적으로 도입되는 등 학교의 교육과정 구안 및 운영과 관련하여 책무성 및 자율 영역이 크게 확대된 것과 고등학교 전 학년에 걸쳐서 학생선택중심과정의 폭이 넓어졌다는 점이 큰 특징이다. 또한 '고교 다양화 300'이라는 이름으로 기숙사 있는 공립고 150개, 자율형 사립고 100개, 마이스터고 50개를 선도적인 학교로 육성하는 등 고교 교육의 다양화에 많은 노력을 기울였다. 이 시기의 대입시는 '고교 학생부 중심의 수시 70~80%, 수능 성적 위주의 정시 20~30%'라는 선발 방식으로 전개되고 있으며, 최근에는 고교 내신과 더불어 학생들의 진로적합성, 그리고 학교생활기록부에 유의미하게 기록된 사항들이 종합적으로 대입시에 반영되는 형태가 확산되고 있다.

다른 한편, 기존의 전문계 고등학교가 특성화 고등학교 및 산업수요 맞춤형 고등학교(통칭 마이스터고)로 명칭이 변경되었다. 특히 후자는 무작정 대학으로 진학하는 폐단을 줄이고 선취업 후진학하는 풍토를 정착시키고자 직업고를 대폭 지원한 것이었다. 이들 학교에서는 취업기능강화사업의 일환으로 현장직무능력 향상을 위한 방과후 학습, 학부모 및 학생의 취업 마인드를 제고하기 위한 다양한 프로그램 운영 등을 통해 기업에서 요구하는 인재 양성, 고졸자의 취업활성화에 주력하였다. 그러나 고교 졸업 후 대학으로 진학하는 풍토는 여전하여 대졸 실업자 양산이 사회문제화되었다.

2009개정 교육과정기준은 파격적인 만큼 편성 · 운영에 어려움도 많았는데, 예를 들어, 집중이수의 경우 구체적으로 대상 학교급, 교과목, 이수시기, 교원수급 등이 특정되지 않아 여러 가지 혼란이 발생하였다. 이에 교육과정 부분 수정을 통해 학기당 이수과목에서 예체능 과목을 제외시켰다. 또한 고교의 경우 일반고의 교육과정은 여전히 고1의 공통교과목 위주로 설계되었고, 고 2~3학년의 선택이 어떤 방식으로 대학의 다양한 전공과 연결될 수 있는가에 대한 전망이나 제시가 없었다. 결과적으로 학생의 학업진로별 학습기회를 보장해주어야 할 일반고는 여전히 문이과 양분, 국영수 편중, 대입시의 진로별 연계나 타당성 부족, 평준화 · 비평준화의 무익한 논쟁, 학교간 경쟁과 비협조, EBS 수능연계 방송에 지나치게 경도되는 등의 어려움을 겪게 되었다. 또한 '교육내용 적정화'와 관련해서도 학습자의 학습 부담을 줄이기 위해 전체 교과 내용을 약 20% 감축하려고 하였으나, 교과 교육 내용으로서의 '성취기준', 성취평가제를 위한 '성취기준', 학업성취도 문항 개발을 위한 '성취기준'이 각각 개발되어 제공되면서 학교 현장에서는 혼란을 겪기도 하였다.

10) 2015개정 교육과정(2015~현재)

총론과 각론을 동시에 개정한 교육과정으로, 추구하는 인간상은 홍익인간의 이념을 바탕으로 '자주적인 사람' '창의적인 사람' '교양 있는 사람' '더불어 사는 사람'이다. 교과와 창의적 체험활동 및 학교생활 전반에 걸쳐 학생의 실제적 삶 속에서 무언가를 할 줄 아는 실질적인 능력을 기르기 위해 '자기관리 · 지식정보처리 · 창의적 사고 · 심미적 감성 · 의사소통 · 공동체 역량'의 여섯 가지 핵심 역량과 함께 각 교과별 역량을 제시하였다.

이 교육과정에서 강조하는 바는 모든 학생들이 인문 · 사회 · 과학기술에 대한 기초 소양을 함양하여 인문학적 상상력과 과학기술 창조력을 갖춘 창의융합형 인재로 성장할 수 있도록 하는 것이다. 기초 소양 함양을 위해 고교에 공통과목을 도입하고 통합적 사고력을 기르기 위해 통합사회와 통합과학을 신설하였다. 각 교과교육과정기준은 단편지식보다 핵심개념과 원리big ideas를 제시하고, 학습량을 적정화하여 토의 · 토론 수업, 실험 · 실습 활동 등 학생들이 수업에 직접 참여하면서 역량을 함양할 수 있도록 하였으며, 과정 중심의 평가가 확대되도록 구성하였다. 또한 대학입시 중심으로 운영되어 온 고등학교 문 · 이과 이분화와 수능 과목 중심의 지식 편중 현상을 개선하고자 하였다.

한편, 이전 교육과정에서 설정된 39개의 범교과학습주제가 지나치게 세분화되어 창의적 체험활동을 파행적으로 운영하게 만든다는 학교 현장의 요구를 반영하여 10개의 주제(안전 · 건강, 인성, 진로, 민주시민, 인권, 다문화, 통일, 독도, 경제 · 금융, 환경 · 지속가능발전 교육)로 통합 · 조정하였다. 또한 사교육을 줄여보고자 2014년부터 '공교육정상화법'이 마련되어 시행되고 있으며, 선행교육 및 선행학습 유발행위 금지로 학교교육과정과 대학입시 등을 점검하고 있다. 단원별 교과내용으로서 성취기준이 더 체계화되었다.

초등에서는 1~2학년(군)에 한글교육을 강조하는 등 유아 교육과정(누리과정)과의 연계를 강화하고, 수업시수를 주당 1시간 늘려 창의적 체험활동 시간을 활용해 체험 중심의 '안전한 생활'을 편성 · 운영하도록 하였다. 학교에서 심폐소생술(CPR) 교육을 강화하고, 체육, 기술 · 가정(실과), 과학, 보건 등 관련 교과(목)에 '안전'단원을 신설하며, 창의적 체험활동 시간에 체험중심의 안전 교육이 실시될 수 있도록 교육기반을 마련하였다. 3학년부터 한자어 병기와 SW 활용보다 개발을 강조하는 '정보'가 도입되었다.

중학교에서는 학생들의 꿈과 끼를 발견하고 교내외에서 진로체험을 할 수 있도록 하는 자유학기제가 2013년 2학기부터 시범적용되다가 2016학년도부터 전면 도입되었다. '자유학기제'란 중학교 6학기 중 특정 학기에, 교과활동 및 창의적 체험활동과 연계하여 진로탐색활동, 주제선택활동, 예술 · 체육활동, 동아리활동 등을 선택 조합하여 학생들로 하여금 꿈과 끼를 자유롭게 펼쳐보는 프로그램을 운영하는 제도다. 이를 위해서는 중학교에 대한 관점을 준고교(junior high school)가 아니라 초등학교와 고등학교의 연계를 강조한 본연의 중학교(middle school)로 바꿀 필요가 있다. 연극과 SW 개발을 배우는 '정보'가 강조되었다.

진학계 고등학교에서는 공통사회, 공통과학, 한국사 등 공통과목이 제시되었고, 학생은 자신의 진로와 적성에 따라 다양한 과목을 선택하여 이수할 수 있도록 하였다. 선택과목은 일반선택과 진로선택으로 구분되는데, 일반선택은 고교 단계에서 필요한 각 교과별 학문의 기본적 이해를 바탕으로 한 과목이고, 진로선택은 교과 융합학습, 진로 안내학습, 교과별 심화학습 및 실생활 체험학습 등이 가능한 과목으로, 학생들은 진로선택 과목을 통해 보다 심화된 학습이나 자신의 진로에 도움이 되는 과목을 공부할 수 있다고 한다. 그러나 진로별 교육과정에로 다가가지 못하고 지난 100여 년 동안처럼 여전히 1학년의 공통필수 교과목 위주로 처방하는 데 머물렀다.

직업고인 특성화고교의 교육과정은 국가직무능력표준(National Competency Standards: NCS)을 기반으로 고교 직업교육과정의 기본 방향을 잡았다. NCS는 산업현장의 직무를 수행하기 위해 필요한 능력을 국가적 차원에서 표준화한 것으로, 별도의 교과서를 개발하지 않고 NCS 학습모듈(교재)을 활용하게 된다. 이는 산업현장에서 요구하는 직무 중심으로 직업교육체제를 구축하여 '할 줄 아는 교육'을 지향한 것이다.

본격적으로 실행되지 않았기에 평가는 이르지만 개정된 문서로만 본다면 일부 문제점이 드러난다. 당초 수능제도의 문제점을 고치려다 문이과 통합, 역량 중심을 명분으로 국가교육과정기준 문서를 개정하게 되었다. 거듭되는 일련의 수시개정으로 현장의 혼란과 피로감이 더해진 가운데, 총론과 각론을 2년 안에 동시에 개정하였고, 역량 중심의 설계를 '모든 교과, 모든 학년'에 강요하였다. 특히 총론의 제 할 일과 각론과 관련하여 할 일에 대한 뚜렷한 비전과 명확한 과제를 제시하지 못하였고, 동시 · 일시 · 단기 · 전면 개정으로 더 잘 개선할 기회를 놓쳤다.

총론과 각론의 동시개정으로 상호교류와 대화의 기회가 많았으나, 교과 특성에 맞는 최적의 교과교육과정기준의 형식과 내용을 찾는 데 미치지 못했다. 핵심역량이나 교과역량은 종전의 지식, 기능 태도 등을 합쳐 놓은 면이 있고, 상대적으로 할 줄 아는 기술과 기능 측면을 강조하지만, 역량을 다시 분해하면 지식, 기능, 태도로 되돌아간다. 교육내용과 경험 중 앎과 함에서 역량은 함과 깊이 관련되는데, 학년군이나 교과군의 특성에 따라 그 비중은 서로 다르다. 문이과 통합을 강조하였지만 이미 중학교까지는 그러했고, 고교는 6차 교육과정부터 통합사회, 통합과학을 시도한 바 있었다. '과학/기술 · 가정/정보' 처럼 교과목 간 성격이 다름에도 교과군으로 묶여 있고, 교과목의 체계적 분화는 이루어지지 않았다. 교과목 간 구조 조정으로서 적정화도 이루어지지 못했다. 교과별 내용 적정화는 오랜 숙제인데 학생참여 · 활동을 통한 능동적 학습 유도는 성취기준별 필요한 시간에 대한 점검이 없어 목표달성이 의문시되고 있다. 초등의 한자어 병기와 초중고에서 강화된 정보의 코딩법을 배우는 것에 대한 준비 정도, 중학교 자유학기제의 전면 실행의 정착 여부, 직업고의 NCS 기반 직업교육과정의 안착 여부, 편향되었다는 고교 국사교과서 내용을 국정화를 통해 수정하려는 데에서 논란을 빚었다.

이 장의 요점 정리

1 어느 시대나 당대의 삶을 위한 교육은 있어 왔다. 고대 국가는 불교 및 유교 문화권에서 전래된 규범과 지식과 지혜를 지배자 계층에게 전수하였다. 사농공상의 계급사회에서 유교는 지배계층에게는 유리한 권한 행사를, 피지배계층이나 대다수 민중의 교육에서는 의무 수행을 강조하였다.

2 실학 이후 자주적 근대화의 싹은 꺾이고, 세계정세에 어두운 가운데 근대 서양화된 교육은 일본을 통해 이식되었으며, 식민지로 전락한 가운데 진행되었다. 초기에는 일본화를 위한 초보적이고 차별적인 질 낮은 실업교육이 행해졌고, 3.1운동 이후 일본과 유사한 교육제도와 교육과정을 통해 유화책을 추구하다, 말기에는 우리 민족을 일본에 철저히 동화 · 말살시키려고 우리말과 글을 빼앗고 2차 대전에 학생까지 동원하였다. 일제는 국가권력에 순종을 미덕으로 하는 도덕을 강조하고, 직업적 · 경제적으로 기여할 정도의 저급한 교육을 조선인에게 강요하였다. 한편, 국권회복을 위한 국내외의 독립운동 차원의 교육도 있었으나 스스로 힘으로 독립을 이루기에는 부족하였다.

3 해방후 남북 분단이 이루어졌고 동족상잔의 비극을 겪으며, 남한에는 미국식 교육이, 북한에는 소련식 교육이 이식되었다. 자유민주주의와 시장경제를 중심으로 한 대한민국의 교육과정은 여러 차례 변화를 겪었다. 중앙집권화된 정치체제에서 국가교육과정기준은 교육부 등 중앙정부에서 성안되어 지역과 학교의 형편과 무관하게 획일적으로 강요된 면이 많았다. 이런 획일성은 상급학교 입시에 의해 강화되었다. 일제강점기의 억압된 교육열은 해방후 폭발적인 수요를 낳았으나 이를 수용할 만한 여건이 되지 못하였으나, 초등 의무무상교육은 국민의 기본교육에 대한 욕구를 충족시키면서, 더 높은 교육에의 열망과 산업화와 근대화의 토대가 놓였다. 해방 후 교육과정은 토대가 약했지만 자유민주주의를 전달하였고, 표준화된 한글로 인해 문맹을 대폭 줄일 수 있었다.

4 교수요목기부터 시작된 교육과정은 미국식 경험주의, 실용주의 교육과정의 영향을 받았다. 제1차 교육과정기에는 전쟁 후 신속한 복구를 위한 도의와 반공, 위생, 실업 및 건설 교육이 강조되었다. 제2차 교육과정은 현재와 같은 총론과 각론이라는 교육과정의 체계적인 기틀이 마련되었다. 군부의 등장으로 국민교육헌장 등이 반포되고 상대적으로 국민형성의 교육을 강조하였고, 중학교 입시의 폐지로 교육의 기회가 확대되었으며, 과학입국의 교육과 실업교육의 체계가 마련되었다. 이로써 산업화와 수출주도의 경제성장을 위한 교육받은 노동력 제공의 기틀이 마련되었다. 제3차 교육과정은 농촌의 새마을 운동과 수출주도의 경제성장 속에서 진행되었다. 정치적으로 유신과업의 추진, 사회경제적으로 기술 인력의 양성, 이론적으

로 학문중심 교육으로의 접근을 지향하였다. 고교 평준화 정책으로 도입으로 고교 교육의 기회가 확대되었고, 국사와 도덕 및 반공 교육이 정치적 이유에서 강조되었다. 산업의 중공업화를 위한 실업교육이 강조되었으며 각종 학교나 산업체 부설학교 등과 같은 교육에 대한 새로운 수요가 폭발적으로 늘어났다.

5 제4차 교육과정은 한국교육개발원에서 연구개발형으로 개발되었다. 초등 저학년의 통합 교육과정 도입, 유아교육과 대학교육 기회 확대, 중학교 의무교육의 단계적 추진, 일반고의 확대, 과학 · 외국어 · 예체능 분야의 조기 영재교육을 위한 특수목적고 신설이 있었고, 고교에는 실업고 학생들도 보통교과를 공통으로 이수하도록 하였으며 결과적으로 진학과 직업 준비의 경계가 낮아져 직업교육이 점차 쇠퇴하였다. 교과서 사용 유효기간이 6년을 넘지 못한다는 규정에 따라 단주기적으로 국가교육과정기준이 개정되었다. 제5차 교육과정은 부분 수정을 하는 것으로 정보화사회에 대응하는 교육, 우리들은 1학년 도입, 1교과 다교과서 체제 도입 등의 특징이 있다. 제6차 교육과정은 교육과정 결정의 중앙집권으로부터 일부 분권화를 꾀함으로써 교육내용의 획일성 · 경직성 · 폐쇄성을 해소하고, 지역과 학교의 재량권을 확대하려고 교육과정 편성 · 운영권의 일부를 시 · 도 교육청 및 학교에 이양하였다. 교육과정 편제는 교과, 특별활동, 학교재량시간으로 구성되었다.

6 제7차 교육과정은 문민정부의 교육개혁위원회의 세계화, 정보화, 수요자 중심의 신자유주의 교육을 강조한 시기였다. 초등 영어 교육과 함께 일부 교과목에서 수준별 수업을 도입하였다. 10개 교과목으로 10년간의 국민공통기본 교육과정이 도입되었다. 수시개정 체제가 도입되었으며, 주5일 수업제로 인해 2007년 일부 개정이 시도되었다. 2009개정 교육과정은 세계화 다문화에 대응한 영어 교육의 강조, 중학교 비수준별 교과목의 집중이수와 고교 3년간 선택 교육과정과 함께 진로집중과정의 도입이 특징이다. 창의적 체험활동과 중등학교의 스포츠클럽활동이 도입되었다. 10여 차례의 크고 작은 수시개정이 있어 학교현장에 혼란을 초래하였다. 2015개정 교육과정은 직업 · 생활중심의 핵심역량과 학문중심의 핵심개념을 강조하였으며, 학생참여수업과 과정평가를 강조하고 있다. 핵심개념은 교과의 구조주의를 핵심역량은 학습자의 구성주의를 대변한다. 총론과 각론의 동시 · 일시 · 전면 · 단기 개정의 폐단을 그대로 드러내고 있다. 교육과정기준의 개정 방식 개선, 관련 법규의 정비, 학교와 학교 밖의 교육기관이나 행정기관과의 역할 분담, 유아학교 교육과정의 정비, 기본 교과의 체계적 통합과 분화, 진로별 과정의 도입, 유아학교에서 고교에 이르는 전체 교과와 활동의 체계적 정비 등의 과제를 안고 있다.

이 장의 주요 용어

국가교육과정기준national curriculum standards, 국가교육과정기준 총론national curriculum standards-general, 총론 교육과정의 토대curriculum platforms, 총론 교육과정의 각론 구성curriculum frameworks, 총론 교육과정의 실행 지침curriculum guidelines, 국가교육과정기준 각론 중 교과national curriculum standards-subjects

연구과제

1. 역대 우리나라 국가교육과정기준은 누가 무엇 때문에 개정을 단행하였는지, 그리고 그 후과로서 무엇을 남겼는지 정리하시오.
2. 국가교육과정기준의 총론을 이루는 형식과 주요 내용 항목을 개선할 수 있는 방안을 제안하시오.
3. 국가교육과정기준의 각론의 교과가 그 성격과 교육 전체에서 달성하기로 한 목표 달성에 최적한, 학교 수업에 효과적으로 기여하고 궁극적으로 학생의 학습경험의 질을 높일 수 있는 교육과정기준의 형식과 내용 개선안을 제안하시오.
4. 국가교육과정기준이 총론과 각론의 동시 · 일시 · 전면 · 단기 개정의 관행을 개선하는 방안을 찾아보시오.

제8장

교육과정 총론

한 나라의 교육과정은 중앙집권적이냐 분권적이냐에 따라 매우 다른 모습을 보인다. 세계화, 지능정보화 시대에 교육과정의 모습은 집권적이면 분권을, 분권적이면 집권적으로 서로 닮아 가면서, 실제와 상관없이 문서 수준에서는 보다 고품질화되고 있다. 우리나라의 국가교육과정기준은 교육과정 총론과 각론(교과와 창의적 체험활동)으로 나누어 연구 개발된다. 누가 참여하여 어떤 과정을 거쳐 어떤 모양의 총론을 만들어 내는지를 이해하는 것이 학교교육과정의 실제 및 그 개선 방향을 찾는 데 매우 중요한 관점이다. 다음에서는 국가교육과정기준의 연구개발 과정, 고시된 기준의 주요 내용, 그 개정 과정의 문제점과 개선 방향에 대해 살펴보기로 한다.

1. 국가교육과정기준 총론의 연구 개발 과정

1) 총론의 개정 과정

현재 쓰이고 있는 교육과정을 개선하기 위한 활동으로서 교육과정 변화는 그 대상에 따라 교육과정 총론curriculum standards과 크게는 각론, 그 핵심은 교과subject-areas 교육과정이며, 그 변화의 범위나 정도는 전면개정全面改正, total revision과 부분개선部分修正, partial improvement으로 나눌 수 있다. 〈표 8-1〉은 국가교육과정의 변화 대상과 변화 정도를 표현한 것이다. 우리나라는 많은 경우 전면개정을 일시적으로 하는 경향이 높다.

〈표 8-1〉 국가교육과정기준의 변화 대상과 변화 정도

구분		교과교육과정	
		전면개정	부분수정
교육과정 총론	전면개정	①	②
	부분수정	③	④

국가교육과정기준의 개발 절차는 크게 '계획 수립 → 기초 연구 → 교육과정 연구·개발 → 심의 → 최종안 선정 → 확정 고시'의 절차를 거친다. 〈표 8-2〉는 제7차 교육과정을 비롯하여 이후 크게 변하지 않은 교육부의 국가교육과정기준 개발 절차와 일정을 나타낸 것이다.

〈표 8-2〉 국가교육과정기준의 개정 절차

단계	업무추진내용	주체	소요 기간
(1) 교육과정 개정 기본 계획 수립	• 개정 기본 방향 설정 • 관계 전문가와의 협의 및 종합 검토 • 실무 작업반 구성 · 운영 • 기본 계획 수립, 결재	교육부	1개월
(2) 기초 연구 및 체제 구조 개선 연구의 위탁	• 연구 개발 위탁 협의 및 기관 선정 • 연구 개발 세부 계획서 및 국고 보조금 신청서 제출 • 연구 개발 책임자 협의회 • 연구진, 협의진 등 실무 추진팀 구성 • 연구 개발비 국고 보조	교육부	2개월
(3) 교육과정 개정 기초 연구	• 위탁 과제별 기초 연구 • 현행 교육과정의 분석, 평가 • 교육과정 국제 비교 연구 • 학생 · 교원 · 학부모의 요구 및 의견 조사 • 국가 · 사회적인 요구 및 학교교육의 전망 조사연구 • 교육과정 운영 실태 조사 • 추진 상황 검토 협의회 • 위탁 과제별 협의회 • 위탁 과제별 기초 연구 결과 답신보고서 제출 • 국고 보조금 집행 정산서 제출	교육부, 한국교육 개발원, 교육과정개 정위원회	6개월

(4) 교육과정 총론 개정 시안의 개발	• 교육과정 체제 · 구조 개선 연구 • 추진 상황 검토 협의회 • 종합 세미나, 공청회 • 시안 작성 및 검토 협의회 • 수정 보완 1차 집중 작업 • 수정안 작성 및 검토 협의회 • 수정 보완 2차 집중 작업 • 심의 자료 제출 • 제1차 심의 • 총론 개정 시안 작성 • 총론 개정 시안 개발 답신 보고서 제출 • 국고 보조금 집행 정산서 제출	교육부, 한국교육개발원, 교육과정개정위원회	6개월
(5) 교육과정심의회 구성 · 운영	• 교육과정심의회 구성 • 교육과정심의위원 위촉 • 총론 개정 시안에 대한 1차 심의자료 작성 • 총론 개정 시안 1차 심의 - 운영위원회 - 학교급별 소위원회 • 심의 결과 수정 보완 • 총론 수정안 2차 심의	교육부, 교육과정심의회	3개월
(6) 총론 개정 시안 현장 검토, 공청회	• 총론 수정안에 대한 의견 수렴 - 초 · 중 · 고등학교 현장 검토 - 시 · 도 교육청, 관련 학회, 각론 연구기관, 타 부처 • 총론 수정안에 대한 공청회 • 총론 수정 · 보완 집중 작업 • 총론 개정안 작성	교육부, 교육과정개정위원회	3개월
(7) 교육과정 총론 확정	• 교육과정 개정 기본 방향, 개정 중점, 주요 개정 사항 보고 • 편제와 시간 배당 기준 확정 • 교육과정 총론 개정 자료 및 홍보 자료 발간	교육부	1개월
(8) 교육과정 개정안 확정, 고시	• 교육과정 개정안 보고, 확정 • 새 교육과정 고시 • 교육과정 고시 책자 발간, 보급	교육부	2개월
(9) 교육과정 개정 후속 지원 업무	• 교과용 도서 개발 • 교육과정 시행 대비 교원 연수 • 교육과정 해설서 발간, 보급 • 연수자료, 홍보자료 발간, 보급 • 교과별 이행 조치 • 시 · 도별 교육과정 편성 · 운영 지침 작성 • 학교 교육과정의 편성 · 운영	교육부	2~3년 2~3년 1년 1년 1년 1년 1년

	• 교과용 도서 실험 연구학교 운영 • 교육과정 연구학교 운영	교육부	2~3년 2~3년
(10) 새 교육과정의 시행	• 학교급별 전국 적용 – 연차별, 단계적으로 시행	교육부	새 교육 과정 고시 후 3~5년 소요

출처: 이경환, 박제윤, 권영민(2002: 45-47).

최근 국가교육과정기준의 잦은 변경은 2005년 당시 교육인적자원부가 수시개정 체제를 도입했기 때문이다. 그 이전의 총론 개정에 대한 비판은 전면적 · 일시적 · 주기적 개정에 대한 것이었다. 이를 곡해한 이들은 반대에도 불구하고 교육과정 개정시 현장교원과 일반국민들의 의견을 적극 수렴하여 반영하는 것을 명분으로 수시개정 체제를 도입하였다. 인터넷 등을 통해 개정 의견을 상시로 받아들여 심의를 거쳐 수정 보완한다는 것이다. 실제로 이를 계기로 교과서에 대한 수정의견을 상시로 수렴하는 '교과서민원바로처리센터'가 설치 · 운영되고 있다. 그러나 교육선진국들은 국가교육계획의 가장 중요한 축을 교육과정기준으로 보아 개정에 신중을 기하고 흔들리지 않는 기준을 만들려고 노력한다. 수시개정 이후 2009개정 교육과정은 10여 차례 이상 총론과 각론에서 크고 작은 개정을 하였다. 그만큼 단기간에, 일시에 대규모 개정을 하였다. 결과적으로 총론과 각론은 교육과정 '기준' 임에도 그 기준이 흔들리는 부작용이 적지 않았다.

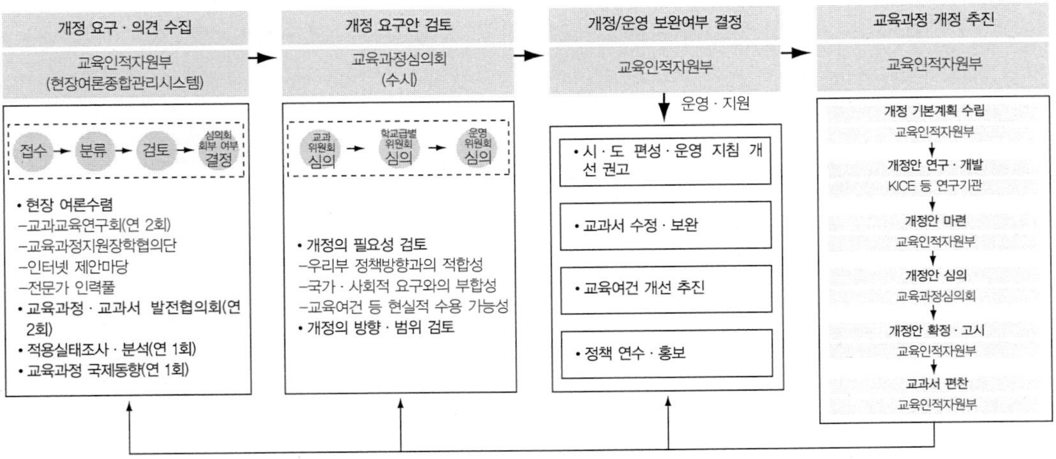

[그림 8-1] 교육과정 수시개정체제 운영 활성화의 추진 체계

출처: 교육인적자원부(2005.2.24.) 보도자료.

총론 개정 과정이 잘 기록된 것은 제7차 교육과정 개정인데, 다음과 같은 과정을 거쳤다. 한국교육개발원에서는 교육과정개정연구위원회를 조직하여 1997년 2월에는 교육과정 '총론'을 확정하였고, 이어서 1997년 3월부터 10월 사이에 각 교과교육과정기준과 특별활동 및 재량활동 영역의 교육과정기준 시안들이 연구 개발되어, 1997년 12월 30일에 고시되었다. 제7차 교육과정의 연구 개발은 교육부의 연구 개발 협력 기구가 한국교육개발원으로 되었다는 점 외에는 제6차 교육과정의 그것과 매우 유사하다. 2009와 2015개정 교육과정은 개정연구위원회에서 연구 개발을 수행했으며, 전문가와 현장 교원들의 의견을 듣는 포럼이 병행되었다. 2009개정의 경우 집중이수, 교과내용 적정화, 진로집중과정 등에 대해, 2015의 경우 자유학기제, 핵심역량, 교과역량 등 개정 과정과 병행하는 분야에 대한 정책연구도 이루어졌다.

교육과정 개정 참여를 기관 측면에서 보면, 제7차 교육과정의 개정 발의는 대통령 자문 기구인 교육개혁위원회가, 총론 연구 개발은 한국교육개발원이 주축이 되었고, 개별 교과교육과정기준 또는 영역별 교육과정 연구 개발은 한국교육개발원, 대학, 학회에서 분담하여 진행하였다. 교육개혁위원회, 한국교육개발원, 서울대학교, 한국교원대학교 등의 교수와 연구원이 연구 개발의 주된 역할을 수행하고, 교육부의 교육전문직(교원 출신의 장학진으로 연구사, 장학사, 연구관, 장학관)들이 행정 업무를 관장해 가며, 초·중등 교원들이 공청회나 의견 조사, 심의회 등을 통해 의견을 개진하는 체제로 국가교육과정기준은 문서로 만들어졌다. 2007년 7차 교육과정에 대한 부분 개정이 있어서 2009개정은 당초 총론만 바꾸려고 하였으나 관례대로 총론과 각론을 모두 개정하였다. 2015개정은 수능의 변경, 문이과 통합을 위한 것이라고 하였으나 개정의 취지로는 빈약하여 후에 개정의 정당성을 학생의 핵심역량의 개발 혹은 교과의 핵심원리나 개념을 통한 교과 내용 적정화와 수업 개선을 추구한다는 취지로 진행되었다. 2015개정을 위한 현장의 의견 수렴은 다음과 같다(교육부 보도자료, 10쪽).

'2015개정 교육과정'에 대한 관련 기관, 전문가, 전문직, 교원 등 의견 수렴을 추진하였음

- 교육, 경제, 사회, 법학, 자연과학, 교원단체, 언론 등 사회 전 분야의 저명인사로 구성된 '국가교육과정 정책자문위원회'를 구성·운영하여 교육과정 정책 전반에 대한 자문('14. 1.~)
- 국가교육과정 포럼 운영
  - 관련 기관·전문가·교원들의 의견 수렴으로 현장 적합성 높은 교육과정 개발
  - 2015년 전문가 포럼(3회), 현장교원 포럼(4회), 합동포럼(1회) 운영
    ※ 2014년 전문가 포럼 3회, 현장교원 포럼 4회, 합동포럼(1회)
- 시·도교육청 교육과정 전문직 워크숍 운영

- 2015개정 교육과정의 학교급별 교육과정 개정 중점 관련 의견 수렴
- 시 · 도교육청 권역별 핵심교원 연수 운영
  - 현장중심의 교육개정 개정을 위한 교과별 개정 중점 관련 의견 수렴
  - 권역별 300명, 총 4권역 1,200명 연수 및 의견 수렴
- 정책연구진 합동 워크숍
  - 교육과정 개발 방향 공유 및 정책 연구팀간의 소통을 통해 질 높은 교육과정 개발 체제 구축 (5회)
- 교과별 전문가 협의회 개최
  - 교과교육과정 연구진 주최로 현안 조정 및 학습내용 적정화를 위한 교과 전문가 협의회 개최 (22회)
- 현장교원 집합 및 온라인 검토
  - (집합검토) 교과교육과정 내용 적정성, 교과간 · 교과내 중복성 검토('15 .7. 3.~7. 4.)
  - (온라인 서면 검토) 교과별 핵심역량 중심의 학습내용 적정화에 대한 체계적 검토('15. 6. 23.~7. 4.)

현재 국가교육과정기준은 제한된 집단의 제한된 견해가 반영되는 체제다. 항상적으로 열린 상태의 공개적이고 공동적인 숙의 과정이 되지 못하고, 행정적 업무처리의 선형적 절차를 따르는 것으로 되어 있다. 이렇게 진행되는 일직선상에서 앞 단계의 연구 개발 및 숙의 결과는 이 과정을 처음부터 끝까지 통제 관리하는 집단에 의해 손질 수정되는 체제로 되어 있다. 2009나 2015개정 참여 도중에 중도에 참여를 포기하는 인사들도 있었다. 그만큼 개정은 정치인이나 고위 관료들의 의도가 반영되는 체제가 되기 때문이다. 또한 어느 학교나 무난히 적용할 수 있는 총론을 고시해야 한다는 교원 출신 교육부 관련 인사들의 견해에 의해 조절되므로, 개정의 효과는 기대만큼 크지 않게 된다.

2) 국가교육과정기준 총론 개발의 주체

교육과정 개정이나 운영 모두 사람이 하는 일이다. 누가 참여하여 이 일을 하느냐가 그 산출물의 질을 좌우한다. 교육과정 개발에 참여하는 집단은 교육과정 전문가, 교과 전문가, 일반 교육 전문가, 장학사로 대표되는 교육관료, 교원, 일반 교육관료 등 다양하다. 이들이 지닌 교육과정에 관한 전문성 수준이나 협력 및 동의 정도가 교육과정 개발의 질을 결정한다.

(1) 교육과정 전문가

주로 교육과정 총론 개발에 참여한다. 총론 인사들은 교육목표 설정, 기존 교육과정에 대한 비판적 이해, 교육과정의 기본 틀, 교과와 교과 외의 창의적 체험활동의 비중 배분, 교육과정의 운영 지침 제시, 교과교육과정의 개발 방향 및 개발 지침 제시, 창의적 체험활동의 개발, 교육과정 평가, 교과서 제도, 학교 및 교육청의 교육과정 편성 운영 컨설팅 등에 관여한다. 한국교육과정학장을 지낸 원로에 해당하는 중견 연구자들은 총론 개정의 총괄 책임을 맡는다. 일부 인사들은 외국의 교육과정 현황을 활발히 소개하여 우리 교육과정의 변화 방향을 제시하기도 한다. 이들이 지닌 교육과정적 식견 수준이 총론 문서의 수준을 결정한다. 이 점에서 교육과정 개정 참여자들의 고교 진로별 교육과정에 대한 이해 부족이 고교 교육 개선의 장애를 낳고 있으며, 나아가 이들의 이에 대한 이해가 고교 교육 발전에 관건이 되고 있다.

(2) 교과교육 전문가

교과교육 전문가들은 총론의 개발에는 간접적으로, 각론의 개발에는 직접적으로 관여한다. 특히 대학에서 점차 융성하는 학문 분야는 초 · 중등교육에 관여하지 않지만, 이미 정체되거나 축소되는 학문영역들은 초 · 중등학교 교육과정에 지대한 관심을 표현한다. 왜냐하면 학교는 이들 학과의 졸업자들이 취업할 곳이기 때문이다. 교과교육 전문가들은 교과의 성격, 교과교육의 목적과 목표, 교과교육의 하위 과목, 각 교과 및 과목의 내용, 교과의 교수학습방법, 교과교육의 평가방법 등을 연구하여 제시한다. 또한 교과의 이해를 반영하기 위하여 총론 개정이나 교과교육과정 개정 시 해당 교과의 지위, 비중, 분량 등이 약화되는 것에 대해 강력하게 저항하기도 한다. 때로는 학생들을 동원하여 개정 시안 발표장이나 공청회장에서 시위를 벌이기도 한다. 교과교육 전문가들이 교육이라는 큰 틀에서, 교육목표를 달성하는 수단으로서 해당 교과가 차지하는 중요한 역할을 제대로 이해한다면, 교과교육은 교육의 개선에 더 크게 기여할 것이다.

(3) 교육관료

교육은 공공의 중요한 사업이므로 어느 나라나 교육관료들은 장학, 교과서제도 등을 통해 교육과정 업무를 담당한다. 우리나라의 경우 교육부에 교육과정 정책 기획이나 운영 혹은 교과서 발행을 담당하는 부서가 있어, 이들이 교육부장관을 대신해 교육과정기준의 개정을 추진하고 현장 적용을 관리하는 주체가 되고 있다. 주로 교원 출신인 이들의 교육과정에 대한 이해 수준이 교육과정의 수준을 결정하게 된다. 그러나 대다수 초등교원 출신 관료들은 중등학교 교육과정의 복잡성을 이해하지 못하고, 특정 교과를 가르치던 중등 교원 출신 관료들은 교육과정 전체를 조망하는 '눈'이 부족할 수 있다. 그럼에도 이들은 교육과정기준의 개정 범위나 수준, 개정 연구 개발의 주체 선정, 구체적인 문구들을 최종 결정하는 위치에 있다. 이들의 위에나 뒤에는 인사권자에 버금가는 정치인들이 있어 배후 조종을 통해 의견을 관철하는 경우가 적지 않다. 교육관료들이 국리민복에 대한 혜안과 비전을 가지고 있다면 교육과정기준의 질은 점점 높아질 것이다. 그렇지 않은 경우에는 오히려 교육발전에 걸림이 된다. 국가교육과정기준을 학교의 현실에만 맞추면 늘 제자리걸음을 할 수밖에 없다. 그렇지 않고 학교의 현실을 넘어 많은 학교에서 모든 학교구성원이 합심하여 노력하면 달성할 수 있는 수준으로 높여 두면 교육현실을 개선하는 기준으로 작용할 수 있을 것이다. 이 점에서 국가교육과정기준은 너무 높거나 낮아도 부적절할 것이며, 우수학교들은 더 잘할 수 있도록 허용하고, 뒤처진 학교들은 수준을 높여 가도록 끌어올려 주는 기능을 하도록 해야 할 것이다. 국가교육과정기준을 총체적으로 질 관리하는 교육부 관료들의 교육과정에 대한 식견이 교육발전의 핵심이므로 향후 그 충원이나 자격요건을 재고할 필요가 있다.

(4) 교원

교사들은 교육과정의 실제 운영자로서 가히 교육과정의 주인이라고 할 수 있다. 교과교육을 실행하는 교사들은 현행 교육과정에 대한 비판적 이해를 하고, 보다 나은 교육과정에 대한 대안적 방안을 가질 수 있다. 우리나라의 경우 교과서가 교과교육과정기준을 포함하므로, 교과서를 통해 교육과정의 장단점을 이해하게 된다. 교과의 시간 배당에 비해 가르쳐야 할 내용의 분량이 많거나, 학생들의 이해력에 비추어 수준이 높거나 낮은 경우 모순을 경험하게 된다. 많은 교사는 주어진 교과를 학생들에게 가르치는 것으로 그치지만, 교육과정에 대한 이해가 높은 교사 중에는 교육과정의 정책 결정, 교육과정 기준 개발, 교육과정 운영 방안, 교육과정 평가와 개선 등을 학교 수준이나 교육청 혹은 교육부 수준에서 참여하고 기여하려는 열의가 있는 이들이 적지 않다.

일부 교사들은 자신의 구체적인 경험을 표현하지만 보다 거시적이고 일반적인 방향을 제시하는 데에는 한계를 보이기도 한다. 교육과정 개발 과정에서 교사들의 현장의 구체적이고 생생한 경험은 전문적인 연구 개발자들의 이상적이고 일반적인 견해를 보완하는 데 매우 귀중한 자원이 되고 있다. 이런 효용성 때문에 일부 교사들은 교육과정 연구 개발 및 평가의 협의진, 연구 개발진, 평가진 등을 통해 교육과정 개발 과정에 참여하게 된다. 이를 통해 현장 적합성이 높은 교과교육과정이 개발되기를 기대하고 있다. 교내에서는 학교교육과정의 운영 계획과 운영의 관리 및 평가에 기여하게 된다. 일부 교사들은 교육과정 개정이 교과의 비중을 조정하는 경우가 있어 직업적 불안을 유발하므로 반대

입장에 서기도 한다. 그런데도 교사들은 현장의 지혜를 교육과정 개발과 운영 및 평가개선에 환류할 수 있는 유리한 위치에 있다.

(5) 학생

학생들은 교육과정의 제1수혜자들이다. 대학교육과 달리 초 · 중등교육기에 학생들의 목소리는 작다. 학생들은 교육과정을 통해 자신의 잠재력을 발현하고, 나아가 적성에 맞는 진로를 개척하고자 할 것이다. 이 점에서 교육과정은 학생들의 교육적 요구와 여망을 바탕으로 해야 할 것이다. 그러나 일반상품과는 달리 배워야 할 대상, 알아야 할 대상으로서 교육과정은 미리 알아서 선택할 수 있는 여지가 적다. 학생들은 소질과 적성, 관심과 흥미가 있어서 하고 싶은 공부를 할 수 있고, 발달이 되고 능력이 되어서 잘할 수 있는 공부를 더 깊고 높게 추구할 수 있어야 하며 진로에 필요하여 꼭 해야 할 공부의 경우 할 기회를 가져야 할 것이다. 교육과정은 학생들에게 필요한 학습기회를 풍성하게 제공하는 일이라고 할 수 있다. 이 점에서 우리는 학생들의 교육과정적 요구를 장기적 · 체계적 · 종합적으로 파악하고 이를 반영하여 교육과정을 개선할 필요가 있다. 교육과정 개발 과정에 학생들을 참여시켜서 그들의 요구를 파악하고 반영하는 것은 요식행위가 아니라 필수적인 요소다.

(6) 학부모

학부모들은 그 자녀들의 대변자들이다. 이들은 자녀의 교육을 위탁한 학교에 대해 발언할 권리를 가지며, 학교교육을 지원할 의무를 지닌다. 학생들은 대체로 미성숙자들이어서 자신의 교육적 요구를 제대로 주장하기 어렵다. 우리나라에서는 학부모들도 자녀를 학교에 부탁한 '죄'로 학교에 대해 대체로 저자세를 견지하게 된다. 대학 입시를 앞둔 자녀를 둔 학부모들은 주로 대학입시에서 자녀의 학교가 좋은 성과를 올릴 것을 요구한다. 최근 늘어난 학부모단체들은 교육과정 개정에 토론자 등의 자격으로 의견을 내고 있다. 일부 학부모들은 자기 자녀에 대해서만 이기적으로 요구를 관철하려고 들 뿐, 공공적 사업으로서 '우리' 아이들에 대한 교육적 요구를 체계적으로 반영할 노력을 기울이지 않는 편이다. 학부모들의 교육적 요구는 인성교육, 생활지도, 학업지도, 특기지도, 진학지도 등 광범위하다. 학부모들의 교육과정적 요구는 학력 신장을 넘어 전인적 교육을 요구하고, 나아가 자녀의 특성과 진로에 알맞은 교육과정을 요구하는 데에는 미치지 못한다. 학부모들은 자녀들이 모든 사람을 위한 기초 기본 교육을 충실히 받을 권리와 나아가 특성에 맞게 진로를 개척하는 데 필요한 교육과정을 접할 기회가 있음을 이해하고 이를 위해 교육과정 개발 과정에 참여하여 적극적으로 발언하고 요구를 반영할 필요가 있다.

(7) 일반인

불특정 다수의 대중이 교육과정 개발 과정에 참여하기란 쉽지 않다. 교육과정 개발 과정에서는 교육계를 넘어 사회 각계각층의 광범한 요구를 청취하여 교육의 변화 방향을 설정한다. 이때 참여하는 인사들은 대체로 사회의 여론주도층 인사들이다. 정치, 경제, 사회, 문화, 예술, 체육 등의 주요 인사들이 교육과정 개발 과정의 초기 단계나 중요한 결과가 도출되는 중간단계, 그리고 최종 개정 결과에 대해 보고를 받고 자신들의 의견을 피력한다. 교육과정의 일반적인 변화 방향을 결정하는 과정에서는 각계의 대표자들이 참여하지만 각자 자신의 본업이 있는 이들이 구체적인 연구 개발 과정에까지 지속적으로 참여하기는 어렵다. 이들은 언론이나 여론, 자신의 개인적 경험에 기대어 학교에서 가르치고 배우는 것의 중요성에 대해서 익히 알고는 있지만, 교육과정을 전문적으로 연구하지 못하여 구체적인 대안을 제시하지는 못한다. 그런데도 교육과정 개발 과정에서 교육의 비전과 방향을 결정하는 데 있어 여론주도층의 역할은 매우 중요하다.

우리나라의 경우는 다양한 집단의 대표가 참여할 수 있는 체제, 협치에 의한 개정과 결정 체제가 외형적으로는 갖추어졌다. 그러나 실제는 개정 취지를 설득당한 대통령을 비롯한 정치권의 유력자의 입김이나 처음부터 끝까지 실무를 담당하는 교육부의 교육과정 관련 관료들, 그리고 개정에 이론적 정당성을 부여하는 일부 인사들의 일시적인 이합집산에 의한 합작품이다. 그 결과물인 총론 기준 문서가 개정마다 일정한 특색을 만들어 학교에 그 흔적을 남기지만, 학교교육을 실제로 개선하기보다 이전과 다르게 하는 데 도움을 줄 뿐이다.

2. 고시된 총론의 형식과 주요 내용

보다 이상적인 국가교육과정기준 문서는 형식의 완결성을 지향하여 큰 틀은 5대 영역으로 구성한다. 교육종합계획서이자 교육문제시정서의 친절한 안내서로 개발되어 교육과정 정책의 실천성을 높여야 하므로, 총칙의 형식적 완결성이 필요하다. 총칙은 '도입, 교육과정의 기본 방향(CP: Platforms), 교육과정 각론 구성(CF: Frameworks), 교육과정 운영 지침(CG: Guidelines), 부록'을 '5대 영역'으로, 그 아래에 부–장–대영역–중영역–소영역–세항목에 내용을 체계적으로 담는다. 이런 체제를 구현하여 하나의 기준 문서로 개발한 것(임유나, 2014)을 참고할 필요가 있다.

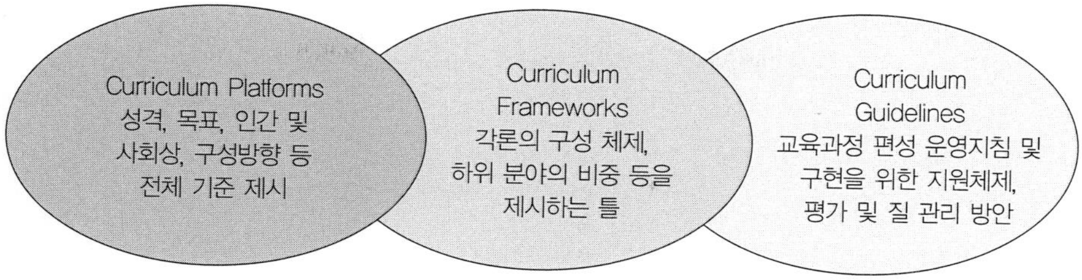

[그림 8-2] 교육과정기준(Curriculum Standards)의 구성

출처: 홍후조 외(2012: 8).

여기서는 2015년 9월에 고시된 초·중등학교 교육과정 총론을 통해서 우리나라 대다수 학교에서 전개되는 교육과정의 모습을 살펴보기로 한다. 총론이나 각론 문서는 대체로 세 부분으로 나뉘어 있다. 즉, 국가교육과정기준은 그 나라의 교육과정보다 넓게는 교육의 '방향과 목표'를 제시하는 부분과 그것을 구현하는 교육과정의 '각론'의 구성을 알려 주는 부분, 그리고 그것들이 전국, 지방, 학교, 교실 등의 수준에서 어떻게 구현되어야 할 것인가에 대한 지침 형식으로 이루어져 있다. 각론 문서도 총론과 유사한 특징을 보인다.

〈2015개정 국가교육과정기준 총론의 구성 체제〉

고시문
교육과정 고시 문서를 담아 펴내는 별도 책자 안내
부칙
시행안내(중학교 자유학기제, 전문교과 Ⅱ 실무과목, 2016. 3. / 초등 1, 2학년, 중 '역사'와 고교 '한국사' 2017. 3. / 초등 3, 4, 중·고 1, 2018. 3. / 초등 5, 6, 중·고 2, 2019. 3. / 중·고 3, 2020. 3.). 이 고시의 폐지·개정 등의 조치 가능 시한(2020. 2.)
참고(이 고시문과 해설 책자 등을 찾아볼 수 있는 곳)
교육과정의 성격
- 차례 -
Ⅰ. 교육과정 구성의 방향
  1. 추구하는 인간상
  2. 교육과정 구성의 중점
  3. 학교급별 교육목표

Ⅱ. 학교급별 교육과정 편성 · 운영의 기준
  1. 기본 사항
  2. 초등학교
   가. 편제와 시간 배당 기준
   나. 교육과정 편성 · 운영 기준
  3. 중학교
   가. 편제와 시간 배당 기준
   나. 교육과정 편성 · 운영 기준
  4. 고등학교
   가. 편제와 단위 배당 기준
   나. 교육과정 편성 · 운영 기준
  5. 특수한 학교에서의 교육과정 편성 · 운영
Ⅲ. 학교교육과정 편성 · 운영
  1. 기본 사항
  2. 교수 · 학습
  3. 평가
  4. 모든 학생을 위한 교육 기회의 제공
Ⅳ. 학교교육과정 지원
  1. 국가 수준의 지원
  2. 교육청 수준의 지원(총론 문서의 분량은 본문 33쪽, 앞부분 5쪽, 총 38쪽)

2015개정 교육과정은 '모든 학생이 인문 · 사회 · 과학기술에 대한 기초 소양을 함양하여 인문학적 상상력과 과학기술 창조력을 갖춘 창의융합형 인재로 성장' 할 수 있도록 돕는 교육과정을 표방한다. 총론은 교육부장관의 명의로 고시되는 법적 문서로, 학교급별 총론과 함께 교과(군)별 교과목의 교육과정기준도 초중학교 기본 교과목, 고교 보통 교과목, 특목고의 전문교과Ⅰ과 직업고의 전문교과Ⅱ, 창의적 체험활동(안전한 생활 포함), 한국어 교육과정 등이 별책으로 발간 고시된다.

1) 교육의 방향과 목표

국가교육과정기준 문서의 제Ⅰ장에서는 문서의 성격, 추구하는 인간상, 교육과정 구성 중점, 학교급별 교육목표로 이루어져 있다. 이 문서는 그 '성격' 규정에서 '「초 · 중등교육법」 제23조 제2항에 의거하여 고시한 것으로, 초 · 중등학교의 교육목적과 교육목표를 달성하기 위한 국가 수준의 교육과정이며, 초·중등학교에서 편성·운영하여야 할 학교 교육과정의 공통적이고 일반적인 기준을 제시한 것'이다. 즉, '국가 수준의 공통성과 지역, 학교, 개인 수준의 다양성을 동시에 추구하는 교육과정이고, 학습자의 자율성과 창의성을 신장하기 위한 학생 중심의 교육과정이며, 학교와 교육청, 지역사회, 교원·학생·학부모가 함께 실현해 가는 교육과정이고, 학교 교육 체제를 교육과정 중심으로 구현하기 위한 교육과정이며, 학교 교육의 질적 수준을 관리하고 개선하기 위한 교육과정'이다.

「교육기본법」 제2조(교육이념)에 따르면, 우리나라의 "교육은 홍익인간의 이념 아래 모든 국민으로 하여금 인격을 도야하고, 자주적 생활 능력과 민주 시민으로서 필요한 자질을 갖추게 함으로써 인간다운 삶을 영위하게 하고, 민주 국가의 발전과 인류 공영의 이상을 실현하는 데에 이바지하게 함을 목적으로 한다."

교육이념과 학교급별 교육목적에 바탕하여 2015개정 국가교육과정기준 총론 문서에서는 교육받은(추구하는) 인간상, 핵심역량, 인재상 등을 드러내고 있다. 다만, 이제까지와 같이 길러 낸 사람들이 만들어 갈 사회의 모습을 따로 그려 내지 않고 오히려 인재상과 핵심역량을 덧붙이고 있다. 교육은 한편으로 사람(개인, 집단, 시민, 국민, 세계시민 등)을 기르고, 다른 한편으로 사회(가정, 직장, 지역사회, 국가, 지구촌 등)를 가꾸는 일과 관련된다. 이 점에서 공교육은 늘 개인적 차원과 사회적 차원을 아우를 필요가 있다. 즉, 교육의 방향이나 비전은 교육받은 개인이나 집단으로서 '인간상', 공교육을 통해 그들이

〈추구하는 인간상〉

우리나라의 교육은 홍익인간의 이념 아래 모든 국민으로 하여금 인격을 도야하고, 자주적 생활 능력과 민주 시민으로서 필요한 자질을 갖추게 함으로써 인간다운 삶을 영위하게 하며, 민주 국가의 발전과 인류 공영의 이상을 실현하는 데에 이바지하게 함을 목적으로 하고 있다.

이러한 교육이념과 교육목적을 바탕으로, 이 교육과정이 추구하는 인간상은 다음과 같다.

가. 전인적 성장을 바탕으로 자아정체성을 확립하고 자신의 진로와 삶을 개척하는 자주적인 사람
나. 기초 능력의 바탕 위에 다양한 발상과 도전으로 새로운 것을 창출하는 창의적인 사람
다. 문화적 소양과 다원적 가치에 대한 이해를 바탕으로 인류 문화를 향유하고 발전시키는 교양 있는 사람
라. 공동체 의식을 가지고 세계와 소통하는 민주 시민으로서 배려와 나눔을 실천하는 더불어 사는 사람

출처: 교육부(2015.9.23.), 국가교육과정기준 총론 문서.

지향하며 만들어 갈 '사회상', 인간상과 사회상을 뒷받침하는 소망스러운 '교육상'으로 완성될 수 있다. 백년대계의 교육임에도 지향하는 사회상이 결여되어 있다.

2015개정 교육과정에서는 인간상이 지닌 특성으로서 핵심역량이 여섯 개인데, 개인의 자기관리역량, 학문과 교과 학습의 지식정보처리역량, 창의적 사고역량, 심미적 감성역량, 사회적 측면에서 의사소통역량과 공동체역량으로 대별된다.

〈기르고자 하는 핵심역량〉

이 교육과정이 추구하는 인간상을 구현하기 위해 교과교육을 포함한 학교교육 전 과정을 통해 중점적으로 기르고자 하는 핵심역량은 다음과 같다.

가. 자아정체성과 자신감을 가지고 자신의 삶과 진로에 필요한 기초 능력과 자질을 갖추어 자기 주도적으로 살아갈 수 있는 자기관리역량

나. 문제를 합리적으로 해결하기 위하여 다양한 영역의 지식과 정보를 처리하고 활용할 수 있는 지식정보처리역량

다. 폭넓은 기초 지식을 바탕으로 다양한 전문 분야의 지식, 기술, 경험을 융합적으로 활용하여 새로운 것을 창출하는 창의적 사고역량

라. 인간에 대한 공감적 이해와 문화적 감수성을 바탕으로 삶의 의미와 가치를 발견하고 향유하는 심미적 감성역량

마. 다양한 상황에서 자신의 생각과 감정을 효과적으로 표현하고 다른 사람의 의견을 경청하며 존중하는 의사소통역량

바. 지역 · 국가 · 세계 공동체의 구성원에게 요구되는 가치와 태도를 가지고 공동체 발전에 적극적으로 참여하는 공동체역량

출처: 교육부(2015.9.23.), 국가교육과정기준 총론 문서.

초 · 중등학교의 교육목표는 연계성을 지니면서 확대 심화하는 형태로 진행된다. 가령, '고등학교는 중학교에서 받은 교육의 기초 위에 중등교육 및 기초적인 전문교육을 하는 것을 목적으로 한다.'(「초 · 중등교육법」 제45조)와 '① 고등학교에 학과를 둘 수 있다. ② 고등학교의 교과 및 교육과정은 학생이 개인적 필요 · 적성 및 능력에 따라 진로를 선택할 수 있도록 정하여져야 한다.'(동법 제48조)와 관련된다. 그렇지만 아직 진로별 교육과정을 선택할 수 있도록 그 기본 방향을 제시하지는 못하고 있다. 2015개정 교육과정에서는 학교급별 목표가 일반성 정도를 달리하여 제시되고 있다. 자신을 가꾸고 학문을 연마하며, 사회문화적 자질과 사회공동체에 책임감 있는 시민의 양성을 지향한다.

〈고등학교 교육목표〉

고등학교 교육은 중학교 교육의 성과를 바탕으로, 학생의 적성과 소질에 맞게 진로를 개척하며 세계와 소통하는 민주 시민으로서의 자질을 함양하는 데에 중점을 둔다.

1) 성숙한 자아의식과 바른 품성을 갖추고, 자신의 진로에 맞는 지식과 기능을 익히며 평생학습의 기본 능력을 기른다.
2) 다양한 분야의 지식과 경험을 융합하여 창의적으로 문제를 해결하고, 새로운 상황에 능동적으로 대처하는 능력을 기른다.
3) 인문 · 사회 · 과학기술 소양과 다양한 문화에 대한 이해를 바탕으로 새로운 문화 창출에 기여할 수 있는 자질과 태도를 기른다.
4) 국가 공동체에 대한 책임감을 바탕으로 배려와 나눔을 실천하며 세계와 소통하는 민주 시민으로서의 자질과 태도를 기른다.

교육의 목표에 이어 이번 2015개정 교육과정의 '구성의 중점'이 나타난다. 교육과정은 우리나라 교육과정이 추구해 온 교육 이념과 인간상을 바탕으로, 미래 사회가 요구하는 핵심역량을 함양하여 바른 인성을 갖춘 창의융합형 인재를 양성하는 데에 중점을 둔다. 이를 위한 교육과정 구성의 중점은 다음과 같다.

〈2015개정 교육과정의 중점 사항〉

가. 인문 · 사회 · 과학기술 기초 소양을 균형 있게 함양하고, 학생의 적성과 진로에 따른 선택학습을 강화한다.
나. 교과의 핵심 개념을 중심으로 학습 내용을 구조화하고 학습량을 적정화하여 학습의 질을 개선한다.
다. 교과 특성에 맞는 다양한 학생 참여형 수업을 활성화하여 자기주도적 학습 능력을 기르고 학습의 즐거움을 경험하도록 한다.
라. 학습의 과정을 중시하는 평가를 강화하여 학생이 자신의 학습을 성찰하도록 하고, 평가 결과를 활용하여 교수 · 학습의 질을 개선한다.
마. 교과의 교육목표, 교육내용, 교수 · 학습 및 평가의 일관성을 강화한다.
바. 특성화 고등학교와 산업수요 맞춤형 고등학교에서는 국가직무능력표준을 활용하여 산업사회가 필요로 하는 기초 역량과 직무 능력을 함양한다.

교육과정의 방향과 목표 부분은 한 국가의 교육의 기본 방향을 제시하는 것이다. 각론 구성으로 나아가기 전에 간단히 평가해 본다면, 첫째, 현재 문서는 순서가 일정하지 않다. 가령, 성격은 본문에서 벗어나 있고, 구성의 중점은 이 부분의 가장 나중에 배치되는 것이 맞을 것이다. 둘째, 교육의 방향과 목표를 제시함에 있어 결여된 항목이 적지 않다. 가령, 개인적인 차원의 인간상, 그가 갖출 핵심역량, 또한 인재상이 제시되어 있지만, 이들이 어떤 사회를 지향하도록 공교육은 노력할 것인가에 대한 전망을 보여 주지 못하고 있다. 공교육이 백년대계라면 교육의 비전을 기르고자 하는 인간상, 지향하는 사회상, 이를 위한 바람직한 교육상을 균형 있고 종합적으로 제시하는 것이 바람직할 것이다.

2) 학교급별 각론의 구성

제II장은 '학교급별 교육과정 편성 · 운영의 기준'으로 이는 각론이 어떻게 구성되어 있는가를 보여 주는 부분이다. 먼저, 기본적인 얼개로는 초등 1학년부터 중학교 3학년까지는 공통 교육과정을 고교는 선택 중심 교육과정으로 편성 · 운영하는 것이고, 2009개정 교육과정을 이어 학년군, 교과군, 집중이수를 계승 적용하였다. 직업계 고교의 실무교과의 NCS 적용, 창의적 체험활동과 범교과학습주제의 정련 등이 구성의 특징이다.

〈학교급별 교육과정 편성 운영의 기본 사항〉

가. 초등학교 1학년부터 중학교 3학년까지의 공통 교육과정과 고등학교 1학년부터 3학년까지의 선택 중심 교육과정으로 편성 · 운영한다.

나. 학년 간 상호 연계와 협력을 통해 학교 교육과정을 유연하게 편성 · 운영할 수 있도록 학년군을 설정한다.

다. 공통 교육과정의 교과는 교육목적상의 근접성, 학문 탐구 대상 또는 방법상의 인접성, 생활양식에서의 연관성 등을 고려하여 교과군으로 재분류한다.

라. 선택 중심 교육과정에서는 학생들의 기초 영역 학습을 강화하고 진로 및 적성에 맞는 학습이 가능하도록 네 개의 교과 영역으로 구분하고 교과(군)별 필수 이수 단위를 제시한다. 특성화 고등학교와 산업수요 맞춤형 고등학교는 보통 교과의 네 개 교과 영역과 전문 교과로 구분하고 필수 이수 단위를 제시한다.

마. 고등학교 교과는 보통 교과와 전문 교과로 구분하며, 학생들의 기초 소양 함양과 기본 학력을 보장하기 위하여 보통 교과에 공통 과목을 개설하여 모든 학생이 이수하도록 한다.

바. 학습 부담을 적정화하고 의미 있는 학습활동이 이루어질 수 있도록 학기당 이수 교과목 수를 조정하여 집중이수를 실시할 수 있다.

사. 창의적 체험활동은 학생의 소질과 잠재력을 계발하고 공동체 의식을 기르는 데에 중점을 둔다.

아. 범교과학습주제는 교과와 창의적 체험활동 등 교육 활동 전반에 걸쳐 통합적으로 다루도록 하고, 지역사회 및 가정과 연계하여 지도한다.

안전 · 건강 교육, 인성 교육, 진로 교육, 민주 시민 교육, 인권 교육, 다문화 교육, 통일 교육, 독도 교육, 경제 · 금융 교육, 환경 · 지속가능발전 교육

자. 학교는 필요에 따라 계기 교육을 실시할 수 있으며, 이 경우 계기 교육 지침에 따른다.

각론 구성에서 핵심은 초등학교, 중학교, 일반고, 특수목적고, 특성화고, 산업수요맞춤형 고교의 편제와 시간배당 기준이다. 그 명칭, 종수, 시간과 단위 배당은 이후 각론 특히 교과의 기능, 지위, 비중 등을 좌우하므로 매우 첨예한 이해관계와 갈등이 표출 반영되는 곳이다. 이 편제와 시간 배당표에 따라 해당 교과와 관련된 많은 후속 효과(교과서 개발, 시험, 교원 양성과 배출 등)가 좌우되기 때문이다. 편제는 공통필수 및 상이선택의 교과와 창의적 체험활동이 무엇으로 구성되어 있는지를 보여 준다. 본래는 학년군별로 교과목이 분화 혹은 통합되는 모양을 종합적으로 계열적으로 보여 주는 것이 적절한데 이 부분이 매우 미약한 편이다. 2015개정에서는 정보(초등 17시간, 중학교 34시간), 중학교 자유학기제, 고교의 통합사회와 통합과학, 직업고의 국가직무능력표준 등이 강조되었다.

2. 초등학교

가. 편제와 시간 배당 기준

1) 편제

가) 초등학교 교육과정은 교과(군)와 창의적 체험활동으로 편성한다.

나) 교과(군)는 국어, 사회/도덕, 수학, 과학/실과, 체육, 예술(음악/미술), 영어로 한다. 다만, 1, 2학년의 교과는 국어, 수학, 바른 생활, 슬기로운 생활, 즐거운 생활로 한다.

다) 창의적 체험활동은 자율 활동, 동아리 활동, 봉사 활동, 진로 활동으로 한다. 다만, 1, 2학년은 체험 활동 중심의 '안전한 생활'을 포함하여 편성 · 운영한다.

2015개정 교육과정에 따라 초등 저학년의 시수가 증가되었고, 한글 해득 등에서 누리과정과의 연계를 강화하였다. 안전한 생활과 안전 단원을 설치하였고, SW 기초소양교육을 5~6학년에서 17시간 정도 실시한다. 초등학교에서 정보통신활용 교육, 보건 교육, 한자 교육 등은 관련 교과(군)와 창의적 체험활동 시간을 활용하여 체계적인 지도가 이루어질 수 있도록 하고 있다.

〈표 8-3〉 초등학교 시간 배당 기준

<table>
<tr><th colspan="2">구분</th><th>1~2학년</th><th>3~4학년</th><th>5~6학년</th></tr>
<tr><td rowspan="8">교과(군)</td><td>국어</td><td rowspan="7">국어 448
수학 256
바른 생활 128
슬기로운 생활 192
즐거운 생활 384</td><td>408</td><td>408</td></tr>
<tr><td>사회/도덕</td><td>272</td><td>272</td></tr>
<tr><td>수학</td><td>272</td><td>272</td></tr>
<tr><td>과학/실과</td><td>204</td><td>340</td></tr>
<tr><td>체육</td><td>204</td><td>204</td></tr>
<tr><td>예술(음악/미술)</td><td>272</td><td>272</td></tr>
<tr><td>영어</td><td>136</td><td>204</td></tr>
<tr><td>소계</td><td>1,408</td><td>1,768</td><td>1,972</td></tr>
<tr><td colspan="2">창의적 체험활동</td><td>336
안전한 생활 (64)</td><td>204</td><td>204</td></tr>
<tr><td colspan="2">학년군별 총 수업 시간 수</td><td>1,744</td><td>1,972</td><td>2,176</td></tr>
</table>

① 이 표에서 1시간 수업은 40분을 원칙으로 하되, 기후 및 계절, 학생의 발달 정도, 학습 내용의 성격, 학교 실정 등을 고려하여 탄력적으로 편성 · 운영할 수 있다. ② 학년군 및 교과(군)별 시간 배당은 연간 34주를 기준으로 한 2년간의 기준 수업 시수를 나타낸 것이다. ③ 학년군별 총 수업 시간 수는 최소 수업 시수를 나타낸 것이다. ④ 실과의 수업 시간은 5~6학년 과학/실과의 수업 시수에만 포함된 것이다.

〈표 8-4〉 초등 1~2학년 연간 수업 시수의 국제 비교 (단위: 60분 1시간)

구분	한국	핀란드	싱가포르	영국	독일	미국	프랑스
1~2학년 연간 시수	560	570	646	645~765	798	845.5	864

출처: 교육부 보도자료(2015. 9. 23.).

3. 중학교

가. 편제와 시간 배당 기준

1) 편제

나) 교과(군)는 국어, 사회(역사 포함)/도덕, 수학, 과학/기술 · 가정/정보, 체육, 예술(음악/미술), 영어, 선택으로 한다.

다) 선택교과는 한문, 환경, 생활 외국어(독일어, 프랑스어, 스페인어, 중국어, 일본어, 러시아어, 아랍어, 베트남어), 보건, 진로와 직업 등의 과목으로 한다.

나. 교육과정 편성 · 운영 기준(발췌)

3) 학교는 학교의 특성, 학생 · 교사 · 학부모의 요구 및 필요에 따라 자율적으로 교과(군)별 20% 범위 내에서 시수를 증감하여 편성 · 운영할 수 있다. 단, 체육, 예술(음악/미술) 교과는 기준 수업 시수를 감축하여 편성 · 운영할 수 없다.

〈표 8-5〉 중학교 시간 배당 기준

구분		1~3학년
교과(군)	국어	442
	사회(역사 포함)/도덕	510
	수학	374
	과학/기술 · 가정/정보	680
	체육	272
	예술(음악/미술)	272
	영어	340
	선택	170
	소계	3,060
창의적 체험활동		306
총 수업 시간 수		3,366

① 이 표에서 1시간 수업은 45분을 원칙으로 하되, 기후 및 계절, 학생의 발달 정도, 학습 내용의 성격, 학교 실정 등을 고려하여 탄력적으로 편성 · 운영할 수 있다. ② 학년군 및 교과(군)별 시간 배당은 연간 34주를 기준으로 한 3년간의 기준 수업 시수를 나타낸 것이다. ③ 총 수업 시간 수는 3년간의 최소 수업 시수를 나타낸 것이다. ④ 정보 과목은 34시간을 기준으로 편성 · 운영한다.

4) 학교는 학습 부담을 적정화하고 의미 있는 학습 활동이 이루어질 수 있도록 학기당 이수 교과목 수를 여덟 개 이내로 편성한다. 단, 체육, 예술(음악/미술) 교과는 이수 교과목 수 제한에서 제외하여 편성할 수 있다.

9) 학교는 학생들이 자신의 적성과 미래에 대해 탐색하고, 학습의 즐거움을 경험하여 스스로 공부하는 자기주도적 학습 능력과 태도를 기를 수 있도록 자유학기를 운영한다.

가) 중학교 과정 중 한 학기는 자유학기로 운영한다. 나) 자유학기에는 해당 학기의 교과 및 창의적 체험활동을 자유학기의 취지에 부합하도록 편성 · 운영한다. 다) 자유학기에는 지역사회와 연계하여 진로 탐색 활동, 주제 선택 활동, 동아리 활동, 예술 · 체육 활동 등 다양한 체험 중심의 자유학기 활동을 운영한다. 라) 자유학기에는 협동 학습, 토의 · 토론 학습, 프로젝트 학습 등 학생 참여형 수업을 강화한다. 마) 자유학기에는 중간 · 기말고사 등 일제식 지필평가는 실시하지 않으며, 학생의 학습과 성장을 지원하는 과정 중심의 평가를 실시한다. 바) 자유학기에는 학교 내외의 다양한 자원을 활용하여 진로 탐색 및 설계를 지원한다. 사) 학교는 자유학기의 운영 취지가 타 학기 · 학년에도 연계될 수 있도록 노력한다.

10) 학교는 학생들의 심신을 건강하게 발달시키고 정서를 함양하기 위해 '학교스포츠클럽 활동'을 편성 · 운영한다.

가) 학교스포츠클럽 활동은 창의적 체험활동의 동아리 활동으로 편성한다. 나) 학교스포츠

〈표 8-6〉 교과 및 창의적 체험활동과 연계 운영되는 자유학기제 활동 프로그램들

- 진로탐색활동: 진로학습, 진로상담 · 검사, 진로체험, 진로포트폴리오 작성 등
- 주제선택활동: 학생의 흥미, 관심사에 기반, 교과/창체 연계 프로젝트 학습 등
- 예술 · 체육활동: 1학생 1문화 · 예술 1체육 활동(학교스포츠클럽활동 포함) 전개
- 동아리활동: 학생의 희망, 의사를 적극적으로 고려한 집단 활동

클럽 활동은 학년별 연간 34~68시간(총 136시간) 운영하며, 매 학기 편성하도록 한다. 학교 여건에 따라 연간 68시간 운영하는 학년에서는 34시간 범위 내에서 학교스포츠클럽 활동을 체육으로 대체할 수 있다. 다) 학교스포츠클럽 활동의 시간은 교과(군)별 시수의 20% 범위 내에서 감축하거나, 창의적 체험활동 시수를 순증하여 확보한다. 다만, 여건이 어려운 학교의 경우 68시간 범위 내에서 기존 창의적 체험활동 시간을 활용하여 확보할 수 있다. 라) 학교스포츠클럽 활동의 종목과 내용은 학생들의 희망을 반영하여 학교가 정하되, 다양한 종목을 개설함으로써 학생들의 선택권이 보장되도록 한다.

2015개정에서 중학교 교육과정의 큰 변화는 중학교 과정 중 한 학기는 학생들이 지필평가에 대한 부담에서 벗어나 체험 중심의 교과 활동과 장래 진로에 대한 탐색 · 설계를 집중적으로 실시하는 '자유학기제'를 2016년부터 전면 도입한 것이다. 학교가 자율적인 교육과정 편성 · 운영의 권한을 갖고, 학생 참여 및 활동 중심의 교실 수업을 확산하는 데 우선적인 목적이 있다. 교과활동 및 창의적 체험활동과 연계하여 '진로탐색활동, 주제선택활동, 예술 · 체육활동, 동아리활동' 등 특색 있는 활동들을 운영하게 된다. 이를 통해 암기식 수업을 최소화하고 수업에 참여하는 학생들의 태도와 자기 표현력 향상을 위해 또래와 협력 및 협동 학습, 토론학습, 자기주도학습 등이 활성화되기를 기대하고 있다.

또한 중학교의 SW교육을 강화하여 '정보'를 필수과목으로 하였고, 34시간을 학습한다. 학생들의 학교폭력 및 인성교육, 학생들의 체력증진 등을 위해 학교스포츠클럽 활동은 2009개정과 같이 3년 동안 136시간을 실시한다.

4. 고등학교

가. 편제와 단위 배당 기준

나) 교과는 보통교과와 전문교과로 한다.

(1) 보통교과

㉮ 보통교과의 영역은 기초, 탐구, 체육 · 예술, 생활 · 교양으로 구성하며, 교과(군)는

국어, 수학, 영어, 한국사, 사회(역사/도덕 포함), 과학, 체육, 예술, 기술 · 가정/제2외국어/한문/교양으로 한다.

㉯ 보통교과는 공통 과목과 선택 과목으로 구분한다. 공통 과목은 국어, 수학, 영어, 한국사, 통합사회, 통합과학(과학탐구실험 포함)으로 하며, 선택 과목은 일반 선택 과목과 진로 선택 과목으로 구분한다.

(2) 전문교과

㉮ 전문교과는 전문교과 I 과 전문교과 II 로 구분한다.

㉯ 전문교과 I 은 과학, 체육, 예술, 외국어, 국제 계열에 관한 과목으로 한다.

㉰ 전문교과 II 는 국가직무능력표준에 따라 경영 · 금융, 보건 · 복지, 디자인 · 문화콘텐츠, 미용 · 관광 · 레저, 음식 조리, 건설, 기계, 재료, 화학 공업, 섬유 · 의류, 전기 · 전자, 정보 · 통신, 식품 가공, 인쇄 · 출판 · 공예, 환경 · 안전, 농림 · 수산해양, 선박 운항 등에 관한 과목으로 한다. 전문교과 II 의 과목은 전문 공통 과목, 기초 과목, 실무 과목으로 구분한다.

2) 단위 배당 기준

〈표 8-7〉 일반 고등학교(자율 고등학교 포함)와 특수 목적 고등학교(산업수요 맞춤형 고등학교 제외)

<table>
<tr><th></th><th>교과 영역</th><th>교과(군)</th><th>공통 과목(단위)</th><th>필수 이수 단위</th><th>자율 편성 단위</th></tr>
<tr><td rowspan="11">교과
(군)</td><td rowspan="4">기초</td><td>국어</td><td>국어(8)</td><td>10</td><td rowspan="10">학생의 적성과
진로를 고려하여
편성</td></tr>
<tr><td>수학</td><td>수학(8)</td><td>10</td></tr>
<tr><td>영어</td><td>영어(8)</td><td>10</td></tr>
<tr><td>한국사</td><td>한국사(6)</td><td>6</td></tr>
<tr><td rowspan="2">탐구</td><td>사회
(역사/도덕 포함)</td><td>통합사회(8)</td><td>10</td></tr>
<tr><td>과학</td><td>통합과학(8)
과학탐구실험(2)</td><td>12</td></tr>
<tr><td rowspan="2">체육 · 예술</td><td>체육</td><td></td><td>10</td></tr>
<tr><td>예술</td><td></td><td>10</td></tr>
<tr><td>생활 · 교양</td><td>기술 · 가정/제2외
국어/한문/교양</td><td></td><td>16</td></tr>
<tr><td colspan="3">소계</td><td>94</td><td>86</td></tr>
<tr><td colspan="4">창의적 체험활동</td><td colspan="2">24(408시간)</td></tr>
<tr><td colspan="4">총 이수 단위</td><td colspan="2">204</td></tr>
</table>

① 1단위는 50분을 기준으로 하여 17회를 이수하는 수업량이다. ② 1시간의 수업은 50분을 원칙으로 하되, 기후 및 계절, 학생의 발달 정도, 학습 내용의 성격, 학교 실정 등을 고려하여 탄력적으로 편성·운영할 수 있다. ③ 공통 과목은 2단위 범위 내에서 감하여 편성·운영할 수 있다. 단, 한국사는 6단위 이상 이수하되 두 개 학기 이상 편성하도록 한다. ④ 과학탐구실험은 이수 단위 증감 없이 편성·운영하는 것을 원칙으로 하되, 과학 계열, 체육 계열, 예술 계열 고등학교의 경우 학교 실정에 따라 탄력적으로 운영할 수 있다. ⑤ 필수 이수 단위의 단위 수는 해당 교과(군)의 '최소 이수 단위'로 공통 과목 단위 수를 포함한다. 특수 목적 고등학교와 자율형 사립 고등학교의 경우 예술 교과(군)는 5단위 이상, 생활·교양 영역은 12단위 이상 이수할 것을 권장한다. ⑥ 기초 교과 영역 이수 단위 총합은 교과 총 이수 단위의 50%를 초과하지 않도록 한다. ⑦ 창의적 체험활동의 단위는 최소 이수 단위이며 ( ) 안의 숫자는 이수 단위를 이수 시간 수로 환산한 것이다. ⑧ 총 이수 단위 수는 고등학교 3년간 이수해야 할 '최소 이수 단위'를 의미한다.

〈표 8-8〉 특성화 고등학교와 산업수요 맞춤형 고등학교

<table>
<tr><th colspan="2"></th><th>교과 영역</th><th>교과(군)</th><th>공통 과목(단위)</th><th>필수 이수 단위</th><th>자율 편성 단위</th></tr>
<tr><td rowspan="11">교과(군)</td><td rowspan="10">보통교과</td><td rowspan="4">기초</td><td>국어</td><td>국어(8)</td><td rowspan="3">24</td><td rowspan="9">학생의 적성·진로와 산업계 수요를 고려하여 편성</td></tr>
<tr><td>수학</td><td>수학(8)</td></tr>
<tr><td>영어</td><td>영어(8)</td></tr>
<tr><td>한국사</td><td>한국사(6)</td><td>6</td></tr>
<tr><td rowspan="2">탐구</td><td>사회
(역사/도덕 포함)</td><td>통합사회(8)</td><td rowspan="2">12</td></tr>
<tr><td>과학</td><td>통합과학(8)</td></tr>
<tr><td rowspan="2">체육·예술</td><td>체육</td><td></td><td>8</td></tr>
<tr><td>예술</td><td></td><td>6</td></tr>
<tr><td>생활·교양</td><td>기술·가정/제2외국어/한문/교양</td><td></td><td>10</td></tr>
<tr><td colspan="3">소계</td><td>66</td><td rowspan="2">28</td></tr>
<tr><td>전문교과 II</td><td colspan="3">17개 교과(군) 등</td><td>86</td></tr>
<tr><td colspan="5">창의적 체험활동</td><td colspan="2">24(408시간)</td></tr>
<tr><td colspan="5">총 이수 단위</td><td colspan="2">204</td></tr>
</table>

3) 보통교과

나. 교육과정 편성·운영 기준

1) 공통 사항

다) 학교는 학습 부담을 적정화하고 의미 있는 학습 활동이 이루어질 수 있도록 학기당 이수 과목 수를 여덟 개 이내로 편성한다. 단, 과학탐구실험, 체육·예술·교양 교과목, 진로 선택 과목, 실기·실습 과목은 이수 과목 수 제한에서 제외하여 편성·운영할 수 있다.

바) 학교는 일정 규모 이상의 학생이 이 교육과정에 제시된 선택 과목의 개설을 요청할 경우

〈표 8-9〉 고교 보통교과목의 구성

교과 영역	교과(군)	공통 과목	선택 과목: 일반 선택	선택 과목: 진로 선택
기초	국어	국어	화법과 작문, 독서, 언어와 매체, 문학	실용 국어, 심화 국어, 고전 읽기
	수학	수학	수학 I , 수학 II , 미적분, 확률과 통계	실용 수학, 기하, 경제 수학, 수학과제 탐구
	영어	영어	영어 회화, 영어 I , 영어 독해와 작문, 영어 II	실용 영어, 영어권 문화, 진로 영어, 영미 문학 읽기
	한국사	한국사		
탐구	사회 (역사/ 도덕 포함)	통합사회	한국지리, 세계지리, 세계사, 동아시아사, 경제, 정치와 법, 사회 · 문화, 생활과 윤리, 윤리와 사상	여행지리, 사회문제 탐구, 고전과 윤리
	과학	통합과학 과학 탐구실험	물리학 I , 화학 I , 생명과학 I , 지구과학 I	물리학 II , 화학 II , 생명과학 II , 지구과학 II , 과학사, 생활과 과학, 융합과학
체육 · 예술	체육		체육, 운동과 건강	스포츠 생활, 체육 탐구
	예술		음악, 미술, 연극	음악 연주, 음악 감상과 비평 미술 창작, 미술 감상과 비평
생활 · 교양	기술 · 가정		기술 · 가정, 정보	농업 생명 과학, 공학 일반, 창의 경영, 해양 문화와 기술, 가정과학, 지식 재산 일반
	제2 외국어		독일어 I 프랑스어 I 스페인어 I 중국어 I 일본어 I 러시아어 I 아랍어 I 베트남어 I	독일어 II 프랑스어 II 스페인어 II 중국어 II 일본어 II 러시아어 II 아랍어 II 베트남어 II
	한문		한문 I	한문 II
	교양		철학, 논리학, 심리학, 교육학, 종교학, 진로와 직업, 보건, 환경, 실용 경제, 논술	

① 선택 과목의 기본 단위 수는 5단위다. ② 교양 교과목을 제외한 일반 선택 과목은 2단위 범위 내에서 증감하여 편성 · 운영할 수 있다. ③ 교양 교과목과 진로 선택 과목은 3단위 범위 내에서 증감하여 편성 · 운영할 수 있다. ④ 체육 교과는 매 학기 편성하도록 한다. 단, 특성화 고등학교와 산업수요 맞춤형 고등학교의 경우, 현장 실습이 있는 학년에는 탄력적으로 운영할 수 있다.

해당 과목을 개설해야 한다. 이 경우 시 · 도 교육청이 정하는 지침에 따른다.

아) 학교는 필요에 따라 이 교육과정에 제시되어 있는 과목 외에 새로운 과목을 개설할 수 있다. 이 경우 시 · 도 교육청이 정하는 지침에 따라 사전에 필요한 절차를 거쳐야 한다.

차) 학교는 필요에 따라 대학과목 선이수제의 과목을 개설할 수 있고, 국제적으로 공인된 교육과정이나 과목을 개설할 수 있다. 이 경우 시 · 도 교육청이 정하는 지침에 따른다.

파) 학교는 학생이 자신의 진로에 적합한 과목을 체계적으로 이수할 수 있도록 진로지도와 연계하여 선택 과목 이수에 대한 정보를 적극적으로 안내한다.

2) 일반 고등학교(자율 고등학교 포함)

나) 학교는 교육과정을 보통 교과 중심으로 편성하되, 필요에 따라 전문 교과의 과목을 개설할 수 있다.

다) 학교는 학생이 이수하기를 희망하는 일반 선택 과목을 개설하도록 노력해야 하며, 모든 학생이 보통 교과의 진로 선택 과목에서 세 개 과목 이상을 이수할 수 있도록 한다.

마) 특정 교과를 중심으로 중점 학교를 운영할 수 있으며, 이 경우 자율 편성 단위의 50% 이상을 해당 교과목으로 편성할 수 있다.

바) 체육, 음악, 미술 등의 과정을 개설하는 학교의 경우, 필요에 따라 지역 내 중점 학교 및 지역사회 학습장 등을 활용할 수 있다.

사) 학교는 직업에 관한 과정을 운영할 수 있으며, 이 경우 시 · 도 교육청이 정하는 지침에 따른다.

진학계 고교는 2009개정 교육과정에서 후퇴한 '공통과목'을 국어, 수학, 영어, (통합)사회, (통합)과학, 과학탐구실험, 한국사 등에 재도입하였다. 학생의 적성과 진로에 따른 선택과목을 일반선택과목과 진로선택과목으로 구분하여 제시하고 있으나, 학생들이 어떤 식으로 유기적 선택과 집중을 할 수 있는가에 대해서는 제대로 된 방향 제시를 하지 못하고 있다. 특히 진로선택과목은 매우 임의적이고 불충분하게 제시되어 있다. 한국사의 사회나 다른 역사로부터 분리나 제2외국어의 영어와 분리 등을 보면 교과영역의 구분은 매우 임의적이다. 교과들이 학년이나 수준이 높아질수록 체계적으로 분화되어 있지 못하다.

일반고와 관련된 지침 중에 '학교는 학생이 자신의 진로에 적합한 과목을 체계적으로 이수할 수 있도록 진로지도와 연계하여 선택 과목 이수에 대한 정보를 적극적으로 안내하거나, 필요에 따라 대학과목 선이수제의 과목을 개설할 수 있고, 국제적으로 공인된 교육과정이나 과목을 개설할 수 있되, 이 경우 시 · 도 교육청이 정하는 지침에 따른다.'는 규정이 있다. 또한 시 · 도 교육청은 고등학교에서 학생의 과목 선택권을 보장하기 위해 교원 수급, 시설 확보, 프로그램 개발 등 필요한 행·재정적인 지원을 하도록 하고, 개별 학교의 희망과 여건을 반영하여 지역 내 학교 간 개설할 집중과정을 조정하며, 그 편성·운영을 지원하거나, 특히 소수 학생이 지망하는 집중과정을 개설할 학교를 지정하고, 원활한 교육과정 편성·운영을 위한 행·재정적인 지원을 하도록 규정하고 있다. 그러나 총론의 편제표에 보통교과의 공통필수만 규정하고 진로별 교육을 위한 개략적인 방안 제시가 부재한 관계로, 일반고 교육과정은 여전히 획일적이고, 지난 100여 년 동안 문이과 양분, 국영수 편중의 공통필수 교육과정을 위주로 편성 운영되고 있는 형편이다.

대다수 학생이 재학하는 일반계 고등학교 교육과정의 경우 선택 중심으로 편성 운영한다고 하지만, 여전히 공통필수 교육과정을 강조하여 단위 배당을 하고 있다. 즉, 상이 선택의 진로별 교육과정은 방향 제시 자체가 되어 있지 못한 편이다. 또한 수업시간 편성이 소위 국영수 교과목에 과도하게 치우치지 않도록 제한하고 있기도 하다. 단위제는 본래 취지와 달리 소규모 분량이어서 제구실(장기계열·선택·집중·대체 이수 등)을 하지 못하고 있다.

전문교과I은 특수목적계 고교를 위한 교과목인데, 상급 학년을 위한 일부 교과목은 고교 수준을 넘어서는 세분화·전문화된 대학 교양 수준의 것으로 외국어, 사회(국제), 수학, 과학, 예술, 체육 등에 걸쳐 제시하고 있다. 그렇지만 여기에도 일반고 학생들이 진로별로 선택과 집중하면 이수할 수 있는 교과목이 적지 않다. 일반고 교과목과 통합하여 계열적으로 제시되어 있지 않고, 외고와 국제고는 외국어 교과목에 관해 중첩되는 면도 있다. 국어, 기술 등 일부 교과에서는 진로별로 핵심적임에도 높은 수준의 교과목을 제시하지 않고 있다. 궁극적으로 보통교과의 진로별 선택과목과 전문교과의 교과목을 통합·제시하여 진로별로 학년이 올라갈수록 선택과 집중을 할 수 있도록 마련할 필요

〈표 8-10〉 전문교과 I의 교과목 예시

교과(군)	과목			
과학 계열	심화 수학 I	심화 수학 II	고급 수학 I	고급 수학 II
	고급 물리학	고급 화학	고급 생명과학	고급 지구과학
	물리학 실험	화학 실험	생명과학 실험	지구과학 실험
	정보과학	융합과학 탐구	과학과제 연구	생태와 환경
체육 계열	스포츠 개론	체육과 진로 탐구	체육 지도법	육상 운동
	체조 운동	수상 운동	개인·대인 운동	단체 운동
	체육 전공 실기 기초	체육 전공 실기 심화	체육 전공 실기 응용	
	스포츠 경기 체력	스포츠 경기 실습	스포츠 경기 분석	

가 있다.

직업계 고교는 산업현장의 직무를 수행하기 위해 필요한 능력(지식, 기술, 태도)을 국가적 차원에서 표준화한 국가직무능력표준(National Competency Standards: NCS)을 기반으로 한 교육과정을 중심축으로 하고 있다. 17개 교과군으로 개편하고 47개 기준학과별 인력양성 유형을 제시하였으며, 전문 공통 과목 1개, 기초 과목 178개, 실무과목 293개 등 총 472개 과목으로 구성하였다. 이에 필요한 교과서는 산업계 직무수요를 반영한 NCS를 교육·훈련기관에서 배울 수 있도록 NCS 학습모듈형 교재로 개발 제공된다. 전문교과II는 일반고 보통교과목이나 전문교과I에 비해 상대적으로 매우 체계적인 구조로 제시된 편이다. 분야별, 하위 학과별, 과목별로 계열적으로 제시된 편이다. 언젠가는 진학계 고교와 직업계 고교의 교과목을 통합하여 제시함으로써 학생들이 필요에 따라 넘나들면서 이수할 수도 있어야 할 것이다.

〈표 8-11〉 전문교과 II의 교과목 및 기준 학과 예시

교과(군)	과목군			기준 학과
	전문 공통 과목	기초 과목	실무 과목(NCS 과목)	
디자인·문화 콘텐츠	성공적인 직업생활	디자인 제도, 디자인 일반, 조형, 색채 관리 컴퓨터 그래픽 미디어 콘텐츠 일반 문화 콘텐츠 산업 일반 영상 제작 기초	시각 디자인 제품 디자인 실내 디자인 방송 콘텐츠 제작 영화 콘텐츠 제작 음악 콘텐츠 제작 광고 콘텐츠 제작 게임 콘텐츠 제작 애니메이션 콘텐츠 제작 만화 콘텐츠 제작 캐릭터 제작 스마트 문화 앱 콘텐츠 제작	디자인과 문화콘텐츠과

다음으로 공민학교, 고등 공민학교, 고등 기술학교, 근로 청소년을 위한 특별 학급 및 산업체 부설 학교, 야간 수업을 하는 학교, 방송통신중학교 및 방송통신고등학교, 특성화 학교, 자율 학교, 재외한국학교 등 기타 특수한 학교의 교육과정은 이 교육과정을 바탕으로 학교의 실정과 학생의 특성에 알맞은 학교 교육과정을 편성하고, 시·도 교육감의 승인을 얻어 운영한다고 규정하고 있다.

3) 교육과정 운영 및 질 관리 지침

제III장 '학교 교육과정 편성·운영'에서는 기본적인 사항과 교수·학습, 평가의 주안

점과 유의점을 다룬다. 또한 균등한 학습기회를 보장하기 위해 '모든 학생을 위한 교육기회의 제공'에 대해서도 권고 규정하고 있다. 이미 교육과정 구성의 중점, 편제표 아래 설명, 제II장에서 학교급별 편성 · 운영 유의 사항, 학교급간 공통적인 기본사항 등에서 열거하여 중복되는 면이 있어 정비가 필요하다. 또한 성격상 III장과 IV장은 유사한 기능을 가지고 있으므로 향후 통합할 필요가 있다.

제IV장은 '학교 교육과정 지원'이다. 여기서는 국가 수준의 지원, 교육청 수준의 지원을 다루고 있다. 즉, IV장은 학교에서 교육과정을 편성 운영하는 데 있어 외부 기관의 지원이 원활할 수 있도록 유념할 사항을 규정하고 있다. 학교가 어느 정도 자율성을 가지고 교육과정이나 과목을 개설할 수는 있게 하되, 시 · 도 교육청이 정하는 지침에 따른다고 하여, 시 · 도 교육청 입장에서는 상당한 자율성을 가지고 학교의 교육과정 편성 · 운영을 지도 · 감독하지만, 더 큰 발전을 추구하는 학교로서는 이것이 도리어 학교 단위의 자율성과 특수성을 저해한다고 볼 수도 있다. 이와 관련하여 현재의 교육과정에는 전반적인 평가와 장차 기준 문서를 어떻게 질 관리하고 개선할 것인가에 대한 규정이 부족하다. 즉, 임의 수시개정을 막을 방안이 제시되어 있지 못하다.

교육과정기준의 총론 문서가 제구실, 곧 학교교육의 청사진 역할을 실제로 수행하려면 개정의 기간이나 참여자 및 개정된 결과로서 문서의 형식과 내용, 실행 과정에 대한 정보수집, 그 과정에서 드러난 현행 교육과정의 문제점, 이를 다시 개선하는 새로운 교육과정 구상 등의 한살이에 대한 규정이 이 부분에서 필요하다. 실제로 많은 교과와 교실에서 교과서가 수업을 좌우할 정도로 중요하다면, 교과서 발행제 등도 개정된 교육과정의 취지에 맞게 구분 고시되고 운영되도록 규정에 포함시켜야 할 것이다. 즉, 교과서 중심에서 교육과정기준 중심으로 바꾸는 방법을 규정해 주어야 할 것이다.

다른 한편으로, 주요한 평가나 시험이 개정 교육과정의 취지와 달리 별도의 논리와 취지로 운영되어 교육과정의 정상적 운영을 해치고 있다면 이 또한 교육과정 개정 취지와 일치되는 시험제도를 제안하고 상호 정합성을 갖도록 규정해야 할 것이다. 학교교육과정의 품질을 높이는 데 있어 교육청, 지역사회, 학교, 학부모, 학생 등이 교육과정 개정 취지에 맞게 도움을 주려면 어떻게 해야 할지에 대해서도 규정해야 할 것이다. 이렇게 교육과정, 교재-수업-시험과 평가-기록 및 활용 등이 일관성을 가지도록 교육과정 기준이 만들어지려면 더 긴 기간이 소요될 것이고, 각계각층의 학생과 공동체의 교육복지를 우선으로 여기는 이들의 노력과 전문성, 더 많은 행 · 재정적 뒷받침이 필요할 것이다. 현재는 개정 교육과정의 성패를 좌우하는 요인들이 별도로 규정되어 작동하고 있다.

3. 국가교육과정기준 총론 개정의 개선

1) 개정 과정의 문제점

보다 질 높은 국가교육과정기준 총론 문서를 제대로 만들어 내기 위해서는 수시개정을 믿고 단기간에 총론과 각론을 모두 급하게 만들어 내는 관행을 고쳐야 할 것이다. 먼저, 국가교육과정기준이 연구 개발 고시되는 측면의 문제점을 살펴보고자 한다.

(1) 전면개정

국가교육과정기준을 개정하게 되면 학교나 교과의 형편과는 관계없이 무조건 고등학교 이하 모든 학교, 모든 학년, 모든 교과의 교육과정을 전면적으로 개정하게 된다. 일반 보통교육을 위한 보통교과와 실업 및 특수목적교육을 위한 전문교과, 필수과목과 선택과목의 성격과 지위가 다르므로 개정할 필요성이 달라야 함에도 거의 비슷한 예산, 비슷한 규모로 전면 개정을 하고 있다.

제7차 교육과정도 예외가 아니어서 초등학교의 우리들은 1학년을 비롯하여 전 교과를 새로이 연구·개발하거나 기존 교육과정을 개정하였고, 중학교에서도 상황은 비슷하였다. 일반계 고교의 경우 국민 공통 기본 교과 10개, 일반 선택 과목 26개, 심화 선택 과목 50개를 연구 개발하였고, 실업계 및 기타계 고교를 위한 전문 교과 관련 과목 441개가 새로 연구 개발되거나 개정되었다.

2005년 당시 교육인적자원부는 교육과정의 수시개정 체제를 도입하였고, 이후 2009개정 교육과정은 총론과 각론에서 10여 차례 수시개정이 이루어졌다. 수시개정이 도입된 이후 국가교육과정기준의 안정성은 위협받고 있으며, 잦은 개정으로 인해 학교에서는 바뀐 내용을 모를 수도 있을 정도로 개정의 피로감이 쌓여 가고 있다. 제대로 잘 만든다면 총론의 개정 필요성은 각론의 개정 필요성보다 적을 것이다. 현장에 제도로 나아가 문화로 뿌리 내리는 개정 효과를 확인하려면 중등학교는 3년 이상, 초등학교는 6년 이상의 기간이 필요할 것이다.

교육과정의 전면수시 개정은 결과적으로 현재 학교에서 가르치고 배우고 있는 교육 내용을 부정하는 결과를 초래한다. 제6차 교육과정이 적용되기 시작한 1995년에 이미 교육개혁위원회는 제6차 교육과정을 개정할 필요성을 발의하고 전면개정에 들어갔다. 전면개정은 일시에 진행되면 많은 경우 더 부실한 개정을 하게 된다.

(2) 일시개정

고등학교 이하 모든 학교급의, 모든 종류 학교의, 모든 교과의 교육과정이 거의 동시에 더구나 상대적으로 단기간에 개정이 진행된다. 국가교육과정기준의 연구 개발은 대략 15단계로 나뉜다. 교육과정의 기본 계획 수립에서 확정·고시되기까지(1~13단계)의 기간은 대략 40개월(3년 4개월) 정도가 소요된다. 실제로 연구 개발에 쓸 수 있는 시간은 약 24개월(2년) 정도 된다. 제6차 교육과정의 경우 이를 발의 주관한 교육부의 활동과 연구 개발 위탁 기관인 교육과정개정연구위원회의 활동으로 크게 나뉘며, 그 소요 기간은 2년 8개월(1990. 3.~1992. 10.)이었다. 그러나 실제로 개정 작업에 본격적으로 소요되는 기간은 1년 6개월 내지 1년 10개월에 불과하다(이용숙 외, 1994: 442). 제7차 교육과정의 주요 연구 개발 업무를 위한 총 소요기간은 2년 6개월(1995. 8.~1997. 12.)이었다. 제7차 교육과정의 경우 국가 수준 교과평가를 위한 성취기준 및 평가기준의 개발로 이어져 교육과정 문서 원안 개발에 소요된 비용, 인력, 기간보다 훨씬 많은 그것을 소요한 바 있다. 이를 방지하기 위하여 다른 나라에서는 전체 교육과정 개정 물량의 일부만 한 해에 발주하는 방식을 취함으로써 학교급별, 학교종별, 교육과정 영역별, 교과별로 순차적으로 교육과정을 개정하는 방식을 취하고 있다. 전면개정을 하더라도 시간적 여유가 있다면 충실한 개정을 할 수 있다는 점에서, 일시개정은 부실한 개정을 낳을 수 있다는 점에서 가장 나쁜 개정 방식에 속한다.

(3) 잦은 수시개정

국가교육과정은 1955년 제정 이후, 1963년(2차), 1973년(3차)에 이어, 1981년 제4차 개정 고시 이후에는 1987년(5차), 1992년(6차), 1997년(7차) 등 5~6년을 주기로 개정되어 왔다. 우리나라의 경우, 교육과정 제정부터 7차에 이르기까지 교육과정 개발 및 적용과정을 살펴보면 크게 교육부의 편수국(교육과정과)이 국가교육과정을 제정한 시기(3차)와 소위 편수국 파동을 겪으면서(1977년) 연구 개발에 터한 국가교육과정 개발 적용 시기로 나눌 수 있다. 그러나 큰 줄기는 교육부 주도의 교육과정 연구 개발 적용에서 벗어난 것은 아니었다. 크게 보면 개정 주기가 점차로 단축되어 가는 경향이 있다. 그 이유로는 국가의 정치적 변화와 교재의 유효기간은 5년으로 한다는 교과용 도서에 관한 규정을 들 수 있다. 더구나 2009년 이후 온갖 필요에 따라 국가교육과정기준기준을 '수시'로 자주 개정하고 있다.

해방 이후 우리 교육과정이 여러 차례 개정되면서 그 변화를 초래한 영향력에 대한 설명은 다양하다. 먼저, 외국의 교육과정 사조에 따라 영향을 받았다는 주장이 있다. 또 다른 설명은 정치적 외압에 의해 교육과정이 개정되었다는 측면이다. 이런 외부적 영향과 함께 교육 내부적 영향력 측면도 무시할 수 없다. 특히 기존 교육과정이 갖고 있는 문제점은 국정 교과서 내용을 통해 드러나게 되므로 교과서 내용이 정치적 측면, 경제적 측면, 사회문화적 측면, 시험 등 교육 내부 문제 등에서 문제가 되면 그 근원이 되는 교육과정은 언제나 개정의 대상이 되어 왔다.

교육과정을 바꾸어야 할 필요성은 학교교사들보다 이를 연구하는 대학의 교수들에게서 촉발되기 쉽다. 대학의 연구자들은 중독필 조장다시重獨必 早長多試 측면에서 자기 교과가 부당한 대접을 받고 있다고 여긴다. 학자 중에는 교육과정 총론 부분이나 특정 교과 교육과정에 대해 이를 연구 개발한 이들과 다른 견해와 다른 패러다임으로 교과를 보기 때문에 바꾸어야 한다고 본다.

국가교육과정기준의 잦은 개정은 교육과정 자체와 학교교육 현실에 바람직하지 못한 결과를 낳아 왔다. 이는 교육과정이 곧 바뀔 터이니 새로 바뀐 것에 따라 교육을 개선할 필요가 있겠는가에 대한 회의를 안겨다 준다. 또 기준의 권위와 효과 손상뿐 아니라 정치 도구화, 탈 맥락화, 탈 교실화를 낳게 된다. 기준이 자주 바뀌면 그것은 흔들리는 거울이나 저울과 같아 올바로 보거나 잴 수 없다. 프랑스의 경우는 최소 5년간의 적용 운영 후에 교육과정을 본격적으로 평가 개선하게 된다.

(4) 기준 문서 위주 개정

국가 수준에서 의도적이고 계획적인 교육활동의 실천을 담보하기 위해서는 분명한 교육과정 기준 문서가 필요하다. 우리 교육과정은 세 가지 측면에서 실천 단절적이며 주로 문서 중심으로 개정이 이루어지고 있다. 첫째, 교육과정 개정이 고시할 문서를 새로 만들고, 이를 해설서로 보급하며, 교과서와 지도서 제작, 지침서, 장학 자료 및 연수 자료로 이어지는 문서 위주의 개정이 되고 있다(조난심 외, 1999 참조). 둘째, 교육과정을 개정 구안하는 과정에 현장의 목소리가 제대로 반영되지 못한다는 점이며, 셋째, 개정된 교육과정의 실천을 담보할 수단을 확보하고 있지 못하다는 점에서 실천할 현장과 단절적인 편이다.

교육과정이 의도대로 실천되기를 원한다면 보다 구체적으로 이 실천을 담보할 방안을 마련하는 것이 교육과정 기준 개발 못지않게 중요하다. 교육과정 운영을 위한 교원양성과 수급, 학생 수용과 배정, 교육과정 운영비의 확보와 배분, 학교의 시설과 교실의 설비 등을 교육과정과 긴밀하게 연계하여 확보 운영될 수 있도록 방안을 마련할 지침이 담겨 있어야 하며, 필요한 경우 이를 담보할 법규도 마련되어야 실천과 그 성과를 보장할 수 있다.

(5) 운영 경험 미반영 개정

이는 잦은 수시 개정의 폐단이기도 하다. 교육과정 운영과 실천에 따른 경험 축적과 평가에 바탕한 계속된 수정 보완의 순환적 적용 경험이 적었다. 우리 교육과정은 연구 → 개발 → 고시 → 시행에 따른 일회적 적용만 계속하고 있다.

프랑스 등에서는 새 교육과정 기준을 적용한 지 5년 정도 지난 후에야 평가를 철저히 하여 개선을 위한 작업에 임하게 된다. 교육과정을 구현한 교과서는 1년 정도 지도하였을 때 가장 많은 문제점이 드러난다. 그러나 교육과정 기준의 학교구현은 실정에 따라 다를 수 있으므로, 시간을 두고 모니터하고 개선하는 것이 요청된다.

교육과정 개정 과정 그 자체도 절차마다 철저한 평가가 이루어져야 한다. 그러나 문제는 교육과정 개발 체제 자체의 자기모순 교정체제가 없다는 점이다. 교육과정 연구 개발 과정의 절차마다 엄격한 평가 장치가 없어 연구 개발 성과가 부실한 경우 후속 연구 개발 과정에의 참여를 제한한 사례를 찾아보기도 어렵다.

교육과정을 개정하거나 개선할 이유는 여러 가지다. 그중에서 교육 내부의 지적 사항은 가장 큰 문제가 된다. '교사 편에서 가르치기 어렵다, 학생 편에서 이해하기 어렵다, 사회 편에서 현실과 너무 동떨어져 있다, 학부모 편에서 학생의 진로 개척에 실질적인 도움이 되지 못한다' 등 우리가 확인할 교육과정 내용, 그 범위와 기준, 그것이 학교현실과 일으키는 마찰은 교육과정을 개선해야 할 주요한 이유가 된다. 기존 교육과정의 교수가능성, 학습가능성, 시대적 · 사회적 적합성 여부에 대한 검증 작업은 철저히 이루어져야 한다.

(6) 총론과 각론의 단절 개정

교과교육과 관련된 대다수 인사의 교육과정 개정에서의 주된 관심은 자신과 관련된 교과의 중독필 조장다시重獨必 早長多試 문제다. 교육과정 총론 연구 개발자들은 사회적 삶을 반영하고 학습자의 형편을 고려하여 가급적 교과목을 통합하여 제시하려고 한다. 특히 공통필수 교육과정기에 교과가 여러 과목으로 분리되는 것을 반대하고, 이미 분과分科되어 있는 것도 가급적 통합하자는 입장이다. 그러나 교과 교육과정 개발에서 가장 큰 쟁점은 교육과정 내용 개선보다 오히려 교과 간, 교과 내 과목 간 영역 다툼이다. 정치적 이해관계나 교육과정 개정 주도 구성원의 특성에 따라 교과별 시간 및 단위 배당의 비중이 결정되는 면이 많다고 보는 것이다. 또한 교과교육과정 개정에 참여하는 인사들은 거의 '단골손님'에 가까워 현행 교육과정을 반성하는 데 근본적인 한계를 지니게 된다. 즉, 고치려는 교육과정을 만든 이도, 다시 이를 고치려는 이도 대부분 경우 동일인일 수밖에 없는 것이 우리 교육과정 개정의 현실이다 보니 진정한 의미의 교육과정 설계와 학습체제를 구안하지 못하는 형편이다.

결과적으로, 새로이 부상하고 있는 지적 활동 영역들(예를 들어, 정보통신, 생명과학 등)을 대변해 주는 경우는 많지 않으며, 기존 교과영역에서 축소 포섭하려고 한다. 교과 중심 교육과정 개정은 기존 교과를 대변하게 되고, 학생과 사회의 요구는 반영되기 어려우며, 개인적·사회적으로 점차 의미 있는 새로운 학문과 교육내용들이 학교 안으로 들어올 여지를 줄인다.

(7) 질 관리 미흡 개정

국가교육과정기준을 고시한 후 이를 모니터링하며 그 결과에 따라 수정·보완·개선하는 질 관리는 좁게는 국가교육과정기준 그 자체에, 궁극적으로는 모든 학교의 교육실천에 매우 중요한 활동이다. 교육과정을 국가 수준에서 갖고 있다는 것은 국가를 대표하는 기관이 그 질을 관리하며 또한 그에 따른 책임을 지는 것을 의미한다.

국가교육과정기준의 질 관리가 미흡하다는 판단은 국가교육과정기준에 대한 질 관리의 주체로서 교육부 관련 부서의 구성 인원 수, 잦은 인사이동, 직무의 범위 등에 비추어 볼 때 더욱 그러하다. 교육과정 해설서 작성, 교과서와 지도서 발간, 연구학교 운영 등이 국가교육과정기준 질 관리의 일환이라고 할 수도 있으나, 교육과정 문서에 나타난 취지와 문구를 실효성 있게 만들기 위한 직접적인 질 관리 노력이라고 보기 어렵다. 그것들이 교육과정을 질 관리하기 위한 노력이라면 필요한 수정과 보완이 필연적으로 뒤따라야 할 것이다.

2) 개정 과정의 개선 과제

(1) 전면개정과 부분수정의 상호 보완

전례의 교육과정 개정은 무조건 교육과정 총론의 전면개정에 따라 교과교육과정의 전면개정을 가정하고 개정 작업이 진행되었다. 변화가 필요했다면 교육과정 구성 요소별로 그리고 교과별로 변화 필요 정도가 달랐을 것이고 이에 따라 예산, 인력, 기간 등이 달랐어야 했다. 제7차 교육과정의 경우만 보아도 각 교과별로 개정에 필요한 예산도 거의 일정하게 배당(예를 들어, 교과영역당 800만 원)하였으며, 그 기간도 똑같이 정하여(8개월 정도) 전면개정을 정해진 일정에 맞추어 진행하였다.

우리가 교육과정 총론의 규정이든 교과교육과정 연구 개발이든 그 각각 일의 내용 구성과 범위 및 성격을 분명히 할 수 있다면, 그리고 양자가 필연적으로 관계될 때 그 일의 내용, 성격, 범위를 분명히 할 수 있다면, 그에 소용되는 인력, 기간, 예산을 적절하게 정하고 집행할 수 있게 될 것이다. 국가교육과정기준이 나오기 전에 검토되어야 할 부분과 또 결과물로서 고시된 교육과정 문서에 어떤 항목들을 어느 수준으로 규정해야 하는가 또는 담아야 하는가에 대한 논의는 최근 들어 활발하게 진행되고 있음에도 그것 중에서 어떤 업무가 어느 수준에서 주로 이루어져야 하는지에 대한 논의는 여전히 부족하다(김재복 외, 2001; 소경희, 이화진, 2001; 허경철 외, 2000; 홍후조, 1999).

초·중등학교 교육내용의 상당 부분은 견해나 시각 차이일 뿐 거의 안정적인 내용들이다. 교육목표나 내용이 달라짐에 따라 교수-학습방법, 교수매체, 평가방법이 달라질 수 있으며, 협동학습, 열린교육과 같은 교수-학습방법의 변화나 TV, 컴퓨터 같은 교수매체의 변화, 수행평가, 컴퓨터화 검사의 도입과 같은 평가 방법이 변화함에 따라 교육과정의 목표나 내용이 크게 달라지는 것은 아니므로, 교과교육과정의 내부적인 변화는 주로 부분 개선을 초래한다고 할 수 있다. 따라서 부분수정과 전면개정을 판단하는 기준에 따라 교육과정 변화가 무조건 전면개정으로 치닫지 않도록 필요한 안전장치를 두어야 할 것이다.

(2) 국가교육과정기준의 연구 개발의 일시성과 분산관리 현상의 극복

세계화 시대에 있어 국가 이상의 문제와 과제에 대한 대처 필요성은 국가교육과정기준을 요구하고 있다. 그러나 그간 국가교육과정기준은 지나치게 지방 이하를 통제, 관리, 인허가하는 데에 골몰해 왔다. 또한 수학, 과학, 도덕, 한문, 영양, 보건, 전문상담(진로), 사서 등 개별 교과가 부분이익을 관철하기 위하여 교과의 지위를 전체 총론보다 우위에 두는 일들을 서슴없이 저질러 왔다. 과목을 교과로, 학교업무 중 특정 분야 전문인을 교사로 둔갑시키는 일들도 적지 않았다. 또한 교육부, KICE, KRIVET, KERIS, 한국과학창의재단, 국사편찬위원회, 대학 연구팀 등 총괄 조정되지 않는 연구 개발 관리가 분산적으로 이루어지고 있다. 그리고 총론 개정과 함께 자동적으로 각론 전체를 재개정하는 폐습도 계속되고 있다. 이를 우려하는 인사들은 관련 법규를 개정해서 개별 교과의 지위만을 강화하는 입법을 금지하고, 국가교육과정위원회를 설립해 국가교육과정기준을 통합적으로 연구 개발 및 질 관리할 것을 권고하고 있다. 또한 현재의 국가교육과정기준의 기능을 낮은 수준으로 모든 학교에 일괄 적용하기보다, 중수준으로 높게 만들어 그 이하의 학교들은 강제 개입 지원하여 교육의 질을 끌어올리고, 그 이상 학교들은 교육과정의 자율성을 대폭 허용하는 방향으로 운영해 나가는 것도 논의되고 있다.

(3) 국가와 학교의 교육과정 업무 구분과 협조

교육과정 전체를 두고 나누어 본다면, 국가 수준에서 일반적·공통적·표준적으로 제시하는 국가교육과정기준과 학교 수준에서 구체적·실제적으로 독특하게 구성하여 제시하는 학교교육과정 계획으로 나눌 수 있다. 학교를 중심으로 볼 때는, 학교 안에서 개정이 이루어지는 것과 학교 밖에서 이루어지는 것으로 나눌 수 있다. 학교 밖에서 개정이 이루어질 때 현재처럼 여러 수준을 거치면서 이루어지는 다단계 분권 체제의 실효성에 대한 의문이 적지 않다. 기본은 학교 밖의 보편적 공통적인 기준 하나와 학교 안의 특수성과 자율성을 반영하는 기준 하나면 충분할 것이다. 그렇지 않으면 분권, 지방자치 등의 이름으로 학교에 교육과정적 요구는 넘쳐나고 혼란이 가중될 것이다. 공교육은 대한민국 이상의 세계 시민을 기르는 것이어야 하기 때문이다. 그 밖의 교육청이나 교육지원청은 이를 돕는 데 머무는 것이 타당하다. 교육부의 국가 수준에서는 공통필수 교육과정을 중심으로 교육과정 정책 기획업무를 수행해야 하고, 학교 수준에서는 상이선택 교육과정을 비롯하여, 창의적 체험활동 등의 특수성 실제성을 반영한 구체적인 실행을 위한 기획을 수행할 필요가 있다.

〈표 8-12〉 학교 안과 학교 밖의 교육과정적 역할 부담

구분	국가 수준(거시 수준)	학교와 지역 수준(미시 수준)
업무 특징	• 세계사적 문명 변화 방향 파악 반영 • 국가사회의 변화 및 발전 방향 파악 반영 • 국가사회적 인재 양성 수요 계획 반영 • 교육의 이념, 목적, 목표 개발 관리 • 국가교육과정기준의 변화와 질 관리 계획 • 초 · 중등학교 공통필수 교육과정의 기준 설계 • 공통필수 교과목의 구성 체계(목표와 내용) • 교과교육과정 중심 • 학습자 집단의 구분과 집단별 배려 • 교과의 구성과 비중 배분 • 상이선택 교육과정에 대한 예시와 권고 • 수업과 평가에 대한 예시와 권고	• 국가교육과정의 파악 반영 • 교육과정 실행수준의 과업 • 지역사회의 요구와 특성 반영 • 학교 특성 반영 • 교원 특성 반영 • 학습자 특성 반영 • 창의적 체험활동 · 특성화 프로그램 등 • 교과목내 단원 구성 • 단원내 주제 구성 • 수업 계획 • 수업 자료 개발 • 평가 계획

(4) 국가교육과정기준의 의무규정과 재량규정의 구분

교육에는 해서는 안 될 일과 해도 되는 일, 그리고 반드시 해야 하는 일이 있다. 해서는 안 될 일은 '금지규범'이라고 할 수 있다. 해서는 안 될 일을 제외하면 나머지는 해도 되는 일이므로 '허용규범'이다(이동희 외, 2002: 20-23). 허용규범은 또한, 반드시 해야 할 '의무규범'과 해도 되는 '재량규범'으로 나눌 수 있다. 금지규범을 범하거나 의무규범을 행하지 않으면 그에 따라 일정한 처벌이 따른다. 의무교육과 관련된 공통필수 교육과정은 의무규범이요, 이를 법적으로 표현하면 의무(강행, 강제, 통제)규정이 된다. 이에 반해,

의무교육기를 벗어난 상이선택 교육과정을 법적으로 표현하면 재량(권고, 예시, 표준, 자율)규정이 된다.

교육과정 총론과 교과교육과정의 개정과 수정을 둘러싸고 국가 수준에서 할 일, 시·도 교육청수준에서 정할 일, 학교수준에서 정할 일, 교사수준에서 전문성과 자율성을 발휘할 부분 등을 정해 두지 않는다면 권한을 먼저 부여받은 측에서 일방적으로 정하게 되어 그다음에 권한을 행사할 주체들은 더욱 많은 제약을 받게 된다. 일정한 권한을 나누어 가지든, 각 주체가 최대한의 권한을 행사해 그것이 시너지 효과를 일으키든 관계없이 법은 주체별로, 단계별로 일정한 역할 분담을 정해 주어야 할 것이다. 교육과정 관련 법규를 정비하여 교육부, 교육과정개정위원회, 교육청, 학교 순으로 교육과정 관련 주요 업무를 규정해야 하며, 아울러 교육과정개정위원회의 활동도 일정한 법적 테두리 안에서 수행되도록 해야 자의적 개정을 막을 수 있다.

(5) 국가교육과정기준의 품질 향상

국가교육과정기준이 학교교육의 질을 끌어올리는 기준으로 작용하기 위해서는 중수준의 기준이어야 할 것이다. 모든 학교가 쉽게 기준을 달성하기보다 학교 구성원들이 합심하여 노력할 때 달성하는 수준을 의미한다. 이런 중수준 국가교육과정기준 속에는 필연적으로 교육의 질을 끌어올리는 새로운 교육개혁안을 포함하게 된다. 2009개정 교육과정에서 중학교의 집중이수와 고교의 진로 집중과정이 대표적인 경우다. 이 경우 교육청, 학교, 교원들이 이해할 수 있도록 친절하게 안내하는 것이 필요하다. 교육의 질을 끌

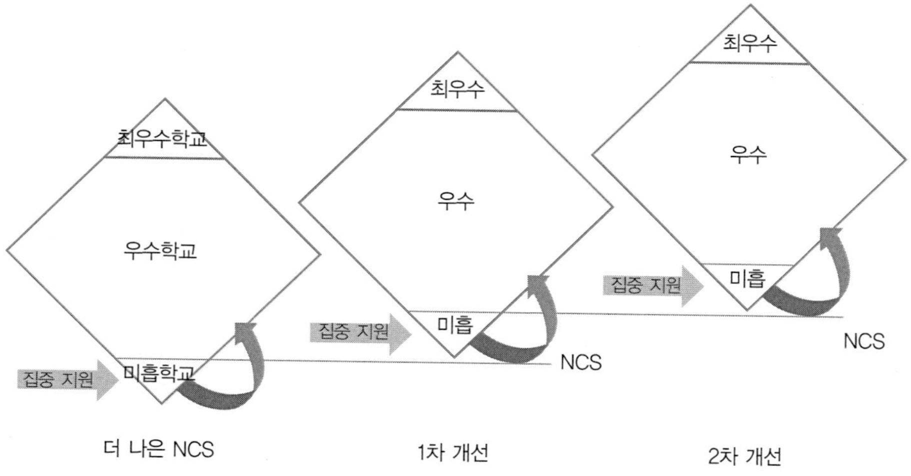

[그림 8-3] 더 나은 국가교육과정기준(NCS)의 확보를 통한 교육 질 개선 효과 개념도

어울리는 개혁안을 친절하게 안내하는 것을 규제라고 오해하면 도리어 학교 현장에 시행착오와 혼란과 낭비를 초래하게 된다. 반면에, 너무 낮은 하수준의 기준은 모든 학교가 이행하는 데 어려움이 없겠지만, 이것은 교육의 질을 끌어올리지 못한다. 그간 모든 학교가 이행할 수 있는 국가교육과정기준을 권장하여 그것이 학교교육의 질을 끌어올리는 기준이 되지는 못하였다. 역으로 너무 높은 상수준 기준은 많은 학교를 좌절하게 만들고 실행 자체를 불가능하게 한다. 그러므로 국가교육과정기준은 중수준으로서 교육부나 교육청이 이에 미치지 못하는 학교를 지원하여 수준을 끌어올려 주고, 이 기준을 넘어서는 학교에 대해서는 더 질 높은 교육으로 향하도록 자율성을 부여하여야 한다.

(6) 교육과정 실현을 위한 제도적 장치의 구축

교육과정 총론 혹은 이와 관련된 인사들은 교육과정 문서 그 자체의 개선에도 관심을 가져야 하지만 현재 제각기 따로 움직이는 교원 수급 정책, 학생 수용 정책, 시설 설비 개선 정책, 교육 재정 정책이 맞물려 돌아갈 수 있는 시스템을 확보하는 데 주력해야 할 것이다. 교육과정 총론이 의미하는 바가 구현되는 제도적 장치를 어떻게 교육과정과 연동시켜 잘 돌아가는 기계처럼 만들어 주느냐에 교육의 성패가 달려있다.

교육과정 개정은 처음부터 교원들에게 불안감을 안겨 주고 급기야는 그들의 저항을 받는다. 그래서 교육과정 개정은 개정에 이해관계를 지닌 인사들 사이 타협의 산물이기 십상이다. 진정한 의미의 개정이 이루어지려면 초등에서는 담임의 업무가 과중되지 않아야 하므로 교과전담 교사가 확충되어야 하고, 중등교사들은 가장 잘 가르치는 과목과 두 번째로 잘 가르치는 과목의 복수자격을 가져야 교육과정기준 개정을 이성적으로 받아들이고, 학생과 국가사회의 장래를 위한 교육과정기준이 창출될 수 있을 것이다. 특히 고교 교육과정이 제대로 만들어지고 실현되려면 무엇보다 대학입시가 진로 맞춤형으로 만들어져 있어야 할 것이다.

3) 교육목표 설정에 관한 논의

교육을 왜 하는가에 대한 답은 교육목표의 설정으로 나타난다. 교육목표의 설정은 교육활동의 수행 이유와 그 방향을 제시해 준다. 총론의 학교급이든 각론의 교과이든 그 특성을 밝히고 이에 따른 교육목표를 설정하는 것이 교육과정 개발에서 가장 먼저 기술되어야 할 부분이다. 다양한 수준의 교육목표는 어떻게 구체화 될 수 있는지, 그것들은 교육내용과 활동을 안내하는 지침으로 작용하기 위해 어떤 요건을 갖춰야 할 것인가?

(1) 일반적 교육목표와 구체적 교육목표

모든 교육활동은 설정된 교육목적과 교육목표로부터 출발한다. 교육목적educational objectives은 교육이 지향하는 기본적인 방향 제시의 표현으로서, 비교적 포괄적이고 궁극적이며 일반적이고 대체적인 동시에 이상적인 개념이라 할 수 있다. 소수의 추상적인 총괄적인 교육이념이나 목표로부터 다수의 구체적인 교육목표로 구체화하는 단계가 몇 개여야 하고 각각의 정의나 기능을 어떻게 설정해야 할 것인가의 문제다.

추상적인 교육이념으로부터 몇 단계를 거쳐 구체적인 교육목표로 전환되는가는 교육활동이 이루어지는 장면의 넓이 혹은 포괄성 정도에 달려 있다. 국가 수준에서 학교교육기를 보면 유-초-중-고-대를 모두 포괄한다. 평생학습, 성인교육, 사회교육 등이 아무리 강조되어도 2015개정 교육과정처럼 학생들의 발달을 축으로 보면 학교급별 특성을 무시한 공통적 · 보편적인 교육목표를 '핵심역량'으로 교과 단원의 내용을 '성취기준'으로 대신한다는 것은 어색하다. 학교교육의 시기와 장면을 특성화할 필요는 여전하다. 각 학교급을 나누어 교육목표를 제시할 수 없다면, 최소한 전체 사회, 전체 학습자, 전체 교육영역의 공통된 부분과 사회 각 분야, 학습자 집단, 교육영역별로 상이한 부분을 나누어 줄 필요는 있다. 결국 추상적인 소위 교육목표에서 구체적인 다수의 교육목표로 구체화하는 것은 교육이념, 학교급별 교육목적, 공통과 상이의 교육영역별 교육목표로 나타낼 수 있다.

교육목표는 크게 사회와 학습자의 요구에서 유래되는 교육의 일반목표와 개별 교과나 교과 외 활동에서 유래되는 교육의 특수목표로 나뉜다. 학습자의 자아실현이나 이상적인 사회관으로부터 유래하는 교육의 일반목표와는 달리 교과 교육목표들은 개별 교과의 성격과 목적 및 내용 체제에서 유래되는 특수목표들이다. 이것들은 교육의 일반목표를 달성하기 위한 수단이라고 할 수 있다. 교과 교육과정의 개발은 주로 교과의 교육목표 상세화와 그 내용을 체계화하는 것으로 이루어진다. 교육목적이나 교육목표는 학습자(주어)가 갖추어야 할 핵심적인 가치와 지식(목적어), 경험과 행동 및 능력(술어) 등으로 3형식 문장 혹은 4~5형식 문장으로 나타낼 수 있다.

잘 진술된 교육목표는 다음과 같은 일곱 가지 특성을 띤다. 교육은 그것을 포함한 더 큰 세계(문명, 현대사회, 이념, 국가, 헌법적 가치 등)에 비추어 목표가 타당해야 하고, 외연의 경계를 보면 전체적으로 망라성 · 포괄성collectively exhaustive을 온전히 갖추고 있어야 하며, 여러 개로 구분된 개별 목표들은 상호배타적mutually exclusive이어야 할 것이다. 다음 7가지 교육목표가 갖출 요건을 보면 일반적인 목표가 ①~③의 요건을 갖추고, ④를 거쳐서 점차 더 구체적인 목표들은 ⑤~⑦의 요건을 갖추도록 표현된다.

현재 우리나라의 국가교육과정기준 문서에는 학교급별 목표가 수준을 달리하여 표현

〈교육목표의 진술 요건〉

① 타당성: 교육목표는 개인(학습자), 사회, 학문(교과) 측면에서 추구하는 보편적이고 중요한 가치와 일관되어야 함
② 포괄성: 교육목표는 개인(학습자), 사회, 학문(교과) 측면에 포함되는 대상과 현상 및 그 요구를 대부분 포함해야 함
③ 배타성: 교육목표는 진술된 항목들 사이에 상호 중복과 충돌이 없어야 함
④ 위계성: 교육목표는 더 추상적이고 일반적인 소수의 교육목표에서 더 구체적이고 특수한 다수의 것에까지 상하·전후의 계열적 순서가 있어야 함
⑤ 의사소통성: 교육목표를 설정한 사람들과 읽거나 실천하는 사람들 사이에 동일하게 해석할 수 있어야 함
⑥ 실천가능성: 교육목표는 현실에 적용하여 실천할 수 있어야 함
⑦ 실현가능성: 교육목표는 꾀하는 바를 성과로 달성할 수 있어야 함

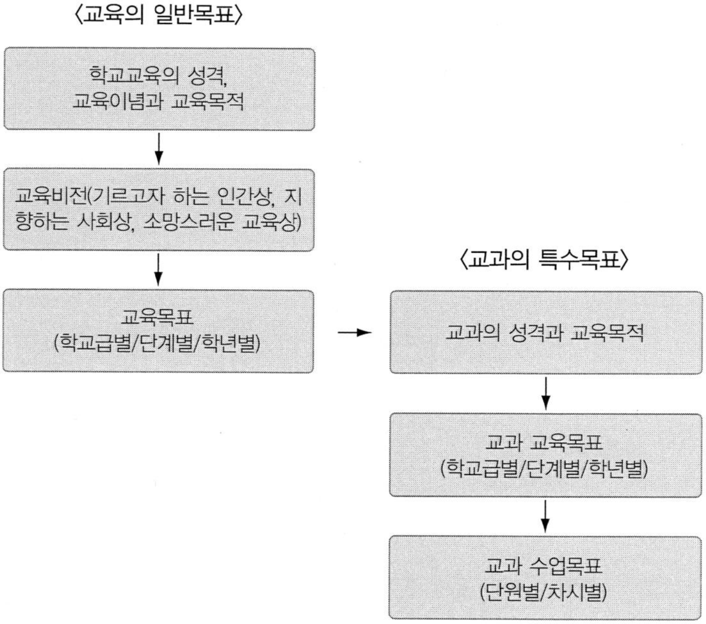

[그림 8-4] 일반 및 특수교육목적과 교육목표의 위계적 관계

되어 있지만, 학습자와 사회 그리고 교과를 종합적으로 아우르는 교육의 일반목표가 없다. 따라서 교과 교육과정이 내세우는 교과의 특수목표가 일반목표 달성에 어느 부분을 감당하고 있는지, 얼마나 기여하고 있는지, 상호 중복되는 것은 어떠한 것인지가 파악되지 않고 있다. 교육의 일반목표를 설정해야 교과를 상호비교하고 이해하며 조정할 수 있게 된다. 교육의 일반목표는 학교교육이 학교급별로 그리고 학년별로 나뉜다고 볼 때 다시 학교급별 교육목표와 학년별 교육목표로 나눌 수 있다.

그러나 교육을 통해 추구하는 인간상이나 학교급별 교육목표는 여전히 추상성이 높아 실제적인 교육활동의 지침으로 작용하기 어렵다. 이를 구체화하기 위해서 학년별 교육목표를 만들 수도 있다. 그러나 학년별 교육목표로 세분화하면 결과적으로 상호 구별이 어려워진다. 각론을 구성하는 교육영역인 교과나 창의적 체험활동은 자체의 존립 근거나 교육의 일반목표를 달성하기 위하여 보다 구체적인 교육목표를 요구한다. 구체적인 교육목표는 학습자와 사회로부터 유래되는 교육의 일반목표가 근거인데, 이는 그 학문이나 교과분야의 교육받은 사람들의 지식, 태도, 기능, 행동양식 등을 규정한다.

(2) 학교교육목표의 종합: 총론의 목표와 각론의 목표를 잇는 사례

학교교육의 일반적인 목표는 어느 정도 구체화되면 교과교육의 목표도 포괄할 수 있다. John I. Goodlad는 그의 미국 고등학교 연구 종합서인 『학교라는 곳(A Place Called School)』(1984: 50-56)에서 학교의 교육활동, 교육과정 계획과 교수 학습을 안내해 줄 교육목표를 ① 학문적 교육목표, ② 직업적 교육목표, ③ 시민생활적 교육목표, ④ 개인적 교육목표로 나누고 10개 하위 영역에 걸쳐 총 62개로 정리하고 있다. 개인 학습자의 자기관리, 대인관계를 비롯한 사회, 학문과 교과 학습에서 일반적인 진학을 위한 학습과 직업을 위한 학습에서 거두어야 할 교육목표로 나눈 셈이다. 다음은 그 목록이다.

1) 학문적 교육목표

(1) 기초적 학습 기능과 과정의 숙달

① 읽기, 쓰기, 셈하기를 배운다.
② 읽기와 듣기를 통해 아이디어를 얻는 것을 배운다.
③ 쓰기와 말하기를 통해 아이디어를 교환하는 것을 배운다.
④ 수학적 개념을 활용하는 것을 배운다.
⑤ 가용한 정보의 원천을 활용할 능력을 개발한다.

(2) 지적 능력 계발

① 합리적으로 사고할 능력을 개발한다. 여기에는 문제 해결의 기능, 논리의 원칙 적용하기, 다양한 탐구 형식 사용하기와 같은 기능이 포함된다.

② 지식을 사용하고 평가하는 능력을 개발한다. 예컨대, 비판적이고 독립적인 사고 능력을 통해서 우리들은 지적 활동을 수행할 뿐만 아니라 시민, 소비자, 근로자로서 다양한 생활 장면에서의 역할을 수행하면서 필요한 판단을 내리고, 결정을 내린다.

③ 일반적인 지식 자산을 축적한다. 지식 자산이란 수학, 문학, 자연과학, 사회과학 등에 포함된 정보와 개념을 말한다.

④ 지적 활동에 대한 긍정적 태도를 함양한다. 예컨대, 호기심과 더 높은 배움을 향한 갈망이 그것이다.

⑤ 사회의 변화를 이해하는 능력을 개발한다.

2) 직업적 교육목표

(3) 직업 교육

① 자신의 기능과 흥미를 만족시키면서 자신에게 맞는 직업을 선택하는 법을 배운다.

② 직업에 관하여 탐색하고 그 지식에 바탕하여 결정을 내리는 법을 배운다.

③ 경제적으로 독립할 수 있는 준비를 갖추기 위하여, 직업 활동에 필요한 기능과 전문적 지식을 개발한다.

④ 높은 생산성을 가져오는 성실한 근로자 의식과 같이 경제활동에 필요한 습관과 태도를 개발한다.

⑤ 노동에 대한 긍정적 태도를 개발한다. 노동의 사회적 가치와 존엄성을 알고, 성실히 일하여 생계를 꾸려 갈 필요성을 인식한다.

3) 시민생활적 교육목표

(4) 대인관계 능력 증진

① 상반되는 가치 체계와 그것들이 개인과 사회에 미치는 영향력에 대한 지식을 개발한다.

② 한 가족의 성원들이 자기 가정 내에서뿐만 아니라, 다른 형태의 가족들 속에서 어떻게 기능하는지에 대한 이해력을 개발한다.

③ 집단 속에서 효과적으로 의사소통하는 기능을 개발한다.

④ 다른 사람들의 목적과 관심에 동감을 느끼고, 그것들을 발전시킬 수 있는 능력을 개발한다.

⑤ 존중, 신뢰, 협동, 고려, 배려 등에 바탕하여 다른 사람들과 생산적이고 만족할 만한 관계를 형성하는 것을 배운다.

⑥ 인본주의에 대한 관심과 국제관계를 이해하는 능력을 개발한다.
⑦ 자신의 문화와 다른 문화를 이해하고 존중하는 태도를 개발한다.

(5) 참여적 시민 양성

① 역사관을 세운다.
② 정부의 기본적인 기능과 역할에 대한 지식을 익힌다.
③ 지역사회와 국가의 정치적 생활 영역에 기꺼이 참여하는 태도를 기른다.
④ 자유, 피치자의 동의에 의한 행정부의 활동, 대표자로서 의회의 활동, 모든 사람의 복리를 위한 개인의 책임 등의 가치에 헌신하는 태도를 개발한다.
⑤ 현대사회의 복잡한 단체와 기구들의 상호관계에 대한 이해력을 개발하고, 그에 알맞게 행동하는 것을 배운다.
⑥ 인간의 양심을 따라, 의견을 달리하여서 반대도 하는 민주적 권리를 행사하는 법을 익힌다.
⑦ 삶의 질을 고양하기 위해서, 제대로 알고 선택하는 데 필요한 소비자 관련 경제적 기능을 개발한다.
⑧ 환경의 생물학적 · 물리적 자원들 간의 기본적인 상호의존관계에 대한 이해력을 개발한다.
⑨ 위와 같은 상호의존에 대한 이해에 기초하여 행동할 수 있는 능력을 기른다.

(6) 문화 적응 능력 신장

① 자신이 속한 문명의 가치와 (언어를 포함한) 특징에 대한 통찰력을 개발한다.
② 자신의 문화적 유산에 대한 탐색과 이해를 높이며, 인간성 고양에 통찰을 가져다주고 영향을 미친 과거의 업적에 대해 익힌다.
③ 과거의 전통을 오늘에 되살리고, 사회의 방향과 가치관에 영향을 미치는 방법에 대한 이해력을 개발한다.
④ 자신이 속한 집단의 규범, 가치, 전통을 이해하고 체득한다.
⑤ 순수 예술과 인문학의 기본 원리와 개념들을 적용하여 타문화의 미적 공헌을 감상하는 방법을 배운다.

(7) 도덕 · 윤리적 품성 도야

① 사건과 현상의 선과 악의 측면을 평가할 줄 아는 판단력을 개발한다.
② 진리와 가치에 헌신하는 태도를 기른다.
③ 선택을 할 때 가치를 적용하는 법을 배운다.

④ 도덕적 고결성을 개발한다.
⑤ 도덕적으로 행동할 필요성에 대한 이해력을 개발한다.

4) 개인적 교육목표

(8) 감정적 · 신체적 건강관리
① 감동과 감격을 기꺼이 수용하고, 감수성을 확장하는 마음을 개발한다.
② 사회 변화에 대처하는 것을 포함하여, 유연한 적응과 감정적 안정을 유지하는 능력과 기법을 개발한다.
③ 자기 몸에 대한 지식을 익히고, 건강에 해로운 물질에 중독되는 것을 피하면서, 신체를 건강하게 지탱하고 유지하는 방법을 습득한다.
④ 여가 시간을 효과적으로 활용하는 것을 배운다.
⑤ 운동과 재충전의 기능을 개발한다.
⑥ 건설적으로 자기 점검을 하는 능력을 기른다.

(9) 창의성 및 심미적 표현 능력 함양
① 독특한 방법으로 문제를 다루는 능력을 개발한다.
② 새로운 아이디어를 허용할 줄 아는 능력을 기른다.
③ 융통성 있는 대처 능력과 다른 관점들을 고려할 줄 아는 능력을 개발한다.
④ 다른 형태의 창의적 표현을 경험하고 즐길 수 있는 능력을 기른다.
⑤ 다양한 심미적 표현 양태를 평가할 줄 아는 능력을 기른다.
⑥ 창조적 작품을 통해 적극적으로 의사소통하는 태도와 능력을 기른다.
⑦ 자신의 예술적 · 직업적 · 취미적 관심을 통해 문화적 · 사회적 생활에 기여하는 태도를 개발한다.

(10) 자아실현
① 자신의 활동에서 의미를 찾는 법을 배우고, 생활의 철학을 개발한다.
② 자신을 알고 자기 변화에 대처하는 데 필요한 자신감을 개발한다.
③ 삶에 현실적인 접근을 하고 자신의 강점뿐만 아니라 약점과 더불어 사는 법을 배운다.
④ 자아개념은 다른 사람들과의 상호작용을 통해 개발된다는 것을 인식한다.
⑤ 목적이 뚜렷한 결정을 내리는 방법을 개발한다.
⑥ 자신의 목적을 실현하기 위하여 환경을 계획하고 조절하는 법을 배운다.
⑦ 자신의 결정과 그것이 빚을 결과에 대한 책임을 기꺼이 받아들이는 태도를 개발한다.
⑧ 일생에 걸친 개인 학습 목표를 정하고 그것을 달성하는 수단을 선택하는 능력을 개발한다.

이와 같은 교육목표들은 특정 교과 혹은 교과외 활동으로 분여分與되어 교과의 존립 이유를 밝히고 그 성격을 분명히 하며, 교육에서 수행하는 기능을 밝히는 데 도움을 줄 수 있다. 즉, 교과의 특수목표와 연결고리 역할을 수행할 수 있게 된다. 교육의 일반목표가 적절히 진술되었을 때 교과와 창의적 체험활동의 하위영역들이 정해지고, 교과의 특수목표가 진술되며, 내용과 활동 혹은 경험의 선정과 조직이 뒤따르게 된다.

(3) 핵심역량에 관한 논의

역량은 무엇이며 왜 강조되는가? 2015개정 교육과정에는 교육받은 인간이 갖추어야 할 주요한 자질이나 특성을 '핵심역량'으로 다시 구체화하고 있다. 교육받은 인간상이 갖추어야 할 특성을 다른 측면에서 나타낸 것이라고 할 수 있다. 핵심역량이 등장한 배경을 보면, 지식의 폭증, 지식유효기간의 단축, 학습기간의 점증(학력 인플레)에 따라 학습해야 할 것이 무한정 늘어나자, 이를 학습자 편에서 갖추어야 할 능력이나 자질로 나타낼 필요가 있었기 때문이다. 무엇을 얼마나 제대로 배웠는가는 학습자가 만나는 각종 생활사태의 문제를 해결해 나가는 데서, 그래서 성과를 보여 주는 데서 나타날 수 있다는 견해다. 그것은 암기한 지식을 각종 지필고사 등을 통해 드러내 보이는 것 이상을 의미한다. 단일지능보다 다중지능으로, 학교 교과나 학문을 시험치고 성적을 받고 잊어버리기보다 현실감 있게, 머리로 기억한 것만 아니라 온몸으로 체득한 것이 더 오래 지속되고 효용성이 있다는 것을 강조한다. 학교학습도 사회의 현장학습 못지않게 사람의 온몸에 체화된 행동적 · 가시적 · 결과적 · 종합적 성격을 띠는 '역량competency'으로 갖출 것을 요구한다.

역량은 얼마나 새로운 것인가? 역사적 맥락을 보면 역량은 학교학습기에는 행동주의가 강조하는 행동적 수업목표를 총론적으로 확대 종합한 것이며, 공간적으로 교육을 확대해 보면 직업교육에서 실무적인 기술technique과 기능skills을 의미하는 데서 직장, 학교, 일상에서 두루 적용되는 확장된 의미를 지니게 되었다. 즉, 학교에서도 어떤 분야나 주제의 공부를 제대로 했다면 그것은 지필고사가 아니라 해당 분야나 주제의 문제 사태에 당면하여 이를 성공적으로 수행해 내는 것으로 증명된다는 것이다. 결국 학교교육에서 실제적인 역량을 기르려고 한다면 학교의 전통적인 교과학습에 머물 것이 아니라 사회의 직업적 · 일상적 장면들을 더 많이 가져올 필요를 의미한다. 이렇게 되면 학교와 사회 간의 경계가 흐릿해진다. 학교의 전통적인 기능인 지식의 체계적인 생산과 전수가 약화됨을 의미한다.

핵심역량은 어디에서 유래하고 무엇을 위해 존재하는가? 다양한 역량을 정련하면 총론적 의미의 '핵심역량'이 되고, 역량을 각론적으로 확장하면 '교과역량'이 될 수도 있다. 그럼에도 역량은 결국 사람이 갖출 실제적 능력으로서 학생역량이다. 기본 가정은 개인이 특정 맥락에서 지식기반 사회의 복잡하고 다양한 요구와 목표를 성공적인 방식으로 충족시키기 위해서는 '핵심역량'을 갖추고 가동시킬 필요가 있다는 것이다. OECD에서 제안하는 핵심역량의 범주와 핵심역량은 다음과 같다. 여기서 도구 사용은 학문과 교과에서, 자율적 행동은 개인 학습자에서, 다른 사람과 교류하기는 사회적 차원을 드러낸다.

즉, 핵심역량도 학습자, 사회, 교과의 범주에서 추출된 종합적인 교육목표이며, 이는 단순히 학교학습기에만 적용되는 것은 아니다. 일반적인 생활장면에서 두루 적용될 수 있는 것을 학교에서도 가르치고 배울 필요가 있다는 것이다. 이렇게 되면 전통적인 교과별 교육목표를 종합한 총론의 교육목표에 의해 교과들은 재구조화될 수도 있다. 실제로 과거 수차례 교육과정 개정에서는 이를 위해 부단히 노력했으나 번번이 교과교육과 각종 시험에 가로막혀 현실화되지 못했다.

〈표 8-13〉 OECD DeSeCo 프로젝트 핵심역량의 범주와 핵심역량

핵심역량의 범주	핵심역량	필요성
도구 사용하기	• 언어 · 상징 · 문장 활용 • 지식과 정보 활용 • 기술 활용	• 기술 발달에 뒤떨어지지 않기 위해 • 목적을 위해, 도구를 사용하기 위해 • 세계와 적극적인 대화를 하기 위해
자발적으로 행동하기	• 보다 큰 맥락에서 행동하기 • 삶의 계획을 세우고 실행하기 • 권리, 이익, 한계, 필요를 확인하기	• 복잡한 세계에서 인간의 정체성과 목적을 이해하기 위해 • 권리를 행사하고 책임을 다하기 위해 • 환경과 그 기능을 이해하기 위해
다른 사람과 교류하기	• 타인과 관계 맺기 • 협동하여 함께 일하기 • 갈등 해결하기	• 다원주의 사회에서 다양성을 이해하기 위해 • 공감의 중요성 • 사회적 자본의 중요성

역량을 얼마나 자세히 표현할 것이냐는 연구자마다 다를 수 있다. 다만, 교육과정의 원천적 영향력이자 교육목표의 근원인 개인 학습자, 학문과 교육의 학습, 사회 공동체 등의 영역에서 고르게 종합적으로 타당하게 추출되어야 하는 것은 분명하다. 이렇게 함으로써 사회 전체, 사회의 각 분야, 이들을 대표하는 학문이나 교과 분야, 개인과 집단 등이 고루 대표될 수 있을 것이다. 다음 〈표 8-14〉는 그 예다.

교육목적 혹은 교육목표는 학교학습기 전체를 대표할 수도 있고, 더 좁게는 학교급별 교육목표로, 이는 다시 횡적으로 각론을 대표하는 교육영역별(교과, 창의적 체험활동의 교

〈표 8-14〉 교육을 통해 길러야 할 통합적 역량의 차원과 종류

차원	영역	통합적 역량
개인적 차원	자아 관련	① 자기관리력(건강/체력/의지/감정/시간)
		② 자기존중감
		③ 예술적 심미성
		④ 진로개척능력(학업진로, 직업진로)
	학습 관련	⑤ 자기주도적 학습력, 협동적 학습력
		⑥ 문제해결력(비판력과 창의력, 논리적 사고력과 경험적 실증력)
사회적 차원	타인 관련	⑦ 의사소통능력
		⑧ 대인관계능력(협동, 타인 존중과 배려, 관용)
	사회 관련	⑨ 직업소양(직업수행능력)
		⑩ 민주시민 소양(권리 · 참여 · 의무, 다양한 가치 수용, 지속 가능한 발전, 성찰적 사고와 행동)
		⑪ 세계시민 소양(다문화이해와 적응력)

출처: 민부자(2009).

과외 활동과 교과통합적 주제 등) 목표로 구체화될 수 있다. 나아가 학교학습에만 머물지 않고 일상생활과 직업생활, 아동 · 청소년기만 아니라 성인기를 포함한 평생학습을 대변할 수도 있다. 역량처럼 직업교육 혹은 행동목표를 강조하는 것으로 이해하면 이는 매우 협소한 기능교육으로 전락할 수도 있고, 지나치게 포괄적이면 학교교육기의 특성을 반영하지 못할 수도 있다. 평생학습이 학교와 지역사회 혹은 직업세계의 경계를 넘나들 수 있다고 할 때 역량 논의가 갖는 가능성과 한계는 더욱 분명해진다. 역량도 교과목의 특성이나 목표에 맞게 제한적으로 강조되어야 한다.

(4) 교육목표의 현황과 대안 탐색

교육이념과 목표는 교육을 끌고 가는 정신이다. 5 · 31 교육개혁 이후 교육의 자율화, 다양화, 특성화, 민주화, 자율화, 복지 등으로 이름은 변했지만 학교교육을 보다 자율적이고 경쟁적이며 책무성을 달성하는 방향으로 이끌어 가고 있음은 분명하다. 근대국가가 학교라는 기관과 제도를 만든 것은 집에서 잘 크는 아이들을 모아서 공공재원을 들여 보살피기 시작했다는 데서 찾을 수 있다. H. Spencer의 가장 중요한 지식의 순서 나열이나 B. Bloom의 교육목표 분류학을 보면 서구사회에서 교육은 개인주의를 바탕으로 개인의 잠재력 개발이나 자아실현에 더 큰 중점을 두는 편이다. 그러나 후발 산업국가인 일본, 한국 등은 국가의 발전을 위한 교육의 역할에 중점을 두는 편이다. 우리나라의 경

우 군사독재, 개발독재를 거치면서 발전교육론을 강조했지만, 최근 들어 학교교육을 통한 개인 간 치열한 경쟁과 경쟁에서 승리를 통한 사회적 지위 상승을 학교교육 참여자들이 더 중요시하는 편이다. 또한 50대를 중심으로 여론 주도집단들이 산업화 · 민주화를 달성하는 가운데 국가 및 정부 권력에 대한 권위의 타파와 함께 조직적 · 체계적 · 이념적 반대를 행동으로 습관화해 온 면도 교육에 적지 않게 작용하고 있다. 이 점에서 1995년에 성안된 5 · 31 교육개혁은 서구식 개인의 자율, 창의, 경쟁력, 성과, 평가, 정보공개, 책무성 달성 등을 강조하는 데 일조하였다. 즉, 공동체의 지속 가능한 발전보다 나, 가족, 집단, 계층, 정파, 지역 등 사회의 부분 특수이익을 옹호하거나 이를 두고 갈등하는 현상에 별다른 대응책을 내놓지 못하였다. 박세일(2010)의 견해를 교육에 적용하면 분단의 극복을 통한 통일된 대한민국의 미래, 동아시아의 패권국의 등장을 막는 동북아 지역의 균세 전략을 통한 평화체제 구축, 세계정세의 흐름 등에는 까막눈인 세대를 키워 내고 있다고 해도 과언이 아니다.

교육계에서는 보수와 진보 혹은 전교조와 교총으로 대변되는 교원단체, 학부모 단체, 교육감들이 각종 사안을 두고 대립각을 세우고 있다. 정치적 이념, 지지하는 정당에 따라 다른 생각을 가지고 교육에 임하는 것이다. 여기에 학교, 교원, 학생들이 휘둘리는 것이다. 이성호(2010)는 교육계가 대립하는 쟁점을 학교 선택권(고교 다양화), 학력향상 관리(학업성취도평가), 인성교육에 있어서 자율과 훈육의 문제(학생인권), 교원평가 시스템, 교육복지(무상급식), 교육내용(애국심 교육) 등 여섯 가지 측면으로 정리한 바 있다. 이런 대립각 속에서 자라는 다음 세대는 당파적 이해를 대물림하는 것을 배울 수밖에 없다는 데 학교교육 환경의 한계가 있다. 따라서 공동체의 운명과 지속 가능한 발전에 대해 눈감은 세대를 키우는 것이 공교육의 역할인가에 대한 회의가 적지 않으며, 이를 교정하는 새로운 교육이념과 교육목표를 수립할 때다. 여기에는 다음 6가지를 담을 필요가 있다.

첫째, 국가교육과정기준 문서에 정치 · 경제 체제, 과학기술, 생태환경, 사회문화를 고려한 인간상만이 아니라 지향하는 사회상을 제시한다. 둘째, 개인 간 학력경쟁보다 공동체 성원 간 협동심의 배양을 우선으로 한다. 셋째, 소시민보다 국가와 세계의 책임 있는 시민 양성을 한다. 넷째, 열패감 조성보다 자아 존중감 함양을 강조한다. 다섯째, 학력 인플레보다 학업의 질 관리와 학생의 학습경험의 질을 강조한다. 여섯째, 머리공부와 지필고사보다 손발공부와 창의성 교육을 강조한다.

학력學歷보다 학력學力, 실력實歷보다 실력實力이 중요하다. 초등학교, 중학교, 고등학교, 대학교를 졸업했다는 것의 기준이 명실상부하도록 의무교육을 마치는 시점에서 졸업자격 시험을 치러야 한다. 또한 학교교육을 통해 아무리 부진한 학생도 반드시 거두어야 할 최소한의 성취는 기준으로 고시되어 공유된 상식으로 만들 필요가 있다. 현재 학교교육을 통해 길러지는 개인 간 경쟁보다 협동적 문제 해결력을, 근거 없는 우월감이나 열패감보다 자기존중감을 길러 주는 것이 중요하다. 또한 정설화된 지식 이해를 넘어 창의적 문제 해결력을, 머리로 이해하는 것을 넘어 실제로 할 줄 아는 능력을 길러 주기 위해 교육목표와 방향을 재정립할 때다.

4) 현장밀착형 총론의 형식과 내용

교육과정은 교육목표를 구현하는 구체적인 수단이고, 좁게는 학교에서 교사와 학생이 가르치고 배우는 소재로서 교육 내용과 활동을 말한다. 세계화 시대에는 공교육으로서 초·중등학교교육을 통해 국가 이상의 과제와 문제를 다루어야 하기 때문에 국가 수준 교육과정을 세계 수준의 좋은 것으로 만들고 실천할 필요성은 한층 더 높다. 교육과정 분권화를 취하던 영미권 나라들이 국가 수준의 교육과정기준(틀, 지침)을 가지기 시작한 것도 이런 필요를 반영한다. 대학원부터 대학, 중등학교, 초등학교 등이 차례로 세계교육시장에 편입되고 이렇게 길러진 노동력이 국경을 넘나들고 있으므로, 교육의 질적 수준을 국가적으로 보증하지 않을 수 없게 되었다(Internationally Approved Education). 그 기준은 국가 수준 교육과정에 의해 규정된다. 5·31 교육개혁의 구체적인 모습이 교육과정 개혁으로 나타난 것도 이를 반영한다. 이를 계기로 교육개혁의 마무리를 교육과정 개혁으로, 학교교육에서 교육과정이 매우 중요하다는 시각이 형성되었다. 1997년 이후 2015개정까지 국가교육과정기준의 총론 개정에서는 각각 국민공통기본 교육과정, 수준별 교육과정, 선택 교육과정, 중학교 비 수준별 교과의 집중이수, 고교의 진로집중과정, 핵심역량, 핵심원리나 개념 등이 도입되었다.

대한민국 이상의 공통성과 보편성을 지닌 국가교육과정기준의 총론과 각론의 형식은 지역특수성과 자율성이 필요한 학교 교육과정에 대해 현장친화형, 현장밀착형으로 만들기 위한 노력이 요구된다. 그간의 국가수준 교육과정기준은 총론은 교육과정연구자나 각론 개발자, 각론은 교과서 개발자 등에게만 한정적으로 사용되어 왔으며, 실제 학교에서는 교육과정기준이 교육활동의 기준이 되지 못하고, 도리어 교과서나 교사의 평소 교육관 혹은 각종 시험에 따라 교육이 좌우되어 왔다. 교육활동이 교육과정기준 중심으로 전개되는 것이 공교육 정상화의 출발점이고 학생중심교육을 구현하는 기초가 된다. 여기서 말하는 현장밀착형 교육과정기준은 기준이 고시되어 학교 현장에서 학교장의 질 높은 학교경영에, 교사의 우수한 학급경영과 창의적인 수업 구성에 도움이 되어, 궁극적으로 학생의 전인적 발달과 우리사회의 지속 가능한 발전에 기여하도록 만들어진 기준이다.

우리나라 역대 국가교육과정기준과 외국의 교육과정 문서를 분석해 보면 그 형식과 내용면에서 공통점과 상이점, 현장친화형으로 만들어 가기 위한 시사점을 찾을 수 있다. 외국의 총론 문서에서 우리나라가 본받을 만한 것을 반영하고, 우리나라 총론에서 개선하면 더 나아질 부분들을 찾아본다면 그 주요 내용은 다음과 같다(홍후조 외, 2014: i–iv).

① 공교육에 대한 요구 과잉에 대응하기 위하여 교육과정기준은 국가 기준과 학교 기준으로 이원화한다. 「초 · 중등교육법」 제23조를 개선해 학교에 교육과정 운영권뿐만 아니라 편성권을 부여하되, 국가 기준은 국가 이상의 요구, 통일, 동아시아, 세계의 요구를 담고, 학교 기준은 지방의 요구를 반영한다. 중간에 중복과 요구과잉을 낳는 교육청의 각종 지침을 줄여 참조 자료로 위상을 바꾼다. 그만큼 국가기준을 잘 만들어야 하고, 교원에게 교육과정 전문성이 요구된다.

② 국가교육과정기준은 세계 수준과 국가 수준의 요구를 포괄하여 공통, 보편, 기초, 기본, 통일 등의 특성을 갖도록 구성한다. 국가 기준은 특히 세계화, 정보화, 다원화, 지방화 시대에 일정한 기준으로서의 역할을 할 수 있어야 한다. 이에 '교육종합계획서'이자 '교육문제시정서'로서의 국가교육과정기준 총칙의 특성은 내용적 측면에서는 '종합성'과 '체계성', 기능적 측면에서는 '기준성'과 '혁신성', 사용적 측면에서는 '가독성'과 '편의성'이 있어야 할 것이다.

③ 학교 기준은 지역과 학교의 요구를 담아내고 학교교육과정기준의 실질적인 계획, 운영, 평가 개선 상황을 반영하여 관련 지침을 제시한다. 국가교육과정기준 총론(총칙)은 각론 개발자뿐만 아니라, 기준의 최종 구현처인 학교교육을 책임진 학교장이 읽어서 학교경영에 도움을 받는 것으로 만들어 제공해야 한다. 나아가 학급담임, 교육정책 결정 및 집행자, 학부모나 학생 등도 총칙의 독자가 될 수 있도록 만들어야 할 것이다.

④ 총론과 각론 사이의 연계를 강화하고, 균형 있는 교육을 위하여 각론 개발자에게 주는 지침을 분명히 제시한다. 평생학습 차원에서 학교교육 전체를 조망하고 종합적인 관점에서 바람직한 교육활동의 기준을 제시해 주어야 하는 총칙은 교과 간의 관계를 조율해 주어야 하고 교과에 대한 방향과 지침을 주어야 하며, 이러한 의사결정의 중심에는 '학습자'를 놓아야 한다. 새로 도입하는 정책이나 용어는 분명해야 한다. 이러한 개정을 낳으려면 총론과 각론 개발자 및 현장 교원의 상호 참여와 소통이 필요하다.

⑤ 공교육의 방향을 제시하고 그 목적 달성을 위하여 지향하는 교육받은 인간상, 사회상과 이를 구현하는 소망스러운 교육상을 제시한다. 총론은 학습자가 사회 구성원으로서의 역할을 수행하도록 하고, 사회를 유지 · 발전시키는 것과 같은 '교육의

일반 목표'를 강조하는데 그것의 원천은 사회와 학습자의 요구이기 때문이다. '사회상'과 '인간상', 또한 이를 구현하기 위한 수단으로서 우리가 소망하는 교육의 모습을 담은 '교육상'의 제시가 필요하다.

⑥ 국가교육과정기준 문서는 형식의 완결성을 지향하여 큰 틀은 5대 영역으로 구성한다. 교육종합계획서이자 교육문제시정서의 친절한 안내서로 개발되어 교육과정 정책의 실천성을 높여야 하므로, 총칙의 형식적 완결성이 필요하다. 총칙은 '도입, 교육과정의 기본 방향(CP: Platforms), 교육과정 각론 구성(CF: Frameworks), 교육과정 운영 지침(CG: Guidelines), 부록'을 '5대 영역'으로, 그 아래에 부-장-대영역-중영역-소영역-세항목에 내용을 체계적으로 담는다.

⑦ 사용자의 이해를 돕고 문서의 가독성을 높이기 위하여 인포그래픽infographic을 제작하여 삽입한다. 정보화시대의 표현방식에 맞게, 특히 국가교육과정의 전체적인 개요, 학제와 각 단계별 교육과정의 특징, 각 단계별 생활(활동)과 교과 및 과정의 체계적 분화와 통합되는 모습을 그림, 표, 그래픽 등으로 보여 주는 것이 필요하다.

⑧ 평생학습 속에서 학생의 계속적 성장과 발달을 고려하여 15년 연계교육을 강조한 기준을 만든다. 6-3-3의 학제, 9-3의 의무교육제, 6-6의 교사 양성 운용제 등 기본 제도가 상충하는 것은 바로 잡아야 한다. 학제나 교육과정 체제에서 학생의 계속적 성장발달을 담아내기 위해서는 아동·청소년 15년 연계 국가교육과정기준을 마련한다. 누리과정의 유아학교를 공교육 속에 포함하고 초등 저학년과 연계되며, 초등 고학년은 중학교를 연계하되 중학교middle school다운 교육과정이 필요하고, 고교는 대학진학과 사회진출에 대비한 진로별 교육과정을 제공하도록 한다.

⑨ 교육의 기본목적을 달성하기 위하여 교양교육(12년)과 진로교육(3년)으로 2대별한다. 15년 일관교육 안에서 교육과정의 특성에 따라 크게 모든 사람을 위한 공통적인 기초·기본의 교양적 성격의 교육 12년(유·초·중학교)과 각 집단의 서로 다른, 차이가 차별이 되지 않는 적성과 진로에 따른 교육 3년(고교)의 두 개 구조로 대별한다. 12년간의 교양교육 기간에는 생활교양인을 키우고, 이후부터 적성에 따라 진로를 적극적으로 탐색하고 준비하는 교육에 중점을 둔다.

⑩ 학생 발달 특성, 사회적 요구, 교과의 분화를 고려하여 학년군을 중심으로 3개년씩 5단계의 교육과정기를 설정한다. 유아학교는 '기초과정 1'로서 미분화·통합적 기초학습의 도입기로, 초등학교 저학년은 '기초과정 2'로서 통합적 기초학습 충실기로, 초등 고학년은 '기본과정 1'로서 교과가 분화되고 개념학습에 좀 더 집중하여 기본학습을 충실히 다지는 시기로, 중학교는 '기본과정 2'로서 기본학습, 생활교육의 완성기로 설정한다. 고교는 '진로과정 1'로서 세분화된 교과를 적성과 진로에

따라 선택하여 이수하면서 진로를 탐색 준비하는 시기다. 대학은 '진로과정 2'로, 이후에는 현장의 직업과정이 전개된다.

⑪ 소규모학교 급증과 통폐합 요구에 대응하여 취학전 교육과 초등학교 저학년 교육을 통합할 수 있는 교육과정기준을 제시한다. 학생 수가 줄어들어 소규모학교의 통폐합이 논의되더라도 유아단계와 초등학교 1~3학년의 저학년 학생들을 위해서는 일정 거리마다 지역에 초미니학교 형태의 '마을'학교를 운영하는 것이 바람직하며, 이를 위한 새로운 교육과정 설계가 필요하다.

⑫ 초등학교 고학년과 중학교 교육을 통합 · 연계할 수 있는 교육과정기준을 제시한다. 초등학교 고학년은 발달 단계상 사춘기가 도래하여 중학생과 유사해진다. 이들을 한데 묶을 이유는 이들 모두 구체적인concrete 데서 추상적인abstract 데로 넘어오는 시기이며, '현재는 잃어버린 고리'인 과도기적iconic 사고가 가능한 인지발달 단계상의 유사성 때문이다. 또한 초등학교 고학년과 중학교의 연계는 소규모 기초학교 위에 세워질 적정규모의 상급학교 구성단위가 되기 때문이다. 이런 연계로 학습자의 전인적 성장을 일관되게 추구할 수 있다.

⑬ 자유학기제의 취지를 살려 준고교가 아닌 중학교다운 교육과정기준을 제시한다. 중학교middle school 본연의 모습을 회복하여 초등학교와 고등학교를 잇는bridge 점이지대형(연계형) 중학교 교육과정 기준의 개발이 필요하다. 한편, 자유학기제의 도입은 중학생들이 겪고 있는 혼란 극복 및 진로 탐색과 연계된 교육과정의 혁신이다. 이러한 정책이 구현되고 안정적으로 정착될 수 있도록 하기 위해서는 총칙에서 편성 · 운영의 기준을 제시해 주는 것이 필요하다.

⑭ 의무교육, 공교육의 책무성을 강화하는 최소성취기준을 제시한다. 공통필수 교육과정인 중학교까지의 교과는 일상생활인이나 건전한 시민, 교양인에게 상식으로 요구되는 지식 · 기능 · 태도 등을 생활화할 수 있도록 하는 '생활형' 교과로 구성하여 모든 학습자가 기초 · 기본교육기의 학습 내용을 완전학습하는 것을 지향할 필요가 있다. 이 시기까지의 교육은 학생의 건실한 생활을 위한 것(basic common education for good life)이다. 이로써 학습권과 책무성을 아울러 강조한다.

⑮ 고교는 진학계와 직업계로 단순화하고 진학계 고교에 다양한 진로별 교육과정을 도입한다. 평준화 논쟁, 국 · 영 · 수 중심, 문 · 이과 양분을 벗어나고, 고교 1학년 중심의 공통교과 단위수 결정 방식의 관건을 버리는 것이다. 고교 교육과정은 3학년 즈음에 학생들이 선택과 집중하는 학습의 유기적 방향성이 중요하다. 즉, 고교과정을 마쳤을 때 학생들이 어디에 맞닿아 있도록 할 것인가를 알려 주고 학생의 강점을 강화하는 진로별 학습기회를 제공하는 것이다. 대학에 진학해서도 성공

적 · 계속적으로 학습할 수 있는 계열별, 과정별 바탕학습을 할 수 있도록 고3 즈음에 이수하는 교과목들로 과정을 구성한다. 학생들은 학습 방향이 같아 학습하는 종류는 유사하되, 그 도달점이나 성취수준은 다를 수 있다. 지역내 학교간 과정 개설의 역할을 분담하고 협력하면 그 과정의 종수의 다과는 문제가 되지 않는다. 특히 상대적으로 기능과 실기 등이 주가 되는 분야는 소질과 적성의 조기 발현, 해당 분야 전성기의 조기 도래를 감안하여 적기에 학습기회를 제공하는 것이 중요하다. 인문사회계(문과)에서 파생(분화)된 인문, 사회, 경상, 국제 과정은 대체로 20단위, 과학기술계(이과)의 자연, 공학1, 공학2, IT, 생명보건의료 등으로 30단위, 예술계의 미술 디자인, 음악, 연극영화, 문화콘텐츠 등과 체육계의 개인운동(육상과 체조), 단체운동(구기), 스포츠산업 등은 과정별로 50단위 전후로 차이나게 이수하는 것이 적절하다.

⑯ 학업 중단 학생, 거리의 청소년, 중학교를 마치고 사회에 진출하는 청소년을 위한 무상의무 직업기술교육을 강화한다. 17~36만 명의 학령기 청소년들이 거리에 있다고 하나 이들의 삶에 대해서는 알려지지 않았고 이들에 대한 교육적 지원도 부족하다. 반면, 덴마크의 After School처럼 누구나 공식적 최종교육은 직업교육이 되도록 하여 직업준비교육을 일정하게 받지 않고 무대책인 상태로는 사회로 나오지 않도록 교육제도를 혁신하는 교육과정기준을 갖출 필요가 있다.

⑰ 학교교육의 질을 견인할 수 있는 '더 나은' 국가교육과정기준을 제공한다. 현재처럼 기준이 너무 낮으면 교육개선 효과가 없고 일부 사립학교처럼 너무 높으면 모든 일반학교가 달성하기 어려우므로, 학교내 협동적 노력과 열악한 환경을 지원하는 교외(교육청, 지자체, 동문회 등)의 지원이 합쳐졌을 때 달성할 수 있는 목표를 기준으로 제시한다. 그 기준 달성이 어려운 학교는 지원하고, 이 기준을 넘어서는 학교에는 자율성을 확대하여 교육과정기준이 학교 개선의 역할을 수행하도록 한다.

⑱ 더 나은 교육과정기준을 확보하기 위하여 교육과정의 질 관리 범위 및 방법을 구체화하되, 특히 전면 · 동시 · 일시 · 분산의 잦은 개정을 개선한다. 조금 더 장기적인 전망 아래, 정기적인 개정을 하되, 총론과 각론을 연차적으로, 학년군별 및 교과군별로 순차적으로 기준을 개발하는 체제를 만들어 내는 것이 중요하다. 즉, 국가교육과정기준 개정의 준비, 주체, 기관, 대상, 범위, 주기, 결과물 품질, 효력 등을 상세히 규정한 매뉴얼을 만들고 이에 따라 개정을 해 나가야 한다.

⑲ 새롭게 요구되는 교육개혁안은 학교에서의 과잉요구 부담과 시행착오를 줄이고 실제적인 적합성을 가늠하기 위하여 '가교(bridge, anchor, mini)' 총론을 거친다. 각종 교육개혁안이나 재정지원의 유혹을 담은 프로그램들은 그 실제적인 적합성을 가늠

하기 위해 먼저 모의실험 등을 통해 그 교육적 실천 가능성을 가늠해 보아야 한다. 총론 문서의 타당성, 신뢰성, 안정성을 확보하기 위해서 제안된 주제, 활동 등은 사전 검증(simulation, pilot test)을 충분히 거칠 필요가 있다. 진로탐색과정의 개발(하화주, 2013), 진로별 교육과정의 학교 간 협력을 통한 구현 가능성 탐구(조호제, 2014), 창의성 증진을 위한 기준의 개발(임혜진, 2016) 등이 그 예다.

⑳ 학생의 전인적 발달을 위하여 교과외 활동과 통합적 역량(주제) 활동을 강조한다. 학교는 점점 학생들이 단순히 무엇을 '알고 있는가' 보다는 '할 수 있는가' 에 대한 능력을 요구하며, 교육선진국들도 미래 사회가 학생들에게 요구하는 능력들을 선정하여 교육과정에서 역량으로 제시하고 있다. 역량은 학생들이 생활 곳곳에서 만나는 문제 상황들을 헤쳐 나가는 능력이므로, 실제로 역량을 요구하는 정도는 학년군과 교과군의 특성에 맞게 조절한다. 문명의 변화에 따라 학교의 지식의 체계적 전수 기능의 약화는 고려하되, 학교학습기의 최대 특징인 기억력 및 인지적 역량의 발달이 고의로 방해 · 훼손되지 않도록 유념한다.

㉑ 학교의 교육 프로그램 개설 요구 과잉에 대한 문제 해결 지침을 제시한다. 학교의 사회 복지 제공 요구는 날로 늘어나고, 학교장, 교육감 등 교육리더의 잦은 교체로 인해 교육정책은 적체되어 개혁피로감, 실행의 흉내만 내는 겉치레 행사, 공문처리로 끝날 공산이 커졌다. 요구 과잉을 걸러 내고 '구성의 오류' 를 방지하려면 요구된 개혁안의 중요성, 긴급성, 실행가능성 등 우선순위를 세워서 학교교육과정을 편성 · 운영할 수 있도록 총론 문서에 지침을 분명히 제시해야 한다.

㉒ 학교관리자 및 교육부 · 교육청의 장학진들에게 국가교육과정기준 총론과 학교교육과정기준의 한 살이에 대한 질 높은 연수를 실시한다. 총론에 대한 교원 연수는 미래지향적인 발전 방향에서 학교 교육과정을 어떻게 꾸려 갈 것인가에 대한 고민을 해소하기 위해, 교육의 변화 상황 및 그 내용을 이해하기 위해, 교육과정 관련 요구 상황을 이해하기 위해, 기존 교육과정과 비교하여 변화된 개정 교육과정의 특징을 이해하기 위해, 기타 교육과정 관련 다양한 차원을 이해하기 위해 필요하다. 이를 위해 전체 공통과 대상자 집단별 차별화된 연수 주제 추출 및 내용을 구체화하고, 가용한 방법론 및 예산 확보 필요성 등을 제시하여, 이들의 교육과정 문해력과 리더십을 발휘하도록 돕는 계획을 기준에 담을 필요가 있다.

이와 같이 국가교육과정기준 총론을 현장지향적으로 만드는 데 있어서 중요한 요소는 '누가' 만들 것인가다. 현장밀착형이 되려면 학교장과 교육과정부장을 비롯한 유능한 현장 전문가들이 개정 과정에 더 많이 참여하는 것이 필요하다. 특정 분야나 교과의 이해관계에 치우치지 않으면서 학습자와 사회의 지속가능한 발전에 헌신하는 경험과 식견 있는 교육과정 전문가들이 '모두' 참여하는 개정 절차와 구조를 만들어 낼 필요가 있다. 학교 교육활동을 향도할 더 나은 교육과정기준을 만들기 위해서는 총론과 각론을 총칙과 각칙이 되도록 만들고, 전면 · 일시 · 동시 · 수시 · 분산 개정이 아니라 총론과 각론을 연차별, 학년군별 교과군별 기준을 순차적 · 종합적으로 개정해야 한다. 교육부 수준에서는 현장밀착형 학습자 요구 존중의 개정을 위해 학습자들의 요구를 체계적 · 종합적 · 장기적으로 조사 분석 반영하는 시스템을 구축하고, 교육과정 연구 개발과 운영을 위한 일정한 비율의 예산을 확보해야 하며, 학교에서도 교육과정 운영비는 다른 예산에 앞서 일정 비중으로 보장받아야 질 높은 교육과정의 운영이 가능해질 것이다.

이 장의 요점 정리

1 국가 수준 교육과정 기준의 존재는 순기능과 역기능을 동시에 수행한다. 순기능은 모든 학습자에게 일정 수준의 학습기회를 균등하게 부여하고, 교육의 질을 일정 수준으로 유지하게 한다. 반면, 역기능으로는 지역의 전문성과 자율성에 바탕한 특색 있는 학교 교육과정 편성과 운영을 제약하기도 한다.

2 우리나라의 교육과정 기준은 1955년 제정 이후 7차례의 주기적 개정이 있었다. 2005년 이후 수시개정 체제가 도입되었고, 2009개정은 특히 그 영향을 많이 받아 잦은 개정이 있었으며, 이로 인해 총론과 각론의 안정성과 신뢰성에 적지 않은 타격을 주고 있다. 교육과정 분권화, 국민공통기본 교육과정, 수준별 수업, 집중이수, 진로별 교육과정, 핵심역량, 핵심원리 등 각 개정기마다 일정한 영향과 흔적을 남기고 있으나, 근본적인 교육개혁 등은 다른 정책적인 개혁 프로그램에 의한 것이었고, 기준 문서 개정에 의한 영향력은 상대적으로 적은 편이다. 교육과정 개정의 발의는 주로 정치적 힘을 지닌 교육개혁 집단, 연구 개발은 주로 교육연구자 집단, 개정 과정의 행정관리는 교육부 교육전문직 집단에 의해 수행되어 왔고, 이들의 실제적인 영향력은 구체적이고 지속적인 편이다.

3 국가교육과정기준은 교육과정 총론과 각론으로 이루어져 있으며, 교육과정 총론에는 교육받은 인간상, 학교급별 교육목표, 교과 편제와 시간 배당, 교육과정 편성 운영 지침이 들어 있으며, 주로 일반 교육과정 연구자들에 의해 만들어진다. 교육의 방향과 목적 부분의 유기적 위계성이 약한 편이고, 각론 구성 지침은 15년 전체가 공통에서 상이로, 상이에서 진로로

일관되게 제시되지 못하고 있다. 실제적인 편성 운영 지침은 지원, 평가와 질 관리 부분에서 체계성이 부족한 편이다.

4 우리나라의 교육과정 개정은 고교 이하 모든 학교급의, 모든 교과의 교육과정을 모두 바꾸는 식의 전면 개정, 해마다 필요할 때마다 수시개정과 함께 5~6년마다 단주기 개정, 교육과정 총론과 교과교육과정을 2~3년 안에 모두 바꾸는 일시 개정의 특징을 지니고 있다. 이로 인하여, 교육과정 실현이나 현장 실천과 거리가 있는 문서 중심 개정, 이전 교육과정의 운영 경험이 잘 반영되지 않는 개정, 학습자나 사회의 요구보다 교과의 요구가 강한 교과 중심 개정, 질 개선 및 관리 장치가 불비한 개정이라는 비판을 받고 있다.

5 국가교육과정기준을 개선하기 위한 대안적 방향은 총론의 현장밀착성과 교육개선을 위한 친절한 안내와 함께 학교교육과정 계획의 특성화로 집약할 수 있다. 교육과정 변화와 질 관리의 변화를 위해서는 무엇보다, 총론과 각론의 순차적 개발, 각론의 교과군별 · 학년군별 연차적 개발, 전면 개정과 부분 개선의 상호보완, 공통필수와 상이선택 교육과정의 구분과 연계, 국가 수준과 학교수준 교육과정 업무의 구분과 연계, 국가교육과정기준의 의무규정과 재량규정의 구분, 교육과정 실현을 위한 제도적 장치의 구축, 교과특성을 고려한 교육과정의 편성 · 운영 등이 제안될 수 있다.

6 교육의 일반목표는 개인의 자아실현, 개인의 전인적 발달, 개인의 잠재력 개발 등으로 표현되고, 이런 개인들이 모인 사회집단에서 제구실을 하고, 사회집단들이 유지하고 발전하며, 나아가 국가, 동아시아, 지구촌 공동체의 유지와 발전을 위하는 것이다. 사회가 변하고, 사회가 개인과 집단에 요구하는 바가 달라짐에 따라 교육의 일반목표도 변한다. 세계화, 지능정보화, 저출산, 고령화, 디지털화, 제4차 산업혁명, 생명공학, 가상세계의 급팽창, 통일의 준비, 선진사회로의 발전 등은 우리 학교교육에 새로운 차원의 교육목표를 세워 줄 것을 요구한다.

7 교육목적과 교육목표는 교육활동 그 자체의 출발점일 뿐 아니라 교육평가 활동의 출발점이기도 하다. 교육목적은 교육의 개념에 내재하는 원리 혹은 원칙에 따른 포괄적이고 대체적인 교육의 기본적인 방향 제시이며, 교육목표는 교육의 대전제인 교육목적을 실현 또는 달성하고자 하는 구체적인 교육의 방향을 제시해 주는 행동적인 지표다. 교육목표가 갖추어야 할 요건에는 모든 분류가 그러하듯이 타당성, 포괄성, 배타성을 기본으로 하며, 나아가 위계성, 의사소통성, 실천가능성, 실현가능성 등을 갖추도록 진술되어야 한다.

8 교육목적과 교육목표는 일반성-구체성 정도에 따라 위계적으로 구성된다. 교육목적은 교육이념, 교육목적, 교육목표 순서로 구체화되고, 교육목표는 학교급별 교육목표, 교과별 교육목표, 학년별 교육목표로, 교과 교육목표는 학교급별, 학년별 교육목표, 단원목표, 수업 목표, 차시목표로 구체화된다.

이 장의 주요 용어

국가교육과정기준 national curriculum standards, 교육의 기본 방향과 목적 curriculum platforms, 각론의 구성 curriculum frameworks, 교육과정 실행 지침 curriculum guidelines, 전면개정 total revision, 부분개선 partial improvement, 국제공인 교육과정 internationally approved curriculum, IB DP International Baccareaulate Diploma Program, 공통필수 교육과정 common-required curriculum, 상이선택 교육과정 different-elective curriculum, 교육목표 educational goals, 교육목적 educational objectives, 포괄성 comprehensiveness, 배타성 exclusiveness, 위계성 hierarchy, 교육의 일반목표 general educational objectives, 교육의 특수목표 specific educational objectives, 핵심역량 key competencies

연구과제

1. 한 국가가 국가교육과정(national curriculum)을 갖고 있다는 것의 의미를 약술하시오.
2. 우리나라 국가교육과정의 개정과 국가의 정치 · 경제 · 사회 · 문화적 변화의 연관성을 조사하여 제시하시오.
3. 국가 수준의 교육과정이 주기적 · 전면적 · 일시적으로 개정됨에 따라 신 · 구 교육과정 교체기에 교사와 학생들이 겪는 문제점을 논의해 보시오.
4. 교육과정이 학교교육의 질을 향상시키기 위한 기능을 수행하기 위해서는 '중' 수준의 기준이어야 한다는 의미를 해석해 보시오.
5. 최근 국가교육과정기준 총론 문서를 분석하고 개선할 점을 찾아, 개선되어야 할 이유를 대고, 그것을 구현하면 학교교육에 어떤 기여를 하게 될 것인지를 제시하시오.

제9장

교과 교육과정

교육과정 현상이나 기준을 총론과 각론으로 나눌 때, 각론은 교육과정의 구체적이고 실제적인 모습들의 종합이다. 교육과정 각론은 크게 통합과 분화된 전통적인 '교과' 와 교과외 활동으로서 '창의적 체험활동' 으로 구성된다. 여기서는 교과를 교육과정 총론 차원에서 다룬다. 즉, 낱낱의 교과목의 구체적인 수업을 다루는 교수학습론과 달리 그 외곽에서 수업을 돕는 교육과정 개발 등을 '총론에 의한 종합과 절충' 이라는 입장에서 다룬다. 즉, 총론 입장에서 종합과 절충할 대상(교과들), 기준, 방법 등을 다룬다. 교과의 성격, 목표, 내용, 수업, 평가 등이 자체의 내적 일관성을 갖고 있으며, 이것들은 총론의 교육 방향과 목적과 얼마나 정합성을 갖느냐다. 또한 교과의 근원인 학문이나 생활과의 관계, 낱낱의 교과들이 서로 유기적으로 엮여서 계열, 과정, 전공 등을 이루어 학생의 서로 다른 진로와 관련될 것인가를 다룬다.

1. 교과와 교과 교육과정

해당 교과를 가르치고 연구하는 사람들은 교과의 주인으로서 일차적인 소유권을 갖는다. 교육과정에서 교과와 그 이해관계자들은 중독필 조장다시로 운위되듯이 그 세력권을 넓히기 위해 부단히 노력한다. 그 첫 관문은 교과를 생성·유지·발전·쇠퇴시키는 총론과 각론 기준 문서를 연구 개발하고 고시하는 것이다. 교과는 해당 분야 종사자들이, 사회생활과 자연세계의 분야 혹은 현상 중 일부를 대상으로 이를 표상하는 학문 분야와 관련된다. 학문은 학생들의 교육에 유익한 수련적 가치가 있는, 그리고 학생발달단계에 맞게 교수학습의 가능성이 있는 교과로 재가공된다. 학문 자체만으로 초·중등학교의 교과를 구성하기 어렵고 학생들의 흥미나 관심을 유도하기 어려우므로, 학생들의 개인적·사회적 관심사도 일부 도입된다. 즉, 학문과 학생의 생활이 어우러져 교과를 구성한다. 또한 각론은 과업지향적인 교과만으로는 교육에 충분하지 않으므로, 학습자의 개인적·사회적 삶과 밀접한 창의적 체험활동으로 보완된다.

교과에는 그 교과가 다루는 지식, 기능, 태도 등이 어우러져 있다. 가령, '체육'은 건강 운동 관련 '기능'만 아니라 그것에 임하는 태도나 추구하는 가치가 있고, 기능 수행과 관련한 저변의 지식이 있다. 교과를 구분하는 한 가지 방법은 사회생활과 자연세계를 나누어 인문사회과학 교과와 자연과학기술 교과, 그리고 심신의 건강과 관련한 예체능 교과로 나누는 것이다. 또한 상대적으로 학습할 수단과 도구를 제공하는 '도구' 교과, 지식과 내용을 주로 다루는 '주지' 교과, 도구를 사용하는 절차나 방법을 통해 행동 기능 기술 등을 익히는 '기능' 교과, 가치나 태도를 중시하는 '태도' 교과 등으로 교과들을 대별할 수 있다.

전인의 형성 관점에서 어느 교과 하나도 소홀히 할 수 없지만, 전통적으로 학교는 지식과 내용을 다루는 도구와 주지 교과를 중시해 왔다. 도구 교과는 주로 문해력과 수리력을 다루는 언어와 수학이다. 과학혁명과 산업혁명을 거치면서 그 기저에 있는 교양을 습득하기 위해서는 탐구력이나 정보기술과 기능 관련 능력이나 교과가 점점 더 중요해진다. 학교에서 교과를 통한 지식의 체계적인 전수 기능이 약화되면서, 정보와 지식을 습득하고 처리하는 능력을 길러 주는 컴퓨터 혹은 인터넷 관련 방법적·절차적 능력을 함양하는 교과의 비중이 급격히 커지고 있다. 또한 신유목사회라고 할 정도로 세계화로 인구 이동이 심해지고 익명성이 강해짐에 따라 감성, 감정, 정체성, 인성, 사회성, 태도 등을 갖추는 교과들의 필요성이나 위상도 높아지고 있다. 인간을 구성하는 여러 측면을 심도로 보면 가치나 태도가 가장 깊고, 도구 사용이나 기능적 행동이 가장 겉에서 가시적으로 드러난다. 비가시적인 것이 가시적인 것을 통제한다고 볼 때, 학교는 전통적으로 학습할 능력을 갖추고 추상적이고 또한 전이력이 높은 주지교과를 학습하는 것을 중요시해 왔다.

교과의 특성과 그 정체성을 구성하는 것은 복합적이다. 첫째, 교과는 학문과 유사하게 그 고유한 탐구 대상과 영역(분야)이 있다. 둘째, 교과는 교육 전체에서 역할분담되어 수행하는 고유한 목적이나 기능이 있다. 셋째, 교과는 탐구한 결과를 체계적으로 드러내는 고유한 개념이나 그것들이 명제(원리나 법칙)로 혹은 일정한 구조로 나타내는 체계성을 갖추고 있다. 넷째, 교과는 그것을 탐구하여 새로운 지식을 만들거나 효과적으로 배우는 방법이나 절차가 있다. 다섯째, 교과는 교과의 지식 체계나 구조가 참인지 거짓인지를 판별하는 평가 방법이나 참조체제를 갖고 있다. 여섯째, 교과는 그 교과를 직업 삼아 가르치거나 새로운 지식을 만들어 내는 탐구자 혹은 그것을 활용하여 직무를 수행하는 개인이나 집단 혹은 결사체가 있다. 이처럼 교과의 성격, 목표, 내용, 방법, 평가, 주체 등의 특성은 교과 교육과정을 연구 개발하는 데 참여하는 주체가 누구이며, 교과 교육과정기준을 바탕으로 수업지도안을 구성하고, 직접 수업을 실시하며, 학습한 결과를 평가하는 것과 직·간접적으로 관련된다.

1) 교과로서 지위 확정

학교에서 가르치고 배울 것은 무한정하다. 따라서 그 우선순위를 세워서 엄선하는 것이 필요하다. 시대나 사회마다, 학습자의 발달단계마다 학습할 것에 대한 요구는 다르다. 모든 영역이 교과로서 지위를 요구하면 학교교육과정은 요구과잉으로 감당불가능해진다. 가령, '해양'을 중심으로 관련 교육을 생각하면, 영토(바다 지키기), 산업(바다 선용하기), 과학(바다 탐구하기), 문화(바다 누리기), 진로(바다로 나아가기) 등이 있고, 해양문화는 문화와 레포츠로 나누고, 문화는 일상생활, 예술, 학술 등으로 나눌 수 있을 것이다. 이렇게 되면 과학, 국어, 역사, 기술, 예술, 체육 등과 또 겹치게 된다. 그러므로 교과 아닌 것과 교과다운 것을 선별하고 판정하는 것은 총론적 입장에서 가장 중요한 과업이다.

과학혁명과 지난 3~4차례의 산업혁명 이후 학교교과의 종류는 어느 정도 안정될 수 있었다. 공통필수 교육과정을 형성하는 기본적인 학습기를 이루는 기본교과가 중심에서 견고한 위상을 차지하면, 그 아래로는 미분화되고, 더 통합된 그래서 더 적은 수의 교과나 활동 영역이 자리를 잡고, 그 위로는 더 분화, 세분화, 전문화된 교과목들이 배치된다. 일정수의 교과목들이 선택과목을 이루고, 나아가 학생들의 학습 분량이나 범위, 수준, 심도 등이 개인으로서는 감당하기 어려울 때 선택 교육과정이 도입된다. 이때 선택 대상은 과목, 교과, 과정, 학과, 전공 영역(학부), 계열 등으로 점차 크게 묶인다. 다수의 교과목들로 이루어진 과정, 학과, 계열 등은 유기적으로 엮어져 있을 때 학생들의 선택은 유의미해진다. 과정, 학과, 계열 등은 기본 교과에서 파생되어 나왔지만 일정한 탐구 대상, 성격, 목표, 내용, 방법, 평가, 관련 학업 분야, 관련 직업 및 생활 분야 등에서 차별성·고유성을 띠게 된다.

아래와 위를 제대로 나누기 위해서도 기본교과들은 먼저 교과다움을 갖추고, 교과로서 지위를 획득해야 한다. 교과의 명칭과 종수 등은 이미 주어진 것이라고 할 수도 있지만 교육과정 개정 때마다 서로 다른 분류로 이합집산이 있었다. 총론과 각론의 관계에서 가장 먼저 다루어지는 문제는 기존 교과목의 경계나 지위, 강고한 틀을 사회와 학습자의 요구에 의해 때로는 새로운 학문의 부상에 따라 변경하는 것이다. 개정기에 교과목의 지위나 종수 변경은 특히 정치적 영향력 아래 놓이는 경우가 많았다. 가령, 공산주의와 대결에서 반공과 교련 교육, 경제성장 및 도약기의 경제교육, 정보화 사회의 컴퓨터교육, 학교폭력과 관련한 체육과 인성·사회성교육, 과학기술의 비약적 발전에 대응하는 수학과 과학교육, 동양적 전통을 강조하는 한자교육, 인구 폭증 혹은 격감에 대한 대책으로서 인구교육, 각종 사고 후의 안전교육, 유행병 질병 등에 대책으로서 보건교육, 정보화 사회의 ICT활용교육 등이 부침을 거듭하였다. 개정 때마다 교과의 종수가 변경되면 교육활동은 매우 불안정해지게 된다. 기득권, 정치적 영향력 등 다른 불합리한 기준으로 교과를 분류하면 너무 많은 수의 교과목이 기본교과라고 지위를 우길 수도 있다. 그러므로 잘 변하지 않는 안정적인 기준(가령, 교육목표)에 따라 교과를 먼저 정해 두는 것이 필요하다.

원론적으로 총론에서 각론으로 넘어오면서 가장 먼저 부딪히는 문제는 교과를 어떻게 나눌 것인가, 교과의 종수種數를 어떻게 할 것인가다. 형식적 조작기에 접어드는 초등 고학년부터 중학 시기에 학교에서 배우는 기본교과는 그것이 교육에서 역할분담되어 수행하기로 된 목적이나 목표에 따라 분류하는 것이 가장 타당하다(황수아, 2012). 교과는 창의적 체험활동과 연합하여 교육에서 일정한 목표를 달성하기 위해 동원된 수단이기 때문이다. 분야마다 고유한 능력을 학생들에게 증진시키기로 된 교과는 그 목적에 따라 분류하면, ① 모국어로 사고하고 의사소통 능력을 증진시키는 국어과, ② 외국어로 의사소통하고 타문화를 수용하는 능력을 증진시키는 외국어과, ③ 시공간의 사건 이해를 통해 개인과 사회의 지속가능한 발전에 기여하는 사회과, ④ 수와 도형을 통해 만물의 양적 관계를 이해하는 능력을 증진시키는 수학과, ⑤ 자연과 사물의 근본 이치를 탐구하는 능력을 증진시키는 과학과, ⑥ 도구와 방법을 활용해 생활과 직무수행능력 증진에 유용성을 추구하는 기술과, ⑦ 심미적 감성과 상상력 및 창의적 표현을 수련하는 예술과, ⑧ 신체적 건강과 체력을 도모하는 체육과 등 여덟 개로 나눌 수 있다(황수아, 2012 참조).

다음은 교과의 교과다움을 판단하는 준거를 교과나 학문 내, 사회와 관계, 학습자와 관계를 통해 탐색해 본 것이다. 교과는 그 내부에서 학문과 교과 특성이나 목적, 다른 교과와 관계, 이를 배우는 학습자와, 이에 대한 효용성을 궁극적으로 정하는 사회와의 관계라는 측면에서 그 지위가 정해질 수 있다. 그러면서도 결국 교육에서의 역할분담된 해당 기

〈표 9-1〉 교과의 교과다움을 재는 보편적 기준(예시)

평가영역	평가준거	평가지표	교과
1. 학문과 관계	교육성: 교과의 내용과 활동은 교육적 · 수련적 가치가 있는가?	논리적 정합성	
		경험적 실증성	
		기술적 효율성	
		사회적 합의성	
		개인적 덕성	
		국제적 교류성	
		예술적 심미성	
		신체적 건강성	
	실천가능성: 교과는 학교와 같은 교육기관에서 실천가능한가?	학생의 학습가능성	
		교사의 교수가능성	
		교육 여건과 환경에서 실천가능성	
2. 교과 내부의 특성	정확성: 교과의 내용은 오류나 거짓이 없으며 참인가?	실증된 정도	
		논증된 정도	
		학문공동체 내 합의 정도	
	체계성: 교과 내 지식과 활동 등은 난이도, 복잡도 등에 따라 순차적 · 위계적으로 정비되어 있는가?	횡적 범위	
		종적 계열	
		횡적 통합성	
		종적 계속성	
		교과 내 전체적 연계성	
		교과 내 전체적 균형성	
		교과 내 전체적 통일성	
	중핵성: 교과 내 지식은 주변적이고 사소한 것이 아니라 핵심적이고 중요한 것인가?	중요도	
		공통 필수성	
3. 다른 교과와 관계	정체성: 교과의 성격, 목표, 내용 체계, 탐구방법(교수학습방법), 평가 등에서 나름대로 독특하며, 다른 교과들과 구별되는가? 인접교과와 중복되지 않고 배타적인가?	교육목표의 차별성	
		교육내용의 차별성	
	상보성: 교과는 교육과정의 전체적 측면에서 다른 교과 및 교과외 활동과 상보적으로 조화하며 전체적으로 균형을 이루고 있는가?	전체 교육과정에서 차지하는 비중	
		전체 교육과정에서 차지하는 지위	
		교과 간 전체적 연계성	
		교과 간 전체적 균형성	
		교과 간 전체적 통일성	

4. 학습자와 관계	분화성: 교과의 내용과 활동은 학습자의 요구를 존중하여 차례대로 분화되어 있는가?	소질과 적성 반영도	
		발달과 능력 반영도	
		학업 진로 반영도	
		직업 진로 반영도	
	유의미성: 교과의 내용과 활동은 학습자가 그것을 배울 때 공감적 이해를 유발하는가? 교과는 학습자에게 개인적으로 유의미한 경험을 초래하는가?	학습자 경험 반영도	
		학습 흥미와 동기 유발도	
		학습 과정에의 몰입 정도	
		학습성과에서 오는 보람 정도	
	성취가능성: 교과의 내용과 활동은 최소, 공통, 필수적으로 정련되어 있어 대부분의 학습자들이 학습하여 성취할 수 있는가?	배당 시간 대비 학습량	
		학습자 발달 대비 학습 수준	
		전국 단위 학업성취도	
		국제 학업성취 비교	
	개인적 유용성: 교과의 학습 내용과 활동을 학습자들은 새로운 상황에 적용 · 활용할 수 있는가? 교과는 전이가가 높은가? 교과의 전이가가 높은가?	실생활 유용도	
		후속 학습과 연계정도	
		직업생활 활용도	
5. 사회와 관계	적합성: 교과는 사회가 추구하는 보편적 가치나 제도에 적합한가?	지역사회 적합도	
		국가사회 적합도	
		국제사회 적합도	
	신뢰성: 교과는 대다수 성원들로부터 교과답다고 지지를 얻고 있는가?	일반인의 지지도	
	사회적 유용성: 교과의 내용과 활동은 그 사회의 발전에 기여하는가?	사회 개선 기여도	
		사회 혁신 기여도	
	자기 갱신성: 변화상응성/성장성, 교과는 사회의 과학기술, 사상과 문화의 발전에 따라 계속적으로 변화, 성장, 발전하는가?	사회 추세 반영도	
		학문 발전 반영도	

능이나 목표가 교과를 나누는 더 중핵적인 기준임을 알 수 있다. 여기서도 타당성, 포괄성, 배타성, 위계성, 교육적 실천가능성이 중요한 기준이 될 수 있다.

종수가 정해진 기본교과목들은 교육에서 그 역할과 기능에 따라 다음 단계에서는 지위와 비중이 정해지게 된다. 즉, 초 · 중학교의 공통필수 교육과정과 중 · 고교의 상이 선택 교육과정에서 어떤 역할, 지위, 비중을 지니도록 할 것인지를 총론측은 각론측과 일정 부분 상의하여 정하게 된다. 쇠퇴하는 분야는 기존의 지위나 비중을 지키려고 들고, 성장하는 분야는 새로 진입하여 지위나 비중을 확대 강화하려고 들어서, 일종의 국

〈표 9-2〉 교육과정 총론에서 교과 교육과정에 대해 규정할 항목들

<table>
<tr><th colspan="2" rowspan="2">교과의 성격
규정 대상</th><th colspan="8">공통필수</th><th rowspan="2">상이선택</th></tr>
<tr><th>국어</th><th>외국어</th><th>사회</th><th>수학</th><th>과학</th><th>기술</th><th>체육</th><th>예술</th></tr>
<tr><td rowspan="3">종류</td><td>과목/교과/과정/계열의 명칭, 통합과 분화된 교과목의 계열적 배치</td><td></td><td></td><td></td><td></td><td></td><td></td><td></td><td></td><td rowspan="13">• 진로별 교육과정
• 과정, 계열, 학과별 주요 교과목, 선택과 필수 교과목 제시
• 학습 이수 순서 제시</td></tr>
<tr><td>과목/교과/과정/계열의 개수</td><td></td><td></td><td></td><td></td><td></td><td></td><td></td><td></td></tr>
<tr><td>교과/과정/계열을 구성할 과목/교과의 명칭</td><td></td><td></td><td></td><td></td><td></td><td></td><td></td><td></td></tr>
<tr><td rowspan="2">역할
(기능)</td><td>주/보조</td><td></td><td></td><td></td><td></td><td></td><td></td><td></td><td></td></tr>
<tr><td>교과가 달성할 기능(목표)</td><td></td><td></td><td></td><td></td><td></td><td></td><td></td><td></td></tr>
<tr><td rowspan="4">지위</td><td>기본단위로서 교과/과목의 지위 결정</td><td></td><td></td><td></td><td></td><td></td><td></td><td></td><td></td></tr>
<tr><td>독립(분과)/통합</td><td></td><td></td><td></td><td></td><td></td><td></td><td></td><td></td></tr>
<tr><td>공통/상이(적용집단)</td><td></td><td></td><td></td><td></td><td></td><td></td><td></td><td></td></tr>
<tr><td>필수/선택(부과방식)</td><td></td><td></td><td></td><td></td><td></td><td></td><td></td><td></td></tr>
<tr><td rowspan="4">비중</td><td>적용학년(단계/학교)</td><td></td><td></td><td></td><td></td><td></td><td></td><td></td><td></td></tr>
<tr><td>적용빈도(1~3년당 몇 회)</td><td></td><td></td><td></td><td></td><td></td><td></td><td></td><td></td></tr>
<tr><td>주당 배당 시간분량</td><td></td><td></td><td></td><td></td><td></td><td></td><td></td><td></td></tr>
<tr><td>학년/단계/학교별 단위수업시간의 길이</td><td></td><td></td><td></td><td></td><td></td><td></td><td></td><td></td></tr>
</table>

가 간 영토전쟁에 비유할 수 있을 정도로 치열하다. 총론은 보편타당한 학술적 기준, 지능정보와 세계화 시대의 지식 폭증 현상, 지식접근에의 용이성 증가, 특히 과학기술 지식의 유효기간의 단축, 학습자의 한정된 시간과 능력과 수준, 가르침이 배움으로 직결되지 않는다는 점(less is more), 평생학습에서 다른 통로를 통해서 학습한다는 점, 산업계, 국가사회, 국제사회의 교육에 대한 기대와 요구 변화 등에 비추어서 이를 종합하고 절충하는 기예를 발휘할 수 있을 것이다.

교과나 학문의 요구를 종합하고, 이를 사회와 학습자 측면에 비추어 적절히 절충하여 조정하지 않으면, 교과에 따라 불필요한 과잉학습 제공으로 학습 부진아를 낳게 되고, 꼭 필요함에도 과소학습을 하여 학업과 직업 및 일상생활에 지장을 초래하게 된다. 전자의 경우 예술, 체육계 학생들처럼 대학에 진학하여 더 이상 수학을 배우지 않는 학생들에게 이해 불가능한 공부 수준과 범위를 강요하는 것이고, 후자의 경우 지능정보화 사회의 기반기술을 가르치지 않거나, 자본주의 사회에 살아갈 시민들에게 각종 회계 및 금융 지식에 대해 문맹을 초래하는 것이나 동아시아 세계에서 우리나라 내부 문제와 쟁점에 갇혀 세계의 변화를 읽지 못하는 것이 이에 해당된다. 지식이 폭증하는 속에서 복

대상(KAS) \ 학생	모든 학생 (All Students)		진로별 학생집단 (Each Group)	
알아야 할 지식				
해야 할 활동 겪어야 할 경험 할 줄 알아야 할 능력		⬅	➡	
풍성한 감성, 인성, 영성 견고한 의지				
교과				
교과외 활동(창의적 체험활동)				

⬆ 필요함에도 과소학습 ⬆ 적정학습 ⬆ 불필요함에도 과잉학습

[그림 9-1] 교육대상과 교육내용과의 관계에서 적정학습, 과잉학습, 과소학습

잡한 과학기술의 세계에서 그 핵심을 알고 지름길을 가르쳐 주는 교육이 절실해지고 있다. 교과교육과정기준의 연구개발자나 교사들이 복잡해지는 지식과 기술의 핵심과 그에 이르는 지름길을 제대로 알지 못한다면 교육은 비효율과 낭비를 낳고 큰 혼란에 빠질 수 있다.

2) 교과의 체계적 분화와 통합

교육과 교육과정은 학습자들이 성장할수록, 즉 학교급이 높아질수록 '같음에서 다름으로' 이동한다. 즉, 전체 사회, 전체 학습자에게 상대적으로 학교교육기의 초반부에 적절한 공통적인 교과목과 그렇지 않은 것들을 구분해 주는 것이다. 즉, 특정 교과 교육과정의 내용 및 활동의 선정과 조직에서 가장 중요한 부분은 그 내용과 활동이 '모든' 학생을 위한 것이냐 아니면 특정 진로를 가진 '일부' 학생집단을 위한 것이냐를 잘 구분하는 것이다. 즉, 공통필수 교과와 상이선택 교과를 구분해 주는 것이다.

다음으로, 교과를 언제쯤 어느 정도로 통합하고, 어느 시기에 가서는 어느 정도로 분화시켜 줄 것이며, 나아가 선택하거나 집중하여 이수할 수 있는 기초를 마련해 주는 것이다. 이러한 적절한 분화와 통합은 교과목 설계에서 매우 중요한 일이다.

교과는 학습자가 어릴수록 생활과 놀이에 가깝게 미분화, 통합되지만 연령이 높아질수록 대학과 전문 직업세계에 가까워질수록 전문화되고 고도로 분화된다. 교과는 '생활 속의 교과'라는 측면에서 보면 교양, 상식과 같은 미분화되고 통합된 단계에서 차츰 분

〈표 9-3〉 사회 · 학습자 · 교과 측면에서 살펴본 기초 · 기본 교육과 심화 · 전문 · 특수 교육의 내용 선정 기준

분리 기준		기초 · 기본 교육 → 공통 교육과정	심화 · 전문 · 특수 교육 → 선택 교육과정
사회 측면	사회적 규범, 상식, 행동양식 관련	• 한국 사회의 상식(역사, 처한 현실, 미래 전략) • 국가 이상의 문제나 쟁점, 주변국과 세계의 사정 • 세계 및 주변국의 정치, 경제, 국제전략 등에서 통용되는 규범, 행동양식 • 개인의 의지와 무관하게 개인과 그 공동체의 삶에 변화를 초래하는 세계, 지역, 국가, 사회의 구조와 변화 • 한 사회에서 모든 사회성원들이 중요하다고 인정하는 것	• 세계의 특정 나라나 문화에서 통용되는 상식과 규범 및 행동양식 • 주변국의 상세한 역사와 현실 및 미래 전략에 대한 것 • 일부 사회성원들이 중요하다고 인정하는 것
	직업교육	• 모든 직업세계에 공통적으로 필요한 지식, 가치, 기능	• 일부 직업세계에 필요한 지식, 가치, 기능
학습자 측면	개인적 존재 (지덕체, 사회성)	• 연령이 낮을수록 지덕체의 고른 발달 지향 • 모든 학습자가 획득 가능 • 학습자 누구나 배울 수 있는 내용 • 학습자 누구나 반드시 알고, 믿고, 행해야 할 것들 • 구성원 모두에게 공통적으로 요구되는 측면	• 연령이 높아질수록 지덕체 중 일부를 더 강조하여 발달시킴 • 일부 학습자만이 획득 가능 • 일부 학습자만이 배울 수 있는 내용 • 일부 학습자만 알고, 믿고, 행해야 할 것들 • 집단마다 서로 다르게 요구되는 측면
	사회적 존재 (공동체 성원으로서)	• 공통된 지식, 가치, 행동양식을 키움	• 서로 다른 역할과 기능을 수행하도록 요구받음
		• 같이 공유해야 사회공동체가 유지되는 것 • 공동기반에 속하는 것 • 사회공동의 기반을 크게 넓혀 주는 것	• 사회성원 각자가 서로 다른 역할을 해야 할 것 • 역할분담에 속하는 것 • 사회의 각 부분을 떠받치도록 기능적으로 역할을 하도록 역량을 키워 가는 것
		• 사회생활의 모든 측면에 필요한 것	• 사회생활의 일부 측면에 필요한 것
교과 측면	교과내용	• 기초적인 것 • 가장 기본적인, 가장 기초적인, 가장 중요한, 가장 일반적인, 가장 공통적인, 반드시 알아야 할 것	• 보다 응용적인 것, 보다 심화된 것, 보다 전문적인 것, 보다 직업적인 것, 보다 특수한 것, 서로 상이한 것
		• 최소 필수적인 것	• 최대 심화적인 것
	교양 · 상식적/ 직업 · 전문	• 생활 교양적인 것	• 직업 전문적인 것
		• 배워 두면 다음 배움에 자주 쓰이는 것	• 배워 두면 직업 및 사회생활에 자주 쓰이는 것
		• 일반적인 것	• 전문적인 것
	교과의 통합 정도	• 미분화 통합된 내용	• 분화, 세분화, 전문화되는 것
	내용 수준	• 상대적으로 낮은 것, 쉬운 것, 간단한 것	• 상대적으로 높은 것, 어려운 것, 복잡한 것
	전이가	• 상대적으로 전이가가 광범위하고 일반적인 것	• 상대적으로 전이가가 협소하고 특수한 것

〈표 9-4〉 학교급에 따른 교과 영역의 지위 배분

학교급 / 교과영역	초등학교		중학교	고등학교
국어	공통필수			진로별 선택(핵심/보완/교양)
영어	공통필수(수준별 이수) (제2)외국어(필수선택*)			진로별 선택(핵심/보완/교양)
수학	공통필수(수준별 이수)			진로별 선택(핵심/보완/교양)
인간사회	생활	공통필수	공통필수(집중이수)	진로별 선택(핵심/보완/교양)
자연과학		공통필수	공통필수(집중이수)	진로별 선택(핵심/보완/교양)
직업기술		공통필수	필수선택(집중이수)	진로별 선택(핵심/보완/교양)
체육	공통필수		필수선택*	진로별 선택(핵심/보완/교양)
예술	공통필수		필수선택*(집중이수)	진로별 선택(핵심/보완/교양)
자율과목	-		선택	진로별 선택(핵심/보완/교양)

* '필수선택'은 등가성을 지닌 하위 영역 중 선택하여 필수로 이수하는 교과목. 직업기술, 예술, 체육, 제2외국어, 종교 등에서처럼 국가 혹은 학교가 필수로 부가하려면 등가성을 지닌 것을 학생이 선택할 수 있도록 함.

화, 세분화되는 경향을 보인다. 반면, '학문 속의 교과'라는 측면에서 보면 매우 세분화된 상태였다가 점차 고도로 융합되는 경향을 보이게 된다(백혜조, 2015; 김미진, 2016). 간학문interdisciplinary이나 다학문multidisciplinary, 기존 학문을 뛰어 넘는 새로운 학문transdisciplinary적 접근이 시도되기도 한다. 기초 기본 교양의 공통 교육과정에서는 기본 교과를 무엇으로 할 것인가가 중요하다. 이것들이 점차 분화되면 모든 교과나 지식, 주제를 모두 다 공부할 수 없으므로 일정한 분리와 조합이 일어난다. 즉, 고교 이상에서는 교과와 과목을 조합한 과정이나 더 넓은 계열을 무엇으로 정할 것이냐가 중요하다.

교육에서 기여할 교육목표에 따라 기본교과가 정해지면, 그것들은 아래로 더 통합되고, 위로는 더 분화된다. 학습자의 소질과 적성이 비교적 조기에 발현되는 분야(예술, 체육, 기술 등)나 사회나 직업적으로 해당 분야의 전성기가 비교적 조기에 도래하는 경우 교과의 분화는 더 빨리 일어나게 되고, 학생들 중 일부는 선택과 집중을 할 수 있어야 할 것이다.

사회적으로 중요하다고 하여 해당 활동이나 주제를 기존 교과에 적절히 통합시키지 않고 별도의 독립적인 영역으로 만들면 기존의 것과 중복되거나 마찰을 빚을 수도 있다. 그러므로 교과나 주제의 성격 혹은 목표, 대상이 유사하면 가교총론을 먼저 시험해 보고, 이를 기존 교과에 적절히 통합시킬 필요가 있다. 삭제·폐지와 추가·신설을 통해, 그리고 축소·약화와 확대·강화를 통해 일정한 범위, 수준, 심도, 분량을 유지해야 한다.

대다수 학생은 고교에 진학하면서 진로에 따라 학습할 분야가 나뉘게 된다. 학습자의 학습능력이나 학습필요, 진로별 요구, 사회적 요구, 교과의 학문적 계열성 등을 고려할 때 교과의 분화는 더 체계적일 필요가 있다. 12∼15년간의 기본교과가 아래와 위로 어떻

〈표 9-5〉 학년별 교과의 통합과 분화의 구조(예)

<table>
<tr><th>학교급</th><th>학년(연령)</th><th colspan="8">교과</th><th>교과 수</th></tr>
<tr><td rowspan="3">고교</td><td>12</td><td colspan="6">12개의 과정별 공통과목 이수</td><td colspan="2" rowspan="3">직업계 고교는 산업계 요구와 NCS를 따름</td><td rowspan="3">진로별 상이선택</td></tr>
<tr><td>11</td><td colspan="6">4개 계열별 공통과목 이수</td></tr>
<tr><td>10</td><td colspan="6">8개 영역 교과의 체계적 과목 분화 중 선택필수</td></tr>
<tr><td rowspan="3">중학</td><td>9</td><td colspan="8">8개 영역 중 선택필수 교과 5개 포함: 예술, 체육, 외국어, 기술, 진로 선택</td><td>8 (선택5)</td></tr>
<tr><td>8</td><td colspan="8">8개 영역 중 선택필수 교과 4개 포함: 예술, 체육, 외국어, 기술 선택</td><td>8 (선택4)</td></tr>
<tr><td>7</td><td colspan="8">8개 영역 중 선택필수 교과 3개 포함: 예술, 체육, 외국어 선택, 수학/외국어 수준별 분반 이동수업 시작</td><td>8 (선택3)</td></tr>
<tr><td rowspan="6">초등</td><td>6</td><td colspan="8">8개 영역 중 선택필수 교과 2개 포함: 예술, 체육(개인맞춤형 운동처방 택1)</td><td>8 (선택2)</td></tr>
<tr><td>5</td><td colspan="8">8개 영역 중 선택필수 교과 1개 포함: 예술(미술, 음악, 연극영화 중 택1)</td><td>8 (선택1)</td></tr>
<tr><td>4</td><td>생활 국어</td><td>생활 영어</td><td>생활 사회</td><td>생활 수학</td><td>생활 과학</td><td>생활 정보기술</td><td>생활 예술</td><td>생활 체육</td><td>8</td></tr>
<tr><td>3</td><td>생활 국어</td><td>생활 영어</td><td>생활 도덕</td><td>생활 산수</td><td>생활 과학기술</td><td>생활 예술</td><td colspan="2">생활 체육</td><td>7</td></tr>
<tr><td>2</td><td>생활 국어</td><td>생활 영어</td><td>생활 도덕</td><td>생활 산수</td><td colspan="2">생활 과학기술</td><td colspan="2">즐거운 생활</td><td>6</td></tr>
<tr><td>1</td><td colspan="2">생활국어</td><td>생활영어</td><td>생활산수</td><td colspan="2">생활 과학기술</td><td colspan="2">즐거운 생활</td><td>5</td></tr>
<tr><td rowspan="3">유아</td><td>(5)</td><td colspan="2">건강한 생활</td><td colspan="2">즐거운 생활</td><td colspan="2">바른 생활</td><td colspan="2">슬기로운 생활</td><td>4</td></tr>
<tr><td>(4)</td><td colspan="3">건강한 생활</td><td colspan="3">즐거운 생활</td><td colspan="2">바른 생활</td><td>3</td></tr>
<tr><td>(3)</td><td colspan="4">건강한 생활</td><td colspan="4">즐거운 생활</td><td>2</td></tr>
</table>

출처: 홍후조(2016. 10. 24.). 연구메모: 교과의 분화와 통합.

게 분화되어 교과목의 종수가 계열적 · 종합적 · 체계적으로 드러나는가를 보여 주는 것이 학습의 큰 그림 혹은 학습경로를 찾아가는 데 있어 지도로서 긴요하다.

유 · 초 · 중 · 고등학교 교육과정은 단계별로 연계성과 계열성을 유지하는 형태로 구성되어야 한다. 여덟 개 기본교과는 단계에 따라 〈표 9-5〉와 같이 분화되며 교과 교육과정기준은 교과목의 단계별 연계와 계열성을 고려하여 구성된다.

유 · 초 · 중학교의 모든 교과(학습 영역)는 생활과 통합한 생활형 교과로 구성하고, 고등학교에서는 진로와 통합하여 진로별 교과가 될 수 있도록 구성하는 것이 적절하다. 특히 세계화 시대에 교육적 중요성이 높아지는 외국어(영어/제2외국어)는 교육의 시작 시기를 앞당기고, 수와 도형의 양적 관계를 학습하는 수학은 난이도를 낮추어 접근성과 친근성을 높인다. 공통필수 교육과정의 외국어는 의사소통 중심의 생활외국어, 수학은 생활교양인으로서 불편하지 않을 생활수학을 지향하여 완전학습을 할 수 있도록 구성하고, 이후 상이선택 교육과정에서는 진로별 외국어교육, 진로별 수학교육으로 편성 · 운영한다. 중학교의 제2외국어, 기술, 예술, 체육은 다양하게 분화되는 등가성을 지닌 하위 영역의 과목들 중에서 학생들이 선택하여 필수로 이수하게 하고, 고등학교의 모든 교과목은 진로별로 내용과 수준이 달리 구성된 핵심/보완/교양/전문교과(NCS 교과목)를 학생의 진로에 따라 선택하여 이수할 수 있도록 구성한다(하화주, 2014; 조호제, 2014; 임유나, 2014: 362-363).

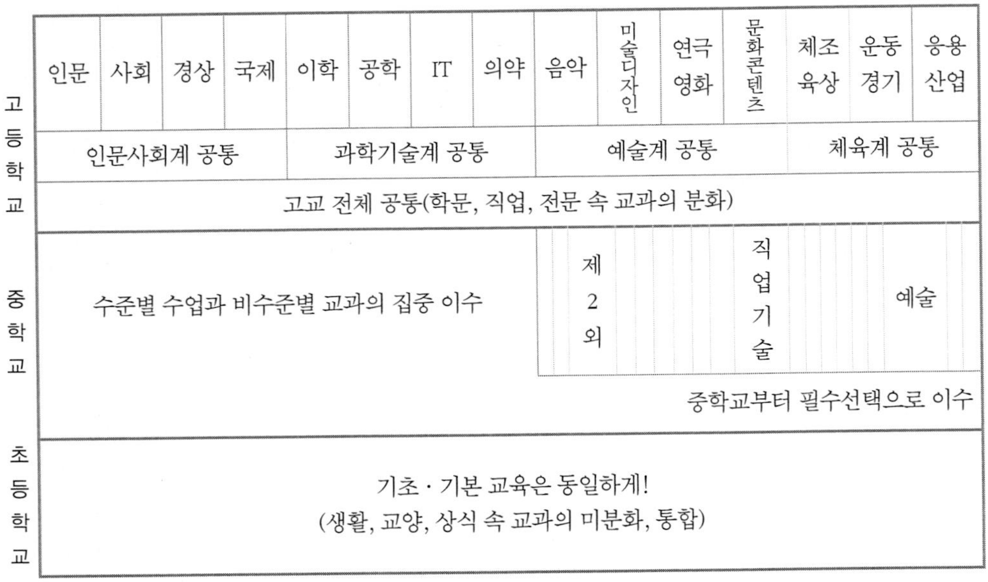

[그림 9-2] 학습자의 성장과 교과 분화의 상응관계

고교의 각 진로탐색과정의 모든 교과목은 다음과 같이 보충과목, 교양교과(초급), 보완교과(중급), 핵심교과(고급), 대학선이수과목으로 수준을 구분한다. 교과목은 학생의 진로 및 학업성취 수준 정도에 따라 계속교육용 교과와 마무리용 교과를 달리 하여 다섯 개 학년분(-1 → 1 → 2 → 3 → +1)으로 다양하게 구성한다. 이때 최종적으로 이수하게 되

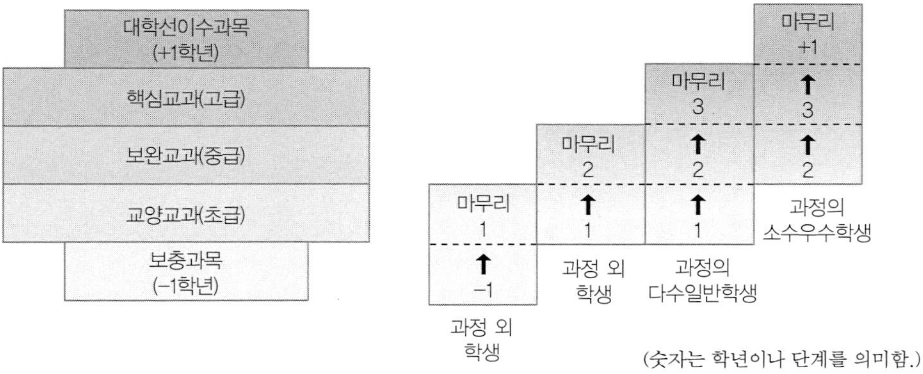

[그림 9-3] 진로탐색과정 교과목의 수준 및 구성 방법

〈표 9-6〉 진로탐색과정의 교과목 분화

수준	국어	외국어	수학	사회	과학	기술	예술	체육
보충과목	기본국어	기본영어	기본수학		기본과학			
교양과목	국어 I 국어 II 문학 I	실용영어 I 실용영어 II 실용영어회화 실용영어독해와 작문	수학 I	사회 한국사 동아시아사 한국지리 세계지리 I 생활과 윤리	과학	기술 정보	음악과 생활 무용의 이해 미술창작 연극의 이해 영화의 이해 사진의 이해	운동과 건강생활
	한문 I	제2외국어 I						스포츠문화
보완과목	화법과 작문 독서와 문법 문학 II 고전	영어 I 영어 II 영어회화 I 영어독해와작문 비즈니스영어 (※ 전문교과)	미적분 I 확률과 통계 I 기하와 벡터	윤리와 사상 세계사 사회문화 법과 정치 경제 세계지리 II	물리 I 화학 I 생물 I 지학 I	농업 생명 과학 공학 기술 가정 과학 경영 일반 해양 과학 정보 ※ 전문교과 허용	연기 연극제작실습 연극감상과비평 I 영화기술 영화 창작과 표현 영화감상과비평 I 기타 예술고의 음악, 무용, 미술, 영화, 사진 등의 I 수준 교과목	공중보건 I
	논리학 한문 II	제2외국어 II 제2외국어문화 제3외국어 I		철학 심리학 교육학				스포츠과학 스포츠경기체력 스포츠경기기술 스포츠경기실습 코칭론 I 스포츠개론 체육과 진로탐구

핵심 과목	문장론 고전문학 현대문학 문학개론 시창작입문 소설창작입문	영어독해 I 영어독해 II 영어작문 I 영어작문 II 영어회화 II 제2외국어회화 I 제2외국어회화 II 제2외국어독해 제2외국어작문 제2외국어독해와작문 제3외국어 I 제3외국어 II	고급수학 I 고급수학 II 미적분 II	비교문화 과제연구 국제관계와 국제기구 지역이해 한국의 사회와 문화 경영일반 (※ 전문교과 허용)	물리 II 화학 II 생물 II 지학 II 물리실험 화학실험 생명과학실험 지구과학실험 과학사 및 과학철학 환경과학 정보과학 과제연구	창의공학설계 ※ 전문교과 허용	음악사 II 음악전공실기 시창 · 청음 합창합주 공연실습 미술사 II 미술전공실기 드로잉 디자인 · 공예 평면조형 입체조형 기타 예술고의 연극 영화, 무용, 사진, 영상미술 등 II수준 교과목 개설	공중보건 II 육상운동 체조운동 수상운동 개인 및 대인운동 단체운동 빙상 및 설상운동 체력운동 투기운동 표현 및 창작운동 스포츠경영행정 코칭론 II 체육전공실기
대학 선이수 과목	글쓰기 문학 문예창작 전공실기	심화영어 심화영어독해 심화영어회화 심화영어작문	미적분학 I 미적분학 II 고급수학 I 고급수학 II	미시경제학 거시경제학 경영학개론 세계문제 국제정치 국제법 국제경제 인류의미래사회 사회과학연구방법론	일반화학(생물학 · 물리학) 이론 I 일반화학(생물학 · 물리학) 이론 II 일반화학(생물학 · 물리학) 실험 I 일반화학(생물학 · 물리학) 실험 II 환경과학 과학사	고급컴퓨터과학	전공지도실습	전공지도실습

는 교과목의 내용은 학생들이 그 교과를 마무리할 수 있도록 구성해 주어야 한다. 보완교과와 핵심교과는 두 개 학기용으로 편성하고, 보충과목, 교양교과, 대학선이수과목은 한 개 학기용으로 편성한다.

고교의 각 교과목은 진로에 따른 교과목으로 재구성되어야 하며, 진로탐색과정에 따라 과목의 종류와 수준을 달리 편성할 수 있다(하화주, 2014; 임유나, 2014). 교과별로 충분히 분화된 교과목 목록들을 기초로 특정 진로에 따라 교과목들을 조합 · 선택하여 다양한 종류의 진로탐색과정을 구성할 수 있다.

〈표 9-7〉 진로탐색과정에 따른 교과목 편성 예시

인문사회계열 > 국제과정 > 외국어						
국제과정		보충과목	교양과목(초급)	보완과목(중급)	핵심과목(고급)	대학선이수과목
외국어	국제과정 외 학생	기본영어	실용영어 I 실용영어회화			
	국제과정 외 학생		실용영어 I 실용영어회화 실용영어독해와 작문	영어 I 전공비즈니스영어		
	국제과정 일반학생		실용영어 II 실용영어회화 실용영어독해와 작문 제2외국어 I	영어 II 영어회화 I 영어독해와작문 제2외국어 II 제2외국어문화	영어독해 I 영어작문 I 영어회화 II 제2외국어회화 I 제2외국어독해 제3외국어 I	
	국제과정 우수학생			영어 II 영어회화 I 영어독해와작문 제2외국어 II 제2외국어문화 제3외국어 I	영어독해 II 영어작문 II 영어회화 II 제2외국어회화 II 제2외국어독해 와작문 제3외국어 II	심화영어 심화영어독해 심화영어회화 심화영어작문

출처: 하화주(2014) 참조.

3) 교과 교육과정기준의 개발

교과는 교육활동에서 광범하게 찾아볼 수 있는 현상이지만 그것이 구체화되는 첫 관문은 교과 교육과정기준 개발이다. 기준이 만들어진 이후에 관련 교재와 수업 자료의 구성, 수업의 실시, 교육의 질과 효과의 평가, 가르칠 교사의 양성과 수급, 배울 학생의 수용과 조직, 시설과 설비 같은 환경 조성 등이 뒤따른다.

(1) 교과 교육과정기준의 개발 과정

하나의 교과 교육과정 안이 입안되려면 다음과 같은 구성 절차를 밟게 된다(곽병선, 1985: 34-37).

① 인적 조직의 구성: 위원회의 구성, 목표설정위원회, 구성위원회, 실험위원회, 개정

위원회, 특별위원회(각 위원회의 임무 결정, 위원의 선정 기준 결정)

② 교육목표의 설정: 일반적 · 총괄적 · 학교급별(학년군)의 목표설정에 따른 교과(또는 과목) 및 창의적 체험활동 목표의 설정, 학년 목표의 설정, 교과(또는 과목)의 학년 목표설정

③ 범위scope의 설정: 교과(또는 과목) 및 창의적 체험활동에 따른 종수와 시간 단위 배당량의 결정, 교과(또는 과목)의 기준 개념 선정, 학습 내용과 경험의 선정

④ 계열sequence의 결정: 과목의 학년별 배열, 교과(또는 과목)의 기본 개념(원리) 선정과 구조화, 학습 내용의 배열, 학습 경험의 배열

⑤ 단원의 구성: 단원 수의 결정, 단원명의 결정, 단원목표의 설정, 각 단원에 대한 시간 배당, 기본 개념의 선정과 구조화, 학습내용 및 경험의 선정, 조직

다음에서는 제7차 교육과정에서 초등학교 통합 교육과정과 영어과 교육과정 개발과정 및 절차를 통해 교과 교육과정기준의 연구 개발 과정을 살펴본다. 물론 실제 현실은 이보다 복잡한 과정과 절차를 거치면서 다방면의 인적 · 물적 자원을 동원하였다고 볼 수 있다.

가령, 초등학교 통합 교육과정 연구 개발의 실제 진행과정은 다음과 같았다. 제7차 교육과정에서는 1997년 1월에서 10월까지 초등학교 통합 교육과정에 대한 연구 개발이 이루어졌다(구자억 외 14인, 1997: 8-9). 이 연구를 위한 연구팀은 교육과정 전문가와 교과 전문가, 교육행정가 그리고 현장교사가 참여하는 형식으로 이루어졌다.

초등학교 통합 교육과정 연구에서 사용된 연구방법은 크게는 관계 문헌의 검토와 분석, 기초 연구 결과의 통합적 수렴, 교육과정 전문가 및 현장 교사 협의회로 나뉜다.

첫째, 관계 문헌의 검토와 분석: 국내외 각종 문헌 분석 및 교육과정 각론(교과 교육과정) 개발 지침(일반지침과 통합관련 지침)의 검토 등이 이루어졌다.

둘째, 기초 연구결과의 통합적 수렴 및 필요한 연구의 실시: 초 · 중등학교교육과정 개정 요구 조사 연구, 초등학교 통합 교육과정 체제 및 내용구조 방법, 탐색 연구의 실시 등이 이루어졌다.

셋째, 협의회 및 집중 검토: 협의회는 두 가지로 구분되었는데 하나는 연구진 정기 협의회이고 다른 하나는 외부 인사가 참여하는 협의회다. 통합 교육과정 개정을 위한 연구진 협의회는 통합 교육과정 개정 방향 설정, 체제 및 내용 구조 탐색, 내용 체계 작성과 검토, 단원구성 및 집중 검토, 시안 작성 및 집중 검토, 통합 교육과정 확정을 위한 확대 협의회로 이루어졌다.

(2) 교과 교육과정기준의 구성 체제

이런 과정을 거쳐서 만들어질 각론의 구성체제를 보면 앞부분에서 교육영역별 교육목표가 제시된다. 교과별 성격이나 목표, 교과목의 통합과 분화 체계도, 하위 영역의 내용 분화 체계도, 교수학습 및 교육평가상 특징 등은 공통적이고, 각 단원별 내용이나 활동은 다시 닮은꼴처럼 여러 개의 단원이 각각 별도의 단원의 성격, 단원 목표, 단원 내용과 활동, 단원의 교수학습 및 평가상 특징 등이 제시될 수 있을 것이다.

1. 성격
2. 목표(총괄목표, 학년군별 목표, 주요 영역이나 과목별 목표)
3. 하위 영역의 체계
   가. 하위 영역별 내용과 활동의 통합과 분화 체계
   나. 하위 교과목의 통합과 분화 체계
4. 교과목별 각 단원의 내용과 활동
   가. 각 단원의 성격과 목표
   나. 각 단원의 주요 내용과 활동(학년별 성취기준)
   다. 각 단원의 교수학습상 특징
   라. 각 단원의 평가상의 특징
5. ○○과의 교수 · 학습 방법상의 유의점
   가. 교수 · 학습 계획
   나. 교수 · 학습 운용
6. ○○과의 교육평가상의 유의점
   가. 평가 계획
   나. 평가 운용
   다. 평가 결과 활용

2015개정 교육과정에서 교과별 교육과정기준은 다음과 같은 항목들로 구성되었다. 3~9학년까지는 일관된 계열성을 가지고 하나의 전체적인 맥락에서 교과 교육과정기준을 개발하였고, 선택과목들은 각각 별도의 기준을 만들었다. 향후에는 이를 모두 합쳐서 12~15년간의 교과의 통합과 분화되는 전체적인 모습이 드러나도록 기준을 개발하는 것이 바람직할 것이다. 각 교과는 성격 진술에서 총론에서 제안한 핵심역량 개발에 기여할 역량의 종류를 제시하고 있다. 또한 각 교과는 단편지식보다 핵심 개념과 원리를 제시하고, 학습량을 적정화하여 토의 · 토론 수업, 실험 · 실습 활동, 협력학습, 탐구활동, 프로젝트학습 등 학생들이 수업에 직접 참여하면서 역량을 함양하고, 학습경험의 질을 개선하고자 하였다. 이에 따라 수행평가와 같은 과정 중심 평가를 강조하였다. 고교의 통합사회와 통합과학은 지나치게 분화된 교과가 가질 수 있는 폐단을 없애고자 하였다. 이런 과목 통합 노력들은 향후에 민주시민, 생활교양인을 기르는 의무교육의 종결점인 중학교 기본교과가 종합적으로 마무리되는 모습으로 적용할 만한 것이다.

'통합사회'는 초 · 중학교 사회의 기본 개념과 탐구방법을 바탕으로 지리, 일반사회(정치, 경제, 법 등), 윤리, 역사의 기본적 내용을 대주제 중심의 통합적 접근을 통해 사회 현상을 종합적으로 이해할 수 있도록 구성되었다. 특히 복잡하고 급변하는 사회 현상에 대한 종합적 이해와 사회적 갈등 해결 능력 등을 함양하기 위해 토의 · 토론학습, 프로젝트학습, 탐구학습 등 다양한 활동 중심의 수업이 이루어질 수 있도록 구성하였다. 통합사회는 사회 현상을 통합적으로 이해할 수 있는 대주제(행복, 자연환경, 생활공간, 인권, 시장, 정의, 인구, 문화, 세계화)를 선정하여 사회 현상의 특징, 사회 문제의 발생 원인과 해결 방안, 자연과 인간 삶의 조화, 사회적 갈등 해결 방안 등을 모색하는 과목이다.

또한 '통합과학'은 중학교까지 학습한 자연과학의 핵심 개념을 적용하여 자연 현상을 통합적으로 이해함으로써 미래 사회에 필요한 과학적 기초 소양을 함양할 수 있도록 학습 내용과 난이도를 재구조화하여 모든 학생을 대상으로 한 공통필수과목이다. 이 과목은 자연 현상과 인간의 관계, 과학기술의 발달과 미래 생활 예측과 적응, 사회문제에 대한 합리적 판단 능력 등 미래 사회에 필요한 과학적 소양 함양을 목표로 한다. 자연현상에 대한 네 개의 핵심 개념(물질과 규칙성, 시스템과 상호작용, 변화와 다양성, 환경과 에너지)을 중심으로 분과 학문적 지식수준을 넘어 다양한 형태의 통합을 통한 융복학적 사고력 신장이 가능하도록 구성한 것이다. 즉, 여러 분야의 기초 개념의 융합과 동료 간 탐구 협업을 통해 새로운 가치 창출 및 역량 습득이 가능한 융 · 복합적 대주제(에너지, 물질, 생명, 우주 등)를 창의융합인재교육 STEAM과 같이 다양한 교과와 관련지어 접근하거나, 학교 밖 현장 체험을 통한 실생활 연계, 전통적인 과학-기술-사회 연계(STS) 학습의 확대 등을 추구하고 있다.

교과의 성격이나 교육목적으로는 충분히 교육활동을 안내하기 어렵다. 그러므로 교과 교육목표들은 보다 분명하고 구체적이고 상세하게 표현될 필요가 있다. 교과 교육목표는 교과의 내용과 지식, 기능, 태도 등을 둘러싼 행동으로 구체화된다. 교과 교육과정기준이 학교의 교과 교수-학습활동에 기준이 되기 위한 요건을 갖추는 것이 중요하다(이병호, 2008; 홍후조, 박승환, 2004). 예를 들어, 교과 교육과정기준에는 교육목표 기준, 교과내

국가 수준 교과 교육과정기준의 구성 체제(2015개정 각론 문서)

1. 성격	• 교과가 갖는 고유한 특성에 대한 개괄적인 소개 • 교과교육의 필요성 및 역할(본질, 의의 등), 교과 역량 제시
2. 목표	• 교과 교육과정이 지향해야 할 방향과 학생이 달성해야 할 학습의 도달점 • 교과의 총괄목표, 세부목표, 학교급 및 학년군별 목표 등을 진술
3. 내용 체계 및 성취기준	
가. 내용 체계	• 내용 체계: 영역, 핵심개념, 일반화된 지식, 내용요소, 기능으로 구성 – 영역: 교과의 성격을 가장 잘 나타내 주는 최상위의 교과 내용 범주 – 핵심개념: 교과의 기초 개념이나 원리 – 일반화된 지식: 학생들이 해당 영역에서 알아야 할 보편적인 지식 – 내용요소: 학년(군)에서 배워야 할 필수학습내용 – 기능: 수업 후 학생들이 할 수 있거나 할 수 있기를 기대하는 능력으로 교과 고유의 탐구과정 및 사고 기능 등을 포함
나. 성취기준	• 학생들이 교과를 통해 배워야 할 내용과 이를 통해 수업 후 할 수 있거나 할 수 있기를 기대하는 능력을 결합하여 나타낸 수업활동의 기준
(1) 영역명	
(가) 학습요소	• 성취기준에서 학생들이 배워야 할 학습내용을 핵심어로 제시한 것임
(나) 성취기준 해설	• 제시한 성취기준 중 자세한 해설이 필요한 성취기준에 대한 부연 설명으로, 특별히 강조되어야 할 성취기준을 의미하는 것은 아님
(다) 교수-학습방법 및 유의사항	• 해당 영역의 교수-학습을 위해 제안한 방법과 유의사항 • 학생 참여 중심의 수업 및 유의미한 학습 경험 제공 등을 유도하는 내용 제시
(라) 평가방법 및 유의사항	• 해당 영역의 평가를 할 수 있도록 제안한 방법과 유의사항 • 해당 영역의 교수-학습 방법에 따른 다양한 평가, 특히 과정 중심 평가가 이루어질 수 있도록 관련 내용 제시
4. 교수-학습 및 평가의 방향	
가. 교수-학습방향	• 교과의 성격이나 특성에 비추어 포괄적 측면에서 교수-학습의 철학 및 방향, 교수-학습의 방법 및 유의사항을 제시함
나. 평가방향	• 교과의 성격이나 특성에 비추어 포괄적 측면에서 교과의 평가 철학 및 방향, 평가방법, 유의사항을 제시함

[그림 9-4] 국가교육과정기준 교과(각론)의 구성 항목과 용어 정의

용 기준, 교사수행 기준, 학생활동 기준, 수업 환경 기준, 학생성취기준 등이 있을 수 있는데, 이러한 기준들은 교재구성, 수업 설계, 교사활동, 학생평가, 교육환경, 수업 평가에 있어서 일정한 기능을 수행할 수 있다.

〈특정 교과 교육과정기준을 구성하는 하위 기준들〉

1. '교과 교육과정 내용 기준(content standards)'으로 교사, 교과서 집필자, 교과교육 연구자, 학습자 등에게 교과에서 다루어야 할 중심이 되는 개념, 원리, 명제, 법칙, 이론 등에 대한 단계별, 단원별 규정과 명확한 의사소통이 가능할 정도로 명세적이어야 함. 이는 교육활동 계획으로서 작용
2. '교사 교육활동 수행 기준(performance standards)'으로 교육활동에서 교사가 반드시 가르치고 행해야 할 교육목표, 내용지식, 수행방법, 평가 등에 대한 규정, 실험실습 실기를 비롯한 특정 교과 수업 시간에 반드시 하지 않으면 안 될 활동을 적시함으로써 학생의 학습권을 보장하고 교사의 책무성을 달성. 이는 교육진행 과정 및 방법에 적용
3. '학생 학업성취 기준(achievement standards)'으로 교수 학습활동을 통해 학습자가 반드시 달성해야 할 필수적인 지식, 기능, 가치, 행동양식과 그 정도에 대한 규정. 이는 교육의 성과를 관리하는 목표로서 기능
4. '학교교육 환경 기준(environment standards)'으로 교육활동에 필요한 시설, 설비, 자료에 대한 규정. 이 기준은 주로 실험, 실습, 실기 교과에 적용되고, 교사 교육활동 수행 기준에 덧붙여져서 선택적임. 이는 교수학습의 가능성과 여건에 영향을 미침

↓

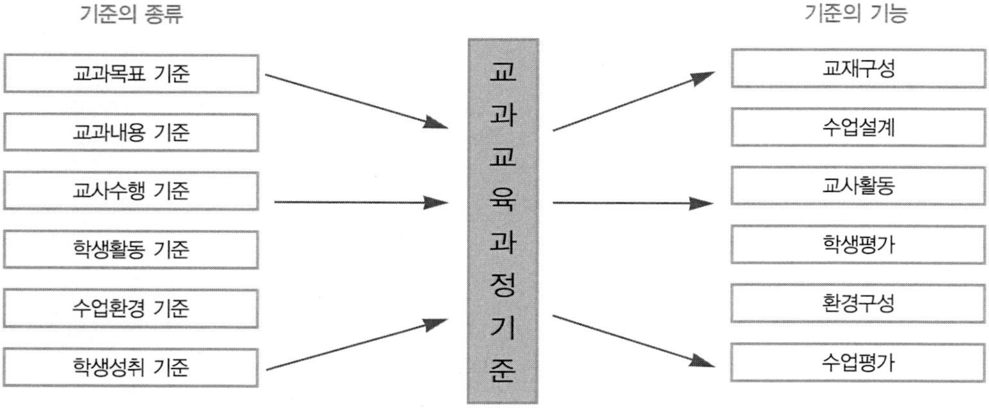

[그림 9-5] 교과 교육과정 기준을 구성하는 하위 기준들의 종류와 역할(예시)

2. 교과의 내용과 경험의 선정과 조직

교육의 이념과 목표, 총론의 교육목표, 교과의 성격과 특성, 교과의 총괄적 교육목표에 따라 교과 교육의 내용과 활동 경험을 선정하고, 계열적으로 조직한 교과교육과정기준은 주로 학교 밖에서 표준화 된다. 교사들은 이를 토대로 단원간, 과목간 내용과 활동을 재구성하여 수업한다.

1) 일반적인 교육내용 선정 기준

학교교육을 통해 가르치고 배울 만한 것을 목표에 따라 기본교과로 선정하고, 이를 더 적은 혹은 더 많은 수의 교과목이나 활동으로 분화 · 통합시키며, 공통필수나 상이선택으로 지위를 부여하고, 교과목의 성격과 목표에 따라 다시 구체적인 내용과 활동을 선정하게 된다. 교육목표에 따라 교과나 창의적 체험활동의 내용은 구체화된다. 내용을 취사선택하는 기준은 무엇인가? 어느 교과든 핵심과 주변, 핵심 보완 교양이 있듯이, 누구나 반드시should 알아야 하고 할 줄 알아야 할 것이 있고, 알거나 할 줄 알면 좋은 것도 있다. 때로는 학교의 한정된 시간, 노력, 비용으로 하지 않아도 되는 일이 있고, 심지어 해서는 안 될 일도 있다. 그렇다면 현재의 교육내용과 활동은 선정과 조직의 원리에 비추어 볼 때 어떠한가? 교육목표가 설정되면 이를 달성하기 위한 내용과 활동을 선정하고 조직하게 된다.

교육목표에 따라 내용을 선정하면 되겠지만, 어떤 내용을 선정할 것인가의 기준은 필요하다. 이경섭(1990: 146-151)은 교육과정 선정의 준거로서 중요성, 타당성, 사회적 적절성, 유용성, 학습가능성, 흥미 등을 들고 있다. 김인식과 최호성(1996: 266-270)은 교육목표의 관련성, 학습내용의 타당성, 학습내용의 너비와 폭의 균형성, 학습자에의 적절성, 사회적 유용성을 들고 있다. 김대현은 타당성의 원리, 확실성의 원리, 중요성의 원리, 사회적 유용성의 원리, 인간다운 발달의 원리, 흥미의 원리, 학습가능성의 원리를 들고 있다(김대현, 김석우, 2000: 120-122). 이를 참고로 하고 교육과정 결정의 세 요소를 고려한 교육 내용 선정의 기준을 제시하면 다음과 같다.

(1) 사회(공동체) 관련 내용 선정 기준

① **사회적 적절성**: 해당 국가사회에 적절하고 중요하며, 유용하고 실제적이면 교육내용으로 선정될 수 있다. 교육내용이 사회적으로 적절해야relevant 함을 의미한다. 사회

적 적절성이란 그 사회의 전통과 규범에 맞아야 하고, 그 사회의 좋은 전통은 유지하되, 결함을 극복할 수 있는 개선책을 담은 것이어야 한다. 이는 상대적으로 사회의 지속가능성을 위한 재생산과 안정에 기여하는 정도를 의미한다. 교육내용은 우리 사회의 정치 체제에 맞게 자유 민주정치를 옹호하고 발전시키는 것이어야 하고, 민주시민들의 자율성과 권리를 신장시키고 책임과 의무를 다하도록 각성시키는 것이어야 한다. 또한 경제적으로 자유시장경제를 옹호하고 직업인으로서 권리와 책무를 다하도록 촉구하며, 사회생활인의 복리를 발전시키고, 문화적 교양을 증진하는 데 적절한 것이어야 할 것이다.

② **사회적 유용성**: 교육내용이 사회적으로 유용usefulness해야 함을 의미한다. 사회적 적합성이 주로 정치적 측면에서 보수적 적응을 강조하는 데 비해, 사회적 유용성은 경제적 측면에서 발전적 변화를 강조한다. 교과 중심 교육과정을 지지하는 사람들에게 있어서 유용성은 학생들이 장차 직무수행 상황과 여타 성인 활동에서 학습된 지식을 이용할 수 있도록 해 주는 정도에 의해서 판단된다. 사회적 기능 중심 교육과정 설계자들에게 유용성은 일상생활 및 직업적 직무수행에서의 유용성이다. 사회문제 중심 교육과정을 생각하는 사람들은 내용이 현재 진행 중인 생활과 사회적·정치적 문제 해결과 쟁점 해소에 기여할 수 있다면 그 내용은 유용성을 가진 것으로 여긴다.

③ **사회적 긴급성**: 각 사회는 안정과 안녕만 구가하지 않는다. 정치, 경제, 사회문화, 윤리적으로 위기에, 만성적 혹은 간헐적으로 직면하게 된다. 각종 안전사고, 유행병이나 병리 현상의 만연, 이웃 나라와 갈등, 국가안보의 위기 등에 직면해서 위기를 극복하기 위한 교육의 필요성을 절실히 느끼게 된다. 이 경우 학교에서는 '계기교육'을 실시하게 된다. 주변국의 잦은 간섭과 침략에 처하거나 잦은 자연재난과 같은 만성적인 위기는 그 나라의 교육적 특성(예, 교련, 대피훈련)으로 자리매김되기도 한다.

(2) 학습자(개인) 관련 내용 선정 기준

학습자에게 중요하고 의미있으며, 쓸모가 있다면 교육내용으로 선정된다.

① **개인적 유의미성**: 교육내용이 학습자의 요구를 존중하여 그들에게 유의미해야meaningful 함을 의미한다. 교육내용은 학습자의 개인차, 적성, 흥미, 관심, 요구, 학업 및 직업 진로를 열어 주는 것이어야 한다. 학습자 중심의 진영에 속하는 사람들에게 유의미

성은 학습내용이 개개인으로 하여금 자기 정체성을 찾아 지키게 하고, 자기 자신의 생활의 의미를 달성하도록 하는 방법과 관계있다. 학습내용은 개인의 삶의 보람 · 가치 · 의미를 갖게 하고, 잠재력 개발을 통해 자아실현하려는 학습자의 요구에 적합한 것이어야 한다. M. Buber의 '만남'이나 John Keller의 ARCS는 학습자의 학습 동기를 높이기 위한 적절성의 중요성을 말해 준다.

② **개인적 효용성**: 교육내용이 개인의 사회적 쓸모를 충족시키는 것을 의미한다. 개인의 지정의, 지덕체의 조화로운 발전을 넘어 경제적으로 능력 있는 직업인, 정치적으로 참여하여 권리와 의무를 다하는 시민, 자신의 취미와 여가를 값지게 보내며 이웃과 조화롭게 살아가는 생활인, 성인으로서 가정을 꾸려 가고 자녀를 양육하는 가족 성원으로서 구실을 다하는 데 쓸모 있는 교육내용이어야 한다. 개인적 유의미성이 개인 차원에 머문다면, 개인적 효용성은 개인이 사회적 역할을 다하는 데 필요한 교육내용 측면을 강조한다.

(3) 학문(교과) 관련 내용 선정 기준

학문 내적 타당성이나 체계성, 나아가 학문적 중요성과 외적 효용성은 교육내용을 선정하는 기준이 될 수 있다.

① **학문적 타당성**: 타당성은 선정된 내용의 신빙성이다. 학교지식은 진리이고 진실이어야 한다. 오랜 세월을 견뎌 내 시간이 지나도 타당하고 사실적인 내용이 학교교육에 선정 · 포함되어야 한다. 그것은 합리적 이성에 따라, 보편에서 특수로의 연역법을 좇아 논증가능한 것이거나, 경험적 실재에 부합하는, 특수에서 보편으로의 귀납법을 좇아 실증가능한 것이어야 한다. I. Kant의 전통을 좇아 인간의 보편적이고 공통적인 인지구조에 합당한 것이어야 한다. 이런 지식들의 특징은 체계성, 절대성, 보편성 등을 띤다.

지식과 정보가 폭발하는 시대에 학교교육 내용으로 선정된 지식은 곧바로 시대에 뒤떨어진 것이 되어 버리고, 때로는 부정확하기까지 하다. 새로운 지식이 발견되었을 때는 타당하다고 생각되었던 내용도, 시간이 지나고 상황이 달라지면 오해나 오개념을 초래하거나 최악의 경우 허위와 거짓을 심어줄 수도 있다. 천동설과 지동설, 불확정성의 원리에서 보듯이 거시세계의 물리학 지식들은 미시세계에서는 작동하지 않을 수 있다. 세계화 시대에는 다른 문화에 처해 보면 애써 가르친 지식이나 내용이 틀리는 경우도 적지 않다.

② **학문의 효용성**: 배워서 어디에 쓸모가 있어야 한다는 것으로, 교육내용의 중요성과 유용성을 포함한다. 학습되어야 할 내용은 그것이 교육과정의 전반적인 목적에 관한 기본적인 아이디어, 개념, 원리, 일반화(통칙) 등에 대해서는 물론이고 동시에 특별한 학습능력, 기능, 과정, 태도 형성의 개발에도 이바지하는 정도에 따라서 효용을 갖는다. 논리적 정합성, 경험적 실증성, 기술적 효용성, 사회적 합의성, 개인적 덕성, 국제적 교류성, 예술적 심미성, 신체적 건강성 등 교육의 일반목표를 달성하는 교육 내용이 선정되어야 할 것이다.

교과 중심의 설계를 지지하는 사람들은 어떤 지식이 학생들에게 반드시 전수되어야 할 것인가에 미루어 유의성有意性을 판단한다. 이에 비해 학습자 중심의 설계를 찬성하는 사람들은 지식이 학생들의 유의미한 경험에 어떻게 이바지하는가에 비추어 유의성을 판단한다. 사회문제 중심의 설계를 주창하는 사람들은 특별한 정치적 · 경제적 · 사회문화적 문제 해결이나 쟁점 해소에 기여하는 정도에 비추어 유의성을 판단한다.

(4) 교육 관련 내용 선정 기준

교육가능성: 실행가능성으로 이는 교육과정 입안자로 하여금 교수–학습가능성, 인적 자원, 물적 자원, 개발자와 실행자의 전문성, 할당된 시간, 내 · 외부의 지원과 압력, 시설과 설비, 재정, 정치 사회적 분위기, 현행 법규 등에 비추어서 내용을 선정하도록 한다. 아무리 사회적 중요성(적절성과 유용성)과 긴급성이 있어도 '교육' 가능성이, 학문적 중요성과 체계성이 있어도 '교수' 가능성이, 개인적 소질과 적성과 진로에 맞더라도 '학습' 가능성이 있어야 교육내용으로 선정될 수 있다. 내용 선정은 학교의 실제적인 맥락과 여건을 고려해야 한다. 또한 다른 사회기관이 아니라 학교라는 교육기관이 사회로부터 부여받은 고유하고 독특한 기능을 수행하는 데 적합한 내용이어야 한다.

교육과정 개발자는 '교육목표분류학'(Bloom 등)이나 '의미의 영역'(Phenix)과 같이 문헌상으로 활용 가능한 다양하고 포괄적인 틀에 의해 내용 선정을 할 수도 있다. 선정한 것이 교과목 목록이라면 초점을 가진 집중성, 차례대로 학습해야 할 계열성, 지식과 활동의 균형성을 갖추도록 하는 것이 중요하다. 어느 시기에 어떤 단위로 공부하든 전체적인 포괄성과 균형성 및 체계적인 조직이 중요하다. 교육내용으로 제시하는 것은 무엇이든 사회나 학습자에게 가치 있고, 기대했던 것을 성취할 수 있어야 하며 학습 가능하여야 하고, 보편적일 뿐만 아니라 전이가가 높아야 하는 등의 특성을 띠어야 한다.

2) 교과의 내용 선정 기준

(1) 범위와 계열

초・중학교와 같은 공통필수 교육과정을 제공하는 곳에서는 교과와 교과외 활동이 적절한 균형을 이루면서 적절한 포괄성이 있도록 교과를 결정하고 활동을 선정하는 것이 중요하다. 내용 선정에서 가장 중요한 축은 종축으로 학습자의 발달단계(학년군)이고, 횡축으로 보면 그 단계에서 학습할 내용이 된다. 교과가 정해진 이상 교과는 그 횡축에서 하위영역의 내용을 먼저 선정하게 된다. 학년군이 올라갈수록 이를 확대하거나 선택할 수 있도록 분화시켜 가는 것이다. 총론의 종축의 계열보다 각론 구성에서는 횡축의 범위가 우선적으로 고려된다.

① **범위**(scope): 학습목표를 효과적으로 달성하기 위하여 학습활동을 일정한 영역에 한정하여 집중시킨 것을 범위라고 한다. 교과목의 단원(교과 구성의 과목, 과정 구성의 교과, 계열 구성의 학과 등의 차하위 단위들)을 선정・구성할 때 가장 기본적인 것은 해당 분야의 내포와 외연을 얼마나 충실히 반영하는가이다. 즉, 사회의 각 분야가 일정하게 반영된 학문이나 교과가 각각 포괄하는 것들의 집합이 범위다. 가령, 사회를 정치, 경제, 사회문화 등으로 한정하여 역사와 지리, 도덕을 제외할 것인지, 아니면 이들을 모두 포함할 것인지를 한정하는 일과 관계된다. 초등학교 생물에서 동물과 식물 혹은 미생물을 어디까지 포함할 것인지를 정하는 일과 관계된다. 동물이라고 하여도 모두 다룰 수 없기 때문에 어떤 동물로 대표할 것인지를 한정해야 할 것이다. 고교에서 동양사를 우리나라를 중심으로 동아시아만 포괄할 것인지, 동남아시아, 인도와 중동 등을 모두 포괄할 것인지 그 범위를 정하는 것은 학습목표의 효율적 달성과 밀접하게 관련된다. 이처럼 효과적인 학습을 위해서는 포괄 범위를 일정하게 한정하여 집중하도록 하는 것이 중요하다.

② **계열**(sequence): 두 개 이상의 연속되는 교육내용(단원, 과목, 교과 등)의 시간적 배열이나 순서를 계열이라고 한다. 보통 교과의 단원들을 일련의 학습 순서를 갖도록 배열하는 것을 의미한다. 단원의 구성에서 쉬운 것에서 어려운 것, 간단한 데서 복잡한 것, 친근한 것에서 낯선 것, 가까운 곳에서 먼 곳으로 학습하도록 교육내용을 순서 짓고 배열하는 것을 말한다. 과목 내의 단원의 학습 배열 순서 등은 비교적 쉬운 편이나, 서로 다른 특성을 지닌 교과 내 과목들 간, 과정 내 교과들 간 학습 순서나 배열은 선수와 후속 학습 간 상호 비교가 어려워 배열 순서를 확정하기 어렵다. 이

- **계열**sequence, **시간축(종축)**
- **학습자**(인간, 개인)의 발달단계 변화
- **사회**적 기대(요구)의 시대(세대, 지역) 변화
- **학교급, 학년(군)**, 학기, 유아-대학원 등
- 공통필수에서 상이선택으로
- 교양 진학에서 전문 직업으로
- **총론**은 종축을 잡아 횡축(공부할 것)을 아우름

- **범위**scope, **공간축(횡축)**
- **학문, 교과** 분야의 범위나 종류 구별
- 국어, 외국어, 사회, 수학, 과학, 기술, 예술, 체육 등
- 인문사회, 과학기술, 예체능 등
- 과목, 교과, 학과, 전공, 과정, 계열의 종류
- **사회**의 각 분야(정치, 경제, 과학기술, 문화 등)
- **각론**은 횡축을 먼저 잡고 종축을 나중에 고려하는 편

[그림 9-6] 총론과 각론, 학습자-사회-교과, 시간 계열과 공간 범위의 관계도

경우 나란히 병설하여 복수의 학습순서나 경로를 제시하여 학습자들이 선택할 수 있도록 한다.

(2) 내용 선정 기준의 예시

원칙적으로 사회의 각 분야를 대변하거나 산업이나 수요에 따라 대학의 전공이나 학과, 학부, 계열이 정해지고, 이를 학습하기 위한 바탕학습이 무엇이냐에 따라 고교의 과정(진로 탐색 및 집중 과정)이나 계열이 차례로 정해진다. 교육내용의 선정은 교육목표를 달성하기 위해서 교과와 창의적 체험활동을 구성하는 요소를 선정하는 것이다. 그것은 교육내용과 경험을 담을 그릇으로서 교과, 과목, 과정, 계열을 적절히 정하는 데서 출발한다. 과학과의 경우, 한국교육개발원에서는 그 준거를 다음과 같이 제시하였다(신세호 외, 1981).

① 교과특성에 따라 타당성, 포괄성, 일관성이 유지되는 내용
② 기본 개념과 원리 및 기능이 중심이 되어야 하며 참신성과 신빙성이 있는 내용
③ 목표달성에 적합하며 중요성에 따른 비중이 적절한 내용
④ 학생의 발달 정도, 흥미와 만족, 학습기회 등이 적절한 내용
⑤ 시대적 요청과 전통문화를 반영하는 내용
⑥ 종적으로 계속성, 계열성이 유지될 수 있는 내용
⑦ 횡적으로 통합성, 논리성이 있는 내용

가령, 과학과 내용 구성을 하는 준거를 SSCR은 다음과 같이 제시하였다(조희형, 1987: 이범홍, 1997: 96에서 재인용).

■ 교과내용 선정의 일반적 준거

① 과학에 긴요한 과정, 기술, 태도 등을 효과적으로 가르칠 수 있고 이들에 대한 학생들의 능력을 기를 수 있어야 한다.
② 누구에게나 쉽게 가르칠 수 있고 누구나 쉽게 배울 수 있어야 한다.
③ 학생들의 생활과 관계가 있고 응용이 가능하며 학교 안팎의 다양한 상황에 전이가 가능해야 한다.
④ 과학교과의 다른 내용과 균형이 맞아야 한다.
⑤ 가르칠 수 있는 교수법과 자료가 개발되어야 한다.
⑥ 후속 학습의 기초가 되는 것이어야 한다.
⑦ 지역의 여건과 상황에 맞아야 한다.

■ 교과내용 선정의 구체적 준거

● 기능적 측면

① 현대적 내용
② 개인적 · 직업적으로 유용한 내용
③ 후속 학습에 바탕이 되는 내용
④ 태도와 흥미를 고취시킬 수 있는 내용
⑤ 자연, 인공환경 설명 방식을 보여 줄 수 있는 내용

● 교육적 측면

① 학생들이 중요하고 의미 있게 받아들일 수 있는 내용
② 지적 발달 수준에 적합한 내용
③ 다양한 방법으로 가르칠 수 있는 내용
④ 교사 연수가 가능한 내용
⑤ 과학의 전 분야를 섭렵할 수 있는 내용

● 조직적 측면

① 내용의 교수-학습에 필요한 자료를 손쉽고 값싸게 구할 수 있는 내용
② 실험실, 교실, 실험 조교, 시간 등 학교의 여건과 환경에 적합한 내용

③ 교육과정상의 다른 내용과 조화롭게 조직될 수 있는 내용
④ 운영상의 융통성이 있는 내용

● 문화적 측면
① 가능한 한 경쟁이론을 가지는 내용
② 특정 성gender이나 계층에 편향되지 않는 내용
③ 문화적으로 형성된 내용으로서 사회적 문제와 관련이 있고 인지발달에도 도움이 되는 내용
④ 다른 교과와도 상호보완적인 성격을 가지는 내용

또 다른 예로, 국어과 교과서의 글감(지문) 선정은 다음과 같은 원칙을 적용할 수 있다.

- 한 학년에서 다루는 교과서에서 시, 소설, 수필, 희곡, 판소리, 시조, 전래 동요 등의 다양한 글의 종류 가운데 학생들의 수준에 적합한 유형의 글감을 고루 담을 수 있도록 구성한다.
- 다른 교과(사회, 과학 등)의 학습내용과 관련되는 글감은 다른 교과의 지도시기에 맞추어 단원의 순서를 정한다(예: 국어과의 방언 관련 지문과 사회과의 지역 단원을 비슷한 시기에 위치시킨다. 『백범일지』에 관한 내용은 우리나라 근현대사를 가르치는 시기에 위치시킨다).
- 하나의 글감으로 여러 학습목표를 달성하도록 내용을 구성한다(예: 실감 나게 읽기와 인물의 모습과 행동에 어울리는 목소리로 이야기 읽기는 같은 글감으로 지도한다). 이와 같은 방법을 활용하여, 한 학년에 다루는 글감의 수를 최소화하고 교육적 효과는 극대화한다.
- 글감의 길이는 학년에 따라 차등을 두되, 6학년의 경우에도 소리 내어 15분 이내에 읽을 수 있을 정도로 한다. 특히 연극의 대본은 해당 학년 학생들이 외워서 할 수 있을 만큼의 분량으로 선정한다.
- 글감의 소재는 학년에 따라 차등을 두되, 해당 학년의 학생들이 관심을 둘 만한 내용, 현실 속에서 가치 있게 활용할 만한 감동과 교훈을 주는 글, 도덕적 사고와 올바른 삶에 대한 판단을 가르칠 수 있도록 도와주는 글, 문학적 감수성이 뛰어난 글, 목숨을 건다는 등의 극단적인 내용이 아닌 긍정적인 삶의 태도를 담은 글, 신선한 정보가 담겨 있는 글, 성장소설, 학생 우수 작품, 현존 작가와 작고한 작가의 작품 비율 적정화, 다문화 및 글로벌 관련 내용 등을 선정 원리로 삼는다.

- 국어 교과에서 타(다) 문화 이해 교육 관련 지문을 추가한다.
- 특히 중학교 교과서의 글감은 신문 사설이나 칼럼 등 실제적 · 비판적 사고 형성을 위한 작품을 포함한다.

3) 교육내용의 조직

(1) 조직의 목적과 기준

교육과정 조직organization의 목적, 곧 교육과정을 조직할 때나 조직된 교육과정의 양호도를 점검하는 것은 교육과정 조직에서 중복duplication, 편중unbalance, 비약leap, 후퇴낙차, retreat, 누락ommission, 혼란뒤죽박죽, confusion 등과 같은 현상하자, 瑕疵을 없애서 교육과정 내용의 일관성과 통일성을 달성하고, 교육활동의 노력과 시간의 낭비를 막기 위함이다.

교육과정 조직의 양호도 기준은 어떤 교과영역의 교육과정을 제대로 조직하기 위한 또는 교육과정이 제대로 조직되었나를 점검하기 위한 기준이다. 교육과정 조직이 학습자, 사회, 교과 등 교육과정 결정의 세 가지 요소 및 여러 구성내용 요소를 상호연결 지어 높은 내적 일관성internal consistency을 갖추었나를 점검할 때 적용하는 기준이며, 이는 교육과정 조직의 장단점을 밝히는 기준이기도 하다.

〈교육과정 조직의 양호도 기준〉

① 횡적 영역(scope): 교과 영역, 사회생활 영역, 학습자 경험(발달) 영역을 고루 포함하는 일. 특정 교과의 횡적 영역은 포괄성과 함께 배타성이 지켜져야 함.

② 종적 계열(sequence): 일정 기간 동안 교육과정 내용을 위계적 · 논리적 순서에 따라 배열하는 일. 서로 다른 혹은 같은 내용이나 주제들을 일정한 순서로 배열하는 문제. 학습자의 발달과 교과의 내용 수준이 중요함.

③ 횡적 통합(integration): 지식과 그 원천, 교과 내 서로 다르거나 비슷한 지식, 상호 간, 교과 간, 교과내용과 학습자 경험, 교과와 사회생활, 학습자 경험과 사회생활, 학습자 속에서 지식들 사이의 유기적 종합을 이룰 수 있도록 조정하는 일. 지식의 맥락화(contextualization)를 이루는 데 중요함. 학습자 및 사회 중심 교육과정일 때 강조되는 특성임. 교과통합의 정도는 차상급 단계에서 차하급 단계를 보면 상대적으로 차하급 단계의 모든 교과는 통합적임.

④ 종적 계속성(continuity): 일정 교육기간 동안 동일 내용을 수준을 높여 가며 몇 차례 반복함으로써 학습자들이 해당 내용을 익히고 숙달할 기회를 주도록 배열하는 일. 같은 내용이나 주제의 종적 계열성의 문제. Dewey의 경험의 계속적 성장과 학문 중심에서 개념의 반복 심화 학습.

⑤ 전체적 연계성(articulation): 교육과정 내용의 횡적 통합과 종적 계열 사이에 학제나 교과 편제 등으로 생길 수 있는 여러 결절부를 중복, 비약, 후퇴, 누락 등이 없도록 부드럽게 조절하여 이어 주는 일.
⑥ 전체적 균형성(balance): 학년(단계) 간, 교과 간, 교과 내 단원 간, 교과–학습자–사회의 요구 상호 간, 교육목표(인지적, 정의적, 심동적, 사회적, 영적 등) 상호 간, 이론과 실제 간, 교양과 전공 간, 배당된 시간과 분량 비중 간의 횡적 구성 및 종적 배열이 적절하게 이루어졌는가를 점검하고 조율하는 일. 교육과정 구성요소 간 내용의 균형임.
⑦ 전체적 통일성(coherence): 조직된 교육과정 내용을 종적 · 횡적 · 전체적으로 수미일관하게 유기체적 체계성을 이루도록 조율하는 일. 학습자 중심일 때 학습과정의 전체성(wholeness)과 통일성(unity)을 강조하게 됨. 전체적 · 종합적 완결성을 강조함.

(2) 교육내용의 계열적 배열과 조직

각 교과마다 어떤 교육내용을 하위영역으로 구성할 것인가를 정하는 것은 상대적으로 쉽게 결정될 수 있다. 그러나 그것들을 다시 학년군별로 계열적으로 배열하는 것에는 일반적인 원리를 찾아 조직해야 한다. 계열성을 갖추도록 하는 원리에는 여러 가지가 있는데, 예를 들어, 특정 방식으로 내용 요소의 순서를 정하는 원리가 있다. 교육과정 내용의 조직에서 일정한 순서를 가지게 하는 일반적인 원리를 알아보기 위해 Posner와 Strike가 종합한 것(1976: 665-690)을 중심으로 살펴본다. 이것은 특정 교과보다 여러 교과에서 나타나는 조직의 일반적인 문제를 다룬 것이다.

교육내용을 조직할 때는 다음과 같은 5가지 기본 질문에 근거해야 한다.

① 세계의 현상들(인간, 사물, 사건) 간에 경험적으로 검증할 수 있는 관련성이 존재하는가?
② 가르칠 지식의 개념적 속성은 무엇인가?
③ 명제와 개념이 어떻게 생겨났으며, 단원의 계열성이 탐구의 과정과 일관성을 유지할 수 있도록 계열화하는 방법은 무엇인가?
④ 학생들은 어떤 방식으로 학습하며, 단원의 계열성이 학생의 학습과정과 일관성을 유지할 수 있도록 계열화하는 방법은 무엇인가?
⑤ 학생들이 이미 학습한 지식이나 기능을 어떻게 사용하고 있으며, 단원의 계열성이 활용 과정과 일관성을 유지할 수 있도록 계열화하는 방법은 무엇인가?

즉, 다양한 계열화 원리는 지식관, 학습관, 내용이 사용되는 방식에 대한 견해들과 관계하여 체계화가 가능하다.

이미 횡축에서 정해진 교육내용을 다시 학년군, 학년, 학기, 분기 등에 맞추어 순서대로 차례로 배열하거나 조직하는 원리에 관한 내용을 요약하면 다음과 같다.

● 세계 관련 계열성

① 공간: 공간적 관련성에 기초한 계열화란 단원을 물리적 배열 상태나 관심 있는 현상의 위치에 따라 조직 순서를 정하는 것이다. 마을-지방-나라-지역-세계는 전형적인 공간 확대법이다.

② 시간: 시간적 관련성에 기초한 계열화란 사상 혹은 사건의 결과 간에 존재하는 선행 원인과 잇따르는 결과라는 순서를 반영한다. 과거-현재-미래 혹은 역으로 거슬러 올라가는 것은 시간의 흐름을 반영한 계열성이다.

③ 물리적 속성: 세계 관련 계열성은 관심 있는 현상의 크기, 연령, 기하학적 면의 수, 천문학에서 별의 밝기, 해부학에서와 같이 경험적 복잡성과 같은 것이다.

● 개념 관련 계열성

① 부류관계: 부류개념이란 일련의 사상 혹은 사건들이 공통적인 속성을 지니고 있다는 이유에서 동일한 부류의 사례로 묶어 놓은 개념이다. 동물, 식물 등을 가까운 것끼리 계 · 문 · 강 · 목 · 과 · 속 · 종류로 나눈 것이 그 예다.

② 명제관계: 명제는 어떤 주장을 담고 있는 개념들의 결합체다. 흔한 명제관계로는 수반, 환원, 모순, 이론 적용, 전제-결론, 이론-증거, 규칙-예 등이 있다. 이런 종류의 계열성에는 증거가 뒷받침하고 있는 명제를 가르치기 이전에 증거를 가르치고, 이론이 설명하고 있는 사실 이전에 이론을 가르치도록 배치한다.

③ 정교성: 개념이나 명제는 그 엄밀성, 개념상의 복잡성, 추상성, 모호성, 내포와 범위 그리고 세련성의 수준에 있어서 차이를 보이므로 이를 고려하여 계열을 세운다.

④ 논리적 선행요건: 한 개념이나 명제가 다른 것의 논리적 선행요건이 되는 경우가 있는데, 첫 번째 개념이나 명제가 두 번째 개념이나 명제의 이해에 논리적으로 필요한 경우, 이를 먼저 가르치도록 배열한다.

● 탐구 관련 계열성

① 탐구논리: 좁은 의미의 논리학이란 타당성 있는 논증의 과학으로 정의할 수 있으며, 넓은 의미의 논리학이란 적당한 탐구규범을 분석하는 것으로 정의할 수 있다. 논리학에 그 뿌리를 둔 계열화 원리는 타당한 추론 과정에 관한 견해들을 반영한다.

② 탐구경험: 탐구의 어떤 특성들은 탁월한 과학자들의 연구진행 방법을 묘사하는 가

운데 생겨나기도 하며, 성공적인 탐구의 사회학적 · 심리학적 조건에서 드러나기도 한다. 관찰, 실험의 준비, 실행, 보고서 작성, 보고 및 평가는 일정한 절차와 방법을 거치도록 탐구과정을 배열한다.

● 학습 관련 계열성

① 경험적 선행요건: 만약에 어느 한 기능의 학습이 이후 기능의 학습을 촉진시켜 준다는 사실을 경험적으로 밝힐 수 있다면, 첫 번째 기능을 두 번째의 경험적 선행요건이라 부를 수 있다(Gagné, 1970). 선행경험의 질과 양은 후속 학습을 결정한다.

② 친숙성: 개인의 과거 경험은 계열화의 기초가 된다. 가상경험이나 간접경험보다 직접경험이 학습자에게 더 큰 영향을 끼친다. 백 번 듣는 것보다 한 번 보는 것이 낫다百聞而 不如一見는 것은 직접경험을 통한 숙련도의 중요성을 말해 준다. 계열은 친숙한 것에서 낯선 것으로 이동한다.

③ 곤란성: 곤란성에 영향을 미치는 요인들로는 얼마나 엄밀한 구분이 요구되며, 얼마나 신속하게 절차를 수행해야 하고, 학습하기 위해서는 어느 정도의 정신 능력이 요구되는가 등이다. 계열은 쉬운 것에서 어려운 것으로 이동한다.

④ 흥미: 흔히 흥미를 자극하거나 유발하는 단원의 초점들은 학생들에게 어느 정도 제한된 경험을 갖게 하지만(학생이 전혀 모르는 것은 아니고), 여전히 하나의 도전이요, 놀라움을 주며, 호기심을 유발할 수 있다. 흥미 있는 요소는 흔히 학습의 초반에 배치하여 주의 집중을 유도한다.

⑤ 발달: Piaget와 Kohlberg는 교과내용의 계열화 및 구조에 관한 현대적인 논의의 초점이 되어 왔다(Sullivan, 1967). 이 논의의 대부분은 인간의 심리학적 발달과정을 반영하여 수업을 조직하는 일이 매우 중요함을 강조하고 있다.

⑥ 내면화: 어떤 내용 계열의 교육적 의도가 특정 신념이나 가치를 내면화시키는 데 있다면, 내면화의 정도가 깊어지도록 단원의 조직 순서를 정할 수 있다.

● 활용 관련 계열성

학습자는 지식이나 기능을 사회적 · 개인적 · 직업적 맥락 속에서 이용할 수 있다. 이 세 가지 맥락이 바로 단원 조직의 기초가 된다.

① 절차: 단원을 통하여 하나의 절차나 과정을 가르치고 과정 속의 단계를 나타내 주고 있는 훈련 프로그램의 경우, 그 절차를 실행함에 있어서 따라야 하는 단계의 순서를 반영하여 계열화하는 것이 적절하다.

② 활용 빈도: 어떤 코스 설계는 가장 중요한 내용으로부터 시작된다. 이때 가장 중요하다는 의미는 학습자가 장차 생활에서 가장 빈번하게 부딪힐 것 같은 상황에서 응용과 적용이라는 것이다.

자연과 사물, 인간과 사회, 인간의 논리와 발달, 학문탐구의 결과에서 발견되는 계열화 원리의 범주들은 일련의 개념으로 간주될 수 있다. 이처럼 그것들의 궁극적 가치는 사고의 도구를 제공하는 데 있다. 이런 개념들은 교육과정 개발자, 평가자, 연구자들의 사고를 안내하는 데 도움이 될 수 있다.

(3) 수업목표와 성취기준

교과 교육목표가 교수-학습 과정의 방향을 지시할 수 있을 정도로 구체적으로 진술되었을 때 수업목표가 된다. 수업목표는 크게는 단원목표와 작게는 단수 혹은 복수의 차시목표로 나뉜다.

교재의 구성이나 수업 및 교육평가의 실시과정에 가장 직접적으로 관련되는 것은 단원목표다. 단원은 학습활동의 한 단위이며, 실제의 학습활동을 가능하게 하는 학습의 원천이다. 보통 교과 교육과정기준에서는 단원의 경우 '지도내용'과 함께 간략한 '수업목표' 만을 제시해 줄 뿐, 상세한 목표를 제시하지는 않는다. 원천적으로 단원목표의 설정이나 단원수준에서의 수업 지도는 교사의 판단에 따라 적절하게 '재구성'될 수 있는 영역이기 때문이다.

그러나 행동주의의 행동목표가 제안된 이후, 교과 교육과정기준에서는 점차 교과의 내용이나 가르치는 교사에게 안내하는 것보다 학생들이 알아야 하고, 성취해야 할 바를 일종의 목표나 기준으로 표현하였다. 수업목표는 점점 학생이 알아야 하고 할 줄 알아야 할 그 무엇을 '성취기준'으로 표현하게 되었다. 성취기준은 '교과목에서 학생들이 학습을 통해 성취해야 할 지식, 기능, 태도의 능력과 특성'이다. 성취기준은 수업에서 무엇을 가르치고 배워야 하는지, 평가에서 교사는 무엇을 평가하고 학생은 어디까지 도달해야 하는지를 알려 주는 기능을 수행한다. 성취기준이 분명하면 결국 교과 교육과정(단원목표)-수업-평가-기록이 일치될 가능성이 높아진다. 성취기준이 있더라도 학생의 개인차에 따라 도달한 정도가 다른데, 이를 '성취수준'이라고 할 수 있다. 수준별 수업에서도 해당 교과내용의 성취할 기준은 정해져 있고, 이를 학생들의 필요나 능력에 따라 성취한 수준은 서로 다르다.

성취기준의 일종인 수업목표를 명세화할 필요성은 다음과 같은 몇 가지 측면에서 생각할 수 있다.

① 수업목표 명세화는 교육과정이 표적하고 있는 바가 무엇인가를 명확하게 해 줄 뿐만 아니라 그 기준을 제시한다.
② 수업목표 명세화는 교육을 통해서 변화시켜야 할 인간 행동특성이 어떤 것이어야 하는가에 대한 질적 양태와 수준을 확인시켜 준다.
③ 수업목표 명세화는 각각의 행동특성에 따른 교육내용을 어떻게 가르칠 것이며, 그 행동을 어떻게 변화시킬 것인가 하는 수업-학습 과정상의 여러 가지 방법을 제시해 준다.
④ 수업목표 명세화는 교육성과를 평가하는 데 있어서 분명한 기준을 제시해 준다.

교과의 교육목표 중 수업목표는 교육활동의 행동적 지침이며, 교육평가의 지침이 되므로 분명하고 자세해야 할 필요가 있다. 수업목표가 수업 활동의 구체적인 지침이 되기 위해서는 분명하고 자세하게 표현되어야 한다. 명세화된 수업목표는 학습자를 주체로 하여, 학습할 내용과 대상, 학습의 범위와 수준 등 학습목표의 성취 여부를 판가름할 수 있도록 행동적 용어로 진술된다. 즉, 수업목표의 진술에 있어서는 가능한 한 다음과 같은 조건이 고려되어야 한다.

① 학생의 행동으로 진술되어야 한다.
② 목표의 진술은 수업 시간이나 학습단원이 끝났을 때 나타날 수 있는 학생의 변화된 행동과 관련지어 진술해야 한다.
③ 학습내용과 기대되는 학생의 행동을 동시에 진술하여야 한다.
④ 기르고자 하거나 변화시키고자 하는 학습능력에 따라 진술되는 동사의 형태가 달라야 한다.
⑤ 학생들의 학습행위를 나타내는 장면과 조건에 따라 분명하고 자세한 명시적 동사(예: 열거한다, 구별한다)로 진술하여야 한다. 여러 가지로 해석될 수 있는 암시적 동사(예: 안다, 즐긴다)는 가급적 피한다.
⑥ 학습되어야 할 준거가 제시되어야 한다.

Bobbitt 이래로 교육목표를 구체적으로 진술하려고 한 이들은 교육목표의 내용보다 교육목표를 진술하는 형식, 곧 문법적 조건을 여러 가지 형태로 제시하였다. 영어 문장의 문법을 빌려 표현하면 3형식 이상의 문장으로 표현하는 것이 더 세밀한 수업목표로 진술될 수 있다. 몇 가지 수업목표의 진술 방법을 소개하면 다음과 같다.

● Tyler의 진술 방법

교육의 목표를 학생의 행동 변화라고 볼 때, 교사가 수업에서 가르쳐야할 것들(예: 임진왜란의 발발 원인과 경과를 설명함), 교과의 주요 주제들(예: 제국주의와 식민지의 관계), 구체성이 결여된 채로 포괄적으로 진술된 학생의 행동 변화의 표현들(예: 창의력의 증진)은 수업목표라고 할 수 없다. 바람직하고 실현 가능한 수업목표가 되기 위하여 ① 학습내용 또는 자료와 함께, ② 학습자를 주체로 하여, ③ 학습자의 기대되는 행동이 구체적으로 진술되어야 한다.

> 예 1) 학생은(②) 단리법을 이용하여(①) 이자를 계산할 수 있다(③).
>
> 예 2) • 피타고라스 정리를 증명하는 능력
> • 근세 조선의 실학사상의 특징을 들 수 있는 능력

● Mager의 진술 방법

Bloom 등에 이어 R. Mager는 한층 더 자세하고 구체적이며 명시적으로 수업목표를 진술하려고 시도하였다. 이런 견해는 오늘날 교과교육의 성취목표를 진술하려고 할 때 자주 활용된다. 그가 제안하는 수업목표는 다른 대안적인 해석을 배제할 정도로 분명해야 한다. 수업목표는 애매모호성이 없어야 나중에 학생에게서 학습목표가 달성되었는가의 증거 자료를 수집할 때 엉뚱한 자료를 수집하는 혼란을 피할 수 있기 때문이다.

'학습자의 행동'으로 진술되어야 하고, ② '도착점 행동'이 명시되어야 하며, ③ 그 도착점 행동이 일어나는 '상황 및 조건'이 밝혀져야 하고, ④ 도착점 행동이 어느 정도 숙련되어야 하는지를 밝혀 놓은 준거인 '수락 기준'이 명시되어야 한다.

> 예 30개로 구성된 화학원소의 목록을 제시했을 때,(③) 학생은(①) 최소한 25개의 원자가를(④) 상기해서 쓸 수 있다(②).

● Gagné의 진술 방법

첫째, 학생에게 요구되는 학습능력이 무엇인가를 밝히고, 둘째, 행위동사action verb를 이

용하며, 셋째, 필요한 조건과 상황이 제시되고, 넷째, 무엇을 해내야 하는지 그 대상object을 밝히며, 다섯째, 도구tool를 밝혀야 한다.

> 예 배터리, 소켓, 전구, 전선 등을 제시했을 때(상황), 배터리와 소켓에 전선을 연결하여(도구) 전구에 불이 들어오는가를 확인해 봄으로써(행동) 전기회로를(대상) 만들 수 있다(학습능력).

● Gronlund의 진술 방법

수업목표를 일반적 수업목표와 명세적 수업목표로 구분하여, 먼저 일반적 수업목표를 진술한 다음 그것을 기초로 명세적 수업목표를 진술해야 한다.

수업목표에는 ① 내용과 함께, ② 학습자를 주어로 하여, ③ 교수-학습의 결과로 변화되기를 기대하는 행동을 빠짐없이 진술하여야 한다. 그러나 목표 진술을 간단히 하기 위하여 주어를 생략하고, '할 수 있다'는 동사를 '하기'와 같이 명사형으로 줄여서 표현할 것을 권장하고 있다.

> 예 1.0 임진왜란에 관련된 중요한 역사적 사실 알기(일반적 목표)
>
> 1.1. 날짜, 사건, 관련 인물을 확인하기(명세적 목표)

그러나 수업목표를 이처럼 상세화하는 데 대하여 몇 가지 측면에서 반대 논의도 있다. 첫째, 가르친다고 하는 역동적이고 복잡한 과정은 수많은 성과를 낳을 수 있기 때문에, 가르치는 일이 시작되기 전에 목표를 행동적인 용어로 상세화하기 어렵다는 것이다. 둘째, 수업목표의 상세화 이론은 가르치는 교과목의 성격이나 특수성을 충분히 반영하지 못한다는 점이다. 셋째, 교육성과를 측정하고 평가하는 기준으로서의 수업목표 상세화 이론은 결과를 쉽게 측정하고 평가할 수 없는 영역의 교과나 수업목표를 소홀히 할 우려가 있다는 점이다.

3. 교과 교육과정의 개선

각 교과는 그 내용의 선정과 조직을 최대한 확대하려고 노력하며, 그 결과로 학생들의 학습량이 과대해져 불필요한 과잉학습과, 꼭 필요함에도 가르칠 시간, 노력이 부족해져 과소학습하는 실정을 빚는다. 학교 수업에서는 진도를 마치기 어려운 실정을 빚고, 결과적으로 교사의 핵심 요약과 설명 수업을 낳는다. 지능정보 사회, 첨단과학기술 사회, 세계화 사회는 지식이 폭발적으로 늘어나 학습할 내용이 많아지고 어려워진다. 이것은 과학혁명과 산업혁명을 거치면서 기존 사회에서 생산된 정설화된 지식들이 역사적 · 사회적으로 누적되어 왔기 때문이다.

그러므로 새로운 내용의 추가 · 신설에 맞게 오래된 내용의 삭제 · 폐지를 부지런히 하여 교과서에 죽은, 비활성, 쓸모없는 지식obsoledge이 남아 있지 않도록 꾸준히 쇄신할 필요가 있다. 또한 학생들 입장에서는 가상세계가 넓어지고 재미있는 오락과 게임 등이 많아졌기 때문에 학습에 집중할 시간과 에너지가 부족할 수 있다. 따라서 폭발적으로 늘어나는 지식과 기술의 엄선 작업은 어느 때보다 절실하고 중요해졌다.

특히 교육과정총론과 각론의 연계, 각론의 목표-내용-방법-평가-학습과정과 결과의 기록, 반성, 개선에서 '일관성'을 유지하기 위해서도 적정화는 필요하다. 일반적으로 교사의 이론 설명식이나 교과서 진도마치기식 수업은 상당한 분량(수준, 범위, 심도)의 학습량을 소화할 수 있겠지만, 학생활동과 참여 중심의 수업에서는 다룰 수 있는 학습내용이 한정된다. 그러므로 총론 입장에서는 학생 참여와 활동 중심으로 달라진 수업 환경을 조성하기 위해서 교과나 활동을 엄선하도록 유도하는 것이 가장 중요한 역할이 된다. 즉, 전이가 낮은 파편화되고 잡다한 교육내용으로 학생들의 귀중한 시간과 노력을 앗아가서는 안 될 것이다. 유기적으로 통합된 산 지식, 전이가 높은 효과적 지식, 국제적으로 통용되는 지식으로 구성된 교과목이어야 창의적 · 협력적 · 인격적 문제해결력을 지닌 세계인 육성에 도움이 되기 때문이다.

1) 총론과 각론의 일관성

교육과정의 적정화를 위해서는 먼저, 총론과 각론의 일관성 강화가 중요하다. 원론적으로 국가교육과정기준의 각론 개선 방안으로 총론 문서 내 각론 관련 지침, 총론과 각론의 관계에 대한 지침, 각론 내의 관련 지침 개선과 관련하여 다음과 같은 제안을 검토하는 것은 유용하다(홍후조 외, 2014).

① 일관된 교육을 위하여 총론에 '각론' 관련 지침을 명확히 제시한다. 각론의 개발자와 실행자는 총론과 각론 문서의 주요 독자가 되는 만큼, 총론에는 각론과 관련하여 일정하게 언명할 부분이 있다. 각론 구성과 관련된 용어는 일관되고 분명해야

한다. 양자 간 직접적인 대화와 숙의가 필요하다. 또한 각론은 자체의 논리도 중요하지만 총론을 통해 구현하고자 하는 학습자의 전인적 측면과 사회의 총체적 측면에서의 요구를 수용해야 그 존재의의를 인정받을 수 있다. 이 점에서 총론의 도입부, 기본 토대부, 각론 구성부, 운영과 지원 및 개선부, 부록 등에서는 각론과 관련한 일정한 지침과 사항들을 명기할 필요가 있다.

② 총론과 각론의 괴리를 줄이고 연계를 높인다. 총론은 학교에서 운영되는 각론(교과 및 교과 외 활동)의 전체적인 교육활동에 관한 규정, 의견 등의 모음이다. 양자 간 괴리를 줄이는 근본적인 방법은 총론과 각론의 일관성과 총론과 각론의 현장 밀착성, 총론과 각론과 관련된 의사결정에서의 합의점을 동시에 획득하는 것이다. 학생의 더 나은 배움과 삶을 위한 총론과 각론이 되도록 그 개정 과정에 양측 인사와 학교 교원의 참여를 확대하여 협동작업을 수행할 필요가 있다.

③ 교과 하위 분야의 적폐를 제시하여 시정하도록 각론에 규정한다. 일부 교과는 관행에 따라 확보한 지위와 비중을 이용하여 중요성, 통합보다 독립, 선택보다 필수, 적기보다 조기 혹은 만기까지 적용하고, 개정기마다 그 단위수나 시간 배당을 과다 요구하며 각종 시험에 고부담으로 작용하기를 바란다. 교과는 시대적 · 국가사회적 · 산업적 요구 및 학습자들의 요구에 따라 일정 부분 삭제 · 폐지, 축소 · 약화, 확대 · 강화, 추가 · 신설을 해야 그 소임을 다할 수 있는 유기체다. 이에 각론 적정화를 위한 지침을 개발해야 한다.

④ 유아학교와 초등 저학년의 기초과정에서는 아동 생활과 활동의 체계적 통합과 분화에 유의한다. 아동의 생활과 활동은 다음 단계의 교과가 자라 나오는 텃밭에 비유할 수 있다. 기본 교과들이 3학년부터 일제히 등장하는 것은 아동발달단계 등에 비추어 볼 때 적절하지 않다. 학습도구로서 모국어나 외국어, 산수 등이, 그리고 심신관리를 위해 예술과 체육이 먼저 교과로 등장하고, 또한 12세 이전에 배울 기회를 주는 것이 적절한 외국어는 지금보다 더 일찍 도입되어야 하며, 나머지 교과는 '생활'로 통합되어 있어도 된다.

⑤ 초등 고학년과 중학교의 기본과정에서는 기본 교과의 체계적 통합과 분화에 유의한다. 초등 4학년을 전후하여 학생들 간의 우열이 가려지고 학습포기자가 증가한다면, 이는 교과 교육과정기준이나 교과서, 수업 등에 비약이 있기 때문이다. 교과는 차츰 분화, 등장하는 것이 타당하므로, 초등 5학년에서 여덟 개 교과를 도입하는 것이 바람직하다. 중학교에서 사회, 과학 등도 두세 개 정도로 하위 과목을 분화시켜 주되, 학년 · 학기 · 분기에 집중이수하고, 예술과 체육은 영재급 학생들에게 선택과 집중해서 학습할 수 있는 기회를 거점학교를 통해 마련해 주는 것이 적절하

다. 수준별 · 영역별로 분화된 과목을 필수 혹은 선택필수로 이수한다.

⑥ 고교의 진로과정에서는 진학계 고교의 다양한 진로별 과정의 체계적 통합과 분화에 유의한다. 현재 문 · 이과 예체능의 네 개 계열에서 체계적으로 분화하면 15개 전후의 과정으로 분화시킬 수 있을 것이다. 각 교과는 학생의 진로에 따라 다양한 교과목 체계를 핵심, 보완, 교양의 역할을 수행하도록 개발하여 제공할 필요가 있다. 예비교사 양성과 현직교사 연수를 통해 복수자격을 갖춘 교사들은 자기 교과를 진로에 따라 변용하여 교수하는 능력을 갖출 필요가 있다.

⑦ 이론형 교과와 실제형 교과는 각론 문서의 형식을 달리한다. 통합적 활동, 기본 교과, 진로별 과정에서 교과목 등에 따라 교육과정기준의 형식과 내용이 다르다. 교과 교육과정기준은 그것으로 직접 수업을 구성하거나 교과서를 매개로 하여 간접적으로 수업을 구성할 수 있다. 도구, 내용, 기능 교과 중 학생의 참여와 활동이 많은 실제형 교과 · 과목 · 단원은 수행활동과 상호작용을 강조하며, 시설 · 설비 · 재료 등의 환경과 수행평가 등이 기준에 반영되어 개발될 필요가 있다.

⑧ 각론에 교육 개선을 견인하는 수업과 평가 관련 지침을 분명히 제시한다. 교육과정의 각 단계마다 활동, 교과, 진로별 과정의 역할은 달라진다. 교과의 특성과 교육에서의 기능에 따라 평가의 목적, 내용이나 대상, 방법과 절차, 도구, 결과표기 등은 다르다. 객관식 필기시험에서 서답형 · 논술형, 포트폴리오, 작품 수행 과정을 중시하는 수행평가로 진화해야 한다. 평가 결과표기도 학업과 직업 진로에 중요한 교과목의 경우 엄정한 네 개 수치(원점수, 평균, 표준편차, 수강자수)로 하거나, 그렇지 않은 교과목에서는 느슨한 두세 개의 평어를 사용할 수 있다.

⑨ 각론에 교사의 교육과정 관련 역할을 분명히 제시한다. 전문성 높은 교사는 교과 교육과정을 개발 · 적용 · 재구성할 수 있으나, 헌법이 규정한 교육의 정치적 중립성 문제와 연결되는 이념과 가치가 붙박혀 있는 국어, 사회 등에서는 교사가 교육과정기준 항목에서 삭제 · 폐지, 축소 · 약화, 추가 · 신설, 확대 · 강화를 임의적으로 하기 어렵다. 교사는 과학의 실험과 관찰, 기술의 실습, 체육의 건강 증진 운동, 예술의 실기 등을 임의로 생략할 수 없다. 교원의 교육과정 재구성의 자율성은 전문성과 책무성에 속박되어 있는 것이다.

⑩ 각론에 교과 특성에 맞는 교과서 발행 관련 지침을 분명히 제시한다. 엄정한 심사를 거치는 교과는 학생 수에 따라 적정 종수도 정할 필요가 있다. 교과에 따라 교과서가 불필요할 경우도 있다. 일부 교과의 학생 사용편의를 무시한 임의의 분책은 학기 · 분기의 시계열적으로 나누면 더 낫다. 학생용뿐만 아니라 학교용 · 학급용 · 교사용 · 대여용 · 다학년용 등으로 개발하거나, 교과서가 불필요한 교과에서는 이

를 폐지하고 절감된 경비로 교육시설과 설비, 재료, 교강사 충원 등을 제대로 하는 것이 수업 개선에 더 나을 수 있다. 필요한 교과에 한하여 고품질 교과서 확보와 이를 위한 적절한 교육과정 운영비 확보가 절실하다.

⑪ 교과담당 수업자, 학급담임 교사, 교육용 교재 개발자, 교원 양성 기관 관련자 등에게 국가교육과정기준 각론의 취지를 정확하게 알리는 질 높은 온오프라인 연수를 실시한다. 교과 및 창의적 체험활동 기준의 연구 개발에서 평가 개선에 이르는 한 살이와 지속 가능한 개선(재구성) 및 확대 선순환에 대한 연수가 요구되는 것이다. 이를 위해서는 교과의 좁은 이해관계에만 매몰되지 않고 학습자와 사회공동체의 요구에 응답하는 각론이 실현되도록 노력하는 자세가 필요하다. 교과 전체 공통과 교과별·학교급별로 차별화된 연수 주제 추출 및 내용을 구체화하며, 가용한 연수 방법론 및 예산 확보 필요성 등을 제시하여, 이들의 각론 교육과정 문해력과 창의적 재구성을 발휘하도록 돕는 연수 계획을 기준에 담도록 한다.

2) 교과 교육과정의 적정화

교과 교육과정의 적정화는 총론 수준에서 교과목의 통합과 분화를 체계화하는 교과목 재구조화와 구체적으로 교실 수업 수준에서 교원들이 여러 교과목 내용과 경험을 재구성하는 일로 나뉜다. 교육과정 적정화의 범위를 교육목표, 교육내용의 선정 및 조직, 평가를 모두 포괄하는 교과 교육과정의 설계로 확장하여 교육과정 총론과 교과 교육과정의 양 측면에서 공유할 수 있는 교과 교육과정 적정화 지침이 필요하다. 아래와 같은 항목은 적정화를 검토하는 평가지표가 된다(이승미, 홍후조, 민부자, 2011: 22). 우리나라 교육과정의 현실에서 교과 교육과정의 적정화를 이루기 위해서는, 특히 교과 교육과정기준 개발 과정에서부터 능력과 열의있는 교원들의 참여가 이루어져야 할 것이고, 각 단원이나 학습내용을 숙달하는 데 걸리는 평균적인 소요시간(보통의 학교교실의 수업시간과 학생의 자율적 학습시간을 통해 충분한 습득에 걸리는 평균학습시간)부터 가늠해 보고 교과 교육과정기준 문서에 시간이나 단위 배당량을 적시할 필요가 있다.

〈교과 교육과정의 적정화를 위한 지침〉

영역 1. 총론과 교과와의 연계성 강화

지침 1. 교육의 일반목표(핵심역량 포함)와 각 교과의 고유한 교육목표의 관계를 검토한다.

지침 2. 교과목의 구획, 종수, 명칭, 지위, 비중, 역할 등을 규정한다.
지침 3. 교과목의 이수방식(필수, 선택의 구분 등)을 적절히 배분한다.
지침 4. 고등학교 선택과목을 재구조화하여, 진로에 따른 교육과정을 만들 수 있도록 정비한다.
지침 5. 학년군, 교과군, 집중이수, 진로별 과정, 핵심원리와 개념 및 일반화된 지식의 도입 등 개정 교육과정의 취지를 반영한다.

영역 2. 교과 교육과정 기준 연구 개발의 질 관리

지침 6. 전교과를 동시에 개정하는 것을 피하고, 교과(군)별로 순차적인 교육과정 개정을 실시하도록 계획하되, 총론 인사 참여를 통해 개정 취지를 반영한다.
지침 7. 교과 교육과정 기준과 교과서 개발에 일정 비율의 책임감과 전문성 높은 우수 교원의 참여를 제도화한다.
지침 8. 교육과정 기준과 교과서 개발자에 대한 개정 교육과정 취지와 관련된 연수를 강화한다.

영역 3. 교과 교육내용의 선정 및 조직 개선

• 내용 선정(지침 9~11)
지침 9. 교과교육목표에 부합하는 내용을 선정한다.
지침 10. 학습량을 적정화(내용요소의 삭제, 폐지, 축소, 약화 등)한다.
지침 11. 사회, 학습자 등의 요구를 반영한 교과 교육내용을 강조한다. 학문이나 교과의 고유한 논리나 체계(지식의 구조 등)만 지나치게 강조하지 않는다.

• 내용 조직(지침 12~17)
지침 12. 교과(군)별 영역(과목, 단원) 구성 방식을 개선한다.
지침 13. 교과군 내 유사 교육내용의 학습시기를 조절하여, 중복되지 않게 하고, 학습량을 조절할 수 있도록 한다.
지침 14. 취학전 교육과 연계를 고려하여 1학년 학생들의 출발점 수준을 제시(국어, 수학 등 일부 교과)한다.
지침 15. 학년군 간 교육내용의 난이도를 조정(초 · 중 · 고교 간 연계 포함)하여, 비약, 도치, 역전이 일어나지 않도록 한다.
지침 16. 공통필수 교육과정이 끝나는 9학년 학생들의 도달점 수준을 제시(국어, 영어, 수학 등 일부 교과)하여, 기초 기본 교육에 대한 책임지도가 이루어지도록 한다.
지침 17. 중복이 일어나지 않는 범위에서 교육과정 구성 영역 간(타교과 및 창의적 체험활동과 연계, 중복 확인 등) 통합을 추구한다.

영역 4. 수업 운영 및 학습 방법 개선

지침 18. 교과별 특성을 고려하되 학생의 학습동기를 유발하고 참여를 촉진하는 토론, 토의, 실험,

실습, 실기 등의 학생 참여형 수업을 강화한다.

지침 19. 교육내용과 생활 및 학생 경험과의 관련성을 강화한다.

지침 20. 학습자들의 발달 특성을 반영한 학습 방법을 제시한다.

지침 21. 중학교 집중이수와 관련하여 대상 과목의 이수시기와 개설 순서를 제시한다.

영역 5. 평가 방법 개선

지침 22. 학업성취도평가, 고입연합고사, 수능 등 전국 및 시·도 단위 평가에 해당 교과를 포함시킬 것인지에 관한 판단을 신중하게 내린다.

지침 23. 교과나 단원의 성격에 따라 평가의 유형(지필, 수행 등)을 적정화한다.

지침 24. 교과의 지위, 비중, 역할에 따라 평가결과(성적) 표기의 강약을 조절(엄정한 평가와 느슨한 평가)한다.

영역 6. 교과서 개선(주 및 보완 교재, 발행 형식 등)

지침 25. 교과별 교과서 단원 구성 기준을 제시하여, 교과서 분량 적정화, 다양한 자료 제시 방법을 유도한다.

지침 26. 교과별 보조 교과서 발행(1교과 다책주의)의 적절성을 재검토하고, 이를 개선한다.

지침 27. 사용 빈도가 낮은 교과서는 학교 비치용 교과서 또는 교사용 수업지침서로 개발·보급한다.

지침 28. 중·고교는 학년군을 고려하여 일부 교과목은 해당 학교급 전체가 사용할 수 있는 교과서로 개발한다.

3) 교과교육의 개선 과제

(1) 21세기 교양교육

초기 산업혁명은 과학혁명의 성과에 힘입은 바가 크다. 20세기의 교육은 증기 및 전기 기계가 인간의 육체적 노동을 대신하는 산업혁명의 여파로 변화되었다. 20세기 후반 컴퓨터와 인터넷을 기반으로 하는 새로운 문명이 확산되었다. 제4차 산업혁명으로 일컬어지는 AI와 로봇, IoT와 CPS(사이버 물리 시스템)를 통한 연결, 빅데이터 분석, 클라우드 컴퓨팅, 3D 프린터 등은 새로운 제조업 혁명과 함께 산업과 인간의 문화 양상을 바꾸고 있다. 인간의 양육과 교육 및 학습, 나아가 그들의 직업과 여가 및 봉사활동 등의 의미와 가치를 바꾸고 있는 것이다. 결국 인간의 존재가치와 효용가치를 숙고하게 만들었다.

한 세대 안에서 농업, 산업, 정보화 · 세계화 사회를 거치는 격변 속에서 인류는 문명의 궁극적 방향을 찾지 못하는 듯하다. 후대의 삶의 개척에 전대의 가르침의 유용성이 점점 줄어들고 있다. 학생들은 더 재미있는 일상적 소통, 오락과 게임에 시간, 노력, 비용을 소비하고 있다. 정보격차로 일부 국가나 지역 및 계층은 농업사회에, 어떤 사회는 산업화의 초기 단계에 있으며, 일부 국가와 시민들은 첨단지능정보사회를 향하고 있다. 지능정보사회와 문명의 기반기술을 이해하지 못한 채로 쏟아지는 각종 전자 및 인터넷 기기나 SW를 활용하고 소비하는 처지에 처한 사람들도 많아졌다.

지능정보화의 기반 논리가 되는 언어와 기술 및 프로그래밍하는 교육도 강조되고 있지만, 배우기 쉬운 컴퓨터 프로그래밍 언어나 저작 도구의 부족, 전문 교사의 부족, 인프라 부족 등으로 어려움이 적지 않다. 학교교육에서는 20세기 산업사회의 언어 수리를 중심으로 한 문해력과 수리력의 강고한 버팀으로 과학기술적 탐구력이나 지능정보사회의 기반 기술에 대한 교양은 부족한 편이다. 지능기계로 인해 인간의 박탈감이 더해 가고 있다. 영국, 미국, 일본, 중국, 핀란드, 싱가포르 등에서 정보문해력(computational thinking, programming, coding)을 공통필수화되는 데 비해, 우리나라 2015개정 교육과정에서는 '정보'를 초등 5~6학년에서 17시간, 중학교에서 34시간을 가르치는 것으로 고시한다. 즉, 기존의 문이과적 교육과정의 포화 상태로 새로운 지능정보 관련 교양교육을 익힐 기회를 충분히 갖지 못하고 있다. 첨단기기 소비자로 전락한 21세기 문맹자들이 양산되고 있는데, 이를 극복하는 새로운 교양교육의 핵심은 무엇이고 그것은 어떻게 길러질 수 있을까?

(2) 직업기술 교육

학생들의 공부가 뒷심이 부족한 이유는 학교공부를 지나치게 책상머리공부, 머리공부, 책공부, 글공부에만 치중하기 때문이라는 진단이 많다. 오감을 고루 활용하거나 손발과 온몸을 움직여 하는 활동성 공부, 실험, 실습, 실기 등 현장에서 생생하게 배우는 기회를 학교에서는 제한하고 있다는 것이다. 이를 덜 시킬 뿐만 아니라 공부가 아니라고 여기는 견해도 적지 않다. 인문사회계 교과들 중에는 과학성 · 객관성보다 당파성을 띤 견해를 설파하는 시간으로 수업이 오용되는 경우도 적지 않다. 교단 교사들이 당파적 이해를 벗어나 대한민국 이상의 애국심과 인류애를 가질 수 있게 하려면 교과 교육과정의 기준도 변화될 필요가 있다. 학생들 중에는 무미건조한 지식공부에 지쳐서 학교 부적응을 보이는 경우도 적지 않다. 자존감은 낮고 우울증 등으로 심신질환을 겪는 학생들에게는 친환경 노작과 공동체 협동을 강조하는 대안학교가 적절할 것이다.

대학진학준비교육 일변도로 인해 학부모, 학생, 고용주 모두 중등수준에서 직업교육을 외면하고 있다. 마이스터고를 통해 직업교육의 활성화를 기하는 것은 다행이지만, 직업교육이 가진 교육적 가치가 특성화고의 쇠퇴와 더불어 쇠락한다는 점이다. 직업계 학생들이 진학계로 옮기고 고교생 다수가 이공계로 진학한다면, 기초직업기술 교육이 가진 일반교양 교육적 효과도 학교교육과정에 반영할 방안을 찾아야 할 것이다. 즉, 교양과목liberal arts의 정신을 되살린 균형 잡힌 초·중등학교 교육이 요청된다. 문제를 직접 해결하기 위해 궁리하고 기술을 개발하고 물품을 만들고 하는 데서 성취를 느끼고 실험, 실기, 실습 중심의 직업기술 교육의 효용을 더 많은 학생이 누리도록 할 필요가 있다. 특히 비진학자, 학업중단청소년들이 거주지 인근에서 의무무상으로 생업을 위한 기초직업기술 교육을 받을 수 있도록, 일터, 공장, 가게들이 직업교육기관화해야 할 것이다. 독일처럼 기업의 사회적 기여는 후대에게 직업기술을 배울 기회를 열어 주는 것이다. 교육의 결과가 학생 각자 제 길을 잘 찾아가도록 돕는 것이라면, 직업기술교육에서 몸공부가 마음공부 못지않게 제 구실하려면 그 교육과정은 어떤 모습이어야 할까?

(3) 예술과 체육 교육

지필 시험에서 정답을 맞혀 좋은 성적으로 원하는 대학에 진학하는 것이 초·중등교육의 현실적인 지상과제가 되어 옴에 따라, 교사들도 학생들을 교실에 묶어 두고 시험문제 풀이에 매진하도록 하고 있다. 현실적으로 기초학력진단평가, 학업성취도평가, EBS 수능강좌, 수능모의고사, 수능시험 등이 학생들의 운명을 좌우하니 그것의 밖으로 나오는 것은 오히려 탈선된다. 그러할지라도 학생들의 심신의 건강을 챙기는 일을 개인사로 만들어서는 안 될 것이다. 이미 예술과 체육활동이 주는 효용이 역사적으로 검증되었음에도, 문약文弱을 지향하는 것은 시대착오적이다. 방과후학교, 기숙사학교 등으로 학생들의 학교체류 시간이 늘어남에 따라 1인 1체1예를 시행할 수 있는 시공간적 인프라가 갖추어졌음에도 이를 프로그램화, 제도화하지 않은 나태함이 학생들의 심신을 병들게 하고 있다. 체격에 비해 체력이 약해지고, 비만과 고도 비만자가 늘어나고, 심신 허약자들이 증가한 학교교육은 건강할 수 없다. 선진교육에서는 인문사회, 과학기술, 예술·체육교육 상호 간, 이론과 실제 간, 정신과 육체 간, 학교와 지역사회 간 건강한 균형을 지향한다. 이 점에서 최근 이루어진 배당시간 20% 가감이 예체능 교과목을 침범하지 못하게 한 교육부의 조치는 적절한 것이다. 또한 학교는 예술·체육 교육기회를 자원이 빈약한 가운데서 독점하기보다 지역사회와 협력해서 그 인적·물적 자원을 총동원해서 학생들에게 제공할 필요가 있다. 예술과 체육이 학교 안팎의 평생학습에서 제 구실하려면 그 교육과정은 어떻게 설계되어야 할까?

(4) 새로운 교육 요구의 수용과 통합

개별 교과의 지적 내용이나 활동을 체계적으로 가르치려는 입장과 교과를 넘어 중요하게 다루어져야 할 부분이 포함되어야 한다는 입장 사이에 갈등이 적지 않다. 교과들은 한정된 시간에 많은 지식을 넣어 가르치려 들고, 총론에서는 각 교과에서 내용의 범위와 수준을 적정화하며, 교과 간, 학년 간 교육내용을 연계할 것을 촉구하지만 이를 마땅히 제어할 방법이 없다. 시대에 뒤진 내용, 모든 학생이 배우지 않아도 될 내용, 여러 교과에서 중복되는 내용 등을 제거할 수 있는 방법이 마땅하지 않다. 총론 측에서는 교육의 일반목표에 가까운 세계 시민성, 창의성, 인성, 사회성, 진로, 친환경 생활 등에 대해서 각 교과에서 적절히 통합하여 교수해 줄 것을 기대한다. 이런 기대가 난망한 데서 새로운 교과나 과목이 별도로 등장하고 있다. 학습자의 요구와 사회 요구를 반영하여 교과를 교과답게 수업, 학습, 과제, 시험을 치르면 새로운 요구가 줄어들겠지만, 기존 교과가 방어벽을 쌓고 있으면, 가령 보건, 영양, 전문상담, 사서 등 해당 직능 및 이익단체들이 별도의 입법을 통해 학교교과로 진입해 온다. 새로운 요구를 기존의 교육과정에 통합하려면 공통과 상이 교육과정에서 어떤 일이 일어나야 하는가?

(5) 교과 교육과정의 적정화

여기에는 총론에서 교과목을 체계적으로 통합 · 분화하는 재구조화 차원과 각론에서 교원들이 수업을 위해 교과 내용을 재구성하는 차원이 있다. 어렵지만 전자가 잘되는 것이 급선무다. 교과는 학습자의 성장과 사회적 목적 실현을 위한 중요한 가치를 지닌다. 기초 기본 교육에 해당하는 시기와 교과들은 모든 학생의 어떠한 차이에도 충실히 책임지는 교육이 이루어져야 하고, 이를 넘어서는 심화 특수 전문 교육은 각 집단 학생들의 적성과 능력 및 학업과 직업 진로에 따라 알맞게 이루어지는 맞춤형을 지향할 필요가 있다. 그러나 우리나라 교과 교육과정은 각자 중요성을 강조하고, 통합보다 독립을, 선택보다 필수를, 적정한 시기나 기간보다 더 일찍부터 더 오래도록, 더 많은 시간과 더 높은 수준과 더 넓은 범위를 요구하며, 각종 시험에 들기를 요구한다. 교육과정 개정에서 계속되는 과제는 과도한 내용의 적정화다. 수업, 학습, 과제, 시험에서 부담을 줄이려는 노력이었고, 학교급 간과 교과 간에 단절된 것들의 중복, 낙차, 비약, 도치, 누락 등을 해소하려는 노력이었다. 이런 모든 것이 총론의 각론 조정이라는 과정과 활동이 별다른 효과를 거두지 못한 데서 일어났다. 학습자와 사회의 이익을 대변하지 않고, 교과전문가들의 의견을 과잉 대변한 교과의 수업 · 학습 · 과제 · 시험을 학생들은 감내해 내야 하는 실정이다. 이것은 처음부터 교과의 종류 구분, 그 지위와 이수방식에 대한 설계가 약했기 때문이며, 나아가 고교에서는 진로별 교육과정의 도입에 대한 결정에 따른 그 종류 결정, 설계, 구현방안, 대입시를 통한 강화방안이 마련되지 못한 데서 겪는 어려움이라고 할 수 있다.

우리나라의 학교교육과정 설계는 주로 정치적 권력에서 오는 요구에 동조하는 교육부의 일부 관료와 여기에 동조하는 교육과정 총론 및 각론 연구자들에 의한 합작품이라는 것이 중론이다. 학교에 오면 교육과정 운영은 수급된 교사 중심이다. 무엇보다 교육과정은 교과 과잉이었다. 각 교과가 자기 지위와 비중을 강화하기 위하여 온갖 노력을 기울여왔기 때문에 근본적인 의미의 교육과정 개선은 어려웠다. 교과가 교육과정에 있는 것은 학습자와 사회의 요구에서 유래된 일반적인 교육목표를 잘 달성하기 위해서였다. 교육과정 개정의 최종 목표인 교실 수업 개선과 학습경험의 질 향상의 실효성을 높이는 것이다. 우수하고 열의 있는 교사들이 교과 교육과정 개정에 더 많이 참여함으로써 과거 대학 교수 중심으로 진행되던 교과 교육과정 개정의 관행에서 벗어나 현장의 요구를 충분히 반영하고 교수 · 학습과정에서의 내용 적합성 및 실천 가능성을 제고, 학습자의 학습 부담을 경감할 수 있을 것으로 기대된다.

(6) 교과 특성별 최적의 교육과정기준

교육과정기준 총론에서는 학생들의 개인적 발달단계와 사회적 발달과업적 요구의 변화를 따라 종축을 잡고, 이들이 배울 필요가 절실한 교과나 활동을 제시하는 것이 중요하다. 교육의 중점이나 교과나 활동의 분화와 통합된 정도는 학년군에 따라 점차 그 비중을 달리하여 옮아 가야 한다. 특정 교과의 교육과정을 특정 학교급의 학년에서 공통필수 혹은 상이선택 교육과정으로 구분하여 점진적으로 이행하도록 설계하여 제공하는 것은 매우 중요하다. 총론에서는 교과들이 12~15년간 학년군별로 그리고 진로별로 어떻게 분화하여 이행하는지를 전체적으로 보여 줄 필요가 있다. 이 점에서 제7차 교육과정에서 획일적으로 10년간 10개 교과를 공통필수로 지정해 두었던 것이나, 폐습을 따라 고교를 공통 교과목 위주로 설계하는 것은 초 · 중등 교육의 최종 성과에 초점을 흐리게 만든다. 학교급과 의무교육기를 감안하여 어떤 교과를 공통필수 교육과정으로 개발하여 제공하고, 어느 시기에 가서 더 분화하여 상이선택으로 제공할 것인가는 국가교육과정기준의 설계에서 매우 중요한 결정이 된다.

모든 교과는 적절한 시기(예: 의무교육기인 중학교)까지 공통으로 가르치고, 학생의 적성, 능력, 진로에 따라, 교과의 하위 영역에 따라 분화differentiation시켜 이수할 하위 과목, 분량, 수준을 달리해야 할 것이다. 특히 진로에 의해 학생이 배워야 할 교과목과 경험의 종류, 수준, 범위, 분량, 시기가 조금씩 달라야 할 것이다. 지적 수련을 주로 하는 도구와 주지 과목 일부와 건강에 긴요한 체육은 12년간 가르칠 필요가 있다. 그러나 학생들의 적성과 소질이 일찍 드러나는 외국어, 직업기술, 예술, 체육 등은 중학교부터 필수로 하되 하위 과목을 선택하는 방식으로 이수한다. 가령, 예술(음악 미술, 공연예술 등)은 6학년까지 공통으로 가르치되, 점차 학생의 소질과 적성에 따라 이수 분량과 수준을 달리한다. 예체능 영역으로 진학할 학생을 제외하고 대부분 학생은 평가로부터 자유로워야 즐겁게 수업에 참여하여 교과목표를 달성할 수 있다.

중학교부터 기숙사를 갖춘 중점학교를 정하는 방식으로 한 학교가 다 개설하여 가르칠 수 없을 때에는 학교간, 지역사회와 역할분담하고 협력하는 평생학습 차원에서 접근이 필요하다. 1인 1체1예와 1직업(전공)1외국어는 공교육이 달성할 핵심기능이다. 고교에서는 강점강화형의 진로별 교육으로 다양한 계열과 과정을 제공하기 위해서는 개별 학교가 한정된 교육과정 자원을 최대한 활용하여 최대 효과를 거둘 수 있도록 학교구 내에서 역할 분담에 따라 특성화된 교육과정을 개설하고, 지역내 학교들은 협조하여 다양한 교육과정을 개설해야 할 것이다. 결국, 학교의 교육과정 개설, 학생의 수용과 배정, 교사 수급의 삼박자가 맞아야 상이선택 교육과정은 어느 정도 실현될 수 있다. 교과(군)의 특성에 맞는 현재보다 더 적합한 교육과정기준의 모습은 어떤 것인가?

(7) 교육과정기준 개발에서 교원 참여 확대

제5차 교육과정기까지의 우리나라 교육과정이 획일적이고 일방적인 교육과정이었다면, 교육과정 분권화를 추구한 제6차 및 제7차 교육과정기는 교육과정 중심의 학교교육을 추구해 왔다. 즉, 제5차 교육과정기까지의 교육행정은 교육인적자원부로부터 시·도 교육청을 거쳐 학교와 교사에 이르는 획일적·일방적 지시와 전달 체제의 형태였으며, 교육과정 행정에서 교육과정 기준의 이념은 오직 교과서의 편찬·공급으로써 교사에게 전달되고 이 과정에서 시·도 교육청이나 학교는 거의 기능을 못하였다. 그러나 제6차 교육과정에 이어 제7차 교육과정에서는 초등학교와 중학교교육과정 운영을 직접 지원하는 시·군·구 지역 교육청에도 학교교육과정 편성·운영에 관한 실천 중심의 장학자료를 작성하여 관내의 초·중학교에 제시하여야 한다는 사항이 제시되었다(2007년 개정 중학교교육과정 해설서: 9-10).

2007년 개정 교육과정 해설서가 제시하는 제6차 및 제7차 교육과정 기준이 교육과정 중심 학교로 변화를 시도한 것은 주로 학교의 교과목 편성과 시수(단위) 배정 등 교육과정 총론 부분에서 변화의 시도였다. 즉, 교과교육에서 교육과정 중심 교육은 교사가 교과 교육과정기준에 기초하여 교과를 재구성하고 조정하여 수업을 계획, 실행, 평가하는 것을 의미하는 것이라고 하면, 제7차 및 2007년 개정 교육과정 기준에는 이러한 교과 교육과정기준 중심 교육을 위한 안내 및 실행에 대한 요소를 찾기 어렵고, 교사들이 교과 교육과정기준을 가지고 수업을 계획하거나 실행, 평가한 경우도 매우 드물었다고 한다(이병호, 2009).

이 장의 요점 정리

1 초·중등학교의 교육과정에서 각론의 대부분은 이미 정설화된 교과가 차지하고 있다. 교육과정 개정을 통해 개정 중점에 따라 교과의 성격, 목표, 내용, 방법, 평가 등에서 일정한 변화가 있으나, 사실상 커다란 변화를 이끌어내기 어렵다. 총론 교육과정기준 문서가 그러하듯이 각론의 경우도 유사한 과정을 거쳐 교과의 성격과 목표, 내용과 방법, 평가와 개선을 고려한 기준을 개발한다.

2 총론은 학습자와 사회의 발달적 요구를 우선적으로 고려하여 종축의 해당 학년군이나 학년에서 무엇을 배울 것인가를 고려한다. 이에 반해, 각론은 해당 교과군에서 무엇을 가르칠 것인가를 먼저 고려하여 최대한 영역과 범위를 확장해 두고 나중에 종축의 학습자와 사회적·발달적 요구를 고려한다. 종횡과 주객이 전도된 데서 교육과정의 과잉중복 현상이 발생된다. 결국 교육과정 적정화도 기본적인 축인 종적인 계열을 먼저 고려하고, 즉 학습자 집단과 사회의 특성과 발달적 요구를 먼저 고려하고, 후에 이를 충족시키는 내용과 경험을 선정·조직하는 올바른 순서를 잡는 데서 이루어질 수 있다. 총론측은 교과들의 다양하고 중복되며 과다한 요구를 종합하고 절충할 책임을 진다.

3 총론에서 각론의 교과나 창의적 체험활동의 교육목표 달성에서의 역할분담을 조정해 줄 필요가 있다. 교육목표를 달성할 수 있는 기본교과를 확정하고, 기본교과들이 아래위로 통합과 분화가 일어나도록 하며, 분화된 교과목들 속에서 상이선택 교육과정에서는 일정한 방향으로 선택과 집중이 일어날 수 있도록 계열과 과정을 만들어 제시할 필요가 있다. 다만, 각 교과목의 교육과정기준의 모습은 공통성과 통일성을 넘어 지식, 기능, 태도 등 교과 특성에 알맞은 최적의 표현이 가능하도록 독특한 구성 형식으로 각론 개발을 허용할 필요가 있다.

4 교과의 교육목표를 더욱 구체화하는 것은 교과 교육과정기준을 구성하는 하위기준들이다. 그것은 본래 교과 내부에서 나오는 내용기준, 교사의 활동 기준, 학생들의 활동 기준, 교육환경 기준 등이다. 교육목표-교육과정-교수학습-평가 및 기록과 활용은 일관성을 갖는 것이 중요하다.

5 여러 교과들의 요구를 다 모으면 그 범위, 분량, 수준, 심도 등은 서로 겹치거나 뒤죽박죽이 될 수 있다. 선정된 내용, 활동, 경험을 조직하는 원리 혹은 조직된 교육과정의 양호도를 점검하는 기준에는 수평적 측면에서 범위(scope)와 통합성(integration)이 있고, 수직적 측면에서 계속성(continuity)과 계열성(sequence)이 있다. 또한 전체적인 면에서 보면 연계성(articulation), 균형성(balance), 통일성(coherence)이 있다.

이 장의 주요 용어

교육내용 선정기준 selective criteria of educational content, 사회적 적합성 social of educational content, 사회적 유용성 social usefulness, 개인적 유효성 personal usefulness, 개인적 유의미성 personal meaningfulness, 지적 중요성 academic significance, 학문적 타당성 scholastic relevance, 실행 가능성 execution, 교육내용 조직기준 organizational criteria of educational content, 횡적 영역 scope, 횡적 통합 integration, 종적 계열 sequence, 종적 계속성 continuity, 전체적 연계성 articulation, 전체적 균형성 balance, 전체적 통일성 coherence, 교과 교육과정 내용 기준 content standards, 교사 교육활동 수행 기준 performance standards, 학생 학업성취 기준 achievement standards, 학교 교육환경 기준 environment standards

연구과제

1. 세계화 시대에 국어, 국사 등 우리나라만의 특색을 지닌 교과목의 교육목표는 어떤 특색을 더 띠어야 합니까? 현재 이들 교과목의 교육목표는 어떠한지 조사해 보시오.
2. 모교(母校)의 교훈과 교육목표의 유관성, 교육목표를 달성하는 구체적인 프로그램이 어떠한지를 조사해 보시오.
3. 교과나 활동의 특성에 따라 교육목표는 어떻게 달라야 합니까? 교육의 일반목표를 달성하는 데 유효할 것으로 간주되어 엄선된 여덟 가지 교과의 교육목표는 각각 그 고유한 기능을 어떻게 달성하려고 하는지 조사해 보시오.
4. 자신이 가르치거나 배우고 있는 교과의 성격, 교과 교육목표, 학교급별 목표, 학년별 목표를 조사하여 정리하시오.
5. 자신에게 가장 유의미한 교과를 골라 그 교과의 내용 선정의 준거가 무엇인지 조사해 보시오.
6. 자신에게 가장 유의미한 교과를 골라 한 단원을 분석하여 단원의 조직 원리를 밝혀 보시오.
7. 자신에게 가장 유의미한 교과를 골라 다른 교과와 비교했을 때 너무 어려운지, 아니면 너무 쉬운지를 분석해 보시오.

제10장

창의적 체험활동

학교교육과정은 과업지향적인 교과와 인화지향적인 창의적 체험활동으로 구성된다. 전자는 정형화된 내용과 방법이 있으나, 후자는 학교에 교육과정 편성과 운영에 자율성 · 융통성 · 전문성을 허용하고, 학교와 지역사회의 특색을 드러나게 만드는 여지가 있다. 학생 중심, 활동 중심의 교육을 강조함에 따라 이 영역은 더 비중 있게 다루어지고 있다. 또한 특별활동이나 창의적 체험활동은 교과 이외의 모든 활동을 포괄적으로 지칭하는 용어와 영역이 되었다. 이 장에서는 우리나라와 외국의 창의적 체험활동 교육과정을 종합적으로 살펴보고자 한다.

1. 우리나라 교과외 활동 교육과정의 변천

우리나라의 초 · 중등학교 교과외 교육과정은 '교수요목'의 시기 이후 제1차 교육과정부터 제5차 교육과정까지는 '특별활동'이라는 영역을 통해서 구현되었으며, 제6차 교육과정 이후부터는 특별활동과 학교의 재량활동시간 혹은 재량활동이라는 2대 영역으로 편성 · 운영되었다. 2009개정 교육과정부터 특별활동은 창의적 체험활동으로 통합 정리되었다. 초 · 중등학교 교육과정의 영역별 · 시대별 창의적 체험활동 교육과정의 주요 특징은 다음과 같다.

1) 특별활동 시기

(1) 교수요목 시기의 특별활동(1945~1954)

교수요목 시기에는 특별활동과 관련한 문서화된 내용이나 '특별활동'이라는 명칭이 사용되지 않았다. 다만, 학교교육에서 특별활동과 관련된 활동을 '교과외 활동'으로 규정하여 학교교육에서 정규 교육과정으로 도입되어 이루어지는 것이 아니라, 학교 정규 시간 이외의 학습으로 규정하고 있어 학교 정규 교육에 도입하지 않았음을 알 수 있다.

(2) 제1차 교육과정의 시기(1954~1963)

제1차 교육과정기의 교육과정은 교과와 특별활동으로 편제되었으나 교육과정의 각론에서 각 교과의 교육과정만을 제시하고 특별활동에 대한 교육과정은 제시하지 않았다. 따라서 이 시기의 교육과정을 '교과과정'의 시기라고도 한다. 문교부령 제35호(1954. 4. 20.)로 공포된 각급 학교의 '학교교육과정 시간 배당 기준령'의 총칙 제6조에서 특별활동을 '교육목적 및 교육목표를 달성하기 위하여 필요한 교과 이외의 기타 교육활동'으로 정의하고 있으며, 특별활동의 내용으로는 초 · 중 · 고 구분 없이 학교급별 활동 내용을 포괄하여 다음과 같은 내용을 제시하였다(교육과학기술부 편, 2010: 17-18).

① 집회, 기타 민주적 조직하에 운영되는 학생활동에 관한 것
② 학생의 개인 능력에 의한 개별 성장에 관한 것
③ 직업준비 및 이용 후생에 관한 것
④ 학생의 취미에 관한 것

(3) 제2차 교육과정의 시기(1963~1973)

제2차 교육과정의 시기에는 교육과정 편제를 교과활동, 반공 · 도덕 생활, 특별활동의 세 영역으로 구성하여 특별활동 교육과정 구조가 체계적으로 정비되었다. 또한 특별활동의 영역을 학급활동, 학생회활동, 클럽활동, 학교행사의 네 영역으로 구분하고, 특별활동 교육과정의 제시에서도 목표, 활동의 예, 지도상의 유의점으로 나누어 제시함으로써 특별활동이 학교교육과정의 정규과정으로 자리를 잡을 수 있는 계기를 마련하였다. 또한 이 시기의 특별활동은 학교교육의 일반목표를 달성하기 위하여 필수 불가결한 학

교의 정규과정으로 교육과정의 중요한 영역이 되어야 한다고 강조하였으며, 특별활동의 지도에서는 아동들의 자주적인 생활을 중시하고 자주성을 기르는 데 노력하여야 한다고 강조하였다.

교육과정의 총론에서는 특별활동의 영역을 그 성격상 활동 범위로 보아 다음과 같이 요약하여 제시하고 있다(교육과학기술부 편, 2010: 65).

① 학생의 개인 능력에 따른 개성 신장에 관한 것
② 개인의 취미 향상에 관한 것
③ 직업적 요구에 응할 수 있는 특수 기능에 관한 것
④ 민주적 집회 운영과 생활 태도의 양성에 관한 것

제2차 교육과정 시기에는 1968년 국민교육헌장의 선포에 따라 1969년에 제2차 교육과정이 부분적으로 개정되어 도덕교육과 특별활동의 강화를 단행하였다. 그 내용으로는 특별활동에 대한 시간 배당을 증대하여 전체 시간에 대한 비율 표시를 주당 2.5시간 이상으로 개정하였고, 특별활동의 목표와 내용을 보완하였다. 특별활동 영역은 학급활동, 학생회 활동, 클럽활동, 학교행사의 네 가지로 구분하여 이를 토대로 특별활동의 목표, 내용, 운영상의 유의점을 제시하였으며, 교육과정의 체제와 구조를 체계화하여 교과외 활동으로서의 특별활동을 교육과정으로 강화하였다.

(4) 제3차 교육과정의 시기(1973~1981)

제3차 교육과정 시기에는 교육과정을 교과활동과 특별활동으로 구분하여 편성하였다. 제2차 교육과정기 때 1969년 부분 개정 시 일부 확대 편성한 특별활동의 시간 수를 축소 조정하였다. 또한 학교행사에 필요한 시간 운영은 배당된 시간 이외에 학교장의 재량으로 학교와 지역의 여건에 따라 적절히 확보하여 운영하도록 유의점을 제시하여 특별활동을 위한 시간 확보에 융통성을 부여하였다. 특별활동의 영역은 학급활동, 학생회 활동, 클럽활동, 학교행사의 4영역으로 구분하였고, 전 학년 모두 '학급활동'에 최소한 주당 1시간 이상의 시간을 고정적으로 배당하도록 하였고, 고학년에서는 '클럽활동'에 최소한 주당 1시간 이상의 시간을 배당하도록 하였다. 특별활동의 영역별 지도목표, 지도내용, 지도상의 유의점을 제시하였으며 영역별 활동 내용은 교과 활동과의 관련 아래 운영하고 세밀한 사전 계획을 수립하여 신축성 있게 운영하도록 유의점을 제시하였다. 또한 모든 활동에 대해 학생들의 자발적인 참여를 강조하고 활동 실적과 성장이 구체적으로 평가되어야 한다는 점을 강조하는 등 각 활동 영역을 고려하여 특별활동의 목표와 내용을 포괄적으로 제시하였다.

(5) 제4차 교육과정의 시기(1981~1987)

제4차 교육과정 시기의 교육과정 편제는 제3차 교육과정에서와 같이 교과활동과 특별활동으로 편성하였다. 특별활동 영역으로는 제3차 교육과정기의 4대 영역이었던 것을 학급활동과 학생회활동을 통합하여 학생회활동, 클럽활동, 학교행사의 3대 영역으로 편성하였다.

이 시기의 특별활동 목표는 포괄적인 목표로 구성되었는데, 하나의 총괄목표에 네 개의 하위목표를 제시하여 활동 영역에 따른 지도방향을 분명하게 설정한 것이 특징이며, 제4차 교육과정기의 특별활동 목표는 목표체계가 명확하게 제시되기 시작하였다는 점에서 그 특징을 찾을 수 있다.

특별활동의 운영 시간은 3학년 이상부터 배당하도록 시간 배당기준에 제시하였으며, 주당 2시간 이상씩 배당된 4~6학년에서는 학생회 활동에 1시간, 클럽활동에 1시간을 배당하고, 학교행사는 별도의 시간을 확보하도록 하였다. 이와 같은 시간 배당 기준과 함께 학년에 따라, 지역이나 학교 실정에 따라 탄력적으로 운영되어야 함을 명시하고 있어 특별활동과 같은 교과외 활동에 있어서 그 운영에 대한 학교의 융통성을 부여하였다는 점이 특징적이다.

특히 1, 2학년에서는 학년의 발달특성과 교과의 통합 운영 등을 고려하여 시간을 별도로 배정하지 않았으나, 담임교사가 적절한 시간(예: 학급조회, 종회, 방과 후 시간, 기타 시간 등)에 학급 중심으로 가능한 활동을 하도록 자율 · 재량의 권한을 부여하고 있음을 명시하였다. 연간 시간 수는 최소 활동 시간을 제시한 것이므로 필요에 따라 더 많은 시간을 확보하여 운영할 수 있도록 하였으며, 집중적으로 계속 운영이 가능하도록 규정되어 있다(교육과학기술부 편, 2010: 252). 이는 특별활동이 지역이나 학교 실정에 따라 탄력적으로 운영되어야 함을 강조한 것이다.

(6) 제5차 교육과정의 시기(1987~1992)

제5차 교육과정 시기의 특별활동은 제4차 교육과정 시기의 특별활동 교육과정과 거의 동일하다. 다만, 1, 2학년의 시간 배당과 각 영역별 활동 내용이 제4차에 비해 보완되었다는 것이 특징이다. 제5차 교육과정기의 교육과정은 교과활동과 특별활동으로 편성되었으며, 특별활동의 영역도 제4차 교육과정기와 같이 학급활동, 클럽활동, 전교 학생회 활동, 학교행사의 4대 영역으로 편성하였다. 제5차 교육과정에서는 특별활동을 강화하기 위하여 초등학교 1, 2학년에도 특별활동 시간을 배당하고, 초등학교 3학년의 시간 수도 중배한 것이 특징이다. 또한 학급 담임교사 중심으로 운영될 수 있는 '생활 적응활동'을 설정하였으며, 학생 생활지도 관련 내용을 특별활동에 포함한 것이 특색이다. 특별활동의 운영과 관련하여서도 시간 운영, 장소 활용, 교사 조직, 주제 선정, 집단 편성 등에 이르기까지 융통성 있는 다양한 운영을 강조하여 교과외 활동을 통한 학생들의 체험활동을 중시하였다.

2) 특별활동과 재량활동의 시기

(1) 제6차 교육과정의 시기(1992~1997)

제6차 교육과정 시기의 교육과정 편제는 교과, 특별활동, 학교 재량시간으로 구성되었다. 이 시기의 특별활동 영역은 운영 집단을 중심으로 학급활동, 학교활동, 클럽활동의 3영역으로 구성하고, 특별활동 교육과정의 구성에 있어서도 특별활동의 성격을 분명하게 하고, 목표, 내용(내용 체계, 영역별 내용), 방법, 평가를 제시하여 특별활동의 체제와 구조를 전면적으로 개선한 것이 특색이다.

특별활동의 본질적인 특성을 강조하여 집단생활에의 적응, 공동체 의식 함양, 창의성과 사회성 신장 등을 강조하였으며, 특별활동의 활동 영역에 따라 내용적인 목표가 제시되었다. 학급활동 영역에서는 역할분담, 학교생활에서의 적응을 강조하였고, 학교활동 영역에서는 합리적인 결정 과정, 협동 및 봉사 정신, 소속감 등이 강조되었으며, 클럽활동 영역에서는 개성과 소질 신장, 사회성과 협동성, 원만한 인간관계의 형성 등이 강조되었다. 특히 이 시기에는 특별 활동의 영역 중 학급 활동 영역에서 적응 활동을 독립된 활동 내용으로 구성하였는데, 이는 적응 활동의 형태가 다양하다는 특성과 함께, 학생들의 기본 생활 습관의 형성과 학급집단의 공동생활을 위하여 예절, 준법, 질서, 절제, 청결 등 학생 각자가 일상생활에서 이와 관련된 행동에서 습관적 행동에 이르도록 교과와의 관련을 꾀하면서 계획적으로 운영하고 체험하도록 한 것이 특징으로, 특별활동의 내용을 일생생활에서의 직접적인 체험과 활용을 바탕으로 하여 교과외 활동을 실현하고자 하였다. 또한 제6차 교육과정에서는 교과외 활동으로 '재량활동'이 도입되어 교과외 활동이 그동안 '특별활동'이라고 하는 하나의 영역에서 이루어지던 것이 '특별활동'과 '재량활동'이라고 하는 교육과정의 2대 영역에서 편성 · 운영될 수 있도록 하였다. 이는 학교에서 이루어지는 학생들의 학습활동에서 학생의 직접적인 체험활동, 즉 실험, 관찰, 조사, 수집, 노작, 토론, 견학 등과 같은 경험을 통하여 창의적인 사고와 자주적인 문제 해결 능력을 강화하기 위한 것이었다. 또한 재량활동이라는 영역을 통해 학생들의 교육적 요구와 흥미, 관심, 능력 등을 수용하여 학습의 개별화, 교육의 다양화를 기하고자 하였다.

(2) 제7차 교육과정의 시기(1997~2007)

제7차 교육과정 시기의 교육과정은 국민 공통 기본 교육과정과 고등학교 선택 중심 교육과정으로 구성되었으며, 교육과정 편제는 교과활동, 재량활동, 특별활동으로 편성하였다. 특별활동 교육과정은 자치활동, 적응활동, 계발활동, 봉사활동, 행사활동의 다섯 개 영역으로 편성하였으며, 특별활동 목표는 초·중·고등학교의 학교 급별로 구분하지 않고 이를 하나로 묶어서 총괄목표를 제시하고, 다섯 개 영역별로 구체적인 목표를 제시하였다.

특별활동 운영 면에서는 지역 및 단위 학교의 실정을 고려하여 영역별 편성·운영에서의 융통성을 부여하였다. 또한 특별활동 운영에 대한 연간 최소 이수 시간을 배정하였으나 영역별 시간 수의 배정은 단위 학교에서 결정하도록 하였으며, 영역별로 제시된 활동 내용이 예시적 성격임을 분명히 하였다. 또한 교수·학습방법이나 평가에 관한 사항도 학교급별 구분 없이 동일하게 제시하였는데, 이는 단위 학교의 실정을 고려하여 학교 교육과정을 탄력적으로 운영할 수 있도록 자율권을 확대하기 위한 것이었다.

제7차 교육과정에서는 제6차 교육과정의 '학교 재량시간'을 '재량활동'으로 명칭을 변경하고 재량활동의 교육대상과 운영 시간을 확대 개편하였다. 이와 같은 변화는 학교와 교사에게 교육과정 편성과 운영에 대한 자율성을 부여하고, 아울러 학습활동의 내용에 따라 학생들에게 선택의 권한을 보장해 주고자 하는 취지에서 이루어진 것이다(이규은, 2005). 따라서 재량활동의 운영에서는 학교교육활동 전반에 걸쳐 학생들의 학습경험과 체험이 통합적이고 체계적으로 이루어지도록 강조하였으며, 소집단 공동학습 활동을 중시하여 공동으로 문제를 해결하는 경험을 많이 가지도록 체험활동 중심의 활동을 강화하였다. 재량활동의 운영에는 자기 주도적 학습능력의 배양과 범교과학습의 학습활동을 주요 내용으로 하였으며, 범교과학습내용으로는 '민주시민 교육'을 비롯한 총 16개의 학습내용이 제시되었다. 재량활동의 교육과정 편성과 운영을 통해 학생들의 창의적이고 다양화된 체험활동의 교육이 강화되었음은 물론 교사들의 교육과정에 대한 전문성이 신장되는 계기가 마련되었다.

(3) 2007개정 교육과정의 시기(2007~2009)

제7차 교육과정을 부분 개정한 '2007개정 교육과정'에서는 특별활동을 '교과와 상호보완적 관련 속에서 학생의 심신을 조화롭게 발달시키기 위하여 실시하는 교과외 활동'으로 규정하고, 특별활동의 목표를 제7차 교육과정에서와 같이 하나의 총괄목표 아래 하위 영역별 구체목표를 제시하였다. 또한 특별활동의 영역은 다섯 개 영역으로 설정하고 영역별 목표를 제시하였으며, 특별활동에 대한 연간 최소 이수시간에는 제7차 교육과정과 변화가 없다. 그러나 활동 방법에 있어서는 학생의 요구, 지역 및 학교의 특성을 고려한 융통성 있는 운영, 지역사회와의 연계 운영을 강화하였다.

특별활동의 영역 및 시간 운영의 학교 자율성을 확대하고 특별활동 편성과 운영에 관한 지원을 강조한 점이 특색이다. 특별활동의 평가와 관련하여 활동 영역과 활동 상황을 고려한 평가자를 구분하였으며, 특별활동 평가결과에 대한 활용을 강조함으로써 평가의 실효성을 중시하였다.

또한 재량활동의 편성과 운영으로 지역의 요구와 특성에 적합한 학교교육이 이루어질 수 있도록 하는 교육과정의 편성권이 보다 전문적으로 확대되어 운영됨으로써 학생들의 직접적인 체험활동을 강화해 나갈 수 있는 학교의 자율권이 확대되었다. 이에 따라 교육활동의 다양화를 위해 범교과학습내용이 제7차 교육과정에서의 16개 학습내용을 확대하여 총 35개 영역이 제시되어 학생들에게 보다 폭넓은 학습기회를 제공하고 학교 및 가정, 지역 사회가 교육의 공동주체가 되어 보다 균형적인 전인 교육을 실현하는 계기가 마련되었으며, 교사들에게는 교과외 활동의 창의적이고 다양한 체험학습의 전개를 위한 교육과정에 대한 전문성을 발휘할 수 있는 계기가 마련되었다.

3) 창의적 체험활동 시기

1) 2009개정 교육과정의 시기(2009~2015)

2009개정 교육과정에서는 1954년 제1차 교육과정 개정 이후 교과활동과 더불어 교육과정 편제로 자리매김했던 특별활동과 제6차 교육과정에서 탄생된 재량활동이 창의적 체험활동이라는 새로운 명칭으로 거듭난다. 그러나 창의적 체험활동은 기존의 특별활동이나 재량활동의 하위 영역들을 거부하고 새로운 것으로 탄생된 것이라기보다는, 이를 근거로 하여 학교교육과정에서 체험과 실천을 강조하는 활동으로 현실화시킨 것이라 할 수 있다. 그러므로 창의적 체험활동의 목표를 설정함에 있어서는 제7차 개정 교육과정에서 제시된 특별활동과 재량활동의 목표, 우리나라 교육의 이념과 목적, 총론의 기본목표, 개정의 중점과 각급 학교교육의 목표 등을 고려하여 제시하였다. 또한 국가 · 사회적 요구와 시대적 변화, 학생 · 학부모 등의 교육 수요자의 요구, 교육의 내재적 요구와 사회변화를 고려하여 목표에 대한 비중이나 강조점이 바뀌었으며 기본 방향과 중점이 달라졌다.

제7차 교육과정 개정 이후로 특별활동 교육과정은 학교급별로 구분하지 않고 통합적으로 구성하였는데, 2009개정 교육과정에서도 교육과정을 학교급별로 구분하지 않고 통합적으로 구성하였다. 창의적 체험활동에서 달성하고자 하는 것은 전인교육의 측면에서 학생들의 자율적 능력 신장, 집단활동을 통한 원만한 인간관계, 특기와 소질의 신장 계발, 적성과 소질에 맞는 진로 탐색과 설계, 배려와 나눔을 통한 공동체 의식함양 등이다.

교육과정 개정 시기별 학교급별 특별활동 편성 영역의 변화를 살펴보면 다음과 같다.

첫째, 초등학교 특별활동의 경우, 제1차 교육과정부터 편성되었으며, 제2차 교육과정에서 학생의 개인 능력에 따른 개성의 신장에 관한 것, 개인의 취미 향상에 관한 것, 직업적 요구에 응할 수 있는 특수 기능에 관한 것, 민주적 집회 운영과 생활 태도의 양성에 관한 것이라는 네 가지 범위가 제시되었다. 제3차 교육과정에서는 어린이회 활동, 클럽활동, 학교행사의 세 개 영역으로 구분되었고, 제7차 교육과정에서 자치활동, 적응활동, 계발활동, 봉사활동, 행사활동의 다섯 개 영역으로 구분되어 현재에 이르고 있다.

둘째, 중학교 특별활동의 경우, 제1차 교육과정부터 제4차 교육과정까지 초등학교 특별활동과 동일하게 편성되었다. 제5차 교육과정에서 학급활동, 클럽활동, 전교학생회활동, 학교행사로 제6차 교육과정에서는 학급활동, 학교활동, 클럽활동, 단체활동으로 네 개 영역으로 구성되어 세 개 영역으로 편제된 초등학교 특별활동과 차이를 보였다. 그러나 제7차 교육과정 및 2007개정 교육과정에서는 자치활동, 적응활동, 계발활동, 봉사활동, 행사활동의 다섯 개 영역으로서 초등학교급과 동일하다.

셋째, 고등학교의 특별활동은 대체로 초 · 중학교의 특별활동과 동일하게 편제되었으나, 제3차 교육과정 및 제4차 교육과정에서는 차이를 보였다. 제3차 교육과정에서는 학급활동과 클럽활동으로만 구성되었으며, 제4차 교육과정에서는 학도호국단 활동, 클럽활동, 학교행사로 구성되었다.

이상의 내용을 종합하여 볼 때, 특별활동은 개정 시기 및 학교급별로 교육목표와 편성영역에서 차이가 있었으나, 학생의 집단생활과 관련하여 학교 및 학급 수준의 자치활동, 학교생활 적응활동, 봉사활동, 교내 외 행사활동이, 학생의 개인생활과 관련하여 취미 및 소질의 계발과 학생의 적성 및 진로의 탐색활동이 편성 · 운영되어 왔다.

(2) 2015개정 교육과정의 시기(2015~)

2015개정 교육과정의 창의적 체험활동은 2009개정기의 그것과 유사하고, 안정적인 운영이 가능하다. 다만, 학교급별로 학생들의 발달 특성에 따라 더욱 융통성 있게 초점을 맞추어서 운영할 수 있도록 학교의 교육과정 편성과 운영에서 자율성을 강조하였다. 나눔과 배려의 실천, 개인의 소질 계발이라는 창의적 체험활동의 목표에 보다 접근하기 위해 각 영역별 활동내용을 조정하였다.

학교급별 특성, 학생 발달 수준 등을 고려하여 차별화된 운영이 가능하도록 편성 · 운영 중점을 별도로 설정하였다. 초등학교에서는 학생들의 발달 수준 및 학교의 여건 등을 고려하여 창의적 체험활동의 영역을 선택적으로 편성 · 운영할 수 있도록 허용하였다. 중학교에서는 학생들의 발달 수준, 학교의 여건 등을 고려하여 창의적 체험활동의 영역을 자율적으로 편성 · 운영하고, 학교스포츠클럽 활동 및 자유 학기에 이루어지는 다양한 활동과 연계하여 운영할 수 있도록 하였다. 고등학교는 학생들의 발달 수준, 학교의 여건 등을 고려하여 자율적으로 편성 · 운영하고 학생의 진로와 연계하여 다양한 활동이 이루어지도록 하였다.

또한 4대 영역의 중복성 문제를 해결하고자 하였다. 봉사활동과 진로활동은 자율활동, 동아리활동과 연계하여 운영하도록 강조하였으며, 활동 결과를 NEIS에 편리하게 기재할 수 있도록 하였다. 2009개정 교육과정에서 설정된 39개의 범교과학습주제가 지나치게 세분화되어 창의적 체험활동을 파행적으로 운영하게 만든다는 학교 현장의 요구를 반영하여 10개의 범주로 통합 · 조정하였다.

〈표 10-1〉 개정 시기에 따른 교과외 활동 교육과정의 편성 영역 변화

구분	초등학교	중학교	고등학교
1차(1954년)	• 집회, 기타 민주적 조직하에 운영되는 학생활동에 관한 것 • 학생의 개인 능력에 의한 개별 성장에 관한 것 • 직업준비 및 이용후생에 관한 것 • 학생의 취미에 관한 것		
2차(1963년)	• 학교의 아동 전체가 참가하는 활동 • 학급 생활을 중심으로 한 활동	• 홈룸 • 학생회 • 클럽 활동 • 학생 집회	• 홈룸 • 학생회 • 클럽 활동 • 학생 집회
3차(1973년)	• 학급 활동 • 아동회 활동 • 클럽 활동 • 학교 행사	• 학급 활동 • 클럽 활동 • 학생회 활동	• 학급 활동 • 클럽 활동
4차(1981년)	• 어린이회 활동 • 클럽 활동 • 학교 행사	• 학생회 활동 • 클럽 활동 • 학교 행사	• 학도호국단 활동 • 클럽 활동 • 학교 행사
5차(1987년)	• 어린이회 활동 • 클럽 활동 • 학교 행사	• 학급 활동 • 클럽 활동 • 전교학생회 활동 • 학교 행사	• 학급 활동 • 클럽 활동 • 학생회 활동 • 학교 활동
6차(1992년)	• 어린이회 활동 • 클럽 활동 • 학교 행사	• 학급 활동 • 학교 활동 • 클럽 활동 • 단체 활동	
7차(1997년) 2007년 개정(2007년)	• 자치 활동 • 봉사 활동	• 적응 활동 • 행사 활동	• 계발 활동
2009 및 2015개정 (2009년~)	• 자율 활동 • 봉사 활동	• 동아리 활동(학교스포츠클럽 활동) • 진로 활동	

2. 창의적 체험활동의 교육목표와 내용 체계

창의적 체험활동의 교육적 의의와 중요성이 교육과정에 구체적으로 반영되기 위해서는 교육과정의 목표가 명확하게 제시되어야 할 것이다. 학교교육과정에서 교과활동이 학생들의 인지적 발달에 중점을 두고 있다면, 창의적 체험활동은 인지적 발달과 함께 정의적 발달에 강조를 두어 학생의 전인적 성장을 궁극적인 목표로 하고 있다. 2009년 개정 교육과정부터 학교급별 구분 없이 총괄목표를 제시하고 네 개 영역별로 하위목표를 학습자 중심으로 서술하고 있다. 총괄목표는 초·중등학교 창의적 체험활동 이수를 통해 달성하여야 할 전체적인 교육목표이고, 하위목표는 창의적 체험활동 네 개 영역의 실천을 통해서 달성하고자 하는 구체적인 목표다.

1) 교육목표

창의적 체험활동은 교과와 상호 보완적 관계 속에서 앎을 적극적으로 실천하고 심신을 조화롭게 발달시키기 위하여 실시하는 교과 이외의 활동이다. 창의적 체험활동은 초·중등학교 학생들이 '건전하고 다양한 집단 활동에 자발적으로 참여하여 나눔과 배려를 실천함으로써 공동체 의식을 함양하고 개인의 소질과 잠재력을 계발·신장하여 창의적인 삶의 태도를 기르는 것'을 목표로 한다.

첫째, 특색 있는 활동에 자율적으로 참여하여 일상의 문제를 합리적이고 창의적으로 해결할 수 있는 능력을 기른다. 둘째, 동아리에 자발적으로 참여하여 소질과 적성을 계발하고 일상의 삶을 풍요롭게 가꾸어 나갈 수 있는 심미적 감성을 기른다. 셋째, 나눔과 배려를 실천하고 환경을 보존하는 생활 습관을 형성하여 더불어 사는 삶의 가치를 체득한다. 넷째, 흥미, 소질, 적성을 파악하여 자아정체성을 확립하고, 자신의 진로를 개발하여 지속적으로 발전시킨다.

창의적 체험활동 교육과정은 교육과정의 분권화, 자율화, 특성화를 가장 잘 구현할 수 있는 영역으로, 그 편성·운영의 주체는 학교다. 국가 및 지역 수준에서는 학교와 지역의 특색을 고려하여 전문성을 갖춘 인적·물적 자원을 충분히 제공할 수 있는 기반을 마련한다.

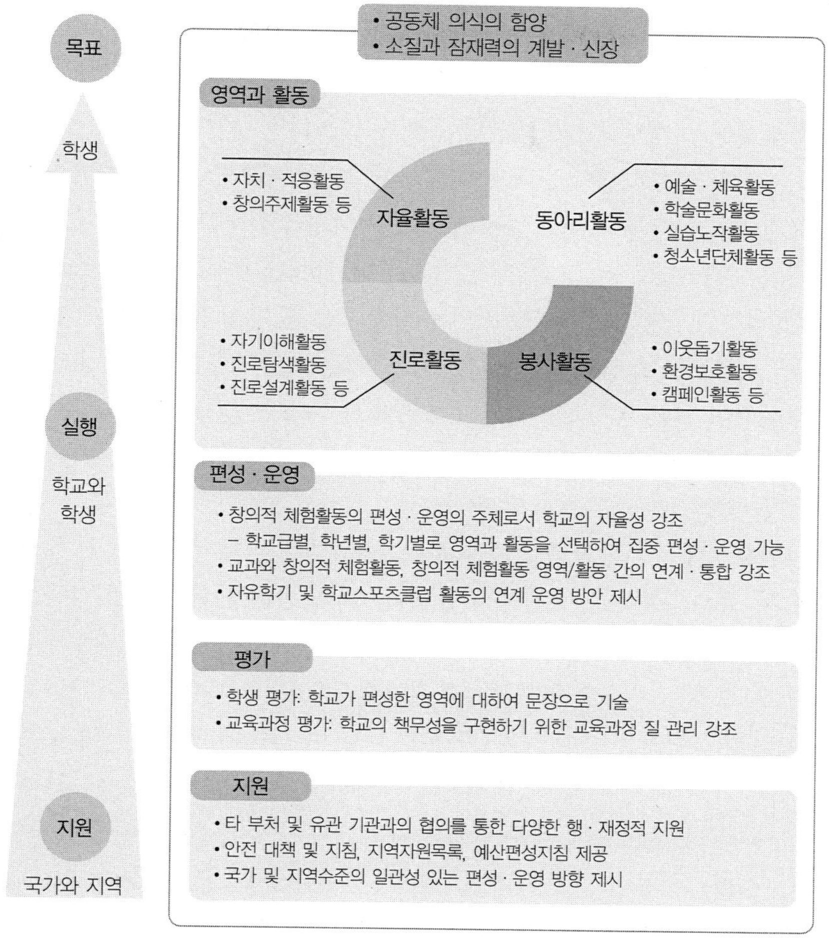

[그림 10-1] 창의적 체험활동 교육과정의 기본 방향

2) 내용 체계

창의적 체험활동은 기존의 특별활동과 재량활동에 비해 내용 체계에 있어서 내용의 적정화와 현실화에 중점을 두고 고안되었다. 제7차 개정 교육과정에서 자치활동, 적응활동, 계발활동, 봉사활동, 행사활동의 5개 영역의 특별활동과 창의적 재량활동과 범교과 학습 재량활동의 2개 영역이 세분화되어 있어서 학교나 교사들이 자율적이고 창의적으로 운영하는 데 어려움이 있어 이를 네 개 영역으로 축소하고 학교와 교사의 재량권을 확대하는 것에 강조점을 두었다. 기존 하위 영역의 명칭들이 목표 중심의 활동명에서 구체적인 내용 중심의 명칭으로 바뀜으로 인해 활동 명칭으로도 무엇을 하고자 하는 활동

이며, 어떻게 활동할 것인가를 분명하게 파악할 수 있도록 하였다. 또한 자율활동 영역을 설정하여 학교와 교사들이 학생 중심의 교육을 자율적으로 실천할 수 있는 영역을 마련하였다.

기존의 특별활동은 계발활동의 측면만이 유독 강조되어 운영되어 왔다. 창의적 체험활동에서도 자신의 개성과 소질을 계발하여 자아실현의 기초를 마련하는 동아리활동이 여전히 중요한 비중을 차지하기는 하지만 자기 정체성을 확립하고 자신의 진로를 탐색하고 계획할 수 있는 진로활동도 각자의 인생을 설계하는 데 중요한 역할을 하게 될 것이다. 또한 형식적인 측면으로 이루어졌던 봉사활동이 좀 더 내실을 기해 학생의 입장에서 할 수 있는 내용으로 소영역이 개편되어 강조되고 있다. 자율활동은 학교와 교사에게 자율성을 부여하기 위한 영역으로 학교가 중점을 두고 있는 교육을 강조하여 특색 있는 학교를 만드는 데 활용하거나, 학생들에게 필요하지만 교과활동이나 시수에 밀려 하지 못한 활동 등을 중심으로 이루어지게 된다.

창의적 체험활동에서 기존의 특별활동과 재량활동의 영역과 비교하여 신설된 활동 영역은 자율활동, 동아리활동, 진로활동이 있으며 봉사활동은 하위 영역의 명칭은 그대로 사용하고 있으나 내용적인 측면에서 변화가 있다. 새롭게 신설된 자율활동은 특별활동의 적응활동, 자치활동, 행사활동과 창의적 특색활동으로 구성되어 있다. 창의적 특색활동은 학교 특색활동과 학생 중심 특색활동으로 나눌 수 있는데, 학교 특색활동은 전통적으로 계승되어 온 학교의 전통문화나 활동을 계승하거나 새로운 학교 전통문화를 신설하여 발전시켜 나가는 활동으로 다른 학교와 차별되게 각 학교에서 내세울 수 있는 활동을 의미한다. 동아리활동은 기존 특별활동의 계발 활동과 크게 다르지는 않으나, 학생 중심의 활동을 강조하는 의미에서 동아리활동으로 명명되었다. 또한 기존의 세분화되어 있던 소영역 구분을 단순화하여 학술활동, 문화예술 활동, 스포츠 활동, 실습 노작 활동, 청소년 단체 활동으로 제시하였다. 봉사활동은 같은 명칭을 사용하나 내용적인 측면에서는 학생들이 실행할 수 있는 실천 위주의 명칭으로 교내 봉사활동, 지역 봉사활동, 자연보호 활동, 캠페인활동으로 분류하였다. 진로활동은 기존의 특별활동에서는 적응활동의 활동 중에 하나였으나, 사회적 요구에 의해 강조되어 하위 영역으로 자리매김하였다. 진로활동은 진행 순서에 근거하여 자기이해 활동, 진로 탐색 활동, 진로계획 활동, 진로 체험 활동으로 영역이 분류되었다.

창의적 체험활동의 내용은 창의적 체험활동의 총괄목표와 하위목표를 근거로 하여, 목표달성에 직결되는 구체적인 활동을 중심으로 선정되었다. 창의적 체험활동의 내용 체계는 창의적 체험활동의 본질적인 특성을 부각시킬 수 있는 목표 중심으로 자율활동, 동아리활동, 봉사활동, 진로활동의 네 개 영역으로 설정하고, 각 영역에 따른 내용

〈표 10-2〉 창의적 체험활동의 영역별 활동 체계표

영역	활동	학교급별 교육의 중점	
자율 활동	• 자치 · 적응활동 • 창의주제활동 등	초	• 입학 초기 적응활동, 사춘기 적응활동 • 민주적 의사 결정의 기본 원리 이해 및 실천 • 즐거운 학교생활 및 다양한 주제 활동
		중	• 원만한 교우 관계 형성 • 자주적이고 합리적인 문제해결능력 함양 • 폭넓은 분야의 주제 탐구 과정 경험
		고	• 공동체 구성원으로서 주체적 역할 수행 • 협력적 사고를 통한 공동의 문제 해결 • 진로 · 진학과 관련된 전문 분야의 주제 탐구 수행
동아리 활동	• 예술 · 체육활동 • 학술문화활동 • 실습노작활동 • 청소년단체활동 등	초	다양한 경험과 문화 체험을 통한 재능 발굴, 신체 감각 익히기와 직접 조작의 경험, 소속감과 연대감 배양
		중 · 고	예술적 안목의 형성, 건전한 심신 발달, 탐구력과 문제해결력 신장, 다양한 문화 이해 및 탐구, 사회 지도자로서의 소양 함양
봉사 활동	• 이웃돕기활동 • 환경보호활동 • 캠페인활동 등	초	봉사활동의 의의와 가치에 대한 이해 및 실천
		중 · 고	학생의 취미, 특기를 활용한 봉사 실천
진로 활동	• 자기이해활동 • 진로탐색활동 • 진로설계활동 등	초	긍정적 자아 개념 형성, 일의 중요성 이해, 직업 세계의 탐색, 진로 기초 소양 함양
		중	긍정적 자아 개념 강화, 진로 탐색
		고	자신의 꿈과 비전을 진로 · 진학과 연결, 건강한 직업의식 확립, 진로 계획 및 준비

이 소영역으로 구분되어 있다. 2009개정 교육과정의 창의적 체험활동의 기본 특성을 공유하는 2015개정 교육과정을 통해 조정된 창의적 체험활동의 영역별 활동 내용은 〈표 10-2〉와 같다.

또한 범교과학습의 내실 있는 운영을 위해 주제별 내용요소를 설정하고, 관련된 교과(목) 성취기준에 범교과학습 내용을 연계 · 반영하였다. 교과학습을 통해 범교과학습 주제가 체계적으로 다뤄지도록 하였으며, 향후 교과서 개발 시 범교과학습주제를 반영하여 개발하도록 할 예정이다.

〈표 10-3〉 2015개정 교육과정의 10대 범교과학습주제

안전 · 건강교육, 인성교육, 진로교육, 민주시민교육, 인권교육, 다문화교육, 통일교육, 독도교육, 경제 · 금융교육, 환경 · 지속가능발전교육

3) 창의적 체험활동의 운영

학교급별 특성, 학생 발달 수준 등을 고려하여 차별화된 운영이 가능하도록 편성 · 운영 중점을 별도로 설정되었다. 즉, 초등학교에서는 학생들의 발달 수준 및 학교의 여건 등을 고려하여 창의적 체험활동의 영역을 선택적으로 편성 · 운영할 수 있도록 허용하였다. 중학교에서는 학생들의 발달 수준, 학교의 여건 등을 고려하여 창의적 체험활동의 영역을 자율적으로 편성 · 운영하고, 학교스포츠클럽 활동 및 자유학기에 이루어지는 다양한 활동과 연계하여 운영할 수 있도록 하였다. 고등학교는 학생들의 발달 수준, 학교의 여건 등을 고려하여 자율적으로 편성 · 운영하고 학생의 진로와 연계하여 다양한 활동이 이루어지도록 하였다.

창의적 체험활동의 시간 운영은 학교의 교육 여건을 고려하여 정일제, 격주제, 전일제, 집중제 등을 활용할 수 있다.

〈표 10-4〉 창의적 체험활동의 시간 운영 방법과 특징(예시)

방식	시간 운영 방법	특징(또는 예시)
정일제	한 학기 또는 한 학년 동안 매주 동일한 요일, 동일한 시간에 운영	매주 고정 시간표를 활용하는 경우에 적합하며, 운영의 안정성을 보장함
격주제	한 학기 또는 한 학년 동안 격주로 운영	동아리 활동 및 실기 실습 관련 교육과 같이 주당 2시간 이상의 활동이 요구되는 경우에 적합하며, 운영의 안정성을 보장함
전일제	하루 동안 교과 활동 없이 창의적 체험활동 시간으로 운영	주제 중심 통합 편성 및 발표회, 체육대회, 일일형 현장체험학습 등에 활용될 수 있음
집중제	전일제의 연장선에서 2일 이상을 교과 활동 없이 창의적 체험활동 시간으로 운영	숙박형 현장체험학습에 해당하며, 등하교 형과 캠프 형 중에서 선택하여 운영할 수 있음
	특정 주, 월, 분기, 기간에 집중적으로 시간을 운영하되, 해당 기간 동안 교과와 창의적 체험활동을 함께 운영	1학년 입학 직후 3~4월의 2개월간 창의적 체험활동을 자율활동 중 '적응활동' 중심으로 운영하거나 '생명 존중 주간' 등의 집중 프로그램을 운영하는 경우 등에 활용할 수 있음

창의적 체험활동의 영역별로 평가 관점을 마련하고 참여도, 협력도, 열성도 등이 골고루 반영되도록 평가 기준을 작성, 활용한다. 평가 관점과 평가 기준의 예시는 각 학교에서 해당 학년/학기에 편성한 활동과 학생들의 발달 단계를 고려하여 재구성하여 활용한다.

〈표 10-5〉 창의적 체험활동 평가 기준(예시)

기준	평가 관점(예시)
참여도	활동에 대한 참석 정도, 실천의 지속성 등
협력도	집단 활동에의 기여 정도, 실천 활동에 대한 협동성, 협력의 지속성 등
열성도	활동에 대한 흥미와 관심, 활동에 대한 책임감, 적극성, 자기 주도성 등

3. 외국에서의 교과외 활동

여기에서는 외국에서의 교과외 활동에 관한 운영 실태를 분석하여 교육과정 개정에 따른 시사점을 추출하고자 영국, 미국, 독일, 싱가포르, 중국, 타이완 등 6개국을 대상으로 교과외 활동 운영 실태를 분석하였다. 외국의 교과외 활동 운영은 나라마다 독특한 문화를 바탕으로 하기 때문에 그 운영의 양상을 일정한 틀을 통해서 분석하는 것은 매우 어려운 일이다. 따라서 여기서는 국가마다 운영되는 교과외 활동과 관련하여 공식적인 문서나 운영 배경이 무엇인지, 학교에서 교과외 활동을 운영하는 형태나 내용은 무엇인지 등과 같은 점에 초점을 두고 분석하였으며, 그 내용은 다음과 같다(이규은, 2009: 65-68).

1) 영국

교과외 활동이라 함은 대표적으로 '특별활동'이라는 명칭을 사용하는 교육과정 영역이다. 영국에서의 교과외 활동은 Extra curricular, After school club, After school activities, Out of school activities, Extended school activities 등으로 불리며, 방과 후 학교에서 하는 클럽활동을 일반적으로 'Extra curricular'라고 부른다. 우리나라에서 교과외 활동 중 '특별활동'이라고 불리는 것은 학교나 교사, 학생 모두에게 의무적으로 학교교육을 통해 시행하고 있는 것에 비해 영국은 누구에게도 강제로 학교교육을 부여하지 않는다. 또한 한국의 경우, '방과 후 자율학습'의 경우에 활동한 시간을 정규 교육과정의 교과외 활동으로 포함시키지 않고 있으나, 영국의 경우에는 이런 활동도 정규 교육과정의 범주에 포함시키고 있다. 그러나 이와는 반대인 경우도 있다. 영국의 정규 교과외 활동으로서의 '특별활동'이라 함은 '학교시설 내에서 점심시간과 방과 후 시간에 이루어지는 학생들의 클럽활동'을 의미한다고 할 수 있다.

영국에서도 교과외 활동과 관련한 교육과정 운영에 최근 들어 높은 관심을 보이며 교과외 활동의 활성화를 위해 노력하고 있다. 2005년 9월에 교육부가 발표한 'Extended Schools: Access to opportunities for all: A prospectus'에 의하면 특별활동 운영과 관련하여 ① 학습지원study support, ② 아동보호child care, ③ 스포츠와 예술에 대한 기회 제공access to sports and arts, ④ 지역사회를 위한 ICT 제공ICT provision for the community, ⑤ 가정지원family support, ⑥ 학부모 참여parental involvement, ⑦ 건강과 사회 안전health and social care, ⑧ 성인 및 가정교육adult and family learning 등의 역할을 학교가 수행해야 한다고 밝히고 있다.

영국의 교과외 활동 내용은 학교마다 차이를 보이나, 일반적으로 봉사, 기술(개인의 흥미 발달), 체육활동, 탐험 등의 내용을 중심으로 구성되어 있다. 특히 영국의 중·고등학교에서는 교과외 활동을 통해 다양한 체육활동을 실시할 수 있도록 활성화하고 있어, 사격, 펜싱, 골프 등 다양한 종목이 편성되어 운영되고 있고, 노인을 위한 봉사활동으로 '노인에게 말동무 되어 드리기 활동' 등과 같은 내용도 정규 교육과정 안에서 교과외 활동의 일환으로 운영되고 있다.

2) 미국

미국의 교과외 활동은 학교의 여건과 학교장의 철학 등에 의해 다양한 형태로 운영되고 있다. 미국의 연방정부나 주 정부에서는 교과외 활동 운영에 대한 공식적인 문서나 지침이 제공되지 않는 분권적 교육과정 의사결정 방식을 채택하고 있다. 그러나 미국의 교과외 활동은 학생들에게 다양한 활동을 경험시키는 교육의 중요한 영역으로 자리 잡고 있다. 특히 교과외 활동이 학교교육에서 학생의 전인적 발달을 조장하는 경험을 제공해야 한다는 발달적 관점에서 교과 활동 못지않게 중요한 영역으로 간주되고 있다.

교과외 활동의 운영 내용을 미국 플로리다Florida 주 산타로사Santa Rosa 교육구의 교과외 활동 운영 사례를 중심으로 살펴보면 협력활동co-curricular activities, 학생 자치활동autonomy activities, 보호자 참여활동patron involvement, 특색활동special features의 네 가지 영역으로 편성하여 운영된다. 구체적인 활동 내용으로는 운동·스포츠 관련 활동, 음악, 미술, 드라마, 봉사, 치어리더, 사교 관련 활동, 취미, 여가, 학생회 등이 있으며, 이와 관련한 프로그램을 학생들에게 제공하고 있는데, 학교에 따라 다소 특징적인 프로그램을 제공하기도 한다. 일반적으로 교과외 활동 프로그램의 경우, 초등학교보다 중·고등학교에서 보다 더 다양한 프로그램을 제공하고 있으나, 학생들은 운동·스포츠 관련 활동에 대한 참여가 높고 더 치중하는 편이다.

교과외 활동 운영 시간은 프로그램 종류에 따라 차이가 있지만, 중학교에서는 매일

1시간 30분에서 2시간 정도 실시하고, 고등학교에서는 매일 2시간씩 실시하는 것이 일반적이다. 그러나 교과외 활동 프로그램에 따라서는 주 1회 운영하는 경우도 흔히 있다. 교과외 활동은 주로 방과 후 활동으로 운영되며 학생들의 희망에 따라 선택적으로 참여한다. 교과외 활동의 지도는 담당교사가 지도하는 것이 보통이지만, 각종 스포츠와 같이 전문적인 능력이 필요한 경우에는 외부 전문가를 선발하여 운영하기도 한다.

미국의 교과외 활동은 지적 활동보다 사회적 활동을 더 강조하고, 학생 주도적으로 운영하며, 방과 후 또는 주말과 같은 정규학교 수업 시간 이외에서 이루어진다. 또한 교과외 활동은 필수적으로 참여하기보다 학생들의 선택과 자발적 참여를 강조하는 점이 특징이다.

3) 독일

독일은 독립된 16개 주로 이루어진 연방국가로서 주 정부의 실정에 맞게 교과외 활동의 운영과 방법을 도모하고 있다. 독일에서의 교과외 활동 운영의 성격은 최근 변화를 보이고 있다. 종전에는 학교 밖의 사회교육기관에서 교과외 활동을 주로 담당하고 있어서 학교 안에서의 교과외 활동은 그다지 활성화되지 않았었다. 그러나 최근 교육개혁을 통한 새 교육법에서는 학교가 교과 수업 외의 교과외 활동을 관장하는 역할을 강조하고 있다. 교육개혁의 일환으로 초등학교의 전일제가 추진되면서 학교가 당연히 수용해야 하는 입장을 취하였다. 베를린의 학교법 제19조에서 "학교는 학생들의 숙제 및 AG(Arbeits Gemeinschaft)를 관리해야 한다."라고 명기한 것 등이 그 예다.

독일에서 이루어지는 정규 교육과정에서의 교과외 활동 내용으로는 등산, 합창, 체육활동, 연극이나 뮤지컬 프로그램 관람, 수학여행과 정치교육, 농촌 자연학교 체류, 기술 및 매체교육, 환경교육, 프로젝트 학습의 날 운영, 외국 학생들 간의 교류활동 등이 있다. 독일의 교과외 활동은 학교에서 실시하는 프로그램뿐 아니라 학교 내 청소년 유관단체의 교과외 활동이나 학교 외 청소년 단체나 각종 기관에서 실시하는 교과외 활동 등이 있다.

학교에서 이루어지고 있는 교과외 활동 프로그램은 등산, 합창, 체육활동, 연극, 수학여행과 정치교육, 자연체험, 프로젝트 운영의 날, 외국 학생과의 교류 등이 있다. 독일에서 이러한 교과외 활동들은 주로 중등학교에서 이루어지는데, 구체적으로 Ulicianum-Aurich 김나지움에서는 방과 후 활동으로 수업의 연장선상에서 교과외 활동을 운영하고 있다. 예를 들어, 외국 문화탐구, 수업 연장 프로젝트, 동아리 활동, 학문교류의 날 행사, 교환학생 프로젝트 등이다(이광우 외, 2007).

4) 싱가포르

싱가포르에서 정규 교육과정에서의 교과외 활동(Co-Curriculum Activities: CCA)은 국가 수준에서 제공하는 공식적인 문서에 의한 교육은 아니다. 그러나 학교 수준에서 학교 나름대로 단위 학교의 목표를 설정하고 이에 적합한 활동을 실시함과 동시에 활성화를 위해 지속적인 노력을 기울이고 있다.

싱가포르에는 국가 수준에서 제공하는 교과외 활동의 공식적인 문서는 없다. 다만, 단위 학교 수준에서는 초 · 중 · 고 학교급에 따라 학교 나름대로 목표를 설정하여 제시하고 있다. 학생들에게 종합교육을 제공하고, 그들의 흥미와 재능을 발견할 기회를 제공하기 위해서 교과외 활동을 실시한다(이광우 외, 2007). 싱가포르에서 방과 후 교육활동으로 이루어지는 대부분 교과외 활동 영역은 ① 클럽과 공동체: 과학클럽, 수학클럽, 체스클럽 등, ② 스포츠: 수영, 체조, 배드민턴, 테니스, 볼링, 요트, 하키, 축구, ③ 청소년 활동반uniform group: 소녀단 단원, 국가 군사 교련단敎練團, 국가 경찰 교련단, 요한 구급단救急團, 스카우트, 남학생 단체, 여학생 단체 등, ④ 미학aesthetics: 현대무용, 합창단, 밴드, 중국관현악단, 예술클럽 등으로 구분된다. 이들 영역 아래 몇 가지의 교과외 활동 프로그램이 있는지는 학교에 따라 다르다. 일반적으로 고등학교가 초등학교에 비해 더 많은 수의 교과외 활동 프로그램을 제공한다.

정규 교육과정에서 교과외 활동의 수업 시수는 공식적으로 정해져 있지 않으며, 학교에 따라 주당 1～2시간, 혹은 2～3시간으로 운영되고 있다. 학교마다 각 학생이 이수해야 할 최소한의 교과외 활동 시간이 있지만, 일정하지 않고 다양하다. 인기가 많은 교과외 활동 프로그램에 포함된 학생들은 그렇지 않은 학생들에 비해 보다 많은 시간을 교과외 활동에 투자하게 되며, 최소한 일주일에 2시간 정도는 된다고 볼 수 있다(이광우 외, 2007). 싱가포르의 교과외 활동은 주로 방과 후 활동으로 운영된다. 학생들은 자신의 희망에 따라 선택적으로 참여할 수 있으나, 반드시 한 가지 이상의 활동에 참여하여야 하는 의무사항이 있다. 교과외 활동의 지도교사는 학교 내 소수의 교사가 담당하여 배정되며, 인기가 많은 교과외 활동 내용의 경우에는 외부의 강사를 고용하기도 한다. 이와 같이 외부의 강사를 고용할 경우에는 교사들은 프로그램의 감독과 조정 역할을 맡아 지도한다.

5) 중국

중국은 정규 교육과정으로 이루어지는 교과외 활동을 '과외활동'으로 부르고 있다.

중국의 교과외 활동은 국가 수준에서 과외활동의 시간과 내용을 간단하게 언급하고 있으며, 구체적인 과외활동의 편성 운영권은 단위 학교에 주어져 있다. 1993년도에 적용되기 시작한 초 · 중등학교교육과정이나 2000년도부터 적용된 고급 중학교 교육과정에는 과외활동을 '활동류 과정'이라 하여 교과와 함께 중요한 과정으로 교육과정 문서상에 포함하고 있다. 또한 과외활동의 중요성을 강조하여 과외활동 영역에 비교적 많은 시간을 배당하고 있다. 그러나 과외활동 교육과정에 관한 각론은 없다. 따라서 과외활동의 구체적인 편성과 운영 권한이 학교에 주어짐으로써 단위 학교 차원에서 매우 다양한 과외활동이 이루어지고 있다.

중국의 교육과정상에는 총론에 해당하는 부분에 과외활동의 시간과 내용을 간단히 언급하고 있으며, 과외활동과 관련한 구체적인 교육과정 편성과 운영권은 학교에 자율권이 주어져 있다. 중국의 과외활동은 학생의 전인적 발달뿐 아니라 공산주의 사회에 요구되는 인재의 양성을 목적으로 하고 있으며, 특히 신체의 단련과 생산 노동, 사회봉사 등을 크게 강조하고 있는 점이 특징이라고 할 수 있다. 중국 정부는 교과활동 못지않게 과외활동의 중요성을 강조하고 있다. 중국은 과외활동의 질에 대한 총체적인 평가를 비롯하여 과외활동의 성과에 대한 평가를 하고 있다. 과외활동의 성과를 학부모와 사회에 알려 피드백을 받고 있다. 학부모회의를 소집해서 과외활동의 평가 결과를 공개하기도 한다. 즉, 과외활동의 우수한 성과, 수상 항목과 수상자에 대한 것 등을 기록 보관하여 개개 학생의 발전과정을 학생이 성장할 때까지 관리하고 있다.

고등학교의 과정에서는 과외활동이라는 용어와 함께 교과외 활동의 의미로 '종합 실천활동'이라는 용어를 사용한다. 고등학교의 종합 실천활동은 연구성 학습활동, 지역사회 봉사(10일), 사회 실천활동(1주) 등의 세 영역으로 구성되어 있다. 이러한 종합 실천활동은 사회주의의 성격을 반영하여 사회봉사를 중시하고 있으며, 특히 지역사회 봉사와 사회 실천활동은 필수적으로 이수하도록 하고 있다.

6) 타이완

타이완의 교과외 활동은 연과활동聯課活動 또는 과외활동課外活動, 사단활동社團活動 등으로 불리다가 2001년 초 · 중학교교육을 9년으로 연계하는 일관교육一貫教育을 도입하면서부터 '종합활동綜合活動'이라고 부르게 되었다. 그러나 타이완의 종합활동에는 우리나라와 달리 교과외 활동뿐 아니라 상담 및 통합학습의 내용을 포함하고 있는 것이 특징이다.

타이완의 교육과정도 초 · 중학교교육과정에는 '종합활동'으로 제시되어 있으나, 고등학교의 경우에는 과외활동으로 제시되어 상담활동이나 통합학습과 분리되어 우리나라의 교과외 활동과 같은 성격으로 운영되고 있다. 따라서 타이완의 교과외 활동에 대한 목표도 초·중등학교의 내용은 제시되어 있지 않고 고등학교의 목표만 제시되어 있으며, 학년별로 구분되어 있지 않고 학교급별로 전체적으로 요약 진술되어 있다.

교과외 활동의 내용은 ① 학급활동, ② 클럽활동, ③ 학생자치활동, ④ 서비스 활동, ⑤ 학교의 특색 있는 활동 등 모두 다섯 개 영역으로 구성되어 있으며, 문서 내용은 ① 목표, ② 핵심능력, ③ 시간 할당, ④ 교재요강, ⑤ 실시방법 등으로 구성되어 있다. 교과외 활동의 수업 시수는 주당 2시간으로 편성되어 있다(이광우 외, 2007).

타이완의 교과외 활동은 우리나라와 같이 정규 교육과정 안에 편성하여 운영되고 있다. 따라서 교육과정 안에서의 규정된 시간 운영으로 제한적으로 운영되기는 하나, 필요에 따라 학교의 특성화 활동으로 학교 내 교사뿐 아니라 지역사회의 인사나 학부모의 인적 자원을 활용하여 각종 대외 활동이나 지역사회 행사에 참여한다.

7) 외국의 교과외 활동의 시사점

우리나라 교육과정에서 그동안 교과외 활동으로 이루어져 왔던 특별활동과 재량활동의 변천 과정과 외국에서의 교과외 활동 운영에 관한 실태 분석을 통해 얻은 시사점은 다음과 같다.

첫째, 우리나라 교육과정에서 교과외 활동은 학생들의 전인적 성장을 위한 교육 방안의 일환으로 정규 교육과정에 도입되어 편성해 왔다.

둘째, 우리나라의 교육과정에서는 교과활동과 교과외 활동을 분명하게 구분하였으며, 교과외 활동은 특별활동으로 일원화해서 운영되었던 시기와 특별활동 및 재량활동으로 이원화해서 운영했던 시기 및 창의적 체험활동으로 통합된 시기로 구분된다.

셋째, 교과외 활동에서는 스포츠와 예술교육을 강화하고 있다. 대부분 외국에서도 학생들의 교과외 활동으로 스포츠와 예술교육을 강화하고 있으며, 특히 스포츠 활동 분야에서는 매우 다양한 종목의 프로그램이 개설되어 운영되고 있으며, 전문적인 지도교사를 선발하여 활용하고 있다.

넷째, 교과외 활동에서는 봉사활동을 중시하고 있다. 타이완의 서비스 활동, 영국의 봉사활동, 중국의 지역사회 봉사 등과 같은 외국의 교과외 활동에서는 학생들의 봉사활동을 중시하여 운영하고 있다.

다섯째, 교과외 활동에서는 학생들의 직접적인 체험을 중시하고 있다. 영국이나 독일의 교과외 활동으로 운영되는 교류활동, 중국의 종합 실천활동 등과 같이 학생들이 직접 참여하여 활동함으로써 경험의 기회를 확대하려는 방향으로 교과외 활동이 운영되고 있다.

여섯째, 청소년 단체 활동을 교과외 활동으로 통합하여 운영하고 있다. 싱가포르의 청소년 활동반, 타이완의 사단활동 등과 같이 학교에서 구성된 학생들의 청소년 단체 활동을 교과외 활동과 통합하여 교과외 활동 범위 안에서 운영하고 있다.

일곱째, 학생들의 자발적 참여와 창의적 탐구를 중시하고 있다. 영국의 탐험활동, 독일의 프로젝트 학습의 날, 미국의 협력활동이나 특색활동, 중국의 연구성 학습활동 등과 같이 학생들이 참여하는 체험활동을 통해 탐구능력을 육성하기 위한 활동으로 활용하고 있다.

이상에서 분석된 시사점을 바탕으로 교과외 활동의 개정 교육과정 방향을 설정하면 개정 교육과정에서는 학생들의 체험을 강화하고 탐구능력이 길러질 수 있는 창의적인 활동이 중시되어야 할 것이다. 또한 학생들의 건강한 미래와 여가 선용을 위해서는 체육활동과 예술활동을 강화하고, 더불어 사는 사회, 건강한 사회로의 발전을 위한 봉사활동의 강화 방안도 모색되어야 한다. 교육과정 내에서 교과외 활동이 전인교육의 실현을 위한 교과와의 상호보완적 관계가 유지될 수 있도록 하는 방안도 교육과정의 개정에서 중시되어야 한다.

이 장의 요점 정리

1. 2009개정 교육과정 이후 교과외 활동을 창의적 체험활동으로 명명하고 자율활동, 동아리활동, 봉사활동, 진로활동으로 나누고 있다. 교과교육이 상대적으로 과업 지향적이라면, 창의적 체험활동은 상대적으로 인화 지향적이다.

2. 창의적 체험활동의 편성과 운영에서는 학교의 교원들이 자율성과 전문성을 발휘할 여지가 높아 학교 전체의 특성을 만들어 내는 데 매우 중요하다. 학교 전체의 구성원들이 전체적으로 혹은 집단별로 무학년제로 실시할 수도 있다. 학년군별로 학생들의 발달단계 맞게 창의적 체험활동의 네 가지 하위영역을 특색 있게, 융통성 있게 운영할 수도 있다.

3. 창의적 체험활동은 교과외 활동과 교과를 통합하는 주제 활동으로 나눌 수 있다. 교과외 활동은 교과에 비해 개인의 교육적 요구에 알맞은(personalized), 소질과 적성을 개발할 수 있는 여지가 높다. 교과의 공통적인 주제들은 세계성, 창의성, 진로, 인성과 사회성, 개인 연구 등이 있다.

4 교과교육이 교과특성에 맞게 잘 이루어지면 창의적 체험활동의 필요성이나 비중은 줄어들 수 있다. 역으로 교과교육이 강고하게 중독필 조장다시에 매여 있다면 창의적 체험활동의 필요성이나 비중은 더 늘어날 수 있다. 창의적 체험활동은 교과로서는 달성하기 어려운 인성, 사회성 등 심신의 건강과 학교구성원들 간의 화합을 도모하는 데 필수적이다.

이 장의 주요 용어

교과외 교육과정 extra-curriculum, 교과통합 교육과정 cross-curriculum, 범교과학습 cross-subjects learning, CAS Creativity, Activity, Service

연구과제

1. 교과교육이 그 특성에 맞게 잘 이루어지면 교과외 활동의 필요성은 줄어들지 생각해 보시오.
2. 교과외 활동은 상대적으로 학교 전체의 학생 수에 의해 좌우됩니다. 농 · 산 · 어촌의 소규모 학교에서 교과외 활동이 어려운 이유를 찾아보시오.
3. 각국 혹은 외국 학교의 교과외 활동 중 우리나라에 이식되면 좋을 만한 프로그램을 조사해 보시오.

제11장

교과서의 연구 개발

학교 수업용 교재는 공식적으로 교육과정을 구현한 학생용 교과서, 교육과정과 교과서를 이어 주는 교사용 지도서, 그리고 상업용으로 출판된 교과서 해설서 및 평가 자료집의 성격을 지닌 참고서 등이라고 할 수 있다. 여기서는 교육과정의 공식적인 구현물로서 교과서와 지도서, 특히 학생용 교과서를 중심으로 살펴보기로 한다.

학교급(학년군)이나 학생들의 발달 단계, 교과군의 특성, 특히 세계화, 다양화, 다원화, 개인화, 정보화, 전산화 등에 따라 교과용 도서의 범위, 저작, 발행제(국 · 검 · 인정 심사제), 형태(서책과 전자도서), 편집체제와 내용, 공급, 선정, 가격 등이 점차 달라진다. 학생과 교사에게 가장 좋은 질의 교과서를 확보하여 제때에 제공한다는 측면에서 볼 때 우리나라 교과서 제도는 어떤 점을 개선해야 할까? 교과교육과정기준에서 수업으로 이어지는 데 교과서가 최선의 매개체일까?

1. 우리나라 교과서 제도의 이해

교과서에 대해서는 나라마다 교육에서 차지하는 비중이나 기능으로 인해 다른 특성을 갖고 있지만, 우리나라는 20세기 후반 교육의 양적 팽창에서 고른 학습기회와 일정한 질의 학습수준을 유지하는 데 교과서가 큰 기여를 해 왔다. 교과서 한 권으로 해당 분야의 학습을 마감할 정도였다. 교과서는 진리, 진실, 사실의 잣대였고, 일종의 암기할 대상으로서 경전經典, canon에 가깝기도 하였다.

그러나 최근 지식의 폭증, 지식의 유효기간 단축, 지식 습득 원천의 다변화, 교사 중심에서 학생참여형 수업으로의 변화 등으로 인해 교과서의 기능이 매우 약화되고 있다. 일부에서는 공식적인 교과서보다 시중의 다른 정보원을 재구성한 자료를 교육용 교재로 삼기도 한다. 심지어 교과서 없는 수업을 이상적인 것으로 여기기도 한다. 보다 열린 교과서관과 닫힌 교과서관으로 나눌 수도 있다. 그 형태에서도 정보화, 지능화로 인해 종이로 된 서책형보다 정보화·멀티미디어화하는 추세다.

교육과 수업 및 학습에서 교과서의 위상과 기능이 어떠한가는 학생들의 발달 단계나, 교과군의 특성에 따라 많이 다르다. 유아학교에서는 교과서가 반드시 필요하지 않을 수 있고, 역사 등은 체육이나 예술보다 교과서의 비중이나 역할이 더 클 수 있다. 교과서에 수업, 평가 등이 종속될 수는 없지만 교수학습의 일정한 방향, 범위, 수준, 분량, 심도 등을 정하는 데 있어 교과서는 여전히 중요하다. 일부 교과에서 교과서는 교과교육과정기준을 수업으로 연결시키는, 교사와 학생의 상호작용을 돕는 가장 중요한 매개체임은 분명하다. 특히 초등 고학년부터 중등학교까지 국어, 영어, 수학, 과학, 사회, 기술 등의 공식적인 교육과정에서 교과서의 위치는 수업, 학습, 평가 범위나 수준 등을 정하는 데서 여전히 중요한 잣대가 되고 있다. 교육 실제에서 교과서의 위상과 기능을 좌우하는 것은 공식적인 교과서 제도에 힘입는 바가 크다.

교과서 제도는 좋은 교과서를 편찬, 발행하고, 또 제작된 교과서를 제때에 공급하기 위한 과정 및 결과와 이에 대한 일련의 행정조치를 의미한다. 교육부 등의 관여 정도에 따른 국정제, 검정제, 인정제를 통해 교과서가 발행·공급된다는 것과 그 차이를 이해하는 것이 중요하다.

1) 교과서 제도의 개관

교과용 도서에 관한 규정에 따르면, '교과용 도서'란 교과서 및 지도서를 말한다. '교과서'라 함은 학교에서 학생들의 교육을 위하여 사용되는 학생용의 서책·음반·영상 및 전자 저작물 등을 말한다. '지도서'는 학교에서 학생들의 교육을 위하여 사용되는 교사용의 서책·음반·영상 및 전자 저작물 등을 말한다. 교과용 도서는 교과서, 지도서와 함께, 전자도서를 폭넓게 지칭하고 있다.

학교에서 교과서를 사용하는 법적 근거는 다음에 있다. 즉, 「초 · 중등교육법」 제23조(교육과정 등)에서는 "학교는 교육과정을 운영하여야 한다."라고 되어 있다. 이 교육과정의 결정에 대하여 "교육부장관은 제1항의 규정에 의한 교육과정의 기준과 내용에 관한 기본적인 사항을 정하며, 교육감은 교육부장관이 정한 교육과정의 범위 안에서 지역의 실정에 적합한 기준과 내용을 정할 수 있다."라고 하고 있다. 이 교육과정이 구체화된 교과서에 대해서 「초 · 중등교육법」 제29조(교과용 도서의 사용)는 "학교에서는 교육부가 저작권을 가지고 있거나 교육부장관이 검정하거나 인정한 교과용 도서를 사용하여야 한다."고 하는 바, 이 규정이 교과서에 대한 교육부 관여의 법적 근거라고 할 수 있다. 또한 제2항은 "교과용 도서의 범위 · 저작 · 검정 · 인정 · 발행 · 공급 · 선정 및 가격 사정 등에 필요한 사항은 대통령령으로 정한다."라고 규정하고 있다. '교과용 도서에 관한 규정'에서는 교과용 도서의 편찬 · 검정 및 인정, 심의, 수정 및 개편, 발행, 가격결정, 감독, 권한위임 등에 대해 자세히 규정하고 있다.

교과용 도서의 종류로서 '국정도서'는 '교육부가 저작권을 가진 교과용 도서'를 지칭하고, '검정도서'는 '교육부장관의 검정을 받은 교과용 도서'를 말한다. 즉, 검정도서는 출판사가 책임지고 제작하여 정부로부터 사용 승인을 받은 도서다. '인정도서'는 국정도서, 검정도서가 없는 경우 또는 이를 사용하기 곤란하거나 보충할 필요가 있는 경우에 사용하기 위하여 '교육부장관의 인정을 받은 교과용 도서'를 일컫는다. 이에 따라 학교의 장은 국정도서가 있을 때는 이를 사용하여야 하고, 국정도서가 없을 때는 검정도서를 선정 · 사용하여야 한다. 다만, 국정도서, 검정도서가 없는 경우 또는 이를 사용하기 곤란하거나 보충할 필요가 있는 경우에 별도 규정에 의하여 인정받은 인정도서를 사용하

〈표 11-1〉 교과서 발행제의 인정제도의 비중 변화

구분	국정도서	검정도서	인정도서	계(종수)
제6차 교육과정	827(80%)	123(12%)	85(8%)	1,035
제7차 교육과정	721(69%)	187(18%)	134(13%)	1,042
2007년 개정	537(56%)	181(19%)	239(25%)	957
2009년 개정(2009)	334(39%)	136(16%)	382(45%)	852
2009년 개정(2011)	53(10%)	42(8%)	424(82%)	519
2009년 개정(2012)	53(9%)	43(7%)	495(84%) (124*)	591
2015년 개정(2017)	138(14.8%)	107(11.5%)	685(73.7%) (179*)	930

* 2009개정의 인정도서 중 124종, 2015개정의 179종은 검정도서처럼 발행 전 심사(심의)가 있는 인정도서임.

는 경우에는 그러하지 아니한다.

초·중·고등학교의 교과용 도서의 비중은 과거 국정도서와 검정도서를 근간으로 하다가 2009개정 이후에는 검정도서, 특히 인정도서의 비중이 높아지고 있다. 즉, 과거 국정은 검정화되고, 검정은 인정화되는 추세다. 전체적으로 보면, 어떤 식이든 발행 과정에서 사전 심의를 받는 도서와 사전 심의가 없는 도서로 나뉜다. 저작(편찬)에서 까다롭기는 국정, 검정, 심사 있는 인정, 심사 없는 인정 등의 순이다. 또한 학생용 교과서보다 교사용 지도서는 상대적으로 더 느슨한 제도를 따르고 있다.

2) 교과서 제도의 구분

우리나라에서 교과서는 전통적으로 권위 있는 교육수단으로 여겨지며, 학교교육에서 수업은 교과서를 중심으로 전개되는 경우가 적지 않다. 국가교육과정기준을 가진 우리의 교과서제도를 교과서 편찬 과정에 대한 교육부(국가 혹은 정부의 대표 교육행정기관)의 관여 정도나 방식에 따라 분류하면 국정제, 검정제, 인정제로 나눌 수 있다. 교육과정 개정 이후에는 '대한민국정부 관보'에 교과서 발행의 '구분 고시'가 이루어진다. 초·중학교는 교과서와 지도서에 대해서, 고교는 교과서에 대해서 국·검·인정제 중 어떤 방식으로 발행할 것인지를 알리는 것이다. 교과서 제도에 따라 만들어지는 교과용 도서는 크게 학생용 교과서와 교사용 지도서 및 각종 인정도서로 이루어진다.

교과서는 지력과 판단력, 가치관, 정서와 의지 등이 발달과정에 있는 초·중등학생을 위한 특수한 교육용, 학습용 제품이다. 그러므로 교과서의 생산과 공급에는 전문적 식견과 교육적 책무성을 지닌 개인과 기관이 참여하고, 그 발행과 채택에 앞서 어떤 식으로든 거름 장치를 두어 미성년자인 학습자를 보호하고 있다. 중앙집권성이 강한 사회주의 국가, 독재국가, 국교가 있는 정교일치국가에서는 일종의 사상적 통제의 일환으로 심의 장치가 강하게 작동한다. 심지어 자유민주주의 국가인 일본 등에서도 국가의 정체성과 국민적 단결을 도모하기 위하여 국정과 다름없는 검정제를 운용하기도 한다. 교과서 제도로서 국정제, 검정제, 인정제의 집필, 편집, 심사, 발행, 공급은 교과서의 이런 특성을 일정 부분 반영한 제도다.

교과서의 저작에 대한 교육부의 관여 방식을 민간 저작자의 입장에서 보면, 민간 저작자의 교과서 저작권을 가장 크게 보장하는 제도가 인정제인 반면, 국정제는 민간의 교과서 저작 자체를 배제한다는 점에서 저작권 보장이 가장 미흡한 제도다.

〈표 11-2〉 교과서 발행 제도 비교

구분		국정제(國定)	검정제(檢定)	인정제(認定)	자유 발행제
발행자	국가/주	○			
	출판사		○	○	○
	저작자		○	○	○
교과서 저작의 근거	국가/주 교육과정 기준	○	○	○	○
	별도의 교과서 기준		○	○	
	학문적, 교육적 필요				○
교과서 발행 절차	저작 → 심의 → 발행	○			
	저작 → 검정 → 발행		○		
	저작 → 인정 → 발행			○	
	저작 → 발행 → 인정			○	
	저작 → 발행 → 사용				○
교과서 인정자	국가/주	○	○	○	
	별도의 기관		○		
	교육청			○	
	학교			○	○
	교사				○
교과서 채택자	국가/주	○			
	교육청			○	
	학교		○	○	○
	교사			○	○
교과서 채택의 근거	없음(의무)	○			
	교과서 목록		○	○	○
	채택자의 자유				○

〈표 11-3〉 국가의 관여 형태에 따른 교과서 제도 구분

구분	교과서 제도	주도성
• 교과서의 저작에 관여	• 국정제를 통한 직접적 관여 • 검정제를 통한 간접적 관여	• 정부 주도(공공성 우선) • 반관반민(시장) 공동주도(공공성과 시장성의 절충)
• 교과서의 사용에 관여	• 인정제	• 민(시장) 주도(시장성 우선)

(1) 국정제

먼저, 국정제는 교육부가 직접 저작하거나 위탁하여 저작하는 교과서 발행 제도라고 할 수 있다. 즉, 편찬 계획, 연구 개발, 심의, 발행과 공급에 이르기까지 교육부에서 책임지고 관장하는 교과서 제도다. 국정도서는 '교육부가 저작권을 가진 도서'로서, 발행권이 교육부에 있는 만큼 교육부가 교과서 편찬과 발행을 직접 관리 · 감독하는 체제로 운영되고 있다. 다만, 교육부장관이 필요하다고 인정하는 국정도서는 연구기관 또는 대학 등에 위탁하여 편찬할 수 있다. 한국개발연구원(경제), 한국과학창의재단(수학, 과학), 대학 등에서 국정도서 개발에 참여한다. 국정도서와는 다르지만 사용자와 수익성이 적어 신청되지 않는 검인정 도서의 경우에도 교육부가 직접 개발에 관여하지 않을 수 없다.

교육과정 개정 이후에 학교급이나 교과에 따라 조금씩 다르겠지만, 차츰 국정도서를 줄여 가는 추세다. 초등학교의 통합교과, 국어와 국어활동, 수학과 수학익힘, 과학과 실험관찰, 사회와 사회과 부도, 도덕, 안전한 생활의 교과서와 지도서 및 그에 따른 전자저작물, 중학교 역사 교과서와 지도서, 고교 한국사 교과서 등이 국정제로 발행 공급된다. 국민적 공통성 확보나 이념적 색채가 약한 즐거운 생활, 슬기로운 생활, 실험관찰, 수학익힘, 안전한 생활 등은 검정 가능성이 높다. 한때 검정이었던 고교의 한국사 교과서를 국정화함으로써 논란이 되고 있다. 특히 국가 정체성 확보, 이념적 지형, 정략적 이해관계가 충돌하는 한국근현대사 부분을 두고 정파 간의 다툼이 매우 심하다. 상고사에 대해서도 재야 사학자들의 국정도서의 견해에 대한 반발이 심한 편이다. 세습 독재와 국민의 국가노예제를 택하여 사상적 통제가 엄격한 북한 등은 모든 교과의 교과서가 국정제이고, 시장에서 사고팔거나 외국으로 유출되는 것을 엄격하게 금하고 있다.

(2) 검정제

검정제는 교과서의 저작에 교육부가 관여한다는 점에서는 국정제와 유사하나, 교과서 저작의 핵심 주체는 민간이며, 검정 심의 결과 교과용 도서로서 부적합한 부분에 대하여만, 그것도 저작자로 하여금 수정하게 한다는 점에서 간접적 관여 방식이라 할 수 있다. 간접적인 방식이라 할지라도 교과서로서 부적절한 경우 심의를 거쳐 탈락시키거나, 심의를 통과하여 적합본으로 인정하더라도 부적합한 부분은 저작자로 하여금 수정 보완하게 하는 식으로, 교육부가 민간의 교과서 저작 과정에 관여하고, 때로는 수정에 도움을 준다는 측면에서는 국정제와 유사한 면이 있다. 사용 여부에만 관여하는 인정제에 비하여 교육부의 관여 폭이 훨씬 크다는 것을 알 수 있다. 검정기준과 심의가 엄정한 검정제는 국정제에 가깝고 느슨한 검정제는 인정제와 유사해진다.

교육부는 교육과정기준에 따라 검정기준과 교과용 도서 집필상의 유의점 등을 미리 제시하고, 이에 따라 일반 민간의 교재 발행사가 교과서를 제작하며, 교육부와 위탁기관이 교과용 도서로서 적합한지 여부를 일정한 절차나 기준을 거쳐 심의(심사, 검정)한 후, 학교에서는 검정 심의에 통과된 교과서를 선택하여 사용할 수 있다.

우리나라의 검정도서는 제1차 교육과정 이후로 점차 그 대상이 넓어졌다. 특히 제7차 교육과정부터 그간 국정이었던 중등학교 사회과가 검정도서에 포함되었다. 2015개정 교육과정에 따라서 초등학교의 영어, 실과, 음악, 미술, 체육의 교과서와 지도서, 중학교 국어, 사회(사회과 부도, 역사과 부도, 도덕 포함), 수학, 과학, 영어의 교과서와 지도서, 고교의 보통교과 중 국어, 수학, 영어, 사회, 과학의 교과서가 검정도서로 발행 · 공급된다. 어느 나라든 일정한 기준에 따라 심의를 거친다는 점에서 교과서 제도는 유사하지만 보통 자유민주주의를 택한 나라에서는 검정제, 인정제 등이 폭넓게 사용된다. 일본의 사회과(역사, 지리) 등은 국정제나 다름없는 국정철학이나 지표를 반영하도록 문부성이 강하게 간여하고 있다.

(3) 인정제

인정은 본래 이미 발간된 도서를 채택하여 사용하는 것과 관련된다. 인정도서는 국정도서 · 검정도서가 없는 경우 또는 이를 사용하기 곤란하거나 보충할 필요가 있는 보조교재의 경우에 사용을 인정받는 것이다. 인정제는 교육부 관여의 폭이 가장 낮은 형태의 교과서 제도다. 인정도서 신청은 교육부장관에게 하지만 사실상 시도교육청, 정부출연연구기관 등 위탁기관에 그 선정과 사용 인정이 위임된다. 교육부장관이 정하여 고시하는 교과목에 대하여 인정도서를 선정 · 사용하려는 경우에는 학교장, 저작자, 발행자 또는 저작자와 발행자가 공동으로 해당 도서를 선정 · 사용하려는 학기가 시작되는 날의 6개월 전까지 교육부장관에게 인정도서의 인정을 신청하여야 한다. 교육상 필요하고 중요함에도 사용자 수가 적어 수익성이 없어 민간에서 저작을 꺼려서 교육부가 위탁 편찬과 저작을 할 수밖에 없거나, 일부 검정에서 인정으로 전환된 중요한 인정 도서는 그 품질의 보증을 위하여 검정에 준하는 사전 인정 심의를 하게 된다. 본래 인정제는 교육부 등이 제공한 교육과정기준에 따라, 민간에서 교과서를 제작하면, 학교 혹은 교사가 어느 정도 자유로이 선택하는 제도인데, 그 질을 보증하기 어려워서 2015개정 교육과정 이후에는 검정과 유사한 심의를 모두 거치게 되었다. 다만, 국가직무능력표준에 의한 교과서는 엄정한 기준에 따라 편찬되므로 인정 심의에서 제외되었다.

2015개정 교육과정에 따르면 중학교의 기술가정, 정보, 체육, 음악, 미술, 한문, 환경, 생활외국어, 보건, 진로와 직업의 교과서와 지도서, 고교의 보통교과의 진로별 선택과목, 전문교과 I, 전문교과 II의 과목들의 교과서가 인정도서다. 인정제는 미국, 프랑스, 뉴

〈표 11-4〉 현행 도서의 구분

도서 구분	국정도서	검정도서	인정도서
정의	교육부장관이 저작권을 가진 도서	민간에서 저작하여 교육부 장관의 검정을 받은 도서	국 · 검정도서가 없거나 보충할 필요가 있는 경우에 사용하기 위하여 교육부장관의 인정을 받은 도서
국가 관여	저작에 직접 관여	저작에 간접 관여	심의 있으면 저작에 관여 심의 없으면 사용에 관여
심의권자	장관(심의 의원 위촉)	장관(한국교육과정평가원장에게 위탁)	장관(각 시 · 도교육감에게 위임)
절차	편찬 → 심의	편찬 → 심의 → 선정	편찬 → 선정 → 심의 편찬 → 심의 → 선정
저작권자	교육부장관	저작자	저작자
과목	유치원, 초등학교, 특수학교 교과	중 · 고등학교 보통교과 대부분	신설 및 교양과목, 고등학교 전문교과
발행	장관으로부터 발행권을 부여받은 기관과 개인	개별 발행사, 위탁발행	개별 발행사, 위탁발행
공급	(주)미래엔	(사)한국검정교과서	개별 발행사, (사)한국검정교과서

출처: 교육부(2011). 인정도서 업무 매뉴얼 참조.

질랜드 등의 몇몇 주에서 활용되고 있다. 일부 국가나 주에서는 교육과정기준을 어느 정도나 준수하여 교과서를 저작했느냐에 따라 인정 여부나 공공재원으로 비치용 교재의 구입 여부를 판단하기도 한다.

그간 국 · 검정도서의 보완적인 지위에 머물렀던 인정도서도 그 비중이 커짐에 따라 새로운 위상을 갖게 되었다. 인정도서의 확대는 교육의 자율화와 다양화 방침에 따라 다양하고 창의적인 도서의 확보와 밀접한 관련이 있다. 국립대부설학교나 방통고는 교육부장관, 나머지 대다수 학교의 인정도서는 교육감이 인정권자다. 인정도서 인정 신청, 심사 및 심의 · 감수, 심의결과 통보 등의 과정을 거친다.

일부에서는 교육과정 중심의 학교교육을 위해서, 헌법이 보장한 개인의 사상의 자유 등을 확보하기 위해서 자유발행제를 제안하고 지지한다. 수업과 학습에서 교과서의 비중이 크지 않은 나라나 학교급 또는 교과목에 따라 자유발행제는 통용되기도 한다. 자유발행제 아래에서는 어떠한 미디어나 발간물을 수업에 들여올 수 있다고 본다. 대안학교 등에서 교사의 교육적 의지나 가치관에 따른 자유로운 교육용 소재의 취사선택이라고 할 수 있다.

〈표 11-5〉 2015개정 교육과정에 따른 교과용도서 구분고시에 의한 발행제

	국정		검정		인정	
	교과서	지도서	교과서	지도서	교과서	지도서
초등 (인정도서 없음)	바른 생활, 슬기로운 생활, 즐거운 생활(각각 8개 주제별); 국어/국어활동, 사회, 수학/수학익힘, 과학/실험관찰(학기별); 도덕, 안전한 생활(학년용); 사회과부도(5~6학년용) 83책	바른 생활, 슬기로운 생활, 즐거운 생활, 국어, 사회, 수학, 과학(학기별); 도덕, 안전한 생활(학년별) (모두 전자저작물 CD 별도 포함) 50책	음악, 미술, 실과, 체육, 영어(학년별) 18책	체육, 영어(학년별, 영어는 전자저작물 CD별도 포함) 음악, 미술, 실과(학년군) 14책	없음	
중학	역사①/② 2책	역사 ①/② 2책	국어(학기별); 수학, 과학, 영어(학년별); 사회①/②, 도덕①/②; 사회과부도, 역사부도 21책	사회①/②, 도덕①/②; 국어, 수학, 과학, 영어(학년별)(수학, 과학의 전자저작물 CD 포함) 16책	기술가정①/②, 체육①/②, 음악①/②,미술①/②, 한문, 정보, 환경, 보건, 진로와 직업, 생활외국어(독/프/스/중/일/러/아/베, 전자저작물 CD 포함) 21책	기술가정①/②, 체육①/②, 음악①/②,미술①/②; 정보, 한문, 환경, 보건, 진로와 직업, 생활외국어(독/프/스/중/일/러/아/베) 21책
고교 (지도서 없음)	한국사 1책	없음	국어, 수학, 영어, 사회/역사/도덕, 과학 38책	없음	보통교과의 진로별 선택과목 60책, 전문교과 I의 111책, 전문교과 II[전문공통과목/성공적인 직업생활), 기초과목, 실무과목(NCS)] 472책	없음
소계	86책	52책	77책	30책	664책	21책
계: 930(100.0%)	138(14.8%)		107(11.5%)		685(73.7%)	

2. 교과서의 개발과 공급

국가교육과정기준의 총론과 각론의 각종 지침을 교과서 집필에 연결하는 것이 가장 중요하다. 교육과정기준 → 교과용도서 → 수업으로 이어질 때 그 일관성을 보증하기 위한 노력에 대해 연구개발팀에서는 [그림 11-1]과 같은 기준이 적용될 것을 제안하고 있다(정영근, 2015: 13). 총론에서는 총론의 주요 내용, 핵심역량의 구현, 융합 연계교육, 교과별 핵심 원리, 일반화된 지식과 기능의 구현, 성취기준, 내용 적정화, 범교과학습주제 반영 등이다. 내용의 취급 범위, 수준, 심도, 분량은 늘 문제가 되어 왔다. 특히 교과서 내용의 압축적인 표현은 다시 풀면 본래의 교수학습 분량으로 환원되는 경향이 있다.

교과용 도서는 학년군별로 개발 심의 발행 공급되고 있다. 2015개정 교육과정에 따른 교과용 도서의 개발 및 적용 일정은 〈표 11-6〉과 같다.

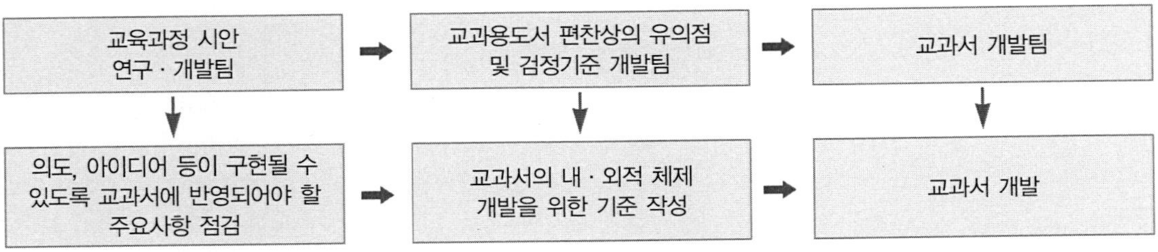

	총론	각론
인간상	◎	
목표(학교급별, 교과)	◎	◎
핵심역량(일반역량, 교과역량)	◎	◎
교과 · 영역 간 융합 · 연계	◎	◎
핵심 개념	◎	◎
일반화된 지식	◎	◎
기능	◎	◎
성취기준	◎	◎
교과내용 적정화	◎	◎
범교과학습주제	◎	

총괄기준 편찬 방향, 공통 편찬상의 유의점 및 공통 검정기준	교과별 기준 교과목별 편찬상의 유의점 및 검정기준
• 교과용도서 편찬 방향 – 목표, 기본방향, 주요 내용 • 공통 편찬상의 유의점 – 헌법 및 관련 법령의 준수, 교육의 중립성 유지, 지적 재산권 관련 법령 준수, 교육과정의 구현 및 목표 진술, 내용의 선정 및 조직, 표기와 인용의 정확성, 연계 도서 및 통합 교과의 교과용도서 개발, 범교과학습내용의 반영, 기타 사항 • 검정기준 개요	• 편찬상의 유의점 – 교과서의 개발 방향, 교과서의 구성 체제, 내용의 선정 및 조직, 기타 • 검정기준

[그림 11-1] 교육과정 시안 연구 · 개발팀의 교과서 개발 관련 지침 구도

〈표 11-6〉 2015개정 교육과정에 따른 교과서 개발 및 적용 일정

단계	내용	일정
교육과정 확정 · 고시	교육과정 총론/각론 확정, 고시	2015.9.23.
교과용도서 구분(안) 행정예고	초등학교 교과용도서 국 · 검 · 인정 구분(안) 행정예고	2015.9.25.~10.15.
	중고등학교 교과용도서 국 · 검 · 인정 구분(안) 행정예고	2015.10.12.~11.2.
교과용도서 구분 고시	초등학교 교과용도서 국 · 검 · 인정 구분 고시	2015.10.21.
	중 · 고등학교 교과용도서 국 · 검 · 인정 구분 고시	2015.11.3.
교과용도서 개발 계획 수립	교과용도서 국 · 검 · 인정 개발 기본계획 수립	2015.11.
국정도서 편찬	국정도서 편찬기관 및 발행사 공모 · 선정	2015.11.~
교과서 집필	검 · 인정도서 검 · 인정실시 공고	2015.11.
	검 · 인정도서 집필	2015.11.~2016.12.(예정)
	국정도서 편찬	2015.11.~
검 · 인정 심사	기초조사, 본심사, 수정 · 보완, 감수 등	2015.12.~2017.8.(예정)
교과서 선정 · 보급	교과서 선정 · 채택, 발행 · 공급	2015.9.~2018.2.
교육과정 · 교과서 적용	개정 교육과정 및 교과서 적용	초등 1~2학년 및 중등 국정(2017년~), 중고교(2018년~)

발행제에 따라 절차가 단순하고 심의가 느슨할 수도 있지만, 일반적인 교과용도서의 개발 과정은 발행 계획, 연구개발(집필과 편집), 심의수정, 인쇄(발행), 공급(구입)으로 이루어진다.

직업계 고교에서 직무능력을 키우기 위한 도서들은 모두 인정도서로 개발된다. 이들 교재들은 학교의 실습실이나 사회의 실습 현장에서 쓰일 매뉴얼 형태, 핸드북 형태를 띤다. 특히 이 교재의 개발과 심의에는 다양한 수요자의 요구 분석 결과가 반영되고 산업체 인사들이 대거 참여하는 것이 특징이다. 이미 자세한 국가직무능력표준이 제시되어 있어 이를 따르되, 기술변화 가능성이나 현장 적합성에 따라 변경될 여지가 높다.

〈표 11-7〉 교과용 도서 개발 단계

계획 위탁 단계	1. 교육과정 고시(교육부) ➡	2. 교과용 도서 개발 기본계획 수립(교육과정, 교과 담당자) ➡	3. 교과용 도서 편찬·발행 기본계획 수립(편수관리관실, 교과 담당자) ➡	4. 교과용 도서 편찬 연구 개발기관 선정, 위탁(교과 담당자, 편수관리관실)
연구 집필 단계	5. 교과용 도서 개발 기초 연구(개발기관, 교과 담당자) ➡	6. 심의위원 선정, 위촉 집필 세목 작성 심의(개발기관, 교과 담당자) ➡	7. 원고 집필, 사진 삽화 제작(개발기관) ➡	8. 원고, 사진, 삽화 수정·보완(개발기관)
심의 수정 단계	9. 원고본 접수 심의, 수정·보완(교과 담당자, 개발기관) ➡	10. 개고본 접수·검토, 조판 의뢰(교과 담당자, 발행회사) ➡	11. 실험본 접수, 현장 실험 검토 수정·보완(교과 담당자, 실험학교, 개발기관) ➡	12. 실험(현장 검토)본 심의, 수정·보완, 결재본 제작의뢰(교과 담당자)
생산 공급 단계	13. 결재본 접수, 결재(교과 담당자) ➡	14. 생산지시(교육부) ➡	15. 인쇄, 제본, 발행(발행회사) ➡	16. 공급, 수령, 배포(공급소, 학교)

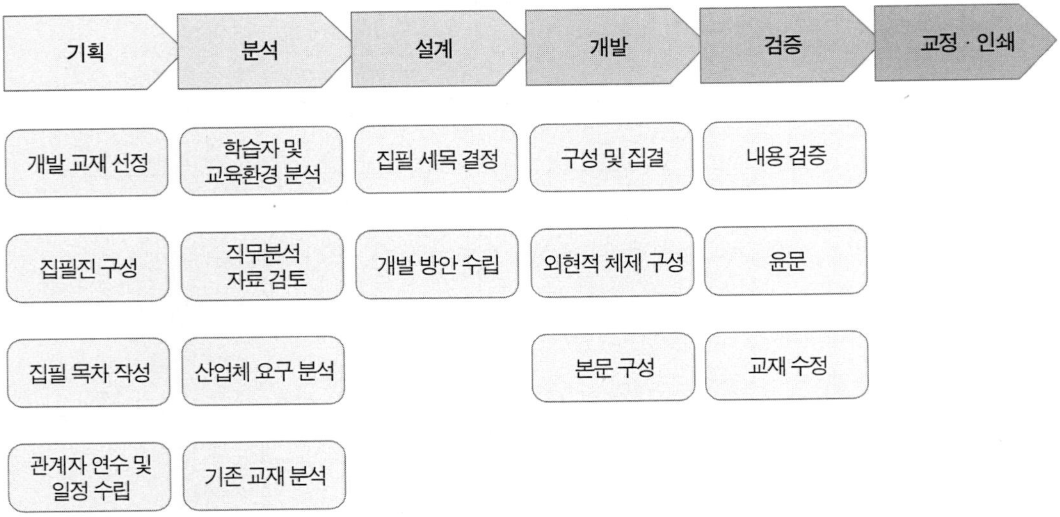

[그림 11-2] 오프라인 교안 및 교재 개발(교수자 및 학습자용)

출처: NCS 기반 학과별 교육과정 개발 - 인키움

1) 국정도서의 발행 및 심의

국정도서를 개발하는 것은 교육부, 연구 개발 기관, 교재 발행사 등의 협동적 노력에 의한 것이다. 단일 혹은 복수의 교과서당 정부가 선정 위탁한 연구개발 및 집필진이 구성되어 그 연구 성과를 내용 집필에 반영하는 편찬 과정을 거친다. 국정도서는 참여기관이나 집필자들이 이윤을 떠나 사명감과 노력으로 만드는 경우가 많고, 학교에서도 교원들의 자발적인 연구검토를 거치기 때문에 저렴한 생산가에 비해 고품질을 유지할 수 있었다. 국정도서 발행의 특성은 초등학교 국정도서에서 나타난다. 국정도서 중 초등의 경우 '현장검토본'으로 현장적합성의 검토를 거쳐서 수정 · 발행 · 공급되는 과정으로 이루어진다. 연구학교뿐만 아니라 내용전문가와 교사연구회에 수정 · 보완 과정을 거치도록 하고 있다. 이를 통해 교원, 학생, 학부모, 전문가의 의견 반영을 통한 현장 친화성과 활용상 용이성 증진, 교육과정과의 정합성 등을 확인할 수 있다.

교과용도서의 편찬 · 검정 · 인정 · 가격결정 및 발행 등에 관한 사항을 심의하기 위하여 교육부에 각급학교의 교과목 또는 도서별로 교과용도서 심의회를 둔다. 각 심의회는 5인 이상의 위원으로 구성하되, 위원은 교원, 산업체 · 연구소 연구원, 행정기관 · 교육연구기관 근무자, 학부모 및 시민단체(비영리민간단체) 추천자, 도서 발행 전문가, 물가조사기관 · 원가계산기관 소속 관계전문가 중에서 교육부장관이 위촉 또는 임명한다. 심의위원들은 ① 집필 세목 검토 및 심의, ② 원고본 심의, ③ 개고본 심의, ④ 수정본 심의 등을 한다.

학생용 교과서와 교사용 지도서를 중심으로 하는 교과용 도서는 대체로 연구 개발진에 의해 수개월에서 1년간 연구, 집필, 검토, 심의를 거쳐, 현장검토본이 완성되면 이를 학교현장에서 예비적으로 1년 혹은 한 학기 동안 적용 검토한다. 현장검토된 교과용 도서는 다시 여러 차례의 수정, 보완, 윤문을 거쳐 최종본을 만들고 심의에 부친다. 최종본은 정본이 되어 이를 인쇄하고, 초등학교에 배포한다. 즉, 교과용 도서를 연구 개발하여 학교에서 사용하기까지는 약 3년의 기간을 필요로 한다.

2) 검 · 인정도서의 발행 및 심의

검정은 '민간 교재 발행사와 저작자가 편찬한 도서를 학교에서 교수 · 학습용 도서로 사용하기에 적합한지를 교육부나 그 위임을 받은 공공성 있는 기관이 판단하는 절차'다. 검정 제도의 배경은 교과서라는 상품의 속성과 교과서 시장 문화에서 찾을 수 있다. 교과서도 도서 시장에서 거래되는 상품이기 때문에 자유시장 경제체제에서는 개인이 자유

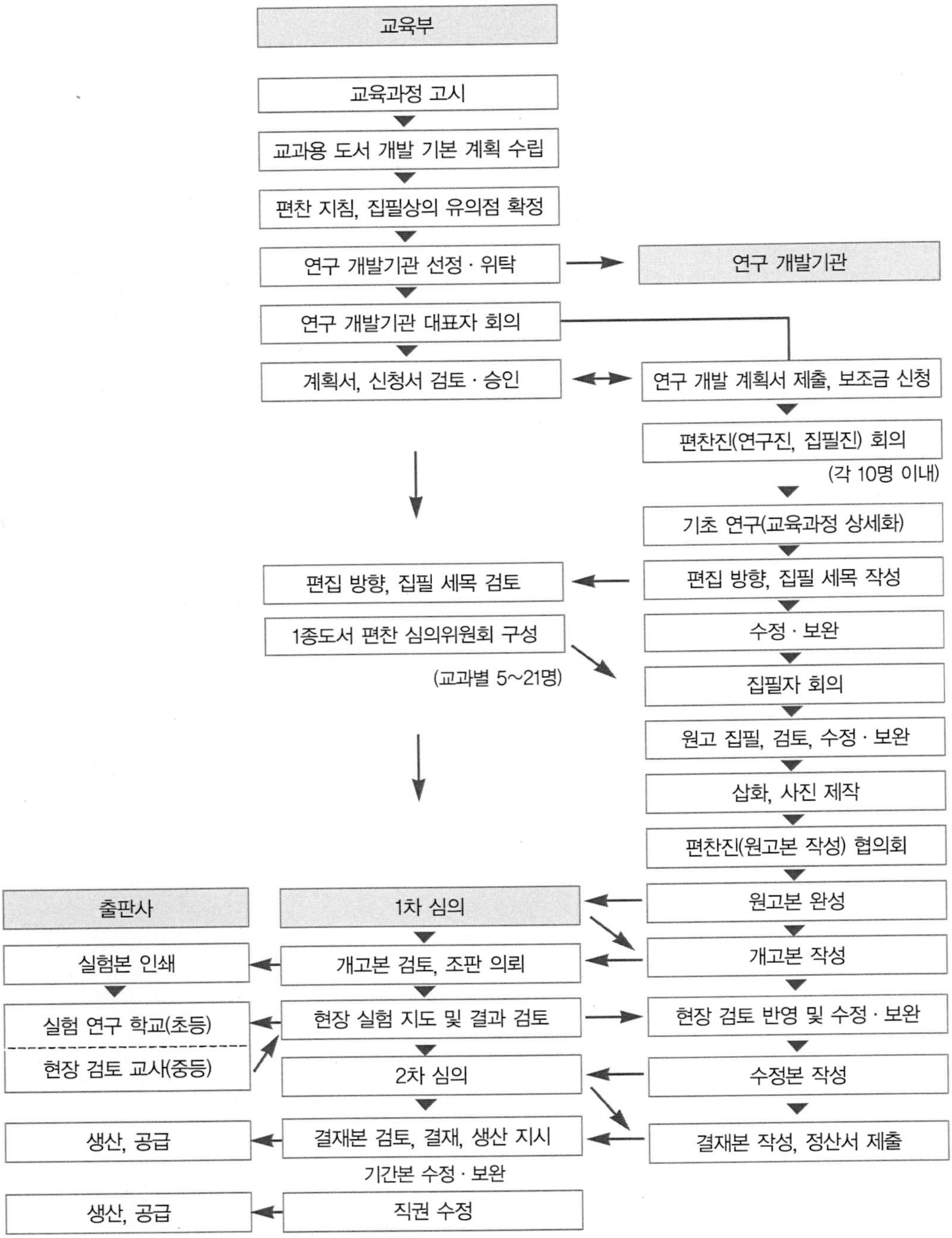

[그림 11-3] 국정 교과용 도서의 편찬 과정

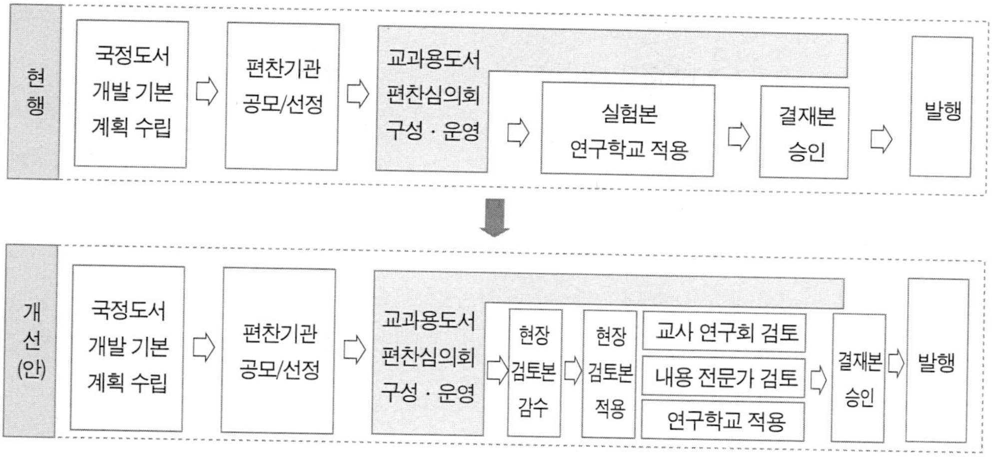

[그림 11-4] 초등 국정도서의 현장검토 절차의 강화 방안

출처: 교육부(2015. 7. 30.). "교과용도서 개발 체제 개선 방안" 보도자료.

〈표 11-8〉 교과서의 공통적인 분석 관점

실험 · 연구 내용			실험 · 연구방법
공통사항	1. 적합성	1-1. 교육과정 목표달성 1-2. 학생발달, 요구, 흥미, 능력 1-3. 내용의 양, 지도시간 1-4. 내용의 수준, 난이도 1-5. 교재, 교구, 자료 준비	
	2. 정확성	2-1. 삽화, 사진, 도표, 통계 등 2-2. 표현, 표기, 용어 등 2-3. 지식체계 2-4. 편견, 특수성 2-5. 오류, 오자, 탈자 등	• 교과용 도서 분석 • 수업 관찰 • 면접 및 협의 • 교과용 도서 적용에 관한 의견 조사 • 총괄평가 • 교원 연수 (학교 자체, 교과 및 동학년 협의회)
	3. 연계성	3-1. 계열성(학년 간, 교과 내) 3-2. 횡적 관련성(교과 간) 3-3. 내용 배열, 조직	
	4. 참신성	4-1. 단원 전개, 자율학습 4-2. 소재 선정, 자료 제시 4-3. 시대성, 현실성, 창의성 4-4. 편집, 체재, 아이디어	
	5. 기타	5-1. 지역성, 성 역할, 종교 단체 5-2. 첨가해야 할 내용 5-3. 삭제해야 할 내용	
특수사항	교과별 특수사항	6. 교과별 특수사항	

롭게 공급하는 것을 원칙으로 한다. 그러나 교과서는 '세계 인식의 창窓과 교수학습의 선도先導' 구실을 한다(김정호, 이춘식, 2007)는 점에서 다른 상품과 속성이 다르다.

검정은 교재에 대한 정부 독점제의 폐해를 해결하고 자유발행제의 문제점을 예방하기 위한 이중의 목적을 가지고 있다. 정부가 시행하는 검정에는 질적으로 우수한 도서를 선별해 낸다는 긍정적인 면과 민간 저작자를 규제한다는 역기능이 같이 들어 있다.

검정도서는 검정심의를 반드시 거쳐야 하는 교과용 도서다. 검정도서는 '국정도서 외의 것이며, 교육부장관이 정하여 고시하는 교과목의 교과서 및 지도서'로서 교육부장관의 검정을 받아야 하고, 학교교육에 사용할 수 있는 검정도서의 검정은 그 원고를 집필한 자(저작자)나 교재 발행사 대표가 신청하도록 되어 있다. 교육부장관은 검정을 실시하고자 할 때에는 적어도 그 검정도서의 최초 사용학년도 개시 1년 6월 이전에 검정할 교과용도서의 종류, 신청자의 자격, 신청기간, 검정기준, 편찬상의 유의점, 심사본의 제출부수, 검정수수료 및 그 납부방법, 그 밖에 검정에 필요한 사항 등을 공고한다. 검정신청은 그 원고를 집필한 자(저작자) 또는 발행자가 하거나 저작자와 발행자가 공동으로 한다. 검정심사는 기초조사와 본심사로 구분하여 실시하는데, 기초조사는 대상도서의 내용 오류, 표기 · 표현 오류 등을 조사하고, 본심사는 '검정기준'에 따라 교과용도서로서의 적합성 여부를 심사한다. 또한 본심사 과정에서 필요한 경우 국립국어원 등 전문기관에 감수를 요청하기도 한다. 검정 교과용 도서의 심의기준은 ① 공통기준, ② 교과 공통기준 및 ③ 교과별 · 과목별 기준으로 구성되어 있다. 각 교과는 이 기준을 토대로 교과별 특성을 반영하여 교과서와 지도서의 교과기준을 선정한다.

검정도서를 검정하는 이유나 교과용 도서 검정제의 정당성은, 첫째, 교과서는 미성숙한 학생들이 배우는 주요 자료이기 때문에 검정이 필요하고, 둘째, 초 · 중등학생이 배우는 교재의 질을 일정 수준 이상 유지하기 위해서 검정은 필요하며, 셋째, 민간의 자율과 창의를 발현한 도서를 안정적으로 확보 · 공급할 필요가 있기 때문이다.

교과서 심의는 양질의 교과서를 선정하여 학교교육의 질을 보장하는 데 있으므로 효율적으로 시행되어야 한다. 교과서심의위원회는 교육과정에 알맞은 교과서를 선별하기 위하여 심의의 기본 방향을 합목적성, 공정성, 최소비용과 최대효용성, 효율성의 원칙으로 정하였다(조난심 외, 1999 참고).

검정 업무의 주관은 제6차 교육과정까지는 교육부가 직접 검정위원회를 구성하여 실시 운영해 왔으며, 제7차 교육과정에 의한 검정부터는 검정에 대한 정책 결정은 교육부가 하고, 그 정책 시행과 연구는 한국교육과정평가원에서 수행하였다. 도서 검정 진행과정은 교과서 검정을 먼저 하고 적격 판정을 받은 교과서에 따른 교사용 지도서 검정을 별도로 실시한다. 교과서와 지도서 모두 적격 판정을 받은 도서만이 최종 합격본에 포함

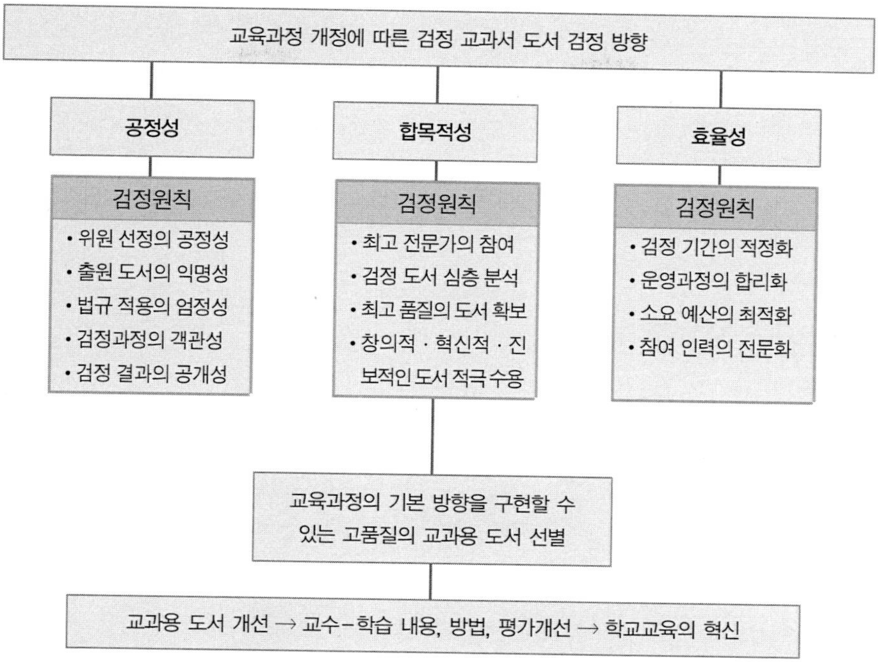

[그림 11-5] 교육과정 개정에 따른 교과용 도서 검정의 방향

될 수 있다. 단, 지도서가 없는 교과서에 대해서는 교과서 합격으로 마무리된다.

검정심사는 대상 도서의 각종 내용과 표기 · 표현의 오류를 조사하는 기초조사와 교과용 도서로서 적합성 여부를 심사하는 본심사로 구분된다. 최근 한국교육과정평가원에서 적용하려는 검정도서의 개방형 심사제의 주요 내용을 살펴보면, 심사기준이나 상세한 정보의 사전공개, 심사본 교과서의 인터넷 공개를 통한 사전 모니터링 실시, 재택심사와 기초조사 기간의 확대, 본심사 평정방식의 개선, 심사결과 보고서 공개, 출판사 집필진과 편집진에게 심사결과 설명하기 등이다. 즉, 엄격하고 비밀스러운 심사에서 점차 벗어나, 교과서 집필자, 편집자, 연구자, 심사자, 사용자로서 교사와 학생, 학부모와 일반인들이 함께 참여하여 더 나은 교과서를 만들어 가자는 방향이라고 할 수 있다.

검정심사를 거쳐 합격된 도서들은 일정 지역 단위 혹은 학교에서 전시하고, 교원들은 이를 열람하고 검토하여 의견을 교환한 후 신중하게 추천한다. 학교의 장은 당해 학교에서 사용할 검정도서를 선정함에 있어서는 당해 학교의 운영위원회의 심의를 거쳐야 한다. 각 학교의 장과 학교운영위원회에서 교과서를 선정 · 채택하도록 하고 있다. 대부분 학교는 교과서 채택을 위한 위원회를 두고 학교운영위원회에서 심의를 받고 있다. 학교에 따라 선정기준이나 선정방법에 약간의 차이가 있으나 대부분 학교가 선정위원을 두

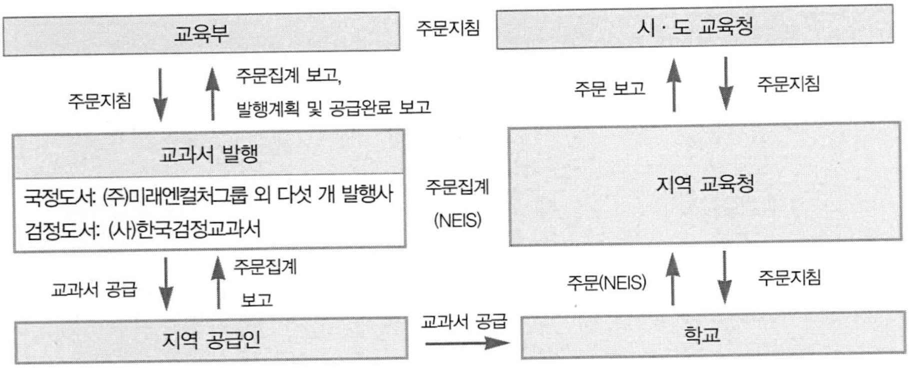

[그림 11-6] 교과서 주문 · 공급 체계도

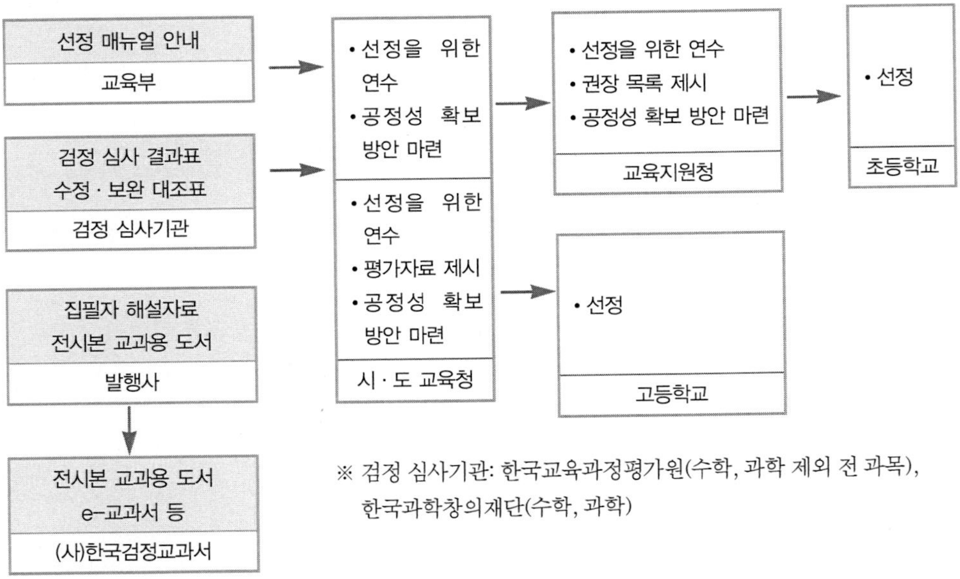

※ 검정 심사기관: 한국교육과정평가원(수학, 과학 제외 전 과목), 한국과학창의재단(수학, 과학)

[그림 11-7] 검정도서의 선정 절차

〈표 11-9〉 교과서 평가 기준 항목(교육부 예시)

평가 영역	평가 기준
I. 교육과정	1. 교육과정 부합성 2. 학습 분량의 적절성
II. 학습내용 선정	3. 내용 수준의 적절성 4. 정확성 5. 중립성 6. 학습동기 유발

Ⅲ. 학습내용 조직	7. 효과성 8. 단원, 학년 간 연계 및 계열성 9. 시각 자료의 체계성 및 효과성 10. 자기주도적 학습내용
Ⅳ. 교수학습 활동	11. 다양한 교수 · 학습 활동 12. 교수 · 학습 활동의 유용성 13. 학습 참고 자료의 충실성 및 유용성
Ⅴ. 학습평가	14. 다양한 평가활동 15. 종합적 사고력 평가
Ⅵ. 표현, 표기 및 외형체제	16. 표현, 표기의 정확성 및 가독성 17. 편집 디자인 및 내구성

〈표 11-10〉 교과서 선정 기준(예시)

구분	평가 내용
학습 요소	- 단원별로 중요한 기본 개념과 핵심적인 내용이 적절하게 선정되었는가?
오류 유무	- 출처 및 근거가 확실하고, 내용상의 오류는 없는가? - 사진, 삽화, 도표, 통계자료 등은 정확하고 선명하며 신빙성 있는 최신의 것으로 제시하였는가?
실현 가능성	- 실제의 교수 · 학습과정에서 교과 교육과정의 '방법 · 평가' 에 제시된 내용이 실현 가능한가?
흥미와 이해	- 내용과 용어가 발달수준에 적합하고 흥미와 관심을 끌 수 있는가? - 문장은 간결 명료하며 내용은 이해하기 쉽게 진술되어 있는가? - 사진, 삽화, 도표, 통계자료 등이 학습의욕의 고취와 흥미 유발이 되도록 적절히 배치되었는가?
구성 및 조직	- 학습위계를 고려하여 체계적이고 단계적으로 조직되었는가? - 생활 주변에서 쉽게 찾을 수 있는 사례로부터 시작하여 점차 지적인 영역에 이르면서 문제점과 그 이치를 따져서 깨달을 수 있도록 하고 있는가? - 단원의 학습목표와 제재의 성격에 따라 학습효과를 높일 수 있고 자기주도학습이 가능하도록 내용이 조직되었는가? - 준비 · 확인 · 보충 · 심화 학습자료 등이 학생 성취 수준에 따라 활용하기에 적절한가? - 기본적인 개념, 원리, 법칙의 이해를 바탕으로 사고하고 탐구하여 문제를 해결할 수 있도록 하며, 창의력과 응용력이 신장될 수 있도록 조직하였는가? - 단원은 학생들의 적극적인 참여와 문제해결 중심의 교수-학습이 이루어질 수 있도록 구성하였는가?
이용의 편의성	- 검정도서를 활용하기에 편리하도록 차례, 단원, 찾아보기 등이 잘 정리되었는가?
디자인	- 판형, 색도 등 인쇄와 편집 체제는 교과목의 특성에 맞게 잘 되어 있는가?

고 심의하여 학교장이 최종 결정하는 형태가 되고 있다. 대개 교재 및 학습지선정위원회는 교감을 위원장으로 하고 6인의 위원으로 구성한다. 위원회의 결의는 재적위원 과반수의 찬성으로 한다.

3. 교과서 제도의 발전

1) 교과서 발행제 구분의 재정립

특정 교과목의 교과서를 국 · 검 · 인정으로 발행한다는 교과서 발행제는 교과목별 지위 부여나 구분에서 근거가 미약하다. 현재 국가교육과정기준이 개정되면 그에 따라 교육부장관은 해당 교과목의 교과서를 국정으로 혹은 검정으로 발행할 것인지에 대한 구분 고시를 하게 된다(교과용 도서에 관한 규정 이하 '규정', 제4조와 제6조). 규정의 제1조는 '각 학교의 교과용 도서의 범위 · 저작 · 검정 · 인정 · 발행 · 공급 · 선정 및 가격사정에 관하여 필요한 사항을 규정함을 목적'으로 하고 있다. 이 규정은 어떤 근거로 특정 교과 교과서를 국정 혹은 검정으로 구분하여 발행할 것인지에 대해서는 언급하지 않고 있다. 다만, 교과서의 사용에 대해 국정도서가 있으면 이를 먼저, 국정도서가 없으면 검정도서를 먼저 선정 사용하고, 국정도서, 검정도서가 없는 경우 또는 이를 사용하기 곤란하거나 보충할 필요가 있는 경우에는 교육부장관의 인정을 받은 인정도서를 사용하도록 정하고 있다(제3조). 즉, 국정, 검정, 인정도서의 순으로 지위 혹은 사용 순서를 매겨 두고 있고, 인정도서에 대해서만 그 지위를 규정하고 있는 편이다. 인정보다 검정, 검정보다 국정이 더 중요하다면 국정과 검정에 대해서도 분명한 기준을 두고 법적 규정을 하는 것이 적절하다.

교과목의 발행제를 정하는 기준이 없으면 필요에 따라, 관여 인사와 정권에 따라, 임의적으로 혹은 시험적으로 정해질 수 있다. 때로는 검정으로 고시했다가 신청(출원)하는 곳이 없어 국정으로, 인정으로 했다가 신청하는 곳이 없어 교육부가 지원하여 억지로 발행하기도 한다. 교과용 도서의 발행제를 상당히 근거 있는 기준에 따라 정해 놓지 않으면 교과서 집필자, 발행사 등이 매번 교육부장관의 고시를 기다려야 한다. 따라서 주요한 부분은 법규로 분명히 명시해 두고, 구체적인 부분은 운용의 묘를 살려야 할 것이다.

교과서의 지위 구분, 발행제 구분에는 어떤 기준이 적용되어야 할까? 교과서 제도는 정치(민주와 분단), 경제(성장과 분배와 복지), 교육제도(기회균등, 수월성, 선택의 자유), 미래 목적(창의성과 다양성) 등의 복합적 공공정책의 산물이다.

첫째, 우리의 자유민주주의와 시장경제 체제 및 지식기반 사회와 관련된 것이다.

① 자유민주주의 정치체제를 고려한다. 이 준거는 개인의 차이를 인정 · 존중하고, 사상과 언론 자유의 확장으로서 교육내용을 고려하는 것이다. 동시에 자유민주주의의 체제적 유지와 발전을 고려한다. 자유민주주의를 방어하는 것은 매우 어렵기 때문이다. 물론 정부 실패도 고려해야 한다.

② 우리나라가 처한 특정 상황인데, 주변의 러시아, 중국, 북한 등은 체제 유지와 사상적 통제를 위해 국정제를, 일본은 국익을 위해 문부성이 깊이 관여하는 국정 같은 검정제를 유지하고 있다. 남북 간의 현격한 차이와 분단상황을 고려한다. 이를 고려하면 국민적 정체성과 내부적 통일성을 유지하기 위한 최소한의 공통성이 확보되어야 한다. 즉, 이념적 혼란, 이설의 횡행으로 사회 공동체의 분열을 초래할 위험성이 현저한 경우 이를 경계하되, 견제장치 중 교육과정기준, 국정교과서 제도, 검인정기준, 검인정 심사절차, 교과서 선정 및 채택 절차 중 어느 것이 더 효과적인지 고려해야 한다. 강대국 사이에서 우리가 처한 분단 현실을 고려하면 사회적 합의성을 달성하기 위해 만들어진 교과의 검정화, 인정화에 신중해야 한다.

③ 자본주의와 시장경제 체제에 대한 존중이다. 교과서도 자유경쟁 시장에서 거래되는 상품의 일종으로 공정한 경쟁을 통해 창의에 따른 비교 우위가 확보될 수 있도록 한다. 민간의 창의성과 표현의 다양성을 고려한다. 이에 따르면 현재의 국정 우위에서 검정에서 나아가 인정 우위로 나아가야 한다. 그러나 시장실패도 고려해야 한다.

④ 지식정보와 다원화 사회를 고려한다. 이 사회는 평생학습을 통한 창의적 연구개발인을 요구하며, 다원적 가치에 대한 개방과 상호존중을 요구한다. 이 점에서 종수가 다양한 검정과 인정이 종수가 제한된 국정보다 우위에 있다.

⑤ 국제 교류와 개방적인 세계화 사회를 고려한다. 교육 서비스와 함께 교과서 시장의 개방을 고려하여 폐쇄적 국정보다 개방적 검정을 통해 대응한다.

둘째, 교육 내부 관점과 교과서 제도의 발전을 위해 고려해야 할 준거는 다음과 같다.

① 미래 지향적 교육목표로서 평생학습을 통한 창의적 연구 개발인의 양성을 고려한다. 이를 위해서는 다양한 표현 형식의 교과서가 제공되어야 하는데, 다양한 표현에는 검정이 더 유리하다.

② 교육과정 문서에 나타난 교과목 명칭과 교육과정기준을 고려한다. 명칭과 기준이

뚜렷한 경우 국정과 검정을 적용한다. 이때 국정, 검정, 인정의 역할분담을 고려한다. 국정은 시장 실패와 학습권 보장을 우선으로 하고, 그 외에는 모두 검정이 적용된다. 다만, 인정은 교육과정 문서에 활동 명칭은 있으나 교육과정 기준이 뚜렷이 없는 경우, 즉 창의적 체험활동을 위해서 적용되고, 기초자치단체 수준의 지역적 필요를 충족시키는 데 적용될 필요가 있다. 그렇지만 광역자치단체 수준의 지역적 필요를 충족시키는 데는 검정을 적용할 필요가 있다.

③ 교과의 성격과 역할을 고려한다. 모든 사람, 전체 사회의 공통된 기초 · 기본 · 공통 · 보편 · 핵심 · 교양 · 필수 · 의무 · 통일 · 평등 · 공정의 성격을 띤 공통필수 교육과정의 교과 중 '사회적 합의성과 사회적 자본 형성' 기능을 띤 교과목은 잠정적으로 국정을 적용할 수도 있다. 즉, 의무교육기에 해당하는 학년군의 공통필수 교육과정을 위한 교과 중 공통적인 가치관 · 세계관 형성과 관련한 교과는 엄정한 심의를 거친 교과서를 사용하는 것이 바람직하다. 이설의 횡행으로 사회 공동체의 분열을 초래할 위험성이 현저한 경우 이를 경계한다.

④ 창의적이고 전문적인 교수학습의 촉진을 고려한다. 전문직으로서 교사의 창의적 수업 구현을 존중하기 위해서는 다양한 선택지를 제공해야 한다.

⑤ 학습자의 발달단계 혹은 학교급을 고려한다. 학생들의 개인차와 다중지능론에 근거하면 다양한 방식으로 표현된 교과서를 제공해야 한다.

⑥ 교과서 발행 부수를 고려한다. 손익분기점을 넘어서는 일정 부수 이상을 발행할 수 있음에도 시장 실패라고 단정하여 국정으로 묶어 두어서는 곤란하다.

⑦ 정부와 개인 부담을 고려한다. 다학년용 합본 도서, 학교 비치용 도서를 확대함으로써 검정 전환에 따라 추가적으로 소요되는 재정을 확보할 수 있다.

교과서 제도는 복합적인 의사결정의 산물이다. 즉, 교육부장관 등 특정인들이 좌우할 성질의 것이 아니다. 특히 공통 교육과정기의 교과서는 사회 공동체 형성에 기여하는 방향으로 설정되어야 할 것이다. 공동체 형성을 방해하는 극단적인 개인주의와 질서 없는 자유방임적 민주화는 민주주의 성숙에서 가장 큰 걸림돌이다. 교육에서도 도덕과 원칙 없는 교육은 낭만적일 수 있지만 결국, 개인과 집단의 삶을 후퇴시키게 된다. 원칙이 전제되지 않는 방임적 규제 완화는 민주주의 교육발전에 독이 된다. 이 점에서 자유발행제는 일반 도서에 해당하는 것이고, 학교교육용 교재에는 적용되기 어려운 면이 있다. 개인의 신념에 따라 자의적으로 특정 이념을 반영한 도서가 수업에 사용되지 않도록 학교에서는 학운위와 같은 교재선정위원회를 통해 엄정한 관리가 필요하다. 교과서 제도는 우리 사회가 처한 현실을 반성하고 우리사회의 미래 목적과 연결되어야 한다. 자유민주주의와 시장경제를 축으로 한다면 검정제를 기축으로 하고, 미래 교육을 고려하면 평생학습을 통한 창의적 연구 개발인의 확보를 위해서라면 더욱 다양하면서도 질 높은 검정과 인정 교과서를 확보해야 한다. 교육부에는 '교재발행제심의위원회(가칭)'를 설치하여 교육과정기준 고시와 함께 교과서 발행 형식이 결정되도록 해야 할 것이다.

2) 발행제의 장기 발전 방향 정립

질 높은 교재를 확보하고 공급하기 위해서 교과서 제도는 국정제보다 검정제로, 검정제보다 인정제로 이행되는 것이 바람직하다. 제7차 교육과정기부터 초등학교 영어는 검정에서 국정으로, 중등학교 사회는 국정에서 검정으로 바뀌었다. 특히 검정제도는 동시일제一齊 검정에서 연차별 검정으로 시행 방식이 바뀌었고, 교육부에서 검정 전체 과정을 관리 수행해 오던 것을 한국교육과정평가원, 한국개발연구원, 한국창의재단 등에서 시행 관리 업무를 분담하는 식으로 시행 주체도 바뀌었다.

특히 시장 실패가 아닌 초등학교의 일부 교과목의 교과서도 검정제로 전환해야 할 것이며, 국가 정체성의 확립과 사회적 자본 형성과 확대에 긴요한 교과의 교과서와 시장실패를 보이는 교과의 교재에 대해서는 교육부가 책임지는 국정제가 바람직하다.

초등학교 교과서 일부는 이념적인 것도 시장에서 실패한 것이 아님에도 불구하고, 정부에서 특정 저작자와 기관을 지정하여 저렴한 가격에 제작하고 구입하여 개별 아동에게 지급하고 있다. 의무교육기 공통필수 교육과정임을 감안하더라도 교육과정 기준에 대한 독점적 해석권과 교육내용 결정권의 독점을 과도하게 인정하는 면이 있다. 초등학교의 교과서와 지도서 중 수학, 과학 및 일부 보완교재 등은 점진적으로 검·인정제로 전환하는 것이 바람직하다.

국정을 축소하고, 검·인정을 확대해도 자유발행제는 교과서 제도로서 재검토되어야 한다. 이는 학교수업용 교재들이 언제나 일정한 거름 장치를 거쳐 제공되어야 하기 때문이다. 도서의 내용 중에는 검정 공통기준에 나타난 바와 같이 국체를 위협하거나, 인간의 존엄성을 해치는 것도 스며들 수 있다. 나치, 구소련, 현 북한 등에서 보듯이 특권층의 자유가 대다수 시민의 자유를 말살하는 것이어서는 안 되며, 인간의 자유와 평등을

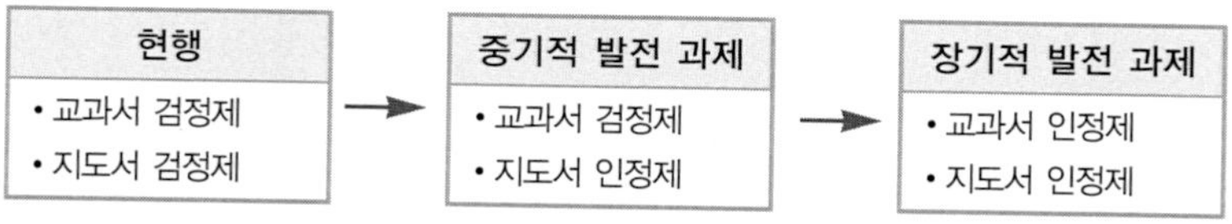

[그림 11-8] 교과서 제도의 발전 전망

억압하는 것이어도 안 된다. 자유라는 이름으로 성숙기 학생들의 심신을 해치는 방임적 내용이나 가치가 학교교실에 들어오면 안 되기 때문이다.

국정제는 기본적으로 시장실패를 나타내는 부분에 대해 교육복지를 구현하거나 사회적 합의성을 높이기 위한 교과나 시기에 적용되어야 하고, 정책집행 기관이나 연구 개발 기관은 이를 위한 책무성을 굳건히 유지해야 한다. 또한 검정은 출판사의 적정수입 구조를 확립하기 위하여 시장경쟁 질서를 확립하여 그 수익금으로 전문화, 특성화, 개선 모니터링제, 대여제 등을 확립하고, 대형 출판사뿐 아니라 소형 영세 출판사들도 선택과 집중을 통해 시장 진입을 할 수 있어야 한다. 이론상으로 보면 국정이나 검정교과서보다 인정교과서가 더 다양하고 창의적이고 질이 높아야 하지만 인정제는 제도적으로 미발달하여 실상은 그렇지 못하다.

3) 학교수업용 교재의 질 저하 방지 정책과 제도의 개선

교육과정기준 문서의 교과목 명칭에 비해 학교의 공식적인 도서의 종수나 책수는 많은 편이다. 모든 교과목을 교과서로 만들어야 한다는 1:1 대응논리가 지배적이다. 어떤 교과목이나 단원은 교과서가 있어야 수업과 학습이 더 좋아지겠지만, 그렇지 않고 교과서가 있음으로써 도리어 수업과 학습이 왜곡되고 방해받는 경우도 있을 것이다. 실제적인 실험, 실습, 실기 등의 교과목이나 단원은 특히 그럴 개연성이 높다. 또한 교과의 보완적인 교재(수학의 수학익힘, 과학의 실험관찰, 국어의 국어활동 등)가 있고, 교과목에 따라 학기별 · 주제별 분책이 많아져서 생긴 문제도 있다. 학생당 1인 1책을 지급 혹은 구입하는 방식이어서 학생 개인이 갖추어 공부할 책수는 더 늘어난다.

국정도서의 경우 연구개발 보조금의 영세화로 책당 보조금을 더 받기 위해 분책하는 편법이 자행되기도 한다. 이렇게 되면 국정도서는 엄선의 효과는 반감되고 질은 저하된다. 교과서 가격을 매길 때 쪽당 단가를 고려하므로 불필요하게 교과서의 쪽수를 늘리는 경우도 있다. 교과서 내용을 모두 가르쳐야 한다는 압박을 받는 우리나라 교사와 수업상의 특징을 고려하면 교과서 쪽수가 늘어나는 것은 교사의 설명위주 수업 비중이 과도한 관행을 온존시킨다. 한편, 학년군제로 발행되는 교과서의 경우 언제 어느 때 사용할지 알 수 없어 학생들의 발달수준과 교과의 계열성 및 통합지도가 가능한 인근 교과와의 학습 순서를 맞추기도 어렵다. 어느 학년 어느 학기에 사용될 교과서임을 분명히 명시하고 개발하여 보급하는 것이 학습자에게 도움이 된다.

교과서의 연구 개발 및 심의 등을 위탁 분산하는 경우 위탁받은 기관들의 경우 교과서 업무가 주업무가 되지 못한다. 또한 2009개정 교육과정 이후 인정도서의 인정권이 시도

교육감에게, 교과목별로 분산 위탁되어서 전국적으로 더 많은 필자와 출판사가 교과서 편찬 및 발행 업무에 참여하였다는 것은 교과서에 관심을 갖는 저변 인구를 늘린 면도 있지만, 결과적으로 우수한 연구자, 개발자, 집필자, 편집자가 검·인정 교과서와 지도서 개발에 이미 참여하여, 심의과정에는 우수한 인재를 구하기 어려운 경우도 적지 않다. 이렇게 되면 심의과정은 소홀히 될 수밖에 없다. 또한 심의도 일정 기간에 한시적으로 이루어지므로 시간적 제약을 받게 된다. 즉, 집필자나 출판사들은 단기간에 집필하여 편집하고 검·인정 심사에 출원하여 심의를 받을 수밖에 없어 시간적 여유가 적다. 교과군별, 출판사별 전문화가 이루어지지 않아 많은 종수의 교과목 검·인정에 출원하고 채택을 위해 부가적인 서비스를 사용자에게 제공하려는 출판사의 경우 인력, 시간, 재정에서 부족함을 보인다. 이런 것들은 모두 교과용 도서의 질을 떨어뜨리는 원인을 제공한다. 교과별, 단원별 교과서의 필요성에 대한 엄정한 판단, 발행제의 구분 고시, 정기 검정제 확립, 교과별 전문출판사 육성 등 꼭 필요한 교과목에 한하여 엄정한 질 관리를 이루는 교과용 도서 정책이 요구된다.

4) 교재 정책의 책무성 확립

검정 정책 결정과 정책 시행이 일원화되어야 하고, 정책 결정과 시행의 개선을 위한 연구가 안정적으로 이루어져야 한다. 우리나라의 검정과정은 비상설 조직인 검정심의회에 완전 위임하기 때문에, 교육부는 심의과정의 구체적인 사항을 파악하지 못한다. 최근에는 이를 기록 공개하기도 하지만 내부 심의나 수정 과정 등은 여전히 베일에 싸여 있다. 일본은 문부성의 전문위원(교과서조사관)이 교과별 검정 전 과정을 주도하고 책임지며, 타이완은 국립편역관이, 미국은 주 교육부에서 담당하는 데 비해, 제7차 교육과정 아래에서 교육부의 검정 관련 책임과 권한은 미약한 편이다. 2002년 여름 한국 근·현대사 교과서 파동에서처럼 교과서 검정제도의 정책 결정과 시행의 분리가 일어나, 문제나 쟁점이 발생하였을 때 책임 소재가 불분명하고, 역할의 분산이 일어났다. 이는 검정 계획과 시행이 정부와 출연 연구소에 분담되어 권한과 책임이 분명하지 않은 편이다.

교과서를 검정하는 일은 판매와 이윤을 동기로 하는 민간 교재 발행사의 시장 진입을 허용하거나 금지하는 준사법적 행정처분 행위다. 그러므로 교과서 적부 심사를 위한 엄정한 기준 설정과 전문적 판단에 의한 기준 적용이 필요하다. 또한 검정에서 교과서 적부 심사 결정은 저작자, 학교수업용 교재 발행사, 교원과 학생, 학부모, 관련 사회단체 등으로부터 언제나 이의제기가 뒤따를 수 있다. 쟁점 발생이나 이의 제기 시 교과서 정책 결정과 집행의 분리로 책임 소재가 불분명하고 적절한 대응이 되지 못하고 있다. 그러므로 이의 제기를 잘 수용하여 처리하는 안정적 기구와 기관이 필요하다. 정책 결정, 정책 집행, 사후 관리는 일관성과 실효성을 위하여 정부가 공공 권한을 배경으로 수행하고, 연구소는 정책집행 대신 정책을 지원할 수 있는 연구에 집중하는 것이 역할분담으로서는 바람직하다.

5) 전면 개편보다 판(版) 수를 거듭하는 교과서 제도 도입

교과서를 전면 개편하기보다 꾸준히 수정 · 보완해서 판版 수를 거듭하는 체제로 바꾸어 가야 한다. 국가교육과정기준도 점진적으로 연차별로, 부분적으로 수정 보완하고, 교과서도 판 수를 거듭하여 개선되는 방향으로 나아가야 할 것이다. 교과서의 전면 개편은 현재 사용하고 있는 교과서를 개정판, 3판, 4판을 거치며 계속해서 꾸준히 수정해서 질 높은 교재로 만들어 가는 것을 방해하고 있다. 특히 초등학교 교재내용은 크게 변화하기보다 상대적으로 안정적이어서 표현방식과 구현방식의 차이를 가져오는 것이라고 할 수 있다.

전면 개편하는 교과서는 제작비가 많이 들고, 검정 심사비가 비싸며, 검정 심사를 단기간에 해야 하므로, 내용의 질을 심의하는 데 한계가 있으며, 전면 개편되어 교과서를 한 번 쓰고 버리는 자원의 낭비가 일어나고 있다. 수업과 학습에서 교과서 의존이 낮은 교과의 교재부터, 개인 구입 사용 후 처분형보다 무상 대여용을 점차 확대해 가는 것이 바람직하다.

6) 학급용 · 학년용 · 학교용 교재의 확대

교과특성, 수업과 학습에의 교과서 의존도에 따라 교과서를 학생 개인용, 교사용, 학급용, 학년용, 다학년용, 학교용 등으로 다양화해야 한다. 현재는 교과특성이나 수업과 학습에서 교재 의존도를 고려하지 않고 모든 교과에 걸쳐 학생이 1인 1책을 소유하도록 하고 있다. 특히 교과서를 주 교재로 하여 서책 형태로 개발하고 검정함으로써, 주 교재를 교과서 형태로 개발할 필요가 없는 것조차 교과서로 개발하고 있다. 특히 실기, 실험, 실습용 교육내용이 많은 교과교재가 그러하다. 시각예술을 주로 다루는 미술, 청각예술을 다루는 음악, 운동 기능을 다루는 체육, 직업기술과 직무수행 능력을 증진하는 기술, 소프트웨어가 필요한 컴퓨터 등의 교과서는 교과특성을 반영한 오디오, 비디오, 멀티미디어 자료형태의 교재로 개발 보급되어야 함에도 서책 형태의 교과서가 주 교재가 되고 있다. 미술의 경우 교과서는 학교용만 미술실에 두고, 대신 유파별 시대별 작가별 화첩, 도록 등 원화를 잘 인쇄한 자료들이 미술실에 비치되어 있다면 학생들의 상상력과 창의력을 더 잘 자극할 수 있을 것이고, 인쇄문화 발전에도 기여할 것이다.

또한 수업과 학습에서 교과서 의존도가 낮은 교과의 경우 학년별, 학기별 1인 1책보다 학급용, 교사용, 학년용, 다학년용, 학교용으로 교재를 개발하는 것이 바람직하다. 따라서 학생 개인용이 아닌 학교용, 학급용, 교사용으로 교재를 만들어 보급하고, 대여 사용 후 반납제를 확대해야 한다. 그렇게 함으로써 교과서의 질이 향상되고, 교과특성에 맞는 다양한 형태의 교재가 확보 · 보급될 수 있다. 교과에 따라 다학년용으로, 내용이 풍부한 백과사전형으로 만들어 대여 반납할 수 있게 대여제로 확대하는 것이 필요하다. 특히 의무교육기는 교육부에서 교과서를 구입 보급하므로, 분책한 교재의 수를 줄이고, 적정 지질, 판형, 색도를 유지하며, 정부 재정을 절감할 수도 있다.

진정한 교육복지는 부와 소득을 고려하지 않는 무차별적 전면 무상급식이나 교육비 지원 등에 있는 것이 아니라, 교사와 학생이 만났을 때 질 높은 교육경험이 일어날 수 있는 핵심 매개체인 질 높은 교육용 교재의 확보와 제공임을 인식하고, 교육부와 교육청은 질 높은 교재를 구입할 수 있는 교육과정 운영비를 교육예산에서 일정 비율로 확보해 주는 정책을 수립, 집행할 필요가 있다.

7) 교과별 전문 출판사 육성

교과별 교과서 발행사의 전문화가 확립되어야 한다. 질 높은 교재를 생산하고 있는 선진 외국의 경우, 일부의 교재 발행사들이 교과용 도서를 개발하고 있으며, 이들은 검정이 있을 때만이 아니라, 상시적으로 집필진, 편집진 등을 확보하고 교재 연구를 계속하고 있다. 그리고 그 결과를 반영하여 이미 개발된 도서의 개정판을 지속적으로 출판해 내고 있다. 이러한 과정을 통해 교재의 질은 크게 개선되고 있다.

반면에, 우리나라의 경우 검정에 출원하는 교재 발행사의 대부분이 영세하여 교재 출판을 1회성 투기사업 정도로 여기는 경우가 많다. 또한 기존의 발행사들도 여러 교과의 교재를 한꺼번에 제작하여 전체적으로 교재의 질이 높지 못하다.

발행사의 전문화는 교재의 질적 제고를 위한 방안이다. 따라서 교재 발행사의 교과서 제작 능력을 강화하기 위해서 발행사는 교과별로 전문화되어야 하고, 교과서 개발을 위한 편집, 연구체제를 유지해야 한다. 아울러 기존에 발행된 교재를 항상적으로 수정하고 보완해 개선하는 체제도 갖추어야 한다.

8) 정기 검 · 인정제 확립

기존에 사용해 오던 교과서는 교재 발행사와 저작자가 책임지고 꾸준히 수정 · 개선하여, 교과특성에 따라 내용이 안정적인 교과서는 6~8년마다, 내용이 상대적으로 빨리 변하는 교과서는 4년마다 검 · 인정을 하는 것이 적절하다. 그리고 새로 발행된 교과서는 일정 기간을 정해 놓고 매년 검정을 시행하는 정기定期 검정제를 확립해야 한다. 이를 통해 학교수업용 교재도 수정 보완된 내용만 검정 심의를 받도록 하는 것이 바람직하다.

정기 검 · 인정제는 교재 발행사로 하여금 보다 완성도 높은 심사본을 안정적으로 출원할 수 있게 해 주고, 검 · 인정 심사를 질 높게 수행할 수 있는 바탕이 된다. 정기 검 · 인정제는 검 · 인정 기회를 다시 줄 수 있어서 부적격 판정에 따른 시비를 방지할 수도 있으며, 교과서의 개정 판 수를 거듭할 수 있고, 발행사들도 교과서 관련 인력을 상시 구축하고 전문화를 꾀할 수 있다.

정기 검 · 인정제가 확립되면 교과서의 꾸준한 개선이 가능해질 수 있다. 한국교과서연구재단이 운영 중인 교과서민원바로처리센터(Textbook Information One-stop Service)의 경우 꾸준한 수정 · 보완에 많은 도움을 주고 있으며, 집필자와 편집자에게 적절히 환류될 경우 교과서 질 개선에 큰 도움이 되므로, 교육부는 이에 대한 지원을 늘려 가야 할 것이다.

9) 교재의 다양화와 주교재로서 교과서의 구분 필요

교과교육과정기준에는 각 교과의 성격, 목표, 내용 체계, 과목별 · 주제별 · 단원별 내용, 수업과 평가방법에 대한 권고 등이 들어 있다. 특히 과목별 · 주제별 · 단원별 목표와 내용은 교과교육과정기준에서 중심이 되며, 이것들은 교과서나 지도서와 같은 학교수업용 교재로 구체화된다.

교과서와 지도서는 교육부가 저작권을 가진 국정(1977년부터 2001년까지 '1종'으로 불림) 교과서와 지도서, 교육부장관의 검정을 받은 검정(2종) 교과서와 지도서로 구분한다. 교과서나 지도서가 교과를 대변하기는 하지만 그 주된 사용은 학교수업에 있다. '도서'는 지물류인 서책written text, 인쇄 자료printed materials가 수업에서 중심을 차지하고 있을 때 사용되는 단어이며, 정보화, 멀티미디어 시대에는 학교수업용 자료로서 학생용 교과서, 교사용 지도서, 참고서, 오디오, 비디오, CD-ROM, 인터넷 자료 등 교과의 성격을 가장 잘 표현하고 전달해 주는 매체라면 무엇이나, 교육적 견지에서 필요한 자료는 무엇이나 수업에 도입될 가능성이 커지므로 이를 포괄할 수 있는 용어로서 교재教材를 사용함이 적절할 것이다. 따라서 '교과용' 대신 '학교수업용'을, '도서' 대신 '교재'를 사용해서 '학교수업용 교재'라는 표현을 사용하는 것도 대안이다.

오늘날 다양한 매체의 발달과 함께, 학교에서 사용하는 교수-학습 자료의 개념과 형태도 확장될 것이 요청되고 있다. 다음은 폭넓은 교재 개념을 예시해 주는데, 이 경우 교재는 세트set로 되어 있다(교과서 백서, 2000: 256-257). 이런 세트들을 각각 따로 제작 보급하면 학생이나 교사가 사용할 때 매우 불편할 것이다. 그러므로 종래의 교과서와 참고서, 학습지와 수험서 등을 모두 함께 묶어서 교재만으로 학습을 완결할 수 있는 쪽으로 종합하면 편리할 것이다. 이것은 참고서가 필요 없는 학습완결형 교재가 될 수 있다. 이 경우 교재의 쪽수가 늘어나면 월별, 분기별, 학기별 교재로 시계열적으로 분책하면, 특

〈다양한 수업용 교재 개발의 사례〉

① 학생용 교과서: 크라운판 871쪽
② 교사용 지도서: 877쪽
③ TP 자료 세트, 복사 자료 세트
④ 복습 복사 자료 세트
⑤ 특별 연습 복사 자료 세트
⑥ 평가자료: 퀴즈, 단원 학습 중간평가 자료, 단원 말 평가자료, 총괄평가 자료
⑦ 대안적 평가자료: 프로젝트, 동료평가 자료, 집단평가 자료, 포트폴리오 평가 아이디어, 오류 자료, 잡지, 퀴즈 자료
⑧ 교수-학습 계획
⑨ 오늘의 문제: 두뇌 유희 자료, 문제해결 학습자료
⑩ 대학입시 문항 세트
⑪ 심화 프로젝트 자료
⑫ 해답집
⑬ 단원 또는 활동 도입 자료
⑭ 논리력 향상 자료: 학습자의 개념 통합이나 개념 향상을 돕는 자료
⑮ 다문화 연관 학습자료: 역사적, 현재의 주요 탐구 및 연구자료, 참고 자료
⑯ 컴퓨터나 계산기 사용 안내서: 각종 소프트웨어, 계산기 사용 안내서
⑰ 실생활 관련 TP
⑱ 컴퓨터 문제 은행

출처: Larson, Boswell, & Stiff(1998).

정 시기에 사용하는 책 수는 하나가 되어 사용할 때 편리할 것이다. 2013년 초등 저학년의 통합교과서는 이전의 복잡한 분책 방식을 벗어나 '시계열적으로 분책' 발간되고 있어, 같은 종수거나 종수를 줄이지는 못하여도 사용상의 이점은 적지 않다. 결국 수업용 참고 교재는 다양화 · 다종화하되, 학생 모두에게 1인 1책으로 공급해 줄 핵심적인 교과서는 극소수로 엄선하는 것이 바람직하다.

'교육과정기준 → 교과용도서 → 수업'으로 이어질 수도 있지만, 교육과정기준이 교과서라는 매개 없이도 수업에서 구현되는 것이 교육과정 중심 수업이라고 할 수 있다. 특히 학년군과 교과군의 특성에 따라, 심지어 한 교과목 내에서도 단원의 특성에 따라 교과서의 필요성이나 지도서의 필요성은 달라진다. 교과서가 오히려 수업의 형태를 바꾸어 놓기도 한다. 가령, 실험, 실습, 실기를 위한 교과목에서 교과서가 있다면 도리어 이론수업, 설명수업, 지필고사로 변질될 수도 있기 때문이다. 교육과정기준 없는 수업은 초 · 중등학교에서 상상하기 어렵지만, 교과서 없는 수업은 가능하다. 교사들의 교재 재구성에 의한 교재 확보가 대표적인 예다. 교과서 공급보다 시설과 설비 개선, 교원 증원, 수업운영비 확보 등이 더 시급한 교과들도 있다.

10) 디지털 교과서 확대 적용의 우선순위 정립

정보화, 디지털화, 인공지능화, 지능정보사회로 일컬어지는 현상이 도처에서 발견된다. 과학기술은 가상세계를 무한히 확대 연결해 가고 있고, 시청각이 매우 혹사당하는 문명이지만 이를 거스르기는 어렵다. 교과 특성에 따라 교재의 형태는 달라야 할 것이다. 미술과에서는 전통적인 교과서보다 화첩이나 도록이, 체육이나 음악은 동영상 자료가 더 좋은 교재 기능을 수행할 것이다. 실험, 실습, 실기 위주의 교과목 일부는 서책형 종이교재의 필요성이 적다. 정보화사회에서 전자교재는 점차 서책형의 종이교재를 대체하거나 보완하려고 한다.

전자교재란 문자나 그림, 소리, 영상 등이 결합하여 정보를 전달하는 것으로서, 비디오, 오디오 테이프, CD-ROM 등을 다 포함한다. 즉, 인쇄 매체로 구현할 수 없는 소리, 동영상 정보 및 정보의 실시간 전달과 양방향 상호작용을 가능하게 하는 전자 정보의 이점을 교재에 적용한 것이다. 극소나 극대, 위험한 상황을 직접 해 볼 수 없을 때에도 매우 필요한 매체가 된다. 인터넷 기반의 전자교재나 클립 자료의 교육 기능은 점차 확장될 것이다. 성인과 대학생의 교재를 비롯하여, 교사용 지도서나 수업안내용 교재, 교원 연수 교재, 고교의 외국어, 체육, 예술, 직업기술 교과의 일부 교재는 전자교재로 대체될 가능성이 높아지고 있다.

그러나 서책형 교재보다 전자도서는 그 개발, 유지, 수선, 대체 비용이 매우 비싼 편이다. 디지털 교과서의 제작과 보급에 필요한 내용contents은 교육계가 상대적으로 저렴하게 제공할 수 있지만, 저작 도구와 저장 장치, 송출 및 뷰어와 같은 기기platforms, networks, devices는 전자통신 회사의 몫이 되며, 그 유지, 수리, 개량, 교체에는 적지 않은 교육 예산을 소모하여 정작 필요한 교육복지의 재정 고갈을 불러올 수도 있다.

무엇보다 우려할 것은 디지털 교과서, 전자도서는 발달도상에 있는 미성숙한 어린 학생들에게 전면 적용하는 것이다. 교육부 등에서는 초등학교부터 적용하는 것을 능사로 여기나 이는 비교육적 · 반교육적 판단이다. 스마트폰보다 파란 하늘과 넓은 들판이 자라나는 아이들의 시력 발달에 나을 것이고, 터치하고 클릭하는 것보다 크레용으로 꾹꾹 눌러 금을 긋고 그림을 그리도록 하는 것이 유아의 소근육 발달에 더 좋을 것이다. 아마 교육적인 부모들은 자기 자녀에게 그런 학습 기회를 제공할 것이다. 전자교재의 사용이 확대된다고 하여도, 학생의 나이가 어릴수록 그 건강이나 교육적 발달을 위해서는 안정적인 서책형의 종이교재가 더 나을 것이다. 디지털 교과서는 성인과 대학생부터 먼저 적용하여 성공 여부를 확인하는 것이 올바른 순서이고 방향이다. 어린 아동들에게는 전자도서를 꼭 필요한 단원이나 교과목에 아주 적은 비중으로 그리고 가급적 성장이 충분히 이루어진 뒤에 노출되어야 아동의 전인적 · 정상적인 발달을 기약할 수 있을 것이다.

11) 교과서 선정 단위의 광역화

교과서 선정을 개별 학교보다 광역화하여야 한다. 현재 검정을 통과한 교과서를 전시하고 선정하기까지 소요되는 기간은 약 1개월 정도(검토 기간은 15일 내외임)다. 소규모 학교의 개별 교사가 여러 가지 책을 모두 검토하고 비교 · 판단하기에는 짧은 기간이다. 또한 교원의 잦은 이동으로 교과별로 교사 수가 소수인 학교는 자신이 참여하여 검토 추천하고 다른 학교로 옮겨 가는 경우도 적지 않다.

따라서 개별 학교보다 선정 단위를 광역화하여, 학생 수를 감안하여 지구별, 자율장학회별로 혹은 권역별 채택구를 정하는 것이 바람직하다. 다수의 공론에 따라 질 높은 교과서를 공동 채택하는 것이 보다 바람직하다. 교과서 출판 전문화와 고품질화를 위해 교과별로 2~5종 내에서 복수 추천하고 학교에서 현행 절차를 활용하여 선정하도록 하며, 선정 과정에 다수가 참여하여 선택의 타당성을 높여야 한다. 특정한 이해관계를 가진 측에서 편향적인 평가를 유포하는 것은 막아야 하지만, 교육적인 교원단체 등을 통해 교과서 질에 대한 평가를 권장하고 결과를 공개하는 것은 교과서 질을 높이는 방법이다.

이 장의 요점 정리

1 학교수업용 교재는 공식적으로 교육과정을 구현한 교과서, 교육과정과 교과서를 이어 주는 지도서, 그리고 상업용으로 출판된 교과서 내용 해설 및 평가 자료집의 성격을 지닌 참고서 등이 있다. 그중에서 교과서와 지도서가 공식적으로는 가장 중요한 학교수업용 교재다.

2 국가교육과정기준을 가진 우리나라 교과서 제도를 교과서 편찬과정에 대한 교육부의 관여 정도나 방식에 따라 분류하면 국정제, 검정제, 인정제로 나뉜다. 교과서 제도에 따라 만들어지는 학교수업용 교재는 크게 국정도서, 검정도서, 인정도서의 세 가지로 나눌 수 있다. 교과서 제도는 국정제보다 검정제, 검정제보다 인정제를 발전한 형태로 간주하지만, 주변국들의 위협적 도전, 국가적 정체성 확보, 사회적 자본 확립, 이념적 혼란 최소화를 위해서는 검정기준이 매우 뚜렷하거나 국정제를 취할 수밖에 없다. 시장 실패로 여겨지는 교과의 교재들은 교육복지 차원에서 정부 지원으로 연구 개발될 수밖에 없다.

3 국정도서는 정부가 직접 교재개발기관을 지정해 독점적으로 연구 개발하여 확보한다. 국정도서를 개발하는 절차는 크게 계획위탁 단계, 연구집필 단계, 심의수정 단계, 생산공급 단계로 이루어진다. 특히 초등학교용 국정도서의 제작은 현장검토본으로 연구학교의 사전 적용 검토, 교사연구회와 내용전문가들의 검토를 거친다는 장점이 있다.

4 교과서 검정제는 민간에서 제작한 교재 중에서 심사를 거쳐 창의적이고 질 높은 것을 확보하여 교원과 학생들에게 공급하기 위한 것이다. 검정 심사는 교재로서의 합부를 결정하는 절차로서 검정위원회에서 공통기준, 교과 공통기준을 변형한 교과별 기준을 적용하여 판단을 한다.

5 학교수업용 교재는 최근 서책 위주에서 벗어나 보다 다양한 형태로 확대되고 있는데, 특히 전자 교재들이 급속히 개발・보급・활용되고 있다. 교사와 학생에게 가장 질 높은 교재를 공급하기 위해서는, 발행제 구분의 재정립, 장기적인 발행제의 발전 방향 정립, 책임 있는 교재 정책 확립, 교재의 질 저하 정책과 제도의 재검토, 전면 개편보다 판(版) 수를 거듭하는 수정 보완형 교과서 제도 확립, 교재별 전문 출판사 확립, 정기검정제의 확립 및 교과 특성에 맞는 예측 가능한 검정 주기 정립, 교재선정 단위의 권역별 광역화, 사용 후 폐기 처분이 아닌 반납하는 대여제 확대, 학생 개인별 1인 1책 탈피와 학급용・학년용・학교용 교재의 개발과 비치 확대, 수업과 학습 의존도가 낮은 교과 교재의 학교용・다학년용・학급용・교사용 교재로의 전환, 디지털 교과서 적용 확대에서 우선순위 정립 등이 요구된다.

이 장의 주요 용어

발행제도 textbook publishing system, 국정제 government-issued textbook system, 검정제 textbook authorization system, 인정제 textbook adoption system, 공급제도 supply system, 선정제도 selection system, 학생소지용 교과서 student textbook, 학교비치용 교과서 school-hold textbook, 디지털 교과서 digital textbook

연구과제

1. 시장 실패가 아님에도 불구하고 국정제가 적용되는 교과들의 특성은 무엇인지 찾아 정리해 보시오.
2. 질 높은 교재를 확보하기 위한 나은 방안들이 무엇인지 조사하여 정리해 보시오.
3. 자신과 가장 관계 깊은 교재를 골라 일정한 준거를 세우고 내용과 구성체제, 삽화 등을 분석해 보시오.
4. 서책과 비교할 때 전자교재의 장점과 단점을 찾아보시오.

제12장

교육과정 운영

교육과정 운영은 학교 안팎에서 계획한 교육과정을 주로 학교 현장에서 구현하는 일련의 실천적 과정이다. 전체적인 총론은 국가, 지역, 학교 수준에서 경영되는 모습으로, 부분적인 각론은 교실 안팎에서 수업하는 형태로 나타난다. 교육기관의 경영에서 교육과정 운영이 핵심 과업일 때 그 기관은 본연의 기능을 다하는 것이다. 교육과정 경영은 학교와 같은 기관의 온갖 구성요소와 자원들을 조정하여 소기의 목적을 달성하는 오케스트라의 지휘에 비견된다. 교육과정은 학교의 교육적 '기능'을 극대화하기 위해서 출발한 관계로 운영면에 있어 경제성과 합리성을 추구한다. 다음에서는 교육과정 운영의 의미, 실제, 이를 위한 운영 주체로서 교원의 역할, 교육과정 운영을 위한 제도와 문화적 지원에 대해 살펴보기로 한다.

1. 교육과정 운영의 기초

1) 교육과정 운영의 의미

교육과정 운영은 교육과정을 학교와 교실에서 사용하고 실천하는 과정을 총칭한다.

교육과정의 특징은 계획에 있었다. 그러나 계획은 교육을 변화시키기에 한계가 있다. 계획은 판단의 완성이었다면, 운영은 행동을 시작하고 이루는 것이다. 운영은 계획을 일정한 확률로 실천하는 것이다.

교육과정을 학교 안과 밖으로 나눈다면, 국가교육과정기준을 가진 나라에서는 국가교육과정기준이 어느 정도로 학교교육과정에서 실행되는가의 문제로 나타난다. 역으로 학교단위 교육과정이 다양하고 활발하게 펼쳐지는 나라에서는 공통적인 교육과정을 확보하려고 노력하게 된다. 교육과정의 운영 대상은 총론과 각론이다. 전체적인 총론의 운영은 국가, 지역, 학교 차원에서 경영으로 이루어지며, 총론의 각 부분인 각론은 상대적으로 교실 차원에서 수업 운영으로 나타난다.

교육과정 운영은 학교 밖에서 개발되어 주어지는 것을 실천에 옮기는 것과 학교 안에서 자체적으로 개발하여 실천하는 것으로 나눌 수 있다. 또한 교육과정 개발자와 실천자의 일치 여부에 따라, 교육과정의 운영은 이행履行, implementation과 실행實行, enactment으로 나뉜다. 교육과정 '이행'은 보통 전문가 집단들이 개발한 교육과정을 학교와 교실에서 교사들이 실천에 옮기는 것이므로 '적용'이라고도 불린다. 교육과정 운영은 외부에서 개발한 것을 단순 적용adoption하는 것부터 수정하거나 재구성하는 응용application과 실행자들이 직접 창출creation하여 실행하는 것에 이르기까지 그 방법도 다양하다.

2) 교육과정 운영의 기본 원리

교육과정을 운영하는 주체들은 질 높은 교육활동과 성과를 위해서 일정한 원리에 따라 교육과정을 운영할 필요가 있다. 운동 경기의 규칙과 마찬가지로 교육과정 실천에서도 지켜야 할 규범이 있는데, 이를 기본 원리라고 표현할 수 있다. 교육과정 운영의 기본 원리들은 학교에서 교육과정 운영 계획을 세우고 실천할 때 마땅히 존중되어야 할 행위의 규범이 되며, 다른 한편으로는 운영과정 혹은 운영결과를 평가하는 준거의 역할을 하게 된다. 교육과정의 특성, 학습자 · 사회 · 교과의 특성에 비추어 이러한 원리들을 제시하면 다음과 같다(김대현, 김석우, 1999: 254-257; 김창걸, 2003: 9-26).

(1) 사회제도적 특성에서 본 교육과정 운영 원리

교육기관이 속한 사회의 정치 · 경제 · 문화적 특성이 교육과정 운영에 영향을 준다. 민주주의 체제는 교육기관의 교육과정 운영에 가장 중요한 기준을 제시한다.

- 합목적성의 원리: 학교의 교육과정 편성과 운영은 궁극적으로 학교의 교육목표를 달

성하기 위해서 하는 일이기 때문에 합목적성validity을 지녀야 한다. 따라서 학교에서 교육과정을 편성하고 운영하는 경우에 가장 먼저 할 일은 학교가 설정한 교육목표가 타당한지, 만약 타당하다면 학교에서 편성하고 운영하는 교육과정이 이를 달성하는 효과적인 수단인가 하는 점을 주의 깊게 살필 필요가 있다. 이때 타당한 목적과 그것을 달성하기 위해 강구한 수단 사이에는 괴리가 없어야 한다.

- 합법성의 원리: 합법성legality은 교육과정 운영이 합헌적이고 법률 적합성을 지녀야 한다는 것이다. 교육과정 운영은 국가가 정한 법령 및 기준의 테두리 속에서 진행되어야 한다. 학교는 교육과정과 관련하여 지닌 법적인 책무와 권한을 분명히 하고, 이러한 범위 내에서 의사결정 권한을 행사할 수 있다.

- 민주성의 원리: 민주성democracy의 원리란, 교육과정의 운영을 통한 민주주의 이념의 구현을 의미한다. 교육의 기회균등, 교육의 자주성, 조직 내 민주행정의 확립 등이 보장되어야 한다. 교육에 관여하는 제 집단들의 광범한 참여를 보장하고, 그들이 제시하는 의사가 공정하게 처리되도록 하며, 운영에 있어서는 권한의 이양과 위임을 통하여 독선과 전횡을 막는 장치를 필요로 한다. 학교에서는 이를 위하여 교장과 교사가 상호 존중하며, 각기 다른 역할을 분담해야 한다. 교실에서는 상호 존중과 차별 없는 공정한 학습 기회를 갖거나 제공하는 것으로 나타난다.

(2) 교육과정 특성에서 본 교육과정 운영 원리

- 학습자 존중의 원리: 교육은 사회 속 학생의 잠재력을 찾아 더 나은 배움과 삶을 열어주기 위한 교원의 배려와 활동이다. 교육과정은 사회, 교과, 학습자의 요구를 고려하여 결정된다. 교육과정의 운영은 학습자의 발달, 능력, 적성, 진로, 애로를 존중learner-honored하는 가운데 이루어져야 한다. 그렇다고 교육이 학생 중심student-centered은 아니다. 성인의 학습은 학습자 중심learner-centered, 학습자 주도적인self-directed 면이 많으나, 교육은 상대적으로 변화 가능성이 높고 성숙 도상에 있으며 아직 배우지 않고 경험하지 않아 알 수 없는 학생들에게, 먼저 알고 경험한 교원들이 안내하되, 학습자의 요구를 존중하고, 학습자는 일정하게 자기 조절하는self-regulated 원칙 속에서 교육과정이 운영되어야 한다. 이는 교육과정을 제공하는 교원들의 자율성의 원리이나 자유민주주의 체제가 지닌 민주성의 원리를 바탕으로 한다.

- 계열성의 원리: 교육과정의 운영은 학교급 간, 학년 간, 교과의 단원 간 선수 학습과

후속 학습, 초급 · 중급 · 고급의 교육내용과 활동이 연계되는 종적 계열성sequence을 달성하는 것이어야 한다. 초등학교의 공통필수 교육과정에서 중등학교의 상이선택 교육과정으로, 하급학교의 진학준비 교육과정에서 학생의 최종 공식적 교육과정으로서 직업준비 교육과정으로 이어질 수 있도록 유연한 종적 연계vertical articulation를 고려하여 운영해야 할 것이다.

- 통합성의 원리: 교육과정의 운영은 학생의 관심, 사회의 요구, 인접 교과 간의 횡적 통합integration이 이루어지도록 운영되어야 한다. 통합성은 단편적인, 파편화된, 서로 무관한 지식을 쌓는 위험에 노출되어 있는 학습자들로 하여금 통합된 지식관과 교과의 깊은 의미를 가지는 데 도움을 주기 위한 것이다. Taba(1962)는 지식의 폭발, 사회 전문화의 가속화, 기술의 발달에 따라 지식의 통합성은 교육과정에서 점점 더 중요한 쟁점이 되어 가고 있다고 간파하였다.

- 균형성의 원리: 학교의 전체 교육과정을 운영할 때는 교육과정의 핵심요소들(교육목표, 교육과정, 수업, 교육평가 등)을 확인하고, 이들 요소 간의 조화와 통일성을 높이는 방향으로 진행되어야 하며, 이러한 작업이 성공적으로 이루어지도록 교사, 학생, 학부모, 학교조직, 학교의 물리적 환경 등 제반 요소들을 종합적으로 고려해야 한다는 점에서 균형성balance은 전체성totality이라고 할 수 있다. 교육과정에서 균형성은 교과 중심과 학생 중심, 개인과 사회, 공통필수와 상이선택, 교과 내용의 폭과 깊이, 전통 내용과 혁신 내용, 개인차와 공통 가치, 학습과 놀이 등에 걸쳐서 확보되어야 한다.

(3) 운영 주체인 교원의 역할에서 본 교육과정 운영 원리

- 자율성의 원리: 자율성autonomy은 교육과정 운영에서 학교와 교원이 부당한 외부의 간섭으로부터 벗어나 독립적인 자기 결정과 실천을 할 수 있음을 인정하는 것이다. 합법적으로 위임, 이양된 권한을 행사하고, 훈련되고 자격 있는 전문가 집단으로서 업무를 전문적으로 수행하게 하는 원리다. 자율은 외부적 강제를 벗어나 적극적이며 자발적으로 노력하여 확보되는 것이며 이에는 책무가 따르므로, 자율성의 발휘는 합법적 범위에서 누리는 권한이라고 할 수 있다.

  자율을 누릴 수 있는 범위는 현실적으로 어느 정도 제한된다. 학교의 교육과정 운영은 교사조직의 특성, 교원들의 전문성, 학생의 특성, 학교의 물리적 환경, 지역사회의 여론과 가용 자원, 동원 가능한 재정, 시간, 관련 법규, 외부 기관의 지원과 통제의 정도 등 주어진 실현가능성feasibility을 바탕으로 한다. 따라서 학교교육과정을 운영할 때는 학생에 대한 이해와 현시점에서 지역사회가 요구하는 바를 잘 알아야 하며, 이를 위하여 각종 조사와 함께, 조사결과를 바르게 해석하여 반영해야 할 것이다.

- 전문성의 원리: 교육과정의 운영은 일상인의 교육활동과 다른 차원의 전문성professionalism을 띠어야 한다. 교육과정에 대한 이해curriculum literacy를 바탕으로 교육과정 연구, 개발, 운영, 평가, 개선에 이르는 지식과 기술을 전문적으로 연구하고 토론하는 연구조직과 실행 조직이 구성되어야 할 것이다. 교육현장의 실정과 교원의 경험과 예지를 조직적으로 반영할 수 있도록 교육과정 영역별 교원조직이 필요하다.

  전문성은 직무수행에서 효율성으로 나타난다. 교육과정의 운영은 주어진 자원을 바탕으로 최소의 인적 · 물적 자원과 시간을 투입하여 최대의 효과를 올리는 효율성efficiency을 달성하는 방향으로 이루어져야 한다. 똑같은 교육과정 운영을 하더라도 더 좋은 품질을, 더 저렴하게, 더 적기에 제공할 수 있어야 한다. 이때 효율성은 단순히 양적 · 합리적 · 공리적 효율을 넘어, 사회적 효율성, 즉 사회의 목적을 실현하고 그 속에서 인간적 가치를 구현하는 합목적적 · 인본적 · 장기적 측면의 효율을 추구해야 할 것이다.

- 책무성의 원리: 학교와 교원들은 교육과정에 제시된 학교급별 목표, 학년별 교과별 목표, 교과의 단원 목표 및 정해 놓은 성취기준을 달성해야 한다. 예를 들어, 초등학교에서는 최소필수 학습요소 혹은 기초학습 능력을 철저히 가르침으로써 장차의 배움과 삶에서 상식적으로 알아야 할 지식과 기능 및 태도를 기르도록 노력해야 할 것이다. 특히 초등학교 저학년 아동 중에서 학교가 아니면 기초학습 능력을 익히지 못하는 저소득층 아동들에게는 교육복지 차원에서 기초학습 능력을 철저히 익혀 주어야 한다. 교육에서는 교원들의 노동권보다 학습자들의 학습권이 우선된다.

  책무성은 직무수행의 효과성으로 나타난다. 교육과정의 운영은 설정된 교육목표를 얼마나 잘 달성하고 있는가에 의해 평가되기도 한다. 교육과정 결정의 원천인 학생, 사회, 교과의 요구에서 바람직한 것으로 인정된 교육목표의 달성 정도는 흔히 효과성effectiveness이라고 한다. 교육목표 달성을 극대화하기 위해서는 인적 · 물적 자원과 시간 자원이 기능적 전체로서 연쇄되어 교육적 효과를 발휘하도록 정향되어야 할 것이다.

요약하면, (1)은 정치사회체제의 근본 특성에서 오는 자율성 발휘의 외적 범위와 한계가 되고, (2)는 교육과정의 내적 특성을 지키는 문제로서 전문성의 내용이 되며, 결과적으로 (3)은 교육과정 운영자로서 교원의 지켜야 할 자세로 귀결된다. 교육과정 운영자는 일정한 자율성 속에서 그 전문성을 발휘하여 더 좋은 책무성을 달성할 것이 요구된다.

3) 교육과정 운영에 영향을 미치는 요인

교육과정 운영은 반드시 성공적이고 바람직한 결과를 낳는 것은 아니다. 운영 과정에는 처음부터 만들어진 계획과 시나리오, 운영되는 제도와 문화 풍토, 독특한 확신과 편견, 다른 사람의 시선, 실패를 불러오는 장애와 방해 요인, 시간과 환경 및 비용 등이 놓여 있다. 성공적 운영에는 운영 주체들 사이의 장기적으로 지속되는 자신감, 용기, 신뢰, 협력, 의지 등이 필요하다.

(1) 국가정책과 교육개혁

우리나라의 경우 근대적 의미의 국가교육과정은 일제강점기 때 지배의 수단으로 등장하였다. 즉, 정부가 교육과정을 실행하는 교원을 믿지 못하는 가운데 교육과정은 결정되고 운영되었다. 해방 후에도 남북분단과 군사독재 정부 아래에서 교육은 국가정책을 홍보하는 수단이 되어 왔다. 교육에 대한 국가적 통제가 강한 우리나라 풍토에서 국가의 경제발전, 인적자원 개발 등을 둘러싼 각종 정책과 교육 개혁안들은 교육과정 운영에 많은 영향력을 발휘해 왔다.

(2) 국가교육과정기준의 품질과 개정 관행

국가교육과정기준은 교육부가 개발 과정의 행정관리를 하여 정치적 의도가 농후한 집단의 영향 아래 개정된 중앙집권식 교육과정 결정의 산물이다. 국가교육과정기준의 개정을 통해 교과의 편제, 연간 수업 시수와 단위 수, 교과내용, 전달방법과 평가방법이 거의 다 결정되는 편이다. 국가교육과정기준의 품질이 좋으면 뒤따르는 학교교육과정 편성이나 그 운영 및 결과도 더 나아진다. 가령, 국가 수준에서 고교 교육과정을 1학년의 공통 위주로 설계해 두면 그 다음부터는 이것이 제도가 되고 문화가 되어 교원 충원, 학교 시간표 운영도 모두 이를 따르게 되고, 결과적으로 고교의 진로별 교육은 약화된다. 개정 관행은 수시개정으로, 짧은 주기로 모든 학교급의, 학년의, 교과목의 교육과정을 전면적으로 2~3년 만에 일시에 개정한 것으로 나타난다(홍후조, 1999). 교육과정 개정의 주체는 교육개혁 주도 세력, 교육부 교육 전문직 인사, 교육연구 개발기관 연구원, 대학의 교수집단 등이 주체가 되고, 정작 이를 실천에 옮기는 학교교원들은 형식적인 참여에 불과한 경우가 적지 않았다(홍후조, 2000). 이러한 교육과정의 개정 관행은 교육과정 운영에서 개발자와 실천자의 분리를 가져오고, 개발자 입장에서는 개발의 계획과 의도대로 실천이 뒤따르지 않는 불만을 초래하며, 실천자의 입장에서는 전래부터 해 오던 것에 덧붙여 새로운 것들을 배워서 익혀야 하는 부담을 떠안는 것이 된다.

(3) 학교급별 교육과정의 특성

유아학교와 초등 저학년, 초등 저학년과 고학년, 초등 고학년과 중학, 중학과 고교, 고교와 대학 등에서 교육과정을 운영하는 방법과 그 효과는 서로 다르다. 학교급이나 학년군의 특성은 먼저 학습자의 발달과 그 요구에서 온다. 학교급이나 학년군의 특성이나 존재 의의를 찾아 교육과정을 편성하고 운영하는 것이 관건이다. 초등교육은 초보적 지식과 내용을 철저히 지도함으로써 아동의 잠재된 능력을 찾아 주고, 장차 아동들이 더 나은 배움과 삶을 열어 갈 기초를 마련하는 데 도움을 주기 위한 것이다. 중등교육 이상에서는 학생의 능력, 적성, 진로에서 서로 다름을 인정하고, 학생의 적성과 진로를 열어 주기 위하여, 보다 분화된 전문(심화) 과목을 중심으로 서로 다른 교육 프로그램에서 선택할 수 있는 상이선택 교육과정을 제공하게 된다.

(4) 교육과정 운영 중점과 관행

우리나라의 교육과정 운영에 적지 않은 영향을 미치는 것은 교육과정 운영의 전통이나 관행이다. 어떤 식의 교육과정 운영을 해 왔느냐는 것은 현재와 미래의 교육과정 운영을 결정짓는 영향력 있는 요소다. 학교교육의 중점 목표에 따라 교육과정 운영의 방법과 효과는 다르다. 학생의 전인적 발달을 위한 인성교육을 위주로 하는 학교와 학생의 교과 성적을 높여 진학이나 취업을 중시하는 학교는 교육과정 운영의 방법이나 효과가 다르다. 진학을 앞둔 계속교육의 일환으로 지도하는 것과 취업을 앞둔 종국교육의 일환으로 지도하는 것은 서로 다르다. 인문적 교양을 중시하는 학교와 직업적 기능을 중시하는 학교, 예술적 기예를 중시하는 학교의 교육과정 운영의 초점은 달라진다. 또한 전통적인 가치관을 중시하는 학교와 변화하는 가치관을 중시하는 학교의 교육과정 운영의 초점 역시 달라진다.

교육의 목적을 배움의 동기나 기쁨보다 상급학교 진학이나 취업 등 사회생활에서 유리한 위치를 차지하기 위한 준비와 수단으로 써 온 풍토, 교육과정은 바깥에서 만들어 학교 내부로 주어지는 것으로 교원은 이를 전달하는 존재로 인식해 온 풍토, 교과목 편성이나 운영에서 학생의 입장을 존중하기보다 교사의 처지와 입장을 앞세우는 풍토, 입시 제도나 평준화 제도 등에서 보듯이 모든 교육적 실천과 변화를 자기 자녀에 대한 이해관계로만 파악하여 찬성하거나 반대하는 학부모의 교육관에 휘둘리는 풍토에서 교육과정의 정상적인 운영은 기대난망이다.

(5) 교육과정의 편성

계획된 교육과정의 구체적인 편성organization은 그 운영을 제한한다. 우리나라의 교육과정은 교육과정 총론과 각론의 교과와 창의적 체험활동으로 구성된다. 국가교육과정 문서의 '총론' 부분은 학교급별 교육목표, 교육과정 개정의 방향, 교과 편제표, 교육과정 편성과 운영의 지침 등 전체 교육과정의 편성 운영에 대한 총괄적 규정(총칙)을 담고 있어, 이를 실행에 옮기는 차원의 운영과 국어, 수학, 과학, 사회 등 개별 교과교육과정 차원의 운영은 서로 다르다. 또한 교과와 창의적 체험활동 교육과정을 운영하는 것은 서로 다르며, 교과목에 따라서도 서로 다르다. 교과편제에서 교과영역을 어떻게 구분하고, 각 교과영역의 교과목을 어떻게 편성하며, 각각의 지위와 수업 시간 비중을 어떻게 부여할 것인가는 교육과정 운영에서 매우 중요하다. 전체 교육과정 속에서 교과의 비중을 고려하고 학생과 사회의 요구를 존중하는 교육과정 운영이 필요하다.

(6) 교원

학교교육과정 운영에는 많은 인사가 관여한다. 교장, 비공식적 지도자, 변화 촉진자는 개정 교육과정의 운영에 영향을 미친다. 특히 교장은 학교교육과정 운영의 질을 결정하는 데 주요한 역할을 한다. 교장은 학교교육과정의 연구 개발과 질 관리의 총책임자다. 교장은 강력한 영향력을 가지고 있어서 많은 교사는 그의 견해에 영향을 받는다. 책임감 있고 유능한 교장이 중장기 발전 계획에 따라 학교를 운영하는 것이 교육을 개선하는 데 매우 중요하다. 교장의 교육과정 문해력curriculum literacy이 풍부하면 학교의 핵심적인 일을 하게 되고, 그렇지 못할 경우 단순한 행정관리자로 전락한다.

교사는 교육과정이다. 즉, 교사의 수업 지도와 학생생활 지도 등 온갖 교육행위 그 자체가 학생들이 경험하는 교육과정이 된다. 교육과정은 교사다. 즉, 교육과정이 원안보다 질 높게 혹은 질 낮게 실현되는 것은 전적으로 운영하는 교사들에게 달려 있다. 그러므로 교육의 질은 교사의 질을 뛰어넘지 못한다. 교사의 발달 정도에 따라 교육과정 운영의 방법과 효과는 달라진다. 가르치는 분야에 대한 교사의 지식과 이해 정도, 전달방식의 숙련 정도, 교실 장악 능력, 개인의 건강, 가족과 동료 교사 및 학생과의 관계 등에 따라 교육과정 운영은 다를 것이다. 교사는 교육과정에 문지기 역할을 수행하기도 한다. 문제가 많고 숙원사업이 해결되지 않는 학교의 경우 교사들이 새 교육과정의 도입을 방해하기도 한다. 교단 교사들이 한편으로 교과 수업 지도를 다른 한편으로 학생생활 인성 진로를 지도하는 본업에 충실하려면 다른 업무를 행정보조 요원들이 맡아 주어야 한다. 교단 교사들의 직급이나 승진제도도 동기유발, 발전, 성장에 중요하다.

(7) 학생

학생은 교육과정의 존재이유이고 기준이다. 교육과정의 운영은 학생 성장과 발달을 위한 학습기회의 제공이다. 학생에 따라 교육과정 운영의 방법과 효과는 다르다. 학생의 성별, 나이, 가정형편, 친우나 교사와의 관계, 학습준비도, 참여도, 학습능력, 자기효능감, 성취의욕, 진로, 적성 등에 따라 교육과정 운영은 달라진다. 기초학습 능력을 결하고 있거나 뚜렷한 목표가 없어 왜 공부를 해야 하는지를 모르는 경우 학생들은 학습의욕과 동기가 저하되고 이것은 교육과정 운영에 적지 않은 차질을 가져온다. 학생 개인뿐 아니라 학생집단의 동질성과 이질성은 교육과정 운영에 커다란 도전이 된다. 학생에 따라 동질 집단 혹은 이질 집단을 선호하게 되고, 경쟁적인 상황 혹은 비경쟁적인 상황을 선호하는 것이 다르다. 학습능력이 요구되는 교과 수업에서 상대적으로 동질적인 집단은 수업 운영에 준거를 잡기 쉬운 데 반해, 지나치게 이질적인 집단은 수업에 다양한 초점을 필요로 하므로 준거가 그만큼 어렵다. 고교에서도 능력, 진로, 적성이 대체로 동질집단인 경우와 이질집단인 경우는 교육과정 운영이 판이하게 달라진다.

(8) 교재

교사와 학생이 만났을 때 중요한 매개체media는 교육용 교재, 좁게는 교과서다. 각론 중 교과의 교과서 발행제, 종수, 품질, 양식(서책형, 전자형) 등은 교육과정 운영에 영향을 준다. 교과교육과정은 교과서나 지도서 등으로 구체화되어 교실에서 쓰인다. 최근 들어 주 교과서뿐 아니라 부교재들도 다양하게 개발되어 보급되고 있으며, 정보화된 전자 교재로 교재내용의 표현방식이나 그 전달방식이 달라지고 있으나 서책으로서 교과서는 여전히 큰 비중을 차지하고 있다. 교육에서 교과서에 대한 의존도가 높아지면 교과서가 교육과정을 대신하게 된다. 교과서가 교육과정을 대신하는 풍토에서, 교육과정이 개정되었다는 것은 많은 교사나 학생에게 새 교과서를 손에 쥐는 것 이상의 의미를 지니지 못하며, 수업은 교사들이 교과서를 학생들에게 해석해 주고 설명해 주는 일이 될 수 있다. 가르친다고 배우는 것이 아니라고 볼 때 이는 교육의 효과를 반감시킬 수 있다. 각론의 교과의 경우 고시된 교육과정기준에서 실제 운영되는 수업 사이를 잇는 것이 교과서일 필요는 없다. 교과 특성에 따라서는 교원 증원, 학급당 학생 수 감축, 시설과 설비의 쇄신, 운영비의 조달 등 다른 지원이 더 나은 효과를 가져올 수 있다.

(9) 시설과 설비

학교의 시설과 재정 여건에 따라 교육과정 운영은 달라진다. 교육과정의 원활한 운영을 위해 학교의 시설은 다양한 학습집단을 고려한 다양성variety, 다양한 사용 상황을 고려한 융통성flexibility, 교과의 특성이나 사용되는 교구를 고려한 독특성specialty을 갖추어야 한다. 적절한 수준의 방음, 난방, 냉방, 식수, 조명, 화장실, 체격에 맞는 책걸상, 실험 · 실습 · 실기시설, 예체능을 위한 시설 등이 부실하면 교육과정 운영은 제약을 받게 된다. 새 교육과정의 성격에 따라 실험실, 특별실, 도서실, 교실, 운동장 등의 공간 배치와 활용도 달라져야 한다. 과학실험을 할 수 있는 실험실이 갖추어져 있는 경우와 그렇지 못하고 실험실은 있되, 교구가 부족한 경우 과학실험 수업은 제대로 이루어질 수 없을 것이다. 아무리 웹기반 수업이 효과적이라고 하여도 초고속 통신망이 갖추어지지 않은 곳에서는 이런 수업을 할 수가 없다.

(10) 시간

M. Fullan(1991)에 따르면 작은 교육 혁신은 보통 3~5년 정도 걸리고, 기관이나 제도의 개혁은 5년 이상 걸린다고 한다. 이 점에서 학교장이 자주 바뀌는 학교는 어떠한 개혁도 뿌리내리기 어렵다. 개정된 교육과정을 운영하는 데는 적절한 시간이 확보되어야 한다. 교사들에게 새 교육과정에 익숙해질 시간을 충분히 주면 기계적인 운영을 하던 교사도 해가 갈수록 더 높은 수준의 운영을 한다. 교육과정 운영에서 시간 자원은 인

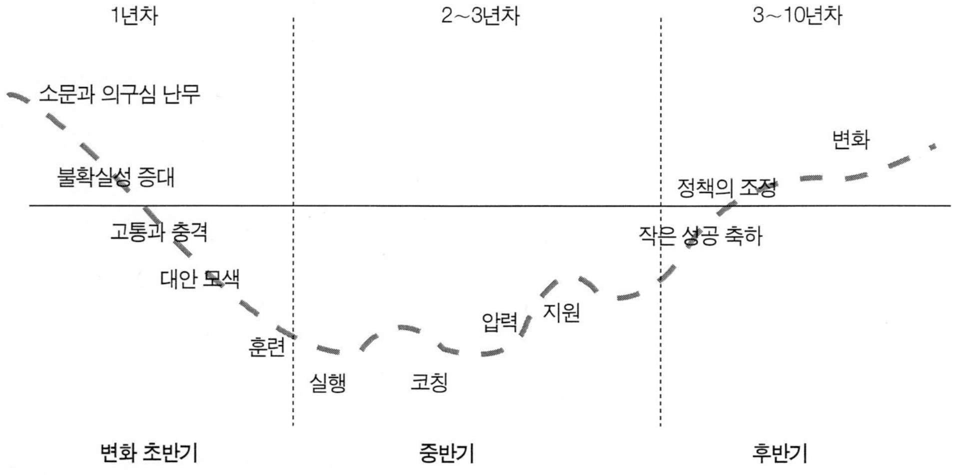

[그림 12-1] 학교교육의 제도와 문화의 개혁과 개선에 걸리는 시간

출처: 김태완(2010) 발표자료에서 재인용.

적·물적 자원보다 통제하기 쉽고 활용 여하에 따라 엄청난 차이를 가져온다. 학교학습기 15년 혹은 20년을 어떻게 나누느냐에 따라, 학교급이나 학년군을 어떻게 나누느냐에 따라 교육과정 운영과 그 효과는 다를 수 있다. 학년의 학기제를 2~4개 중 어느 것을 택하느냐도 간단하지 않다. 즉, 학제, 학년군과 무학년제 운영, 속진과 유급, 학년, 학기, 분기, 월간·주간·일간 시간 운영, 블록타임제 등이 교육과정 운영 성과에 큰 영향을 끼친다.

연간 학사 운영에서도 학년도나 학기를 시작하기 전 교원들이 학교교육과정 운영 계획을 짜고 필요한 준비를 할 수 있는 시간적 여유를 가져야 한다. 1년간 195일 정도 등교함에 있어 언제 수업을 집중적으로 하도록 짤 것인가는 매우 중요하다. 현재와 같이 교원의 이동이 새 학년도와 새 학기에 임박해서 이루어지고, 1학기는 여름방학으로, 2학기는 겨울방학으로 나뉘어 있는 상태에서는 교육과정 운영을 충실히 하기 어렵다. 특히 2월의 수업은 난방 미비, 졸업식, 음력 설, 진학 등으로 부실한 수업이 되어 1년간의 교육과정 운영을 효과적으로 마무리할 수 없게 되어 있다(홍후조, 1995). 학교에서 모든 교원이 새 학년도 시작 전에 충분한 시간적 여유를 갖고 안정적으로 계획하고 준비하여 교육과정을 운영할 수 있도록 「초·중등교육법」 시행령의 학년도(24조), 학기(44조), 수업일수 규정(45조) 등이 개정되어야 하며, 특히 학년도가 1월 1일에서 12월 31일로 바뀌고 이 속에서 가장 적기에 수업하고 방학하는 방법을 채택해야 할 것이다. 시간표를 요일별 혹은 주기별로 할 것인가, 하루 일과 중 이론 위주 교사 설명의 교과 수업과 학생 참여 활동 중심 교과 수업을 오전과 오후 중 어디에 집중 배치할 것인가, 한 단위수업을 얼마나 길게 혹은 짧게 할 것인가도 운영과 그 효과에 큰 차이를 가져온다. 원론적으로 학습 효과가 클 수 있도록 긴장과 집중, 이완과 휴식의 리듬을 잘 찾을 수 있는 최적의 제도를 찾아 문화로 구축해야 한다.

상식적으로 교과나 활동의 특성에 비추어 볼 때 모든 교과의 단위 수업 시간은 같을 수 없다. 단위 수업 시간 길이보다 더 길거나 짧은 것이 정상이다. 교과마다 학생들의 발달에 맞는 이론 강좌와 실습활동에 필요한 기준 시간 길이를 재설정하는 것도 필요하다. 학교에서 수업량을 계량하는 척도로 쓰이는 시수제, 학점제, 단위제를 상호 비교하면 〈표 12-1〉과 같다. 즉, 교과 내용과 활동에 알맞은 융통성 있는 시간 적용이 요구된다. 차시, 일간, 주간, 분기, 학기, 학년, 학년도, 학년군 등 학교시간 운영의 효율성 제고가 필요하다. 특정 과목은 학생들의 학습수준에 따라 무학년제로 운영되거나 속진과 유급을 허용해야 하지만 여건이 허락하는 학교들도 운영편의상 좀처럼 시도하지 않는다. 모든 학생이 초·중등학교에서 12년을 보낼 필요는 없다. 특수한 여건의 학생에 따라 더 짧을 수도 더 길 수도 있다.

〈표 12-1〉 학교의 수업시간량의 계량 척도의 비교

구분	시수제(time-plus system)	단위제(unit system)	학점제(credit system)
의미	• 40~50분을 한 단위수업시간으로 하여 한 학년도 동안 연간 총수업시간량을 합산하여 특정 교과의 이수여부를 확인하는 제도 • 초등학교와 같이 담임교사가 통합적인 교과와 활동을 지도한 후 적절한 시간 배분 • 교사에 의한 수업이 학생주도적 학습보다 더 중심되는 경우임	• 주당 200분을 한 단위수업시간으로 하여 한 학년도 동안 일정한 수업시간량을 합산하여 특정 교과목의 이수 여부를 확인하는 제도 • 교사에 의한 수업이 학생주도적 학습보다 더 많은 비중을 차지하는 경우임	• 40~50분을 한 단위수업시간으로 하여 한 학기 동안 일정한 수업시간량을 합산하여 특정 교과목의 이수 여부를 확인하는 제도 • 교수자에 의한 수업보다 학생주도적 학습이 더 중심되는 경우임
적용	• 초등학교에서 담임교사에 의해 연속 지도를 가능하게 함 • 초등학교 학년제와 친화 • 교과 이수여부 확인, 진급, 진학 결정	• 중등학교 이상에서 교과 교사에 의한 수업 교체 지도를 편리하게 함 • 중등학교 학년제, 무학년제와 친화 • 교과 이수여부 확인, 진급, 진학 결정	• 중등학교 이상에서 교과 교사에 의한 수업 교체 지도를 편리하게 함 • 중등학교 학기제, 학년제와 친화 • 교과 이수 여부 확인, 진급, 진학 결정
장점	• 집중지도(특정 교과 내용의 집중적인 지도 가능) • 분산지도(특정 교과의 경우 간격을 두어 지도할 수 있음) • 탄력지도(공휴일, 학교행사 등으로 결손한 수업은 언제든지 보충 가능함)	• 장기계열이수(주요 교과목의 계열적인 내용과 수준 높은 내용의 1~4년간 연속적인 이수 가능) • 집중이수(최소 1년간 집중이수 가능함) • 대체이수(동일 단위 배당 교과목 간 상호 대체 이수 가능) • 선택이수(동일 단위 배당 교과목 간 선택 이수 가능하여 선택 가능성이 높아짐)	• 단기집중이수(최소 한 학기 동안 집중이수 가능함. 단기집중 교과목을 개설하여 이수시키는 데 편리) • 분할이수(많은 학점 배당 교과목의 학점을 분할하여 여러 학기에 분산 이수시킬 수 있음) • 대체이수(동일 학점 배당 교과목 간 상호 대체 이수 가능) • 선택이수(동일 학점 배당 교과목 간 선택 이수 가능하여 선택 가능성이 높아짐)
단점	• 학급 간 서로 다른 진도로 교체이수 불편 • 특정 교과목 수업을 소홀히 할 가능성 있음	• 특정 계열과 순서로 짜여진 교과목 이수 경로(track)를 벗어나기 쉽지 않으며, 한 번 선택한 강좌를 장기간 이수해야 하는 어려움 • 한 학기에 이수해야 하는 소규모 강좌, 이벤트성 강좌에 단위 부여가 쉽지 않음(예: 1/2단위, 무단위 강좌) • 단위 분할에 의한 분산 이수가 어려움	• 학점을 지나치게 세분화하여 분할이수시킬 경우 학기당 이수과목 수가 늘어남 • 분할이수로 인하여 연속과 누적 효과가 떨어짐
용례	• 대부분 나라의 초등학교, 한국의 초 · 중학교	• 미국의 카네기 단위, 미국의 여러 주의 고교, 독일 고교 전공심화과정, 영국의 대학예비과정고교	• 한국과 대만의 고교 학기 단위제, 일본의 년간 단위제, 독일고교 기초 과정, 미국의 일부 고교, 대학의 학점제

(11) 교육평가

각종 교육평가는 기본적으로 교육과정 운영의 질 관리를 위한 것이라고 할 수 있으나, 역으로 교육평가는 교육과정 운영을 제약한다. 교육평가의 기능이 교수-학습과정을 진단해 주고 고쳐야 할 점을 지적해 주는 교수-학습의 개선을 위한 기능보다 학생을 상대비교하여 순위를 매기고 상벌을 주고, 선발하고, 진급과 입학을 위한 자격을 부여하는 기능을 수행하는 풍토에서 교육과정 운영은 평가에 의해 상당한 정도로 제약된다. 학교에서 가르치는 '모든' 교과목을 평가하고 석차를 산출하는 것은 교육적으로도 바람직하지 못하다. 학교교육과정을 크게 인문사회과학, 자연과학, 예체능 영역으로 나눈다면, 주지 교과영역인 국어, 과학, 수학, 사회, 외국어 등은 학습에 집중적 노고를 요하며 긴장을 유발하는 것이고, 체육, 예술, 특별활동 등은 이완을 가져오는 영역이다. 전자는 교과영역별로 목표도달 준거에 따라 자주 평가도 하고 순위도 매겨야 할 것이다. 그러나 체육은 보건과 함께 건강을 도모하는 것이 교육의 목표이고, 예술은 심미적 승화와 창조의 기쁨을 가져오는 것이므로 학생들이 즐겁게 참여하여 학습노고에서 오는 긴장과 스트레스를 풀 수 있도록 '평가'에서 자유롭게 풀어 주어야 할 것이다.

(12) 재정과 여건

새 교육과정의 운영에는 재정 지원이 뒤따라야 한다. 교사연수, 개발된 교육과정의 수정이나 재구조화를 위한 활동비, 공간의 배치, 교사에 대한 보상 등 새 교육과정의 운영은 재정 지원 없이는 성공하기 어렵다. 첨단 정보화 시설을 해 놓고도 이를 유지 · 운영할 수 있는 유지관리 수선비 등의 재정적 여건이 열악하면 교육과정 운영은 차질을 빚는다. 학교교육과정은 학교 밖의 자원을 활용하게 된다. 지역사회의 다양한 지원이 있는 학교여건과 지역사회의 무관심과 지원 여건이 열악한 학교 여건은 서로 다르다. 교육자원이 상대적으로 열악한 농촌, 어촌, 산촌 지역학교와 상대적으로 풍부한 도시지역 학교는 서로 다르다. 그러나 눈에 보이는 물리적 환경 못지않게 중요한 것은 심리적 환경, 학교의 문화 풍토다. 격려해 주고 지지해 주는 환경이냐, 질책하고 좌절시키는 환경이냐, 무관심하거나 방임적인 환경이냐에 따라 다른 것이다. 또한 협동적이고 민주적인 환경과 경쟁적이고 권위적인 환경에 따라 교육과정 운영은 달라진다.

2. 교육과정 운영과 교원

앞에서 우리는 교육과정 운영에 영향을 주는 요인을 검토하면서 교육과정 운영 현실의 일단을 짐작할 수 있었다. 다음에서는 교육과정 운영의 주체라고 할 수 있는 교원의 새 교육과정에 대한 관심과 이해, 이에 따른 교원의 교육과정 운영의 실제적 수준과 이를 개선할 수 있는 방법을 찾아보기로 한다.

1) 교원의 새 교육과정에 대한 관심 수준과 실행도

교사의 교육과정 운영 과정, 즉 변화와 개선에 대한 이해가 교육과정 운영의 질을 높이는 데 있어 매우 중요하다. 교육과정 운영은 기본적으로 이전부터 해 오던 익숙한 것을 버리고 새롭게 개발된 교육과정을 사용한다는 점에서 교사의 변화를 요구한다.

교육과정 변화에 대한 교사들의 생각은 보통 네 가지로 나뉜다. 즉, 교육변화가 외부에서 촉발되어 일어나는 것은 바람직하지 않으며 어떠한 외적 간섭도 거부하는 입장, 교육과정 개발 과정에 참여하여 일정한 역할을 담당하고 싶어 하는 입장, 자신이 직접 참여할 생각은 없으나 개발 과정을 통해 쓸모가 있는 자료들이 다량 생산되기를 바라는 입장, 동료들과 정보를 공유하고 논의할 기회를 바라는 입장 등이다.

Rogers 등(1971)은 한 조직 내에서 혁신이 어떻게 채택되는가에 관련된 연구를 수행하였다. 조직 구성원은 혁신성 정도에 따라서 혁신가(innovators, 2.5%), 초기 채택자(early adopters, 13.5%), 초기 동조자(early majority, 34.0 %), 후기 동조자(late majority, 34.0%), 지체자(laggards, 16.0%)로 구분될 수 있다고 가설화하였다. 교사들의 교육과정 운영수준은 일반적으로 모방 유지, 중간 변형, 창의적 계발의 세 수준으로 나눌 수도 있다.

Hall, George와 Rutherford(1977)의 교사의 관심에 기초한 교육과정 적용 모형(the Concerns-Based Adoption Model: CBAM)은 교육과정 운영과 관련된 교사들의 관심과 실행도를 파악하는 데 도움을 준다. 이 모형에 따르면 새 교육과정에 대한 교사들의 관심은 〈표 12-2〉와 같이 7단계로 구분된다. 관심 수준은 실행도와 실행 형태에 영향을 미친다.

일반적으로 경험이 적은 교사들은 경험이 많은 교사에 비해 낮은 수준(지각~운영 단계)에서는 앞서지만, 높은 단계(결과~개선단계)에서는 떨어지는 편이다. 한 조사에 따르면, 교사들의 80% 이상이 일상화 단계의 실천을 할 뿐 교육과정을 세련시키거나 개선하는 이들은 많지 않다. 그 다음으로 기계적 실천을 하는 교사들이 8% 정도, 정교화 단계의 실천을 하는 교사들은 6% 정도에 지나지 않는다(Marsh & Willis, 1995: 233).

교육과정 전문가와 교육과정 개발자들은 교육과정 변화가 학생에게 어떤 영향을 미칠 것인가에 관심이 많다. 그러나 이 모형에서 보듯이, 교사들은 새 교육과정이 학생에게 미치는 영향에 대한 관심만을 가진 것이 아니다. 결국, 학생들에게 유익하다는 점을 강조하는 것이 교사들로 하여금 새 교육과정을 수용하도록 만드는 최상의 방법은 아니라

〈표 12-2〉 교육과정 혁신에 관한 교사의 관심 수준과 그 표현

관심의 수준		관심의 표현
결과	6. 개선단계	새 교육과정을 수정하고 보완하여 더 좋은 결과를 가져올 방법에 대해 관심이 있다.
	5. 협동단계	새 교육과정을 실행함에 있어 다른 교사들과 협동하고 조정하는 데 관심이 있다.
	4. 결과단계	새 교육과정을 실행하는 것이 학생들에게 어떤 영향을 끼치는지에 대해 관심이 있다. 새 교육과정의 학생에 대한 적절성, 학생들의 성취에 대한 평가, 학생의 성취를 향상시키기 위한 방안 등에 관심이 있다.
업무	3. 운영단계	새 교육과정의 운영과 관리에 관심이 있으며, 정보와 자원의 활용에 관심이 높다. 효율성, 조직화, 관리 방안, 시간 계획, 이를 구현하기 위한 교재를 준비하는 데 관심이 높다.
교사 자신	2. 개인단계	새 교육과정을 실행하는 것이 자신과 자기 주변에 어떤 영향을 끼치는지 알고 싶어 한다. 새 교육과정 실행에 있어 자신의 역할, 필요한 의사결정, 기존 조직에 야기할 갈등, 재정적 소요 등을 알고 싶어 한다.
	1. 정보단계	새 교육과정에 대해 대체적인 것을 알고 있고 좀 더 알고 싶어 한다. 새 교육과정의 특징, 효과, 실천을 위해 반드시 해야 할 사항 등을 알고 싶어 한다.
	0. 지각단계	새 교육과정에 대해 전혀 관심이 없거나 관여하지 않는다.

는 것이다. 예를 들어, 그 관심이 2~3단계에 맞추어져 있는 교사에게는 개인적이고 운영적인 정보를 제공하는 것이 교육과정 운영의 효율성을 높이는 방안이 된다. 이 모형은 개인 실행자인 교사 중심이기 때문에, 교사의 요구들을 밝혀낼 수 있고, 변화 지원자로 하여금 적절한 과정을 통해 꼭 필요한 지원을 제공함으로써 그 좌절감을 최소화하고, 학교개선 계획을 성공적으로 진행하는 데 도움이 된다.

교사와 교육개혁에 대한 연구들(Cuban; 1993; Fullan, 1993; Lortie, 1975)에 따르면 적지 않은 교사들은 아무리 그럴싸한 교육 개혁안도 그것이 자신이 기존에 해 오던 방식이나 교육관을 송두리째 뒤흔드는 경우에는 교실문을 닫고 난 뒤 무시해 버리고 늘 해 오던 식대로 한다고 한다. 그러한 교사들은 자신이 몸담고 있는 학교의 절실한 현안 문제, 숙원 문제가 선결되지 않으면 좋은 교육 개혁안도 받아들이지 않는다(Gitlin & Margonis, 1995)는 것이다. 그 숙원 문제는 개인적일 수도 있으나, 교육과정 운영에 영향을 미치는 다양한 요인에 의해 촉발되고 지속된 것이라면 일정하게 제도나 법규에 의해 풀어야 할 것이다. 사립학교 재단이나 학교관리자의 학교 경영 방식 등에 대한 불만에서 올 수도 있다. 이 점에서 볼 때, 교사들은 교육 개혁안의 출입을 통제하는 문지기라고 할 수 있다(Thornton, 1992). 여기서 중요하게 고려되어야 할 점은 교육의 혁신을 가로막고 있는 학교의 가장 시급하고 절실하게 해결되어야 하는 과제가 무엇인지를 밝혀 이런 장애를 먼

저 해결하고 다음으로 교사들의 발달단계에 맞게 연차적 · 점진적으로 시도하도록 돕는 일이다. 결국, 학교 현장과 교사를 우회한 어떠한 교육개혁안도 성공할 수 없으며, 교사의 성장발전 없는 교육개선은 기대하기 어렵다(Stenhouse, 1975).

2) 교원의 변화를 통한 교육과정 운영의 개선

교육과정 운영의 핵심적 주체인 교원을 중심으로 교육과정 운영에 개선을 가져오기 위한 몇 가지 방안과 과제를 살펴보기로 한다.

(1) 교육과정 운영 개선을 위한 변화촉진자의 역할

Fullan(1991)은 변화를 둘러싼 가정을 다음 열 가지로 들었다.

〈교육 변화에 대한 기본 가정〉

① 변화는 이런 식으로 일어나야 한다고, 자신이 생각하는 방식이 반드시 실행되어야 한다고 가정하지 말아야 한다.
② 아무리 중요한 혁신도 변화로 귀결되려면 혁신에 대해 자기 나름의 의미를 부여하고 체득한 개인 실천가를 요구한다고 가정한다.
③ 변화를 둘러싼 갈등과 불협화음은 필연적이기도 하거니와 성공적 변화의 바탕이 된다고 가정한다.
④ 사람이 변화되려면 압력이 필요하다.
⑤ 효과적인 변화는 시간이 걸린다. 작은 혁신은 보통 3~5년 정도 걸리고, 기관이나 제도의 개혁은 5년 이상 걸린다.
⑥ 변화에 따른 실천이 일어나지 않는 경우, 변화에 내포된 가치를 무조건 거부하거나 모든 변화에 대해 저항하기 때문만은 아니다. 거기에는 다른 가치관의 신봉, 실행을 지원하는 자원의 부족, 시간 부족 등 다른 많은 이유가 있다.
⑦ 우리는 모든 혹은 적어도 절대 다수의 개인이나 집단이 변화될 것이라고 기대해서는 안 된다.
⑧ 위와 같은 가정에 기초한 계획이 필요하다고 가정한다.
⑨ 어떤 조치를 취해야 한다고 밝혀 줄 지식은 아무리 많아도 부족하다고 가정한다.
⑩ 한 가지 혁신을 실행에 옮기는 것보다 기관의 문화를 바꾸는 것이 궁극적으로 삼아야 할 목표라고 가정한다.

교사들은 대개 새 교육과정을 달가워하지 않는다(김대현, 김석우, 1999: 248-249). 새 교육과정에 대한 불신과 의혹, 새 교육과정과 현행 입시제도의 괴리, 교사들의 보수적 · 소극적 성향, 업무 과다, 역할분담과 협조체제 미흡, 교사와 행정가들 사이의 의사소통 부족 등으로 성공적인 교육과정 운영은 어렵다. 이 점에서 변화촉진자 혹은 지원자는 교원들이 적극적 · 창의적으로 교육과정 운영에 참여할 수 있는 풍토와 구조를 만드는 것이 중요하다.

변화촉진자는 새로운 것을 받아들이도록 요구받는 사람들에게 신뢰를 받고 있는 사람이어야 하는데, 교장, 교사, 교육과정 전문가, 부장 교사 등 누구라도 될 수 있다. 변화촉진자의 과업을 개략적으로 진술하면 다음과 같다.

첫째, 개정된 교육과정에 대해 잘 알고 있지 못하면서 심리적으로 저항하거나, 실제적으로 거부하는 경우도 적지 않다. 그러므로 교사에게 교육과정에 대한 이해와 변화가 가져다줄 이익에 대해 분명히 알려 주는 것이 필요하다.

둘째, 사람들은 변화가 자신이 수용하지 못할 정도로 광범위하고 급격할 때 변화에 저항한다. 따라서 변화촉진자는 교사에게 익숙한 기존의 내용과 개정된 내용 간에 비슷한 점을 이용한다.

셋째, 변화촉진자는 개정의 필요성을 전혀 느끼지 못하는 교사들에게 현행 교육과정이 개정될 필요가 있다는 것을 알도록 해 주어야 한다.

넷째, 실질적인 학내 지도자의 영향력을 고려한다. 이들이 개정 교육과정을 지지한다면 변화가 순조로울 것이고, 반대의 경우라면 다른 교사들도 개정 교육과정을 싫어할 것이다.

다섯째, 개정 교육과정 관련 교사들이 풍부한 재정적 지원을 받아 각종 연수를 받고 비싼 교수자료를 구입함에 따라 나머지 교사들은 소외감과 함께 새 교수자료의 구입에 분개할 수도 있다. 따라서 교장과 교육청 관계자들은 개정 교육과정 운영과 관련이 적은 교사들에게 어떤 의미 있는 도움을 주어야 한다.

Hopkins 등(1994: 81)은 변화를 낳는 유효한 전략은 다음 네 가지 요소가 동시에 포함되어야 실효성이 있다고 보았다.

① 외부의 지원: 교육과정과 수업 전략에 대해 필요한 지식과 효과적인 교직원 전문성 향상 연수 프로그램의 제공 및 친밀성 유지

② 외부의 압력: 타성에서 벗어나도록 하는 감사형 장학, 학부모들의 학교교육에 대한 불만 표시, 학

교교육 개선 정도에 대한 점검 요구

③ 내부의 압력: 개선과 발달이 학교에 가져다줄 혜택에 대한 학교성원들의 확고한 인식, 목표 지향적 추진, 동료들의 기대

④ 내부의 지원: 지나치게 외부의 지원에만 기대는 관행을 벗어날 정도의 자조적(自嘲的) 자기주도적 실천 의지의 발산

(2) 교사의 교육과정 운영의 변화를 돕는 방안

학교 안에는 교사들의 존경 또는 권위를 인정받고 있는 사람들이 있으며, 그들의 견해는 학교 운영 전반에 영향을 준다. 그들이 새로운 교육과정에 대해 갖는 견해는 직간접적으로 교육과정 운영에 영향을 미친다.

예를 들어, 교장은 질 높은 교육과정 운영을 위하여 다음과 같은 역할을 수행할 수 있다. ① 교사들이 새로운 교육과정을 이해할 수 있도록 한다. ② 교사들이 새로운 교육과정을 운영하는 데 필요한 능력을 갖도록 도와준다. ③ 새로운 교육과정을 운영하는 데 필요한 자료와 비품을 마련해 준다. ④ 학교의 조직구조를 개정, 교육과정의 운영에 도움이 될 수 있도록 바꾼다. ⑤ 교사들이 개정 교육과정을 성공적으로 운영하는 데 필요한 시간과 자원을 제공한다.

교사들에게 구체적 정보를 제공하는 것만으로 새 교육과정이 제대로 운영된다고 보기는 어렵다. 교사들은 교육과정의 변화에 대해 다양한 요구와 입장을 가지므로 새 교육과정을 제대로 운영하기 위해서는 다양한 방법이 필요하다(김대현, 김석우, 1999: 249-251에서 재인용).

① **훈련:** 교사들이 방법을 안다면 변화를 받아들일 것이고 잘 모른다면 교육개혁에 방해가 될 것이다. 그렇다면 새 교육과정의 운영에 필요한 것은 전문 지식과 개편의 뒷배경 등을 현직 연수, 워크숍, 일대일 상담 등을 통하여 설명해 주는 것이다.

② **모방:** 교사들이 알고 있는 교사나 존경하는 교사가 개정 교육과정을 성공적으로 운영하는 것을 본다면, 교사들이 개정 교육과정을 기꺼이 운영해 보려고 할 것이다.

③ **논리적 방법:** 교육과정을 새로 개정하게 된 합리적 근거를 제시한다. 만일 교사들이 근거를 수용하면 새로운 교육과정을 신뢰할 가능성이 커진다. 하지만 새로운 교육과정이 현행 교육과정보다 효과적이라는 사실을 입증하기란 쉽지 않다.

④ **관료적 방법:** 만일 어떤 교사가 합법적으로 개정된 교육과정을 받아들이지 않는다면

교육청은 교장의 도움을 받아 교사가 새 교육과정을 운영하도록 압력을 행사한다. 관료적 방법은 교장이 개정 교육과정을 신뢰할 때 성공 가능성이 높아진다.

⑤ **연구공동체:** 많은 교사는 교육전문 조직에 소속되어 있다. 특정한 학생(초 · 중등 학생)을 대상으로 하는 모임과 특정 과목에 흥미 있는 교사 모임들이 있다. 이들 연구회 모임과 학회 모임들이 새로운 교육과정을 지지한다면, 교사들이 새로운 교육과정을 수용하고 운영하는 데 긍정적인 영향을 미칠 것이다.

⑥ **교사연수:** 새 교육과정을 운영하기 위해서는 교사연수가 필요하다. 새 교육과정의 특성을 조사하여 목록을 만들고, 새 교육과정의 특성이 수업에 어떻게 반영될지를 조사하여 연수 계획을 세운다.

여러 학자가 변화의 전략에 관심을 가지고 다양한 의견을 내놓았지만, Bennis, Benne와 Chin(1976) 등이 제시한 세 가지 전략은 활용 가능성이 높다. 교육과정의 운영과 세 가지 전략을 관련지으면 다음과 같은 모습으로 나타날 것이다(김대현, 김석우, 1999: 234-236). ① 합리적-경험적 전략은 새 교육과정이 유익하다는 점을 학교와 교사들에게 전달함으로써 교육과정 운영을 돕고자 한다. ② 규범적-재교육적 전략은 학교나 교사가 자발적으로 새 교육과정을 받아들이고 운영하도록 하기 위하여 그들의 가치관과 태도를 바꾸고자 한다. ③ 강제적-위압적 전략은 학교나 교사로 하여금 새 교육과정을 받아들이도록 하기 위하여 강제적 수단을 동원하는 것이다. 이 세 가지 전략은 교육과정을 성공적으로 운영하기 위하여 사용될 수 있다. 어떤 전략이 가장 효과적인가는 말할 수 없다. 학교와 교사들의 특성과 그들이 각기 처한 상황에 따라 적합성의 정도는 달라질 것이다. 이 전략들이 상호 배타적인 것은 아니므로 두 가지 이상의 전략을 동시에 사용하기도 한다.

3) 교육과정 운영 개선을 위한 교원제도 개선

디지털과 유전공학이 극단화되어 아바타가 사이보그를 기르지 않는 한, 교육에서 교사만큼 중요한 존재는 없다. 학생이 더 나은 배움과 삶을 열어 가는 데 적극적으로 개입하고 배려하는 이가 바로 교사다. 일상적인 학습과 달리 교육은 성인 교사가 주도하고 성장기 학생의 요구를 존중하는 인간 활동이다. 교사는 학생과 상호작용을 통해 학생의 더 나은 삶과 배움을 열어 주는 존재이므로 귀하고 보람된 일에 종사하는 이들이다.

(1) 우수교사 확보를 위한 교원양성제도의 정비

학제는 6-3-3제이고, 의무교육과 교육과정은 9-3제이며, 교사운영과 수업 담당은 6-6제인 교육기본제도의 일관된 정비가 요구된다. 학생 수용과 교사 운영에서 잦은 경직성을 보이기 때문이다. 향후 교사는 유-초 저학년, 초등, 초 고학년-중학교, 중학교, 중고교, 고교 등으로 상하 학년군과 학교급이 중첩되도록 양성되어야 한다. 이 점에서 교-사대의 종합대학으로의 통합은 빠를수록 좋다. 또한 초등 예비교사는 담임과 교과전담, 중등 예비교사는 제1과 제2전공으로 복수자격을 구비하도록 양성되어야 향후 교육적 변화에 탄력적으로 적응할 수 있다. 학급당 학생 수, 학교당 학급 수를 적정화하는 것이 추진되어야 하지만 장기적으로 신규임용이 줄어든다는 점에서 국립 교-사대의 통합부터 적극 추진되어야 한다. 특히 과잉 양산을 보이는 중등교사 후보생 수를 대폭 줄여야 한다. 우수교사를 확보할 수 있는 방안은 꾸준히 마련되어야 하지만 교사 자격증 남발에 의한 예비교사 양산도 적정화할 필요가 있다. 흔히 설립자의 친인척이 임용되기 쉬운 사립학교의 교원임용도 국공립학교와 유사한 절차를 거쳐야 더 나은 수업의 질을 기대할 수 있다.

(2) 단수자격 교사의 복수자격화 전환

교육과정 개정이나 교육개혁 정책에서 교사들이 개혁의 걸림돌이 되기도 하는데, 그 원인은 단수자격을 가진 교사들이 수업 시수 변화에서 오는 직업적 불안정성을 느끼기 때문이다. 교사들이 개혁에 동참하려면 교직이 안정되는 것이 중요하다. 신임교사의 경우 복수자격 교사를 우대 임용하고, 가급적 모두 필수적으로 복수자격으로 교직에 입문할 수 있도록 조치한다. 초등교사는 담임교사로서 수업 시수를 일정하게 유지(예: 주당 20시간)하도록 하고, 추가적인 시간에 대해서는 수당을 지급하거나(이 경우에도 주당 28시간 이하와 같이 일정 시간을 넘지 않도록 함), 교과전담 교사를 확충해서 교육의 질을 높이고 고용도 늘린다. 또한 중등교원의 복수자격화도 고려할 필요가 있다. 모든 중등교원에게 복수자격을 갖추게 함으로써 수업 시수의 축소 조정이나 소규모 학교에서 교과상치 과목을 가르침에 있어 유연하게 대응할 수 있도록 한다. 복수자격화는 수업의 질 개선, 교과상치의 탈피, 교사운영의 융통성, 과원교사의 해소, 교직의 안정화 등에도 도움을 줄 것이다.

(3) 교사당 적정 수업 시수의 법제화

교사들의 수업의 질을 높이기 위해서는 수업 담당 시수를 법제화하는 것이 절실하다. 한 교사가 한 학기 동안 가르치는 학생 수도 법정화하는 것이 필요하다. 학교의 규모, 학급당(수업 단위당) 학생의 규모, 교사당 수업 시수, 교사당 담당 학생 수 등은 모두 교육의 질을 확보하는 데 중요한 지표들이다. 담당 과목 수와 학년 수를 기준으로 교사당 수업 시수를 적정화하는 것이다. 즉, 담당하는 학년 수와 교과 수가 많을수록 수업 시수를 적절히 줄여 주는 것이 적절하다. 또한 교사의 경력을 감안하여 점증하다가 점강하는 식으로 법정 수업 시수를 정할 필요도 있다. 교사가 수행할 본연의 업무를 교과 수업, 과제, 시험, 창의적 체험활동, 학생과 학부모 상담, 학급교과 학교 관련 업무 등을 주간 및 연 단위로 적정화할 필요가 있다. 마찬가지로 교사들을 피곤하게 만들어 다음 날 수업에 지장이 많은 야간 자율학습 감독 등도 제한되어야 할 것이다.

(4) 교단교사의 직급 다층화를 통한 성장과 발전 추동

교원의 교육 서비스 질이 교육의 질이다. 교단교사가 신이 나서 교육을 해야 교육이 잘된다. 교단교사가 스스로 발전하고 승진할 목표를 가질 때, 그리고 부단히 노력하고 자기를 쇄신할 때 교육은 발전하므로, 교단교사가 발전할 수 있는 동기와 계기를 제도적으로 보장해 주어야 한다. 교단교사의 직급을 현재처럼 2급과 1급 두 개만 두게 되면 교단교사는 자기발전의 동기를 찾기 어렵다. 현재처럼 1, 2급 위에 수석교사제를 제한적으로 시행하는 것은 다수 교단교사 집단과 부조화를 이룬다. 수업, 학생, 교단, 학교와 멀어질수록 승진할 수 있다고 교사가 지각하고 있다면 교단은 '병든 상태'라고 진단할 수 있다. 학생 수, 학교 수 급감과 교장공모제의 확대에 따라 기존의 승진체제는 더 이상 작동되기 어렵다. 소규모 학교나 교육청의 통폐합에 대해 학생을 직접 가르치지 않는 교원들이 반대하는 것도 승진의 기회가 막히기 때문이다. 다들 교단 밖으로 나가서 치열한 경쟁을 하므로, 근평의 문제를 둘러싼 부작용도 여기서 초래된다. 교원능력개발평가에 걸맞게 교단교사의 승진체계를 정비함으로써 치유될 수 있는 병폐다.

현행 교단교사 직급은 동기유발, 성장과 인정에의 욕구라는 인간의 보편적인 본성을 무시한 제도라고 볼 수 있다. 즉, A. Maslow의 성장의 욕구위계설을 원용하면 교단에서 수업 지도를 충실히 하고 학생 지도를 성실히 한 교단교사가 인정, 승진, 존경받을 수 있도록 대안적 제도와 문화를 만들어야 한다. 따라서 교원능력개발평가에 상응하는 교원 성장 욕구를 반영하는 교단교사의 직급다층화가 필요하다. 일본에서는 10년마다 교사 면허증을 갱신하듯이, 필요하면 계급정년제와 유사한 제도 도입도 필요하다. 이는 교단교사가 '교직의 꽃'이 될 수 있도록 돕는 것이다. 수업, 학생 지도, 교단 업무에 헌신할수록 인정받고, 승진하고, 존경받는 교단 풍토를 정립하고 이를 뒷받침하는 승진체계를 제도화할 때 공교육 정상화는 가능할 것이다. 교사들이 일생의 경력을 두고 초기에 교직에 남을 것인가, 중기(40대를 전후로)에 교단에 남을 것인가, 관리자로 나갈 것인가에 대한

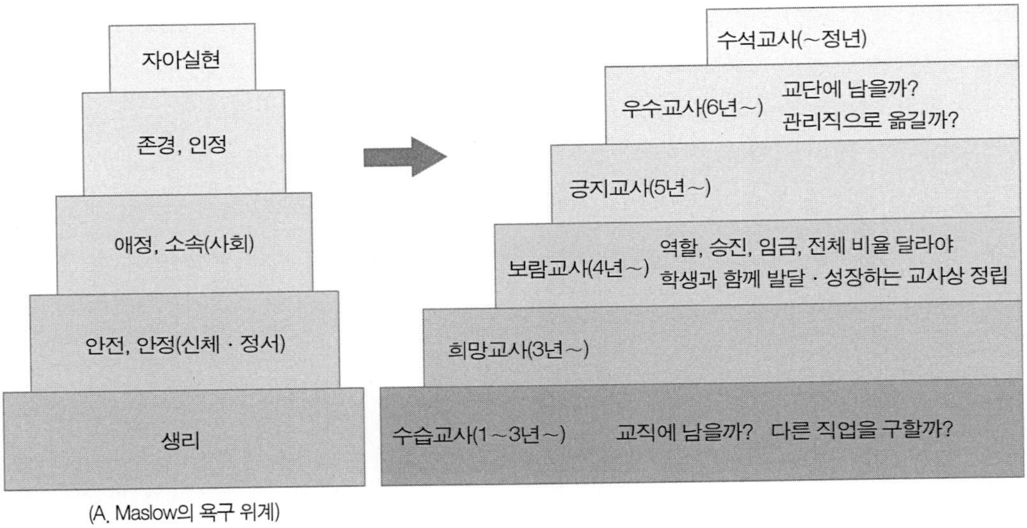

[그림 12-2] 교단교사 직급다층화의 개념도: 학생과 더불어 성장하는 교원

중대한 결정이 이루어지도록 승진체계를 설계하는 것이다. 수석교사제나 학습년제(안식년제)를 도입하는 것도 이런 제도적 하부가 정비되었을 때 더욱 유의미해질 수 있다. 교단을 매력적으로 만드는 장치(예: 연구년제, 교무지원인력 확충을 통한 본업 충실화, 직급 다층화)를 두고, 1~2년간의 파견 근무 후 교단으로 복귀하는 장학직을 만들어야 우수하고 열의 있는 교사들이 교단을 꽃피울 것이다.

(5) 교원능력개발평가의 문제와 개선

교육에서는 제대로 배웠는가만 중요한 것이 아니다. 초 · 중등교육은 교실에서 교사의 가르침이 중차대하기 때문에 제대로 가르쳤느냐가 더 중요하다. 교원능력개발 평가는 대다수 교원을 떳떳하게 만들어 준다. 이미 대학사회에서는 교수평가가 안정되고 심화되고 있다. 교원을 평가할 수 있는 이들은 동료이거나 학교관리자 혹은 학부모, 학생들이다. 그런데 교원에 의한 교원평가는 현행의 것을 수정하는 종합적 · 전문적인 것으로 하되, 이와 달리 학생, 학부모들에 의한 평가는 현재보다 더 간단한 만족도 조사가 더 타당하다. 가령, '교장선생님께서 내년에도 우리 학교에 계시는 것이 좋습니까?' '귀한 동생이 있다면 어떤 선생님께서 담임을 맡으면 좋겠습니까?' '어여쁜 동생이 있다면 어떤 선생님한테 ○○과를 배우면 좋겠습니까?'에 대한 만족도 조사를 말한다. 요컨대, 현실적으로 자세하고 종합적인 평가는 타당하지 않다. 조사는 분기별로 실시할 수 있다. 따라서 이런 질문에 대해 '매우 그렇다.'에 가까운 교사에게는 상을 주고, '전혀 그렇지 않다.'에 가깝게 저조한 실적을 보이는 교사에게는 학교관리자가 수차례 교실업무 수행을 모니터링하여 종합적 · 전문적으로 판정하고 조언하여 교정하는 제도가 필요하다. 교원능력개발평가는 법제화되고 그 쓰임새가 뚜렷이 정해져야 하고 점차 확대되어야 한다. 필자는 교단교사의 직급 다층화와 맞물려야 한다고 보는 바다.

(6) 교단교사의 본업화를 위한 교무지원 인력의 확충

질 높은 교육 서비스를 원한다면, 학교도 현재와 같이 교원과 직원만으로 꾸려 가서는 안 되며, 교사들의 잡무를 줄여 주는 교무지원 인력을 대폭 늘려야 한다. 교단교사는 교과 수업 지도와 학생생활 인성 진로 지도에 한정하도록 업무에 대한 관련 법규를 재정비해야 한다. 교육계 내부에서 생산 전달되는 각종 공문의 총량이 제한되어야 하고, 특히 국회나 지방의회 및 외부 기관과 단체로부터 일방적으로 전달되는 공문에 대한 거부권을 행사할 수 있어야 하고 창구 일원화가 되어야 교사가 본업에 충실할 수 있다. 현재 교사들은 학교 행정실에서 하지 않는 모든 일을 다 하고 있다고 할 정도로 잡다한 업무에 시달리고 있다. NEIS에 과도한 기록 정리 업무도 재고해야 한다. 이것이 부실한 교육의 핑계가 되기도 한다. 교단교사가 교과 수업 지도와 학생생활 지도에 충실하도록 하려면 이들을 다른 업무로부터 해방시켜 주어야 한다. 수업료, 기성(육성)회비, 급식비, 각종 교육활동비 등을 교사가 미성년자인 학생들로부터 거두는 것은 비교육적이다. 각종 비용의 수수는 학부모, 학교 행정실 그리고 지자체의 업무다. 교사는 오로지 학생 지도와 교과 수업 지도에 전념해야 교육의 질이 높아질 수 있다. 필자가 조사한 바에 따르면 OECD 국가들의 전체 교육비에서 차지하는 인건비가 80%이며 우리나라의 경우 70%에 불과해, 그 차이를 살펴본 결과 우리나라가 교무지원 인력을 적게 고용하는 데 있다. 교무지원 인력이 전국적으로 2만 명 정도에 불과해 적어도 3만 명 정도를 추가 고용함으로써 교사들이 교직에 전념할 수 있도록 하여 교육 서비스의 질을 끌어올려 주어야 할 것이다.

(7) 교장공모제와 교장선출보직제

어느 기관이나 관리자는 중요하다. 구성원들을 결집시켜 특정 목적을 달성하기 위하여 협동하고 단결하게 하는 공감능력, 새롭고 유익한 남다른 발상 · 발견 · 발명하는 창의적 능력, 위기를 파악하고 역경을 헤쳐 나가는 의지, 투지, 도전, 회복탄력성, 실패 후 굴복보다 극복하는 능력 등이 요구된다. 무엇보다 구성원들과의 안정적이고 화합하는 분위기와 제도 조성 능력이 필요하다.

이처럼 교장은 큰 책임이 있지만 공립교 교장을 비롯하여 최소한의 일만 하고, 기존 교육을 관리하는 정도에 그치는 교장이 너무 많다. 무사하게, 대과없이 교직을 마치려는 안일한 교장 역시 적지 않다. 열심히 일하는 교장에게 이웃 학교 교장들은 눈치를 주고 만류하여 의욕을 꺾어 버린다. 과격한 교원과 학부모 등으로부터 시달린 교장들은 학교 경영에 더욱 소극적이 된다. 교장 인사 순환 주기가 1~3학기 정도로 짧은 곳에서는, 안정된 학교경영, 학교단위 책임경영을 찾아보기 어렵다. 꾸준히 학교를 개선해도 최소한 5년 이상이 걸리는데, 교육감 선거, 4년 중임제한 등과 연동되어 잦은 인사 교류로 학교 발전이 방치되고 있다. 학교교육의 장기발전 계획을 세울 수 있는 공립교가 거의 없다. 교장은 학교관리자가 아니라 학교 혁신의 선구자여야 학교교육이 발전한다. 특히 교장이 학교교육과정 총론을 연구 개발하고 쇄신할 수 있는 능력과 책임은 점점 중요해지고 있다.

연공서열이 정해진 상황에서 교장공모제 확대에 대한 논란이 드세다. 업적과 능력에 따른 교장 임면, 자율학교를 중심으로 교장직의 개방을 확대하는 것이 바람직하다. 교장 자격증을 취득할 수 있는 과정을 확대하여, 현직에 필요한 교장 수의 두 배 정도의 후보를 확보하고 이들 중에서 유능한 교장이 뽑히도록 한다. 교장 임용 후보자들을 중심으로 한 교장 '시장'이 형성되는 것이 바람직하다. 교장의 업무수행을 평가받고 책임지고 잘한 교장은 계속할 수 있도록 임기를 보장하는 것이다. 최소한 한 학교에 최소 5년 이상 근무하며 학교 자율화에 더하여 책임경영을 하고, 교장으로서의 자질과 능력을 평가받아야 할 것이다. 개방형, 공모형 교장직을 확대하고, 교장에게 학교혁신을 위한 교직원 채용권(구성권)을 주어도 좋을 것이다.

요약건대, 교사는 교육의 주축이다. 교사가 학생생활 인성 진로지도와 교과 수업 지도에 열의와 전문성이 높을 때 교육은 정상화된다. 다른 잡무들은 교무지원 인력을 확충해서 맡겨야 한다. 법정 수업 시수를 규정 공시하고, 교단의 직급을 계속된 성장이 있도록 다층화함이 옳을 것이다. 학생 수, 학교 수 급감과 교장공모제의 확대에 따라 기존의 승진체제는 더 이상 작동하지 않는다. 특히 교장의 잦은 인사 이동보다 장기적이고 안정적인 책임경영제를 확립해야 학교교육은 개선의 여지를 갖는다. 교사가 지식과 정보기술을 가르치는 존재라면 기계적인 사무를 수행할 수밖에 없다. 자기 자녀를 길러 주기를 바란다면 교사들에게 더 큰 자율성과 권위를 부여해야 할 것이다. 교원능력개발평가에서 학생과 학부모에 의한 평가는 간단한 총합적 평가로 끝내되, 대신 지속적으로 낮은 평정을 받는 교원들에 대해서는 동료들이 심층평가를 실시하여 교육수행의 질을 높이고 학생 학습권을 보호해야 할 것이다. 학교의 장기발전을 이끌 정도로 교장이 책임지는 리더십을 발휘하도록 함이 바람직하다. 우수교사 확보 차원에서 재정 지원을 받는 사립학교 교원은 임용시험 1, 2차 합격자 중에서 투명하고 공정하게 선발하는 것이 바람직하다.

3. 교육과정 운영의 개선

학교교육의 중핵은 교사 학생 간의 상호작용에 있다. 모든 교육활동은 수업을 잘하기 위한 것이라고 할 수 있다. 수업은 학생의 개인적 집단적 변화, 발달, 성장, 학습을 위한 것이다. 1995년 5 · 31 교육개혁을 전후로 한 열린교육은 초등교육에서 풀뿌리운동과 같이 전개되었다가 쇠퇴하였다(김재웅, 2010). 이후에도 교실수업 개선, 학급당 학생 수 감축, 교단선진화(정보화), 자기 주도학습력 제고, 학생 중심, 수준별 수업, 교수학습센터 설치 등을 통해 수업 개선 노력이 있어 왔다. 다음에서는 각론 교육과정 운영의 핵심인 교과 수업의 현실적 특성과 보다 나은 대안을 탐색해 보기로 한다.

1) 수업의 현실적 특성과 대안 모색

강의를 중심으로 지식을 체계적으로 전수하던 전통적 의미의 수업은 점차 약해지고 있다. 정보와 지식, 지혜조차 손쉽게 취득할 수 있는 지능정보사회에서 가르침의 문제보다 배움의 문제, 교수보다 학습이 점차 중요해지고 있다.

(1) 교사주도 수업과 학생의 수업 참여 확대

전통적인 독서백편의자현讀書百遍義自見 식의 학습문화, 설명식 주입식 교육, 암기와 회상, 지필 시험 문제의 정답 맞히기, 협소한 공부관, 사교육의 선행학습으로 인한 호기심과 주의력 상실, 체벌 전면금지 및 학생 인권조례 제정 등으로 인한 교수권의 위축 등으로 학교수업은 잠자는 교실에서 이루어지고 있다고 우려한다. 사실상 사교육에서는 문제풀이형, 점수 올리기식의 공부가 만연하고, 학교에서도 학업성취도평가 결과 공개와 반영 등으로 좀처럼 변화로 다가서기 쉽지 않다. 교사주도 수업은 OECD 국가들 간의 비교연구에서도 우리나라 수업의 특징으로 드러나고 있다. 자기주도학습, 구성주의적 학생주도의 수업 참여, 협동학습, 손발과 온몸을 사용하는 공부 등을 강조하고 있지만, 교실수업은 여간해서 변하지 않는다. 공동체 성원 사회적 존재를 키우기 위한 협동학습, 협동적 문제 해결력에 대해서 정부 차원에서는 좀처럼 격려하지 않는다. 시험 치르기, 상 주기, 입시에서 합부 결정하기가 모두 개인 단위여서 협동적 학습법이나 문제 해결력은 우리 교육 풍토에서는 격려받지 못하고 있다. 마찬가지로 설명식, 암기회상식, 정답 맞히기식 공부로 인해 창의력 신장의 수업과 평가방법이 활성화되지 못하고 있다. 특히 타율에서 자율, 의존에서 독립을 확대해 가는 청소년기에 필요한 권위의 인정과 확대에 우리나라 교사들은 인색한 편이다.

(2) 개인 간 경쟁과 협동

수업 상황을 분석하는 방법은 여러 가지이지만, 규모에서 개별과 집단 수업, 수업 참여한 학생 간 활동과 관계에서 경쟁과 협동, 교사 학생간의 모방과 창조 등이다. 특히 개인주의의 영향으로 개별화된 수업과 학생 간 학력경쟁, 집단주의의 영향으로 획일화된 일제식一齊式 수동적 수업은 극복되어야 할 문제다.

인류는 지구상 다른 생명체에 비해 상징체계를 가지고 협동을 이끌어 왔고, 그것이 생존과 번영의 기초가 되었다. 나를 넘어 우리, 씨족과 부족을 넘어 민족과 국가, 국가를 넘어 인류와 지구촌, 인류를 넘어 지구촌의 온갖 생명체 간의 공존과 공생을 위한 노력으로 확장되어야 할 것이다. 당분간 우리는 일정 범위의 내부에서는 더 굳게 협동하고

〈표 12-3〉 국민 형성의 공교육에서 경쟁과 협동

그들과 평화 / 우리의 협동		외국(외집단, 타학교, 그들)	
		협동	경쟁
자국(내집단, 내학교, 우리)	협동	1 (평화)	2 (갈등, 대치)
	경쟁	3 (매국)	4 (내우외환, 전쟁)

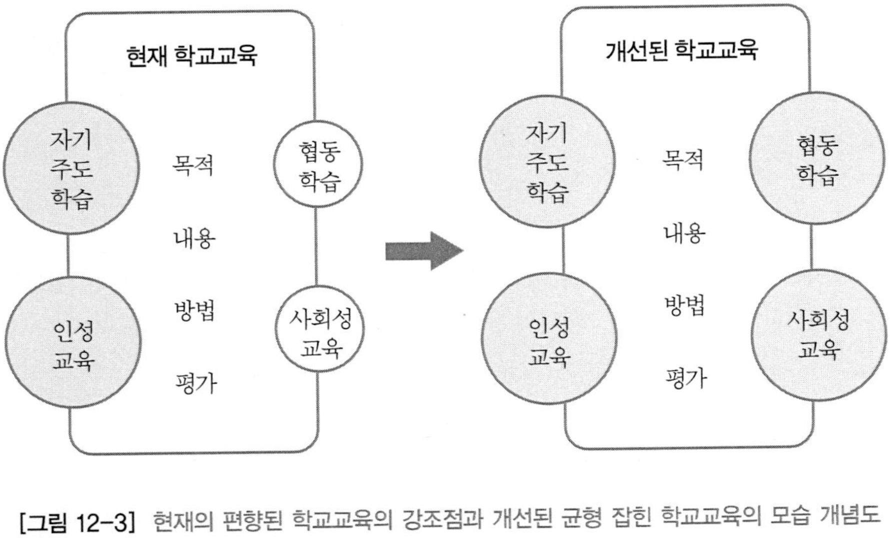

[그림 12-3] 현재의 편향된 학교교육의 강조점과 개선된 균형 잡힌 학교교육의 모습 개념도

외부적으로 어느 정도 경쟁하는 단계를 피하기는 어려울 것이다. 학교에서 학생들끼리 경쟁시키면 성패의 책임은 학생 자신에게 있으며, 교원들은 책임을 덜 느끼고 편할 수 있다. 교육과정 운영에서 학생들을 존중하고 협력을 강조한다는 원리가 있지만 집단 속의 학생들 사이에는 경쟁을 피하기 어렵다. 다만, 무의미하고, 불필요하며, 무자비한 경쟁을 피하고 인간의 얼굴을 한 경쟁 속에 협력을 이끌어 내는 것은 교원들의 책무가 된다. 학생 간, 교원 간, 학급 간, 학교 간, 지역 간, 국가 내와 국가 간에 어떠한 경쟁과 협력을 이끌 것인가가 지속 가능한 발전에서 중요하다.

(3) 강조되는 수준별 수업과 평가방법 합의의 어려움

수준별 수업은 5 · 31 이후 계속되는 교육개혁 과제였다. 초기에는 수준별 교육과정으로 거창하게 시작했다가 교육과정 기준으로서는 맞지 않다고 하여 최근에는 수준별 수업으로 변화되었다. 교과 내용의 위계성, 학생 간 학업성취 격차가 큰 영어와 수학 혹은 과학에서 이루어지기도 하고, 특목고에서는 예술 영역에서도 맞춤형으로 이루어진다. 수준별 집단편성은 수업 이해능력이 유사한 학생들을 기준으로 한다. 그러나 이에 알맞은 평가방법을 찾지 못하여 수준별 수업은 형식적으로 이루어지는 경우가 적지 않다. 또 수준별 수업은 고교에서는 적용되기 어렵다. 즉, 고교 단계에서는 진로 집중과정이 본격 적용되면 진로가 수업 방법에 우선한다. 다시 말해, 진로는 학생들이 학습할 교과의 종류(명칭, 분야)와 그 분량(횡적 범위와 종적 수준의 곱), 이수 시기와 장소, 교사, 학습집단, 교재, 평가방식 등을 결정한다. 진로의 하위에 있는 수준이 갖는 교육적 의의는 일부 교과목에 한정된다. 이는 진로에 따라 동일한 종류의 교과목을 공부하지만 진학할 대학의 형편에 따라 수준과 범위가 조절되기 때문이다. 그러므로 수준별 수업은 중학교 이하에서 적극적으로 적용되어야 할 학습자 집단 구성과 수업 방식이라고 할 수 있다. 그런데도 고교에서 진로를 제쳐 두고 수준이 올라온 것은 우리나라 교육에서 중학교까지 강조해야 할 국 · 영 · 수 우선의 병폐가 연장된 데에서 유래된 것이다.

(4) 교과교실제와 교과 특성에 맞는 수업 실시 여건 조성

교과교실제의 확대로 교과 특성에 맞는 수업을 격려하고 있다. 그러나 일부 중등학교의 교사별 교실, 모든 교과의 교과교실화 등은 낭비이고, 학교 업무에 협력이 필요한 교사들을 칸막이 지우고 있다. 교과교실에서 더 중요한 것은 교과 특성에 맞는 수업방법, 학습방법을 개발 적용하는 것이다. 대부분 학교가 과학실을 갖추고는 있지만, 실험 실습을 하면서 과학을 과학답게 가르치는 경우는 많지 않다. 이런 경우 실험 실습을 통해 반드시 학습되어야 할 항목을 지정하고 실천하도록 강제하는 것이 더 중요하다. 물론 과학을 과학답지 않게 가르쳐도 무방한 시험을 고치는 것이 더 급선무다.

(5) 규모의 교육과 학습집단의 적정 크기 확보

효과적인 수업에서 학급당 학생 수, 학교당 학급 수의 규모는 매우 중요하다. 교사에게도 몇 개 학급의 수업을 들어가는가는 중요한 문제다. 그렇지만 학급은 행정적 · 관리적 효율성 차원에서만 다루어지고 있다. 학급 속에서 개별화된 배려와 관심이 이루어질 정도의 규모가 되어야 수업의 질이 높아진다. 사회적 상호작용으로서 수업은 적정 규모에서 이루어져야 한다. '작은 학교가 아름답다.'는 것은 대안교육이나 섬 지역과 같은 불가피한 여건 등의 특정 상황에서만 맞다. 거대학교를 분할하거나 초미니학교를 통합 운영하는 것은 학생의 사회적 상호작용과 교육적 경험의 심화를 위해서 긴요하다. 의무교육기에 대안학교나 홈스쿨링에서 이루어지는 적정 집단학습(운동회, 수학여행, 학교 대항전 등)의 결핍, 빈약한 교육, 일정 수준 이하의 서비스에 대해서는 복지 차원에서 공교육으로 흡수하는 것이 바람직하다. 중수준 이하는 강제 개입하여 질을 향상시키는 것이 개인과 공동체의 공진화coevolution를 가져온다.

(6) 수업에서 ICT 활용 장려와 부작용

5 · 31 교육개혁에서 거론한 정보화와 열린학습사회 구현은 누구나 언제 어디서나 누구에게서든지 무엇이나 배울 수 있다는 교육천국edutopia을 실현시켜 왔다. 학교수업에서 ICT 활용은 새로운 기회이면서 위기다. 오프라인 교사보다 온라인 교사가 더 재미있게, 더 잘 가르치고 있다는 것이 확인된 이상, 학생들은 내가 당장 여기에서 어떤 선생님에게 어떤 과목 수업을 주의해서 배울 필요를 덜 느끼게 된다. 지금 교실은 가히 교육천국의 부작용edutopia dilemma을 겪고 있다. 초등학교에서도 적지 않은 교사들이 상업용 수업 진행자료를 클릭하며 수업을 진행함으로써 스스로를 보조자로 끌어내리고 있으며, 결과적으로 교사의 전문성은 마모되고 있다. 이것은 수업에서 ICT 활용이 아니라 맨손 수업이 변형된 맨손가락 수업이다. 고교에서는 자율학습, 방과후학교의 각종 문제풀이 시간에 EBS 수능 강좌나 인터넷 강의 수강이 보편화되고 있다. 디지털 세대 학생들은 게임, 디지털 자료, 모바일 유러닝, 인터넷 동영상 등을 통한 자극에 익숙해 있다. 디지털 세대 학생들에게 디지털 기기를 게임과 오락 소비용에서 학습과 생산용으로 쓸 수 있도록 IT 교육을 다시 해야 할 시점이다. 교사들은 실질적인 프로젝트 학습이나 실험 · 실습 · 실기 등의 방법으로 직접 수업하여 온라인 강의와 차별화를 해야 하지만 각종 시험이 온라인만을 더 강화시켜 주고 있다. 디지털 교과서를 비롯하여 향후 디지털화, 정보화가 극대화되면 교사에 의한 직접 교수는 대체 가능성이 높아질 것이다. 실력 있는 아바타가

학생들을 길러 내는 것이 더 나을 수도 있다고 여기는 이들도 늘어나고 있다. 학교수업은 수준별 수업, 집중이수, 교과교실에서 교과 특성에 맞는 수업, ICT 활용 수업, 협동학습, 자기주도학습력 신장, 수업에서 학생참여 확대 등의 방안을 질적으로 심화해야 하는 과제를 안고 있다.

(7) 최다 학습시간 투입과 최저 학습효율성

대체로 OECD 국가들은 학생들에게 주당 30시간 전후로 학습시간을 투입하지만 우리나라는 주당 50시간 정도를 투여하고 있다. PISA 2006에 대한 분석(홍후조, 김대석, 2008)을 보면 겉성적은 높지만 투입시간 대비 학습성과는 낮은 편이다. 최장 학습시간임에도 학습효율성은 최저인 것이다. 이를 극복하기 위하여 1996년 이후 수준별 수업을 적용해 왔고, 2009 교육과정에서는 학기당 이수과목 수를 여덟 개 이하로 줄였으며, 중학교에서 집중이수를, 고교에서는 진로집중과정을 요구하고 있다. 교원양성 연수에서도 수업 방법은 강조하지만 학습하는 방법을 학생들에게 가르치는 것은 크게 강조하지 않는다. 학생들의 학습효율성을 높이는 학습방법의 개발과 교육은 우리 교육의 중대한 과제가 되고 있다. 학교나 학습에서 지식의 체계적 전수와 습득의 비중이 점차 약화되고, 온몸으로 체득하고 그 체득한 것을 가시적으로 보여 주는 역량을 강조하게 되었다. 프로젝트의 수행이 하나의 대안이지만 그 전제는 기초가 되는 체계적 지식의 습득 유무가 관건일 수 있다.

요약건대, 1995년 5 · 31 교육개혁이 정보화 세계화를 강조한 이후 열린교육, 열린수업, 수준별 이동수업, 구성주의적 협동학습, ICT 활용 수업 등이 꾸준히 장려되었다. 스마트폰 사용과 선행교육으로 호기심과 주의력을 결핍한 학생들은 교실에서 잠을 자거나, 교실 관리에 취약한 일부 교사들은 수업 분위기를 조성하지 못하고 있다. 학생 중심 수업, 학생참여 활동 수업을 강조하지만 여전히 교사의 설명식 수업이 대종을 이룬다. 지능정보사회에서 학교의 체계적인 지식 전수 기능이 약화되는 현실이다. 따라서 학생들에게 교실에서 협동적 문제 해결력, 팀워크를 배울 수 있는 기회를 늘려야 할 것이다. 여기에 이론적인 설명, 지식의 체계적인 전수와 습득은 '예습'으로 이루어지고, 수업 현장에서는 체계적인 프로젝트 수행을 더 늘려 가는 것이 하나의 대안이 될 수 있다. 학생들은 세계 최장 학습시간에 세계 최저 학습효율성을 보이고 있어 효과적인 학습방법의 지도와 습득이 중요한 과제가 되고 있다. 학생의 시간 활용과 함께 학교의 시간 활용도 효율적이지 못하다. 대입시에 가까울수록 시험 대비 수업, 시험문제 풀이 수업이 학교공부의 대부분을 차지하고 있다. 무학년제 수준별 이동수업, 유급과 속진 등의 탄력적인 적용은 여전히 찾아보기 어렵다. 교실에서 상업용 수업진행 자료를 클릭하는 교사가 늘어나고 있는 것도 문제다. 재학 중 익명성이 사라질 정도의 학교 규모, 각종 집단활동을 하는 데 적절한 규모의 학급 규모를 갖추는 것도 수업의 질을 끌어올리는 데 중요하다.

2) 학교교육과정의 운영 개선을 위한 과제

우리나라의 교육상황에서 교육과정 운영이 개선되려면 다음과 같은 몇 가지 제도적 과제가 해결될 필요가 있다.

① 국가교육과정기준을 수시로 일시에 전면 개정하기보다 항상적으로 부분적 수정 · 보완을 하여 양자가 조화를 이루도록 해야 한다.
② 모든 교원은 학교에서 학생을 가르치고 연구하는 일에 더욱 충실하도록 해야 한다. 학교 밖 행정기관에서 공문으로 하는 교육이 아니라, 학교와 교실로 돌아가 학생과 직접 대면하고, 동료들과 개선을 추구하는 학내 자율 장학이 활성화되어야 한다(이윤식, 1998).
③ 학교에 교육과정 편성과 운영의 주인을 세워 주어야 한다. 교원들이 가르치는 지역과 학교, 학년을 매년 바꾸기보다 주인이 되어 학교의 교육개선에 나설 수 있도록 전보 이동관행도 바꾸어야 한다.
④ 2월의 수업 부실과 같은 일이 반복되지 않도록 학년도를 1월에서 12월 말로 바꾸어, 학교의 모든 교원이 새 학년도에 앞서 학교의 교육계획과 준비를 하고 역할분담을 해서 학생들을 맞아 가르치도록 해야 한다(홍후조, 1996).
⑤ 교원들의 전문적 · 자율적 교육과정 결정을 장려하고, 변화하는 사회와 학생들의 요구를 존중해야 한다.
⑥ 학생들의 기초 학력을 책임 지도하고, 그들의 적성 · 능력 · 진로를 존중해야 한다.
⑦ 학교의 내신성적 산출에서 평가영역 선택이 이루어져야 한다. 특히 학생들에게 과도한 긴장과 스트레스, 사교육을 초래하는 전 교과목 평가는 개선되어야 한다.
⑧ 마실 물, 조명, 소음, 먼지, 냉난방, 체구에 맞는 책걸상 등 최소한의 시설과 설비를 해 주어야 하고, 나아가 실험 · 실습 · 실기 등 교과특성에 맞는 수업을 할 수 있도록 교과목 교실제를 확대해 나가야 하며, 세계로 열린 교실을 만들어 주기 위해서 교실에 첨단 통신 설비를 확충해 나가야 한다.

교육내용과 활동 및 환경을 포함한 넓은 의미의 학습환경을 혁신하는 원리(Innovative

Learning Environments)에 대해 OECD의 CERI(Centre for Educational Research and Innovation)에서는 다음 방안을 제안하고 있다.

① 학습환경은 학습자를 핵심 참여자로 인식하며, 그들의 적극적인 활동을 독려하고 학습자로서 그들의 활동을 이해할 수 있도록 개발되어야 한다.
② 학습환경은 학습의 사회적 환경에 기반을 두고 체계적인 협동학습을 적극적으로 독려하게끔 조성되어야 한다.
③ 학습환경에서 학습자의 동기, 성취감이 핵심적인 역할을 하도록 조성되어야 한다.
④ 학습환경은 학습자들의 선수지식과 신념을 포함한 개인차에 민감하도록 조성되어야 한다.
⑤ 학습환경은 학습에 지나친 부담을 주는 극단적인 과업을 제외하고 적절히 어려운 과제와 도전을 자극하도록 고안되어야 한다.
⑥ 학습환경은 명확한 요구와 목표에 따른 평가를 효율적으로 활용함으로써 개선된다.
⑦ 학습환경은 지역사회 및 더 넓은 사회에서와 마찬가지로 교육 분야에 있어서도 참여자 간 수평적 관계를 촉진하도록 조성되어야 한다.

연구 개발된 교육과정이 제품이라면 이것이 어떤 용도로 어떻게 사용되고 있는지를 자세히 추적 관찰해야 하며, 이를 주로 사용하는 수요자 혹은 소비자로서 교사와 학생의 구체적인 요구와 만족 정도가 어떤지를 지속적으로 평가하는 연구를 통해 교육과정 운영은 개선될 수 있다.

3) 교육과정 운영의 개선을 위한 교육제도

교육계는 사실상 관료적 지배가 우세한 편이다. 행정직에서 교육을 좌우하는 법규, 인사, 재정과 같은 3대 핵심을 장악하고 있기 때문이다. 교육은 교사와 학생의 상호작용이 핵심이지만 교육정책이나 제도에서는 이를 간과하는 경우가 적지 않다. 많은 경우 교육의 내적 과정, 질적 수준을 좌우하는 교육과정과 수업은 교육정책 결정자들에게 블랙박스와 다름없다. 거시적인 교육정책과 중단위의 교육과정 정책을 통해 미시적인 교실의 수업 실천으로 이어지도록 '교육제도와 정책의 교육화'는 절실하다.

(1) 학제, 교육과정제, 수업제의 상충에서 오는 교육적 낭비 제거

6-3-3의 학제, 9-3의 의무교육과 교육과정제, 6-6제의 교원양성과 수업담당제 등 교

육기본제도 간 상충은 교육을 근본적으로 어렵게 만들고 있다. 사실상 학생의 성장발달에 상응하여 편의상 갈라놓은 것들이 각종 이해관계로 인해 학교에서 원활한 교사운영을 어렵게 하고 있다. 12년 일관제를 운영하기는 어렵더라도 9-3년제 방식의 학교운영은 교원 운영, 교육과정과 수업 운영, 학생 수용 등을 원활하게 만들어 줄 수 있다. 향후 교사는 유-초 저학년, 초등, 초 고학년-중학교, 중학교, 중고교, 고교 등으로 상하 학년군과 학교급이 중첩되도록 양성되어야 할 것이다. 유·초·중은 보다 미분화, 통합된 교육이 필요하고, 고교는 진로별 선택교육이 요구되기 때문이다. 교육과정과 수업 운영의 특수성을 감안하고 학생 수와 학교 수가 줄어드는 현실을 고려하면 보다 융통성 있는 교원 양성과 운영, 학생 수용이 절실하다.

(2) 소규모 학교통합과 거대학교 분할을 통한 적정 규모화

적정 규모가 되어야 교육은 제대로 실시된다(optimal scale of education). 전국적으로 전교생 60명 이하의 소규모 학교가 1,800여 개, 100명 이하가 2,700여 개나 있다. 교육부는 과소규모 학교(예: 전교생 100명 이하 학교, 20명 이하 분교 등)의 통폐합을 추진하고 있다. 이것은 교장, 교감 등 학교관리직 정원의 축소와 긴밀하게 연결된다. 역으로 거대규모 학교를 분할하여 학교를 더 만들어 학교관리직을 확대하는 것에는 찬성하지만 이미 있는 학교를 통합하여 협동 운영하는 경우에는 반대가 심하다. 교육부는 2012년까지 소규모 유·초·중·고 500곳을 통폐합하려 하였는데, 다른 한편으로 소규모 대안학교는 우후죽순격으로 늘어나고 있다. 특히 공교육의 영향력이 아직 약한 취학전 분야의 사립 교육기관의 난립이 심하다. 섬 지역은 한 명의 학생만 있더라도 학교와 교사가 있어야 하지만 육지로 연결된 인구과소 지역에서는 학교는 통폐합되어 종합사회문화센터로 자리잡도록 재편되어야 한다. 학생들의 발달단계와 통학거리나 지역 형편에 따라 각 면에는 유-초 저학년의 작은 '마을'학교, 학생 수에 따라 큰 면 지역이나 두세 개 면에는 초등학교, 초등 고학년과 중학교, 중학교, 읍 지역 이상에서는 중·고등학교를 배치하는 등 다양한 방식으로 학생을 수용하여 학교 규모를 적정화함이 바람직하다. 도심의 고교를 이전하거나 거대 중·고교를 분리하여 고교를 농산어촌으로 이전하고 기숙사를 더 많이 짓는다면 학생인구 분산 효과, 사교육 절감 효과, 전인교육 효과, 부모-자녀관계의 정상화 등을 도모할 수 있을 것이다.

국민의정부 당시 학급당 학생 수를 35명 이하로 대폭 줄인 이후, 정부는 학생 수 자연감소를 고려해 학급당 학생 수 축소를 적극 시행하지 않고 있는데 이것은 잘못이다. 인구 증가 지역은 학급당 학생 수가 40명이 넘어 개별화된 배려를 하기 쉽지 않다. 학급당 학생 수를 25명 전후로 대폭 줄이는 대책이 필요하다. 교사들은 교육과정의 정상적 운

영, 효과적인 교육을 위해서는 초등의 경우 학년당 평균 약 다섯 개 학급에, 학급당 평균 21명 정도의 학생이 적당하다고 보고 있다. 중학교의 경우는 학년당 학급 수를 약 여덟 개 학급, 고등학교의 경우 약 일곱 개 학급, 학급당 학생 수는 17~19명 정도를 적정하다고 보고 있다. 이를 종합하면 초 · 중 · 고의 경우 재학하면서 익명이 사라지는 400명 전후로 한 학교에서, 학급당 적정 학생 수는 20명 내외가 교육적으로 적당하다고 교사들은 인식하고 있다. 인구 이동으로 밀집이 계속되는 지역에서 거대 규모 학교, 과밀학급을 분할하여 적정 규모의 학교를 추진하는 것은 교육의 질 향상에서 중요하다. 무엇보다 국민의정부 이후 멈춰진 제2단계 학급 및 학교규모 적정화 사업을 특별히 실천할 때다.

초 · 중학교의 공통필수 교육과정은 개별 학교의 규모가 중요하며, 고등학교와 같은 상이선택 교육과정을 다양하게 운영해야 하는 경우는 개별 학교보다 여러 학교 간에 협력하여 학생들에게 적성과 진로에 맞는 학습 기회를 보장해 주는 것이 필요하다. 교과 수업을 위해서는 학급당 학생 수, 교사당 학생 수가 중요하지만 학예회, 소풍, 운동회 등 학교행사를 포함하여 교과 외 활동에는 학교당 학생 수가 중요하다.

(3) 학교에 대한 다층적 관리 통제와 장학지원의 중단위 교육지원청

실제 교육이 이루어지는 학교입장에서 보면 학교를 '간섭'하는 곳은 다층화되어 있다. 이는 중복된 교육 통제를 낳고 불필요한 공문을 양산하는 원인이 된다. 학교 밖에서 교육을 통제 지원하는 기구는 일원화될수록 좋다. 인터넷, 교통통신망의 발전으로 생활권이 넓어졌으므로 이에 맞게 교육행정 체계를 개편해야 할 것이다. 특히 학생 수, 학교 수 급감에 따른 학교 재배치, 재구조화에 대비할 필요가 있다. 17개 시 · 도에서 교육자치가 이루어지고 있고, 178개 지역교육지원청에서 학교를 근접 지원하고 있으나, 학교에서 볼 때는 통제 간섭하는 기관의 다층화 문제가 풀리지 않는 셈이다. 기관을 유지하기 위한 과다한 예산 소요, 공문의 중복 생산, 중앙집권적인 유산 등으로 인해 학교는 '섬겨야 할 곳'이 많은 셈이다. 이에 따라, 시 · 도 교육청과 시 · 군 · 구(지역) 교육청을 생활권역으로 중단위로 통합, 60~70개의 교육청으로 단일화하여 학교교육을 지원할 필요가 있다. 담당하는 학교 수, 학생 수, 교사 수, 생활권역 등 규모를 감안할 때 현재 지역교육지원청보다 중단위 교육지원청이 더 적절할 것이다. 이를 통해 예산 절감, 인원 감축, 공문 축소 등의 효과를 학교에 가져다줄 수 있다. 물론 이는 광역단위 행정기구 개편과 맞물려 있다.

교육청이 학교를 지원하고, 특히 학교 간에 협력을 이끌어 내어 학생들에게 적절한 학습기회를 마련해 주는 것이 점차 중요해지고 있다. 더구나 고교 상이선택 교육과정은 다양하기 때문에 이를 개별 학교에서 모두 감당하기는 어렵다. 일정 지역 내 여러 학교 간 역할분담과 협력을 통해 학생들에게 적절한 학습기회를 마련해 주는 일은 교육청의 중요한 역할이다.

(4) 중앙집권, 교육지원청, 학교자율화

학교자율화 조치가 다각도로 취해지고 있지만, 시 · 도 교육청 등이 여전히 중앙집권적으로 통제하고 있어, 학교는 자율화를 실감하지 못하고 있다. 교육청은 인사, 재정, 시설, 설비 등 온갖 권한을 다 갖고 학교를 통제하고 있다. 따라서 학교교육 자율화를 더 진전시켜야 할 것이다. 기존의 교육 관련 각종 규제를 혁파하여, 교육행정 체제를 제로베이스에서 다시 시작할 필요가 있다. 즉, 학교단위에서 스스로 할 수 있는 것, 이웃 학교와 협력하면 스스로 할 수 있는 것을 먼저 정하고, 여기서 못하면 교육청이 돕고, 교육청이 못하면 교과부가 돕는 식으로 상향식bottom-up 자율화가 필요하다. 교육개혁 프로그램도 학교가 자율적으로 평가진단하여 필요한 부분에 지원이 투입되어 개선이 이루어지도록 학교의 자생력을 강화함이 바람직하다. 즉, 중앙 집권적 교육정책을 바꾸어 학교가 해결이 절실한 숙원문제를 자가진단하여 이를 교정하려고 할 때 지원을 요청해 오면 지원하는 방식으로의 전환이 필요하다. 그렇지만 수준 이하 학교에 대해서는 학교관리자, 교직원 등을 교체해도 장기발전 계획에 따라 질 높은 교육이 실행되도록 정부가 강제로 개입 지원해야 할 것이다.

건실한 사립학교의 자율화, 건실한 공립학교의 자율화를 시작으로 많은 학교가 자율적 · 전문적으로 책무성 높게 교육 서비스를 제공하도록 분권화의 방향이 아닌 진정한 자율화를 추진한다. 학교단위 자율학교를 연차별로 계획을 세워 추진하되, 학교의 학생 선발, 납입금 책정, 교원임용, 교육과정 편성과 운영, 재정 지출 등의 자율화를 확대한다.

(5) 순수 교육활동비의 적정 확보

교육비는 주로 인건비, 시설비, 운영비 등으로 이루어져 있다. 교육비에서는 인건비의 비중이 높고, 시설 설비비의 비중이 상대적으로 높아, 순수 교육비나 직접 교육비는 늘 부족한 형편이다. 아직도 적지 않은 학교는 맨손 수업과 싸구려 교육의 대명사가 되고 있다. 소위 귀족학교라고 비난받는 사립고를 보면 교육비가 얼마나 들어야 양질의 교육이 가능한지 가늠할 수 있다. 2010년 현재 인건비 인상 없이도 호봉승급분만 연간 6천억원이 증가하고 있다. 다른 한편으로는 교육재정으로 일부 충당될 수밖에 없는 '무상' 급식비가 확대될 것이다. 따라서 양쪽 협공을 받는 순수 교육비는 더욱 피폐해질 가능성이 높다. 수업을 위한 비용으로서 직접 교육비의 확보가 필요하다. 즉, 실험, 실습, 실기, 교외 현장학습, 부진아의 보정수업을 위한 수업 보조원 지원, 평가 도우미 지원, 교사들이 교과 수업 지도와 학생생활 인성 진로지도에 충실하기 위한 교무 지원인력의 추가 고용을 통한 각종 업무의 이양 등 실질적인 교육의 질 향상을 위한 재정 확보는 순수 교육비에 대한 별도의 회계를 요구한다. 당초 가난한 가정 자녀들의 눈칫밥을 없애는 문제에서 촉발되어 선거 전략으로 비화된 전면 무상급식의 경우 중상류층의 제구실을 막아 자본주의의 타락을 촉진한다. 학교의 교사와 학생들이 수업료, 육성회비, 급식비, 각종 교육비를 주고받는 일을 해야 할 것인가에 대해서는 비교육적이라는 견해가 우세하다. 각종 교육비는 가정의 부와 소득과 비례하여 지불하는 것이 적절하며, 그 납부는 학부모(보호자)와 학교 행정실 및 지자체의 일이어야 학생과 교사 간에 교육적 관계가 유지될 수 있다.

요약하면, 중앙집권적 교육정책과 관리는 좀처럼 완화되지 않는다. 중앙에서 기획하고 그 기획에 순응하는 교육청과 학교에 대한 지원은 손쉬운 관행이다. 세계화 시대에 세계 수준의 교육에 이르도록 하기 위한 중앙기획은 피할 수 없을지도 모른다. 특히 교복투사업이나 기초학력 미달 학교처럼 일정 수준 이하의 지역이나 학교에 대한 교육부의 강제적인 개입은 불가피할 것이다. 그러나 중앙집권적 교육정책을 바꾸어 학교의 절실한 문제를 자가진단하여 이를 교정하려고 할 때 지원하는 방식으로의 전환이 필요하다. 학교와 교원입장에서 교육과정과 수업 운영을 최우선으로 지원하는 것을 교육제도 운영과 정책수립 집행 및 성과평가에서 핵심에 두어야 할 것이다. 교육감 직선제는 교육적 혼란과 파행, 교육의 정치적 오염을 낳고 있어 손질이 시급하다. 학교 입장에서는 모든 정책과 공문 및 지원이 일원화되고 원스톱화되는 것이 바람직하다고 볼 때 현재의 중층적인 교육청 제도는 개선되어야 할 것이다. 6-3-3학제, 6-6제 교원양성과 수업 운영, 9-3제 교육과정과 의무교육제도는 서로 불일치하여 학생 수용과 교사 운영에서 심한 경직성을 낳고 있다. 조세부담률을 넘어서는 과잉 복지는 장기적으로 싸구려 복지이거나 복지 비용을 충당하지 못해 역풍을 맞게 될 것이고, 충당하려면 다른 교육 비용을 대폭 줄이지 않을 수 없다. 요컨대, 무상급식보다 교육활동 본연에 우선투자하는 적정한 교육복지가 교육과 사회를 견실하게 만든다.

4) 교육과정 운영의 개선을 위한 교육문화

식민지, 전쟁, 산업화, 민주화 등으로 신분제가 철저히 파괴된 한국사회에서 학력과 학업성취도가 정치적 권력, 경제적 부와 소득, 사회적 지위와 명성 등을 배분하는 기능을 얼마간 수행하고 있다. 한국의 교육열은 세계적이다. 그런데도 우리의 교육적 관행은 좀처럼 변하지 않는다. 정설화된 지식을 이해하기 쉽게 전달한다는 수업에 대한 고정관념, 시험 준비로서 공부, 교과서와 머리공부에 대한 과도한 비중, 좋은 학교에 입학하기 위한 경쟁, 국 · 영 · 수 편중, 문 · 이과 양분, 자녀의 성적에 따른 평준화, 비평준화에 대한 선호, 교육보다 등위와 선발을 위한 각종 시험, 사립학교에 대한 과도한 의존, 값싼 공교육, 교육비의 사부담 과중, 학교에 대한 학부모의 무조건적 저자세, 사교육에의 의존 등이 그것이다. 교육에 대해 일반 시민들이 공유하는 상식은 한 나라의 교육수준을 좌우한다. OECD 국가들이 소득 2만 달러 시대에 어떤 교육을 해 왔는가를 비교해 볼 필요가 있다. 오늘날 한국교육은 시민들의 교육에 대한 인식수준을 유사하게 반영한 것이라고 할 수 있다. 교육정책 결정자, 학교관리자, 교육연구자, 교단교사, 학부모의 교육적 관심은 교육개선을 통한 개인과 공동체의 장래에 도움이 되도록 하기 위해서 초점을 두고 기울여지는 것이라기보다 상호분열되어 있는 편이다. 학부모의 교육적 이해와 기대수준, 사회교육의 질을 결정하는 인터넷과 언론의 교육에 대한 시각 및 기업의 고용관행이 바뀌어야 학교교육의 질 향상도 더 쉬워질 것이다.

5 · 31 이후 교육개선을 위한 여러 가지 노력이 있었다. 학급당 학생 수 35명 이하 감축, 학생 수, 학교 수 급감에 따른 소규모 학교의 통합 운영, 학년도의 탄력적 운영, 교과교실제 확대, 수준별 수업, 방과 후 학교를 비롯한 교육복지의 확대, 영양 · 보건 · 전문상담요원의 교사화, 학업성취도평가의 전면 실시, 대수능의 약화와 입학사정관제의 확대, 교육자치제 확대, 지역교육지원청 및 학교운영위원회 도입을 통한 교육 거버넌스의 변화 등에도 여전히 풀리지 않는 교육문제들이 잔존하고 있는 것을 볼 때 신제도주의자들이 말하는 제도와 문화의 관성은 매우 끈질기다.

(1) 학교운영위원회의 부침, 학부모 권리의 강화와 교권의 위축

학교에 새로운 교육 거버넌스를 구축하고자 한 것이 5 · 31 교육개혁의 중요한 성과였다. 학교운영위원회는 학부모와 지역사회의 지원과 견제를 받는 학교운영을 낳았다. 그러나 교육감간선제 직선제를 거치면서 학운위를 '다루는' 학교장들의 솜씨는 이들을 무력화시켰다. 학교운영위원회를 당초 취지대로 운영하기 위해 학교 경영에서 학교운영위원회의 권한강화 방안이 재차 강구되어야 한다. 학부모와 교원 혹은 학교의 관계에 대해서도 새로운 설정이 필요하다. 자녀를 맡긴 입장에서 학부모가 일방적으로 저자세를 보이거나, 학부모들의 간섭의 도가 지나쳐 교사의 교육권을 침해하는 것에 대해 새로운 관계정비가 요구된다. 최근 학교를 둘러싼 각종 사소한 민원과 교권침해 및 위협, 소송의 만연은 바람직한 교사-학부모 관계가 아니다. 학생 부주의로 발생한 사고에 대해서도 교사가 약자가 되는 경우가 허다하여, 교사의 학생 보호감독 책임의 한계를 좀 더 분명히 해 주어야 교사가 안심하고 교직을 수행할 수 있을 것이다. 교직에서도 평등이 만연하여 인정과 존경을 거부하고, 성공하면 의혹의 눈으로 바라보며, 정직하고 성실한 실패를 범죄시하면 교원의 창의적 도전을 기대하기 어렵다.

(2) 빗나간 교육열과 교육열의 공공적 승화 유도

현재 교육문화와 풍토는 우리 교육을 문제, 모순, 불만이 있는 현 상태로 유지하는 데 기여한다. 청소년과 사회인의 삶의 그릇된 자세 형성과 교육문화 풍토가 심각하다. 매일경제신문(2009. 7. 2., A 26면)의 조사결과에 의하면, 중산층에 편입되기 위해 일본 사람들은 성실한 노력과 기술에 기대는 데 반해, 우리나라 사람들은 학교수학 기간을 길게 하여 지식인층에 편입하는 것과 부동산 투기 및 재테크에 기대고 있다고 한다. 특히 인문적 · 물리적 환경이 매우 빈약한 핵가족에서 부모의 자녀 직접교육은 조급성, 스트레스, 압력, 즉효성 기대 등 적지 않은 부작용을 유발하고 있다. 그 역풍이 고스란히 교실로 전달되고 있다. 이는 학교와 교원에 대한 기대과잉이다.

우리나라 학부모들의 교육열은 미국 대통령과 교육장관이 칭송하듯이 나라 발전의 동력이다. 그러나 학부모 교육열은 학교가 조장해 온 학생 간 경쟁과 상승작용을 하여 각종 부작용도 빚어내고 있다. 학생들의 학업을 둘러싼 스트레스 증가, 성적, 석차, 상훈을 둘러싼 교육비리의 원인을 제공하기도 하고, 사교육 활동과 사교육비 증가에도 일조하고 있으며, 부정 전입학과 위장 전입, 조기유학과 각종 시험의 재수생 양산에도 기여하고 있다. 문제는 내 자식을 위한 교육열을 어떻게 우리 모두의 자녀를 위한, 다음 세대 모두를 위한 교육적 지혜로 승화시킬 수 있는가에 대한 제도적 · 문화적 고민이 적었다는 점이다. 향후 사회적 자본의 형성과 확대에 기여하는, 공교육의 질 향상을 위한 학부모들의 교육열을 순방향으로 유도하는 묘안 마련이 필요하다. 이를 위한 학부모 정책이 시작된 것은 다행이라고 보인다.

(3) 공부에 대한 새로운 인식 전환 필요

우리나라의 학생과 학부모들은 학교를 다녀야 하고, 상급학교에 진학해야 한다는 기대와 포부는 높으나, 이는 주로 개인적 · 가정적 관심의 교육문제에 치우칠 뿐 '우리 아이들'을 기른다는 대승적 차원의 공공성은 부족하다. 학생들은 주로 지식의 이해와 습득을 공부라고 여기나, 실제적 능력을 키우거나 가치관과 태도를 확립하는 것, 품성과 인격을 도야하는 일을 공부라고 여기지 않는다. 심지어 인성과 사회성, 체력은 어떠해도 좋다는 식의 막무가내가 횡행하고 있다. 학교에서 배우는 것은 지식의 습득과 앎이라고 여기는 단일한 문화가 지배하고 있다. 학생들도 머리공부에만 골몰하여 평생 학습자로서 꾸준히, 지속적으로 공부하는 힘이 부족하게 되고, 또한 지식영역 외의 다른 학습영역은 중요하지 않은 것처럼 교육에서 밀려나 있다. 학생들은 무작정 공부를 할뿐 TIMSS, PISA 등 국제비교 연구에 따르면 학습의욕, 동기, 흥미, 목표, 방법을 모르는 학생들이 적지 않다.

누구나, 언제, 어디서나, 무엇이든지 배울 수 있다는 평생학습의 구호에 따라, 그리고 선택형 시험이 횡행함에 따라 학생들은 학교에서 수업이나 시험준비 수업을 지금 여기서 그 선생님과 함께 할 필요성을 느끼지 못하고 있다. 가히 교육천국의 부작용edutopia dilemma이라 할 만하다. 그만큼 시험을 준비하는 것으로서 교육기회는 흔한 것이 되었다. 시험에 대비하는 중등학교의 수업은 외부의 유명강사의 그것에 자주 비교되고 있다. 국가 차원에서는 균등한 정도의 교육 수준을 보장할 뿐, 학습자 집단의 적성과 진로에 따른 교육목표 설정도 분명하지 않다. 사교육은 번창하여 국제적 투자가 이루어지는 입시산업으로 성장하여 어떤 입시방안이 나오더라도 적응 및 진화할 정도로 강력해졌다. 실제로 유·초등의 영어와 예체능, 중학교의 영어, 고등학교의 수학을 중심으로 사교육이 만연하며, 만성적·의존적·수동적 학습자도 늘어나고 있다. 사교육이 중요해지고 공교육은 졸업장을 받는 수단으로 추락하고 있다. 지육·덕육·체육, 아는 것과 할 줄 아는 것, 인문사회계·과학기술계·예체능계 교과, 머리공부와 손발공부 및 온몸공부, 진학교육과 직업교육, 배움과 삶, 학교·가정·사회 삶의 '균형이 공부'라고 재정의될 필요가 있다.

(4) 사교육기관의 공교육 보완 역할

부모의 경제활동으로 온종일 자녀를 안심하고 위탁할 수 있는 양육환경이 필요하다. 국가의 공공적인 교육복지가 부족하면 영리를 목적으로 한 기관들이 고가로 고품질의 돌봄 기능을 제공한다. 이것은 궁극적으로 학습자의 삶의 질과 격차를 좌우하는 쪽으로 기능하게 된다. 특히 수험생 부모 입장에서는 공교육이든 사교육이든 자녀의 성적만 효과적·효율적으로 올려 주면 좋은 것이라는 시각이 만연해 있다. 열린학습 사회에서 사교육은 평생 학습의 일환이어서 성인기에는 문제가 크지 않으나, 학교학습기 학생들에게는 문제가 되고 있다. 공교육의 학교와 경쟁관계에 있기도 하고, 선행학습을 한 학생들이 학교의 수업에 주의를 기울이지 않고, 늦게까지 사교육에 참여한 학생들이 체력이 떨어져 수업에 집중할 수 없다는 점 등이 지적된다. 학생들 입장에서는 정규수업과 방과후수업 후에 사교육까지 참여해야 하므로 심신이 피곤하다. 어떤 경우는 사교육이 공교육보다 훨씬 중요하게 학생들의 시간 노력 비용을 차지한다. 프로젝트 수행이 점점 중요한 교육활동이라면 독일의 Phaeno형 체험창작관이나 공방을 민관이 협력하여 확충하는 것도 필요하다.

그래서 사교육을 실시하는 시간제한도 조례로 지정되었다. 무엇보다 사교육비를 능히 부담할 수 있는 계층과 그렇지 못한 계층 사이의 위화감 조성이 심각하게 지적되고 있다. EBS 수능방송이나 강남구청의 인터넷 방송, 개별 학교의 방과후학교, 야간 자율학습은 문제가 되지 않고, 상업적 사교육만 문제가 된다. 일부 조사에서는 사교육 기관이나 종사자의 능력 및 정성이 오히려 학교와 교원들의 그것보다 학생들과 학부모들에게는 더 만족을 주는 것으로 나타나고 있다. 심지어 사교육을 보고 공교육이 닮아야 한다는 주장도 적지 않다. 공교육이 사교육이 효율적으로 흉내 내지 못하는 교수학습 프로그램과 방법을 제시해야 하는데, 이런 대안적 체험 프로그램조차 사교육 업체에서는 더 다양하게 개발하여 제공하고 있다. 이에 대해서는 학교와 동일한 종류의 교과 수업을 중복 선행하여 운영하지 않도록 하는 법규가 이를 유도할 수도 있다.

학생의 건강과 정규수업을 보호하고, 가정의 교육적 기능을 회복하기 위하여, 학교·학원, 사회기관들은 모두 초등학생은 늦어도 밤 8시, 중학생은 9시, 고교생은 10시 이전에는 귀가시켜야 한다. 가족의 가치와 밥상머리 교육이 중요하다면 가족간에 저녁이 있는 삶을 누리도록 제도나 생활 문화가 바뀌어야 한다. 또한 사교육이 학교교육과 경쟁관계가 되기보다 사회교육기관, 평생학습기관으로서 사업영역을 보다 분명히 하여 학교와 역할분담이 되도록 유도해야 한다. 사교육기관이나 종사자들은 사회교육기관으로서 학교가 제공하기 어려운 학생들의 복습이나 과제를 관리해 주는 역할, 창의적 체험활동을 도와주는 기관, 방과후학교 프로그램을 제공해 주는 기관, 맞벌이 가정의 방과후 주말 방학 중 보살핌 제공 등으로 그 역할을 한정해야 한다. 그리고 대학입시에서는 당해 연도에 졸업 예정자들의 입학 시에 가산점을 부여해서 반수생, 재수생, 삼수생 등을 줄여야 할 것이다. 사교육기관이 학교교육의 보완기관, 평생학습기관, 공익기관으로 자리 잡도록 법제화를 통해 정규수업의 교과진행을 방해하지 않도록 해야 할 것이다. 이렇게 하기 위해서는 먼저 학교의 공부가 사회적자본의 형성과 확대로, 학생 간 경쟁보다 학생 간 협동, 학교 간 협력으로 그 성격이 변해야 할 것이다.

요약하면, 교육풍토와 문화는 교육이 숨쉬는 공기에 비유할 수 있다. 교육 관련자 전체의 교육적 상식이 당대의 교육수준을 결정한다. 5·31 이후 교육문화 풍토를 새롭게 창조하기 위한 노력이 있어 왔다. 특히 학교운영위원회를 통한 학교경영 거버넌스governance의 변화는 역사적 의미가 매우 높다. 학부모와 지역사회 인사들과 협력하여 학교운영을 하는 것이나, 학교와 지역사회가 협력하여 학교교육 프로그램을 진행하도록 문화와 풍토를 바꾼 것은 의미가 크다. 그러나 학교공부를 통해 개인적 자본의 형성과 확대에는 교육열이 높지만 사회적 자본의 형성과 확대에 대해서는 열의가 높지 않은 것은 아쉬운 점이다. 내 아이에게 좋은 교육을 우리 아이들도 누릴 수 있도록, 학부모들은 공적으로 언명하는 것과 사적으로 행동하는 이중 잣대가 아니라 동일하게 도덕적이어야 한다. 학부모 단체의 결성이 늘어나고 교육정책에 학부모의 참여가 늘어남에 따라 학부모들이 학교와 교원을 돕는 방법에도 책무성이 중요해졌다. 사교육이 학교교육을 피폐하도록 하지 않기 위해서, 학생들이 중복적으로 시달리지 않도록 하기 위해서 공교육과 경쟁관계가 아닌 사교육의 사업영역을 분명히 명시하는, 즉 학교교육에의 보완적 기능을 감당하는, 사회교육 평생학습기관으로 기능을 명확히 해야 할 것이다.

이 장의 요점 정리

1 교육과정의 운영은 총론과 각론 두 차원이 있다. 총론은 교육기관의 교육과정 경영 차원이고, 각론은 상대적으로 미시적인 교실 수준의 수업과 관련된다. 교육과정 운영 현실을 인도하고, 관련 문제점을 극복하기 위한 기본 원리에는 합목적성, 합법성, 민주성, 학생 존중성, 계열성, 통합성, 균형성, 자율성, 전문성 등이 있다.

2 우리나라 교육과정 운영 현실에 영향을 미치는 요소는 국가정책과 교육개혁안, 교육과정 개정 관행, 교육과정 편성, 학교급별 교육과정의 특성, 교육과정 운영 관행과 풍토, 교원, 학생, 교재, 시설과 설비, 교육평가, 시간, 재정과 여건 등이다.

3 교육과정 운영에 변화를 가져오기 위해서는 그 변화의 특성을 잘 이해해야 한다. 또한 변화를 저해하는 이유와 장애들을 확인하여야 할 것이다. 교원들은 교육계 및 학교 안팎의 고질적인 숙원 과제가 풀리고 난 뒤에야 비로소 개선에 주목하기 시작한다.

4 교육과정 운영에서 교사들은 가장 중요한 위치에 있다. 교사의 관심 수준에 따라 다양한 수준으로 교육과정이 운영된다. 교사의 관심 수준을 새 교육과정이 자신에게 미치는 득실을 따지는 수준에서 새 교육과정 자체에 대한 이해와 개선, 나아가 학생들의 유익을 헤아리는 곳까지 나아가도록 돕는 것은 교육과정 운영과 교원연수, 교육과정 행정에서 가장 중요한 측면이다.

5 교단교사들이 수업 지도와 학생 지도라는 본업에 충실할 수 있도록 교단교사의 직급을 다층화하고, 본업에 충실할 수 있도록 각종 과외업무를 도와주는 교무지원 인력을 확대 고용해야 할 것이다. 사립학교에서도 우수교원을 확보하도록 제도화하고, 모든 교원이 복수자격을 가

지도록 격려해야 학교운영이 원활해질 것이다. 학생과 학부모의 만족도 조사로의 전환을 중심으로 한 교원능력개발평가의 개선, 학교의 교육과정 혁신을 통한 장기발전을 이끄는 책임지는 교장의 리더십 확립이 중요하다.

6 교육제도와 관련하여 6-3-3학제, 6-6제 교원양성과 수업 운영, 9-3제 교육과정과 의무교육제도는 서로 불일치하여 학생수용과 교사운영에서 매우 경직성을 띠고 있고, 특히 고교 교육과정의 특성화를 방해하고 있다. 교복투사업이나 기초학력 미달 학교처럼 일정 수준 이하의 지역이나 학교에 대한 교육부의 강제적인 개입은 여전히 불가피하겠지만, 중앙집권적 교육정책을 바꾸어 학교의 절실한 문제를 자가진단하여 이를 교정하려고 할 때 지원하는 방식으로 학교 자생력을 키우는 교육정책 전환이 필요하다. 중단위 교육지원청의 도입, 무상급식보다 직접 교육비의 증대를 통한 교육 질 향상, 교육과정과 수업 지원을 중심에 두는 교육정책의 정체성 회복 등에 대해 논하였다.

7 교육풍토와 문화에서는 점차 유명무실화되는 학교운영위원회의 재건, 지역사회와 협력체제 구축, 사회적 자본의 형성과 확대에 기여하는 교육열 유도, 사교육의 사업영역 지정을 통한 학교교육과 보완적 기능 강화 등을 논하였다.

이 장의 주요 용어

교육과정 적용 curriculum adoption, 교육과정 응용 curriculum application, 교육과정 창출 curriculum creation, SBCD School-based curriculum development, CBAM Concerns-based adoption model, 교육천국의 부작용 edutopia dilemma

연구과제

1. 교육과정의 운영 원리를 정리해 보고, 수정되어야 할 부분과 새로 추가되어야 할 부분을 찾아 제시해 보시오.
2. 우리나라의 교육과정 운영 실제에 영향을 주는 요인들을 정리하고, 자신의 경험에 비추어 수정되어야 할 부분과 새로 추가되어야 할 부분을 찾아 제시해 보시오.
3. 학습자의 학습량, 교수자의 교수량을 계량하는 단위로서 학점제(credit system)와 단위제(unit system)의 차이를 밝혀 보시오.

4. 우리나라에서 연간 학사력(school calender, 학년도와 학기제 등)이 지닌 문제점을 제시하고, 그 대안을 제시해 보시오.
5. 학급당 학생 수를 35명 이하로 줄이기 위한 시설 설비의 확충이 진행되고 있습니다. 혹자는 학급당 학생 수를 줄이기 위한 시설 설비 확충도 중요하지만, 교육에서는 '나쁜' 교사에게 20명이 배우는 것보다 '좋은' 교사에게 200명이 배우는 것이 더 낫다고 할 정도로 교사요인을 강조합니다. 이런 주장이 드러내고자 하는 교사요인의 중요성에 대해 자신의 입장을 밝혀 보시오.
6. 1990년대 초등학교에서 '열린' 교육의 확산과정을 찾아 정리하고, 왜 공립학교에서는 급속하게 쇠퇴되었는지 그 이유를 찾아보시오.

제13장

교육과정 평가

교육에서 교육평가는 끝이며 또 다른 시작이다. 어떤 교육과정이나 교육활동이든 일정한 평가가 어떤 모양으로든 이루어진다. 보통은 목표에 비춘 평가다. 세계, 국가, 지방, 학교 등 각 수준에서 교육과정의 총론이 인간(개인과 집단, 시민, 국민, 세계시민)을 기

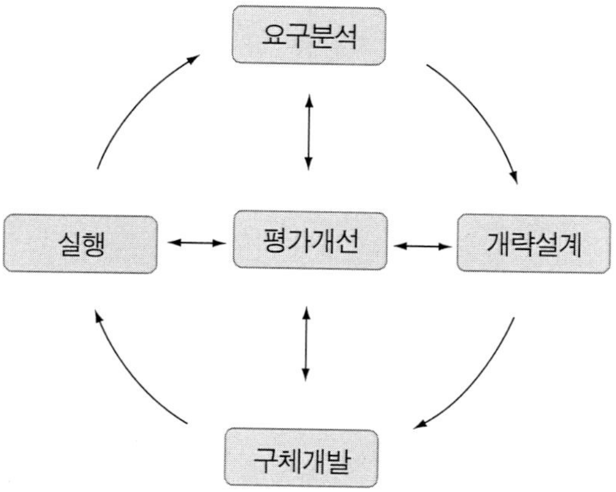

[그림 13-1] 교육과정의 모든 단계에서 질 관리 장치로서 평가

출처: Thijs & van den Akker (Eds.). (2009: 15).

르고, 사회(가정, 직장, 지자체, 국가, 세계)를 가꾸는 데 기여한 특성은 무엇인가를 평가하는 것이 일반적이다.

1. 교육과정 평가의 이론

1) 교육평가, 프로그램 평가, 교육과정 평가

교육과정 평가는 교육평가의 일부다. 교육의 대상은 인간이고, 교육은 인간의 행동변화를 목적으로 한다. Tyler(1949)는 교육평가란 목적의 달성 여부를 판단하는 행위라고 하였다. 사회의 발전과 복잡성 증가와 더불어 교육과 관련된 수많은 변인이 증가하여 교육평가는 가르치고 배우는 범위를 넘어서면서 평가를 어떤 것의 가치, 질, 유의성, 양, 정도, 조건에 대한 가치 판단행위로 정의된다. 교육의 주요 요소와 장면들(교원, 학생, 교육목표, 교육과정, 수업, 교육평가, 교육제도, 교육정책, 교육재정, 교육법, 인사관리 등)은 모두 평가의 대상이 된다. 교육평가는 교육과 관련된 모든 것에 대한 체계적 · 과학적 · 종합적으로 측정 · 관찰하여 가치, 질 등을 판단하는 주관적 행위(성태제 외, 2010)에 가깝다.

성태제 등(2010)은 ① 교육평가 관점은 상대비교 평가에서 성장참조 평가로, ② 교육평가대상은 집단평가에서 개인 중심 평가로, ③ 교육평가 방법은 선다형 검사에서 수행평가, 참평가로, ④ 교육평가 형태는 검사에서 총평으로, ⑤ 교육평가 검사 매체는 지필검사에서 컴퓨터화 검사로, ⑥ 교육평가 시행 시기는 일회적 평가에서 지속적 평가로, ⑦ 교육평가 검사 이론은 고전검사이론에서 문항반응이론으로, ⑧ 교육평가 기능은 총괄평가summative assessment에서 형성평가formative assessment로, ⑨ 교육평가 주체는 '교사평가'에서 '교사, 학생, 동료평가'로 변화하고 있다고 하였다.

Steele(1973)은 교육평가를 교육자(교사 및 직원)에 대한 평가, 피교육자(학습자)에 대한 평가, 교육 프로그램(교육과정)에 대한 평가로 분류하였으며, 교육 프로그램(교육과정)에 대한 평가를 다시 세 가지로 분류하고 있다. 즉, 교육과정에 대한 평가를 교육과정 내용 자체 평가, 교육과정 운영 및 과정 평가, 교육과정 성과(효과) 및 산물에 대한 평가로 나누어 제시하고 있다.

교육과정은 넓은 의미에서 프로그램의 일종으로 이를 평가하기 위해서는 프로그램 평가모형에 대한 이해가 선행되어야 한다. 프로그램 평가모형은 평가의 개념과 목적, 평가의 탐구방법, 평가의 철학적 배경 등 다양한 기준에 따라 분류할 수 있다(권순달, 1997). Worthen과 Sanders(1973)는 프로그램 평가의 개념과 목적에 따라 프로그램 평가모형을

〈표 13-1〉 프로그램 평가모형의 분류

유형	평가개념	교육과정 평가모형
판단적 전략모형 (judgemental strategies)	경험이나 과정의 가치를 판단하는 활동	Stake(1970)의 반응적 평가모형, Scriven(1974)의 탈목표 모형 등
결정-관리 전략모형 (decision-management strategies)	의사결정에 도움이 될 수 있는 정보를 제공하는 활동	Alkin(1969)의 CSE 모형, Stufflebeam(1971)의 CIPP 모형 등
결정-목표 전략모형 (decision-objective strategies)	의도한 목표나 요구한 바를 달성했는가를 확인하는 활동	Tyler(1942, 1949))의 목표달성 모형, Provus(1971)의 불일치 격차모형, Hammond(1973)의 평가모형 등

출처: Worthen & Sanders(1973).

판단적 전략모형, 결정-관리 전략모형, 결정-목표 전략모형으로 분류하였다.

Worthen, Sanders와 Fitzpartrick(2004)은 프로그램 평가모형을 목표 중심 평가접근, 관리 중심 평가접근, 수혜자 중심 평가접근, 전문가 중심 평가접근, 참여자 중심 평가접근의 다섯 가지 평가접근으로 분류하였는데, 그 내용을 간략하게 살펴보면 다음과 같다. 첫째, 목표 중심objective-oriented 평가접근은 평가를 목표로 미리 설정한 후 그 목표가 어느 정도 달성되었는지를 판단하는 것이다. 둘째, 관리 중심management-oriented 평가접근은 평가를 의사결정자에게 필요한 정보를 제공함으로써 의사결정을 도와주기 위한 것으로 파악하는 것이다. 셋째, 수혜자 중심consumer-oriented 평가접근은 교육을 위하여 사용되는 모든 것을 교육상품으로 보고 나아가 교육의 행위도 서비스로 간주하여 교육 프로그램의 대상인 수혜자가 무엇을 원하고 필요로 하는가에 관심을 두는 것이다. 넷째, 전문가 중심expertise-oriented 평가접근은 가장 오래되고 널리 쓰이는 평가접근으로 전문가의 판단에 의하여 교육제도, 프로그램, 교육상품, 교육활동 등을 평가한다. 다섯째, 참여자 중심participant-responsive 평가접근은 자연주의적 탐구방식과 평가하는 과정에의 참여를 강조한다는 특징이 있다.

프로그램의 논리를 교육과정 논리에도 적용할 수 있다. 즉, 교육과정 논리는 일련의 가정으로서 교육과정의 이론, 성격 등을 반영한 교육과정의 구조, 절차를 개념화하는 논리와 계획이라고 할 수 있다. 따라서 평가대상으로서의 프로그램의 성격, 논리, 이론 등을 고려하여 도출되어야 한다(Chen & Rossi, 1987; Rossi & Freeman, 1985)는 프로그램 평가 논리는 교육과정 평가에도 적용될 수 있다. 이는 교육과정을 평가하기 위해서는 교육과정의 성격, 논리, 이론을 정확하게 파악하고 그것을 개념화하여 그에 적절하고 타당한 평가논리를 탐색해야 한다는 것을 의미한다(배호순, 2004).

〈표 13-2〉 프로그램 평가모형의 분류

평가접근	평가의 목적	프로그램 평가모형
목표 중심 (objective-oriented) 평가접근	각 목표들이 어느 정도까지 성취되었는지 판단	• Tyler의 목표달성 모형 • Metfessel과 Michael(1967)의 평가모형 • Provus(1971)의 불일치 격차모형 • Hammond(1973)의 평가모형
관리 중심 (management-oriented) 평가접근	의사결정에 유용한 정보 제공	• Alkin(1969)의 CSE 모형 • Stufflebeam(1971)의 CIPP 모형
수혜자 중심 (consumer-oriented) 평가접근	구매나 채택에 있어서 의사결정을 돕는 정보 제공	• Morrisett과 Stevens(1967)의 체크리스트(CMAS) • Scriven(1974)의 주요 평가 체크리스트(KEC)
전문가 중심 (expertise-oriented) 평가접근	양질의 전문가적 판단 제공	• 공식적 전문 심의체제(인정평가) • 비공식적 전문 심의체제 • 특별전담위원회 심의 • 특별전담 개인 심의 • Eisner(1975, 1991)의 교육적 감식과 교육비평
참여자 중심 (participant-responsive) 평가접근	프로그램 활동의 복잡성에 대한 이해와 묘사, 평가 관련자들의 정보에 대한 요구 응답	• Stake(1967, 1970)의 교육평가 안모반응 평가 • Rippey(1973)의 교류적 평가 • Parlett와 Hamilton(1976)의 조명적 평가 • MacDonald(1974, 1976)의 민주적 평가 • Guba와 Lincoln(1981)의 자연주의적 평가 • Fetterman(1994)의 역량부여 평가

출처: Worthen, Sanders, & Fitzpatrick(2004).

교육과정 평가는 교육과정 개발의 전 과정과 학교의 교육과정 운영 전반에 걸친 평가다. 학생의 학업성취도 결과 평가나 교사의 수업 평가뿐 아니라, 특히 학교장의 학교경영 평가 등과 연계되어 있다. 교육과정 평가란 교육과정을 대상으로 하는 평가활동으로, 평가대상을 어떻게 정의하느냐에 따라 평가의 범위와 내용이 달라진다(진영은, 2005). 즉, 교육과정의 개념과 특성에 따라 교육과정 평가영역과 평가준거가 달라진다. 따라서 교육과정 평가는 교육과정의 개념과 특성에 대한 이해가 선행되어야 한다. 평가대상을 잘 이해하는 것은 그 대상을 잘 평가하기 위한 첫 번째 조건이다.

결국 교육과정 평가란 '교육과정 총론과 각론의 진행 과정에 따른 기획과 개발, 경영과 운영, 성과 평가 및 개선의 세 국면을 대상으로, 이를 둘러싼 다양한 요인을 포괄하여 그 가치를 판단하고, 그 결과를 교육과정의 질을 유지 · 개선하는 판단 자료로 제공하는 것'이다. 어느 수준의, 어떤 영역의 교육과정이든지 그 계획, 실행, 성과의 질 관리에는 항상 모종의 '평가'가 요청된다.

2) 교육과정 평가논리

교육과정 평가논리를 탐색하는 절차에서 교육과정의 다양성과 역동성을 인식하는 것은 매우 중요하다. 교육과정은 그 '생명주기'(최호성, 1998: 123)에 따라 진행하며, 교육과정을 둘러싼 다양한 요인이 역동적으로 상호작용하는 맥락에서 실천 및 운영된다. 다양성과 역동성은 교육과정의 중요한 속성이라고 할 수 있으며, 이러한 속성을 정확하게 파악하고 개념화하여 적절한 교육과정 평가논리를 설정해야 한다. 다음은 교육과정의 정의 방식과 교육과정의 진행과정이라는 두 가지 측면에서 교육과정의 다양성과 역동성, 그리고 그에 따른 평가논리 및 평가모형을 설명한 것이다.

첫째, 교육과정에 대한 정의 방식에 따라 적용할 평가논리 및 평가모형이 달라진다. 교육과정 평가는 평가대상인 교육과정을 어떻게 규정하느냐에 따라 강하게 영향을 받는다(강현석, 주동범, 2004; 진영은, 2005). 교육과정을 내용 개요 또는 교수요목 등 공식화된 문서로 정의하는 경우에는 교육과정 문서에 나타난 내용의 체계성, 논리성, 연계성 등을 중심으로 평가하여 가치 판단을 하게 된다. 이 경우에는 예측 논리, 인과율 논리, 판단논리, 감정논리, 비평논리 등을 적용하게 되며, 이에 적절한 평가모형으로는 전문성 중심 평가모형이나 판단 중심 평가모형을 들 수 있다(배호순, 2004). 또한 교육과정을 학생들의 학습경험의 총체로 정의하는 경우에는 교육과정의 운영과정을 중심으로 학습경험 또는 교육활동의 교육적 가치와 교육목표 달성의 유용성 등을 평가한다. 이 경우에는 대조 및 기술논리, 판단논리, 감정논리, 체제논리 등을 적용하게 되며, 이에 적절한 평가모형으로는 참여-반응 중심 평가모형이나 수행과정 평가모형을 들 수 있다(배호순, 2004). 그리고 교육과정을 학습목표로 정의하는 경우에는 교육성과 및 산물을 중시하여 학습목표 달성도 확인, 교육과정 효과 및 산물 파악 등을 중심으로 평가한다. 이 경우에는 예측논리, 인과율논리, 비교논리, 대조 및 기술논리 등을 적용하게 되며, 이에 적절한 평가모형으로는 목표 중심 평가모형이나 실험 중심 평가모형을 들 수 있다(배호순, 2004).

둘째, 교육과정의 어떤 측면phase을 평가대상으로 하느냐에 따라 평가모형이 달라진다(강현석, 주동범, 2004; 배호순, 2004). 교육과정은 '생명주기'(최호성, 1998)에 따라 계획단계, 실행단계, 산출단계를 거치게 되는데, 어느 단계의 교육과정을 평가 대상으로 하느냐에 따라 서로 다른 평가모형이 적용된다. '계획' 단계의 교육과정을 평가할 때는 교육과정 문서의 내용 체계 및 계획 등을 평가대상으로 하기 때문에, 내용 체계의 계열성, 균형성, 통일성, 계획의 실현가능성 등을 중시하여 가치 판단을 하게 된다. 이 경우에는 교육과정을 공식화된 문서로 정의하는 경우와 같은 평가논리와 평가모형이 적용된다. '실행' 단계의 교육과정을 평가할 때는 교육과정 운영과정의 여러 측면을 중심으로 교육과정 계획과 실제 운영과의 일치성, 교육과정 운영상의 자율성, 융통성, 교사의 전문성 등을 평가한다. 이 경우에는 교육과정을 학생들의 학습 경험의 총체로 정의하는 경우와 같은 평가논리와 평가모형이 적용된다. '산출' 단계의 교육과정을 평가할 때는 교육과정의 성과 및 산물을 중심으로 교육과정상에 나타난 의도한 교육목표의 달성도, 의도하지 않은 성과의 파악, 학생들의 경험과 발달 정도, 평가결과 개발로의 반영 정도 등을 평가한다. 이 경우에는 교육과정을 학생들의 학습목표로 정의하는 경우와 같은 평가논리와 평가모형이 적용된다.

교육과정의 다양성과 역동성을 설명하는 두 가지 측면, 즉 교육과정의 정의 방식과 진행과정에 따라 평가논리가 정립되고, 평가모형이 개발된다. 교육과정의 구현과정을 따르는 것은 교육과정의 논리 또는 속성을 가장 잘 반영하는 것이며, 교육과정 평가의 논리를 분명히 하는 것이다. 즉, 교육과정을 진행과정에 따라 계획한planned 교육과정, 실천한practiced 교육과정, 성취한achieved 교육과정의 세 가지 측면으로 상정할 수 있으며, 교육

〈표 13-3〉 교육과정의 제 측면과 평가논리 및 평가모형

진행 과정	교육과정관	평가 중점 사항	평가논리	평가모형
계획 단계	내용 개요 교수요목	• 내용의 체계성, 논리성, 계열성, 균형성, 통일성 • 계획의 실현가능성	예측논리 인과율논리 판단논리 감정논리 비평논리	• 전문성 중심 평가모형 • 판단 중심 평가모형
실행 단계	학생들의 학습 경험의 총체	• 학습경험 또는 교육활동의 교육적 가치와 교육목표 달성의 유용성 • 교육과정 계획과 실제 운영과의 일치성 • 교육과정 운영상의 자율성, 융통성 • 교사의 전문성	대조 및 기술 논리 판단논리 감정논리 체제논리	• 참여-반응 중심 평가모형 • 수행과정 평가모형
산출 단계	학습목표 달성	• 교육과정 효과 및 산물 파악 • 의도한 교육목표의 달성도 • 의도하지 않은 성과의 파악 • 학생들의 경험과 발달 정도 • 평가결과의 개발로의 반영 정도	예측논리 인과율 논리 비교논리 대조 및 기술 논리	• 목표 중심 평가모형 • 실험 중심 평가모형

출처: 배호순(2004)에서 재구성.

과정 평가는 진행과정에 따라 계획단계, 실행단계, 산출단계로 나누어 평가할 필요가 있다(홍후조, 2005c). 또한 평가 대상이 전체적인 총론이냐 부분적인 각론이냐에 따라 평가는 다른 양상을 띤다.

3) 교육과정 평가모형

Branson(1978)은 체제 분석적 접근방식을 적용하여 다섯 단계로 나누어 교육과정을 평가하고자 하였다. 첫 번째 단계는 분석단계 평가로 교육과정 관련 이해집단의 요구를 분석하고, 그 근거를 확보하는 단계이며, 두 번째 단계는 설계단계 평가로 교육과정이 적용될 교육환경에 부합하는 교육과정의 세부적인 설계과정과 내용을 평가하는 단계다. 세 번째 단계는 개발단계 평가로 학습경험, 학습활동, 교수-학습방법 등에 관한 실행계획 수립의 적절성과 충실성을 평가하는 단계이며, 네 번째 단계는 실행단계 평가로 개발된 교육과정의 실제 적용을 평가하는 단계이고, 다섯 번째 단계는 질 관리 단계로 개발된 교육과정의 질을 유지하기 위해 교육과정의 효과를 계속적으로 평가하고 점검하는 단계다. 이와 유사하게 Norton(1999)도 교육과정의 활동과 과정의 모든 요소가 평가대상이 될 수 있다고 보는데, 특이할 만한 것은 평가의 평가영역을 설정하였다는 것이다. 이 평가영역은 각 체제 영역 평가하기, 전체 체제 평가하기, 평가결과 사용하기 등의 내용으로 구성되어 있다. 즉, 절차 피드백과 결과 피드백을 평가대상으로 포함시켜 평가대상의 범위를 평가결과 활용까지 확대시켰다.

배호순 등(1997)은 학교교육과정의 평가영역과 평가준거를 설정하기 위해 먼저 평가영역 설정을 위한 개념의 틀을 마련하고, 그것을 토대로 평가영역 및 평가준거를 설정하였다. 교육과정의 실제적 측면과 평가대상 내용이라는 두 차원으로 구성된 개념의 틀을 자세히 살펴보면, 한 차원은 교육과정 실제의 주요 측면인 의도된 교육과정, 실천된 교육과정, 성취된 교육과정으로 상정하였으며, 다른 한 차원은 평가대상의 내용으로서 학교교육과정 연구 및 개발, 학교교육과정 기본 계획, 교과 교육과정 및 학습지도, 특별활동 및 방과 후 프로그램, 학교교육과정 지원 체제로 상정하였다. 이러한 개념의 틀을 토대로 설정한 학교교육과정의 평가영역과 평가준거는 〈표 13-4〉와 같다.

교육과정 평가를 교육을 수행하기 위해 이루어지는 일체의 계획 및 프로그램을 뜻하는 것으로 규정한다면, 교육과정과 관련된 전반적인 체제로부터 교육 행·재정 계획, 교육 정책, 문서화된 교육과정 및 수업에 이르기까지 모든 일의 계획과 내용과 실천을 포함한다(홍후조, 2002). 또한 교육과정의 전체적 또는 요소별 성과와 교육과정 속에 내재하는 제 요소들의 성과 및 관계, 그리고 교육이 수행되는 과정에서 일어나는 제반 활동

〈표 13-4〉 학교 교육과정의 평가영역 및 평가준거

영역	준거
학교 교육과정 연구와 개발	학교 교육과정위원회의 구성과 활동
	학교 교육과정 편성과 개선을 위한 연구활동의 적절성
	전문성 신장을 위한 연구와 자율 장학의 적절성
학교 교육과정 기본 계획	학교 교육목표의 적절성
	교육과정 편제의 타당성
	학생의 과목 선택권
교과교육과정 편성과 학습지도	교과별 교육과정 계획의 충실성
	교과수업의 충실성
	교과평가 활동의 충실성
	교과학습 성취도
특별활동과 방과 후 교육활동	특별활동 운영 계획
	특별활동 운영 실태
	특별활동 성취도
	방과 후 교육활동의 효율성
학교 교육과정 지원 체제	교육과정 운영에 대한 학교 지원의 적절성
	학교 지원의 적절성 평가 및 개선의 적절성

출처: 배호순 외(1997).

등의 영역을 체계적으로 검토하는 것을 모두 교육과정 평가에 포함시켰으며, 종합하면 다음과 같다(박혜림, 2008).

첫째, 교육과정 평가는 교육과정 내용만을 평가대상으로 하는 것이 아니라, 개발 체제 또는 진행단계 등의 교육과정 생명 주기를 따라 상정되는 모든 국면을 평가대상으로 한다. 둘째, 교육과정 평가는 교육과정 관련 활동 영역, 즉 분석, 설계, 개발, 운영, 평가를 평가영역으로 하며, 교육과정의 활동과 과정의 모든 요소가 평가의 대상이 될 수 있다. 셋째, 교육과정 실행 또는 운영 영역의 평가는 수업 평가와는 구별되어야 하며, 이 영역에서는 수업이 잘 이루어지도록 하는 관련 요소들의 배치 및 지원에 대한 평가가 이루어져야 한다. 넷째, 교육과정 성과 또는 평가영역의 평가는 평가결과의 활용에 대한 평가를 포함해야 하며, 또한 결과를 얻어 낸 평가에 대한 평가도 포함해야 한다. 또한 교육과정 성과의 평가기준을 학업성취도 결과로만 한정해서는 안 된다.

어떤 수준의, 어떤 영역의 교육과정이든지 그 진행과정에 따라 계획단계, 실행단계,

산출단계로 나누어 평가할 필요가 있는데, 이때 각 단계에서의 교육과정 활동이 평가영역이 된다. 각 단계에서의 교육과정 활동을 보면, 계획단계에서는 교육과정을 편성하고, 실행단계에서는 교육과정을 운영하고, 산출단계에서는 교육과정을 편성하고 운영하여 얻어진 산출물(성과)을 평가하는 것이다. 즉, 각 단계에서의 교육과정 활동인 교육과정 편성, 교육과정 운영, 교육과정 성과 평가가 평가 대상이 된다. 평가요소는 특정 교육과정 평가활동 속에서 평가 주체와 그 활동을 부각시킨 것으로, 이것은 평가준거를 끌어낼 수 있는 바탕이 된다.

교육과정 평가는 교육과정을 구성하는 영역을 확정하고, 다시 그 영역을 구성하는 요소들을 분석하여 이에 해당하는 준거들을 확정함으로써 가능해진다. 평가영역의 확정과 그 구성요소와 각각의 평가준거의 개발은 그 평가를 통한 교육 및 교육과정의 질 개선을 위해서 항상적으로 이루어져야 할 부분이다. 평가영역은 평가대상이 되는 영역으로, 교육과정의 진행과정에 따른 각 단계에서의 교육과정 활동을 평가영역으로 설정할 수 있다. 교육과정의 특성을 반영한 평가준거는 교육과정이 지녀야 하는 속성을 드러낸다. 평가준거란 '평가대상이 지녀야 하는 바람직한 특성으로, 평가적 판단의 근거'를 의미한다. 즉, 교육과정 평가준거는 교육과정이 갖추어야 하는 바람직한 속성의 성격을 가지므

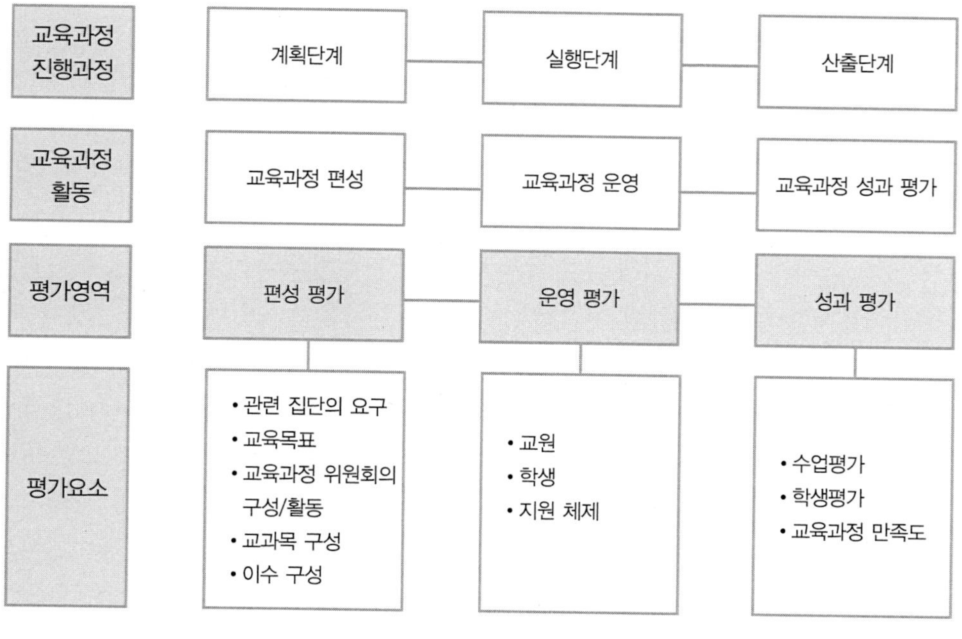

[그림 13-2] 교육과정 평가영역의 설정 과정과 평가 요소

출처: 박혜림(2008).

로, 교육과정의 질적 수준을 향상시키기 위한 질 관리 기제로서 작용할 수 있다. 교육과정기준을 개발하는 것이 교육수행에 앞선 질 관리 장치라고 한다면, 교육과정 평가기준을 마련하여 이를 시행하는 것은 교육의 수행 결과를 후속적으로 질 관리하는 장치라고 할 수 있다(박혜림, 2008).

2. 교육과정 평가의 실제

1) 국가 수준 교육과정 평가

(1) 국가교육과정기준의 평가와 질 관리

교육부는 국가교육과정기준의 개발 과정, 개발된 결과물의 품질, 개발 과정의 참여자와 그 기여도, 개발 절차와 방법, 개발된 기준의 홍보와 연수, 지방과 학교에서의 구현 과정 등에 대해 총체적으로 정보를 수집하고 이를 단계별로 점검하고 개선할 필요가 있다. 국가교육과정기준에 대한 평가는 현재의 문제점을 파악하여 보완하고, 차기 교육과정 문서 개정에 반영하여 기준의 질을 더 높게 개선하려는 것이다. 기준 문서는 관련 전문가, 현장교원, 학생, 학부모, 사회 각 분야 대표자 등 다양한 집단으로부터 평가받아 개선하고 질 관리할 필요가 있다(임유나, 2014: 464-465).

질 높은 국가교육과정기준을 만들기 위해서는 교육과정을 비롯한 관련 분야에 대한 연구를 지원하고, 그 결과를 기준 개선에 반영해야 한다. 평상시 학생의 학업성취와 진로 관련 요구 사항 등의 자료들을 종단적으로 구축하는 등 국가교육과정기준 연구 개발을 위한 기초 자료를 확보한다. 이렇게 하려면 한국교육과정평가원에 유아학교, 초등학교, 중학교, 진학계 고교, 직업계 고교 교육과정기준 연구 개발실을 운영하고, 대학에 각종 국가교육과정기준 연구 개발 중점연구소를 두어 지원하는 것이 바람직하다. 또한 국가교육과정기준에 대한 의견을 청취할 수 있는 창구를 만듦으로써 여러 주체의 의견을 수합하여 국가교육과정기준의 질 관리에 활용한다. 국가교육과정기준의 질 관리를 위하여 국가 수준에서 주기적으로 학교와 교육기관 평가, 교육과정 편성 · 운영에 관한 평가를 실시한다. 국가는 매년 학생들의 학업성취도를 절대기준에 의해 평가하여 그 결과를 학습부진 학생의 최소화를 위한 지원 및 교육복지 기반 확충과 교육과정의 적절성 확보 및 개선, 교육과정 정책 수립의 기초 자료로 활용한다.

또한 교육부, 교육청, 교육지원청, 학교 등 교육 주체별로 교육과정의 질을 관리하기 위한 노력을 기울여야 할 것이다. 먼저, 교육부는 기준의 개선을 위하여 학교급별, 교과별 기준을 주기적으로 평가하고 이의 개선을 위한 연구를 실시한다. 학교급(교육단계별) 교육과정기의 각 기준을 연차적으로 개선하고, 교과를 인문사회, 과학기술, 예체능 등으로 나누어 교과군별로 순차적으로 개선한다. 이들을 모두 일시에 개선하지 않도록 유의한다. 각론 중 교과교육과정기준의 개선에는 일반 교육과정을 연구하는 인사들이 참여하여 총칙과 각칙의 유기적 관련성이 달성되도록 협동하여 개선한다. 또한 교육부는 학교의 교육과정 편성 · 운영과 교육청의 교육과정 지원 사항을 파악하기 위하여 지속적인 모니터링과 평가를 실시한다. 교육과정 편성 · 운영과 지원 체제의 적절성과 실효성을 평가하기 위한 연구를 수행한다. 교육부와 시 · 도 교육청에서는 국가교육과정기준 개선을 위한 연구학군, 연구학교, 선도학급을 운영한다. 교육부는 학교교육과정의 편성 · 운영에 대한 질 관리와 학생의 학업성취도를 평가할 수 있는 평가도구와 방법을 개발하고 평가기준을 마련한다. 학교의 교육과정 편성 · 운영과 교육청의 교육과정 지원 사항을 파악하기 위하여 학교와 관련 교육청에 대한 평가를 주기적으로 실시한다. 평가결과에 따라 저성취 기관에 대해서는 그 개선을 위한 특별한 지원을 해야 할 것이다.

(2) 국가수준 교육과정 평가: 전국 100대 교육과정 우수학교 선정 사업

교육부에서는 학교단위 교육과정의 자율화와 특성화가 강조된 2003년 이후 해마다 '전국 100대 교육과정 우수학교' 선정 사업을 통해 단위학교의 교육과정 편성 · 운영 우수사례를 발굴 · 표창함으로써 학교의 교육력을 향상시키고, 교육과정 실천 우수 사례를 일반화해 왔다. 단위학교에서 이에 응모하려고 노력한 결과를 보고서로 작성하면, 시도 교육청 예선을 거쳐, 교육부에서는 서류심사(40%)와 현장심사(60%) 및 종합심사를 거쳐 초등학교 40개 교, 중학교 30개 교, 고등학교 23개 교, 특성화고등학교 7개 교 등 총 100개 교를 우수학교로 선정한다. 우수사례 발표회나 정책 간행물을 통해 소개되며, 국가교육과정정보센터(NCIC, www.ncic.go.kr) 탑재 및 우수 사례집 제작 등을 통해 학교에 보급된다.

2015년에는 '행복을 체험하는 학교 실현'이라는 공모주제로 '2009개정 교육과정'을 기초로 하여 창의 · 인성교육을 구현하는 교육과정 우수학교 100개 교를 발굴 · 표창 · 홍보하였다. 이를 통해 공교육에 대한 신뢰를 제고하고, 학생들의 꿈과 끼를 살리는 교수 · 학습방법 개선 및 평가체제 구축과 실천으로 교육 기회를 보장하였다. 이것은 학교 교육력 향상과 창의적 체험활동 및 참여 중심의 교육여건 조성과 역량강화 우수사례를 발굴 · 보급함으로써 학교 교육의 질적 수준을 제고하기 위함이다.

〈표 13-5〉 100대 교육과정 우수학교 선정기준

항목	세부 항목 및 내용	배점
1. 창의 · 인성교육 강화를 위한 교육과정 편성 (15점)	• 창의 · 인성교육 강화를 위한 학교 교육과정 계획 수립 – 학생의 꿈과 끼를 발현할 수 있는 비전과 목표 설정 – 선행학습 예방 및 근절을 위한 노력 – 일반고 · 특성화고 등 학교유형에 따른 맞춤형 교육과정 편성	5점
	• 인성교육 중심 수업 및 학생들의 학습 부담을 덜어 주는 교육과정 편성 – 인성교육 중심 수업을 활성화하는 교육과정 편성 – 핵심성취기준 중심의 교육과정 편성	5점
	• 참여 중심의 교육여건 조성과 역량 강화 – 학생 · 학부모 · 교원 협력 체제 구축 및 참여형 교육 강화를 위한 학부모 · 교원 연수 등 – 지역사회 기반시설 활용 및 여건 조성	5점
2. 수업 방법 혁신을 위한 교과교육과정 운영 (20점)	• 즐거운 수업을 위한 교수 · 학습방법 개선 – 창의성을 기르는 교수 · 학습방법 실천 – 협력학습 · 토론학습 등 학생 참여형 수업 실천 • 교육과정 재구성을 통한 교수 · 학습방법 전환 노력	15점
	• 과정 중심의 평가방법 개선 – 개인적 성장을 측정할 수 있는 평가 체제 마련 – 교과별 특성에 적합한 평가방법 구축	5점
3. 배움을 즐기는 학생 중심 교육과정 운영 (25점)	• 교과와 연계한 창의적인 체험활동 프로그램 운영 – 학생들의 재능을 펼칠 수 있는 직접 체험 활동	10점
	• 꿈과 끼를 키워 주는 진로활동 운영 – 학생의 꿈과 끼를 키우는 체험 중심의 진로교육 – 학교 특성을 고려한 다양한 진로 · 직업 체험활동	10점
	• 체육 · 예술교육 활성화를 통한 공감교육 • 학교폭력 예방 및 근절 노력	5점
4. 학교 특색을 살린 교육과정 우수사례 (40점)	• 학교 특색 프로그램 운영을 위한 기반 조성 – 특색 프로그램 운영을 위한 이론적 배경 및 학교 여건 분석 – 특색 프로그램 개발	20점
	• 학교 특색 프로그램 운영 및 피드백 – 특색 프로그램 실행 및 평가	20점

※ 학교폭력 실태조사 결과 및 「공교육정상화법」 위반 여부 최종심사에 반영
출처: 교육부(2015. 5.: 10).

2) 학교 수준 교육과정 평가

(1) 학교교육과정기준의 평가와 질 관리

학교는 학교와 지역사회의 특성을 고려하여, 국가교육과정기준을 창의적으로 적용한 학교교육과정기준을 작성해서 운영한다. 학교교육과정기준은 학교교원들이 참여하여 민주적 · 협동적으로 작성한다. 학교에서는 학교교육과정기준의 편성 · 운영 과정 및 결과에 대한 평가를 실시한다. 이를 위하여 각 학교는 학교교육과정위원회와 같은 기구 내에 평가 분과를 둔다. 국가교육과정기준의 기본 정신을 살리면서 학교 실정, 학생 실태, 교육 여건, 학부모나 학생의 요구 등을 충분히 고려하여 다양하고 특색 있는 교육을 전개했는지, 이를 잘 운영하여 교육적 효과가 있었는지를 평가한다(임유나, 2014: 466-468). 질 관리를 위한 평가는 교육과정 편성 · 운영 결과와 함께 학생들의 학업성취도, 교사의 교수 활동에 대한 평가를 종합적으로 분석하고, 그 결과에 따라 개선, 보완해 나감으로써 교육의 목적, 내용, 방법, 평가, 운영의 질을 종합적이고 충실히 관리하기 위함이다.

학교교육과정기준 질 관리 방안 및 유의사항을 들어 보면, 매 학년도 시작 전에 학교교육과정기준 편성 · 운영 계획을 검토 · 환류하여 학교교육과정 편성 · 운영 · 지원의 질적 수준을 제고해야 하며, 질 관리는 학교교육과정을 운영하는 과정에서도 교육활동에 대한 계속적인 검토를 통해 지속적으로 해 나가야 한다. 학교교육과정기준 편성 · 운영 · 지원에 대한 평가는 평가의 기준을 마련하여 시행한다. 이때 〈표 13-6〉과 같은 질 관리 점검표를 참고할 수 있다(임유나, 2014: 466-468).

〈표 13-6〉 학교교육과정기준 편성 · 운영 질 관리 점검표(예시)

<table>
<tr><th colspan="2" rowspan="2">평가 영역</th><th rowspan="2">평가 항목</th><th colspan="3">평가</th></tr>
<tr><th>우수</th><th>양호</th><th>미흡</th></tr>
<tr><td colspan="2" rowspan="3">학교교육 과정기준 편성</td><td>1) 학교교육과정 위원회의 구성과 활동 상황은 어떠한가?</td><td></td><td></td><td></td></tr>
<tr><td>2) 교원, 학생, 학부모, 지역사회의 의견을 적극 반영하여 편성하였는가?</td><td></td><td></td><td></td></tr>
<tr><td>3) 각 영역별 계획이 구체적으로 실천 가능하게 작성되었는가?</td><td></td><td></td><td></td></tr>
<tr><td rowspan="4">학교교육</td><td rowspan="4">교과(군)</td><td>1) 교육과정 시간 배당 기준에 의하여 적절하게 편성되었는가?</td><td></td><td></td><td></td></tr>
<tr><td>2) 교사의 교재 연구 및 수업 준비는 충분한가?</td><td></td><td></td><td></td></tr>
<tr><td>3) 교과(군)교육과정 운영은 교과별 특성에 따라 적합하게 이루어지고 있는가?</td><td></td><td></td><td></td></tr>
<tr><td>4) 교과(군) 목표가 만족스럽게 성취되고 있는가?</td><td></td><td></td><td></td></tr>
</table>

과정기준 운영	창의적 체험 활동	1) 창의적 체험활동에 대한 계획은 학생의 요구를 적극 반영하였는가?			
		2) 창의적 체험활동의 영역별 배분은 적절한가?			
		3) 창의적 체험활동에 대한 학생의 반응은 만족스러운가?			
	생활 지도	1) 학생의 기본생활습관이 정착되어 있는가?			
		2) 계획적이며 가정과 연계된 인성지도를 하고 있는가?			
		3) 안전 생활에 대한 지도는 잘 이루어지고 있는가?			
		4) 학생 관련 규정 제정의 적정, 학생 선도는 교육적으로 적합한가?			
		5) 양성평등 구현 및 학교폭력 예방과 근절을 위한 노력은 적극적인가?			
학교교육과정기준 지원	교원 수급 및 업무 분담	1) 교원 수급 계획은 적절하게 세워져 시행되고 있는가?			
		2) 업무 분담은 교직원의 희망 및 특기를 고려하여 배정하였는가?			
		3) 교육과정 중심으로 업무를 분담하여 성실하게 수행하고 있는가?			
		4) 학교의 의사결정 과정은 민주적으로 이루어지고 있는가?			
	교원 연수 및 수업 연구	1) 교사의 전문성을 높이기 위한 연수는 잘 수행되고 있는가?			
		2) 수업 개선을 위한 교내 자율 장학은 활발히 이루어지고 있는가?			
		3) 전 교사가 연수 · 연구 활동에 적극적으로 참여하고 있는가?			
		4) 교과(군) 협의회는 내실 있고 적절하게 운영하고 있는가?			
	학습 자료	1) 교과(군)별 교재교구와 학습 자료의 확보 및 관리 상태는 어떠한가?			
		2) ICT 교수 · 학습 자료, 인터넷 등 다양한 교육 정보화 매체를 학습 자료로서 적절하고 효과적으로 활용하고 있는가?			
		3) 학생 교사의 요구를 토대로 예산 계획이 수립 · 집행 되었는가?			
	학부모 및 지역 사회의 학교 교육참여	1) 학부모 및 지역사회와의 유대는 잘 이루어지고 있는가?			
		2) 학부모가 학교 교육활동에 자발적 · 적극적으로 참여하고 있는가?			
		3) 학교 교육활동 상황을 학부모 및 지역사회에 적극적으로 홍보하고 있는가?			
		4) 학교 교육활동에 대한 학부모 및 지역사회의 반응은 좋은가?			
교육과정의 질 관리		1) '평가' 자체보다는 '계획과 실천 과정의 평가'에 목적을 둔 평가인가?			
		2) 질적 · 양적 접근을 병행한 다양한 방법으로 연 2회 이상 주기적으로 이루어졌는가?			
		3) 교직원 · 학생 · 학부모 등 교육과정 관련자 모두로부터 평가를 실시하였는가?			
		4) 평가 결과가 환류되어 교육과정의 질 관리에 활용되고 있는가?			

출처: 임유나(2014: 480).

(2) 학교자체 교육과정 평가

다음은 교육과정 우수학교로 선정된 한 고교에서 학교별 특색사업으로 진로진학상담교육을 진행하여, 각 분야 전문가를 초청하고 학생들로 하여금 진로 비전을 설정하도록 도운 특강을 실시한 사례다. 이 학교는 이 교육프로그램을 ① 계획하고 실시한 뒤에, ② 학생들의 평가의견을 들어, ③ 다음 번 프로그램 개선에 활용하는 순서로 보고하였다.

① 전문가 초청 진로비전 특강 운영

운영 목적
- 전문직업인 초청 진로 강의를 통한 자신의 진로 개척 로드맵 제공
- 입시 전문가 초청으로 입시 노하우 체득 및 스스로 진로설계를 할 수 있는 능력 부여

운영 계획
- 진로진학상담부의 2015 진로진학상담 계획에 따른 활동 전개
- 학교 구성원 전체를 대상으로 하는 진로진학 특강 실시

활동 내용
- 실시 시간: 수요일 8교시, 야간 자율학습 시간
- 전문가 초청 진로 특강

일자	주제	초청 강사	대상
4. 15.	행정전문가의 길!	○○시장	2학년
5. 6.	금융의 이해	○○○금융전문가	해당 학생들

- '선배와 함께하는' 진로진학 도움 입시 설명회

일자	주제	초청 강사	대상
4. 13.	해군사관학교 입시 전략	졸업생	전교생
4. 22.	간호사관학교 입시 전략	졸업생	전교생

- '입시전문가 초청' 진로진학 도움 입시 설명회

일자	주제	초청 강사	대상
6. 23.	○○대 입시 설명회	입학사정관	전교생
7. 7.	○○대 입시 설명회	입학사정관	학교구성원

- '꿈을 향한 나의 도전' 연수 : 진로 디자인에 도움

연수명	강사	내용	대상
생기부 기재	○○○ 입시전문가	수시 대비 생기부 작성	교사
수시로 대학 가기	진로진학상담부장	주요대학 입시전형 소개	학교구성원

운영 성과
- 전문직업인 초청 특강이 진로디자인에 도움이 된다고 78%가 긍정적 반응을 보임
- 주요 명문대학 직접 방문(상위 6개 대학)과 입학사정관 초청 입시 설명회: 수시 대비 진로설계
- 학부모 초청 입시 설명회(250명 참가)를 통해 정시 위주에서 수시를 함께 대비하는 입시전략의 중요성 확산

향후 계획
- 맞춤형 개인별 수시 전략과 학력향상을 위한 프로그램의 운영을 위한 여건 조성
- 전문 직업인의 범위를 확대하여 학생들에게 학교진로교육프로그램을 맞춤식으로 운영할 필요가 있음

출처: 2015 100대 교육과정 우수학교 특색사업 보고서(점촌고등학교), p. 9. www.ncic.go.kr

② 운영의 평가

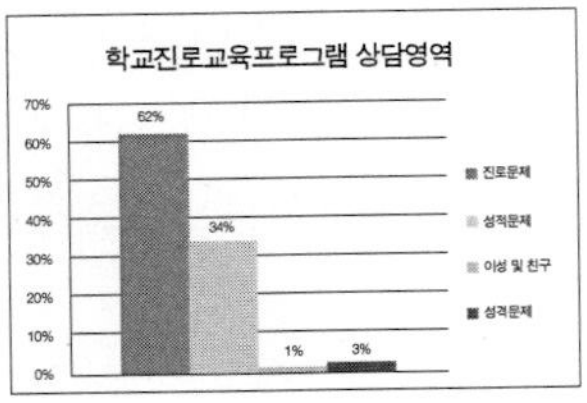

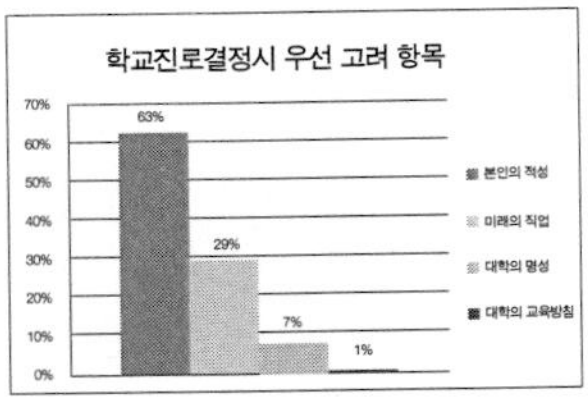

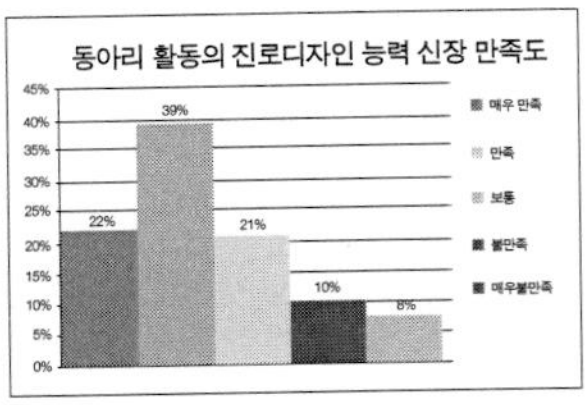

1) 자신의 꿈을 키우기 위해 본교 학생들은 진로(62%)와 성적(34%)에 96%의 비중을 두고 있는 바람직한 현상이었다.
2) 진로진학 결정 시 개인의 적성(63%)과 미래의 직업(29%)을 가장 중요시하며, 대학의 명성은 불과 7%로 진로진학 결정 시에 명문대학이 우선이 아니라 자신의 적성과 소질에 맞는 학과 중심의 대학 진학을 통해 미래 직업을 준비하려는 학생들의 진로진학 의식이 돋보였다.
3) 동아리활동의 진로디자인 능력 신장 만족도에 대해 22%가 매우 만족, 39%가 만족에 응답을 했으며 자신의 적성에 맞는 진로동아리 활동을 통해 진로에 대한 관심 제고 및 진로탐색과 진로설계 능력이 신장되었음을 엿볼 수 있었다.
4) 그 외, 동아리활동이 본인의 진로 설계에 적절하다고 응답한 학생이 전체 80%로 동아리활동에 매우 긍정적인 반응을 보였으며 동아리활동에서 다양한 체험활동의 시간이 부족하다고 72%가 응답하였다.

출처: 2015 100대 교육과정 우수학교 특색사업 보고서(점촌고등학교), p. 10. www.ncic.go.kr

③ 평가결과의 피드백

진로진학 결정 시 고려할 점	• 학생들이 진로를 디자인(설계)할 때 학생의 특성(적성, 흥미, 지능, 성격, 신체적 조건 등) 외에 가정의 환경적 배경(가족의 종교, 부모의 교육정도, 직업관, 사회·경제적 지위)을 고려하여 지도하겠다.
진로진학 지도 단계	• 원만한 진로진학지도를 위해 '진로교육 → 진로상담 → 진학상담 → 학습지도'의 단계를 거치도록 교사들에게 지도할 것이다.
진로결정 주체	• 진로결정의 진정한 주체는 부모, 담임교사가 아니라 학생 자신임을 지도하여야 한다.
동아리활동 지원	• 학생 개인적으로 실시하기 어려운 진로체험 기회를 학교가 제공하여야 한다. 따라서, 동아리활동의 다양한 체험활동을 위해 학교차원에서 인프라 구축이 필요하다. • 학교는 동아리활동에 있어 행·재정적 지원을 더욱 확대, 강화하여야 한다.
진로 개발 역량	• 진로개발역량 함양이라는 진로교육의 목표를 달성하기 위해 교과통합 진로교육이 전 학년, 전 교과에서 이루어져야 한다.
선배와의 대화	• 사회 각계에서 활약하는 모교 선배들을 초청해 매년 '선배와의 대화' 라는 멘토링 행사를 확대 운영하여 학생들의 진로탐색과 진로디자인 능력 신장에 도움을 주어야 한다.

출처: 2015 100대 교육과정 우수학교 특색사업 보고서(점촌고등학교), p. 10. www.ncic.go.kr

〈표 13-7〉 학교교육과정 자체 평가영역과 지표(예)

평가영역(배점)	지표	구분	배점
I. 교육과정 및 교수학습 (30)	I-1. 인성교육 중심 수업 강화		4
	I-1-1. 인성교육 중심 교육과정 편성, 운영	정성	3
	I-1-2. 꿈, 끼 탐색 주간 운영 실적 및 성과	정성	1
	I-2. 고품질 방과후학교 운영		3
	I-2-1. 방과후학교 만족도	정량	3
	I-3. 학교체육 · 예술교육 활성화		4
	I-3-1. 학교체육 활성화 노력	정성	2
	I-3-2. 예술교육 프로그램 운영 실적	정성	2
	I-4. 창의융합교육 활성화		6
	I-4-1. 프로젝트과제(작품) 발표회 추진	정량	3
	I-4-2. 탐구실험중심 과학교육 추진	정량	3
	I-5. 학생중심 수업역량 강화		4
	I-5-1. 수업공개 시수	정량	4
	I-6. 사교육비 부담 완화		5
	I-6-1. 학생 1인당 평균 사교육비	정량	2
	I-6-2. 선행교육 근절 의지 확산	정량	3
	I-7. 일반고 교육역량 강화		4
	I-7-1. 진로집중 프로그램 다양화	정량	2
	I-7-2. 학생생활기록부 관리 연수 및 컨설팅 실적	정량	2
II. 교육경영(15)	II-1. 교육분야 안전관리 운영 실적	정량	4
	II-2. 민주적인 학교공동체 운영 실적	정성	3
	II-3. 학교폭력 근절 노력	정량	5
	II-4. 학생 1인당 교수 · 학습활동비	정량	3
III. 교육성과(20)	III-1. 기초학력 증진 노력		5
	III-1-1. 기초학력 미달 비율	정량	5
	III-1-2. 기초학력 미달 학생 비율 증감	정량	-
	III-2. 진로교육 추진 실적	정량	5
	III-3. 학업중단율 및 비율 증감	정량	5
	III-4. 학교스포츠클럽 등록률	정량	5
IV. 만족도(15)	IV-1. 학생의 학교만족도	정량	5
	IV-2. 학부모의 학교만족도	정량	5
	IV-3. 교원의 학교만족도	정량	5
V. 자율지표(20)	V-1. 스마트 교육 활성화 노력	정성	10
	V-2. 인성교육 프로그램 M.S.M.P 운영실적	정성	10
총 계			100

2014년 개교한 충남의 한 사립고교는 학교교육과정의 편성과 운영에서 매우 엄정한 질 관리를 추구해 왔다. 앞의 표는 2015년 학교 자체 평가 결과 보고서에 나타난 교육과정 평가영역 및 지표이다. 평가 결과 학교는 인성교육 프로그램 운영으로 기초습관부터 자기주도적 학습으로 연결되는 아홉 가지의 바른습관 형성에 기여했고, 3계열 8과정 진로집중 교육과정 운영으로 개별 학생의 진학 준비 로드맵을 작성 및 컨설팅 운영하였으며, 미식축구, 라크로스, 검도, CNSA 콘서트 등 학교 체육, 예술활동이 활성화되었고, CNSA Educational Seminar 운영으로 연구, 토론하는 교직원 문화형성에 기여하였다고 자체 평가 결과를 보고하였다.

3) 세계수준 교육과정 평가: IBDP의 교육 질 관리의 경우

초 · 중등학교 교육과정 중에서 세계 각국의 학교를 대상으로 교육 프로그램을 보급하고 평가인증된 초 · 중학교와 진학계 및 직업계 고교를 운영하고 있는 IBO의 경우, 고교에 국제공인의 IBDP(International Baccalaureate Diploma Program)를 적용하고 있다. 우리나라는 외국인 학교와 국제학교 및 국내 고교로는 경기외고에서 이를 설치 운영하는데, 그 질 관리가 엄정하기로 정평이 높다(박하식, 2013). IBDP 도입을 위한 일반적 절차는 ① IB 도입 고려 단계consideration phase, ② IB 후보학교 신청 단계request for candidacy, ③ 후보 학교 단계candidate phase, ④ IB 국제학교IB World School 인증으로 약 2~3년이 소요된다. 또한 IBDP의 질 관리를 위한 학교의 준수 사항은, ① 'IBDP 실행의 기초'와 'IB 학생상學生像 안내서' ② 'IBDP의 원리와 실천'과 'IBDP 학교 제규정', ③ 'IB 프로그램의 성취기준과 실천', ④ 'IBDP 일반 규정'으로 나뉘어 있다. 학교의 모든 교육활동은 일정한 기준과 준거를 담은 매뉴얼대로 움직인다.

IBDP가 가장 대표적인 국제공인 교육과정으로 자리를 잡게 된 것은 수업과 평가에 대한 관리가 철저하여 세계의 많은 우수대학이 이를 입학요건으로 인정할 정도로 신뢰를 주고 있기 때문이다. IBDP는 대학 입학 전 2년 동안을 교육기간으로 하며 10학년 학생들은 Pre DP과정을 통해 본격적인 IBDP 교육활동에 필요한 사전 지식 및 어학 능력, 학업 수행 능력에 대한 준비를 갖춘다. IB의 디플로마를 취득하기 위해서는 필수선택 과목 이수와 과목별 시험 통과, 통합 교육과정인 지식론(TOK)과 소논문extended essay 및 과외활동(CAS)의 이수조건을 충족시켜야 한다. 이 교육과정의 이수시간이나 그 평가준거는 엄정rigour하게 규정되어 있다. 또한 학생들은 외부시험을 중심으로 시험을 통과해야 한다. IBDP가 고교 수준의 국제공인 교육과정으로서 유지 · 발전될 수 있는 동력은 이 프로그램이 갖고 있는 대학진학을 위한 성공적인 준비에서 '실용적practical'이고, 세계 평화와 인류의 행복 증진이라는 가치를 제시하는 '이상적idealistic'이며, '교육적pedagogical'인 특징(IBO, 2009: 1) 때문이다. 이 세 가지 특징이 잘 조화를 이루고 있기 때문에 세계의 많은 중등교육의 교육실천가들이 IBDP를 채택한다. 즉, 세계의 많은 대학이 IBDP 과정 이수자들을 신뢰할 수 있게 되는 데에는 IBO측에서 세계의 대학들을 대상으로 홍보를 한 노력도 있지만 개별 학교에서 운영되는 IBDP 프로그램에 대한 질 관리를 철저히 하기 때문이라고 할 수 있다(박하식, 2012: 31-34).

'IB 프로그램의 성취기준과 실천(Programme standards and practices)'에는 IBDP를 실행하는 학교가 이 프로그램을 실행하기 위하여 반드시 실천해야 할 내용과 디플로마 프로그램이 달성하고자 하는 기준을 제시하고 있는데, 그 내용은 교육 철학, 교육 조직, 교육과정의 세 부분으로 구성되어 있다. IBDP라고 하는 구체적인 프로그램을 운영하기 위해서는 해당 학교와 학교 구성원들이 이 교육과정에 깔려있는 교육 철학에 대한 공유가 있어야 하며, 국제 수준의 교육과정을 운영하기 위해 기본적으로 갖추어야 할 인적 · 물적 조건을 확보한 후에야 이 교육과정을 실행할 수 있다는 것을 제시하고 있다. 이 문서의 주요 내용은 〈표 13-8〉과 같다.

〈표 13-8〉 IB 프로그램의 성취기준과 실천

구분	성취기준	필수 준수 사항	
		조항 수	주요 내용
A. 철학	A1. 학교의 교육목표와 신념에 IB 교육 철학이 반영되어야 함	공통 7개	IB의 사명선언, IB 학습자 헌장과 학교 교육목표와의 연계성과 관련된 내용
		DP 1개	학교는 개별 학생들에게 동일한 학습권을 갖도록 함
	A2. 학교를 구성하는 학생과 성인 모두에게 국제적 마음가짐의 증진을 도모해야 함	공통 12개	문화의 다양성, 국제 사회에 대한 이해, IB world school간의 교류, ICT를 활용한 국제사회와의 네트워킹 환경 조성과 관련된 12개 조항
B. 조직	B1. 학교는 적절한 행정적인 조직과 체계, 인적 물적 자원을 통하여 프로그램에 관심을 갖고 지원해야 함	공통 22개	운영을 위한 예산 확보, 이사진 및 학교 관리자들의 이해와 리더십, 프로그램 운영을 위한 교사 및 직원의 확보 및 연수 계획, IB 국제회의 및 연수 참여, 온라인 교육과정 정보 센터(OCC) 접근, 프로그램 운영에 필요한 실험, 실습 장비 및 적절한 공간의 확보, 장애학생에 대한 배려
		DP 3개	표준단계(SL), 고급단계(HL) 지식이론(TOK) 이수를 위한 시간의 확보
			창의, 활동, 봉사(CAS)를 위한 물적 인적 자원 확보
			평가를 위한 장소, 감독관, 보안 장치 확보

C. 교육과정	C1. IB요건에 근거하여 학교에서 개발한 종합적이고 일관성 있는 교육과정 문서가 학교의 모든 부서에게 잘 알려져야 함	공통 25개	명료한 교육과정 문서, 학습자를 고려한 교육과정, 'IB 학습자 헌장'을 반영한 교육과정, 지역사회 인사들의 활용, 독립적 협력적 학습자 역량, 모국어 사용
		DP 5개	학교는 DP 예비학생에게 프로그램에 대한 정보 제공과 과목선택에 대한 조언
			학생들의 디플로마 이수가 가능하도록 선택 과목과 학교 시간표의 조정
			지식이론(TOK)이 다른 교과와 연관을 맺고 중심적인 역할을 할 수 있도록 학생의 학습과 평가를 위한 시간과 교원 배치
			적절하고 다양한 창의 · 활동 · 봉사 프로그램 제시
			학생들의 대학 진학을 위한 진학 지도 체계의 구축
	C2. 모든 교사는 상호 협력적 관계 속에서 교육과정을 계획하고 실천해야 함	공통 7개	교사의 교육활동을 위한 IB 관련 자료의 제공, 협력체제 구축, 학생의 학습에 관한 정보 제공, 학생 성취 기대 수준, 학생들의 개인차 고려, 계획단계부터 평가에 대한 고려, 원활한 의사소통 구조
		DP 1개	계획단계에서 DP의 각 교과의 목적에 맞는 교수학습방법에 대한 협의가 포함되어야 함
	C3. 교수학습을 통해 학생들이 자신과 학습, 타인, 환경에 대한 책임감을 갖고 적절한 행동을 취할 줄 아는 '평생학습자'가 될 수 있도록 해야 함	공통 10개	학생들의 능력, 학습 방법을 고려한 교수학습, 학생들을 책임감 있는 학습자로 육성, 과목별 목표에 맞는 교수 활동, ICT를 포함한 적절한 교수학습 자료 제공, 비판적 사고력 신장, 언어능력이 부족한 학생에 대한 배려, 학생 자신과 타인의 필요에 대한 적절한 대응, 학업 정직성에 대한 강조
	C4. 평가와 평가 자료의 기록과 보고는 프로그램의 필요조건을 충족해야 함	공통 12개	평가 방침 문서의 공유, 학생과 학부모에게 학습기대수준 및 평가 전반을 공지, 진단평가, 자기평가, 동료평가, 효율적인 평가 기록 체제, 학생 진보에 대한 학부모 공지
		DP 1개	학생의 학습은 정기적으로 각 과목의 목표와 구체적인 평가 기준에 따라 평가됨
D. 학생	D1. 학생은 활동을 선택하고 자신의 행동에 대해 성찰하는 법을 배워 자신, 지역사회 및 환경의 복리에 기여해야 함	공통 4개	학생의 자기주도성 신장, 바른 태도와 역량, 올바른 선택을 위한 성찰, 학생이 교육과정의 중심이 되도록 함
		DP 1개	창의 · 활동 · 봉사(CAS)를 통하여 지역 및 국제적 환경에서의 활동을 경험하도록 함
	D2. 프로그램의 마지막 해에(PYP와 MYP의 경우엔 학생의 학습한 결과를 보일 수 있는 프로젝트를) DP의 경우에는 학습의 성장과 발전을 보일 수 있는 결과물을 완성해야 함	공통 4개	결과물에 대한 평가 방법, 평가에 대한 단계별 안내, 평가 후 피드백, 평가 내용과 기능에 대한 학부모 이해
		DP 5개	탐구 활동으로서의 소논문(extended essay) 홍보
			소논문에 대한 적절한 지도
			소논문의 특성, 목표, 평가 기준에 대하여 학생에게 충분히 안내
			학교 및 지역사회 내 학생들의 자료 접근이 용이하도록 함
			지도교사들이 학생들로부터 기대되는 책임과 활동의 특징을 잘 알고 있어야 함

출처: IBO(2005): 박하식(2013: 54-57)쪽에서 재인용.

4) 대학 교육과정의 평가

(1) 대학종합평가

한국대학교육협의회는 '대학종합평가인정제'를 도입하여 1994년부터 1주기 대학종합평가를 실시하였으며, 2001년부터 2006년까지 1주기의 성과를 바탕으로 시대 변화와 사회적 요구를 반영하며 대학교육의 질 향상 및 내실화를 통해 국제적 수준으로의 도약을 목적으로 2주기 평가를 실시하였다. 대학종합평가의 학부 평가영역은 대학경영 및 재정 영역, 발전 전략 및 비전 영역, 교육 및 사회봉사 영역, 연구 및 산학협동 영역, 학생 및 교수 · 직원 영역, 교육여건 및 지원 체제 영역의 6개 영역으로 구성되어 있다(한국대학교육협의회, 2005). 〈표 13-9〉는 대학종합평가의 평가영역과 각 영역에서 교육과정 편

〈표 13-9〉 대학종합평가의 평가영역과 교육과정 편성 · 운영 관련 평가부문 및 평가항목

평가영역	평가부문	교육과정 편성 · 운영 관련 평가항목
1. 대학경영 및 재정 영역	–	–
2. 발전 전략 및 비전 영역	–	–
3. 교육 및 사회봉사 영역	3.1. 교육목적	• 교육목적의 적절성
	3.2. 교육과정 및 방법	• 교육과정 편제와 전공교육 내실화 노력의 적절성
		• 교육과정 개선 노력의 적절성
		• 교육방법 개발 노력의 적절성과 수업 활용 정도
	3.3. 수업	• 수업 계획서의 체계성과 수업 관리의 엄정성
		• 학습평가의 타당성
		• 학적관리의 엄정성과 적절성
4. 연구 및 산학 협동 영역	–	–
5. 학생 및 교수 · 직원 영역	5.1. 학생	• 대학생활 만족도
		• 교육성취도
		• 교육과정 만족도
	5.2. 교수	• 교수구성 및 인사의 적절성
		• 교수의 수업 부담, 보직 비율의 적절성
		• 교수의 능력 발전을 위한 지원의 적절성
		• 시간 강사 의존율 정도
6. 교육여건 및 지원 체제 영역	6.1. 교육지원 체제	• 교육과 연구수행을 위한 시설의 적절성
		• 실험실습 기자재 확보 및 관리 · 활용의 적절성
		• 교육매체 개발 및 지원의 적절성

성 · 운영과 관련 있는 평가 부문과 평가항목을 제시한 것이며, '교육과정'이라는 평가 부문에 관한 평가지표와 평가내용을 자세히 나타낸 것이다. 교육과정 관련 평가항목은

〈표 13-10〉 '교육과정' 부문의 평가항목과 평가지표 및 평가내용

평가부문	평가항목	평가지표	평가내용
3.2. 교육 과정 및 방법	교육과정 편제와 전공교육 내실화 노력의 적절성	교육과정 편제의 적절성	교육과정 편제 관련 정책의 적절성
			학과(전공)별 졸업 이수학점 규정의 적절성
			교육과정 편성 비율(교양 대 전공, 필수 대 선택 등)의 적절성
		교양교육과정의 편성과 운영의 적절성	교양교육과정 편성 비율의 적절성
			바람직한 인성 함양을 위한 교양교육 강화 노력
			전공기초소양 함양을 위한 교양교육 강화 노력
			학문적 · 사회적 요구에 부응한 참신한 교양교과 개설 노력
			대학의 특성화 정책을 반영한 교양교과 개설 노력
		전공교육과정의 편성과 운영의 적절성	전공교과의 편성과 타당성
			개설 전공교과들의 참신성
			전공교과 개설의 체계성
		전공교육의 내실화를 위한 노력의 적절성	학과(전공)에서의 전공교육 내실화 노력 및 성과
			대학 차원에서 이루어진 전공교육 내실화 지원 노력 및 성과
		실험실습 교육의 내용과 운영의 적절성	실험실습 교육실시 비율의 적절성
			실험실습 교육내용 및 방법의 우수성
			실험실습 수업 규모의 적절성
	교육과정 개선 노력의 적절성	교육과정 개정 주기의 적절성	대학 차원의 교육과정 개정 주기에 관한 정책의 적절성
			학과(전공)의 교육과정 개정 주기 및 적절성
		교육과정 개정 과정의 합리성	교육과정위원회의 조직 구성
			교육과정위원회의 운영 실적
			교육과정 개선을 위한 연구성과
			교육과정 개정과정에서의 의사결정 과정 및 방법
		학생 중심 교육과정의 운영 노력의 적절성	학생 중심 교육과정 운영을 위한 정책적 노력
			부전공제도 관련 규정과 실적
			복수전공제도 관련 규정과 실적
			조기졸업제도 관련 규정과 실적
			타 대학 강의 수강 및 학점인정제도 관련 규정과 실적
			학생의 요구를 반영한 탄력적인 교육과정의 편성 및 운영 노력

주로 교육과정 편제와 교육과정위원회의 활동에 초점이 맞추어져 있으나, 교육과정 평가는 교육과정 진행과정, 즉 계획단계, 실행단계, 산출단계에 따른 모든 관련 요소를 체계적으로 다루어야 한다.

(2) 대학 교양교육 평가

대학교육협의회는 학과 또는 학문 분야를 하나의 단위로 하여 평가하는 '학문분야평가인정제'를 도입하였으며, 2001년도에는 교양교육 분야의 교육과 연구여건을 개선하고 교양교육의 질을 향상시키려는 목적으로 교양교육 분야를 평가하였다(김용숙 외, 2001). 교양 교육분야의 평가영역은 교육목표, 교육과정, 교수professor, 수업 및 평가, 교육기본 시설, 개선 노력 및 발전 계획의 6개 평가영역과 12개의 평가 부문, 38개의 평가항목으로 구성되어 있다.

대학 교양교육과정 평가에 관해 종합적으로 연구한 박혜림(2008)에 따르면 대학의 교양교육과정의 평가영역과 평가준거는 3개의 평가영역, 11개의 평가 요소, 34개의 평가준거로 구성된다. 교양교육과정의 평가영역은 편성, 운영, 성과 평가영역이며, 평가 도구의 체계성과 순차적인 위계성 및 그 범주를 나타내기 위하여 평가영역, 평가요소, 평가준거가 위계적 순서를 따른다. 또한 평가준거는 그 의미를 명확히 하기 위하여 구체적인 질문의 형태로 제시할 수 있다. '성과' 평가영역에서 평가준거는 〈표 13-11〉〈표 13-12〉와 같으며, 이 영역의 평가준거 체계는 평가요소 3개, 평가준거 7개, 일부 항목의 하위 세부 항목으로서의 평가지표로 구성된다.

〈표 13-11〉 교양교육 분야의 평가영역과 평가부문 및 평가항목

<table>
<tr><th>평가영역</th><th>평가부문</th><th>평가항목</th></tr>
<tr><td rowspan="3">1. 교육목표</td><td rowspan="3">1.1. 교육목표</td><td>교양교육목표의 명확성</td></tr>
<tr><td>교양교육목표의 시대적 요청 부응 정도</td></tr>
<tr><td>교양교육목표의 대학 특성 반영 정도</td></tr>
<tr><td rowspan="9">2. 교육 과정</td><td rowspan="4">2.1. 교육과정의 편성</td><td>인성 함양을 위한 교양교육목표에 대한 교육과정의 충실성</td></tr>
<tr><td>학문의 발전과 변화하는 사회의 요구에 대한 교육과정의 수용 정도</td></tr>
<tr><td>전공기초소양 향상에 대한 교육과정의 기여 정도</td></tr>
<tr><td>대학의 특성 및 특징에 대한 교육과정의 반영 정도</td></tr>
<tr><td rowspan="5">2.2. 교육과정의 운영</td><td>교양교과 개설 학점 및 영역별 배분의 적절성</td></tr>
<tr><td>소단위 지향적, 참여 학습식 교양교육의 운영 정도</td></tr>
<tr><td>수준별 교양교육의 운영 정도</td></tr>
<tr><td>정규 교과목 이외의 교양 프로그램의 운영 정도</td></tr>
<tr><td>학제적 성격의 교양교과목의 개설의 적절성</td></tr>
</table>

3. 교수	3.1. 교수의 확보, 구성 및 교수개발	전체 교양교육 강좌 중 전임 교수의 담당 비율의 적절성
		교양담당 교수의 최종학위 분포의 우수성
		교수 능력 향상을 위한 교수 개발 제도 활용의 적절성
	3.2. 교수의 수업 부담	전임 교수의 수업 부담 중 교양교육에 대한 수업 부담 비율의 적절성
		교수의 수업 및 실험을 보인 인력의 수와 역할의 적절성
4. 수업 및 평가	4.1. 수업	수업 계획서 활용의 적절성
		교양과목의 성격에 수업 내용과 수준의 부합 정도
		수업 내용과 방식의 적절한 조화 정도
	4.2. 수업 개발 및 개선 노력	교양교과목의 수업 방식 개선 노력과 과목 개발 노력의 적절성
		교양교과목의 수업 평가 충실성
		교양교과목의 강좌 당 학생수의 적절성
	4.3. 성적 평가	교양과목의 성적 평가의 타당성
		교양과목의 대형 강좌 수업 진행과 성적 평가의 충실성
5. 교육 기본 시설 및 지원 여건	5.1. 교육 기본 시설	교양교육 수업의 시설 확보 및 시설 상태의 우수성
		문화공간 및 생활체육 시설의 확보 정도
		교양교육 기존 시설의 유지 관리 정도
	5.2. 교육 지원 시설	교양교육과 관련된 정보화 인프라 구축 지원의 적절성
		교양교육 운영을 위한 지원 체제와 운영의 합리성
		교양교육과정의 재정 운용의 적절성
6. 개선 노력 및 발전 계획	6.1. 자체 점검 실시	교양교육과정에 대한 자체 점검 실시 여부
		자체 점검의 합리성과 전문성
		교양교육과정 운영상의 강·약점에 대한 인식의 적정성
		자체 점검 결과 활용의 적절성
	6.2. 중장기 발전 계획	교양교육과정의 중장기 발전 계획 수립 절차의 합리성
		교양교육과정의 중장기 발전 계획의 자체 평가결과 반영 정도와 포괄성
		교양교육과정의 중장기 발전 계획의 실행 실효성

출처: 박혜림(2008).

〈표 13-12〉 교양교육과정의 성과평가영역의 평가준거

평가영역	평가요소	평가준거	세부 평가준거
[3영역] 교양교육과정 성과평가	3.1. 학생평가	3.1.1. 학생평가결과의 우수성 및 향상 정도	3.1.1.1. 교양교육목표 달성도의 우수성
			3.1.1.2. 학생의 성취 수준(인지적 · 정의적 · 심동적 · 사회적 영역)의 우수성 및 향상 정도
		3.1.2. 학생평가의 타당성	3.1.2.1. 학생평가 목적의 적합성
			3.1.2.2. 학생평가 내용과 방법의 적절성
			3.1.2.3. 학생평가 도구의 적절성
			3.1.2.4. 학생평가 시행과정의 공정성
			3.1.2.5. 학생평가결과 활용의 적절성
	3.2. 강의평가	3.2.1. 강의평가결과의 우수성 및 향상 정도	
		3.2.2. 강의평가의 타당성	3.2.2.1. 강의평가 목적의 적합성
			3.2.2.2. 강의평가 내용과 방법의 적절성
			3.2.2.3. 강의평가 도구의 적절성
			3.2.2.4. 강의평가 시행과정의 공정성
			3.2.2.5. 강의평가결과 활용의 적절성
	3.3. 교양교육과정 만족도	3.3.1. 학생의 교양교육과정 만족도	
		3.3.2. 교수의 교양교육과정 만족도	
		3.3.3. 사회(졸업생, 기업체)의 교양교육과정 만족도	

출처: 박혜림(2008).

(3) 대학 전공교육의 인증평가: 간호교육 인증평가

공식적인 전문적 심의체제는 인증평가accreditation제도로, 우리나라의 경우 한국대학교육협의회가 주축이 되어 대학의 질적 수준을 향상시키기 위해 인증평가제도를 시행하고 있다. 인증평가는 그 대상에 따라 크게 두 가지로 구분해 볼 수 있는데, 하나는 기관에 대한 인증을 중시하는 접근institutional accreditation이고, 다른 하나는 특정 분야 및 프로그램의 인증을 중시하는 접근specialized or program accreditation이다(배호순, 1999). 인증평가 체제는 기관 및 프로그램의 자체적 개선을 격려하는 자체 연구방법을 적용함으로써 기관의 자율성을 중시한다는 이점이 있는 반면, 평가 팀의 주관적 판단에 의존하기 때문에 평가활동의 타당성과 객관성을 보장하기 어렵다는 제한점을 가진다. 따라서 전문가의 주관적 판단을

보다 객관적이고 신뢰롭게 하기 위해서는 전문가의 구성과 평가준거의 타당성이 확보되어야 한다. 타당한 평가준거는 전문가의 주관적 판단에 객관성을 부여하며, 인증평가 과정에서 계속된 개선 노력을 촉진하는 역할을 한다.

한국간호교육평가원은 간호사가 보건의료인의 일원으로 전문적인 역량을 요구함에 따라 대학과 학과에 대해 인증평가를 거치게 하여 교육의 질 관리를 도모하고 있다. 인증평가 대상은 4년제 간호학 학사학위, 3년제 간호학 전문학사, 특별편입(RN-BSN), 대학원 전문간호사 교육 프로그램 등이다. 간호교육인증평가 규정에 따른다. 간호교육인증평가의 목적은 '간호교육이 일정 수준에 도달하여 간호의 사회적 책무를 다할 수 있는 간호사를 양성하기에 충분한 지를 판단하고, 교육기관 스스로 꾸준히 자체교육 여건과 교육프로그램을 평가함으로써 자체발전을 추구하도록 하기 위함이다'. 즉, 간호교육 프로그램이 국내외 보건의료 현장에서 요구하는 간호사 역량을 갖춘 학생을 배출할 수 있도록 성과 중심 교육 체제를 바탕으로 지속적인 프로그램의 개선을 통해 간호교육의 질을 관리할 수 있도록 지원하는 데 있다. 즉, ① 간호교육의 질 제고를 위한 자율적인 질 관리 체제 구축, ② 국제수준의 간호인력 양성에 대한 간호교육 프로그램 책무성 제고, ③ 간호교육 프로그램에 대한 신뢰성 있는 정보 제공, ④ 국제적으로 통용되는 간호교육의 질 보장 체제 확보 등이다.

인증평가의 평가 '영역'은 비전 및 운영 체계, 교육과정, 학생, 교수, 시설 및 설비, 교육성과 등 여섯 개 영역으로 구성되어 있으며, 영역 인증기준이 제시되어 있다. 또한 대학이 자체평가 시 작성하여야 할 내용과 방문평가 시 비치하여야 할 증빙자료의 목록을 제시하고 있다.

교육성과는 좁게 보면 학생의 학습성과와 프로그램 학습성과뿐 아니라 졸업생의 국가시험 합격률, 취업률, 교육만족도 등 간호교육 프로그램을 운영한 결과 확인된 모든 성과를 말한다. 간호교육에서 강조하는 프로그램 학습성과는 '간호교육 프로그램을 이수한 학생이 졸업 시점에 갖추어야 할 능력과 자질로서, 학과는 졸업 시 학생이 갖추어야 할 학습성과를 설정하고 이를 달성할 수 있도록 통합적으로 평가 · 관리하여 졸업 전에 이러한 능력과 자질을 갖추고 있음을 보장해야' 한다고 강조한다. 간호교육 인증평가의 특징은 학습성과에 기반한outcome-based 교육체제 구축 강화[학습성과 기반의 교육과정 운영에 대한 평가, 교육목표의 설정, 졸업생 역량 수준(학습성과) 설정, 수행 준거에 따른 평가], 프로그램의 지속적 개선을 위한 체제 강화(간호교육 프로그램의 지속적 개선 요구, 간호교육의 성장모델 제시), 핵심기본간호술 평가를 통한 현장실무능력 강화 등이다. 인증은 5년간 유효하고, 조건부 인증은 2년이다(한국간호교육평가원, 2012).

〈표 13-13〉 간호교육 인증평가를 위한 평가영역 및 부문별 평가항목

영역	부문	항목
1. 비전 및 운영 체계	1.1. 비전 및 교육목표	1.1.1. 간호교육목표 설정
		1.1.2. 발전계획 수립
	1.2. 행정 및 재정	1.2.1. 학과 운영 지원
		1.2.2. 학과 재정 확보 및 운용
	1.3. 운영 개선	1.3.1. 교육목표 달성 평가
		1.3.2. 지속적인 교육과정 개선
2. 교육 과정	2.1. 구성	2.1.1. 학습성과 기반 교육과정 구성
		2.1.2. 교과목 이수체계 및 이수학점
		2.1.3. 교과목 학습목표 및 평가
	2.2. 교과목 운영	2.2.1. 이론교육 운영
		2.2.2. 실습교육 운영
	2.3. 실습지도	2.3.1. 실습실 운영
		2.3.2. 임상실습지도
		2.3.3. 학생 1인당 실험실습비
3. 학생	3.1. 학생지도	3.1.1. 학생지도 체계
		3.1.2. 학과 적응 및 직업 적응 프로그램
	3.2. 학생 지원	3.2.1. 장학금
		3.2.2. 교과 외 학생활동 지원
4. 교수	4.1. 교수 확보	4.1.1. 전임교원 확보
		4.1.2. 전임교원 수업시수 및 전공교과목 담당
		4.1.3 임상실습지도교원 및 현장지도자 확보
	4.2. 교수 업적	4.2.1. 교수 업적
	4.3. 교수 개발 지원	4.3.1. 교수 개발 지원
5. 시설 및 설비	5.1. 교육 시설 설비	5.1.1. 교육 기본시설 확보 및 관리
		5.1.2. 실습실 및 실습기자재 확보
		5.1.3. 임상실습기관 확보
	5.2. 학습 정보 지원	5.2.1. 학술 정보 지원
	5.3. 편의시설	5.3.1. 편의시설 확보
6. 교육 성과	6.1. 교육성과 평가	6.1.1. 프로그램 학습성과 평가
		6.1.2. 핵심기본간호술 평가
		6.1.3. 간호사 국가시험 합격률 및 취업률
	6.2. 졸업생 지도	6.2.1. 졸업생 지도 프로그램

3. 교육평가의 현황 이해와 대안 탐색

교육의 성과를 확인하고 교육의 과정을 개선하는 데 평가만큼 중요한 것이 없다. 특히 경쟁이 치열한 입시의 경우 하급학교의 교육전반을 평가가 좌우한다. 오늘날 우리나라 교육은 시험이 끌고 가고 있다고 해도 과언이 아니다. 시험에 대비해 공부하고, 시험에 나오지 않는 것은 공부할 필요도 없다고 여기는 학생도 적지 않다. 사실상 수업도 시험이 지탱해 주고 있는 면이 많다. 시험을 강화해 수업을 지탱해 줄 것을 호소하는 교사들도 있다.

(1) 절대평가에서 출제, 채점, 성적표기의 일관성 확보

학생 학업성취평가에는 일상적인 내신산출을 위한 교내평가와 각종 모의고사형 교외시험, 학업성취도평가, 고입선발시험, 대학수학능력시험 등이 있다. 5 · 31 이후 수행평가와 절대기준평가를 강조해 왔는데, 수준별 수업에 알맞은 차별화된 평가를 다각도로 시도했지만 여의치 않았다. 중요한 시험이 선택형으로 이루어지고 있어, 서술형이나 수행평가가 확산되지 못하고 있다. 따라서 절대평가는 성취기준을 시 · 도 단위나 국가단위로 해야 하지만 교사들은 가르친 대로 평가하는 평가권을 요구하고 있다. 이 방법이 좋기는 하지만 절대평가에서 서술형이나 수행형의 경우 채점이나 성적표기를 일관되게 할 수 없는 약점이 있다. 교실과 학교수준, 지역수준, 국가 수준을 넘어 절대기준을 만들고 이에 따라 수업, 학습, 과제수행 및 시험을 출제, 채점, 관리를 하는 것은 일반적인 교실과 학교, 교사 수준으로는 어렵다. 절대평가는 개별 교사의 평가권이라기보다 해당 학년이나 교과의 교사 공통의 평가권이며 도리어 일정 비중 이상으로 학교 외부 평가를 포함할 수밖에 없다. 어제보다 나은 오늘과 내일의 나라는 학생의 자기발전 평가를 강조하지만, 각종 시험은 다른 사람과 비교해서 잘 하는 상대적 평가를 강조하기 때문에 경쟁적 성격이 강하고 이는 부작용을 낳기도 한다.

(2) 선다형 문항의 축소 약화와 서술형 수행형 평가의 확대 강화

선다형, 선택형 문항을 가급적 최소화하고, 서술형, 논술형, 수행형과 같은 문항을 늘리는 것이 교육적으로 바람직할 것이다. 서술형의 경우 어릴 때부터 차츰 단어, 구, 문장, 문단, 서론 · 본론 · 결론, 기승전결의 에세이를 쓰는 것으로 고도화해 나가는 것이 자기표현력과 논리적 실증적 사고력을 기르는 방법이다. 평가에서는 출제, 채점, 성적표기에서 결국 성적표기가 가장 중요한 영향을 끼친다. 평가결과 성적표기는 초등학교는 장점 중심의 문장형이어서 부진 여부와 관계없이 전부 90점 이상을 맞은 것처럼 과장되고 있으며, 중학교는 점수와 석차, 고교는 5수치(점수, 평균, 표준편차, 이수자 수, 9등급)를, 중등에서 예체능 과목의 경우 우수, 보통, 미흡의 3평어제를 취하고 있다. 일견 체계화되어 있는 듯해도 고칠 점이 많다. 초등 고학년의 국어, 수학 등의 경우 정확한 평가정보를 전달하는 것이 문해력과 수리력을 갖추는 데 도움이 될 것이다. 또한 중학교와 고교의 석차나 석차등급의 경우 학생 간 불필요한 비교와 경쟁을 유발하고, 교육적으로 긍정적인 의미는 약하므로 속히 폐지됨이 바람직할 것이다. 대신 초등의 국어 · 수학, 중학의 국어 · 수학 · 사회 · 과학 · 영어, 고교의 진로 집중과정별 핵심교과 등은 4수치(점수, 평균, 표준편차, 이수자 수)만 표기하도록 하고, 그 결과 활용(표준점수, 석차, 등급, 백분위, 평어 등의 산출)은 사용자에게 일임하는 것이 바람직할 것이다. 즉, 교과교육의 목적이나 특성에 따라 평가의 도구나 성적표기를 달리하는 방안을 새로 마련해야 할 것이다. 학교에서 교사의 평가권을 확대하되, 임의평가로 전락하지 않도록 하기 위해서는 교과, 진로, 학습자집단, 학교특성 등을 고려한 학교단위평정제를 확립하여 공시하는 방향으로 발전되어야 할 것이다. 〈표 13-14〉는 이것을 체계화한 것인데, 이는 수준별 수업, 집중이수,

〈표 13-14〉 학교급에 따른 교과영역의 성적 결과 표기방식

<table>
<tr><th>학교급
교과영역</th><th colspan="2">초등학교</th><th>중학교</th><th>고교</th></tr>
<tr><td>국어</td><td>3평어(특성기술)</td><td colspan="2">4수치(특성기술)</td><td rowspan="10">진로별 선택
핵심교과: 4수치(특성기술)
보완교과: 4수치(특성기술)
교양교과: 3평어(특성기술)
필요한 경우, 보완하여 학교단위평정제를 실시하여 병기함</td></tr>
<tr><td rowspan="2">영어</td><td>3평어(특성기술)</td><td colspan="2">4수치(특성기술)</td></tr>
<tr><td colspan="2">-</td><td>제2외: 3평어(특성기술)</td></tr>
<tr><td>수학</td><td>3평어(특성기술)</td><td colspan="2">4수치(특성기술)</td></tr>
<tr><td>사회</td><td rowspan="3">생활
(특성기술)</td><td>3평어
(특성기술)</td><td>4수치(특성기술)</td></tr>
<tr><td>과학</td><td>3평어
(특성기술)</td><td>4수치(특성기술)</td></tr>
<tr><td>기술</td><td colspan="2">3평어(특성기술)</td></tr>
<tr><td>체육</td><td colspan="2">특성기술</td><td>3평어(특성기술)
해당 진로자의 경우 4수치
(특성기술)</td></tr>
<tr><td>예술</td><td colspan="2"></td><td>3평어(특성기술)
해당 진로자의 경우
4수치(특성기술)</td></tr>
<tr><td>자율과목</td><td colspan="2">-</td><td>3평어(특성기술)</td></tr>
</table>

- 특성기술: 해당 교과의 학습과정 및 결과 성취 정도, 장단점, 강약점, 지덕체 부분을 종합 평가, 태도, 흥미 등을 문장으로 기술하여 드러냄. 모든 평어와 수치의 보완자료로 필요함. 초등의 장점 위주 문장기술의 과대평가를 벗어나는 초기 단계 시도임.
- 3평어: 우수, 보통, 미흡 정도를 표시함. 일부에서는 통과나 낙제로 쓸 수도 있음.
- 4수치: 학생개인의 원점수, 집단의 평균, 표준편차, 이수자 수를 적음. 단 영어, 수학의 경우 학생이 이수한 교과목의 난이도를 나타내는 수준을 표기함. 석차와 석차 등급을 삭제하여 학교교육의 목적을 달성하는 데 기여함.
- 학교단위평정제: 3평어, 4수치 등에 더하여 학교특색을 충분히 드러낼 수 있도록 하기 위한 보조장부(해외 대학 진학생용 등)를 작성하는 것임. 교과(교과의 분량=수준×범위), 진로, 학생집단, 학교여건 특성을 고려한 학교 내 성적관리 지침을 교칙으로 마련하고 공시한 대로 평가한 결과를 기술함. 최우수, 우수, 보통, 미달(A, B, C, D, F)로 할 수도 있음. 그러나 평어를 붙여야 절대평가가 되는 것은 아님.

진로 탐색 과정, 진로별 대입시(대입시의 타당화, 모집단위별 특성화, 고교-대학 연계의 대입시)의 본격적인 실행을 전제로 한다. 특히 고교에서 진로별로 교육과정, 수업, 학습, 과제 수행을 접할 수 있을 때 적용되는 내신산출 방식이라고 할 수 있다.

(3) 국가 수준의 학력관리로서 학업성취도평가

국가 수준에서 기초학력진단평가와 학업성취도평가를 일부 학년만 표집하여 실시하고 있으나, 전교조를 중심으로 일제고사라고 폄하하며 학생들의 시험 거부를조장하고 있다. 또한 평가결과를 정보공시 차원에서 공개하고 있지만, 일부 교육청에서 이를 교사와 학교관리자의 능력이나 실적과 연계하고 있어, 이를 우려하는 목소리가 높다. 이런 평가결과에 따라 기초 미달자를 없애는 노력을 꾸준히 하고 있어 줄어들기는 하지만, 기초 수준의 학생들에 대한 보정학습이 없어 학년과 학교급을 올라갈수록 학습 부진아는 점증한다. 학업성취도평가의 경우에도 서술형, 수행형 문항을 포함하여 교사들이 방학을 이용해 채점하고 이를 수업 개선에 반영해야 하지만, 아직까지 평가결과를 교과교육과정이나 교수학습에 피드백하는 제도나 절차는 정립되어 있지 못하다. 늘 시험을 치르고 성적을 알려 주면 방학에 들어가는 형태를 띤다. 그야말로 평가를 위한 평가만 반복되고, 교육개선에는 기여하지 못하는 평가에 머물고 있다. 최소한 학업성취도평가결과 기초 미달과 기초 수준이 높은 교과에 대해서는 교육과정 적정화와 수업 혁신이 이루어져야 할 것이다.

(4) 치를 만한 대학수학능력시험과 입학사정관제

대학입시에서 중요한 대학수학능력시험은 비중이 큰 언어, 수리, 외국어는 과잉 통합되어 있어 진로에 따른 분화가 필요하고, 비중이 적은 탐구영역은 과잉 분화되어 있어 적절한 수준의 통합이 필요하다. 또한 이공계로 진학하는 학생들의 경우 외국어 언어 부담은 동일하면서 수학과 탐구영역은 어려워 수험부담이 과중하여 기피의 원인이 되고 있다. 이는 진입장벽을 턱없이 높여 놓고 국가와 기업은 이공계로 오라고 강조하는 셈이다. 대수능의 경우 고교 교육과정을 좇아 설계되는 것이 바람직하다. 고교에서 진로 집중과정을 도입하면 이에 따라 진로에서 핵심되는 교과목을 모집단위별 시험과목으로 삼는 것이 바람직하다. 진로별 대수능을 만들면 그나마 치를 만한 시험이 될 수도 있다. 고교별 내신, 전국단위 수능, 대학별 고사 등 모든 대입시는 고교와 대학학습을 연계하는 방식으로 설계되어야 고교와 대학교육 모두에 도움이 된다. 대학의 모집단위별로 꼭 필요한 선수학습 과목을 확인하는 시험일 때 대입시는 보다 타당한 시험이 될 수 있다.

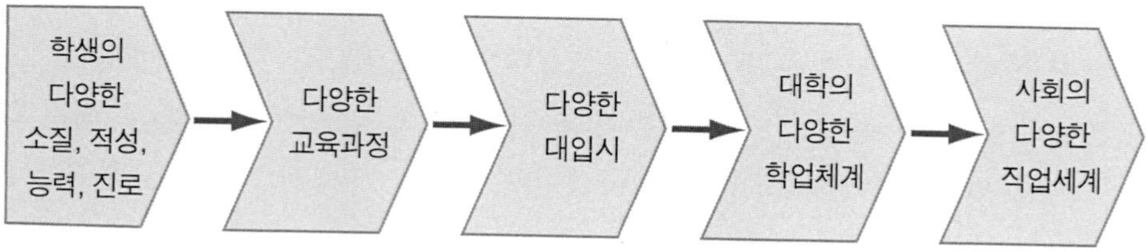

[그림 13-3] 고교-대학 교육과정 연계

출처: 홍후조 외(2008).

입학사정관제 입시의 경우 학생의 교과성적 이외의 다양하고 종합적인 경력을 반영하고 있어 고교교육의 성격과 방향을 바꾸고 있으며, 결과적으로 대학 간 서열을 완화하는 데 긍정적 영향을 끼치고 있다. 다만 전형과정의 공정성과 신뢰성을 확보해야 하는 과제와 사교육의 장기화, 종합화, 개별화, 고액화 유발의 위험성을 안고 있어 대책 마련이 요구된다. 대입시는 전반적으로 타당화되어야 하고, 고교 · 대학 간 학업의 연계를 취해야

〈표 13-15〉 고교 교육과 대학 교육의 연계 논리

고교 교육과정	대학 교육과정
고교에서 공부한 정도를 정확히 알아야, 대학에 진학해서도 계속적 · 성공적으로 학습할 수 있음.	
진로 탐색 과정	모집단위(계열, 학부, 단과대학, 학과, 전공 등)
진로 탐색 과정의 핵심교과	모집단위 학습에 필요한 바탕학습 교과
핵심교과의 하위과목(단원), 수준, 분량	바탕학습 과목의 수준과 분량

하며, 선발용을 넘어 교육용으로 기능하도록 해야 하며, 준비에서 사교육에 덜 기대도록 해야 하는 과제를 안고 있다. 모집단위별로 특성화되는 입시는 고교학습과 연계되며, 그 관리는 대학입학 업무의 분권화를 요청하고 있다.

(5) 학생평가에서 교원평가와 기관평가로의 확장

학생평가를 넘어 교원평가, 기관평가, 교육과정 수업 평가로 확대되는 것은 바람직한 현상이다. 교원능력개발평가의 경우 법제화가 시급하다. 또한 학생과 학부모로부터는 만족도와 같은 간단한 평가를 받고, 교원들 상호 간에는 전문적이고 종합적인 다면평가를 실시하는 것이 적절할 것이다. 학교교실은 공적인 활동이 이루어지는 공간이므로 수업에 방해가 되지 않는 한 학교관리자와 학부모, 및 동료 교사들에게 개방되어도 되는 공간이다. 학생과 학부모, 학교교육 혹은 교원 만족도평가는 지금보다 더 간단해야 한다. 분기별로 '교장선생님께서 내년에도 우리 학교에 계시면 좋겠습니까?' '동생이 있다면 어떤 선생님께서 담임을 맡으시면 좋겠습니까?' '동생도 ○○선생님한테 ○○과를 배우면 좋겠습니까?' 여기서 '매우 그렇다.'를 지속적으로 받으면 좋은 학교, 좋은 교원이고, 그렇지 않으면 나쁜 학교와 교원인 것이다. 그리고 지속적으로 낮은 성취를 보이는 교사의 수업 모니터링은 학교관리자의 당연한 권리다. 다만 이를 계기로 수업과 학생지도의 개선으로 연결되도록 교사와 학교관리자의 협력이 더욱 요청되는 부분이다. 교원평가는 수업과 학생지도 개선을 위해서 활용되는 것이 바람직하다. 학교, 교육청 등의 기관평가는 부문별로 일정 주기로 실시하는 것이 부담을 더는 방법이다.

요약하건대, 실제로 시험이 학교현장을 좌우하고 있다. 그것도 선다형시험, 지필고사에서 정답 맞히기가 주종이다. 초등학교부터 서술형이나 수행형 평가는 객관성 확보와 순위 경쟁에서 밀려나 있다. 따라서 단어, 구, 문장, 문단, 서론 · 본론 · 결론, 기승전결의 서술형, 논술형으로의 발전을 기대하는 바다. 또한 지필고사를 넘어 실험, 실습, 실기의 수행평가 확대나, 총괄평가를 넘어 교수학습과정에 피드백되는 진단평가와 형성평가는 아직 제도화되어 있지 못하다. 교사가 하는 일이 잡다하고 과중한 데서도 강요하기도 쉽지 않은 형편이다. 기초학력진단평가나 학업성취도평가는 기초 미달자를 없애는 데 큰 기여를 하고 있다. 그러나 기초 수준 학생들의 보정학습이 충실하지 못하여 학년이 높아질수록 기초 미달자가 늘어나고 있어 대책마련이 요구된다.

절대평가는 이상적이기는 하지만 출제, 채점, 결과표기의 일관성을 지키기가 어렵기 때문에 교육적으로 관철하기는 쉽지 않다. 내신성적 산출에서 교과특성이나 그 목적에 맞게 결과표기가 이루어져야 하지만, 석차나 석차 9등급이 있어 학교교육 본래의 목적을 훼손하고 있다. 초등의 국어 · 수학, 중학교의 국어 · 영어 · 수학 · 과학 · 사회, 고교의 진로별 핵심교과의 성적표기에서는 4수치(점수, 평균, 표준편차, 이수자 수) 표기방식을, 나머지 교과는 학습자 특성의 기술이나 우수, 보통, 미흡의 3평어로 제안되고 있지만, 고교에서는 학교단위의 특성(교과, 학생집단, 진로, 학교와 지역여건 등)을 고려한 학교단위평정제의 보완이 제기되고 있다.

무엇보다 대입시가 치를 만한 것으로 타당하게 만들어지고, 모집단위별 특성화로 고교-대학 학습연계가 이루어져서, 유의미한 경쟁과 선발을 유발하자는 방향에 대한 제안은 나왔으나, 이를 뒷받침하는 고교 진로 집중과정의 구현과 대학에서 입시관리의 모집단위별 분권화는 진전이 느리다. 최근 확산되는 입학사정관제의 확대는 신뢰도와 공정성의 확보와 사교육의 장기화, 개별화, 고액화, 종합화를 제어할 수 있는가의 여부에 달려 있다. 따라서 학생평가뿐 아니라 교원, 학교, 교육청 등 기관평가도 확대되고 있으며, 그 결과의 공시와 이를 근거로 각종 상벌이 주어지는 것에 피평가자들은 점차 익숙해지고 있다. 평가결과의 피드백을 통한 교육과정과 교수학습의 개선은 다양한 평가를 통해 제도화되어 갈 것이다. 평가된 교육과정은 학습자의 더 나은 배움과 더 나은 삶을 위한 더 나은 교육과정으로 재설계, 재구성될 것이다.

4. 교육과정 평가의 과제와 전망

교육과정 평가는 교육과정기준이 만들어지고 학교 안팎에서 한살이를 겪는 궤적을 추적하며 그 성과와 교육의 질과 가치를 판단하는 일이다. 무엇보다 학교교육과정에 지대한 영향을 끼치는 국가교육과정기준 총론과 각론의 형식을 현장친화형, 현장밀착형으로 만들기 위한 노력이 필요하다. 그간의 국가교육과정기준에서 총론은 교육과정연구자나 각론 개발자, 각론은 교과서 개발자 등에게만 한정적으로 사용되어 왔으며, 실제 학교에서는 교육과정기준이 교육활동의 기준이 되지 못하고, 도리어 교과서나 교사의 평소 교육관 혹은 각종 시험에 따라 교육이 좌우되어 왔다. 교육활동이 교육과정기준 중심으로 전개되는 것이 공교육 정상화의 출발점이고 학생중심교육을 구현하는 기초가 된다. 현장밀착형 교육과정기준은 기준이 고시되어 학교 현장에서 학교장의 질 높은 학교경영에, 교사의 우수한 학급경영과 창의적인 수업 구성에 도움이 되어, 궁극적으로 학생의 전인적 발달과 우리사회의 지속 가능한 발전에 기여하도록 만들어진 기준을 말한다.

첫째, 국가교육과정기준을 그 구현처인 학교의 교육과정기준을 위한 기본 계획으로서 상정한 현장밀착형은 교육과정기준 개정 방향으로서 타당하다. 즉, 공통과 보편의 국가

기준과 특수와 다양의 학교 기준 사이를 가로막은 일체를 걷어 내고 교육청 등은 지원 역할에 머무는 것이 적절하다.

둘째, 더 나은 총론의 형식은 도입, 기본 방향, 각론 구성, 운영 · 지원 · 관리 지침, 부록 등 5대 영역이 적절하며, 좋은 형식은 좋은 내용을 담을 수 있는 바탕이 되므로 형식은 현재보다 더 온전한 모습의 완결성을 추구해야 한다. 각론의 형식은 교과군과 학년군의 특성에 따라 차별화되어야 하고, 필요한 경우 교과교육과정기준의 구성 영역이나 요소들은 학습자 생활이나 활동 영역, 도구 교과, 이론(내용, 주지) 교과, 실제(기능) 교과, 진로별 교과 등으로 나누어 구성될 수 있다. 특히 총론의 전체적인 개요, 학제와 단계별 교육과정의 관련성, 교과가 생활에서 분화되어 나오는 과정 등을 보여 주는 인포그래픽의 도입도 필요하다.

셋째, 국가교육과정기준 총론에 들어갈 내용은 설정된 교육의 기본 방향이나 목적에 따라 취사선택되고 달라질 수 있으며, 내용을 담는 그릇이라고 할 수 있는 학생들의 생활 및 활동 영역, 기본 교과, 고교의 진로별 과정 등의 분화와 통합이 얼마나 체계적으로 이루어지느냐가 중요하다.

넷째, 국가교육과정기준에서 총론이나 각론은 그 내용 기준과 함께 평가기준이 중요하다. 이는 교육의 책무성을 확인하는 데, 또 교육이 제 기능을 다하고 있는가를 확인하는 데 필요하기 때문이다.

다섯째, 국가교육과정기준 총론이나 각론을 현장지향적으로 만드는 데 있어서 중요한 요소는 '누가' 만들 것인가다. 현장밀착형이 되려면 학교장과 교육과정 부장을 비롯한 유능한 현장 전문가들이 개정 과정에 더 많이 참여하는 것이 필요하다. 특히 진로별 교육과정을 대학과 사회에 유기적으로 연결하여 설계할 수 있는 교육과정적 문해력을 가진 이들의 참여가 절실하다.

여섯째, 학교 교육활동을 향도할 더 나은 교육과정기준을 만들기 위해서는 총론과 각론을 총칙과 각칙이 되도록 만들고, 일시 · 동시 · 수시 · 분산 개정이 아니라 총론과 각론을 연차별, 학년군별 교과군별 기준을 순차적 · 종합적으로 개정해야 한다. 국가교육과정기준 개정의 준비, 주체, 기관, 대상, 범위, 주기, 결과물 품질, 효력 등을 상세히 규정한 매뉴얼을 만들고 이에 따라 개정을 해 나가야 한다. 교육부 수준에서는 교육과정 연구 개발과 운영을 위한 일정한 비율의 예산을 확보해야 한다.

나아가 국가교육과정기준의 총론과 각론 개선을 위한 추가적인 연구와 제언은 다음과 같다.

첫째, 총론 입장에서 교과교육과정기준의 형식과 내용을 자세히 안내할 추가적인 연구가 필요하다. 학생 활동, 기본 교과, 진로 과정을 체계적으로 통합하고 분화하는 연구가 요청된다. 국가 수준의 각론 교육과정기준도 개선이 요구된다. 2015개정 교육과정의 경우 학습자의 핵심역량과 교과의 교과역량, 그리고 학문과 교과에서 강조되는 핵심원리big ideas를 모든 교과교육과정기준에 적용 · 강요하였다. 핵심역량이나 교과역량 혹은 핵심원리 등은 학생들의 발달적 특성(혹은 학년군)과 교과군의 고유한 성격과 목표 등에 따라 서로 다르게 적용되면 나을 것이다. 즉, 모든 교과군은 그 고유한 특성을 찾아 기준의 형식과 내용을 창안할 수 있도록 격려될 필요가 있다.

둘째, 기초 · 기본 교육을 더 튼튼히 해야 한다. 교육은 인간에 대한 투자이기 때문에 유아의 절대행복의 보장, 3~5세의 공교육화, 출발점의 균등화를 위한 노력, 평균 이하의 부진아에 대한 보충지도 등은 적은 투자로 가장 장기적이면서도 가장 효과적인 교육투자가 된다.

셋째, 상급학교 진학의 수단으로서 초등학교elementary school나 중학교junior high school를 본연의 학습자의 발달적 요구에 충실한 학교primary school, middle school로 전환할 교육과정과 평가제도를 구안할 필요가 있다.

넷째, 국가 기준이나 학교 기준에 대한 과잉기대나 요구를 걸러 낼 수 있는 제도적 안전장치를 마련해야 할 것이다. 학교의 핵심 교육활동은 학생의 전인적 발달과 국가사회 공동체의 지속 가능한 발전을 위하여 교과와 활동을 수행하는 기관이다. 각종 교육개혁 요구를 교육적 중요성, 긴급성(절실성), 실행가능성을 통해서, 가교 총론을 만들어 모의 실험을 하는 방식으로 걸러 주어야 한다.

다섯째, 교육과정기준은 결국 학생의 개인적 · 집단적 학습과 체화에 중점을 두도록 안내되어야 현장밀착형이 된다. 따라서 학생들의 요구에서부터 출발하는 교육과정기준 연구가 요청된다.

여섯째, 현직 및 예비 교원의 교육과정 전문성을 위한 교육 강화가 필요하다. 더 나은 총론과 각론을 만드는 것은 교육과정 연구 개발자와 현장 교원들의 경험과 지혜가 합해졌을 때 가능하다. 각 학교에 교육과정 문해력curriculum literacy이 높은 교원들은 좁은 교과목의 이해관계에만 매몰되지 않을 것이고, 학교의 학생과 사회에 대한 기여도도 높아질 것이다.

또한 학교 현장의 교육과정 평가와 학생평가의 관계를 재정립하려면 학생 학업성취평가의 문제점들이 해소될 필요가 있다. 교육과정 평가의 중핵을 학생의 학업성취를 확인하는 것으로 삼는 경우가 흔하다. 실제로 시험이 학교현장을 좌우하는 경우가 적지 않기 때문이다. 그것도 선다형시험, 지필고사에서 정답 맞히기가 주종이다. 초등학교부터 서술형이나 수행형 평가는 객관성 확보와 순위 경쟁에서 밀려나 있다. 따라서 단어, 구, 문장, 문단, 서론 · 본론 · 결론, 기승전결의 서술형, 논술형으로의 점진적 발전을 추구할 필요가 있다. 현재로서는 지필고사를 넘어 실험, 실습, 실기의 수행평가 확대나, 총괄평가를 넘어 교수학습과정에 되먹임되는 진단평가와 형성평가는 아직 제도화되어 있지 못하다. 교사가 하는 일이 잡다하고 과중하므로 이를 강요하기도 쉽지 않은 형편이다. 기초학력진단평가나 학업성취도평가는 기초 미달자를 없애는 데 큰 기여를 하고 있다. 그러나 기초 수준 학생들의 보정학습이 충실하지 못하여 학년이 높아질수록 기초미달자가 늘어나고 있어 대책 마련이 요구된다.

절대평가는 이상적이기는 하지만 출제, 채점, 결과 표기의 일관성을 지키기가 어렵기 때문에 교육적으로 관철하기는 쉽지 않다. 내신성적 산출에서 교과 특성이나 그 목적에 맞게 결과 표기가 이루어져야 하지만 석차나 석차 9등급이 있어 학교교육 본래의 목적을 훼손하고 있다. 초등의 국어 · 수학, 중학교의 국어 · 영어 · 수학 · 과학 · 사회, 고교의 진로별 핵심교과의 성적 표기에서는 4수치(점수, 평균, 표준편차, 이수자 수) 표기방식을, 나머지 교과는 학습자 특성의 기술이나 우수, 보통, 미흡의 3평어로 제안되고 있지만, 고교에서는 학교 단위의 특성(교과, 학생집단, 진로, 학교와 지역여건 등)을 고려한 학교 단위 평정제의 보완이 제기되고 있다. 지식의 체계적인 전달로서 수업이 약화되고 학생 참여와 활동을 강조하는 프로젝트 수행과 이에 따른 수행평가를 제대로 실시할 수 있는 방안의 개발도 요구된다. 궁극적으로 학생들의 소질과 적성에 따른 진로 안내가 될 수 있도록 학생평가의 목적과 내용이 변할 필요가 있다.

무엇보다 우리나라의 교육 풍토가 대학 진학 위주로 변한 것은 바람직한 것은 아니지만, 현실적으로 대입시가 치를 만한 것으로 타당하게 만들어지고, 모집단위별 특성화로 고교-대학 학습연계가 이루어져서, 유의미한 경쟁과 선발을 유발할 필요가 있다. 그러나 이를 뒷받침하는 고교 진로탐색과정의 구현과 대학에서 입시관리의 모집단위별 분권화는 진전이 느리다. 최근 확산되는 학생부종합평가나 입학사정관제의 확대는 신뢰도와 공정성의 확보, 사교육의 장기화, 개별화, 고액화, 종합화를 제어할 수 있는가의 여부에 달려 있다. 따라서 학생평가뿐 아니라 교원, 학교, 교육청 등 기관평가도 확대되고 있으며, 그 결과의 공시와 이를 근거로 각종 상벌이 주어지는 것에 피평가자들은 점차 익숙해지고 있다. 평가결과의 피드백을 통한 교육과정과 교수학습의 개선은 다양한 평가를 통해 제도화되어 갈 것이다. 평가된 교육과정은 학습자의 더 나은 배움과 더 나은 삶을 위한 더 나은 교육과정으로 재설계, 재구성될 것이다.

이 장의 요점 정리

1 교육과정을 개선하기 위해서는 엄정한 평가가 기초가 된다. 교육과정을 구성하고 운영하는 모든 측면이 평가의 대상이 된다. 교육과정 평가는 교육목표 평가, 교육내용 및 활동 경험 평가, 교사의 수업평가, 학생의 학습평가, 학생의 성취평가, 평가의 평가, 교원평가, 학생평가, 교육수요자의 만족도 평가, 교육과정을 질 높게 운영하기 위한 교육 제도나 문화의 평가 등과 밀접한 관계에 있다.

2 교육과정 평가는 프로그램 평가의 일부다. 교육과정의 분류에 따라 공식적 교육과정 평가, 잠재적 교육과정 평가, 영 교육과정 평가도 가능할 것이다. 그러나 일반적으로 공식적 교육과정 평가는 교육과정을 계획하는 측면에 대한 평가, 교육과정을 운영하는 측면의 평가, 교육과정을 겪은 뒤의 성과 측면 평가로 나눌 수 있다. 특히 어떤 학년군의 교과목, 활동 및 경험 구성의 적절성(종합성, 체계성, 계열성, 연계성 등)을 평가하게 된다.

3 학생학습의 평가는 교과교육과정 평가에서 중요한 부분이다. 실험, 실습, 실기가 동원되는 수행평가를 외면하고 선택형 지필고사에만 치중하는 관행을 벗어나는 것이 필요하다. 또한 학생의 발달단계별, 교과별 특성에 맞는 평가결과 혹은 성적표기가 필요하고, 중요한 교과에 대해서는 원점수, 평균, 표준편차, 이수자 수와 같은 정직하고 정확한 사실 정보를 기록하고, 학생 간 경쟁을 부추겨 공교육의 목표와 거리가 있는 석차, 석차등급과 같은 판단 정보는 성적표에 기록하지 않는 것이 교육적이다. 또한 각종 입시는 객관도, 신뢰도만 아니라 치를 만한 타당성을 지녀야 할 것이다.

4 교육과정 평가는 각각의 효과를 평가하는 준거를 설정할 수 있다. 특히 국가교육과정기준 문서의 개발 또는 개정 과정, 개발된 기준 문서에 대한 평가, 그 구현 과정에서 적절한 지원 여부의 평가, 특히 학교 단위나 학교 간의 역할분담과 협력에 의한 학습기회의 적절한 보장 여부 등을 평가할 필요가 있다.

5 학교단위에서는 학교의 책무성 확보를 위한 학교 정보가 공개되고, 학교가 제공하는 학습기회를 공인받는 과정으로서 교육과정의 평가인증제, 졸업생들의 능력을 적정 수준으로 보증하기 위한 졸업인증제 등이 광범위하게 실시되고 있다. 이것들은 학교가 제공하는 교육 프로그램의 질 보증과 함께 학습체제를 구조화하는 데 도움이 된다.

이 장의 주요 용어

교육과정 평가 curriculum evaluation, 목표 중심 평가 objective-oriented evaluation, 관리 중심 평가 management-oriented evaluation, 수혜자 중심 평가 consumer-oriented evaluation, 전문가 중심 평가 expertise-oriented evaluation, 참여자 중심 평가 participant-responsive evaluation, 타당도 validity, 진로 맞춤형 대입시 career-based college entrance exam, 평가인증 accreditation

연구과제

1. 특정 학교급, 학년, 학과나 전공의 교육과정을 파악해 보고, 일정한 준거에 비추어 이를 평가해 보시오.
2. 기초 기본 학습을 강조하는 공통필수 교육과정이 갖추어야 할 요건에 비추어, 우리나라 초등학교와 중학교의 교육과정을 평가해 보시오.
3. 학생의 적성에 따른 진로를 개척할 수 있는 학습기회를 적절히 제공하고 있는가에 비추어 우리나라 일반계 고등학교의 교육과정을 평가해 보시오.
4. 모든 학습자의 공식적 최종 교육단계는 직업준비 교육이고, 이를 위한 교육과정은 직업세계가 요구하는 지식, 기능, 태도임에 비추어 직업준비 교육과정을 평가해 보시오. 직업준비 교육과정을 평가할 수 있는 평가준거나 평가지표를 조사해서 발표하시오.
5. 고용 없는 성장, 고용 축소 성장에 비추어, 졸업생의 80% 이상이 취업하는 대학에서 그 교육과정이 얼마나 시장지향형, 고용촉진형, 취업일치형의 교육과정인지에 대해 평가해 보시오.
6. 전문가 양성의 가장 큰 특징은 전문성, 창의성을 키워 주느냐일 것입니다. 여기에 비추어 법학, 의학, 경영학, 교육학, 공학 등의 대학원 교육과정을 평가해 보시오.

참고문헌

강익수(2009). 고교 교육과정과 대학 교육의 연계 방안에 관한 연구. 박사학위논문, 고려대학교 대학원.

강익수 · 박하식 · 백경선(2008). 세계화에 대비하는 고교 교육과정의 구성 방향 탐색: 균형 있는 교육과정 구성을 위한 시론(試論). 교육과정연구, 26(3), 69-96.

강익수 · 박하식 · 홍후조(2007). 학습자의 진로를 고려한 IB Diploma 이수모형에 관한 연구 학습자의 진로를 고려한 IB Diploma 이수모형에 관한 연구. 교육과정연구, 25(3), 49-80.

강익수 · 홍후조 · 성열관(2006). 우수 고교생의 대학진학준비 교육과정으로서의 AP와 IB의 비교 연구. 비교교육연구, 16(4), 207-235.

강인수 · 함수곤 · 홍후조 · 권순달(2003). 교육과정 질 개선을 위한 법체계 정비 방안 연구. 교육인적자원부 정책연구보고서.

강인애(1997). 왜 구성주의인가?. 서울: 문음사.

강현석 · 주동범(2004). 현대 교육과정과 교육평가. 서울: 학지사.

고영희(2013). 초등학교 고학년의 사춘기 초기 적응을 위한 교육과정기준 개발 연구. 박사학위논문, 고려대학교 대학원.

고영희 · 홍후조(2012). 사춘기 초기 적응 교육과정 개발을 위한 요구 분석. 한국교육학연구, 18(2), 233-262.

곽병선(1983). 교육과정. 서울: 배영사.

_____(2010). 교육과정 의사결정 과정의 탐색. 한국교육과정학회 편. 교육과정: 이해와 개발(pp. 263-286). 경기: 교육과학사.

곽병선 편(1985). 한국의 교육과정. 한국교육개발원.

곽병선 · 구자억 · 김재춘 · 박순경 · 신동로 · 유균상 · 유한구 · 이범홍 · 이찬희 · 최석진 · 홍후조(1996). 교육과정 2000 연구 개발: 초중등학교 교육과정 체제 구조안. 한국교육개발원 교육과정 개정연구위원회.

교육개혁위원회(1995). 신교육체제 수립을 위한 교육개혁 방안(제2차 대통령 보고서). 8-10.

교육과학기술부 편(2010). 초 · 중 · 고등학교 국가수준 교육과정의 변천.
교육부(2015). 초중등학교 교육과정 총론. 교육부 고시 제2015-80호[별책1].
교육부(2015). 창의적 체험활동(안전한 생활 포함). 교육부 고시 제2015-74호[별책42].
교육부 · 한국직업능력개발원 간(1999). 지식기반사회의 교육-독일교육부 델파이 조사보고서.
구자억 외 14인(1997). 제7차 초등학교 통합교과 교육과정 개발 연구. 한국교육개발원 교육과정개정연구위원회.
구자억 외(2005). 동서양 주요 국가들의 새로운 학교. 서울: 문음사.
권기욱(2001). 대학 교육과정 평가 체계의 문제점과 개선 방안. 사회과학연구, 9(2), 459-490. 대구대학교 사회과학연구소.
권순달(1997). 교사교육 프로그램 평가 모형 개발 연구. 박사학위논문, 고려대학교 대학원.
권혜정(2016). 국가교육과정기준법 시안 개발 연구. 박사학위논문, 고려대학교 대학원.
김경자(2000). 학교교육과정론. 서울: 교육과학사.
김대석(2011). 대입시 현황과 대학 중도탈락률 분석을 통해서 본 고교-대학 교육과정 연계 연구. 박사학위논문, 고려대학교 대학원.
김대영 · 홍후조(2013a). 공통교육과정과 상이교육과정의 구분 근거에 관한 시론. 교육과정연구, 31(2), 77-99.
____________(2013b). 공통교육과정의 교과 편제에 관한 교육과정사적 이해. 교육과정연구, 31(3), 53-76.
김대현 · 김석우(2000). 교육과정 및 교육평가. 서울: 학지사.
김미진(2016). 공통교육과정의 교과 통합 기준 개발 연구, 박사학위논문, 고려대학교 대학원.
김미진 · 홍후조(2016). 자유학기제의 지속가능성과 중학교육의 정체성 탐색. 교육과정연구, 34(1), 1-28.
김미진 · 이재창 · 임재일 · 홍후조(2014). 자유학기제 연구학교의 교육과정 특성 분석, 2013 자유학기제 연구학교 보고서 분석을 중심으로. 교육과정연구, 32(2), 215-241.
김상돈(2010). 다문화교육의 목표와 내용 체계 연구. 박사학위논문, 고려대학교 대학원.
김수천(1999). 교육과정과 교과. 서울: 교육과학사.
김영채(2007). 창의력의 이론과 개발. 경기: 교육과학사.
김영천 편저(2006). After Tyler: 교육과정 이론화 1970년-2000년. 서울: 문음사.
김용숙 · 유홍준 · 이상준 · 전재복 · 조광순 · 이현청 · 김기언 · 서동석(2001). 2001학년도 학문분야평가인정제: 교양교육분야 종합보고서. 한국대학교육협의회.
김인식 · 박영무 · 최호성 역(1994). 교육과정 비평. 서울: 교육과학사.
김인식 · 최호성(1996). 최신 교육과정 및 평가. 서울: 교육과학사.
김재복(1985). 교육과정의 통합적 접근. 서울: 교육과학사.
______(1998). 교육과정 평가의 개념 모형. 교육과정연구, 16(1), 375-395.
김정호 · 이춘식(2007). 교과서 편찬 길라잡이. (주)두산 교과서연구소.
김창걸(2003). 교육조직행위론. 서울: 형설출판사.
김향숙(2007). 백워드 모형의 수업 설계. 석사학위논문, 대구교육대학교 대학원.
김효준(2011). 창의성의 또다른 이름 트리즈 TRIZ. 경기: 인피니티북스.
남명호(1995). 수행평가의 타당성 연구. 박사학위논문, 고려대학교 대학원.

노경원(2010). 생각 3.0: 스마트를 뛰어넘어 크리에이티브로 가는 생각의 도구. 경기: 엘도라도.

다카하시 마코토 편저(2002). 창조력 사전(조경덕 옮김). 서울: 매일경제신문사.

로버트 루트번스타인, 미셸 루트번스타인 공저(2007). 생각의 탄생: 다빈치에서 파인먼까지 창조성을 빛낸 사람들의 13가지 생각도구(박종성 역). 서울: 에코의서재.

민부자(2009). 초등학교 교육과정 설계 모형 구안 연구. 박사학위논문, 고려대학교 대학원.

민부자 · 윤완석 · 박혜림 · 홍후조(2013). 교육과정 측면에서 본 교육복지. 교육정치학연구, 20(4), 289-316.

박도순 · 정택희 · 김영복(1985). 교육평가모형의 비교분석연구. 한국교육, 123-142.

박서연 · 홍후조(2015). 초 · 중등교육법 제23조 1항, 2항의 개정에 관한 논의. 한국교육학연구, 21(1), 297-324.

박세일(2010). 창조적 세계화론. 서울대학교 출판문화원.

박승배(2002). 교육과정학의 이해: 역사적 접근. 서울: 양서원.

박의수 · 강승규 · 정영수 · 강선보(2002). 교육의 역사와 철학. 서울: 동문사.

박지혜 · 홍후조(2014). 교사의 수업 구성 토대로서 교과교육과정기준의 문제와 개선 과제 탐색. 한국교원교육연구, 31(4), 29-52.

박천환 · 박채형 · 노철현(2015). 교육과정 담론. 서울: 학지사.

박철홍 옮김(2002). 아동과 교육과정 경험과 교육. 서울: 문음사.

박하식(2014). 국내 고교의 국제공인 교육과정(IBDP)의 도입 및 실행에 관한 연구: 경기외고의 사례를 중심으로. 박사학위논문, 고려대학교 대학원.

박하식 · 김대영 · 홍후조(2013). 한국 외국어고등학교에서 International Baccalaureate Diploma Programme 교육과정의 계획과 운영에 관한 연구. 비교교육연구, 23(6), 135-162.

박희경(2016). 교과 교육과정 교육 내용 구성 방안의 쟁점과 개발 과정의 개선 과제 분석: 2015 개정 교육과정 개발자들의 인식 및 관점을 중심으로. 박사학위논문, 이화여자대학교 대학원.

박혜림(2008). 대학 교양교육과정의 평가 영역 및 준거 개발 연구. 박사학위논문, 고려대학교 대학원.

배호순(1999). 프로그램 평가론. 서울: 원미사.

______(2004). 교육과정 평가 논리의 탐구: 학교교육과정 평가 방법론의 서설. 서울: 교육과학사.

배호순 · 윤병희 · 김성훈 · 황규호 · 백순근(1997). 초 · 중 · 고등학교 교육과정 평가 방안 및 도구 개발 연구. 학교교육과정평가연구회.

백경선(2007). 국가교육과정기준 개발에서 사회적 요구 분석과 반영 체제 연구. 박사학위논문, 고려대학교 대학원.

백경선(2010). 교육과정 개발에서 사회적 요구의 교육과정적 정당성 준거 탐색에 대한 시론. 학습자중심교과교육연구, 10(1), 195-218.

백남진 · 온정덕(2016). 역량기반 교육과정의 이해와 설계. 서울: 교육아카데미.

백혜조(2015). 공통필수 교육과정기의 교과 분화 기준 개발 연구. 박사학위논문, 고려대학교 대학원.

백혜조 · 홍후조(2015). 공통필수 교육과정기의 교과 분화 기준 개발. 교육과정연구, 33(3), 51-78.

변자정(2016). 진학계 고교를 위한 과학-예술융합 교육과정기준 개발 연구. 박사학위논문, 고려대학교 대학원.

서울특별시교육청(1996). 고등학교 교육과정 편성 · 운영 지침.

성태제(2002). 현대 교육평가. 서울: 학지사.

성태제 · 지은림 · 오인수 · 홍후조 · 서경혜 · 김창동 · 김대원(2010). 창의인재 육성을 위한 초중고 교육평가제도 선진화 방안. 교육과학기술부 정책연구보고서.

소경희(2009). 역량기반 교육의 교육과정사적 기반 및 자유교육적 성격 탐색. 교육과정연구, 28(3), 107-125.

소경희(2010). 학문과 학교교과의 차이: 교육과정개발에의 함의. 교육과정연구, 28(3), 107-125.

신세호 · 곽병선 · 김재복(1981). 교육과정 개정안(총론)의 연구 · 개발. 한국교육개발원연구보고, 133

연세대학교 교육학과 교육과정연구회 역(1993). 교육과정 이론. 서울: 양서원.

옥남숙(2005). 평가 결과 표기 방법으로서 문장기술식에 대한 교사의 인식 연구: 초등학교 5~6학년 주지교과(국어, 수학, 사회, 과학)를 중심으로, 석사학위논문, 고려대학교 교육대학원.

유봉호(1992). 한국교육과정사 연구. 서울: 교학연구사.

이경섭(1999). 교육과정쟁점연구. 서울: 교육과학사.

이경환 · 박제윤 · 권영민(2002). 한국교육과정의 변천. 서울: 대한교과서주식회사.

이광우 외(2007). 초 · 중학교 특별 · 재량 활동 교육과정 해설 연구 개발. 한국교육과정평가원 연구보고서.

이광우 외(2008). 고등학교 재량 · 특별 활동 교육과정 해설 연구 개발. 한국교육과정평가원 연구보고서.

이광우 외(2010). 초등학교 창의적 체험활동 교육과정 해설 개발 연구. 한국교육과정평가원 연구보고서.

이광우 외 20인(2015). 국가 교육과정 각론 조정 연구. 한국교육과정평가원 연구보고서.

이규은(2004). 특별활동 교육과정의 이론과 실제. 서울: 동문사.

______(2005). 초등학교 통합교육의 탐색. 서울: 경안기획.

이귀윤(1996). 교육과정 연구-과제와 전망. 서울: 교육과학사.

이만영(2004). 특수학교 교육과정 평가 모형과 평가 준거 연구. 박사학위논문, 창원대학교 대학원.

이병욱(2002). 공업계 고등학교 학교수준의 교육과정 평가준거 개발 연구. 박사학위논문, 충남대학교 대학원.

이병호(2008). 교과교육과정기준 개선에 관한 연구. 박사학위논문, 고려대학교 대학원.

이성호(1994). 교육과정: 개발전략과 절차. 서울: 문음사.

______(2010). 교육계의 이념 대립; 그 실상과 해결 방안, 세계평화교육포럼 발표원고(2010. 11. 3., 한국교원단체총연합회 서울지부).

이승미(2009). 학교의 교육과정 책무성에 관한 연구: 교육법규와 국가교육과정 총론을 중심으로. 박사학위논문, 고려대학교 대학원.

이승미 · 김상돈 · 홍후조(2009). 세계화 시대의 교육과정 총론 개선 방향. 교육과정 연구, 27(3), 13-16.

이승미 · 홍후조 · 민부자(2011). 교과 교육과정의 적정화 지침 개발 연구. 교육학연구, 49(3), 101-125, 한국교육학회.

이어령(2008). 젊음의 탄생. 서울: 생각의나무.

이영호 · 김주창 · 진영종 · 김범춘(2003). 대학 인문교양교육의 현황 진단 및 정책 대안. 인문사회연구회.

이용숙 · 조영태 · 황규호(1994). 교육과정 개혁 국제 비교 연구. 한국교육개발원 연구보고서.

이윤식(1993). 장학론 논고: 교내 자율장학론. 서울: 과학과 예술.

이재창 · 홍후조 · 임재일 · 김미진(2014). 자유학기제 연구학교의 수업과 교육활동의 특징 분석. 교과교육학연구, 18(4), 1135-1161.

이종성 · 정향진(2001). 능력중심 교육과정 개발 연구. 한국직업능력개발원 연구보고서.

이현청(1999). 21세기 대학평가의 접근과 활용 방안. 대학교육, 98, 78-83. 한국대학교육협의회.
______(2004). 21세기 대학 패러다임의 변화와 대학 개혁. 대학교육, 127, 110-119. 한국대학교육협의회.
______(2005). 21세기 대학 패러다임의 변화. 대학교육, 135, 79-82. 한국대학교육협의회.
이홍우(1979, 1997, 2006). 지식의 구조와 교과. 서울: 교육과학사.
______(2010). 교육과정 탐구(증보). 서울: 박영사.
임유나(2014). 국가교육과정기준 총론의 형식과 내용 연구. 박사학위논문, 고려대학교 대학원.
임유나 · 김대석 · 민부자 · 홍후조(2014). 중학교와 고등학교의 교과교실제 운영 효과 비교 연구. 교육문제연구, 52, 77-101.
임유나 · 홍후조(2013). 종이교과서에서 디지털교과서로의 단계적 발전 방안에 관한 시론. 교육학연구, 51(2), 1-36.
__________(2014a). 국제비교를 통한 국가교육과정기준 총론 구성 체제의 개선. 한국교육학연구, 20(1), 41-66.
__________(2014b). 고교 문 · 이과 통합형 교육과정 개발 및 발전 방향에 관한 연구. 교육과정연구, 32(2), 67-99.
__________(2015). 2015 개정 교육과정 개발 논리의 교과별 적합성 검토: 캐나다 온타리오 주 언어과와 과학과 교육과정 문서 분석을 통한 탐색. 교육과정연구, 33(3), 125-149.
__________(2016). 우리나라 교육과정기준 문서 다층화의 문제점과 개선 방안 탐색. 교육방법연구, 28(1), 55-77.
임재일 · 홍후조 · 김미진 · 이재창(2015). 자유학기제 연구학교의 교육평가 특징 분석. 교육과정평가연구, 18(3), 233-255.
임형택(1992). 한국교육과정 학문공동체의 학문활동 분석. 서울: 연이사.
임혜진(2016). 초등학교 창의성 교육을 위한 교육과정기준 개발 연구. 박사학위논문, 고려대학교 대학원.
장상호(2001). 교육연구의 패러다임 전환을 위한 방략. 교육원리연구, 6(1), 1-35.
장소영 · 임유나 · 홍후조(2014). 관련 집단 의견조사에 기초한 중학교 진로교육과정기준의 개선 방향에 관한 연구. 한국교육학연구, 20(2), 5-33.
장용석(2012). 제32장 융합사회의 새로운 가치: 공감과 행복. 류상영 · 박철희 · 강원택 · 서문택 엮음. 한국의 오늘과 내일을 말하다. 서울: 동아시아재단.
전성연 편(2001). 교수-학습의 이론적 탐색. 서울: 원미사.
정범모(1956). 교육과 교육과정. 서울: 풍국학원.
______(1989). 미래의 선택. 서울: 나남출판사.
______(1991). 발전 교육과 그 이후의 교육. 한국교육개발원 내방 석학들의 강연집(pp. 163-178). 한국교육개발원.
______(1997). 인간의 자아실현. 서울: 나남출판사.
______(2014). 격동기에 겪은 사상들. 서울: 서울대학교출판문화원.
정재윤(2016). 외국 교과서 내용 분석에 기반한 한국 이해 자료 개발 연구. 박사학위논문, 고려대학교 대학원.
정철영 외(1998). 직업기초 능력에 관한 국민공통기본 교육과정 분석. 한국직업능력개발원 연구보고서.
조난심 · 김재춘 · 박순경 · 소경희 · 조덕주 · 홍후조(1999). 국가 수준 교육과정 개발 및 적용 체제 개선을 위한 기초 연구. 한국교육과정평가원 연구보고서.
조재식(2005). 백워드(backward) 교육과정 설계 모형의 고찰. 교육과정연구, 23(1), 63-94.
조호제(2015). 학교구 고교간 역할 분담에 의한 진로별 교육과정 구현 방안 연구. 박사학위논문, 고려대학교 대학원.
조호제 · 홍후조(2011). 진로집중과정 개발자로서 고교 교사의 전문성 탐색. 열린교육연구, 19(3), 91-114.
진영은(2005). 교육과정 이론과 실제. 서울: 학지사.
최진황 · 박기화 · 김은주(1997). 영어교과학 연구. 한국교육개발원 연구보고서.
최호성(1993). 교육과정 평가의 모형 정립과 평가 기준 설정 및 타당화. 박사학위논문, 경북대학교 대학원.
하화주(2014). 우리나라 진학계 고등학교의 진로탐색과정 총칙 개발 연구. 박사학위논문, 고려대학교 대학원.
하화주 · 홍후조 · 박하식(2012). 우리나라 고등학교에서의 IBDP 교육과정 적용의 현황 및 과제. 교육과정연구, 30(4), 51-79.
한국교육과정 · 교과서 연구회(1994). 제6차 교육과정에 의한 학교 교육과정 편성 · 운영의 실제. 동아출판사.
한국교육과정학회 편(2002). 교육과정: 이론과 실제. 서울: 교육과학사.
한국교육과정학회 편(2010). 교육과정: 이해와 개발. 경기: 교육과학사.
한국대학교육협의회(2001) 2001년도 학문분야평가인정제 시행을 위한 교양교육분야의 평가 기준. 한국대학교육협의회.
________________(2005). 제2주기 대학종합평가인정제 시행을 위한 2005년도 대학종합평가의 평가 기준. 한국대학교육협의회.
한명희 외(1992). 제6차 교육과정 개정에 따르는 후속 지원 대책 연구. 교육과정 개정 연구위원회.
함수곤(2000). 교육과정과 교과서. 서울: 대한교과서주식회사.
허숙 역(1993). 교육과정과 목적. 서울: 교육과학사.
홍후조(1995). 제6차 교육과정의 학교 정착을 위한 제도적 모색 (I) (II), 교육개발(7월호, 9월호).
______(1997). 중등학교 교육과정 개선을 위한 대학과 학교의 협약 전략. 교육과정연구, 15(2), 71-105.
______(1999). 국가수준 교육과정 개발 패러다임의 전환(I)-전면 개정형에서 점진 개선형으로. 교육과정연구, 17(2), 209-234.
______(2000). 국가 교육과정 개정의 정치학-제7차 교육과정 개정을 중심으로. 교육정치학연구, 7(1), 112-133.
______(2001a). 교육과정의 운영을 위한 교원의 합리적 배치 기준의 탐색. 교육문제연구, 15, 71-94.
______(2001b). 제7차 교육과정에 따른 일반계 고등학교 선택 교육과정의 편성과 운영상의 이해와 오해-학교간 교육프로그램의 역할 분담과 학생의 전략적 배치를 중심으로-. 교육과정연구, 19(1), 197-229.
______(2002a). 교육과정의 이해와 개발. 서울: 문음사.
______(2002b). 국가수준 교육과정 개발 패러다임의 전환(II)-국가교육과정기준 변화 관련 기본 개념 정립을 중심으로-. 교육과정연구, 20(2), 197-226.
______(2002c). 선택 '주체' 위주의 선택 교육과정 설계의 문제점과 과제. 교육학연구, 40(1), 177-195.
______(2002d). 학습자 집단의 특성과 교육과정의 합치에 관한 탐색 연구. 교육문제연구, 17, 185-211.
______(2004). 4년제 일반 대학의 학부 교육과정의 문제와 과제. 교육과정연구, 22(3), 267-295.
______(2005a). 일반계 고등학교 교육과정 특성화 방안 연구. 교육방법연구, 21(2), 119-141.

______(2005b). 일반계 고교에서 상이선택 교육과정의 학교 실현 방안 연구. 교육과정연구, 23(4), 175-206.

______(2005c). 대학 전공 학습을 위한 고교의 선수학습과목에 관한 대학생의 인식 조사 연구. 교육과정연구, 23(3), 257-288.

______(2006a). 국가 수준 교육과정 개발 패러다임 전환(III): 교육과정 개정에서 총론과 교과 교육과정의 이론적, 실제적 연계를 중심으로. 교육과정연구, 24(2), 183-206.

______(2006b). 국가 수준 교육과정 개발 패러다임 전환(IV)-국가교육과정기준의 변화와 질 관리 '방식'을 중심으로. 교육문제연구, 25, 101-122.

______(2006c). 교육과정 개선을 통한 우리나라 진로교육의 발전 방안. 한국진로교육학회 학술대회 발표논문.

______(2006d). 교육과정 이론과 실제의 발전: 국제 비교, 간학문적 담론, 그리고 연구와 현장의 교류: 자유주제 발표 분과편; 교과 교육과정: 교육과정 총론과 교과 교육과정의 이론적, 실제적 연계에 관한 연구. 춘계 학술대회 및 국제 심포지엄 발표 자료집.

______(2009). 2009 개정 교육과정 총론 시안에서 학년군, 교과군 개념의 교육과정적 의의 분석. 교육과정연구, 27(4), 47-70.

______(2010a). 국가교육과정기준의 연구 개발에서 학습자 집단의 요구분석을 위한 영역과 항목 설정 연구. 교육과정연구, 28(2), 143-175.

______(2010b). 한국 교육과정의 비판적 이해와 미래 구상. 한국교육과정평가원 주최 5.31 교육개혁의 성과와 전망에 관한 세미나(2010. 10. 19) - 교육과정 교수학습 교육평가를 중심으로-. 주제발표문.

______(2010c). 글로벌 시대의 창의적 인재 육성을 위한 교육의 과제. KDI 편, 글로벌 금융위기 이후 한국경제의 발전 방향 〈제2권〉 새로운 성장동력의 창출, 317-372.

______(2010d). 진로 집중과정의 설계의 이념, 원리, 적용. 고려대학교 대학원 교육과정학회(KUCU) 제22차 학술대회발표논문(2010. 10. 5.).

홍후조(2011). 2009 개정 교육과정에서 중학교 집중이수의 실행 방안에 관한 연구. 교육문제연구, 40, 53-79.

홍후조 · 강익수 · 김성근 · 백경선 · 이중현 · 황익중(2004). 교육과정 교과서 체제 개편 방안 연구. 교육인적자원부 정책연구보고서.

홍후조 · 강익수 · 박하식(2007). 고교 교육과정 특성화교 운영 효율화 방안 연구. 경기도교육청 정책연구보고서.

홍후조 · 강익수 · 박하식 · 백경선 · 박혜림(2008). 새 교육과정 체제에서 일반계 고등학교 교육과정 특성화 방안. 서울특별시교육청 정책연구보고서.

홍후조 · 강익수 · 박하식 · 백경선 · 이병호 · 박혜림 · 이승미 · 민부자 · 이민정(2009). 학교 교육과정 자율화를 통한 교육선진화 방안 연구. 한국교육정책연구소 정책연구보고서.

홍후조 · 권혜정(2013). 헌법 제31조 1항의 비판과 개정 방향. 교육법학연구, 25(2), 163-194.

홍후조 · 김대석(2008). 학교시간운영의 효율화와 이수과목수의 적정화에 관한 연구. 교육과정연구, 26(4), 73-101.

홍후조 · 김대석 · 박혜림(2010). 대학 전공 공부에 필요한 계열별 고교 선수교과목 분석. 교육방법연구, 22(1), 221-242.

홍후조 · 민부자(2012). 의무교육에서 학교 · 교원 · 교육과정 제도간 불일치의 문제와 과제. 교육정치학연구,

19(1), 211-235.
홍후조 · 민부자 · 김대석 · 신원석 · 이민정(2013). 디지털교과서 도입에 대한 교사 수요 조사. 한국교육, 40(1), 109-130.
홍후조 · 민부자 · 조호제 · 김대석 · 장소영(2013). 교과교실 운영의 핵심요소 규명과 발전단계별 교과교실 유형 구분 연구. 교원교육, 29(3), 255-277.
홍후조 · 박승한(2004). 학업성적 신뢰 제고 방안 연구. 교육인적자원부 정책연구보고서.
홍후조 · 백경선(2004). 교육과정학의 정체성 확립을 위한 탐구 영역의 규명과 그 정당화(Ⅱ)-교육과정 결정의 세 요인을 중심으로-. 교육과정연구, 22(4), 27-48.
홍후조 · 백혜조 · 고영희(2013). 학교교육에서 강조하는 자기주도학습과 인성교육에 대한 비판적 고찰. 교육문제연구, 46, 181-200.
홍후조 · 백혜조 · 민부자 · 변자정 · 조호제 · 하화주 · 장소영 · 이혜정(2013). 학부모교육과정기준 개발 연구. 교육과정연구, 31(2), 171-198.
홍후조 · 변자정(2012). 일본의 중고 및 초중 일관교육에 관한 연구. 아시아교육연구, 13(2), 107-136.
홍후조 · 임유나(2014). 고교 문 · 이과 통합형 교육과정 개발 및 발전 방향에 관한 연구. 교육과정연구, 32(2), 67-99.
홍후조 · 임유나 · 민부자 · 김대석 · 권혜정 · 조호제 · 장소영(2013). 디지털기기 사용 정도에 따른 아동 · 청소년의 생활상 차이 연구. 교육종합연구, 11(1), 105-135.
홍후조 · 임유나 · 장소영(2013). 관련자 의견조사에 기초한 자유학기제 운영 방안 탐색 연구. 한국교육학연구, 19(2), 33-68.
홍후조 · 백혜조 · 임혜진(2013). 학습자 중심의 '참고서가 필요 없는', '확장된' 교과서의 의미와 구현 방안 탐색. 학습자중심교과교육연구, 13(2), 255-283.
황수아(2012). 교과 구분의 기준 연구: 공통 필수 교육과정을 중심으로. 석사학위논문, 고려대학교 대학원.
황정규(1984). 학교학습과 교육평가. 서울: 교육과학사.
황정규 편(2000). 한국 교육평가의 쟁점과 대안. 서울: 교육과학사.
황지현(2007). 중학생의 고교 진학 후 학습 성향 조사 연구. 석사학위논문, 고려대학교 교육대학원.

Adler, M. J. (1982). *The paideia proposal: An educational manifesto*. New York: Macmillan.
Aikin, W. M. (1942). *The story of the eight-year study: With conclusions and recommendations*. New York: Harper & Brothers.
Alberty, H. (1947). *Reorganizing the high school curriculum*. New York: Macmillan.
Anderson, L. W. (1981). *Assessing affective characteristics in the schools*. Boston: Allyn & Bacon Inc.
Anyon, J. (1979). Ideology and U. S. History Textbooks. *Harvard Educational Review, 49*.
Anyon, J. (1980). Social class and the hidden curriculum of work. *Journal of Education, 162*(1), 67-92.
Anyon, J. (1981). Social class and school knowledge. *Curriculum Inquiry, 11* (1), 3-42.
________ (1979). Ideology and U. S. History Textbooks. *Harvard Educational Review, 49*.
Apple, M. W. (1979). *Ideology and curriculum*. London and Boston: Routledge & Kegan Paul.

Apple, M. W. (1982). *Education and power.* London and Boston: Routledge & Kegan Paul.

Apple, M. W., & Weis, A. (1983). *Ideology and practice in schooling.* Philadelphia: Temple University Press.

Beauchamp, G. A. (1982). Curriculum theory: Meaning, development, and use. *Theory into Practice, 21* (1). 23-27.

Bellack, A. A., & Kliebard, H. (Eds.). (1977). *Curriculum and evaluation.* Berkeley. CA: McCutchan.

Bennett, W. (1987). *James Madison high school: A curriculum for American students.* Washington, D. C.: U. S. Department of Education.

Bennis, W., Benne, K., & Chin, R. (1976). *The planning of change.* New York: HRW.

Bernstein, B (1977). *Class, codes and control: Towards a theory of educational transmission* (2nd ed., Vol. 3). London: Routledge & Kegan Paul.

Bimber, B. (1994). *The decentralization mirage: Comparing decision making arrangements in four high schools.* CA: Rand.

Bloom, A. (1987). *The closing of the American mind: How higher education has failed democracy and impoverished the souls of today's students.* Chicago: University of Chicago Press.

Bloom, B. S. (Ed.). (1956). *Taxonomy of educational objectives: Cognitive domain.* New York: David McKay.

Bloom, B. S., Hasting, J. T., & Madaus, G. F. (1971). *Handbook on formative and summative evaluation of student learning.* New York: McGraw-Hill Book Co.

Bobbitt, F. (1918). *The curriculum.* Boston: Houghton-Mifflin.

Bobbitt, F. (1924). *How to make a curriculum.* Boston: Houghton-Mifflin.

Bourdieu, P., & Passeron J. C. (1977a). Cultural Reproduction and Social Reproduction. In J. Karabel, & A. H. Halsey (Eds.), *Power and ideology in education.* New York: Oxford University Press.

Bourdieu, P., & Passeron J. C. (1977b). *Reproduction in education, society, and culture.* Beverly Hills, CA: Sage.

Bowles, S., & Gintis, H. (1976). *Schooling in capitalist America.* New York: Basic Books.

Branson, R. K. (1978). The Interservice Procedure for Instructional System Development. *Educational Technology, 18,* 11-14.

Chen, H. (1990). *Theory-driven evaluation.* Newbury Park, CA: Sage.

Chen, H., & Rossi, P. H. (1987). The Theory-Driven Approach to Validity. *Evaluation and Program Planning, 10,* 95-103.

Brooks, J. G., & Brooks, M. G. (1993). *In search of understanding: The case for constructivist classrooms.* Alexandria, VA: ASCD.

Bruner, J. S. (1960). *The process of education.* New York: Bintage.

__________ (1966). *Toward a theory of instruction.* Cambridge, MA: Harvard University Press.

Callahan, R. E. (1962). *Education and the cult of efficiency.* Chicago: University of Chicago Press.

Campbell, R. J., & Neill, S. R. (1994). *Primary teachers at work.* London and New York: Routledge.

Caswell, H. L., & Campbell, D. S. (1935). *Curriculum development.* New York: American Book Company.

Charters, W. W. (1923). *Curriculum construction.* New York: Macmillan.

Clandinin, D. J., & Connelly, F. M. (1992). Teacher as Curriculum Maker. In P. W. Jackson (Ed.), *Handbook of research on curriculum* (pp. 363-401). New York: MacMillan.

Commission on the Reorganization of Secondary Education of the National Education Association (1918). *Cardinal principles of secondary education.* Washington, D. C.: U. S Government Printing Office.

Counts, G. S. (1932). *Dare the school build a new social order?.* New York: John Day.

Cremin, L. A. (1961). *The transformation of the school.* New York: Knopf.

Cuban, L. (1993). *How teachers taught: Constancy and change in american classrooms 1890-1990.* New York: Teachers College Press.

Deng, Z. (2007). Transforming the subject matter: Examining the intellectual roots of pedagogical content knowledge. *Curriculum Inquiry, 37*(3), 279-295.

________ (2008). School subject and academic disciplines: The differences. In A. Luke, K. Weir, & A. Woods (Eds.), *Development of a set of principles to guide a P-12 syllabus framework: A report to the Queensland Studies Authority Queensland, Australia* (pp. 86-113). Queensland Studies Authority.

________ (2009). The formation of a school subject and the nature of curriculum content: an analysis of liberal studies in Hong Kong. *Journal of Curriculum Studies, 41*(5), 585-604.

Deng, Z., & Luke, A. (2008). Subject matter: Defining and theorizing school subjects. In F. Connelly, M. He, & J. Phillion (Eds.), *The SAGE handbook of curriculum and instruction* (pp. 66-87). Thousand Oaks, CA: Sage.

Dewey, J. (1900). *The school and society.* Chicago: University of Chicago Press.

________ (1902). *The child and the curriculum.* Chicago: University of Chicago Press.

________ (1916). *Democracy and education.* New York: Macmillan.

________ (1938). *Experience and education.* New York: Macmillan.

Dewey, J., & Dewey, E. (1915). *Schools of tomorrow.* New York: Dutton.

Diamond, R. M. (1997). *Designong and assessing courses and curricula: A practical guide.* San Francisco, CA: Jossey-Bass.

Dreeben, R. (1968). *On what is learned in school.* Reading, MA: Akkison- Wesley.

Edwards, A. L. (1957). *Techniques of attitude scale construction.* New York: Appleton-Century.

Egan, K. (1979). *Educational development.* New York: Oxford University Press.

Eisner, E. W. (1982). *Cognition and curriculum: A basis for deciding what to teach.* New York: Longman.

Eisner, E. W. (1985, 1979). *The educational imagination* (2nd ed.). New York: Macmillan.

Elmore, R. F., & Fuhrman, S. H. (1994). *The governance of curriculum. 1994 yearbook of the association for supervision and curriculum development.* ASCD.

Eylon, B. S., & Linn, M. C. (1988). Learning and instructions: An examination of four research perspectives in science education. *Review of Educational Research, Fall, 58*(33), 252-301.

Finn, Jr. C., & Rebarber, T. (1992). *Education reform in the 90's.* New York: Macmillan Publishing Company.

Fishbein, M., & Ajzen, I. (1975). *Belief, attitude, intention, and behavor: An introduction to theory and research reading.* MA: Addison-Wesley.

Fiske, D. W. (1971). *Measuring the Concepts of Personality.* Chicago: Aldine Press.

Foshay, A. W. (2000). *The curriculum: Purpose, substance, practice.* New York: Teachers College Press.

Friere, P. (1973). *Pedagogy of the oppressed.* New York: Seabury Press.

Fullan, M., & Stiegelbauer, S. M. (1991). *The new meaning of educational change.* New York: Teachers College Press.

Fullan, M. (1993). *Change forces: Probing the depths of educational reform.* New York: The Falmer Press.

Fullan, M., & Pomfret, A. (1975). *Review of research on curriculum implementation.* Toronto: Ontario Institute for Studies in Education.

Gagné, R. M. (1974). *Essentials of learning for instruction.* New York: Holt, Rinehart and Winston.

Gagné, R. M., & Briggs, L. J. (1979). *Principles of instructional design.* New York: Holt, Rinehart and Winston.

Gamoran, A. et al. (1995). An organizational analysis of the effects of ability grouping. *American Educational Research Journal, 32* (4), 687-715.

Gardner, H. (2006). *Multiple intelligence.* BASICBOOKS

Getzels, J. W. (1966). The problem of interests: A reconsideration. In H. A. Robinson (Ed.), *Reading: Seventy-five Years of Progress, Supplementary Education Monograph, 66,* 97-106.

Giroux, H. A. (1981). *Ideology, Culture, and the Process of Schooling.* Philadelphia: Temple University Press.

__________ (1983). *Theory and resistance in education: A pedagogy for the opposition.* South Hadley, MA: Bergin & Garvey.

Giroux, H. A., Penna, A. N., & Purpel, W. F. (Eds.). (1981). *Curriculum and instruction.* Berkeley, CA: McCutchan.

Giroux, H. A., & Purple, D. (1982). *The hidden curriculum and moral education: Illusion or insight.* Berkeley: McCutchan.

Gitlin, A., & Margonis, F. (1995). The political aspect of reform: teacher resistance as good sense. *American Journal of Education, 103,* 377-405.

Goleman, D. (1995). *Emotional Intelligence. Bantam.* 한창호 역(2008). EQ 감성지능. 서울: 웅진지식하우스.

Goleman, D.(2006). *Social intelligence: The new science of human relationships.* New York: Bantam Books.

Goodlad, J. I. (1984). *A Place Called School.* CA: McGraw-Hill.

Goodlad, J. I., & Associates (1979). *Curriculum inquiry: The study of curriculum practice.* New York:

McGraw-Hill.

Goodlad, J. I., Klein, M. F., & Associates (1979). *Behind the classroom door.* Worthington, OH: Charles A. Jones.

Grumet, M. R. (1988). *Bitter milk: Women and teaching.* Amherst, Massachusetts: University of Massachusetts Press.

Guttman, L. A. (1944). A Basis for Scaling Qualitative Data. *American Sociological Review, 9*, 139-150.

Hall, C. S., & Lindzey, G. (1970). *Theories of personality* (2nd ed.). New York: John Wiley.

Hall, G. E., George, A. A., & Rutherford, W. L. (1977). Measuring stages of concern about the innovation: A manual for the use of the SoC Questionnaire. *Research and Development Center for Teacher Education*, University of Texas at Austin.

Harap, H. (1928). *The techniques of curriculum making.* New York: Macmillan.

Hargreaves, A. (2003). *Teaching in the knowledge society: Education in the age of insecurity.* New York: Teachers College Press. 곽덕주 · 양성관 · 이지현 · 이현숙 · 장경윤 · 조덕주 · 황종배 공역(2011). 지식사회와 학교교육. 서울: 학지사.

Hargreaves, D. H. & Hopkins, D. (1994). *Development planning for school improvement.* New York: Cassell.

Herrick, V. E., & Tyler, R. W. (Eds.). (1950). *Toward improved curriculum theory.* Chicago: University of Chicago Press.

Hirsch, E. D. (1987). *Cultural literacy: What every American needs to know.* Boston: Houghton Mifflin.

Hirst, P. H. (1974). *Knowledge and the curriculum.* London: RKP.

Hively, W. (1974). Introduction to Domain-referenced Teaching. *Educational Technology*, June, 5-10.

Hopkins, D., Ainscow, M., & West, M. (1994). *School improvement in an Era of change.* London: Cassell.

Jackson, P. (1968). *Life in classrooms.* New York: Holt, Rinehart, & Winston.

Johnson, M. (1967). Definitions and models in curriculum theory. *Educational Theory, 17*(2), 127-140.

Johnson, R. (2002). *Using data to close the achievement gap: How to measure equity in our schools* (2nd ed.). Thousand Oasks, CA: Corwin Press, Inc.

Karabel, J., & Halsey, A. H. (Eds.). (1977). *Power and ideology in education.* New York: Oxford University Press.

Kendall, J. S., & Marzano, R. J. (1997). *Content knowledge: A compendium of standards and benchmarks for K-12 education* (2nd ed.). Alexandria, V. A.: ASCD.

Kelly, A. V. (2000). *The curriculum: theory and practice* (5th ed.). London: Sage.

Kilpatrick. W. H. (1918). The project method. *Teachers College Record, 19*(4), 319-335.

Kim, D. (2013). A History of Curriculum Thought in South Korea: 57BCE-1987. Doctoral dissertation, Univ. of Illinois at Chicago.

Klein, F. M. (Ed.). (1991). *The politics of curriculum decision-making: Issues in centralizing the curriculum.* State University of New York Press.

Kliebard, H. M. (1972). Metaphorical roots of curriculum design. *Teachers College Record, 72*(3), 403-404.

Kliebard, H. M. (1986). *The struggle for the American curriculum: 1890-1958.* London and Boston: Routledge and Kegan Paul.

Krug, E. A. (1964). *The shaping of the American high school.* New York: Harper.

Ledoux, J. (1998). *The emotional brain.* New York: Touchstone Books. 최준식 역(2006). 느끼는 뇌. 서울: 학지사.

Lacey, P. & Lomas, J. (1993). *Support services and the curriculum: A practical guide to collaboration.* London: David Fulton Publishers.

Lewin, K. (1935). *A dynamic theory of personality.* New York: McGraw-Hill.

Likert, R. A. (1932). A Technique for the measurement of Attitudes. *Archives of Psychology, 140.*

Linn, R. (2003). Accountability: Responsibility and resonable expectation. *Education Researcher, 32*(7), 3-13.

Lortie, D. C. (1975). *Schoolteacher: A sociological study.* Chicago: University of Chicago Press.

MacDonald, J. B. (1975). Curriculum and Human interests. In W. Pinar (Ed.), *Curriculum theorizing: The reconceptualists* (pp. 283-294). Berkeley, CA: McCutchan.

Marsh, C., & Willis, G. (1995). *Curriculum: Alternative approaches, ongoing issues.* Columbus, OH: Merrill.

Marzano, R. J. (1992). *A different kind of classroom: Teaching with dimensions of Learning.* ASCD.

Merrell, K. W., & Gueldner, B. A. (2010). *Social and emotional learning in the classroom: Promoting mental health and academic success.* New York: The Guilford Press.

McNeil, J. D. (1985). *Curriculum: A comprehensive introduction.* Boston: Little, Brown.

Messick, S. J. (1979). Potential Uses of Non-cognitive Measurement in Education. *Journal of Educational Psychology, 71,* 281-292.

Ministry of Education (2006). *Education and Science in Finland.*

Nathan, J. (1996). *Charter schools: Creation hope and opportunity for American Education.* CA: Jossey-Bass Publishers.

National Commission on Excellence in Education. (1983). *A nation at risk: The imperative for educational reform.* Washington, D. C.: U. S. Government Printing Office.

Newlon, J. H., & Threlkeld, A. L. (1926). The Denver Curriculum-Revision Program, The Foundations and Technique of Curriculum-Construction. *The Twenty-Sixth Yearbook of the National Society for the Study of Education.* IL: Bloomington.

Norton, R. E. (1999). *SCID handbook-third edition.* Columbus, Ohio: Center on Education and Training for Employment.

Oakes, J., & Guitlin, G. (1995). Matchmaking: The dynamics of high school tracking decisions. *American Educational Research Journal, 32* (1), 3-33.

Oakes, J. (1985). *Keeping track: How schools structure inequality.* New Haven: Yale Univ. Press.

Oliva, P. F. (1982). *Developing the curriculum*. Boston: Little, Brown.

Osgood, C. E. (1952). The Nature and Measurement of Meaning. *Psychological Bulletin, 49*, 197–237.

Page, R. & Valli, L. (1990). *Curriculum differentiation: Interpretive studies in U. S. secondary schools.* State University of New York Press.

Page, R. N. (1991). *Lower-track classrooms: A curricular cultural perspective.* New York: Teachers College Press.

Pereira, P. (1984). Deliberation and the arts of perception. *Journal of Curriculum Studies, 16*(4), 347–366.

Peters, R. S. (1966). *Ethics and education.* London: Allan and Unwin.

Pinar, W. F., Reynolds, W. M., Slattery, P. & Taubman, P. M. (1995). *Understanding curriculum.* New York: Lang.

Popkewitz, T. S., Tabachnick, B. R., & Wehlage, G. (1982). *The myth of educational reform: A study of school responses to a program of change.* Madison: University of Wisconsin Press.

Posner, G. J. (1982). A cognitive science conception of curriculum and instruction. *Journal of Curriculum Studies, 14*(4), 343–351.

Powell, A. G., Farrar, E., & Cohen, D. K. (1985). *The shopping mall high school: Winners and losers in the educational marketplace.* Boston, MA: Houghton Mifflin.

Priestley, M., & Biesta, G. (Eds.). (2013). *Reinventing the curriculum: New trends in curriculum policy and practice*. Bloomsbury Academic.

Ravitch, D. (1985). *The school we deserve*. New York: Basic Books, Inc.

Reid, W. A. (1978). *Thinking about the curriculum: The nature and treatment of curriculum problems.* London: Routledge & Kegan Paul.

Reid, W. A., & Walker, D. F. (Eds.) (1975). *Case studies in curriculum change.* London: Routledge & Kegan Paul.

Rogoff, B. (1990). *Apprenticeship in thinking: Cognitive development in social context.* New York: Oxford University Press.

Rokedch, M. (1973). *The nature of human values.* New York: Free Press.

Rossi, P. H., & Freeman, H. E. (1985). *Evaluation: A systematic approach* (3rd ed.). Beverly Hills, CA: Sage.

Rossi, P. H., Freeman, H. E., & Lipsey, M. W. (1985). *Evaluation: A systematic approach* (6th ed.). Thousands Oask, C. A.: Sage.

Rugg, H. O. (Ed.). (1927a). Curriculum making: Past and present. *Twenty-sixth Yearbook of the National Society for the Study of Education* (Part I). Bloomington, IL: Public School Publishing Co.

Rugg, H. O. (Ed.). (1927b). The foundations of curriculum making. *Twenty-sixth Yearbook of the National Society for the Study of Education* (Part II). Bloomington, IL: Public School Publishing Co.

Sabar, N., Rudduck, J., & Reid, W. (Eds.). (1987). *Partnership and autonomy in school-based curriculum development.* Division of Education University of Sheffield.

Sausa, D. (2008). *How the brain influences behavior.* Thousand Oaks, California: SagePubns. 김유미 역 (2011), 뇌를 알면 문제행동 해결이 보인다. 서울: 시그마프레스.

Sayor, J. G., Alexander, W. M., & Lewis, A, J. (1981). *Curriculum planning for better teaching and learning.* New York: Holt, Rinehart and Winston.

Schaffarzick, J., & Sukes, G. (Eds.). (1979). *Value conflicts and curriculum issues.* Berkeley, CA: McCutchan.

Schubert, W. H. et al. (2002). *Curriculum Books: The first hundred years* (2nd ed.). New York: Peter Lang. 강익수 · 민부자 · 김상돈 · 이승미 · 서하나 · 김대영 공역(2009). 교육과정 100년. 서울: 학지사.

Schwab, J. J. (1978). Science, *Curriculum, and liberal education: Selected essays.* Chicago: University of Chicago Press.

Schwab, J. J. (1983). The methodology of evaluation. In R. W. Tyler, R. Gagne, & M. Scriven (Eds.), *Perspectives on curriculum evaluation* (pp. 39-83). AERA Monograph Series on Curriculum Evaluation, No. 1. Chicago: Rand McNally.

Scriven, M. (1992). Evaluation and Critical Reasoning: Logic's Last Frontier? In R. A. Talask (Ed.), *Critical reasoning in contemporary culture* (pp. 353-406). Albany, New York: SUNY Press.

Seguel, M. L. (1966). *The curriculum field: Its formative years.* New York: Teachers College Press, Columbia University.

Sharp, G. (1951). *Curriculum development as the re-education of the teacher.* New York: Teachers College Press.

Shavelson, R. J., Hubner, J. J., & Stauton, G. C. (1976). Self-Concept: Validation of construct interpretations. *Review of educational Research, 46*, 407-441.

Sizer, T. R. (1984). *Horace's compromise: The dilemma of the American high school.* Boston: Houghton Mifflin.

__________ (1992). *Horace's school: Redesigning the American high school.* Boston: Houghton Mifflin.

Skinner, B. F. (1968). *The technology of teaching.* New York: Appleton.

Smith, B. O., Stanley, W. O., & Shores, J. H. (1957). *Fundamentals of curriculum development.* New York: Harcourt Brace and World.

Smith, S. C., & Piele, P. K. (1997). *School leadership: Handbook for excellence.* Eugene, OR: ERIC.

Spears, H. (1951). *The teacher and curriculum planning.* Englewood Cliffs, N. J.: Prentice-Hall, Inc.

Spencer, H. (1861). *Education: Intellectual, moral, and physical.* New York: D. Appleton.

Spring, J. (1972). *Education and the rise of the corporate State.* Boston: Beacon Press.

Steele, S. M. (1973). Program Evaluation as an Administrative Concept. *Paper Presented at American Educational Research Association Meeting.*

Stenhouse, L. (1975). *An introduction to curriculum research and development.* London: Heine mann.

__________ (1983). *Authority, education and emancipation.* London: Heinemann.

Stratemeyer, F. B., Forkner, H. L., & McKim, M. G. (1947). *Developing a curriculum for modern living.*

New York: Bureau of Publications, Teachers College, Columbia University.

Taba, H. (1962). *Curriculum development: Theory and practice.* New York: Harcourt Brace and World.

Tanner, D., & Tanner, L. N. (1980). *Curriculum development: Theory into practice.* New York: Macmillan.

Taylor, P. H. (1970). *How teachers plan their courses.* London: The National Foundation for Educational Research in England and Wales.

Taylor, P. H., & Johnson, M. (Eds.). (1974). *Curriculum development: A comparative study.* Windsor: National Foundation of Educational Research.

Thijs, A. & van den Akker, J. (Eds.). (2009). *Curriculum in development.* NICD(SLO).

Thornton, S. J. (1992). Teacher as curricular-instructional gatekeeper in social studies. In J. P. Shaver (Ed.), *Handbook of research on social studies teaching and learning.* New York: MacMillan.

Thurstone, L.. L. & Chave, E. J. (1929). *The measurement of attitude.* Chicago: Univ. of Chicago Press.

Trilling, B., & Fadel, C. (2009). *21st century skills: Learning for life in our times.* San Francisco, CA: Jossey-Bass.

Tyack, D. (1974). *The one best system: A history of American urban education,* Cambridge, MA: Harvard University Press.

Tyler, R. W. (1949). *Basic principles of curriculum and instruction.* Chicago: University of Chicago Press.

___________ (1973). Assessing Educational Achievement in the Affective domain. *Measurement in Education, 4*(3), 1-8.

UNESCO(2013). UNESCO Principles on Education for Development Beyond 2015. Paris: UNESCO Education Research and Foresight.

Walker, D. F. (1971). A naturalistic model for curriculum development. *School Review, 80*(1), 51-69.

___________ (1990). *Fundamentals of curriculum.* New York: HBJ.

White, J. (2011). *The invention of the secondary curriculm.* London: Palqrave Macmillan. 이지헌 · 김희봉 공역(2016). 중등교육과정, 그 역사와 철학. 서울: 학지사.

Whitty, G. (1981). *Ideology, politics, and curriculum.* London: Open University Press.

Wiggins, G., & McTighe, J. (1998). Understanding by Design, Alexandria, V. A.: Association for Supervision & Curriculum Development. (2004). Understanding by Design, Alexandria, VA: Association for Supervision & Curriculum Development.

Williams, R. (1965). *The long revolution.* London: Penguin.

Willis, G. (1975). Curriculum theory and the context of curriculum. In W. Pinar (Ed.), *Curriculum theorizing: The reconceptualisits* (pp. 427-442). Berkeley, CA: McCutchan.

Wittrock, M. (Ed.). (1985). *The third handbook of research on teaching.* Chicago: Rand McNally.

Worthen, B. R., & Sanders, J. R. (1973). *Educational evaluation: Theory and practice.* Belmont: Wadworth Publishing Company, Inc.

Worthen, B. R., Sanders, J. R., & Fitzpartrick, J. L. (1997). *Program evaluation: Alternative approached and practical guidelines.* New York: Longman.

Wragg, T. (1997). *The cubic curriculum*. New York: Routledge.

Young, M. F. D. (1971). Knowledge and Control. In Michael F. D. Young (Ed.), *Knowledge and control*. London: Collier—Macmillan.

Zahorik, J. A. (Nov. 1975). Teacher's planning models. *Educational Leadership*, 134-139.

http://www.curriculum.or.kr	한국교육과정학회
http://www.ekera.org	한국교육학회
http://www.google.com	구글 홈페이지
http://www.ibo.org	EF International Academy
http://www.kedi.re.kr	한국교육개발원
http://www.keris.or.kr	한국교육학술정보원
http://www.kice.re.kr	한국교육과정평가원
http://www.krivet.re.kr	한국직업능력개발원
http://www.naver.com	네이버 홈페이지
http://www.nice.go.kr	국가교육과정정보센터
http://www.schoolinfo.go.kr	학교알리미, 학교정보공시
http://www.21erick.org	교육을 바꾸는 사람들

찾아보기

[인 명]

[내 용]

| 저자 소개 |

홍후조(洪厚祚, Hoo-Jo Hong)

현 고려대학교 교육학과 교수
전 인하대학교 교육학과 교수
한국교육개발원, 한국교육과정평가원 연구위원
신의여고 교무부장 교사
University of Wisconsin-Madison 교육과정학(Ph.D.)
고려대학교 대학원 교육학과(석사)
고려대학교 사범대학 교육학과(학사)

〈저서 및 논문〉
『교육과정의 이해와 개발』(문음사, 2002)
『교육과정과 교육평가』(3판, 공저, 문음사, 2006)
『교육과정 100년』(공역, 학지사, 2009)
『최신 교육학개론』(2판, 공저, 학지사, 2012) 외 30여 책
「국가수준 교육과정 개발 패러다임의 전환」외 100여 편의 논문
「현장밀착형 총론과 각론 교육과정기준 개발을 위한 형식 및 내용 체계 개선 연구」 외 130여 편의 연구 보고서

〈학회 활동〉
한국교육과정학회, 한국교육학회
한국교육방법학회, 한국교원교육학회
한국비교교육학회, 안암교육학회
고려대대학원 교육과정학회(KUCU)
한반도선진화재단 등

〈연구 관심〉
한국의 교육 현실을 개선하기 위한 좋은 교육과정기준의 개발
한국의 교육 현실을 개선하기 위한 각종 교육 개혁안의 제시
세계화, 선진화, 통일준비, 창의성, 진로 등에 대해 관심이 많음

2판
알기 쉬운 교육과정
Curriculum: Theory and Practice, 2nd ed.

2011년 3월 1일 1판 1쇄 발행
2016년 2월 25일 1판 9쇄 발행
2016년 9월 5일 2판 1쇄 발행
2024년 3월 25일 2판 8쇄 발행

지은이 • 홍 후 조
펴낸이 • 김 진 환
펴낸곳 • (주) 학지사
04031 서울특별시 마포구 양화로 15길 20 마인드월드빌딩 5층
대표전화 • 02) 330-5114 팩스 • 02) 324-2345
등록번호 • 제313-2006-000265호
홈페이지 • http://www.hakjisa.co.kr
인스타그램 • https://www.instagram.com/hakjisabook

ISBN 978-89-997-1068-1 93370

정가 22,000원